U0136291

文革史料叢刊第六輯

第一冊

李正中　輯編

只有不漠視、不迴避這段歷史，中國才有希望，中華民族才有希望！忘記歷史意味著背叛！

——摘自「文革史料叢刊·前言」

蘭臺出版社

巴金先生說在文革

受盡火與血磨煉

的人是不會沉默的

八十又五叟 李正中

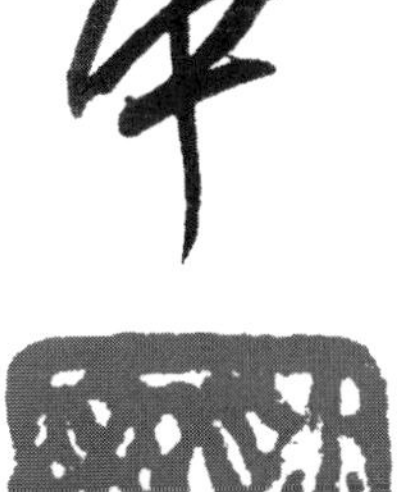

著名中國古瓷與歷史學家、教育家。
李正中　簡介

祖籍山東省諸城市，民國十九年（1930）出生於吉林省長春市。
北平中國大學史學系肄業，畢業於華北大學（今中國人民大學）。
歷任：天津教師進修學院教務處長兼歷史系主任（今天津師範大學）。
　　　天津大學冶金分校教務處長兼圖書館長、教授。
　　　天津社會科學院中國文化研究中心主任、研究員。
現任：天津文史研究館館員。
　　　天津市漢語言文學培訓測試中心專家學術委員會主任。
　　　香港世界華文文學家協會首席顧問。
　　　（天津理工大學經濟與文化研究所供稿）
為加強海內外學術交流，應邀赴日本、韓國、香港、臺灣進行講學，
其作品入圍德國法蘭克福國際書展和美國ABA國際書展。

提要

　　無產階級文化大革命時間長達十年之久，被人們稱為「十年動亂」、「十年浩劫」，在歷史的長河中，它的重要性終究不會被抹滅。李正中是一位文革受難者，也是歷史研究者，他認為保留史料以供後人研究是十分重要的事，於是花費數十年的歲月，有計畫地整理蒐集。

　　本書由李正中輯編，其所蒐集的文革史料，部分來自於天津拍賣市場、古舊物市場等地購買；部分是學生贈送。這些第一手直接史資料的內容，包羅萬象，有手寫稿、油印品，鉛印文字、照片、繪畫，傳單、小報等等文革遺物，甚至造反隊的隊旗、臂標也在內。

　　《文革史料叢刊》第六輯共五冊，收錄文革時期的舞臺藝術劇本及政治性質歌曲集。

　　本書為第六輯第一冊，總共459頁，由列下四本書籍合併編排印刷：

1. 革命文革創作歌曲集。

　　文革時期紅色歌曲。油印本，共70頁。

2. 革命現代京劇-沙家濱。

　　八大革命樣板戲之一。北京京劇團集體改編之劇本。本書為1970年5月演出本，人民出版社出版，1970年9月第一版，全書123頁。

3. 革命現代京劇-紅燈記。

　　八大革命樣板戲之一。中國京劇團集體改編之劇本。本書為1970年5月演出本，由人民解放軍戰士出版社翻印，全書117頁。

4. 革命現代京劇-智取威虎山。

　　八大革命樣板戲之一。上海京劇團劇組集體改編之劇本。本書為1970年7月演出本，人民士出版社出版，1970年9月第一版，全書137頁。

文革五十周年祭

百萬紅衛兵打砸搶燒殺橫掃五千年中華文史精華　可惜

中國知識分子慘遭蹂躪委曲求全寧死不屈有氣節　可敬

國家主席劉少奇無法可護窩窩囊囊死無葬身之地　可歎

內鬥中毛澤東技高一籌讓親密戰友林彪墜地身亡　可悲

2016年李正中於5.16敬祭

前言：忘記歷史意味著背叛

文學巨匠巴金說：

應該把那一切醜惡的、陰暗的、殘酷的、可怕的、血淋淋的東西集中起來，展覽出來，毫不掩飾，讓大家看得清清楚楚，牢牢記住。不能允許再發生那樣的事。不再把我們當牛，首先我們要相信自己不是牛，是人，是一個能夠用自己腦子思考的人！

那些魔法都是從文字遊戲開始的。我們好好地想一想、看一看，那些變化，那些過程，那些謊言，那些騙局，那些血淋淋的慘劇，那些傷心斷腸的悲劇，那些勾心鬥角的醜劇，那些殘酷無情的鬥爭……為了那一切的文字遊戲！……為了那可怕的十年，我們也應該對中華民族子孫後代有一個交代。

要大家牢記那十年中間自己的和別人的一言一行，並不是讓人忘記過去的恩仇。這只是提醒我們要記住自己的責任，對那個給幾代人帶來大災難的「文革」應該負的責任，無論是受害者，或者害人者，無論是上一輩或是下一代，不管有沒有為「文革」舉過手點過頭，無論是造反派、走資派，或者逍遙派，無論是鳳或者是牛馬，讓大家都到這裡來照照鏡子，看看自己為「文革」做過什麼，或者為反對「文革」做過什麼。不這樣，我們怎麼償還對子孫後代欠下的那一筆債，那筆非還不可的債啊！

（摘自巴金《隨想錄》第五冊《無題集・紀念》）

我高舉雙手讚賞、支持前輩巴老的呼籲。這不是一個人的呼籲，而是一個民族對其歷史的反思。一個忘記自己悲慘歷史和命運的民族，就是一個沒有靈魂的民族，沒有希望的民族，沒有前途的民族。中華民族要真正重新崛起於世界之林，實現中華夢，首先必須根除這種漠視和回避自己民族災難的病根，因為那不意味著它的強大，而恰恰意味著軟弱和自欺。這就是我不計後果，一定要搜集、編輯和出版這部書的原因。我想，待巴老呼籲的「文革紀念館」真正建立起來的那一天，我們才可以無愧地向全世界宣告：中華民族真正走上了復興之路……。

當本書即將付梓時刻，使我想到蘭臺出版社出版該書的風險，使我內心感動、感激和感謝！同時也向高雅婷責任編輯對殘缺不全的文革報紙給以精心整理、校對，付出辛勤的勞累致以衷心得感謝！

感謝忘年交、學友南開大學博導張培鋒教授為拙書寫「序言」，這是一篇學者的呼喚、是正義的伸張，作為一個早以欲哭無淚的老者，為之動容，不覺潸然淚下：「一夜思量千年事，人生知己有一人」足矣！

李正中於古月齋

2014年6月1日文革48周年紀念

序言：中國歷史界的大幸，也是國家、民族之大幸

張培鋒

　　李正中先生積三十年之功，編集整理的《文革史料叢刊》即將出版，囑我為序。我生於1963年，在文革後期（1971-1976），我還在讀小學，那時，對世事懵懵懂懂，對於「文革」並不瞭解多少，因此我也並非為此書寫序的合適人選。但李先生堅持讓我寫序，我就從與先生交往以及對他的瞭解談起吧。

　　看到李先生所作「前言」中引述巴金老人的那段話，我頓時回想起當年我們一起購買巴老那套《隨想錄》時的情景。1985年我大學畢業後，分配到天津大學冶金分校文史教研室擔任教學工作，李正中先生當時是教務處長兼教研室主任，我在他的直接領導下工作。記得是工作後的第三年即1987年，天津舉辦過一次大型的圖書展銷會（當時這樣的展銷會很少），李正中先生帶領我們教研室的全體老師前往購書。在書展上，李正中先生一眼看到剛剛出版的《隨想錄》一書，他立刻買了一套，並向我們鄭重推薦：「好好讀一讀巴老這套書，這是對「文革」的控訴和懺悔。」我於是便也買了一套，並認真讀了其中大部分文章。說實話，巴老這套書確實是我對「文革」認識的一次啟蒙，這才對自己剛剛度過的那一個時代有了比較深切的瞭解，所以這件事我一直記憶猶新。我記得在那之後，李正中先生在教研室的活動中，不斷提到他特別讚賞巴金老人提出的建立「文革紀念館」的倡議，並說，如果這個紀念館真的能夠建立，他願意捐出一批文物。他說：「如果不徹底否定「文革」，中國就沒有希望！」我這才知道，從那時起，他就留意收集有關「文革」的文獻。算起來，到現在又三十年過去了，李先生對於「文革」那段歷史「鍾情」不改，現在終於將其蒐輯付梓，我想，這是中國歷史界的大幸，也是國家、民族之大幸！

　　前兩年，我有幸讀到李正中先生的回憶錄，對他在「文革」中的遭遇有了更為真切的瞭解。「文革」不僅僅是中國知識分子的受難史，更是整個民族、人民的災難史。正如李先生在「前言」中所說，忘記這段歷史就意味著背叛。李先生是歷史學家，他的話絕非僅僅出於個人感受，而是站在歷史的高度，表現出一個中國知識分子的真正良心。

　　就我個人而言，雖然「文革」對我這一代人的波及遠遠不及李先生那一代人，但自從我對「文革」有了新的認識後，對那段歷史也有所反思。結合我個人現在從事的中國傳統文化教學與研究來看，我覺得「文革」最大的災難在於：它對中華優秀傳統文化做出了一次「史無前例」的摧毀（當時稱之為「破四舊，立新風」，當時究竟是如何做的，我想李先生這套書中一定有非常真實的史料證明），從根本上造成人心

的扭曲和敗壞，並由此敗壞了全社會的道德和風氣。「文革」中那層出不窮的事例，無不是對善良人性的摧殘，對人性中那些最邪惡部分的激發。而歷史與現在、與未來是緊緊聯繫在一起的，當代中國社會種種社會問題、人心的問題，其實都可以從「文革」那裡找到根源。比如中國大陸出現的大量的假冒偽劣、坑蒙拐騙、貪汙腐化等現象，很多人責怪說這是市場經濟造成的，但我認為，其根源並不在當下，而可以追溯到四十年前的那場「革命」。而時下一些所謂「左派」們，或別有用心，或昧了良心，仍然在用「文革」那套思維方式，不斷地掩飾和粉飾那個時代，甚至將其稱為中國歷史上最文明、最理想的時代。我現在在高校教學中接觸到的那些八十年代、九十年代後出生的年輕人，他們對於「文革」或者絲毫不瞭解，或者瞭解的是一些經過掩飾和粉飾的假歷史，因而他們對於那個時代的總體認識是模糊甚至是錯誤的。我想，這正是從巴金老人到李正中先生，不斷呼籲不要忘記「文革」那段歷史的深刻含義所在。不要忘記「文革」，既是對歷史負責，更是對未來負責啊！

記得我在上小學的時候，整天不上課，拿著毛筆——我現在感到奇怪，其實就連毛筆不也是我們老祖宗的發明創造嗎？「文革」怎麼就沒把它「革」掉呢？——寫「大字報」，批判「孔老二」，其實不過是從報紙上照抄一些段落而已，我的《論語》啟蒙竟然是在那樣一種可笑的背景下完成的。但是，僅僅過去三十多年，孔子仍然是我們全民族共尊的至聖先師，「文革」中那些「風流人物」們今朝又何在呢？所以我認為，歷史是最公正、最無情的，是不容歪曲，也無法掩飾的，試圖對歷史進行歪曲和掩飾其實是最愚蠢的事。李正中先生將這些「文革」時期的真實史料拿出來，讓那些並沒有經歷過那個時代的人們真正認識和體會一下那場「革命」的真實過程，看一看那所謂「革命」、「理想」造成了怎樣嚴重的後果，這就是最好的歷史、最真實的歷史，這也就是巴老所說的「文革紀念館」的一個重要組成部分啊！我非常讚成李正中先生在「前言」中所說的，只有不漠視、不回避這段歷史，中國才有希望，中華民族才有希望！

是為序。

中華民族最黑暗的年代「文革」48周年紀念於天津聆鍾室
〔注〕張培鋒：現任南開大學文學院教授博士班導師

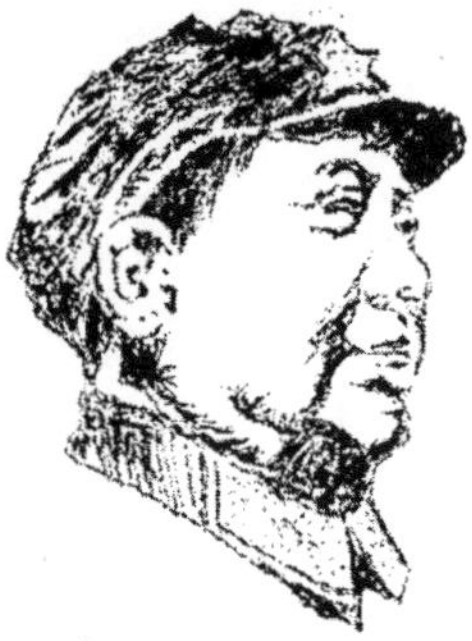

文革创作歌曲集

毛主席万岁!

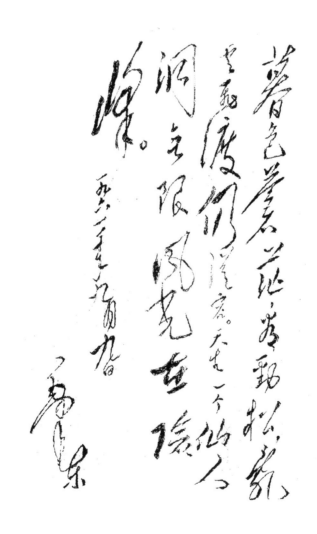
暮色苍茫看劲松，乱云飞渡仍从容。天生一个仙人洞，无限风光在险峰。

一九六一年九月九日

毛泽东

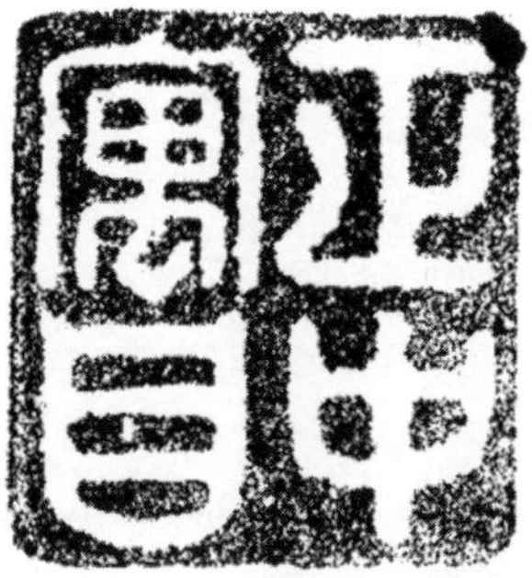

目　录

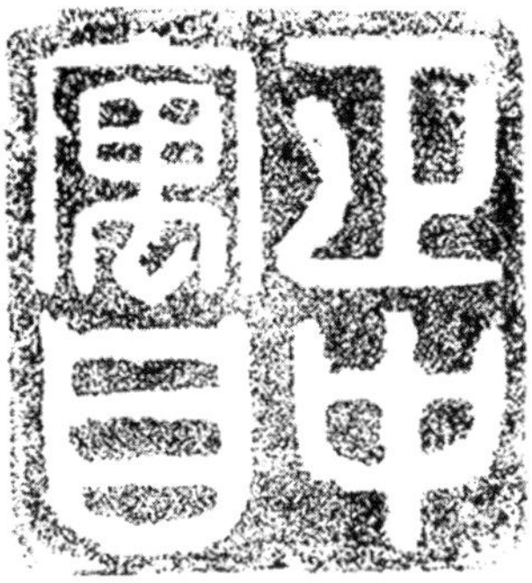

看ㄟ这些
拍马屁
作曲者:

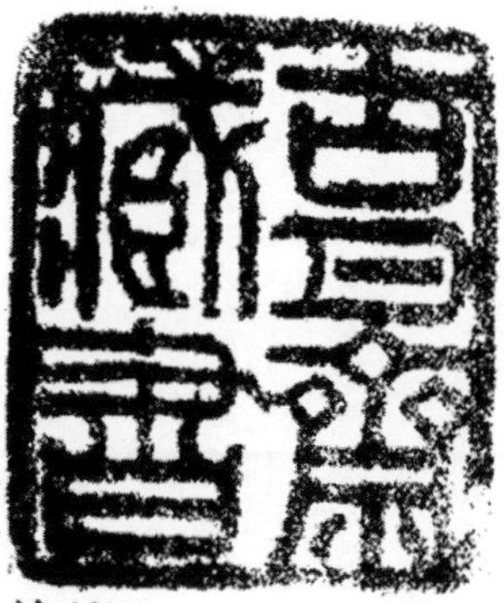

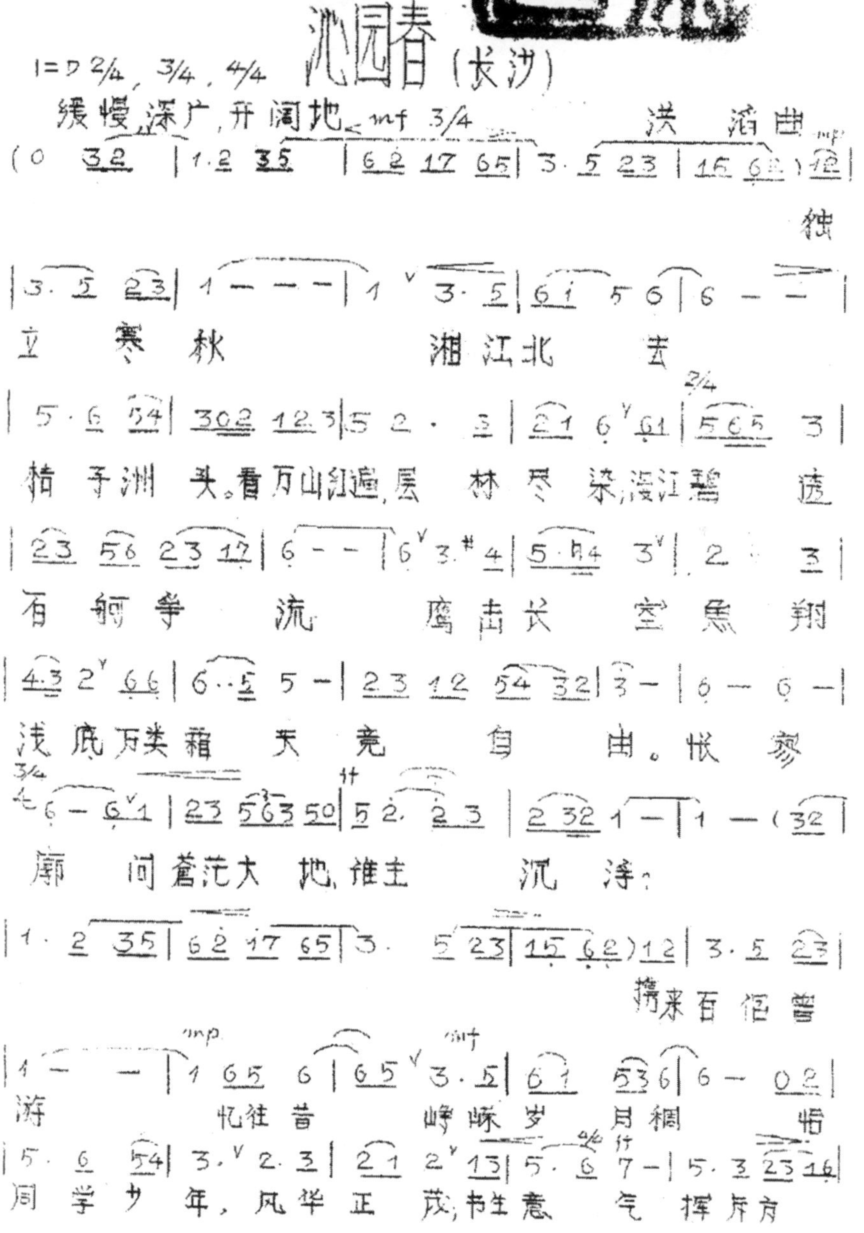

沁园春（长沙）

1=D 2/4, 3/4, 4/4

缓慢 深广 开阔地 mf 3/4   洪涛曲

(0 32 | 1.2 35 | 62 17 65 | 3. 5 23 | 15 62) 12 |

独

| 3. 5 23 | 1 — — | 1 ˇ 3. 5 | 61 5 6 | 6 — — |

立 寒 秋   湘江北   去

| 5.6 54 | 30 2 12 3 | 5 2. 3 | 21 6ˇ 61 | 5 6 5 3 |

橘子洲头。看万山红遍，层 林尽 染浅江碧 透

| 23 56 23 17 | 6 — — | 6ˇ 3ˇ #4 | 5 54 3ˇ | 2 . 3 |

有舸争 流   鹰击长 空 鱼 翔

| 4 3 2ˇ 66 | 6. 5 5 — | 23 12 54 | 32 3 — | 6 — 6 — |

浅底万类霜 天 竞 自 由。怅 寥

| 6 — 6ˇ 1 | 23 56 3 50 | 5 2. 23 | 2 32 1 — | 1 — (32 |

廓 问苍茫大 地 谁主 沉 浮。

| 1. 2 35 | 62 17 65 | 3. 5 23 | 15 62) 12 | 3. 5 23 |

携来百侣曾

| 1 — — | 1 65 6 | 65ˇ 3. 5 | 61 | 53 6 | 6 — 02 |

游   忆往 昔   峥嵘岁 月稠   恰

| 5.6 54 | 3. ˇ 2. 3 | 21 2ˇ 13 | 5. 6 7 — | 5. 3 23 16 |

同学少 年，风华正 茂书生意 气 挥斥方

3/4 （激动地）
2/4
4/4
遒
指点江山，激扬文字，粪土当年万户
（柔和地）
侯
曾记否，到中流击水，浪遏飞舟。
〔注〕这首词创作于1925年）
沁园春（长沙）
力丁曲
1=B 3/4 （中速）
（双簧管伴奏）
独立寒秋，湘江北去，桔子洲头看
万山红遍，层林尽染，漫江碧透，百舸争流
鹰击长空，鱼翔浅底，万类霜天竞自由。
怅寥廓，问苍茫大地，
（稍中速）
谁主沉浮。

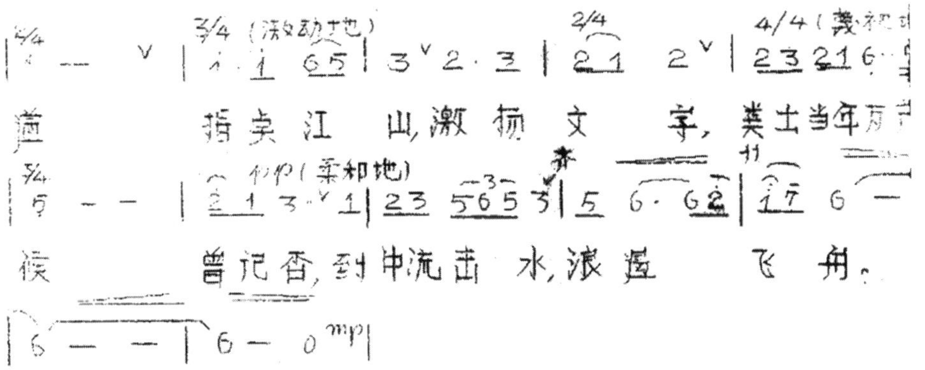

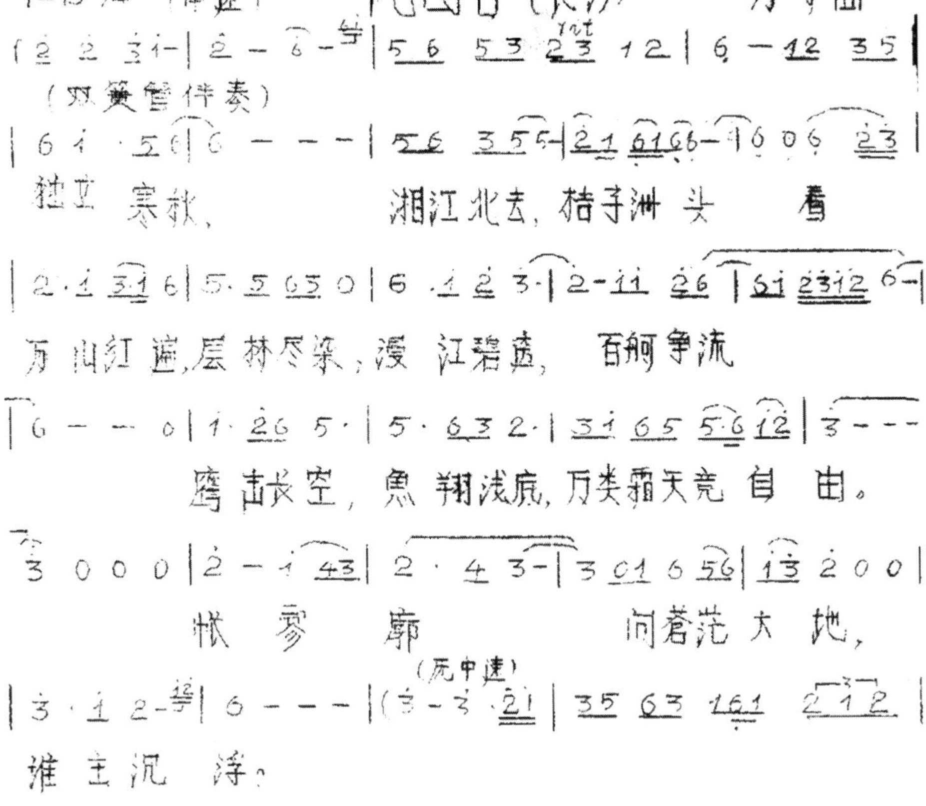

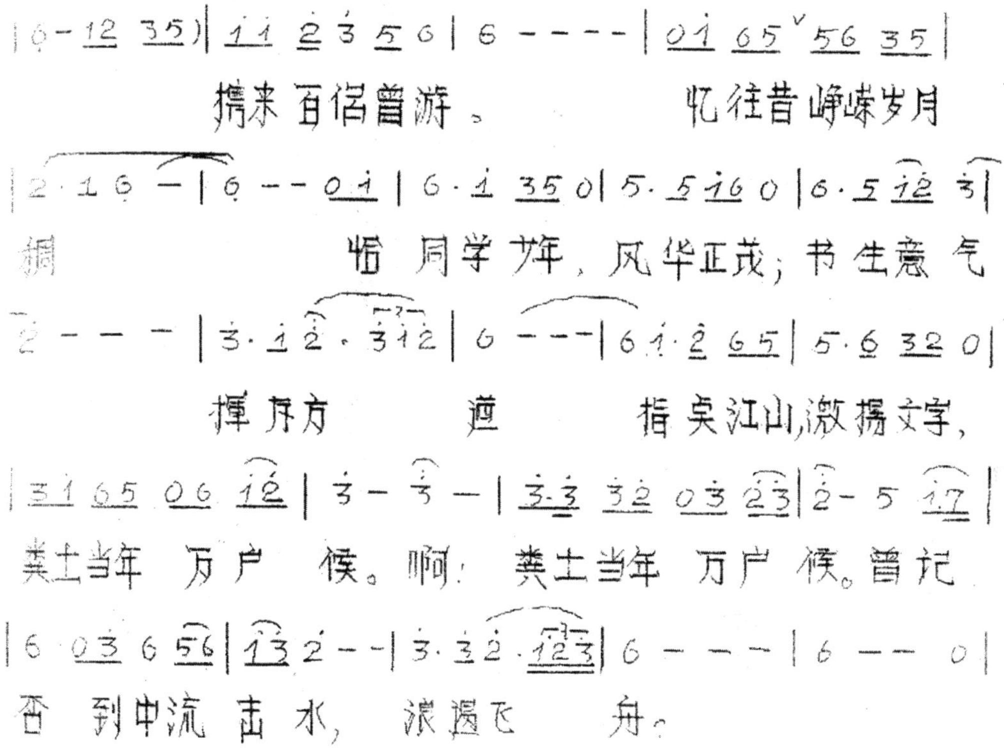

| 6 - 12 35 | 11 23 56 | 6 - - - - | 01 65 56 35 |

携来百侣曾游。　　忆往昔峥嵘岁月

| 2 16 - | 6 - - 01 | 6·1 35 0 | 5·5 16 0 | 6·5 12 3 |

稠　　　　恰 同 学 少年，风华正茂；书 生 意 气

| 2 - - - | 3·12·312 | 6 - - - | 61 2 65 | 5·6 32 0 |

挥斥方　遒，　指点江山，激扬文字，

| 31 65 06 12 | 3 - 3 - | 3·3 32 03 23 | 2 - 5 17 |

粪土当年 万户 侯。啊：粪土当年 万户 侯。曾记

| 6 03 6 56 | 123 2 - - | 3·32·123 | 6 - - - | 6 - - 0 |

否 到中流 击水，　浪遏飞　舟。

菩薩蛮 (黄鹤楼)　　劫夫曲

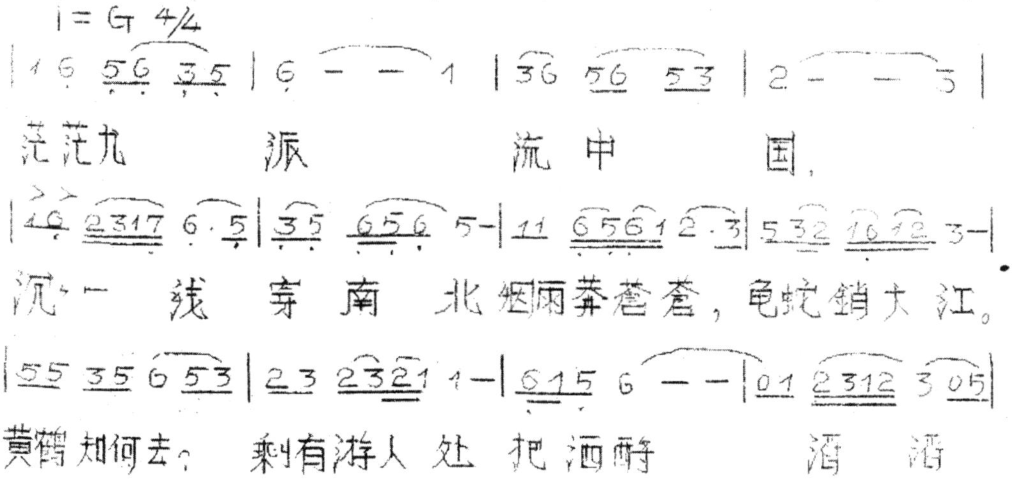

1 = G 4/4

| 16 56 35 | 6 - - 1 | 36 56 53 | 2 - - 3 |

茫茫九　派　　流 中　国，

| 19 2317 6·5 | 35 656 5 - | 11 656 12·3 | 532 16 12 3 - |

沉一 浅 寺南 北烟雨莽苍苍，龟蛇锁大 江。

| 55 35 653 | 23 2321 1 - | 615 6 - - | 01 2312 3 05 |

黄鹤 知何去。剩有游人 处 把酒酹　酒 滔

|6̇5̇ 6 — —|0 1̇5̇ 5̇ — — —|0 6̇5̇ 56 1̇—|1̇ — — —
心　潮　　逐　浪　　　　　高！

〔注〕这首词创作于1927年春。

菩萨蛮（黄鹤楼）

1=ᵇE 2/4, 3/4, 4/4, 5/4

罗斌曲

伟雄，有气魄地

|　5̇6̇ |2 — 2̇3̇ 1̇5̇3̇ |6 — —| 6̇1̇ 5̇4̇5̇ 3—|3 — 0 0 2̇3̇
茫　茫　九　派　　流　中　国　　沉

|5̇ — 5̇3̇ 5̇6̇|7 — 7̇5̇ |7̇3̇ 2̇·7̇6̇3̇ 5—|5 0 0
沉　一　线　　穿　南　　北。

3̇·1̇ 2̇1̇2̇3̇ 5·6̇|1̇·2̇ 7̇6̇ 5̇·6̇7̇2̇|6 — —|1̇1̇2̇ 7̇6̇7̇
烟雨莽苍苍，龟蛇锁大　江，黄鹤知何

|5̇·1̇ |4̇3̇ 2̇3̇4̇6̇|3 —|2̇·3̇ 5̇6̇ 7 —|1̇·2̇ 7̇ 6̇3̇ 5̇·
去　刺有游人处，把酒酹滔滔心潮逐　浪　高！

|1̇1̇2̇ 7̇6̇7̇|5̇·1̇ 4̇3̇ 2̇3̇4̇6̇|3 —|5̇·6̇ 7̇6̇7̇3̇ |2 —
黄鹤　知何去，刺有游人　处。把酒酹酒

|2̇ 5̇6̇2̇ |3 — 2̇·3̇ 2̇·1̇|1̇—1̇ — |1̇ 0‖
心　潮　逐　浪　高！

20

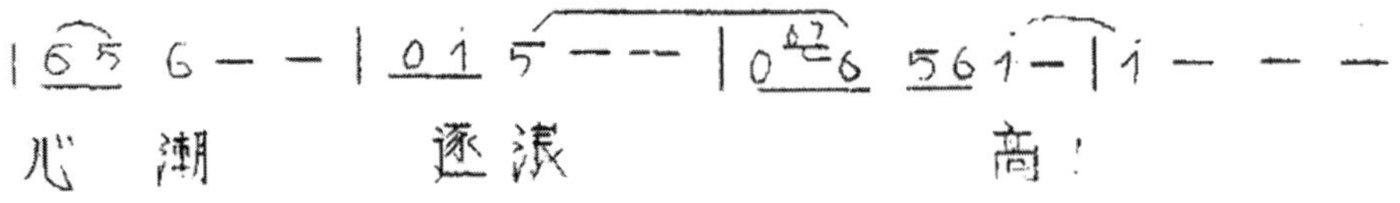

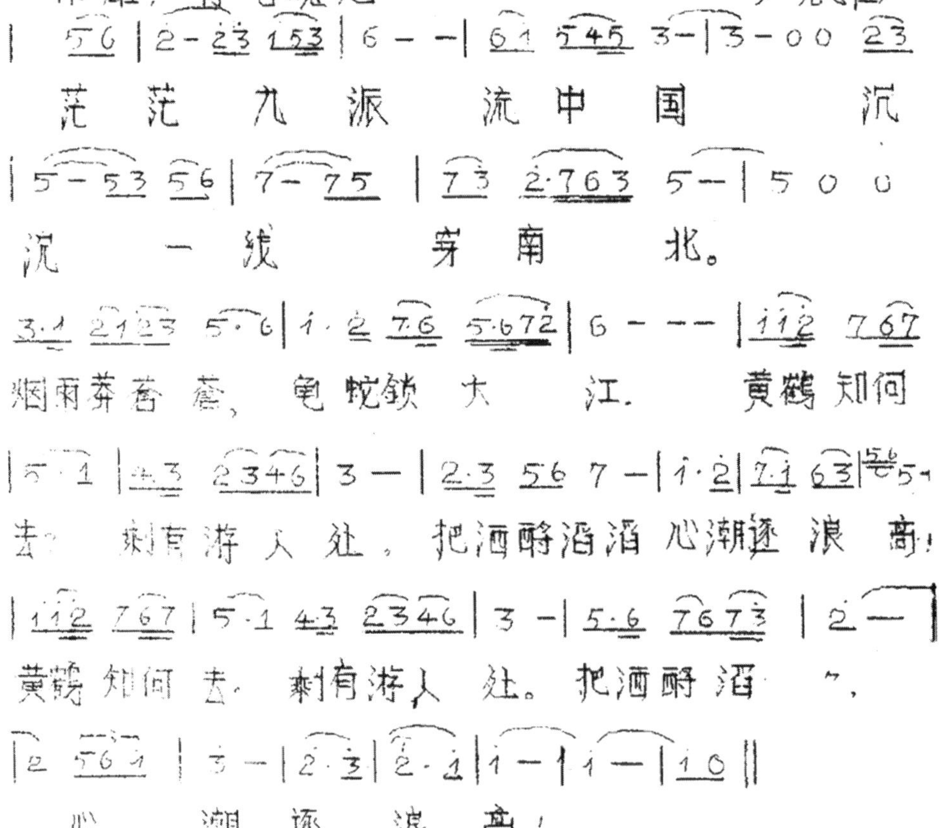

菩薩蠻（黃鶴樓）

（男聲獨唱）　　　　沙川曲

1=♭B 4/4

```
| 3.2 3.2 16 | 36 56 1— | 3.2 3 — — | 32 16 3 57 |
                              茫　茫　　九　派　流中
                                        (55 67 11 23)
| 6 — — — | 5.6 3 — — | 31 23 6 2 | 5 — — 3.2 12 6 56 3 |
  國　　　沉　沉　　　一　線　穿 南　北。　烟雨莽蒼，
                  18 17 6 7 65 6.0 60
| 3.2 15 | 3 5 76 — | 6 — — — | 66 15 7 6.5 | 23 2 12 3 — |
  龜　蛇鎖大江。　　黃鶴知何去：　剩有游人處
| 02 12 35 656 | 5 — — — | 5.6 2 — 323 | 5 — 23 2 |
  把酒酹滔　滔，　　　心　潮　　逐　浪
  (12 35 23 56 35 61 56 12 | 3.2 23 1 — —)
| 1 — — — | — — — | 1 — — — |
  高
```

菩薩蠻（黃鶴樓）　徐月初曲

1=F 4/4
行板

```
(0 0 71 3 1 | 0 0 71 2 6 | 1 12 6 12 6 | 12 6 — — |
| 6 6 12 3 | 1 23 2 — | 3.3 65 3 | 23 61 6 — |
  茫九　派 流中 國， 沉沉 一　線 穿 南 北。
                                    sf mp dim
| 16 12 55 | 63 57 6— | 63 57 63 5 6 56 7 2 |
  烟雨莽蒼， 龜 蛇鎖大江。
```

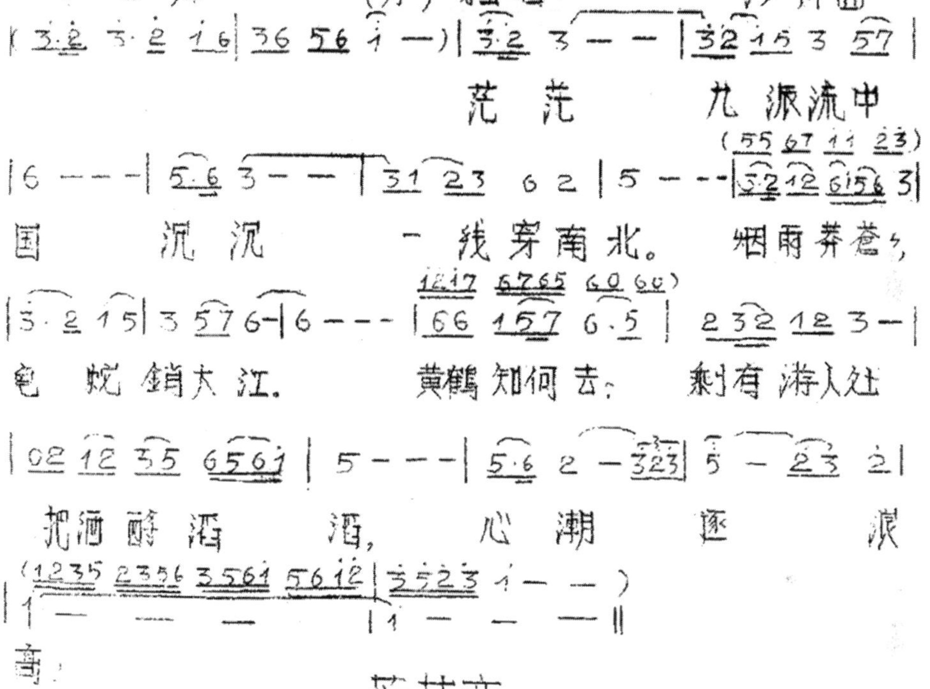

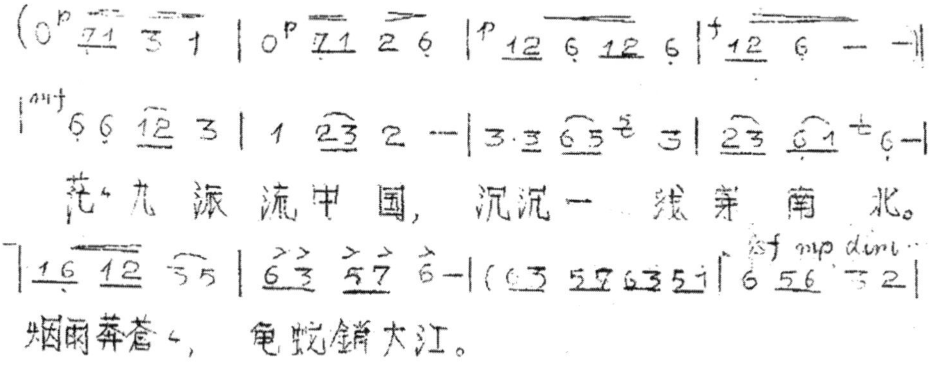

黄鹤知何去，剩有游人处。

把酒酹滔滔，心潮逐浪高！

采桑子（重阳） 劫夫曲

人生易老天难老，岁岁重阳，今又重阳，战地黄花分外香。

一年一度秋风劲，不似春光，胜似春光，寥廓江天万里霜。寥廓江天万里霜。

注：这首词作于1929年10月。

大海航行靠舵手

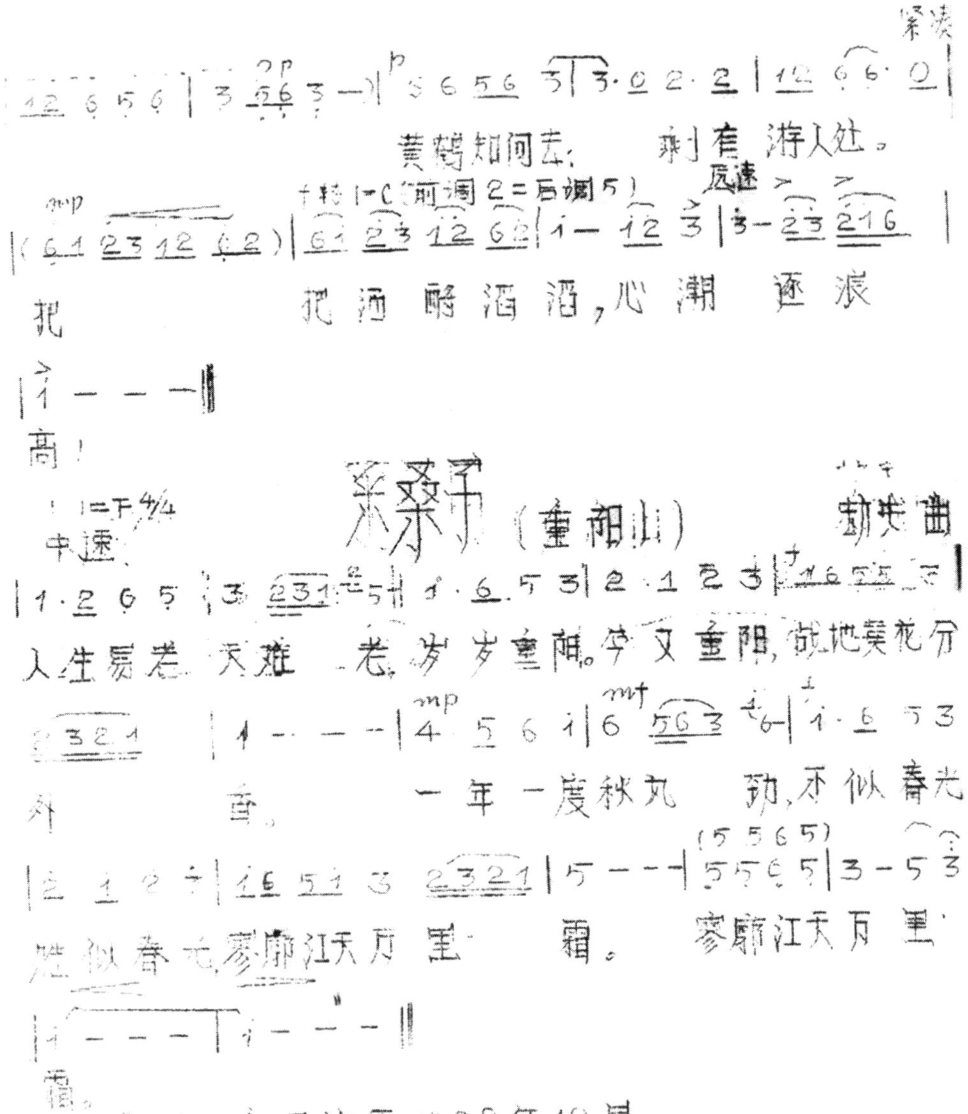

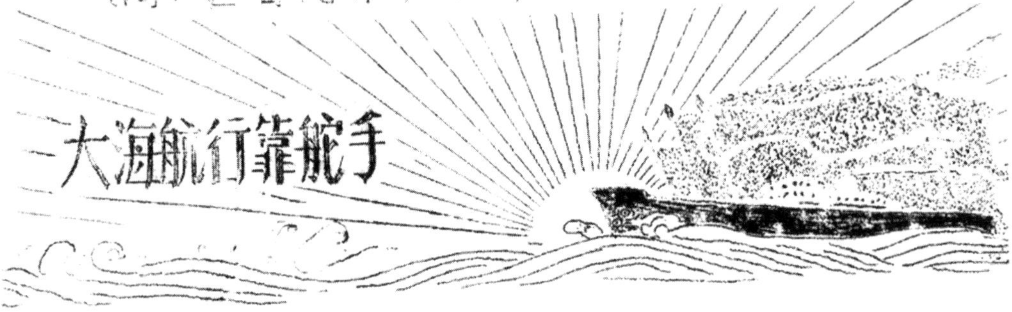

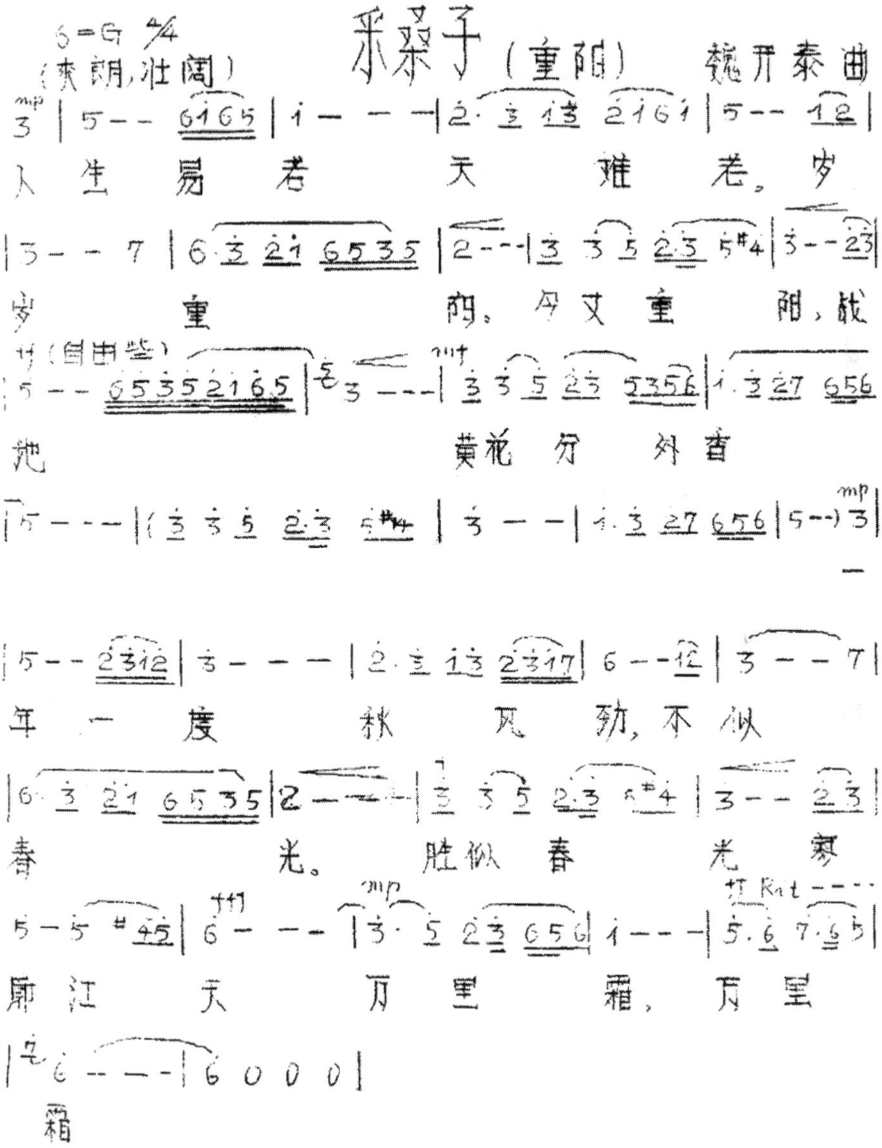

减字木兰花

（广昌路上） 劲夫曲

1=下 3/4

漫天皆白， 雪里行军情更迫。

头上高山，

风卷红旗过大关。 此行何

去？ 赣江风雪迷漫处。命令昨

领 十万工农 下吉安。

〔注〕这首词创作于1930年2月。

蝶恋花

（从汀州向长沙） 牛畅曲
（男声独唱） 牛正本曲

1=♭B 2/4

六月 天兵 征腐恶，

万丈 长缨 要把 鲲鹏 缚。

赣水 那边 红一角 偏师借重

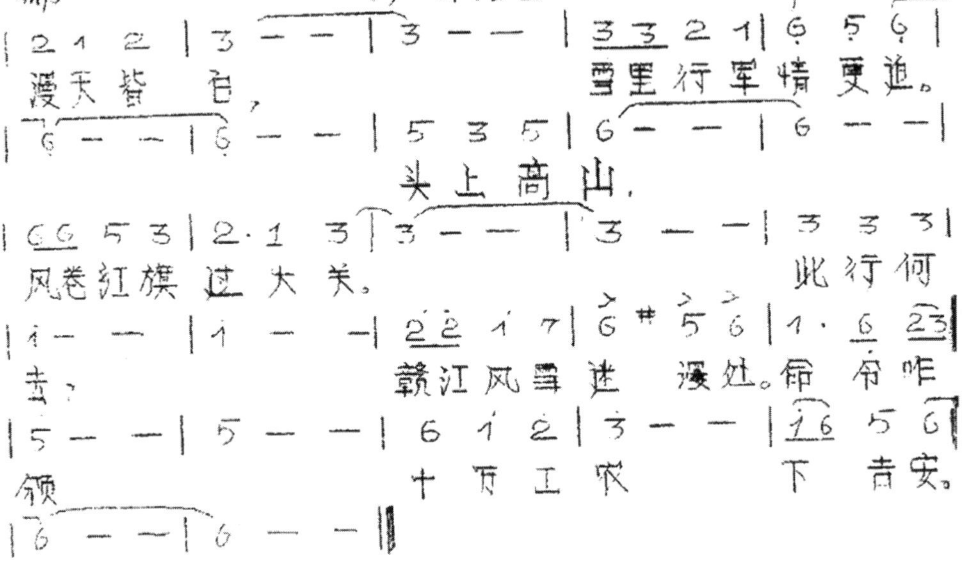

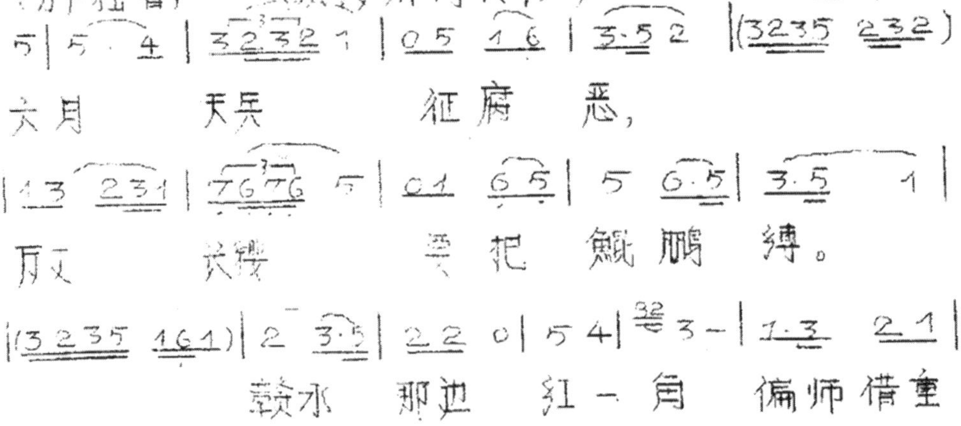

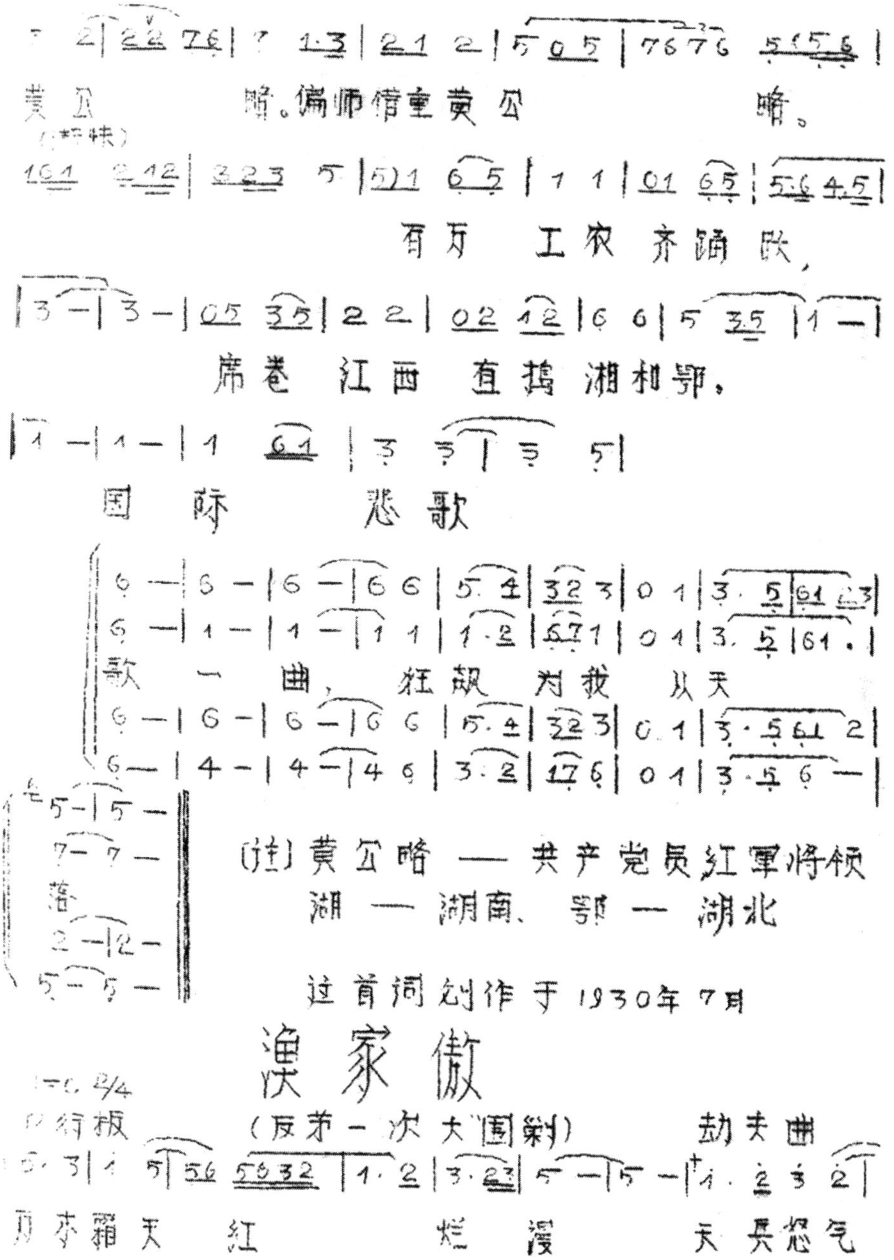

黄公略。偏师借重黄公略。

（井冈株）

有万工农齐踊跃，

席卷江西直捣湘和鄂，

国际悲歌

歌一曲，狂飙为我从天落

〔注〕黄公略——共产党员红军将领

湖——湖南、鄂——湖北

这首词创作于1930年7月

渔家傲

（反第一次大围剿）　　　劫夫曲

万木霜天红烂漫　天兵怒气

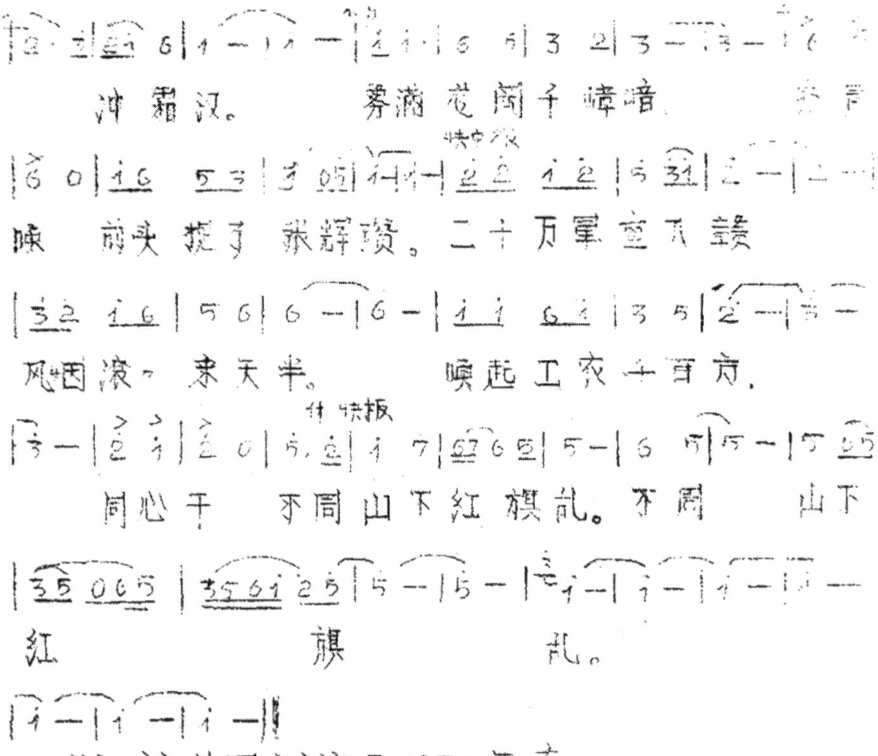

冲霄汉。　雾满苍岗千嶂暗，　　齐声
唤　前头捉了张辉瓒，二十万军重入赣
风烟滚滚来天半。　唤起工农千百万，
同心干　不周山下红旗乱。不周　山下
红　旗　乱。

〔注〕这首词创作于1934年春。

渔家傲

王元方　曲
（反第一次大"围剿"）　载于吾演旧闻

稍慢　有气势地
（男中音领唱）

万木霜　天红烂漫，天兵　怒气冲霄　汉。
雾满苍岗千嶂暗，　齐声唤，前头捉了
张辉瓒二十万军　重入赣，风烟滚滚来天半，

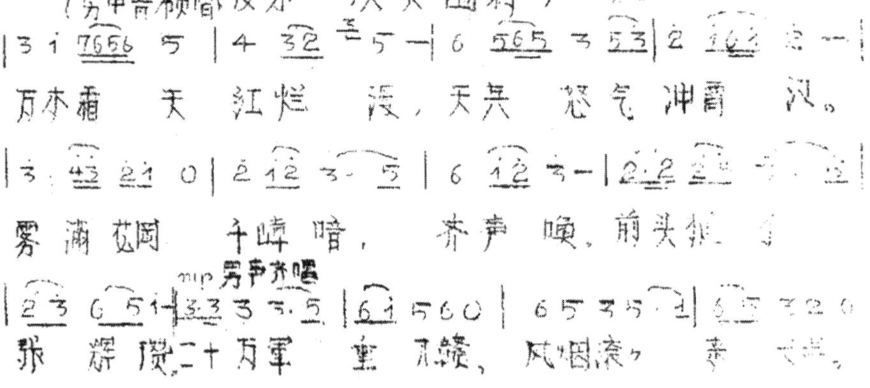

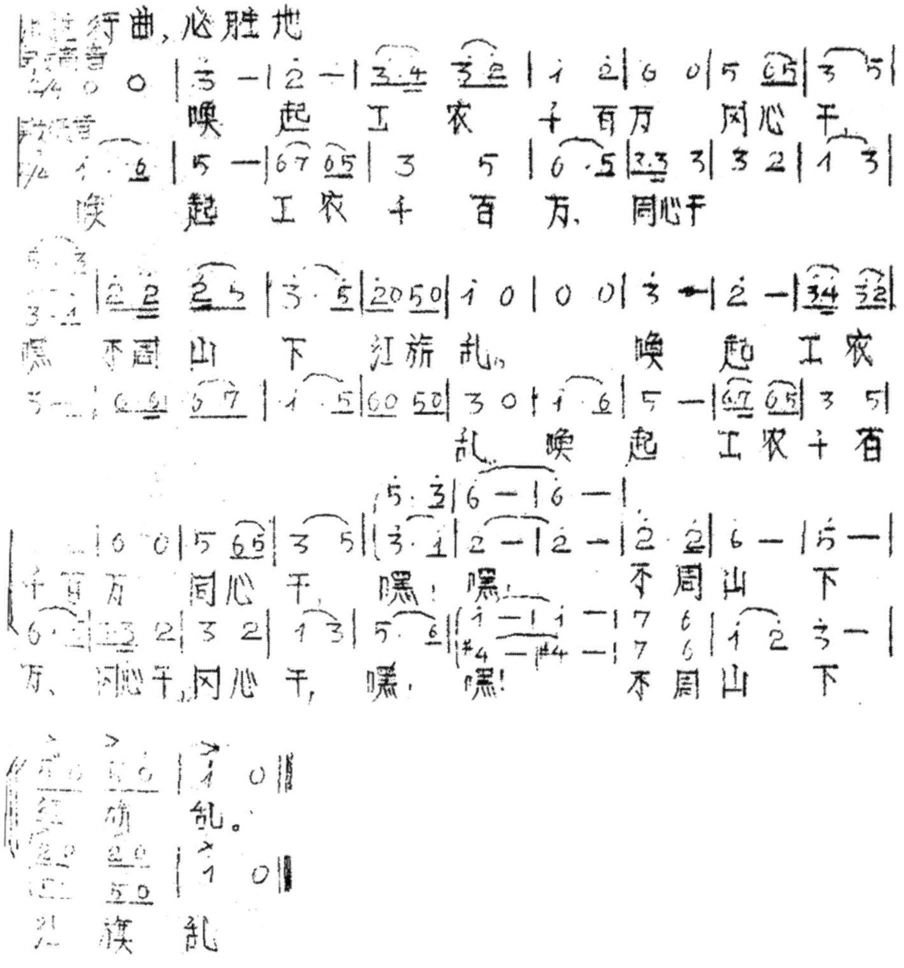
进行曲，必胜地
男高音
唤起工农千百万 同心干，
男低音
唤起工农千百万，同心干
嘿 不周山下 红旗乱。 唤起工农
乱 唤起工农千百
千百万 同心干， 嘿！嘿！ 不周山下
万、同心干，同心干， 嘿！ 嘿！ 不周山下
红旗乱。
红旗乱

清平乐（合唱） 路由曲

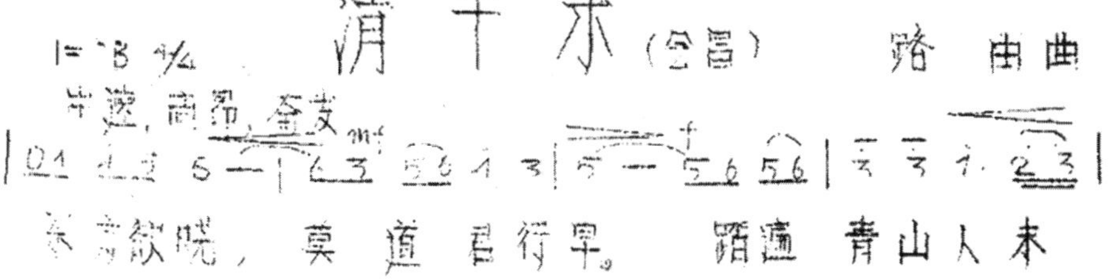
1=♭B 4/4
中速，雨昂，奋发
mf
东方欲晓， 莫道君行早。 踏遍青山人未

```
| 2 - mf  3 | 1 - 16  21 | 5 - 6 - 6 | 6 - - 0 |
老,    风景  这边  独  好。
```

f(较前略快)   打(恢复原速)   十
```
| 6 53 1 10 | 31 65 2 20 | 12 55 3 65 | 4 - - 3 |
会昌城外高峰,巍连直接东溟。战士指看南   粤  更
```

(渐慢)
```
| 1 - 55 6 | 1 - - - ‖
加 郁 郁 葱。
```

[注]: 这首词创作于1934年夏。

忆秦娥

1=bE 2/4

[慢而结实/女中音齐唱] (娄山关)   劫 夫曲

```
| 6  5 | 6 - | 5  1 | 6  5 | 6  53 | 2 - | 3  2 |
西 风 烈, 长 空 雁 叫 霜 晨 月。  霜 晨
```

rit
```
| 3 - | 23  2 1 | 61  5 | 6 - | 6 - |
月。 马 蹄 声 碎, 喇叭 声 咽。
```

```
| 0  0 | 0  0 | 11 12 | 3 21 | 3 - | 3 - | 33 35 |
         雄关 漫道 真 如  铁       而今 迈步
```

```
| 11 12 | 3 21 | 3 - | 33 35 | 6 53 | 6 - |
雄关 漫道 真 如  铁。    而今 迈步 从头  越
```

```
|      6  53 | 6  56 | 16  12 |
      从 头  越。     从 头
|      3   2 | 3  -  | 6   6 |

|      53 56 | 1  -  | 16  12 |
|      1   7 | 6  -  | 6   54 |
```

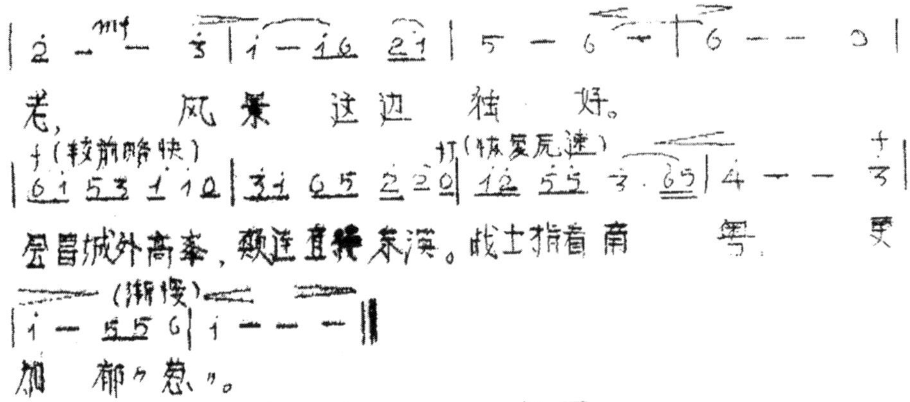

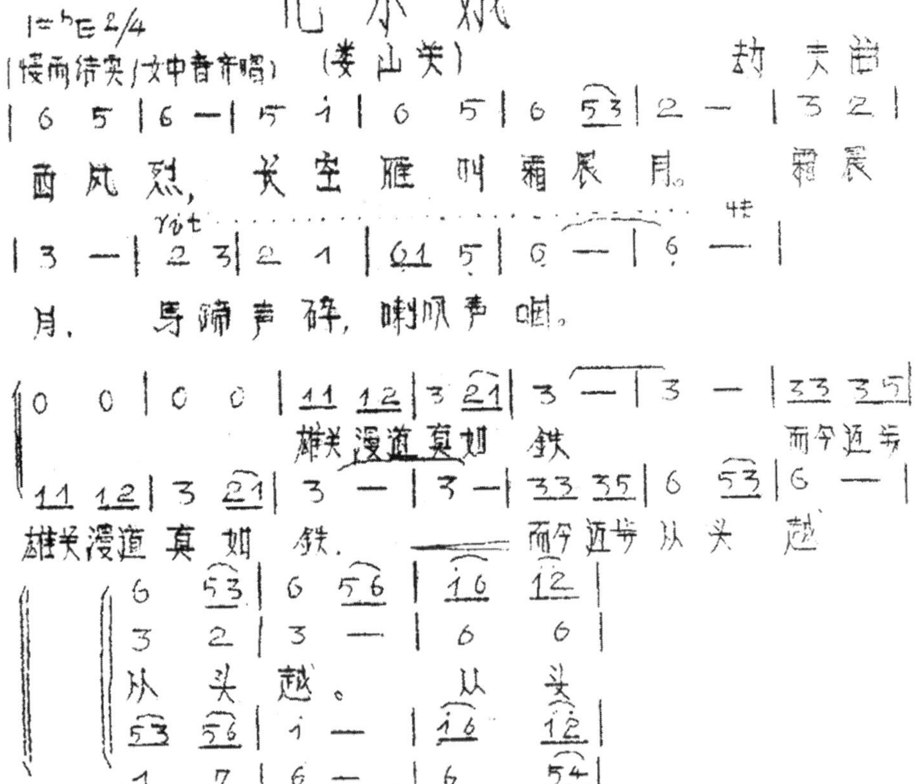

（rit ...）

```
|3̣ -13. 0| 23 12|6. 1̣ 56 35ᵛ| 23 15|6 - |6 - ‖
|7̣ -17. 0| 7̣7̣ 1̣7̣|3 —3 —ᵛ| 2̣7 65|6 - |6 - ‖
```

越， 蒼山如 海， 殘陽如 血。

```
|3̣ -13. 0| 7̣7̣ 7̣| 1̇ —1̇ —ᵛ| 65 32|1̇ - |1̇ - ‖
|3̣ -13. 0| 33 35|6 —6 —ᵛ| 22 33|6 - |6 - ‖
```

〔註〕這首詞創作于1935年2月。

憶秦娥

1=A 4/4, 2/4

2/4 稍慢 （婁山關） 工人 王殿槐曲

```
|5̣ 56 — —|12 16 56|5 — — —|5 6 3 — —|
```
西風烈， 長空雁叫霜晨月。 霜晨月，

```
|2 3 12 6̣|5·6 21 (11̇|1̇ 1̇ 15|33 55|
```
馬蹄聲 碎，喇叭聲咽。

（中速）

```
|67̇ 12|3 23|25 67|1̇ —|5 56|12|1̇·6 5 —|
```
雄關 漫道真如鐵，

```
|2 23|12|5·3 2|31 6|5 6|35 1̇|2·3|
```
而今 邁步從頭越。從頭越，蒼山如 海，殘陽

```
|3 23|1̇ —|1̇ —‖
```
如 血。

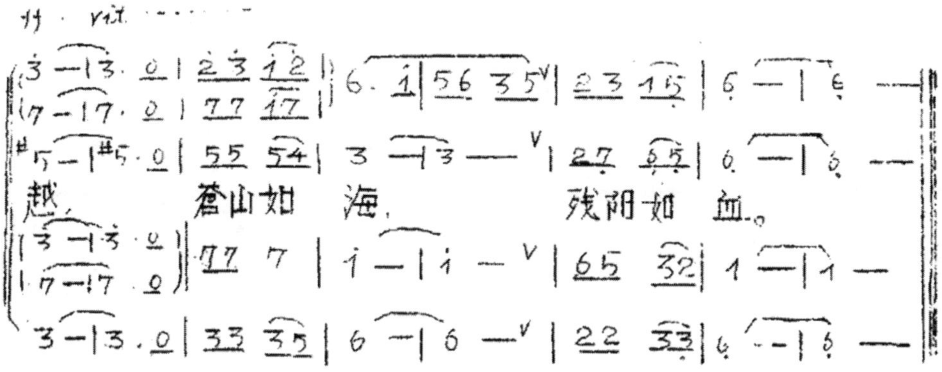

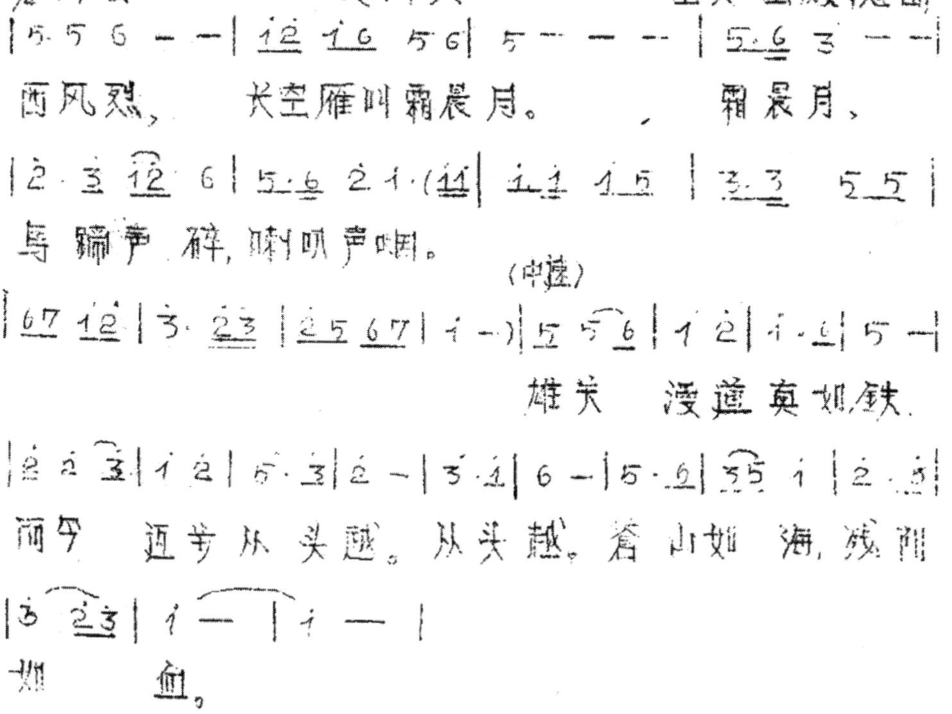

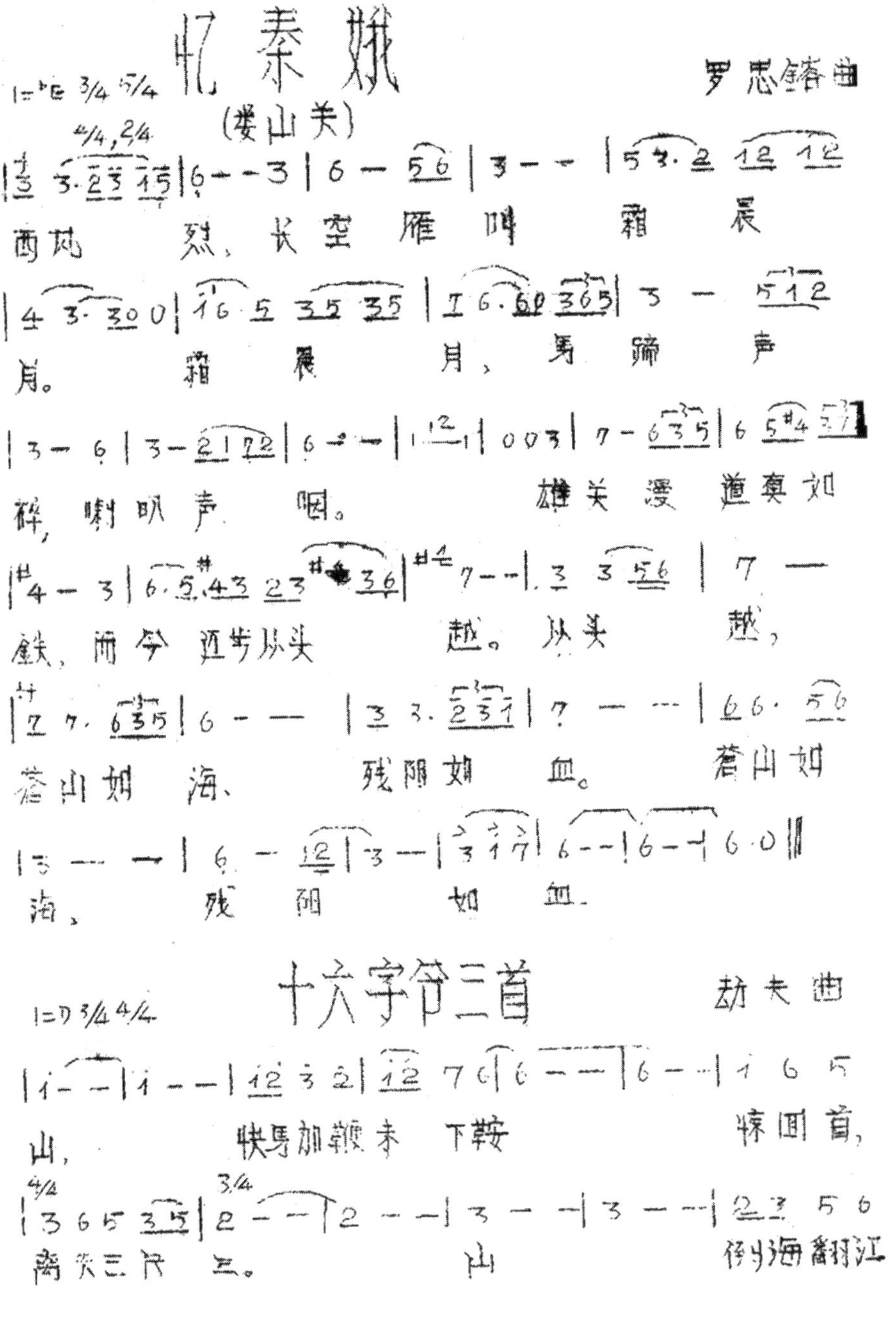

忆秦娥
（娄山关）

罗忠镕曲

1=E 3/4 5/4
4/4, 2/4

|3 3.23 15 | 6--3 | 6-56 | 3-- | 53.2 12 12
西风 烈, 长空 雁叫 霜 晨

|4 3.30 0 | 16 5 35 35 | 16.6 365 | 3-- 512
月。 霜 晨 月, 马 蹄 声

|3-6 | 3-21 72 | 6-- | 12 | 003 | 7-635 | 65 4 51
碎, 喇叭 声 咽。 雄关 漫 道真 如

|4-3 | 6.5 43 23 36 | 7-- | 3 3 56 | 7 -
铁, 而今 迈步从头 越。 从头 越,

|27. 635 | 6-- | 33.23 1 | 7--- | 66.56
苍山 如 海, 残阳 如 血。 苍山 如

|3-- | 6-12 | 3-- | 3 17 | 6-- | 6-- | 6-0 ||
海, 残阳 如 血.

十六字令三首

劫夫 曲

1=D 3/4 4/4

|1 -- | 1 -- | 12 3 21 | 12 7 6 | 6-- | 6-- | 1 6 5
山, 快马加鞭未 下鞍 惊回 首,

4/4   3/4
|3 65 3 35 | 2 -- | 2 -- | 3 -- | 3 -- | 23 56
离天三尺 三。 山 倒海翻江

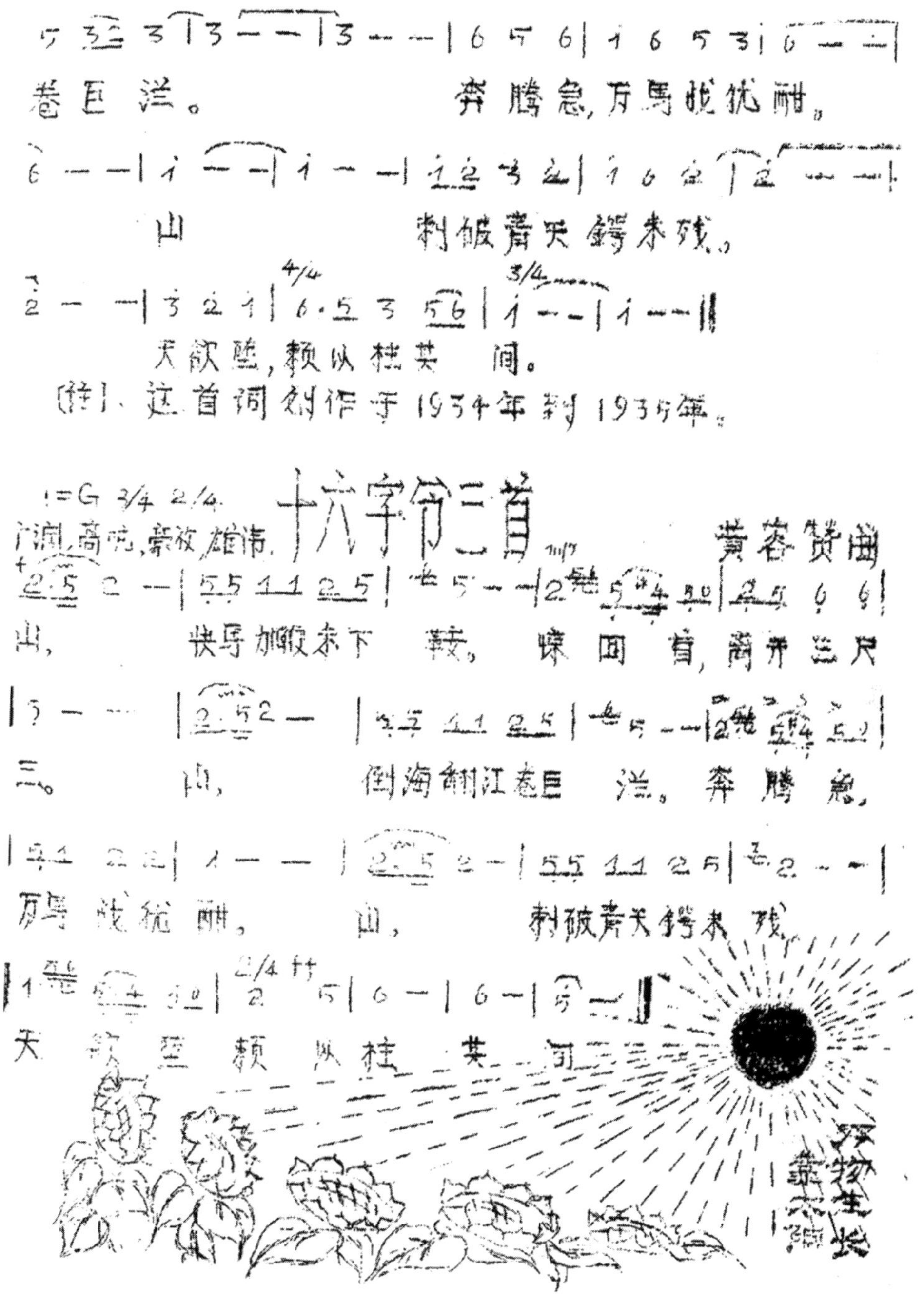

卷巨浪。　　　奔腾急，万马战犹酣，

山　　　　　刺破青天锷未残。

天欲堕，赖以柱其　间。

（注）这首词创作于1934年到1935年。

=G 2/4 2/4　十六字令三首　　黄容赞曲

广阔高亢，崇敬雄伟。

山，　快马加鞭未下　鞍，惊回首，离天三尺

三。　山，　倒海翻江卷巨　浪，奔腾急，

万马战犹酣，　山，　刺破青天锷未残，

天　欲　堕　赖　以　柱　其　间。

31

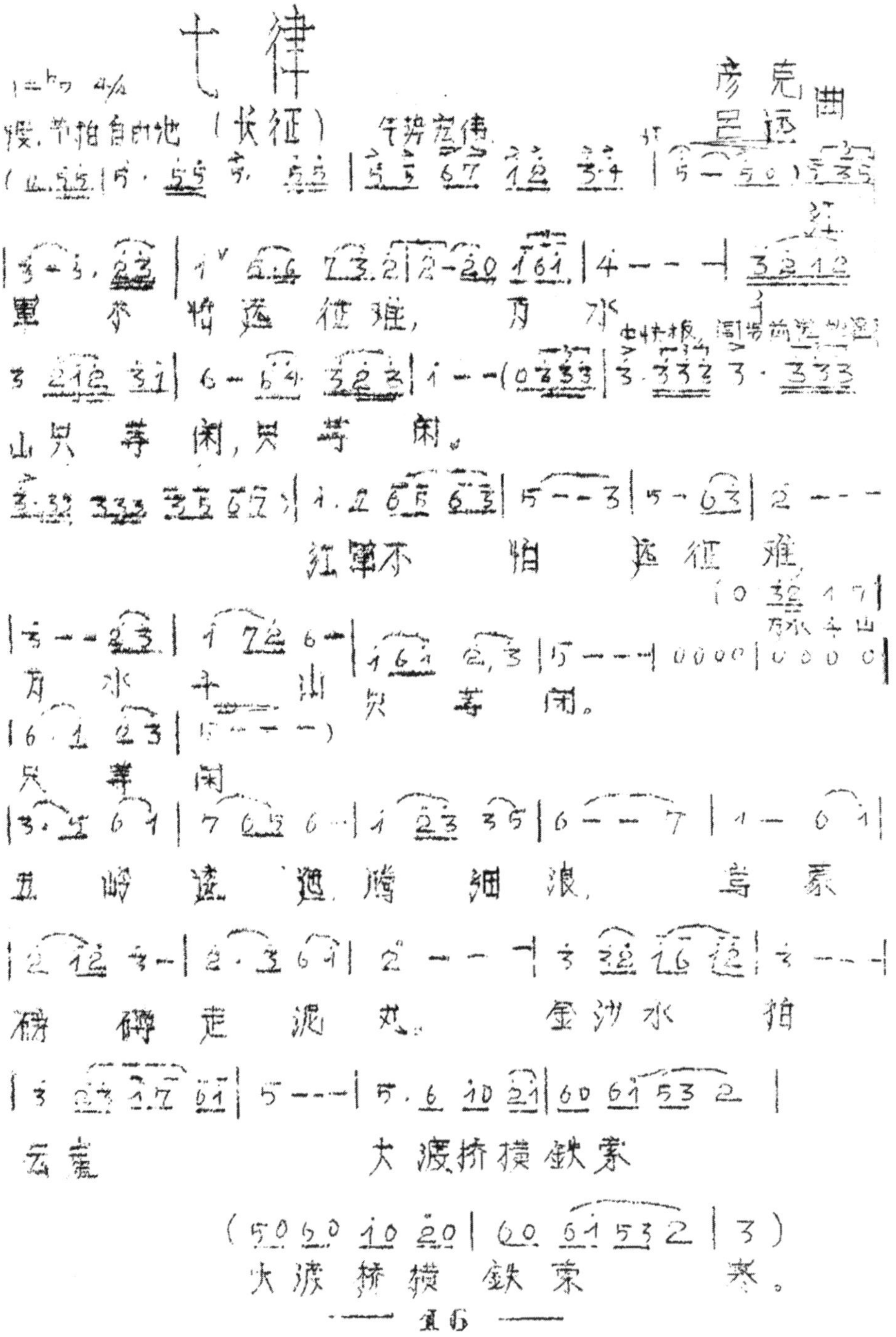

七律

（长征）

七律长征

红军不怕远征难，万水千山只等闲。

五岭逶迤腾细浪，乌蒙磅礴走泥丸。

金沙水拍云崖暖，大渡桥横铁索寒。

3 - - - | 0 0 0 | 0 3.2 3 5 | 6 - - 5 | 6.1 5 6 |

寒　　　　　更喜岷山　千里

渐暖

1 4 5 3 2 3 | 2 2 3 6 1 | 2.3 | 5.3 2 1 7 6 | 5 - - - |

雪，更喜岷山千里　雪，三军过　后

4 - - 3 2 3 | 1 - - - | 1 - - - | 1 0 0 0 ||

尽　开　颜

〔附〕这首诗创作于1935年10月。

1=♭E 2/4

七律

衷迈、壮阔地

狄绍曾曲

(1.1 1.1 | 2.1 6.1 | 5.5 5 6 | 3 1 | 5 0 1.1) |

1 1 | 2 1 0 6 5 6 | 3.5 | 2.3 5 6 | 3 2 1 6 | 5 - - - |

红军不怕　远征难，万水千山只等闲。

5 0 | 3 5 6 | 3 2 3 1 | 5 3 | 6 - - | 2 3 2 1 | 6 1 6 |

五岭逶　迤腾细浪，乌蒙 磅礴

5 5.6 3 | 5 0 | 3 2 3 5 | 1 6 5 | 6.5 6 1 | 5 3 6 | 5 1 2 |

走泥丸。金沙水拍云崖暖，大渡桥横铁索寒。更喜

3 - | 6 - | 6.5 1 2 | 3 0 | 6 6 1 | 2 - - | 3 - |

岷山　千里雪，三军过　后

1.2 5.6 1 0 |

尽开颜。

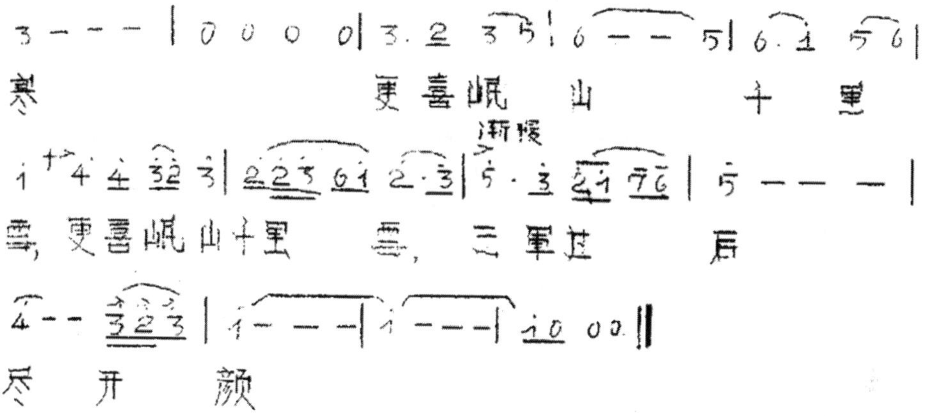

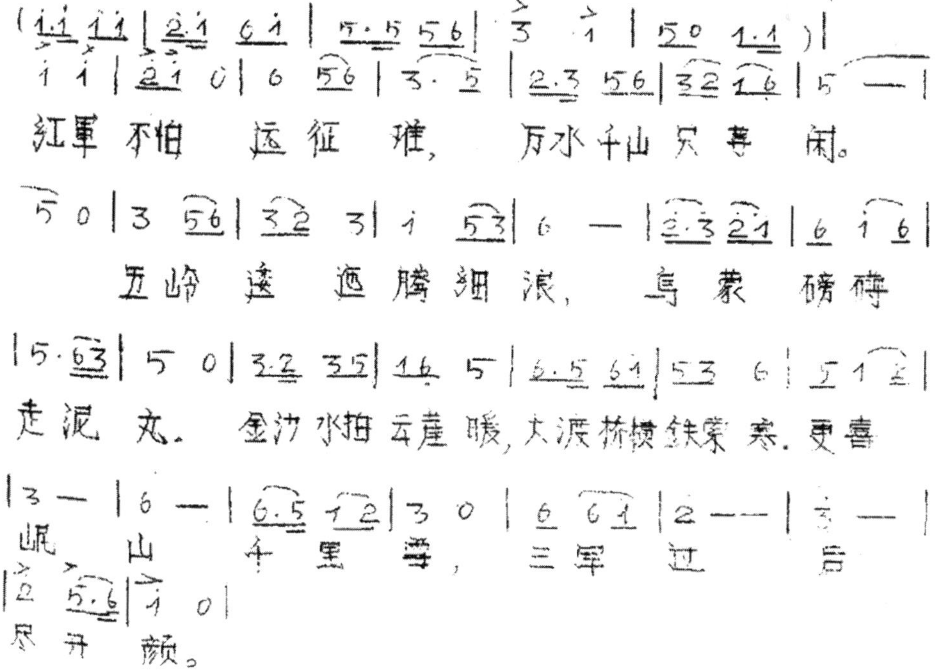

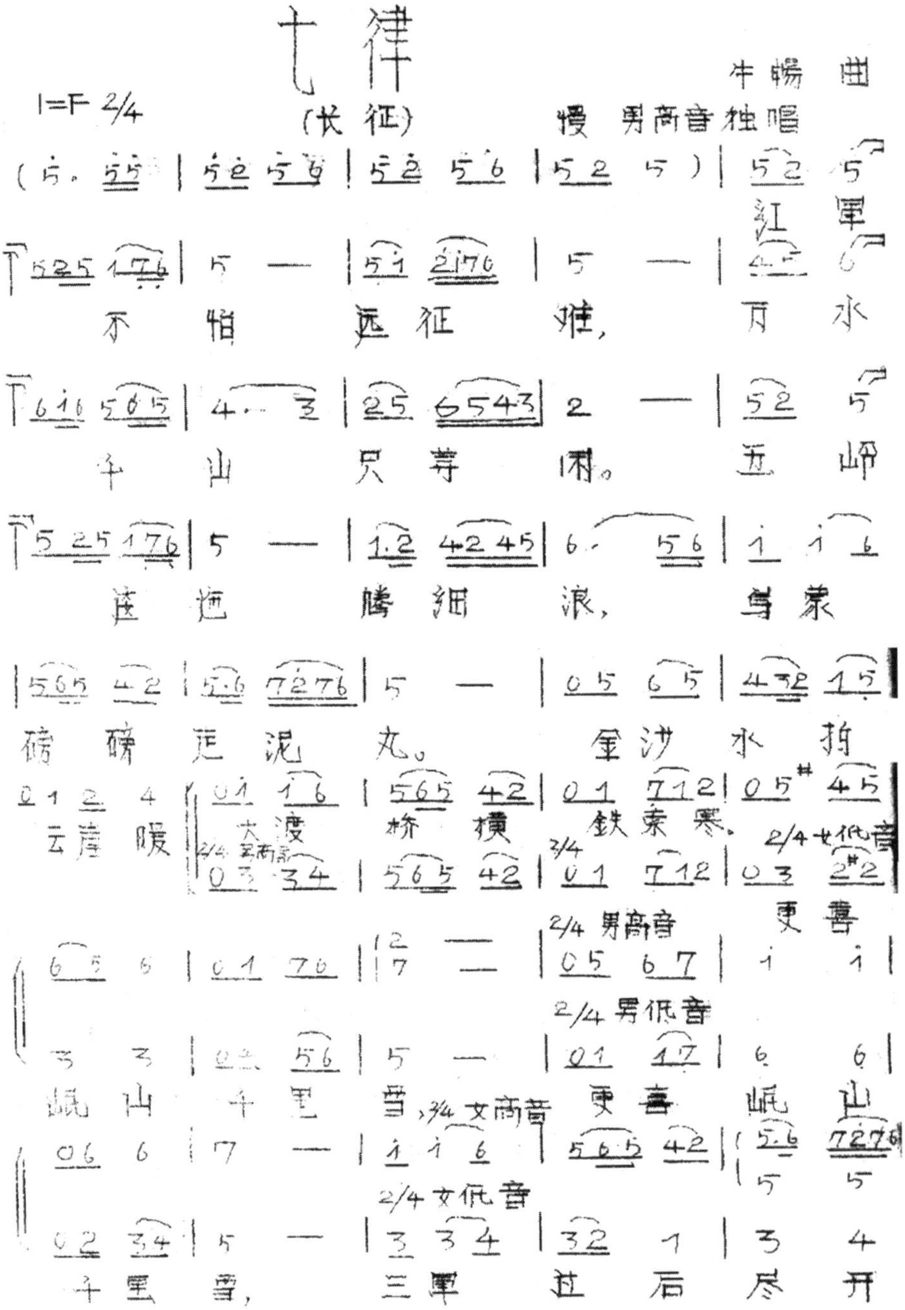
七律
牛畅 曲
1=F 2/4
(长征)
慢 男高音独唱
红军
不怕远征难，万水
千山只等闲。五岭
逶迤腾细浪，乌蒙
磅礴走泥丸。金沙水拍
云崖暖
大渡桥横铁索寒。
2/4 男高音
2/4 女低音
更喜
2/4 男高音
2/4 男低音
岷山千里雪，3/4 女高音 更喜岷山
2/4 女低音
千里雪，三军过后尽开

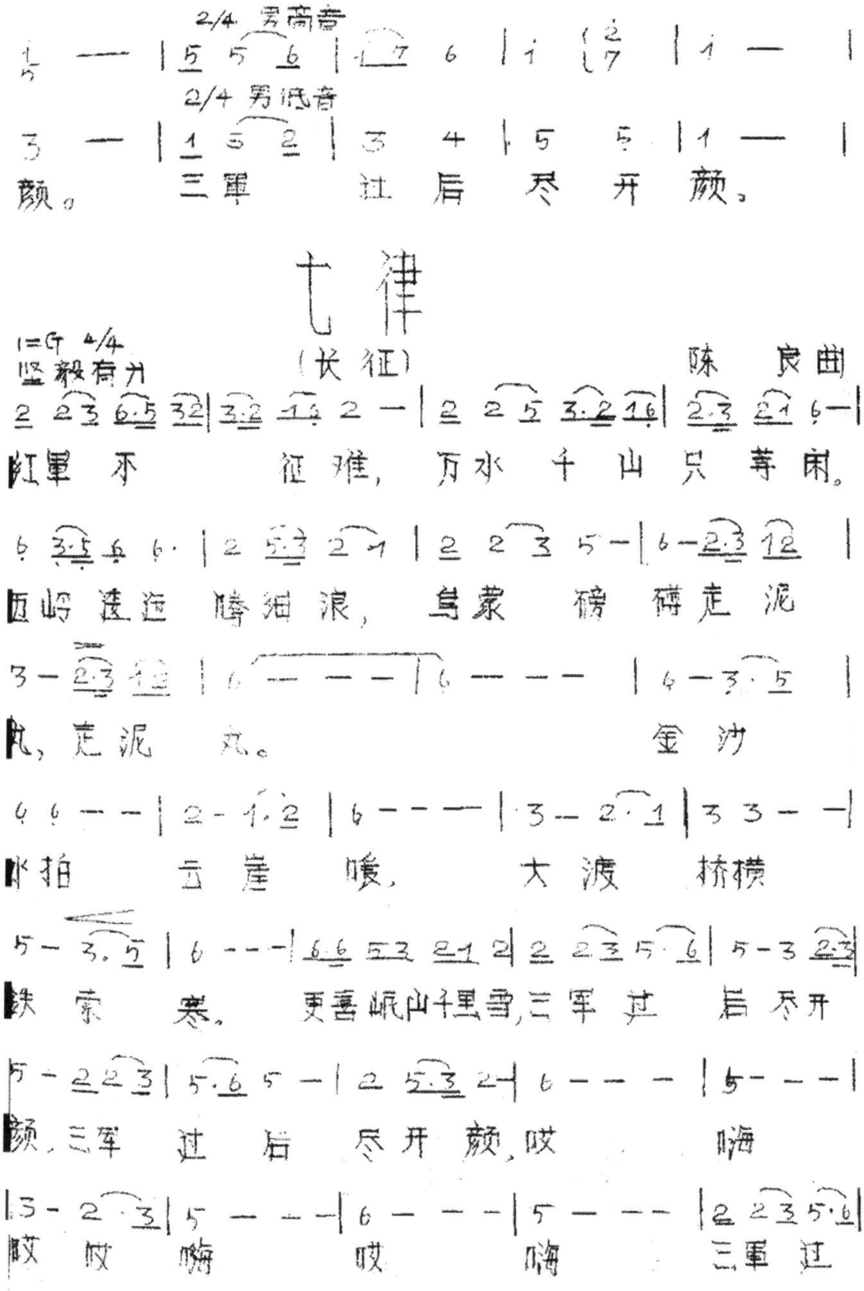

2/4 男高音
```
5 - | 5 5 6 | 7 6 | i | 2 | i - |
                              7
```

2/4 男低音
```
3 - | 1 5 2 | 3 4 | 5 5 | i - |
```
颜。   三军   过后   尽 开 颜。

七律
（长征）
陈 良曲

1=G 4/4
坚毅有力
```
2 23 6.5 32 | 32 1 2 - | 2 2 5 3.2 16 | 23 2 1 6 - |
```
红军不   怕远   征难， 万水 千 山 只 等闲。

```
6 3.5 6 6. | 2 5.3 2 7 | 2 2 3 5 - | 6 - 23 12 |
```
五岭逶迤 腾细浪， 乌蒙 磅 礴走泥

```
3 - 23 12 | 6 - - - | 6 - - - | 4 - 3.5 |
```
丸，走泥   丸。   金沙

```
6 6 - - | 2 - i.2 | 6 - - - | 3 - 2.1 | 3 3 - - |
```
水拍   云崖 暖，   大渡 桥横

```
5 - 3.5 | 6 - - - | 66 53 21 2 | 2 23 5 6 | 5 -3 23 |
```
铁索   寒。   更喜岷山千里雪，三军 过 后 尽开

```
5 - 2 2 3 | 5.6 5 - | 2 5.3 2 | 6 - - - | 5 - - - |
```
颜，三军 过 后 尽 开 颜，哎   嗨

```
3 - 2.3 | 5 - - - | 6 - - - | 5 - - - | 2 23 5 6 |
```
哎 哎 嗨   哎   嗨   三军 过

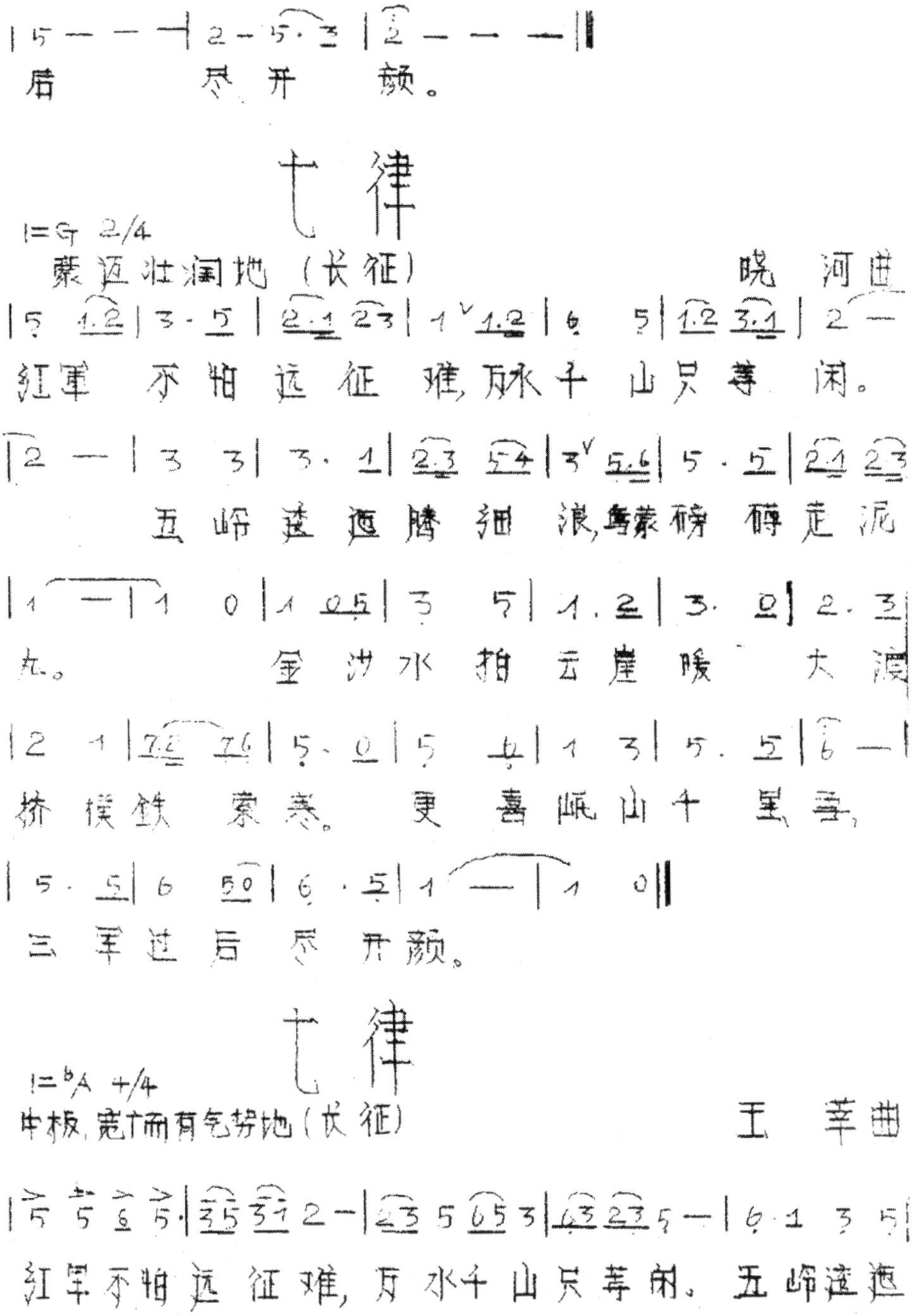

```
|5 — — —|2 - 5· 3|2 — — —‖
 后      尽 开   颜。
```

七 律

1=G 2/4

蒙迈壮润地（长征）　　　　晓　河曲

```
|5 1.2|3·5|2.1 23|1ˇ1.2|6  5|1.23.1|2 —|
 红军 不 怕 远 征  难,万水 千 山只等 闲。

|2 —|3 3|3·1|23 54|3ˇ5.6|5·5|2.1 23|
      五 岭 逶 迤 腾 细 浪,乌蒙磅 礴 走 泥

|1 — 1|0 1.05|3  5|1.2|3 0|2.3|
 丸。    金 沙 水 拍 云崖 暖  大 渡

|2 1|7.7 7.6|5·0|5  4|1 3|5·5|6 —|
 挢 横 铁 索 寒。 更 喜 岷山 千 里雪,

|5·5|6 50|6·5|1 — 1|0‖
 三 军 过 后 尽 开 颜。
```

七 律

1=♭A 4/4

中板,宽十而有气势地（长征）　　　　玉　幸曲

```
|7.7 7.7|7.5 3.1|2 —|23 5 05 3|2.3 23|5 —|6.13 5|
 红军不怕远 征难,万 水千 山只等 闲。五 岭逶 迤
```

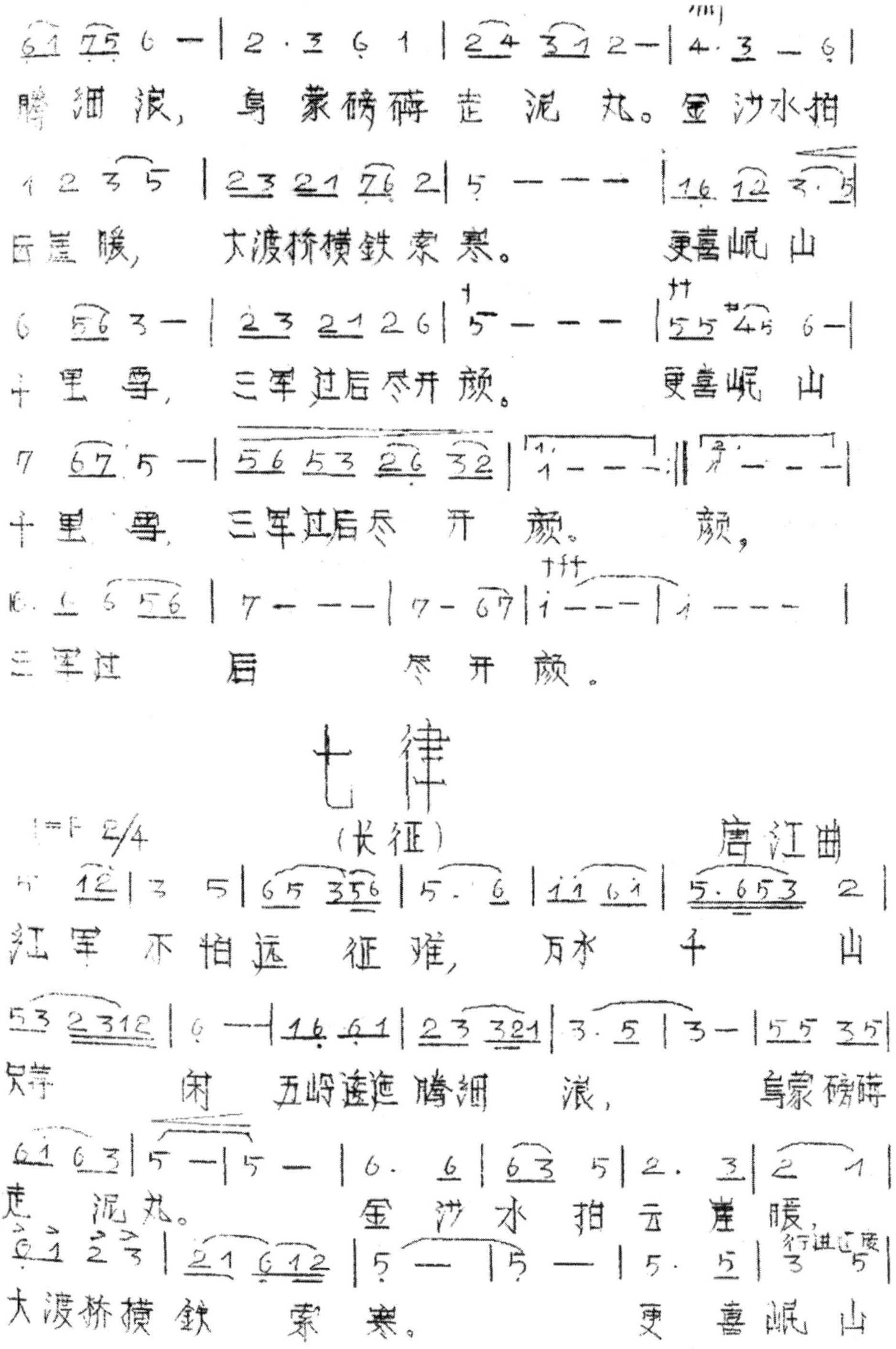
腾细浪，乌蒙磅礴走泥丸。金沙水拍
云崖暖，大渡桥横铁索寒。更喜岷山
千里雪，三军过后尽开颜。更喜岷山
千里雪，三军过后尽开颜。颜，
三军过后尽开颜。
七律
1=F 2/4
（长征）
唐江曲
红军不怕远征难，万水千山
只等闲，五岭逶迤腾细浪，乌蒙磅礴
走泥丸。金沙水拍云崖暖，
大渡桥横铁索寒。更喜岷山
行进速度

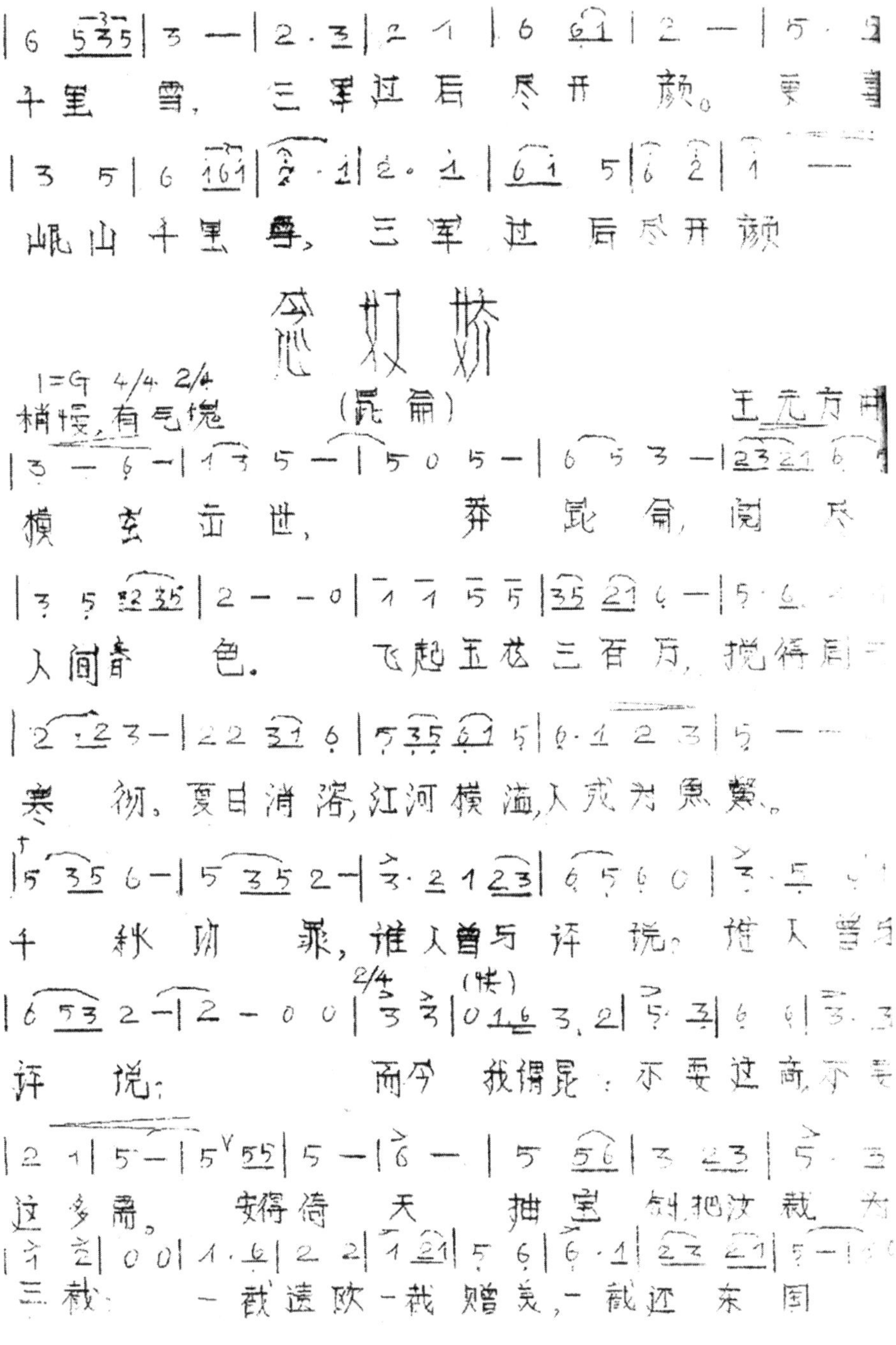

千里雪，三军过后尽开颜。

岷山千里雪，三军过后尽开颜

念奴娇

（昆仑）

王元方曲

1=G 4/4 2/4
稍慢，有气慨

横空出世，莽昆仑，阅尽

人间春色。飞起玉龙三百万，搅得周

寒彻，夏日消溶，江河横溢，人或为鱼鳖。

千秋功罪，谁人曾与评说。谁人曾与

许说：而今我谓昆：不要这高不要

这多雪，安得倚天抽宝剑把汝裁为

三截：一截遗欧一截赠美，一截还东国

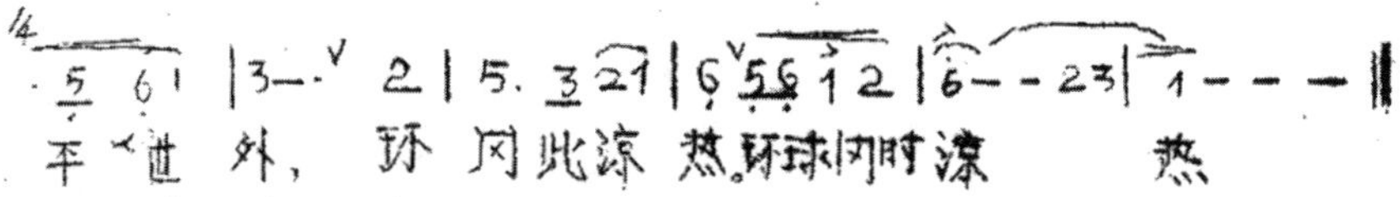

$\frac{4}{}$ <u>5</u> 61 | 3--^v 2| 5. <u>321</u>|6 <u>5561</u> 2 |6--23 | 1--- ‖

平 进 外, 环 凡 此 凉 热 环球 闪时 凉 热

[注] 这首词创作于 1935 年 10 月。

清平乐

1=C 4/4 2/4

小慢板　　　(六盘山)　　　　　　路 曲 曲

5|6-<u>65</u> <u>63</u>|5-- <u>12</u>|3-3-|2---|2.<u>166</u> <u>06</u>|

天高 云　 淡 望断 南飞 雁。 不到 长城 非

<u>12</u> 3--|3- <u>1. 1</u>|2 <u>66</u> <u>163</u>|5---| 5. 6|

好汉,　屈指 行程二　 万。　　 六　盘

B.2|<u>35</u> <u>61</u>|6-|3. <u>53</u>|2 <u>12</u>|3 <u>53</u>|2-|

山 上高　峰, 红旗 漫卷 西　　 风。

5 <u>6</u> 5|5. 6|<u>12</u> 3-|<u>55</u> 6|4-|3-|1-‖

今日长缨 在手, 何时 缚住 苍　龙:

[注]: 这首词创作于 1935 年 10 月

清平乐

1=C 2/4

节奏较自由地　(六盘山)　　 工人赵敏杰曲

5 5|5-|<u>35</u> <u>6</u> 1|1-|2 3|3-|1 <u>61</u>|

天高　云 淡,　　望断　 南飞

5-|6 <u>56</u>|1 1|2 <u>53</u>|6 0<u>23</u> <u>12</u>|<u>36</u> <u>652</u>|

雁。不到 长城 非好 汉, 屈指行程二

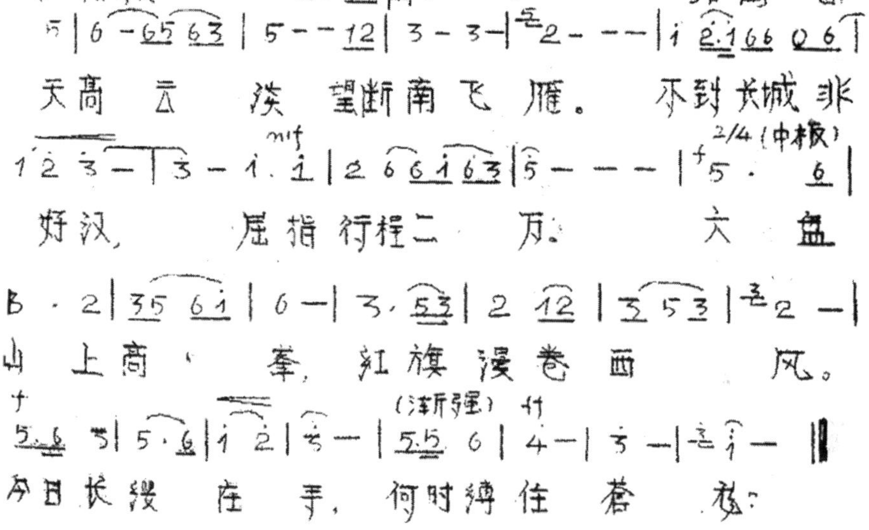

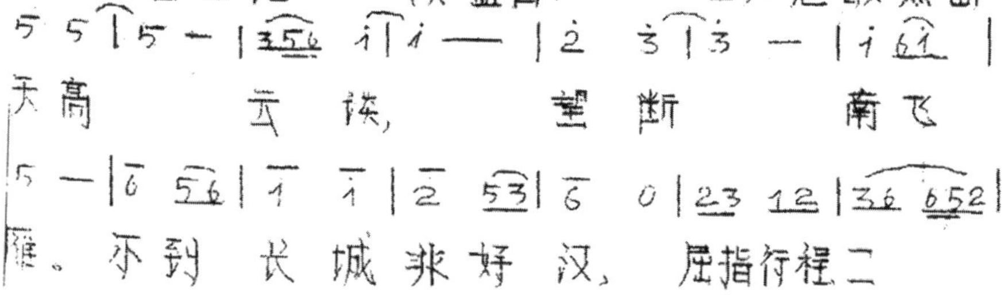

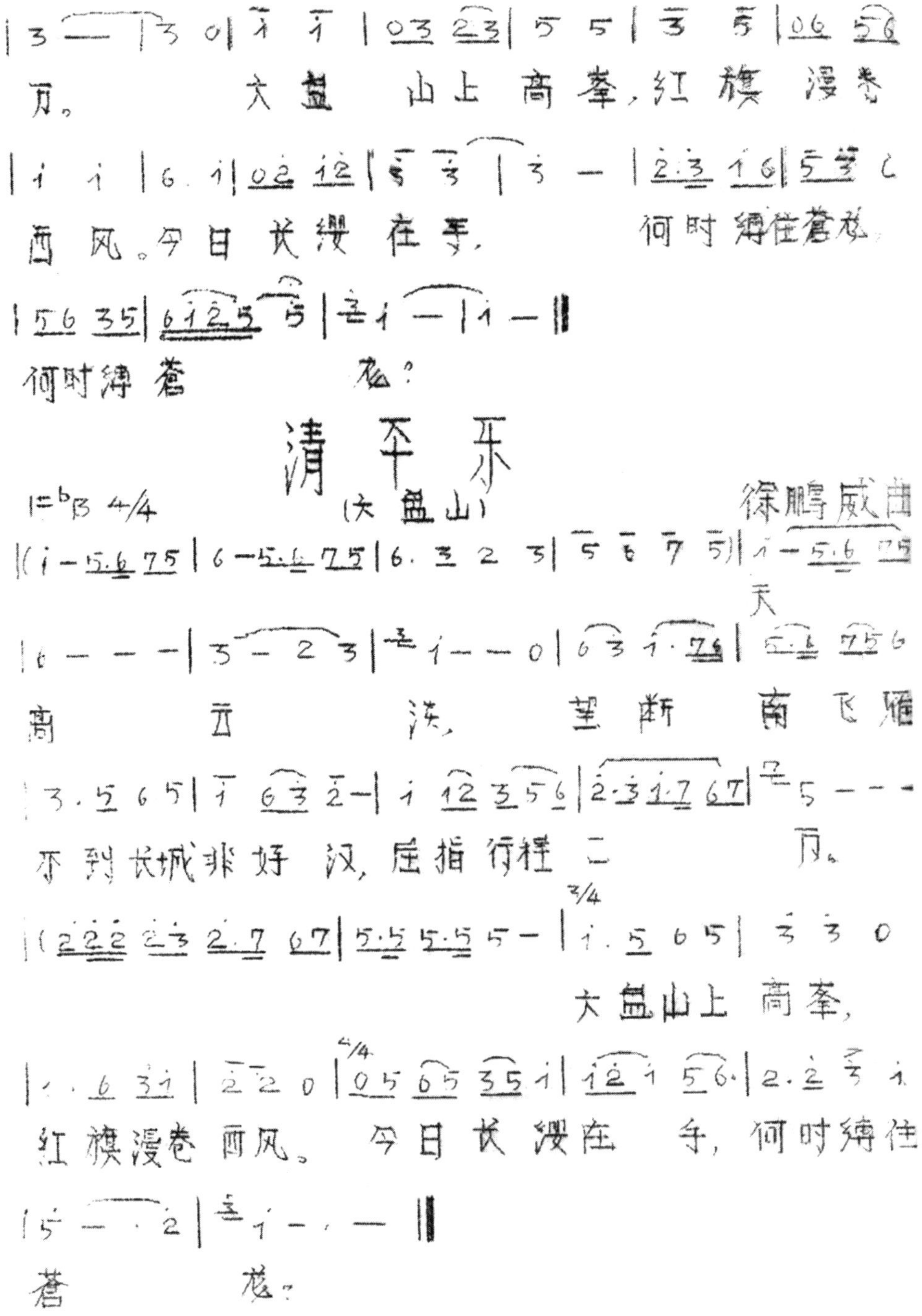
万。 大盘 山上 高峰，红旗 漫卷
西风。今日长缨 在手， 何时缚住苍龙，
何时缚苍 龙？
清平乐
1=bB 4/4
（大盘山）
徐鹏威曲
天
高 云 淡， 望断 南飞雁
不到长城非好 汉，屈指行程 二 万。
3/4
大盘山上 高峰，
4/4
红旗漫卷 西风。 今日长缨在 手，何时缚住
苍 龙？

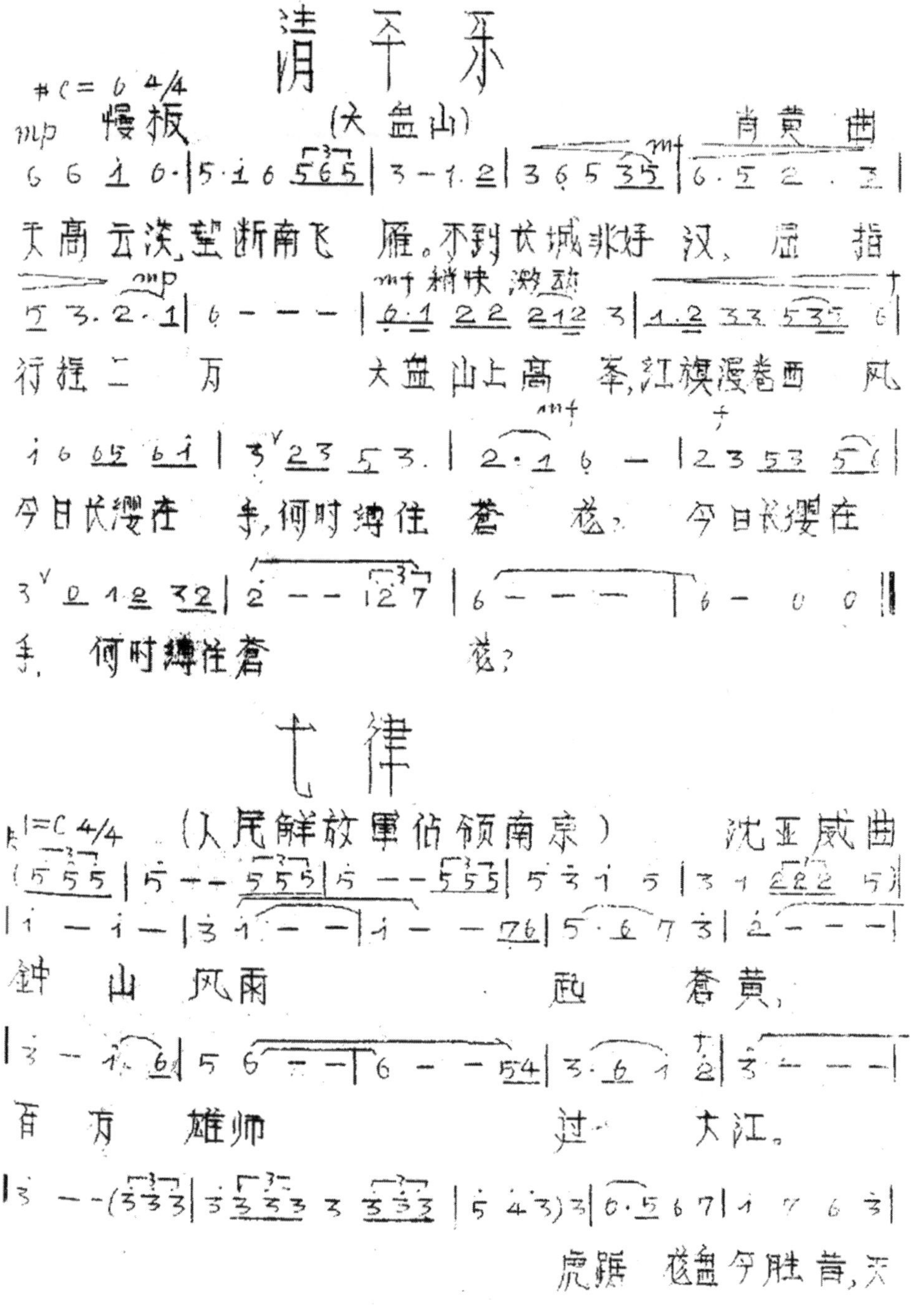

清平乐

（大盘山）　　　　肖黄 曲

天高云淡望断南飞雁。不到长城非好汉，屈指
行程二万　　大盘山上高峰，江模漫卷西风
今日长缨在手，何时缚住苍茫，今日长缨在
手，何时缚住苍茫？

七律

（人民解放軍佔領南京）　　沈亚威曲

钟山风雨起苍黄，
百万雄师过大江。
虎踞龙盘今胜昔，天

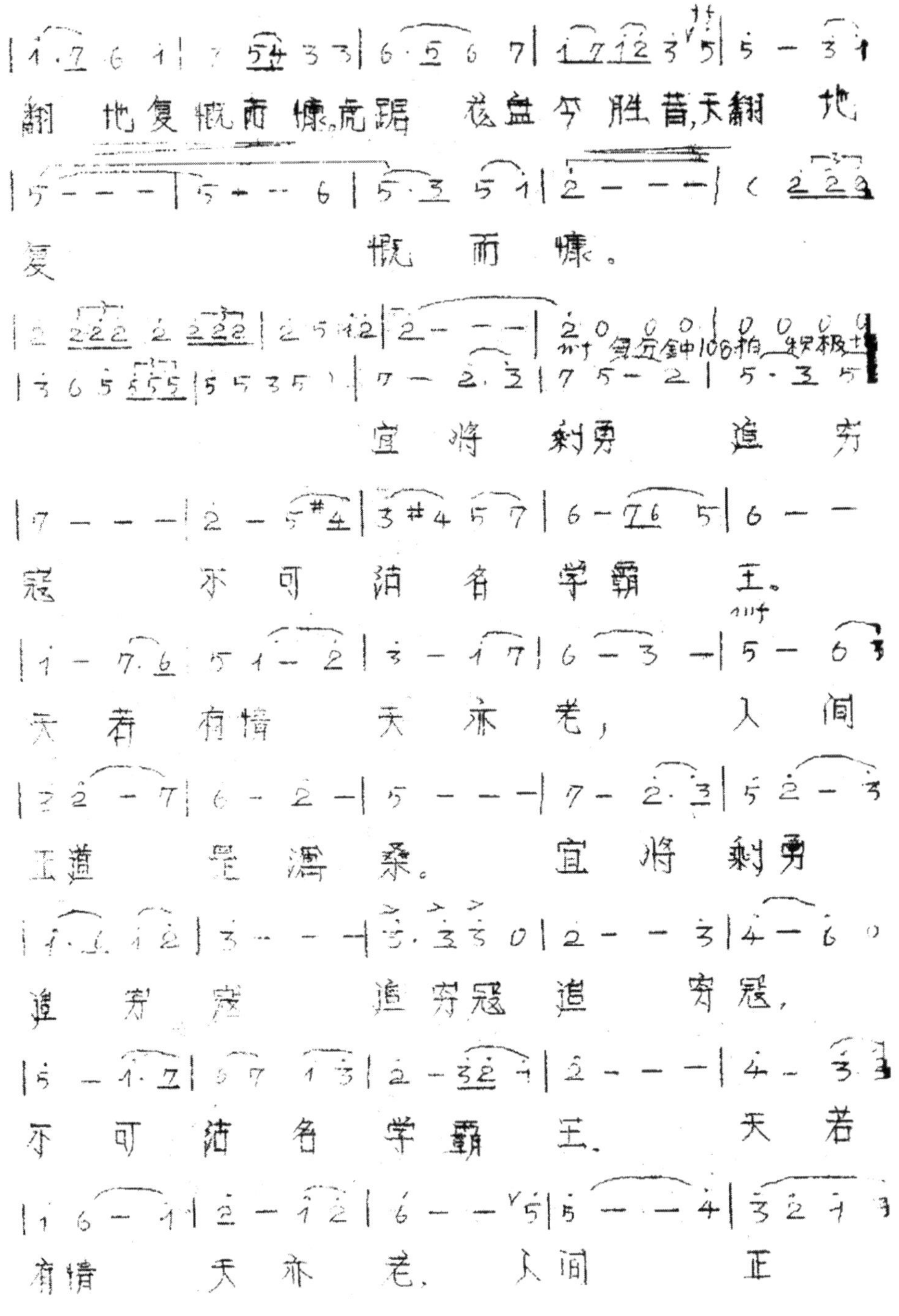

```
5 - - 3 | 5 6 1 3 | 6 5 | 5 - - | 5 - - | 5 0 0 ||
                      #4 3
正   是   沧   桑。
```

[注]：这首诗词作于1979年4月。

七律

1=F 2/4

接近有力地（人民解放軍占領南京）   劫夫曲

```
5·55 | 5· 55 | 5·4 | 3 5 | 1 2 | 3 6 | 5·55 | 0 7
3 21 | 111 11 | 1 0 | 3·2 | 1 5 | 1 6 | 5·4 30 | 2·2 | 3 21 |
钟 山 风 雨 起 苍 黄，    百 万 雄 师
```

```
2·5 | 5 - | 5·4 | 3 5 | 1 2 | 3 6 | 5·5 | 6 7 | 3 2 | 1 23 |
过 大 江。 虎 踞 龙 盘 今 胜 昔， 天 翻 地 复 慨 而 慷 宜将
```

```
4·5 | 6 54 | 3 - 3 | 16 | 5·6 | 2 34 | 5 - | 5 76 | 5 | 23 26 |
剩 勇 追 穷 寇， 不 可 沽 名 学 霸 王。 天 若 有 情 天 亦
```

```
5 43 | 0 65 | 3·5 | 2 3 | 1 - | 1 - ||    3·2 | 1 5 | 1 6
老，    人 间 正 道 是 沧 桑。         钟 山 风 雨 起 苍
                                     3·2 | 1 5 | 1 4
```

```
5 43 | 2·2 | 3 21 | 2·5 | 5 - | 5·4 | 3 5 | 1 2 | 3 6 | 5·5
黄， 百 万 雄 师 过 大 江。 虎 踞 龙 盘 今 胜 昔， 天 翻
2 21 | 7·7 | 1 5 | 6 5 | 5 - | 5 | 1 5 | 6 7 | 1 2 | 5
```

```
6 7 | 3 2 | 1 23 | 4·5 | 6 54 | 3 - 3 | 16 | 5 6 | 2 34 | 5 -
地 复 慨 而 慷 宜 将 剩 勇 追 穷 寇   不 可 沽 名 学 霸 王。
6 7 | 1 7 | 1 7 | 2 5 | 6 7 | 1 - | 1 | 5 5 | 5 6 | 5 -
```

43

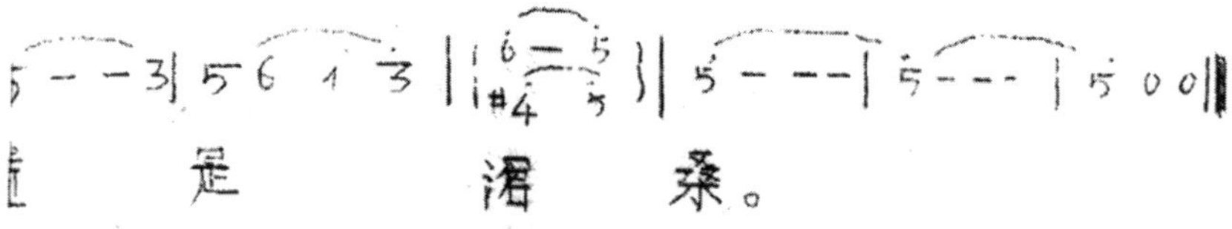

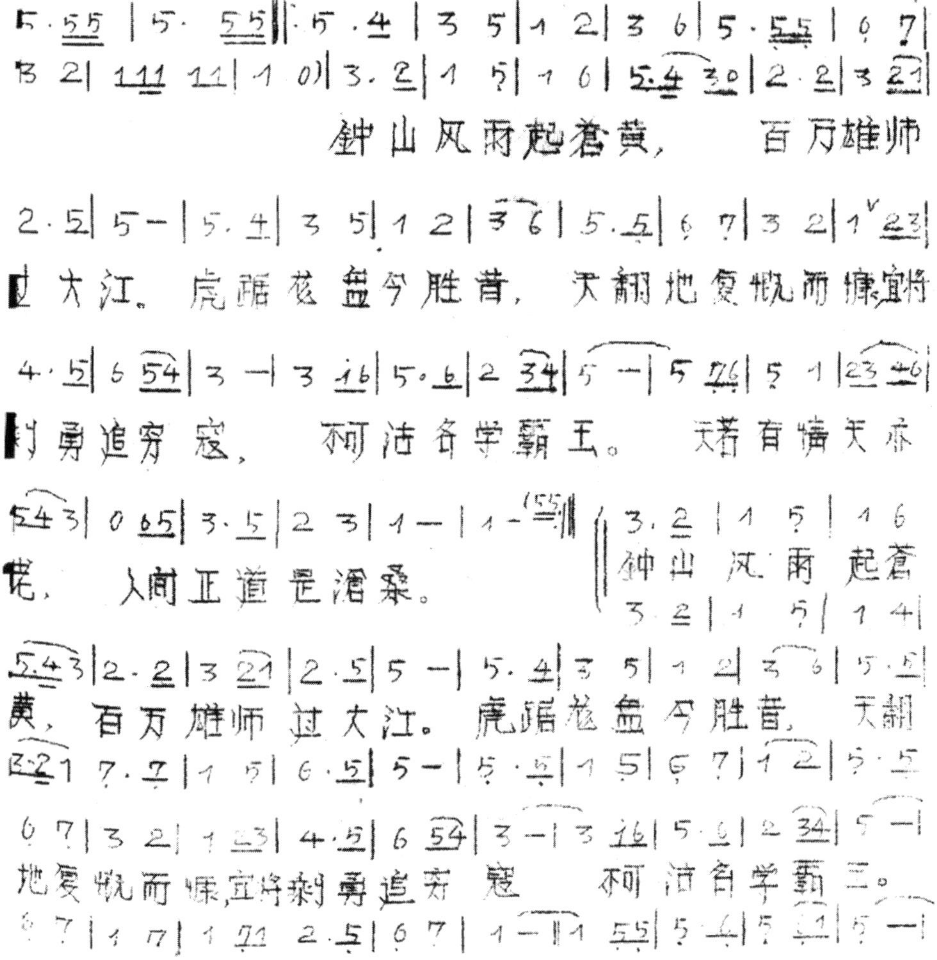

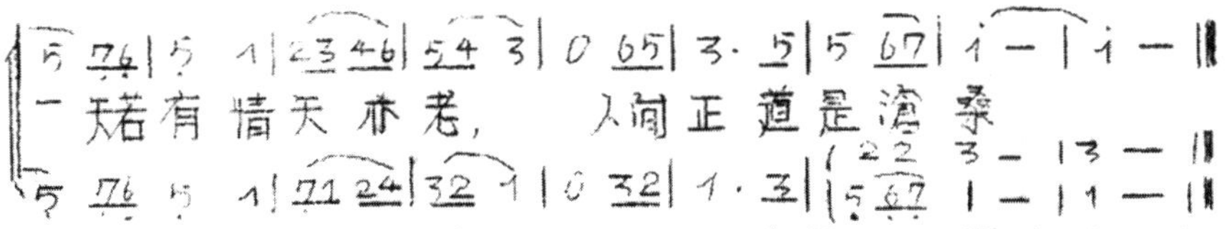

天若有情天亦老，　　人间正道是沧桑。

[注]：此曲根据沈阳音乐学院演唱的曲调记谱

七律

1=A 4/4　　（人民解放军占领南京）　李伟 曲

钟山风雨起苍黄，百万雄师过大江。虎踞龙盘今胜昔，天翻地复慨而慷。宜将剩勇追穷寇，不可沽名学霸王。天若有情天亦老，

（渐慢）

人间正道是沧桑。

七律

1=F 4/4 2/4　　（人民解放军占领南京）　霍存惠 曲

钟山风雨起苍黄，　　百万雄师

44

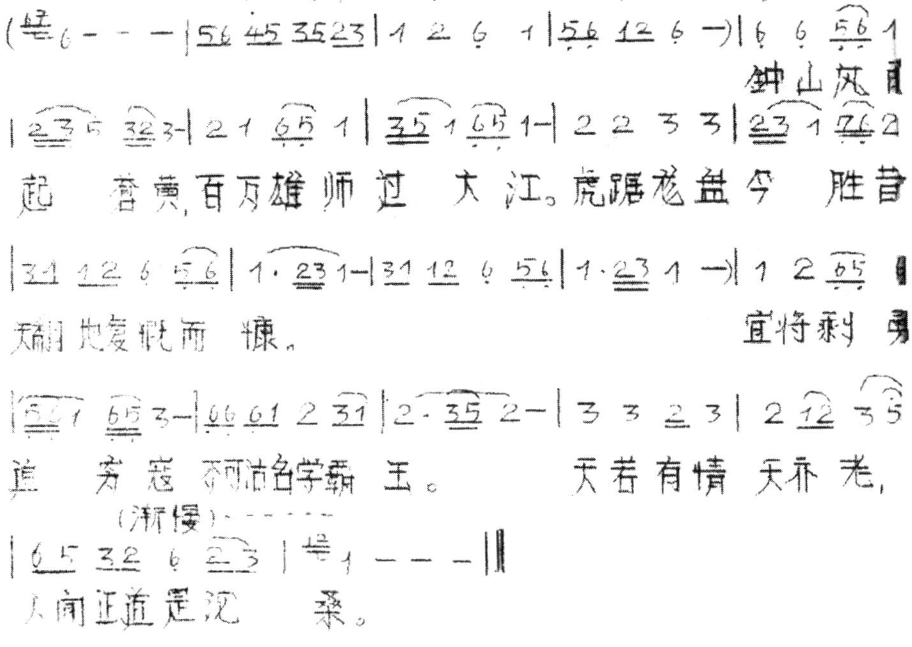

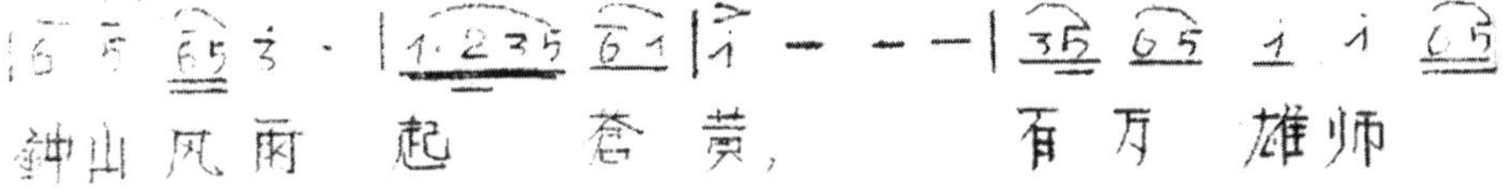

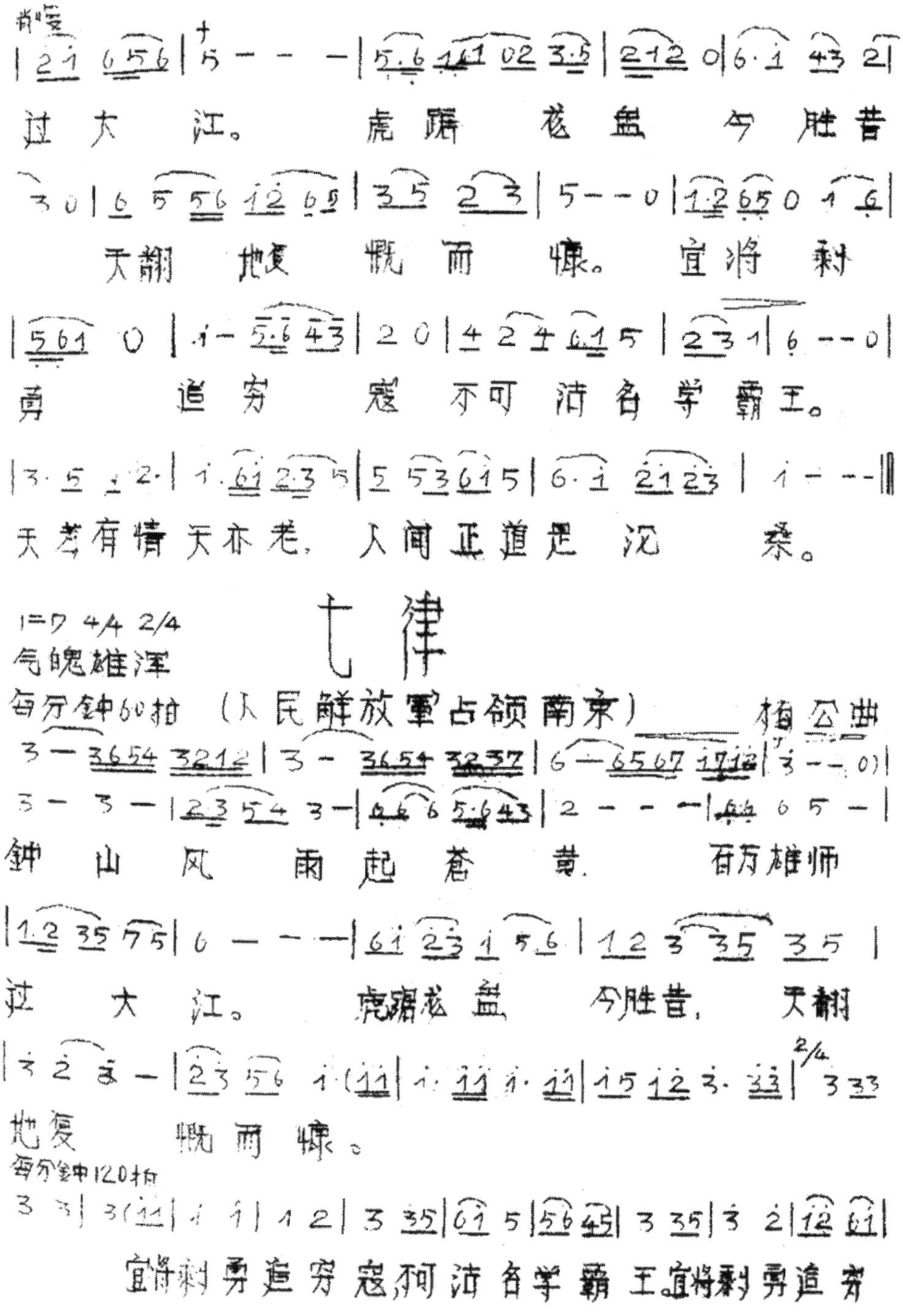

过 大 江。 虎 踞 龙 盘 今 胜 昔

天 翻 地 覆 慨 而 慷。 宜 将 剩

勇 追 穷 寇 不 可 沽 名 学 霸 王。

天 若 有 情 天 亦 老， 人 间 正 道 是 沧 桑。

1=D 4/4 2/4
气魄雄浑

七律

每分钟60拍 （人民解放军占领南京） 柏公曲

钟 山 风 雨 起 苍 黄。 百 万 雄 师

过 大 江。 虎 踞 龙 盘 今 胜 昔， 天 翻

地 覆 慨 而 慷。

每分钟120拍

宜 将 剩 勇 追 穷 寇 何 沽 名 学 霸 王 宜 将 剩 勇 追 穷

45

|5 61|2 23|7 0|23 17|6·17|⁴⁄₄6·5 6·17|6 2 43 2 1|

寇 柯洁 各 学霸王。

|61 23 2 0|3 2 17 615 ˉ|12 35 5 61|5 3 66 ˉ|

天若有情 天亦老, 人间正道 是沧桑。

|61 23 1 0|3 2 17 612ˉ|35 61 7 12|3 ˉ ˉ ˉ|3 ˉ|

天若有情 天亦老, 人间正道 是沧 桑。

浪淘沙

1=D 4/4

气魄雄伟 徐缓 　　(北戴河)　　　　　　咫志伟曲

|1 0 3 5 ˉ|1 2 ˉ ˉ|6 5 1 ˉ|5 3 3 23|5 5 6 ˉ|

大雨 落幽燕, 白浪 滔天, 秦皇岛外打鱼

|2 ˉ ˉ 12|3 5 6 55|1 ˉ ˉ 1|2 ˉ ˉ 16|6 ˉ ˉ ˉ|

船。 一片 汪洋都不见, 知向 谁边:

|3·3 32 3|3 ˉ ˉ 2|2 12 1 ˉ|5 3 32 1|2 6 ˉ|

往事越 千年, 魏武挥鞭, 东临碣 石有遗篇。

|3·5 15|1 23 ˉ|2 5 ˉ ˉ|23 1 ˉ ˉ|1 0 0 0|

萧瑟秋风今又是, 换了 人间。

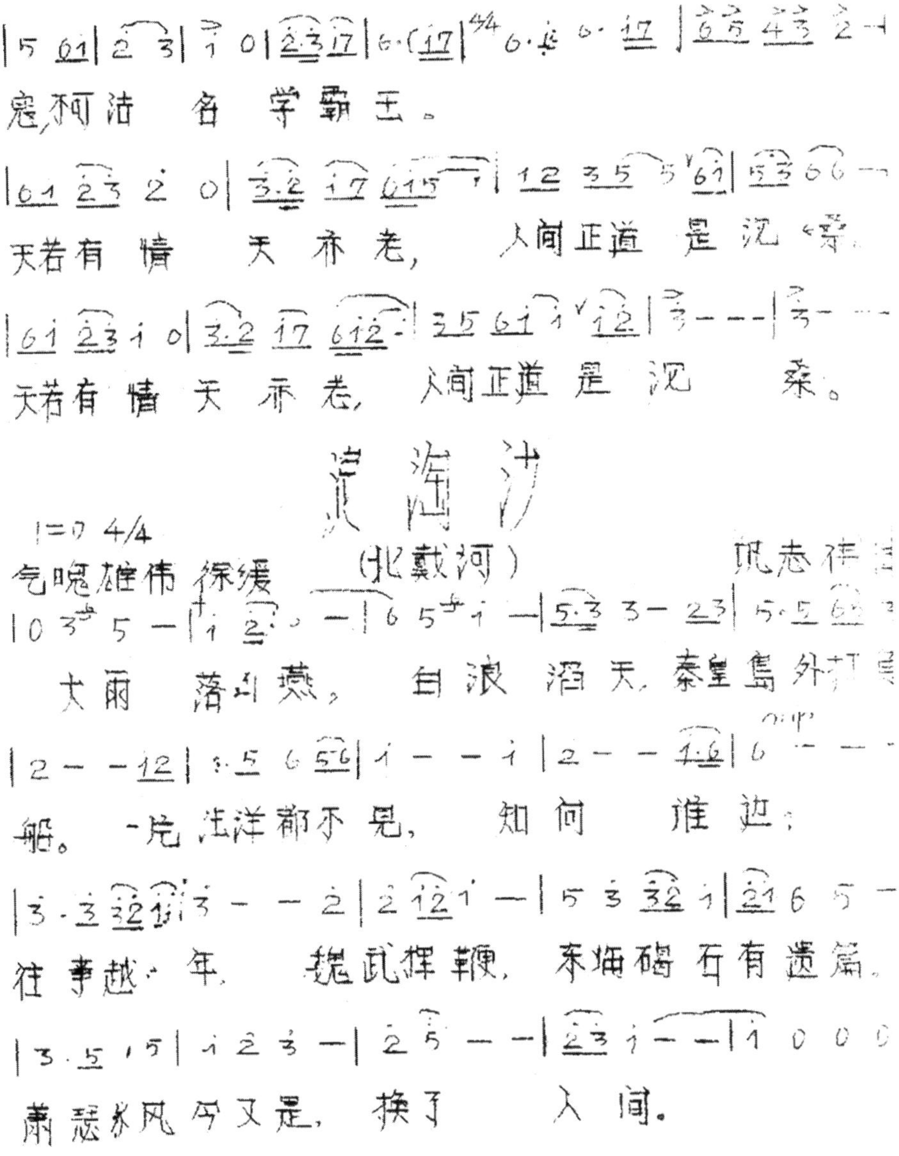

(注: 这首词创作于1954年夏。)

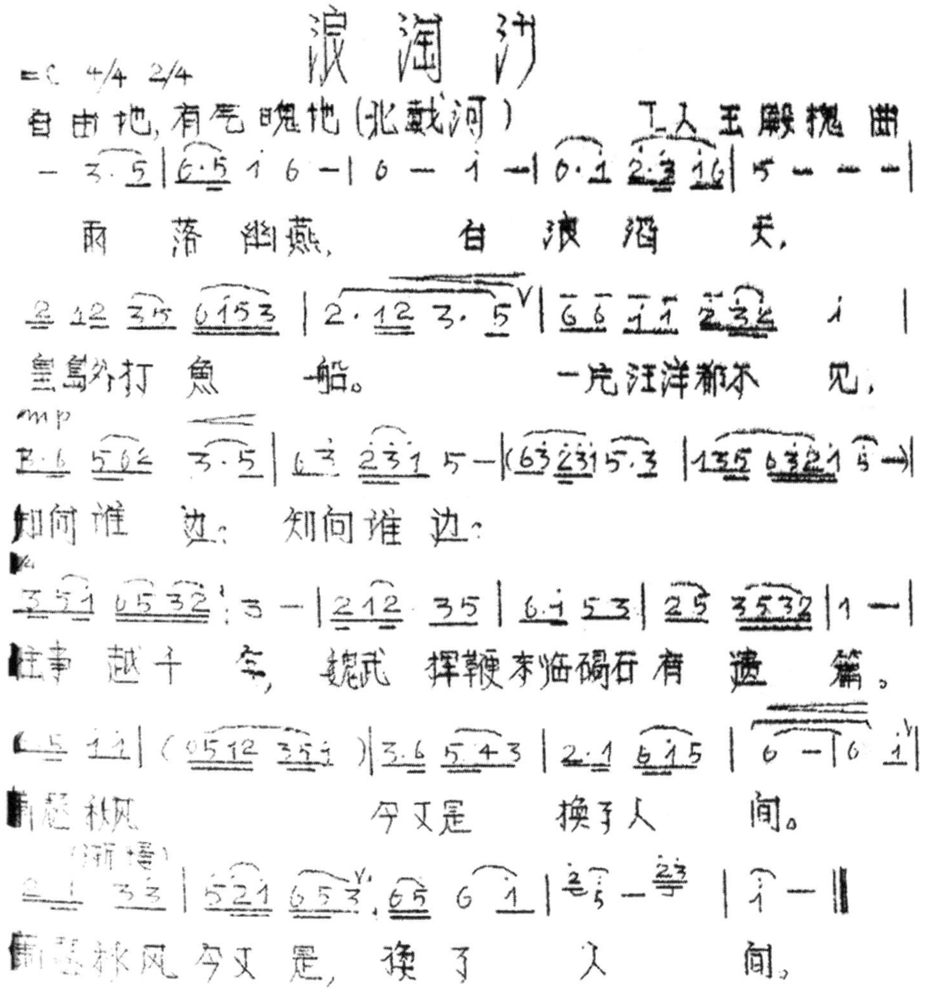

浪淘沙

自由地，有气魄地（北戴河）　　工人玉殿枝曲

```
 - 3.5 | 6.5 1 6 - | 6 - 1 - | 0.1 2.3 1 6 | 5 - - - |
    雨    落    幽  燕，     白   浪   滔    天，
```

```
 2 12 35 6153 | 2.1 2 3.5 | 6 6 1 1 2 3 2 | 1 |
 秦皇岛外打  鱼    船。    一片汪洋都不    见，
```

```
 3 6 5 2 3.5 | 6 3 23 1 5 - | 63 23 1 5.3 | 1 3 5 0 3 2 1 5 - |
 知向谁  边。 知向谁  边。
```

```
 3 5 1 6 5 3 2 : 3 - | 2 12 35 | 6 5 3 | 2 5 3 5 3 2 | 1 - |
 往事  越千  年，魏武  挥鞭东临碣石有  遗    篇。
```

```
 6 5 12 | 05 12 35 3 | 3.6 5 43 | 2.1 6 15 | 6 - 6 3 |
 萧瑟秋风          今又是   换了人      间。
```

```
 6 5 33 | 521 653 | 65 6 1 | 2 3 学 | 1 - ‖
 萧瑟秋风今又是，换 了  人        间，
```

浪淘沙

行板，每分钟60拍（北戴河）　　　桑桐曲

```
 6 16 - - 56 | 1 - 2 3 | 6 - - 56 | 1 - 6 3 | 2 - - - |
 大雨  落  幽  燕， 白  浪  滔  天，
```

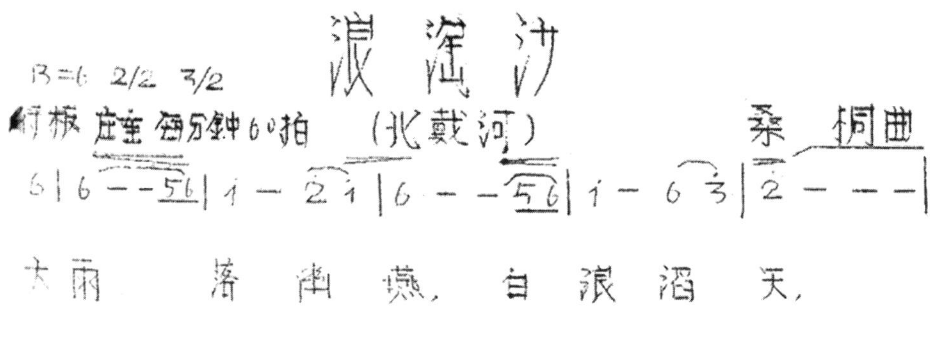

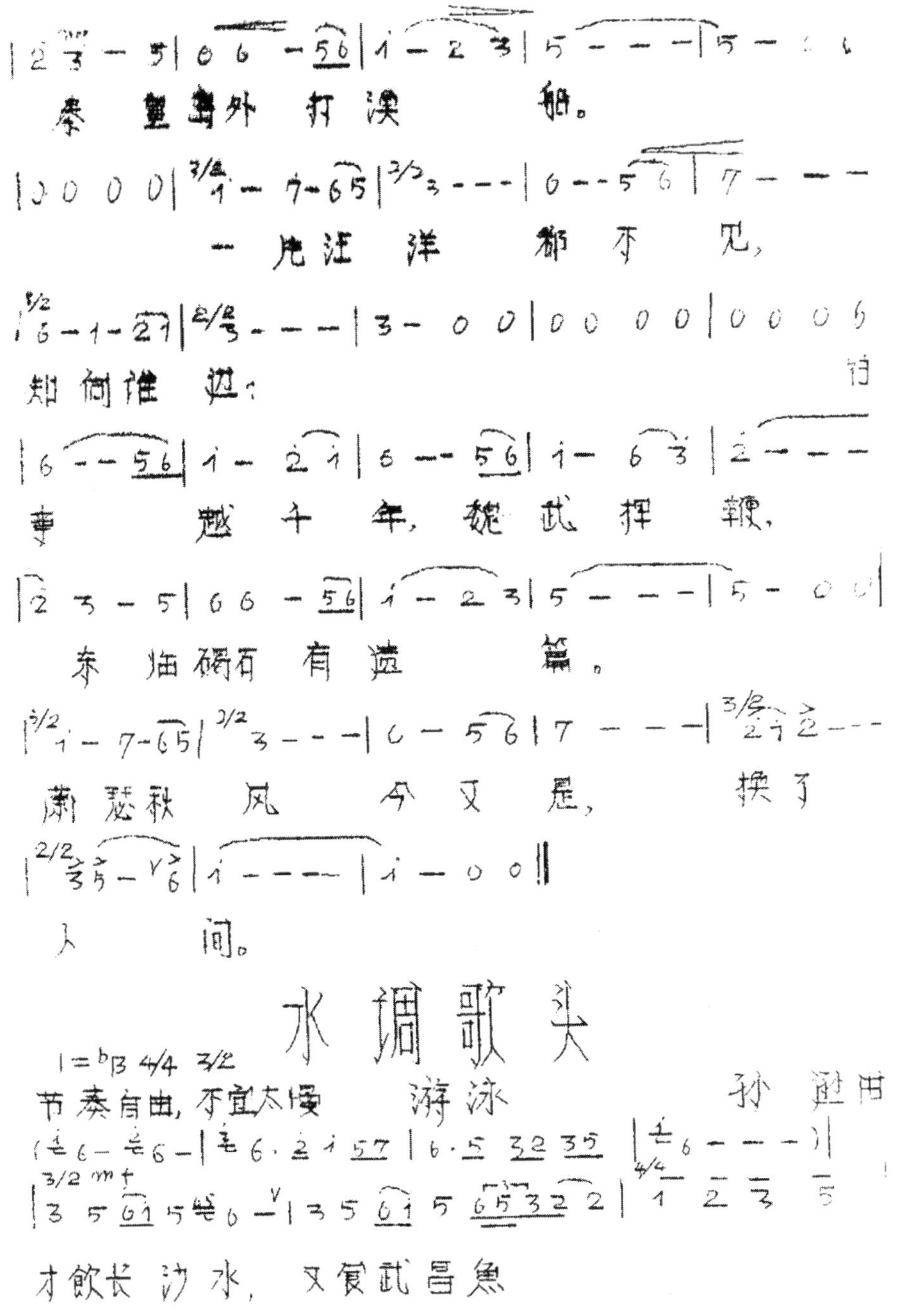

秦皇岛外打渔船。

一片汪洋都不见，

知向谁边：

往事越千年，魏武挥鞭，

东临碣石有遗篇。

萧瑟秋风今又是，换了

人间。

水调歌头

1=♭B 4/4 3/2
节奏自由，不宜太慢　　游泳　　　　　孙 进用

才饮长沙水，又食武昌鱼

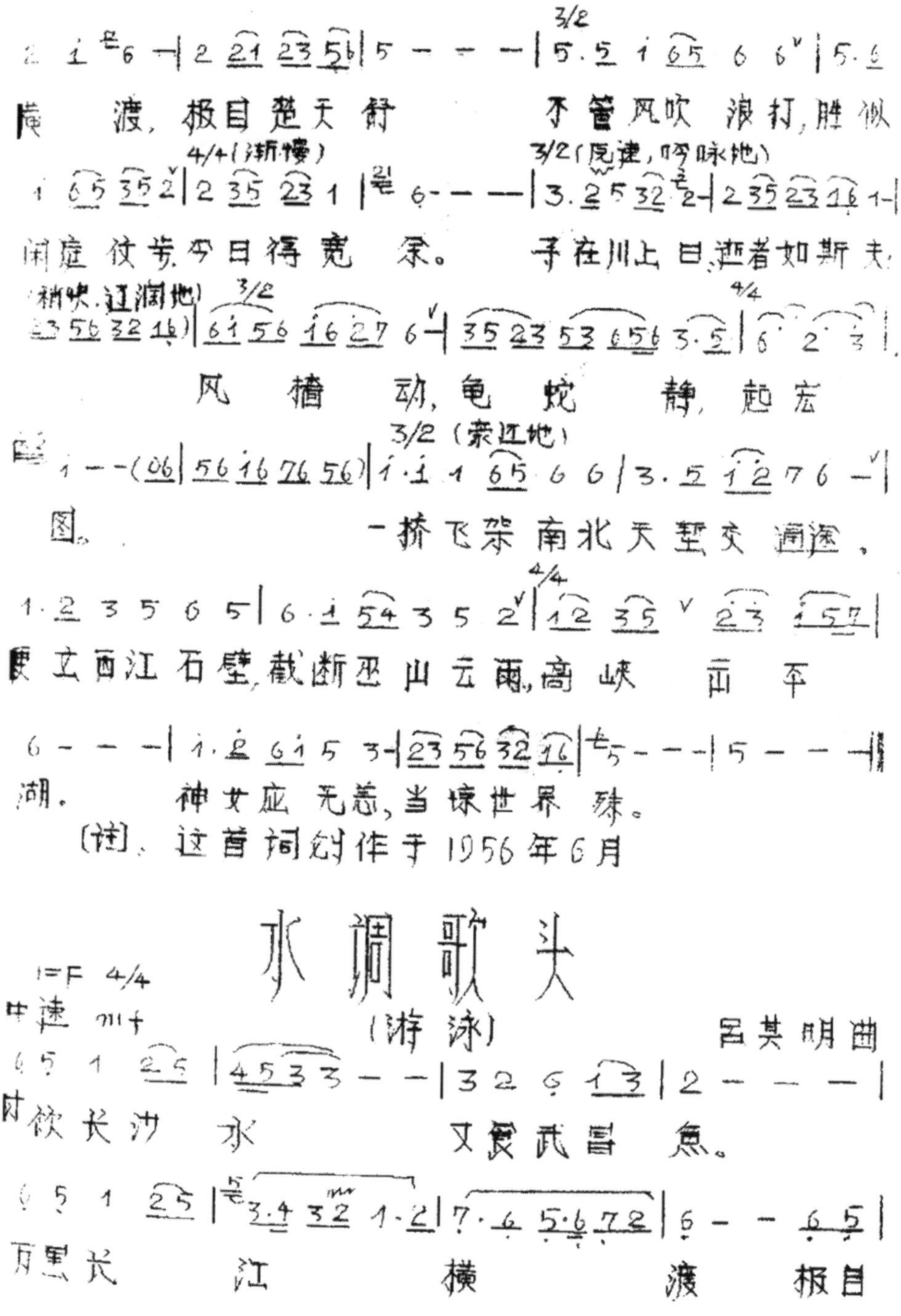
岸 渡，极目楚天舒 不管风吹 浪打，胜似
4/4（渐慢） 3/2（原速，吟咏地）
闲庭信步，今日得宽余。 子在川上曰：逝者如斯夫！
（稍快，辽阔地）
风 樯 动，龟 蛇 静，起宏
3/2（亲切地）
图。 一桥飞架南北，天堑变通途。
更立西江石壁，截断巫山云雨，高峡 出 平
湖。 神女应无恙，当惊世界 殊。
（注）、这首词创作于1956年6月
水调歌头
1=F 4/4
中速 mf
（游泳） 吕其明曲
才饮长沙 水 又食武昌 鱼。
万里长 江 横 渡 极目

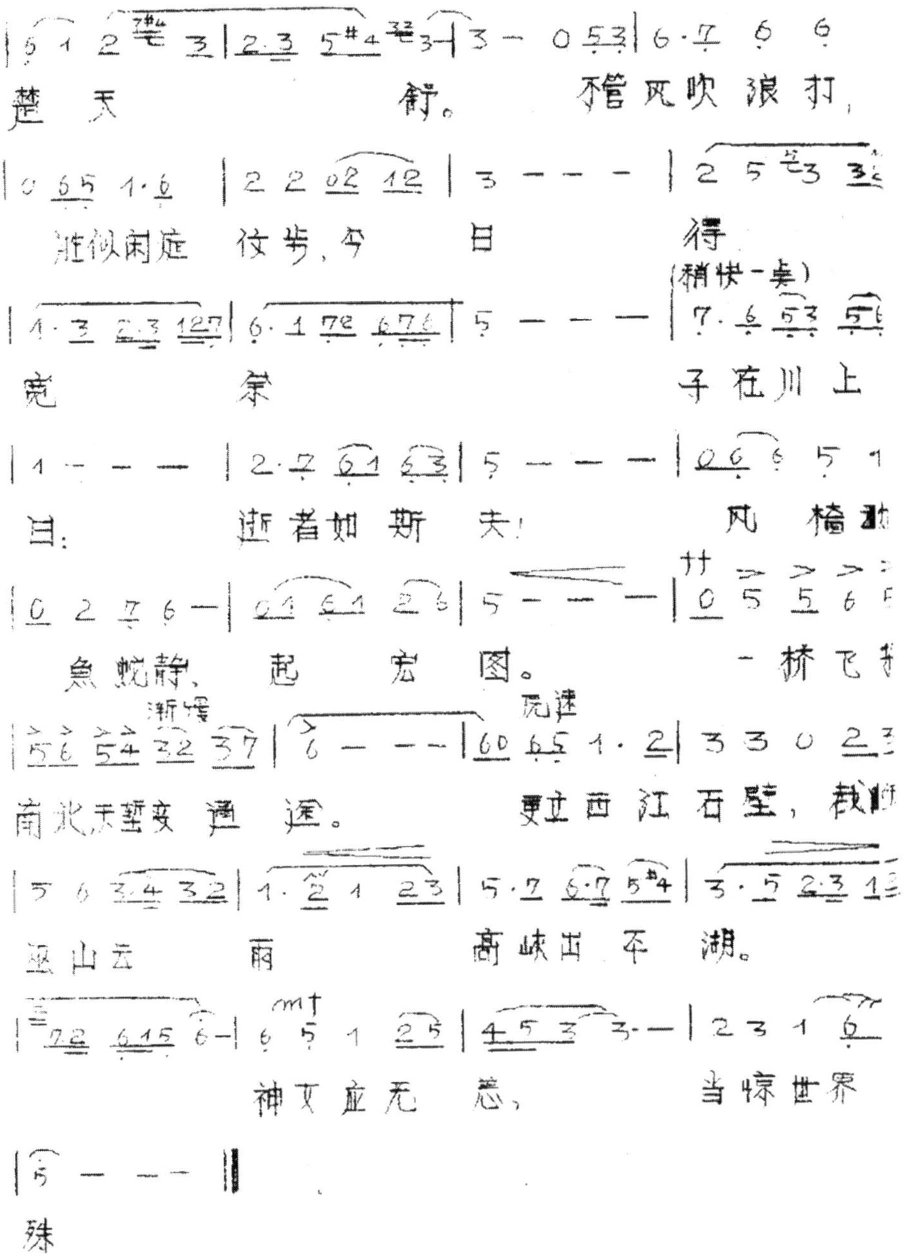
楚 天 舒。不管风吹浪打，
胜似闲庭信步，今日得
(稍快一点)
宽 余 子在川上
曰：逝者如斯夫！风樯动
龟蛇静，起宏图。一桥飞架
渐慢
南北天堑变通途。
原速
更立西江石壁，截断
巫山云雨高峡出平湖。
神女应无恙，当惊世界
殊

蝶恋花

（答李淑一）　　　　劫夫　曲

$$1=\flat E \quad 2/4$$

```
56 121 | 3 3 - | 1 656 | 5 - | 3 5 6123 | 1 - |
我失骄 杨   君失柳， 杨柳轻    飏，
```

```
615 352 | 3 - | 33 232 | 1 - | 27 615 |
直上重霄 九。   问讯吴 刚   何所
```

```
6 - | 12 31 | 27 656 | 5 — | 5 — |
有，   吴刚 捧出桂 花    酒。
```

```
65 1265 | 6 1 3 | 237 615 | 6 - | 56 11 |
寂寞嫦 娥   舒广 袖，   万里长空
```

```
61 65 | 3 231 | 3 3 - | 05 3532 | 161 03 |
且为   忠魂 舞。　　　　　　　　　　
```

```
237 615 | 6 — | 6 — | 66 56 1 | 3 1 |
　　　　　　　忽报人间曾伏
```

```
3 — | 3 — | 2 13 | 6 5 | 3 56 |
虎，   泪飞 顿 作倾 盆
```

```
5 — | 5 — ‖
雨。
```

〔注〕这首词创作于1957年5月11日

51

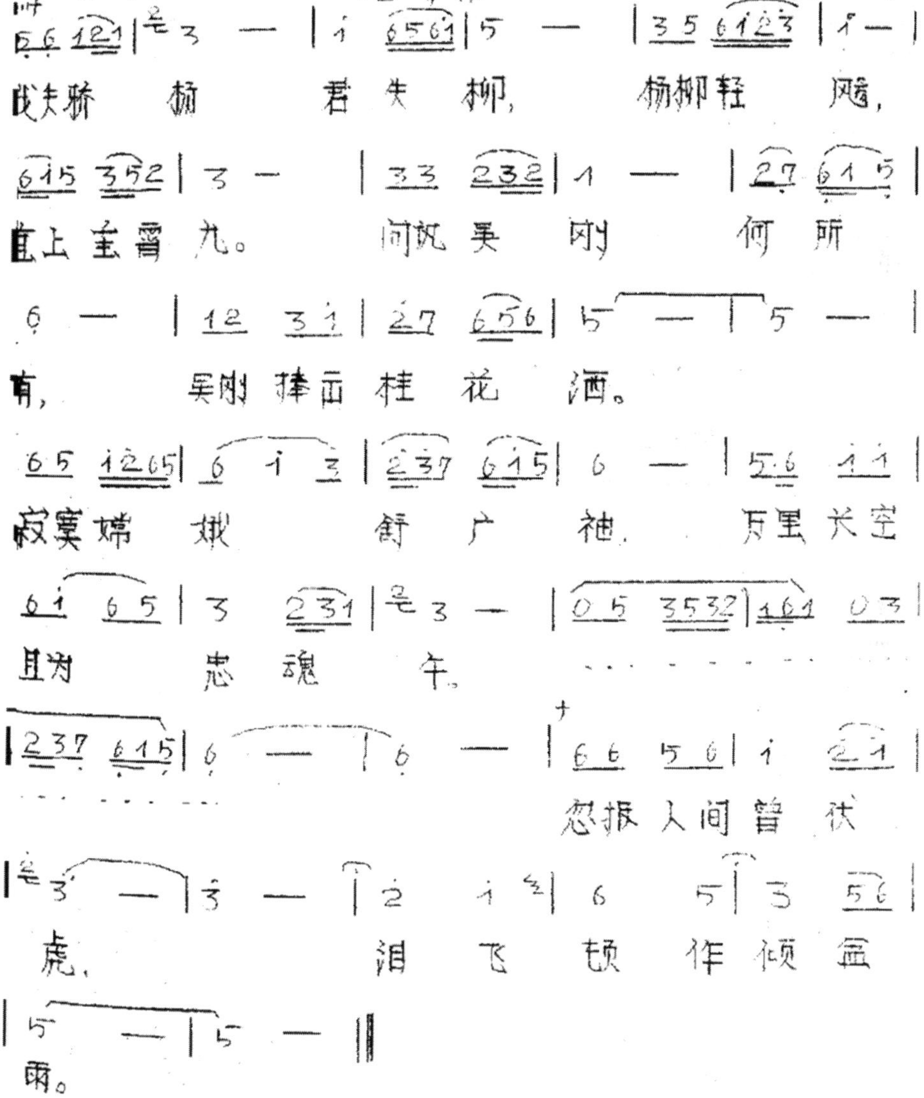

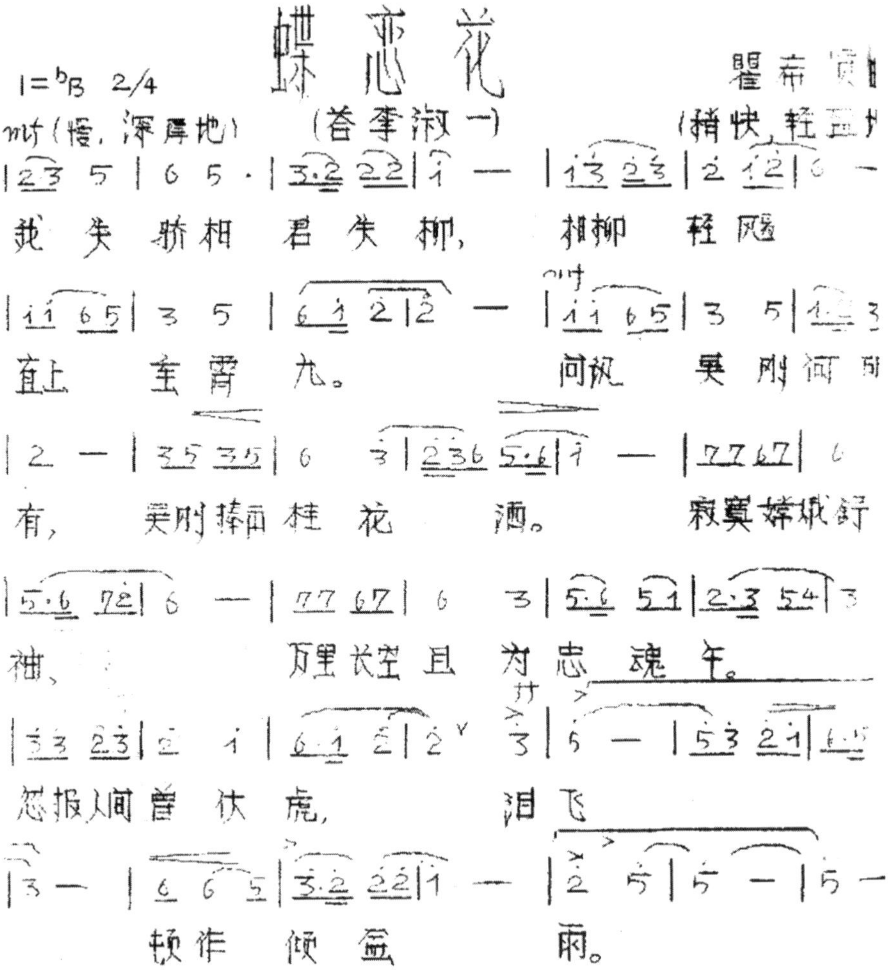

蝶恋花

1=♭B 2/4 （咨李淑一） 瞿希贤

mf（慢，深厚地） （稍快 轻巧）

| 2 3　5 | 6 5· | 3·2 2 2 | 7 — | 1 3 2 3 | 2 1 2 | 0 — |
我 失 骄 相 君 失 柳, 相柳 轻飏

| 1 1 6 5 | 3 5 | 6 1 2 | 2 — | 1 1 6 5 | 3 5 | 1 2 3 |
直上 重霄 九。 问讯 吴刚何所

| 2 — | 3 5 3 5 | 6　3 | 2 3 6 5·6 | 7 — | 7 7 6 7 | 6 |
有, 吴刚捧出桂花 酒。 寂寞嫦娥舒

| 5·6 7 2 | 6 — | 7 7 6 7 | 6　3 | 5· 6 | 5 1 | 2·3 5 4 | 3 |
袖, 万里长空且 为忠 魂 舞。

| 3 3 2 3 | 2　1 | 6 1 2 | 2 | 3 | 5 — | 5 3 2 1 |
怨报人间曾伏虎, 泪飞

| 3 — | 6 6 5 | 3·2 2 2 | 1 — | 2 | 5 | 5 — | 5 — |
顿作 倾盆 雨。

蝶恋花

1=G 2/4 3/4 4/4 5/4 （咨李淑一） 赵开生

慢板，节奏较自由，每分钟48拍

散板……4 3 2 3 5 | 5·4 3 2 1 | 1 7 0 5 | 5·3 3 2 |
我 失 骄 相 君 失 柳,

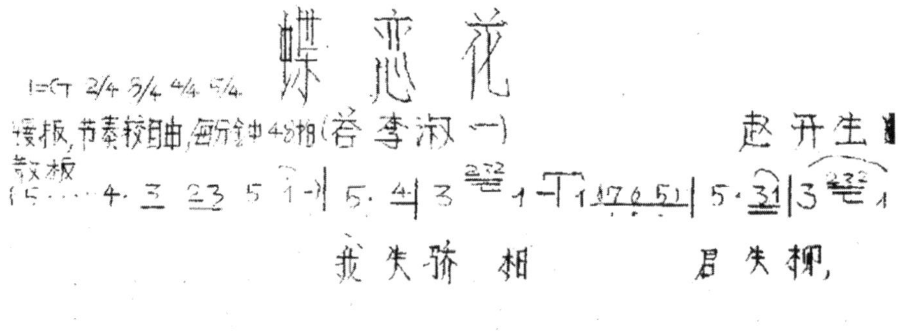

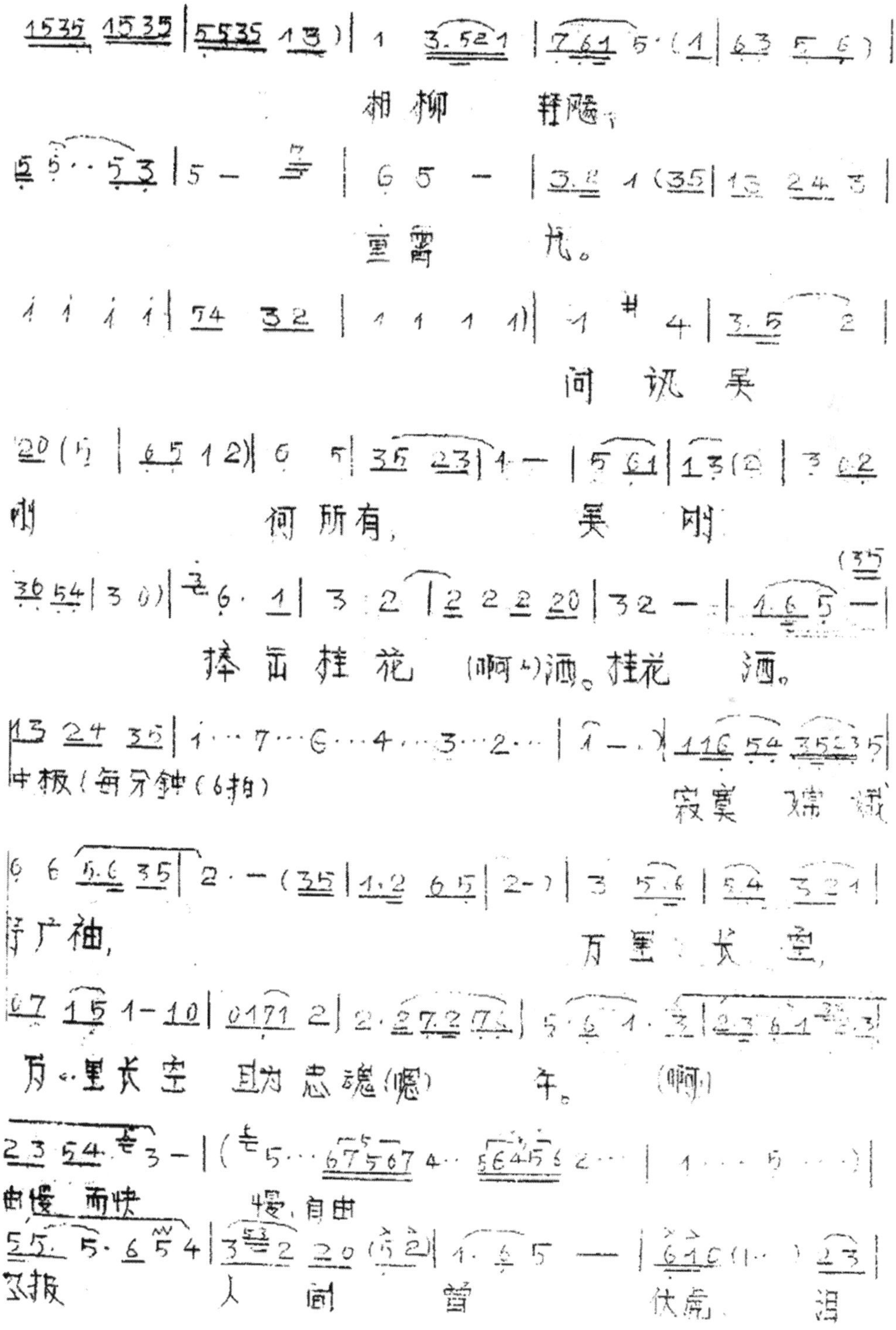

1535 1535 | 5535 13) | 1 3.521 | 761 5·(1 | 63 5 6) |
相　柳　　羿隨，

65··53 | 5 — 7 | 65 — | 3.8 1(35 | 13 24 5 |
重霄　　九。

1 1 1 1 | 74 32 | 1 1 1 1) | 1 #4 | 3.5 2 |
　　　　　　　　問　訊吳

20(5 | 65 12) | 0 5 | 35 23 | 1 — | 5 61 | 13 12 | 3 02
州　　　　　何所有，　吳　刚

30 54 | 3 0) | 6· 1 | 3 2 | 2 2 2 20 | 32 — | 4 65 | (35
捧出挂花（啊）酒。挂花　酒。

13 24 35 | 1···7···6···4···3···2·· | 1 — | 116 54 35 35 |
中板（每分钟（6拍）　　　　寂寞嫦娥

6 6 5 6 35 | 2 — (35 | 1 2 6 5 | 2 —) | 3 5 6 | 54 3 21 |
舒广袖，　　　　　　　　万里　长　空

67 15 1 — 10 | 0171 2 | 2·27 27 | 5 61 3 | 23 61 3
万里长空　且为忠魂（嗯）　午。　（啊）

23 54 3 — | (5 67 567 4 | 54 55 2 | 1··5·—) |
曲慢而快　慢，自由

55·5·6 54 | 3 2 20（35 | 1·5 — | 616(···) 23 |
飞披　人间曾　伏虎　泪

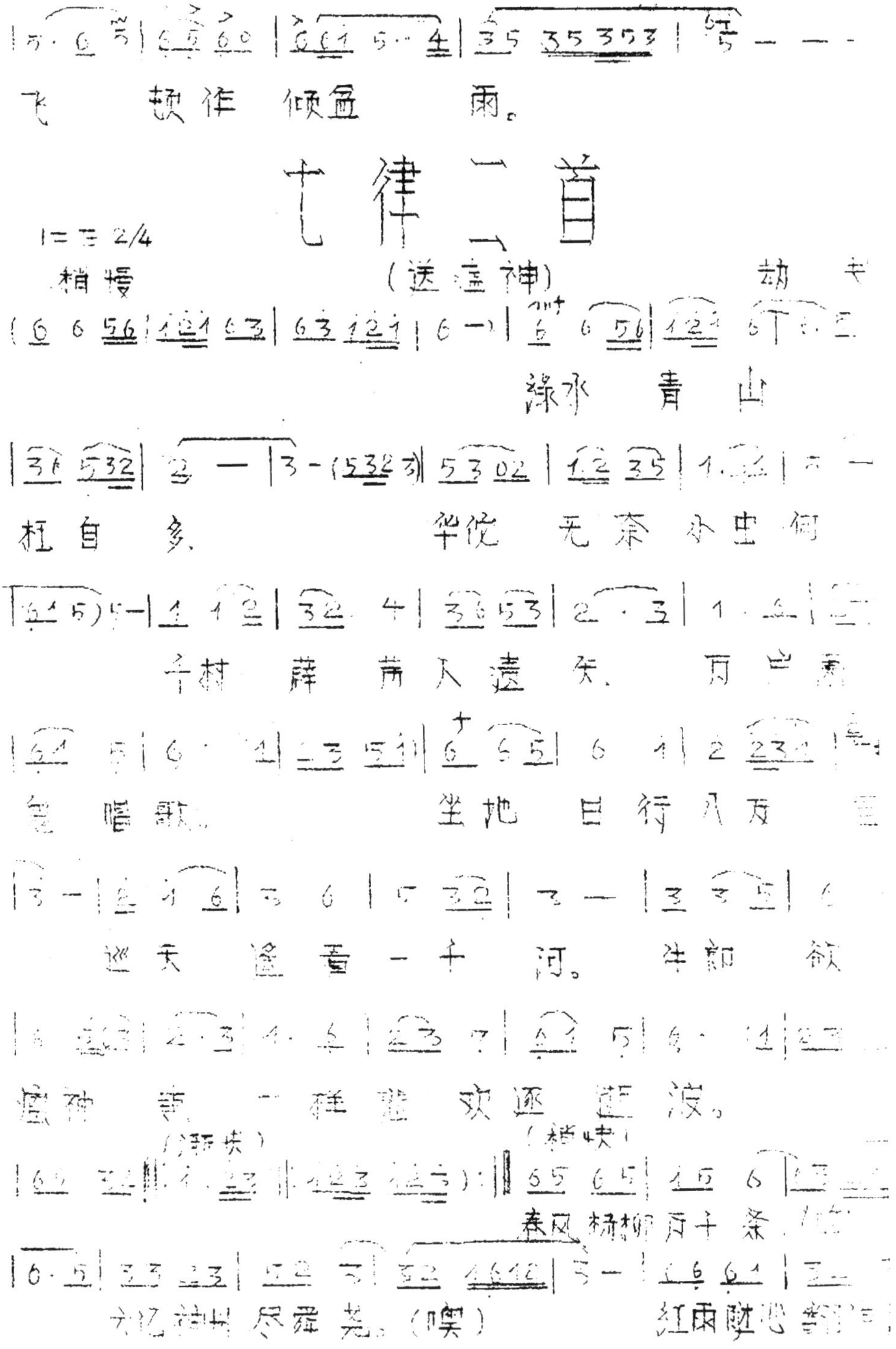

飞 热作 倾盆 雨。

七律二首
（送瘟神）
劫夫

绿水 青山

枉自 多 华佗 无奈 小虫 何

千村 薜荔 人遗 矢 万户 萧

疏 唱歌 坐地 日行 八万 里

巡天 遥看 一千 河。 牛郎 欲

问瘟神 事 一样 悲 欢逐 逝 波。

春风 杨柳 万千 条

六亿 神州 尽舜 尧。 (噢) 红雨随心翻

| 0 6 | 5 6 | 1 5 | 6 | 6 6 | 6 1 | 3 1 | 2 1 2 | 3 2 | 1 6 |

青山着意 化为桥。五连五岭 银锄落， 地动三河

| 3 | 5 6 | 5. | 0 | 1 1 | 6 1 | 3 2 | 3 1 2 30 | 1 2 | 3 5 |

铁臂 摇。 借问瘟君欲何往， 纸船明烛

| 2 1 | 5 6 7 2 | 1 2 3 50 | 5 3 2 1 2 3 5 | 6 — | 6 — ‖

照 天 烧。

〔注〕这首诗创作于1958年7月1日。

七律二首

(送瘟神) 范本强曲

1=D 4/4

撕授

5 3 | 5 6 | 1 5 | 6 — — — | 6 1 | 6 5 | 5 1 | 3 — — — |

绿水 青山 枉自 多， 华佗 无奈 小虫 何。

| 5 3 | 5 6 5 | 1 6 | 3 2 — | 3 5 0 1 5 5 1 | 6 — — — |

千村 薜荔人 遗矢， 万户萧疏鬼唱歌。

| 6 1 2 3 | 4 3 4 5 7 6 | 6 1 2 3 | 4 3 4 5 7 6 | 7 6 · 7 6 | 7 6 — — |
| 1 1 2 | 3 2 0 | 5 1 | 2 — 6 5 7 6 | 2 — 5 5 6 — | 6 — 1 1 2 |

坐地 日行 八万里，巡天遥看 一千河。 牛郎欲

| 7 — 3 5 | 6 | 0 0 5 5 | 6 2 — 7 | 5 — — — | 2 3 2 3 2 6 5 6 |

问 瘟神事. 一样悲欢逐 逝 波。

| 5. 3 2 1 7 6 | 5 5 6 1 6 1 2 1 2 3 2 1 | 3 2 3 5 3 5 6 2 6 1 2 6 |

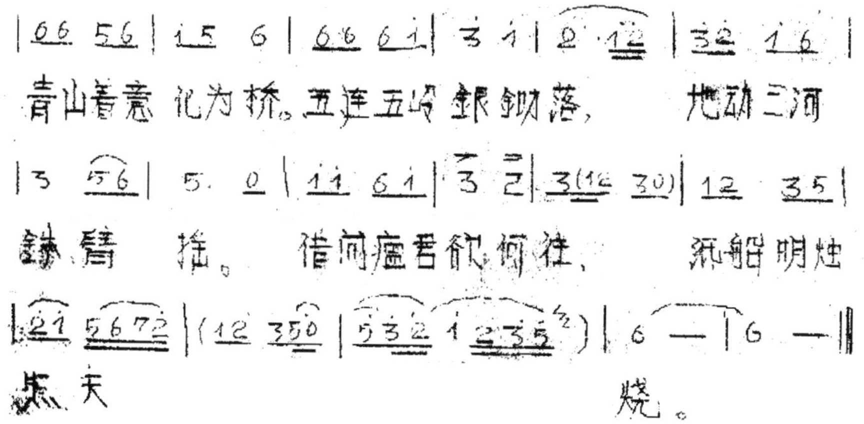

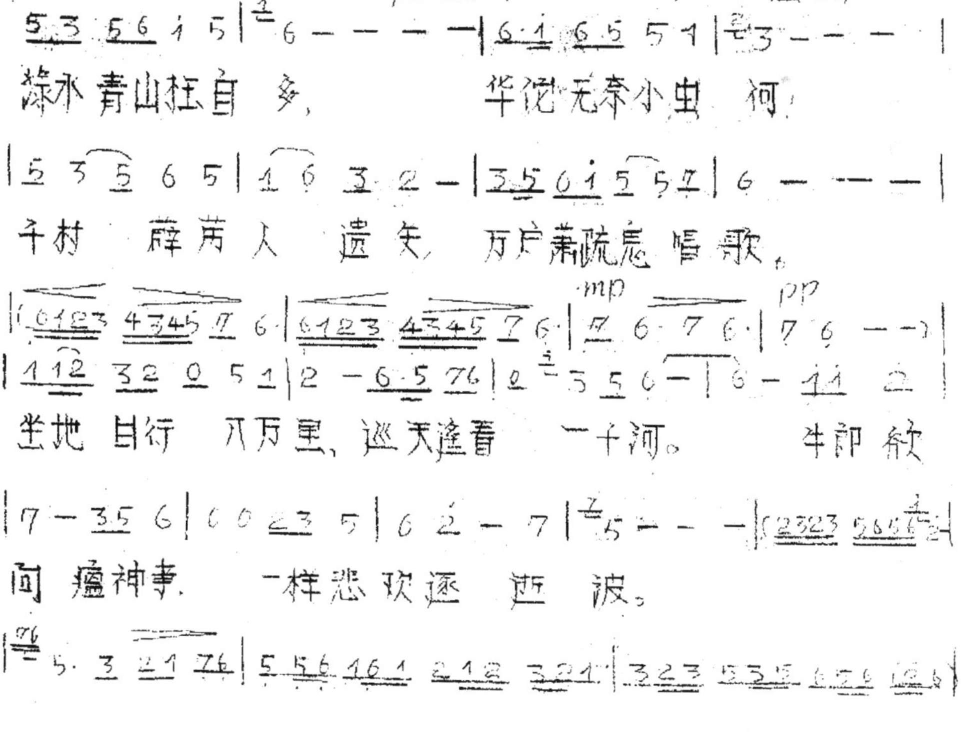

$3\cdot\underline{3}\ \underline{26}\ 1\ 3\ |\ 2---\ \underline{3}\underline{1}\ |\ \underline{1\ 1}\ \underline{23}\ 2\ 6$

春风杨柳万千 条，　　　六亿神州尽 舜

$\underline{1}\ 5---|\ 2\cdot\underline{3}\ 5\ 6\ |\ 2\cdot\underline{3}\ \underline{21}\ \underline{65}|\ \underline{65}\ \underline{63}$

尧　　　红雨随心 翻作浪　青山着意

$\underline{1}---|\ (\underline{1216}\ \underline{53}\ \underline{11}\ \underline{11}\ |\ \underline{1216}\ \underline{53}\ 11)\ |\ 6\cdot\underline{5}$

桥　　　　　　　　　　　　　天连

$3\ \underline{21}\ \underline{75}\ |\ 3\cdot\underline{5}\ \underline{66}\ |\ 2\ \underline{13}\ 2\ -\ |\ 2\ 0\ 5\ 3\ -$

银锄 落 地动三河 铁臂摇　　借问

(幔) p

$\underline{2\cdot1}\ 6\ 0\ 0\ |\ 3\sim\underline{1}\ \underline{6\cdot5}\ \underline{32}\ |\ 2\ 0\ \underline{61}\ 23$　mf

瘟 君 欲 何往，　　　纸船明

$6\ -\ -\ \underline{16}\ |\ 2\ -\ \underline{31}\ -\ |\ \underline{1216}\ \underline{53}\ \underline{11}\ \underline{11}\ |$

$\underline{1216}\ \underline{53}\ \underline{11}\ |\ 1\ 0\ 1\ 0)\ \|$

七　律
(到韶山)

1=F　2/4　　　　　　　　　　　　劫夫曲
mp　幔板

$\underline{55}\ \underline{61}\ \underline{5}\ |\ \underline{51}\ \underline{32}\ \underline{32}\ |\ 11\ -\ |\ \underline{31}\ \underline{61}\ |\ \underline{13}\ \underline{65}$

别梦依稀 咒逝 川　　故园三十 二 年

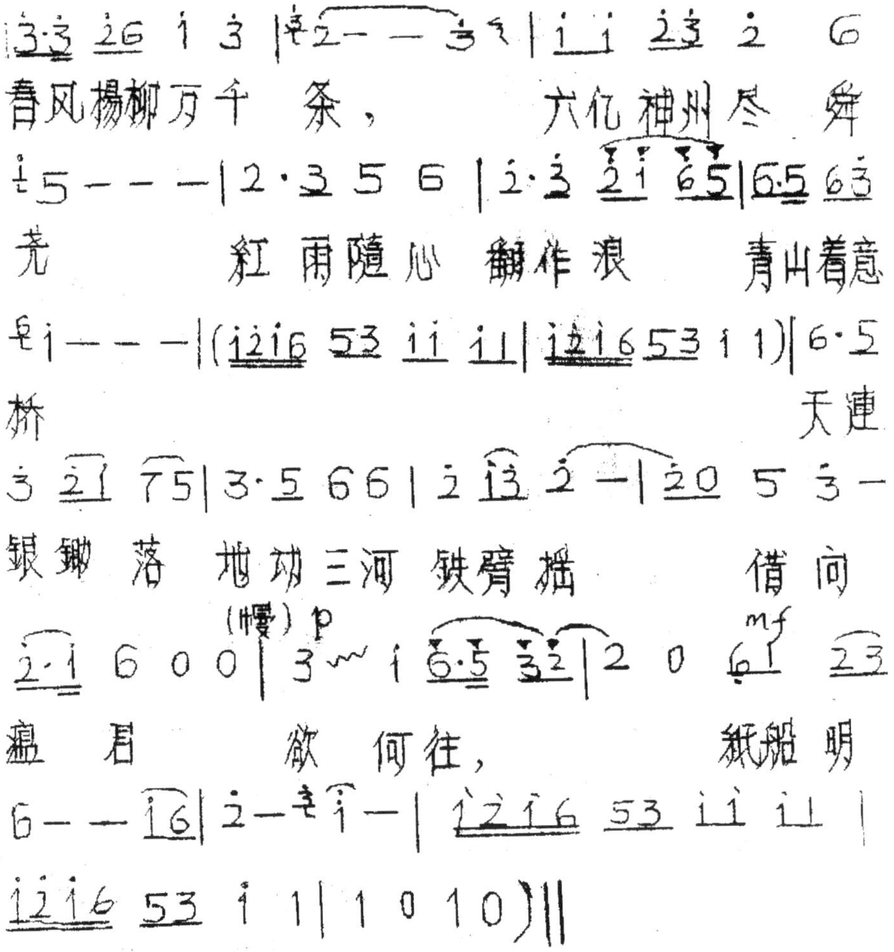

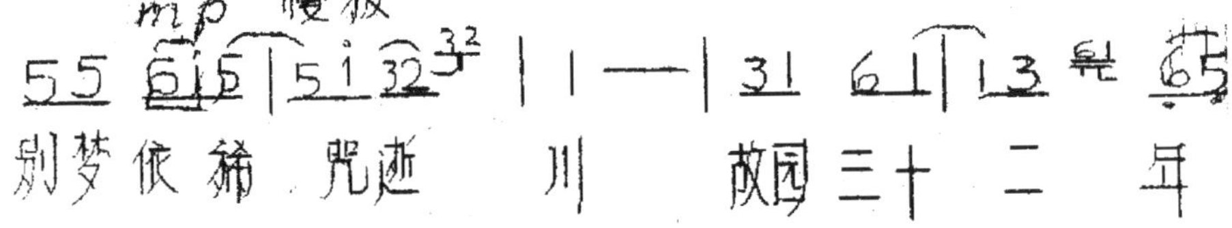

5 — | 1̲2̲ 3̲5̲ | 5̲6̲ 5̲3̲ | 5 6 — | 1̲6̲1̲ 5̲3̲ |

新。　红旗卷起　农奴　戟，　黑手　高悬

3̲3̲ 3̲3̲ | 2 — | 3̲3̲ 5̲1̲ | 1̲1̲ 6̲5̲ | 6 — |

霸主　鞭。　为有牺牲　多　壮　志

6̲1̲5̲ 3̲5̲ | 5̲6̲ 5̲3̲ | 5 — | 5̲5̲ 3̲5̲ | 5̲6̲ 5̲3̲ |

敢教日月　换新　天。　　喜看稻菽　千重

1̂ — | 1̲6̲1̲ 5̲3̲ | 3̲2̲ 3̲2̲ | 1̂ — ‖

浪，　　遍地　英雄　下夕　煙。

〔注〕这首创作于1959年6月

七　絕

（为女民兵题照）

1 = C 2/4

进行速度　　　　　　　　　　劫夫曲

mf

1̲0̲ 0̲5̲ | 6̲0̲ 5̲0̲ | 1̲2̲ 3̲2̲ | 5 — | 2̲0̲ 0̲2̲ |

飒　爽英姿　五　尺枪　曙　光

3̲0̲ 1̲0̲ | 6 2 | 5 — | 1̇· 1̇ | 2̇1̲ 6̲5̲ |

初　照　演兵　场　中华　儿女

57

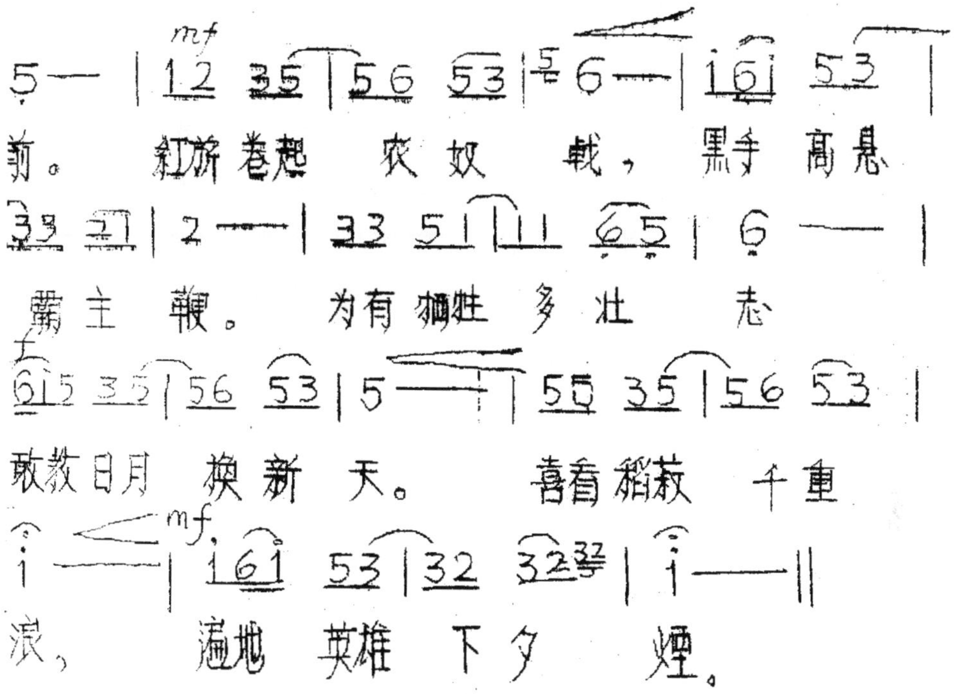

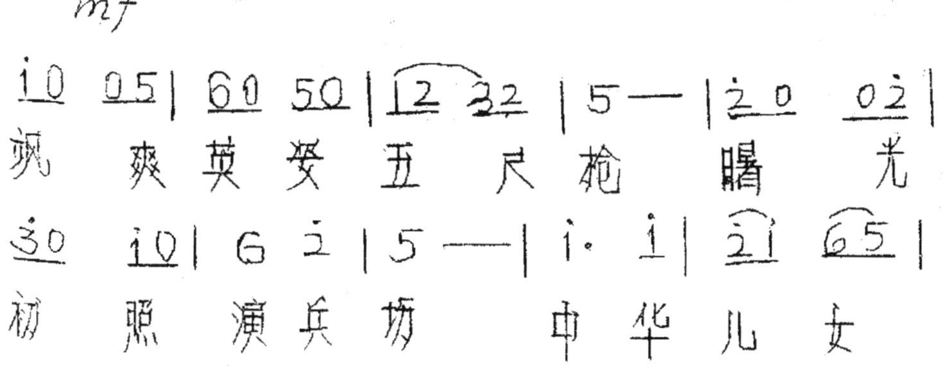

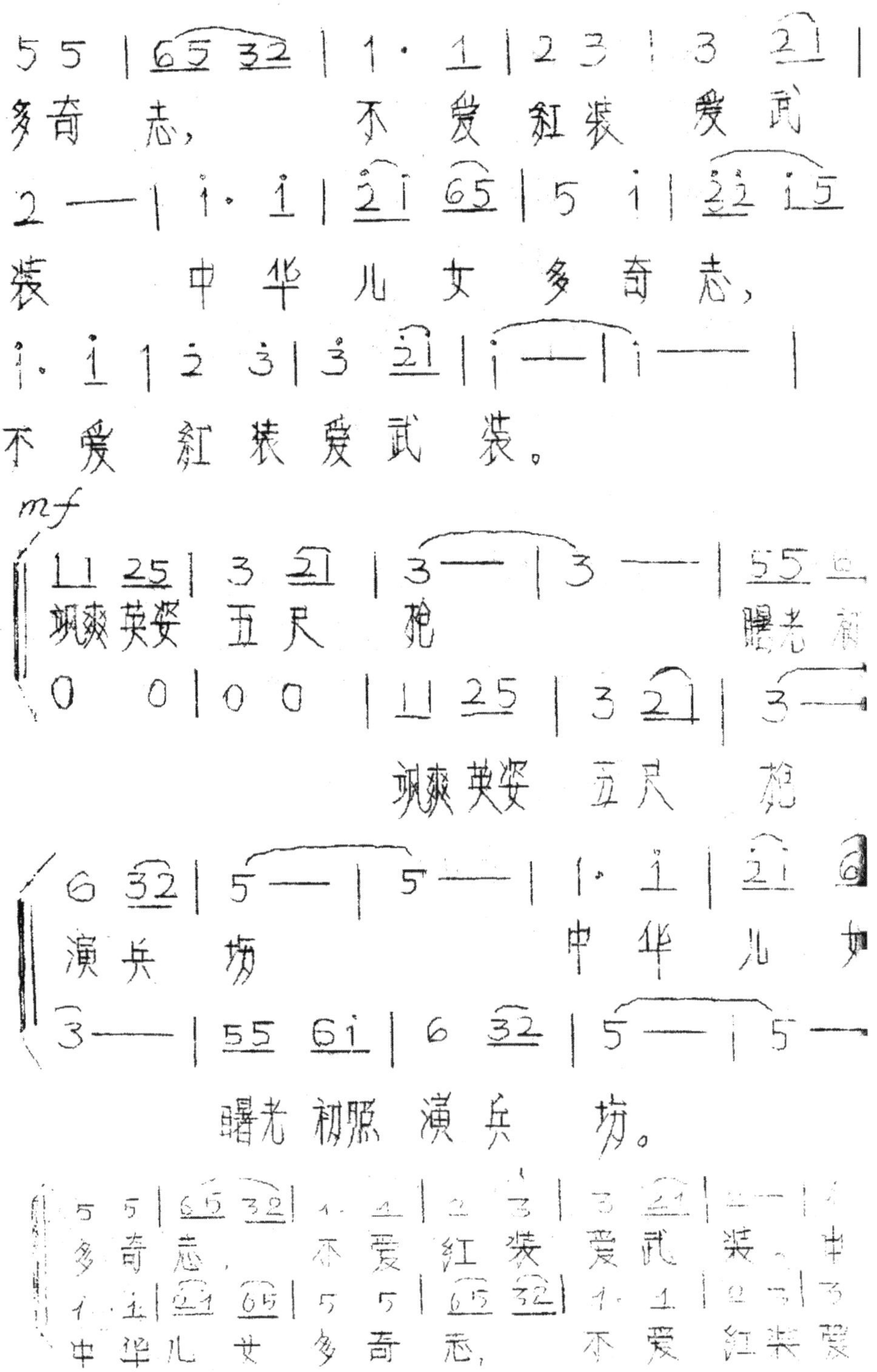

$5\ 5\ |\ \overline{65}\ \overline{32}\ |\ \dot1 \cdot \dot1\ |\ 2\ 3\ |\ 3\ \overline{2\dot1}\ |$

多奇志， 不 爱 红装 爱 武

$2\ -\ |\ \dot1 \cdot \dot1\ |\ \overline{2\dot1}\ \overline{65}\ |\ 5\ \dot1\ |\ \overline{22}\ \overline{\dot15}\ |$

装 中 华 儿 女 多 奇 志，

$\dot1 \cdot \dot1\ |\ 2\ 3\ |\ 3\ \overline{2\dot1}\ |\ \dot1\ -\ |\ \dot1\ -\ |$

不 爱 红 装 爱 武 装。

mf

$\begin{array}{|c}\underline{11}\ \underline{25}\ |\ 3\ \overline{2\dot1}\ |\ 3\ -\ |\ 3\ -\ |\ 55\ \| \end{array}$

飒爽 英姿 五尺 枪 曙光初

$\begin{array}{|c}0\ 0\ |\ 0\ 0\ |\ \underline{11}\ \underline{25}\ |\ 3\ \overline{2\dot1}\ |\ 3\ -\ \end{array}$

飒爽 英姿 五尺 枪

$6\ \overline{32}\ |\ 5\ -\ |\ 5\ -\ |\ \dot1 \cdot \dot1\ |\ \overline{2\dot1}\ |$

演 兵 场 中 华 儿 女

$3\ |\ 55\ \overline{6\dot1}\ |\ 6\ \overline{32}\ |\ 5\ -\ |\ 5\ -\ |$

曙光 初照 演兵 场。

$5\ 5\ |\ \overline{65}\ \overline{32}\ |\ \dot1 \cdot \dot1\ |\ 2\ 3\ |\ 3\ \overline{2\dot1}\ |\ -\ -\ |$

多奇志 不 爱 红装 爱 武 装。中

$\dot1 \cdot \dot1\ |\ \overline{2\dot1}\ \overline{65}\ |\ 5\ 5\ |\ \overline{22}\ \overline{32}\ |\ \dot1 \cdot \dot1\ |\ 2\ 3\ |$

中华 儿 女 多 奇 志， 不 爱 红装 爱

儿女多奇志，　不爱红装爱武装

装。中华儿女　多奇志，　不爱红装

爱武装。

爱武装。

注：这首诗创作于1961年2月

七绝

=D 4/4 2/4 （为女民兵题照）　　　青石曲

飒爽英姿　五尺　枪，曙光　初照演兵场。

中华儿女多奇志，不爱江装爱武装。中华儿女　　多奇志，

爱红装爱　武

（速）

飒爽　英　姿　　五尺枪，　　曙

飒爽　英　姿　五　尺枪　　曙光

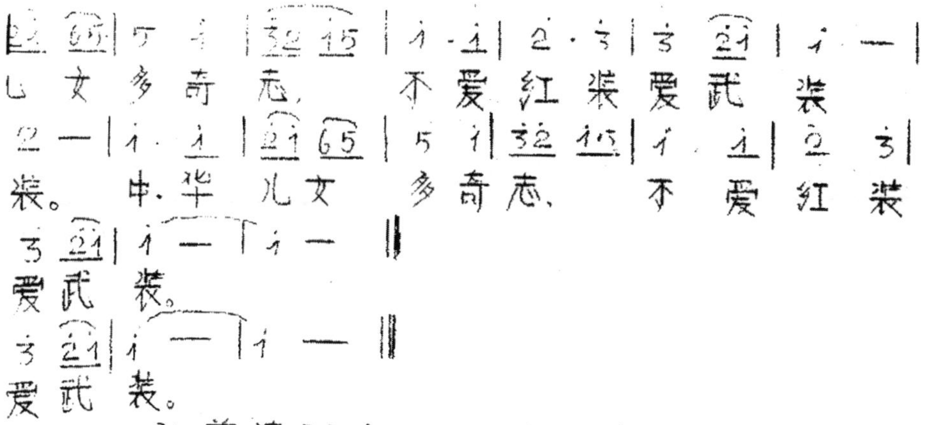

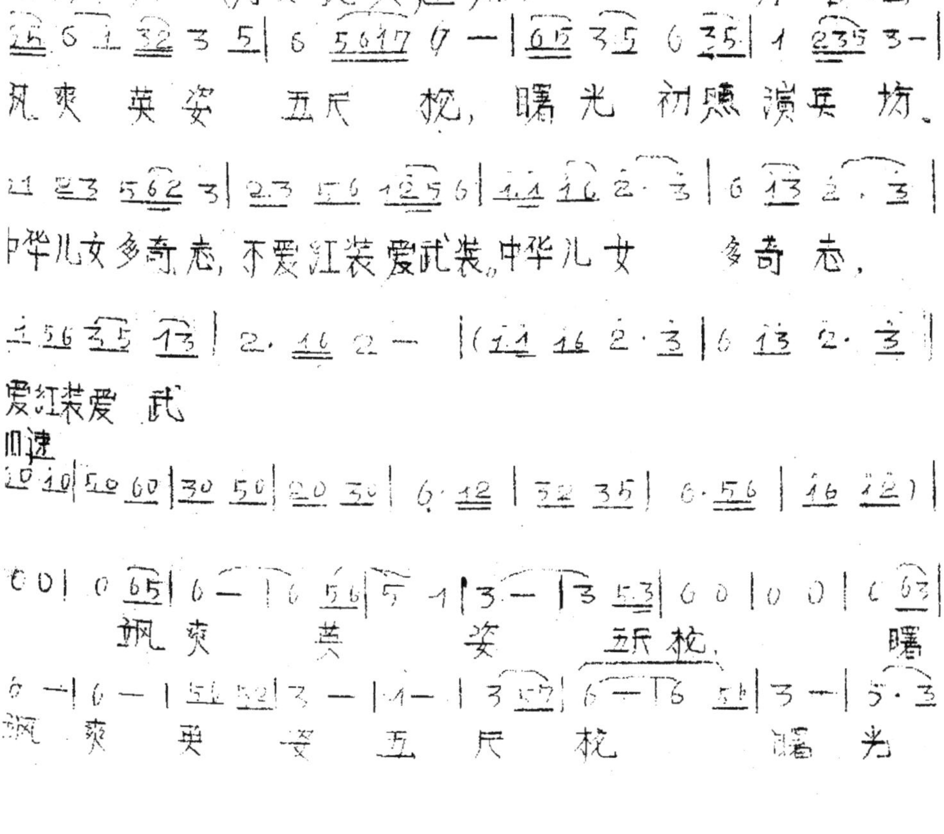

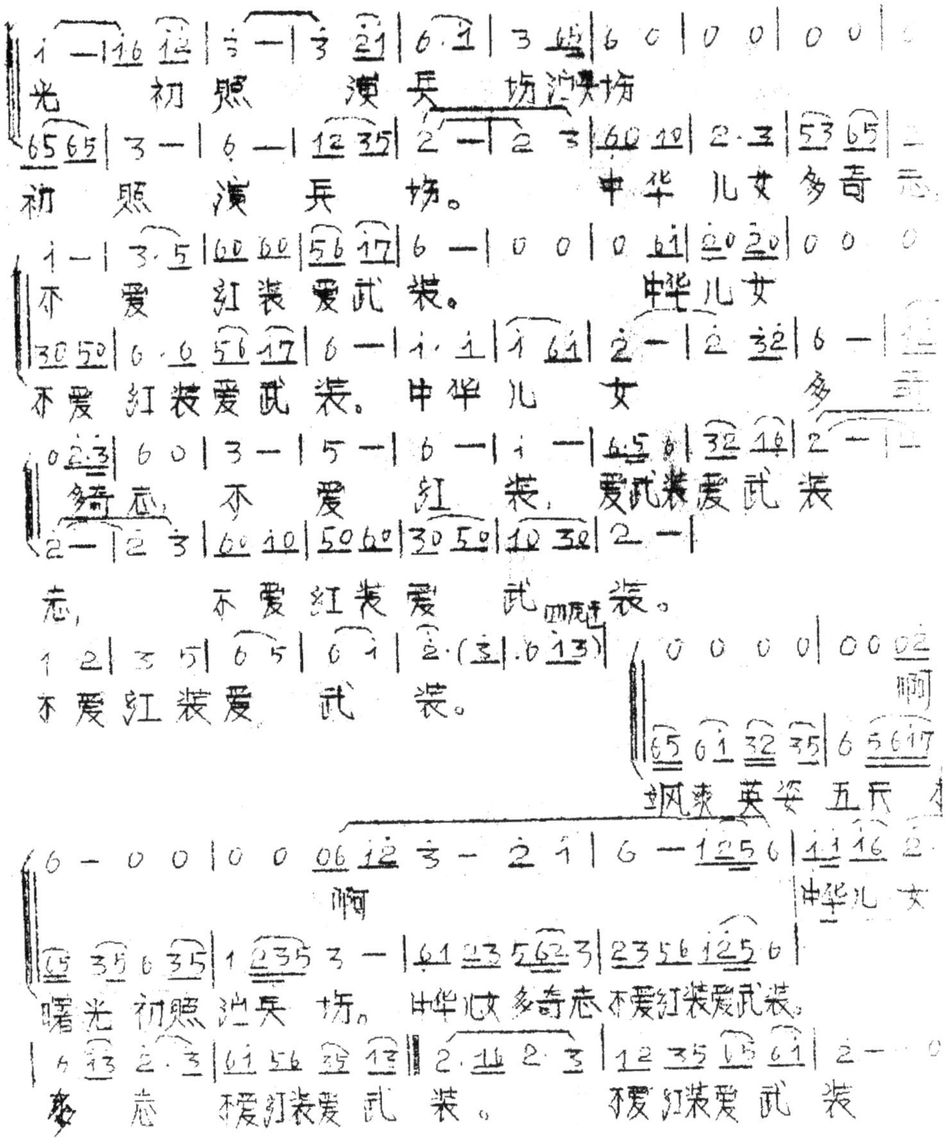

[注]．中段可以反复。此曲选自舞蹈《女民兵

七絕

（为女民兵题照）

赵开生等曲

: 2/4, 3/4 （评弹女声小组唱）

飒爽 英姿 五尺枪 五尺枪, 初照 演坊 中华儿 奇志, 爱 爱武装。飒爽 英姿 五尺枪。曙光初照 泊兵坊。 中华心女 多奇志。 爱 红装 祖—— 飒爽

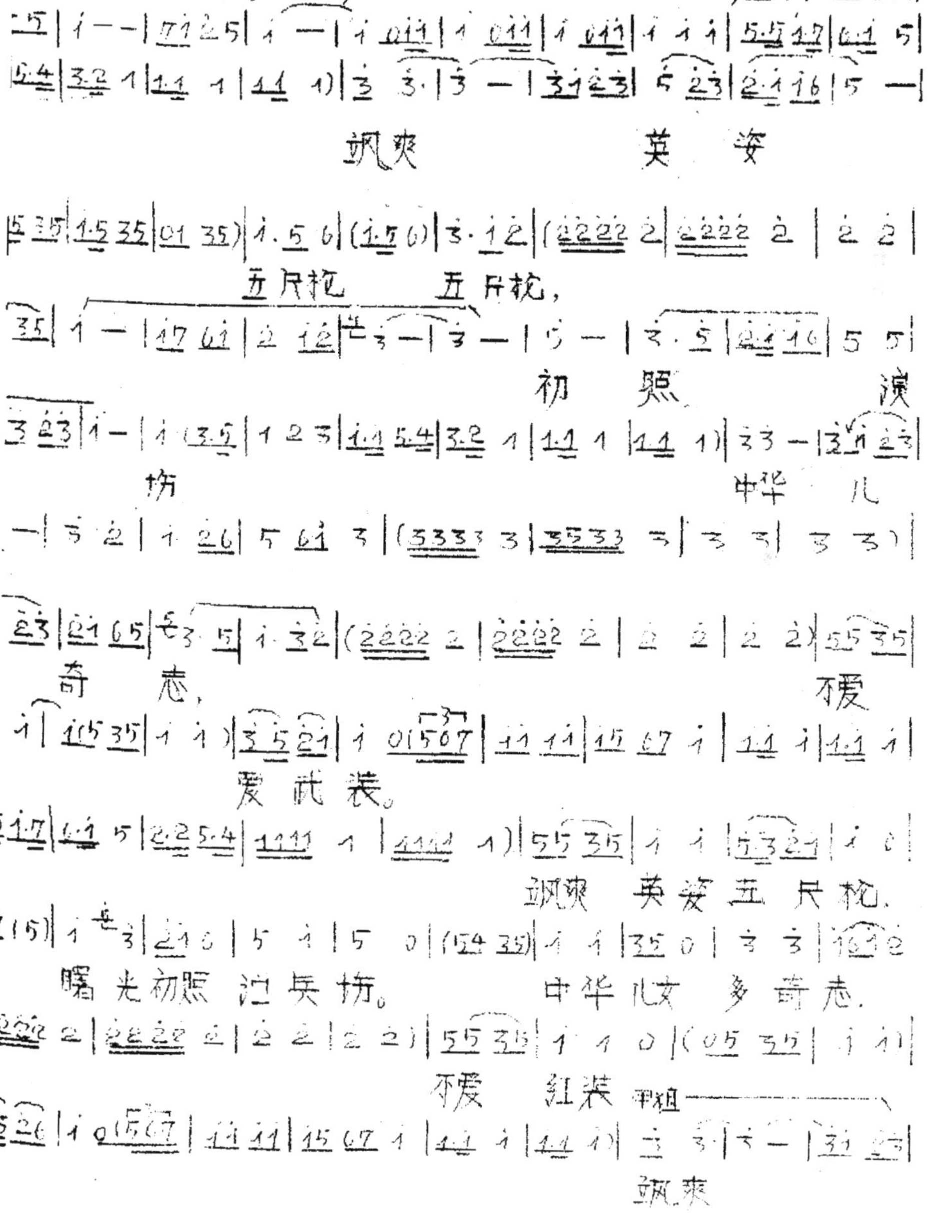

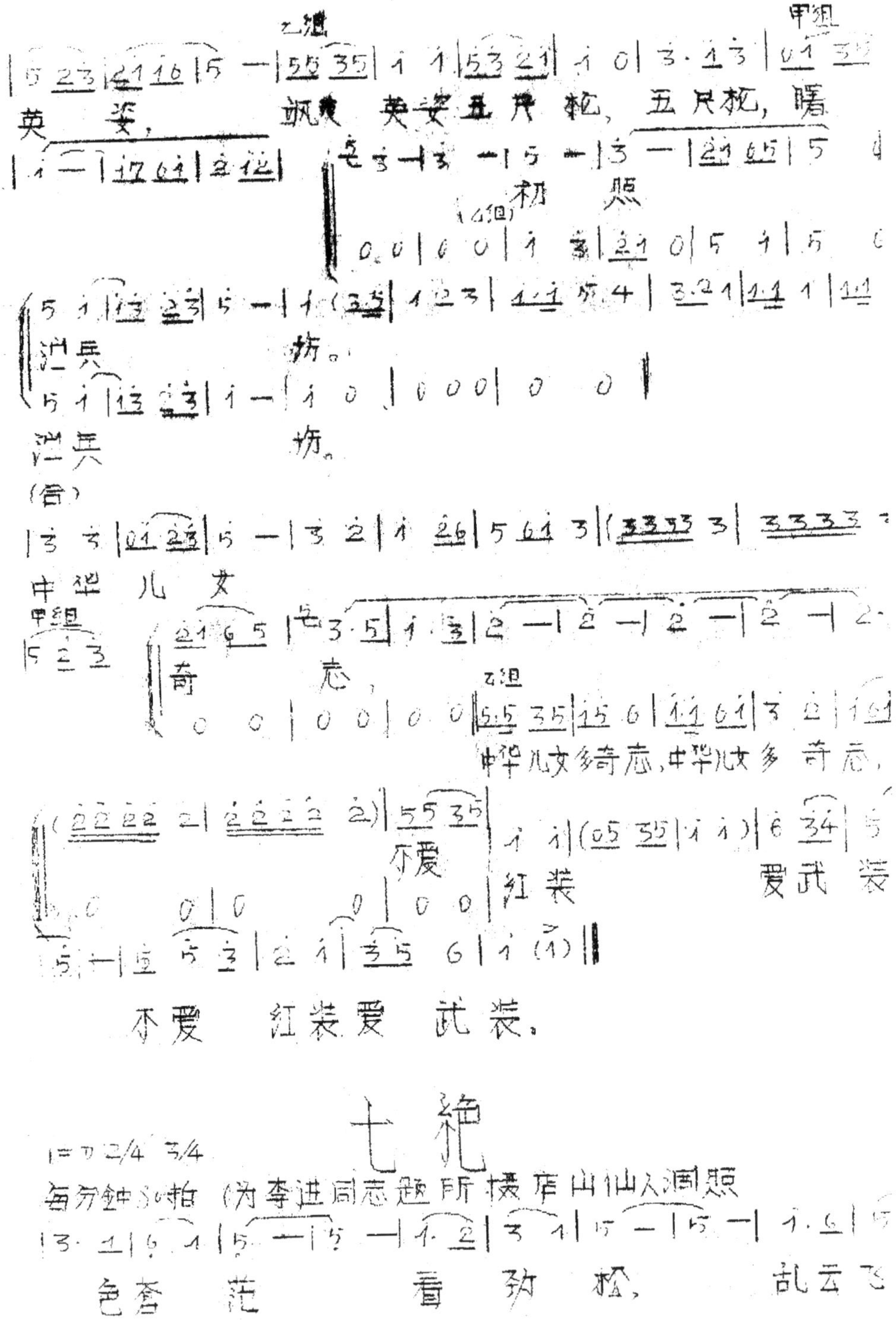

|5 23|6 11 6|5 — 5 5 3 5|1 1 5 3 2 1|1 0|3·13|0 1 3 1|

英姿，   飒爽 英姿五尺枪， 五尺枪， 曙

|1 — 1 7 6 1|2 1 2|6 3 3|— 15 — 13 — 12 11 1 5|5 1|

初 照

|0 0|0 0|1 3|2 1|0 5|1|5 6|

|5 1|1 3 2 3|5 — 1 3 3|1 2 3|1 1 5 4|3 2 1 1 1|1 1 1|

汇兵 场。

|5 1|1 3 2 3|1 — 1 0|0 0|0 0|

汇兵 场。

(合)

|1 3 3|0 1 2 3|5 — 1 3 2|1 2 6|5 6 1 3|3 3 3 3 3|3 3 3 3 2|

中华儿女

甲组

|5 2 3|2 1 6 5|5 3 5|1 3|2 — 1 2 — 1 2 — 1 2 — 1 2 —|

奇 志，

|0 0|0 0|0 0|5 5 3 5|1 5 6|1 1 6 1|3 2|1 3|

乙组

中华儿女多 奇志，中华儿女多 奇志，

|2 2 2 2 2|2 2 2 2 2|5 5 3 5|1 1|0 5 3 1|1 1|6 3 4|5|

不爱   红装   爱武装

|0 1 0|0 1 0|0|红装

|5 — 1 3 5 3|2 1|3 5|6 1|1 (1)|

不爱 红装爱 武装。

七绝

1=D 2/4 3/4

每分钟80拍 (为李进同志题所摄庐山仙人洞题)

|1 3 1 1 6|1 5 — 1 6 — 1 1 2|3 1 5 — 1 5 — 1 1 1 1 5|

暮色苍 茫 看劲松， 乱云飞

〔注〕：这首诗创作于1961年9月9日
此曲系托谱，供参攷。

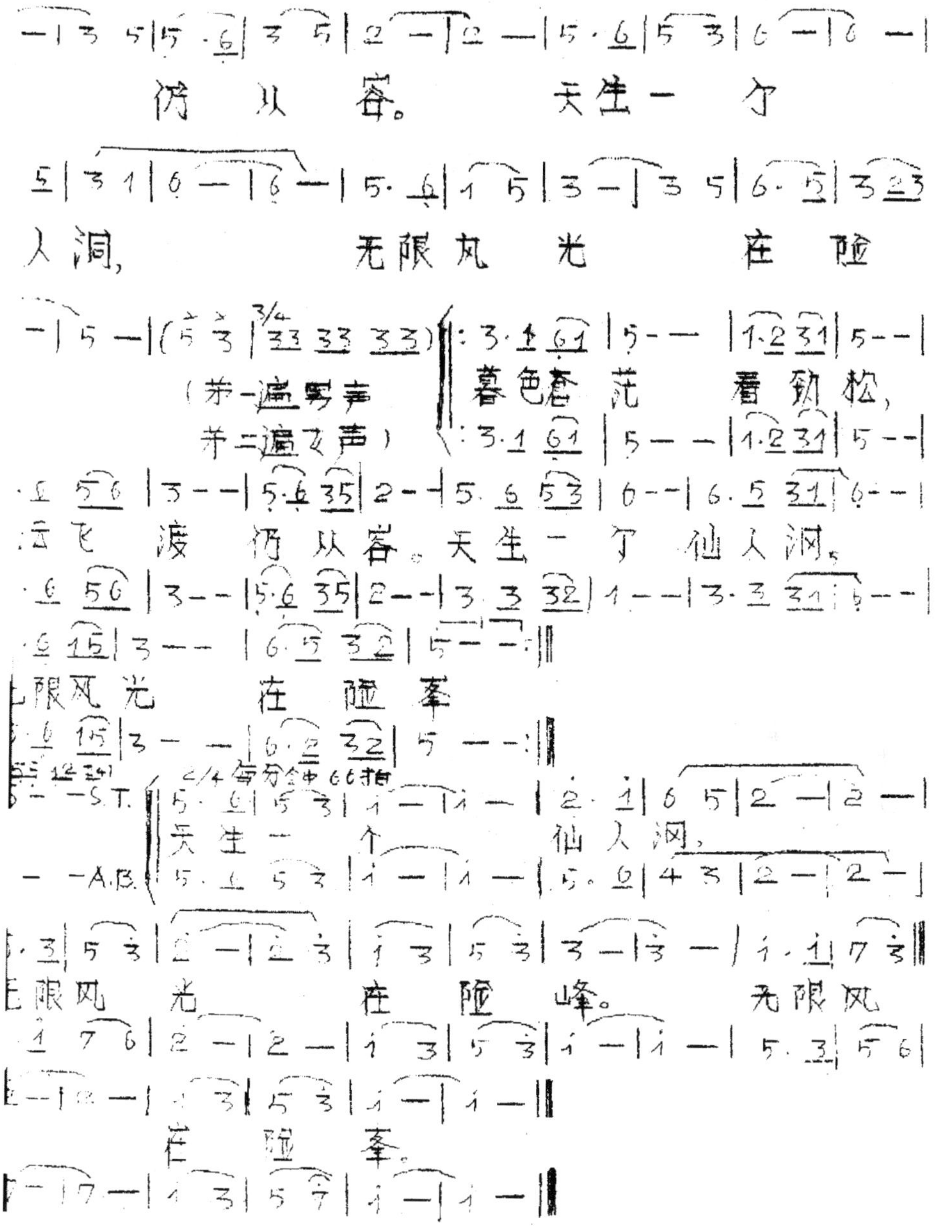

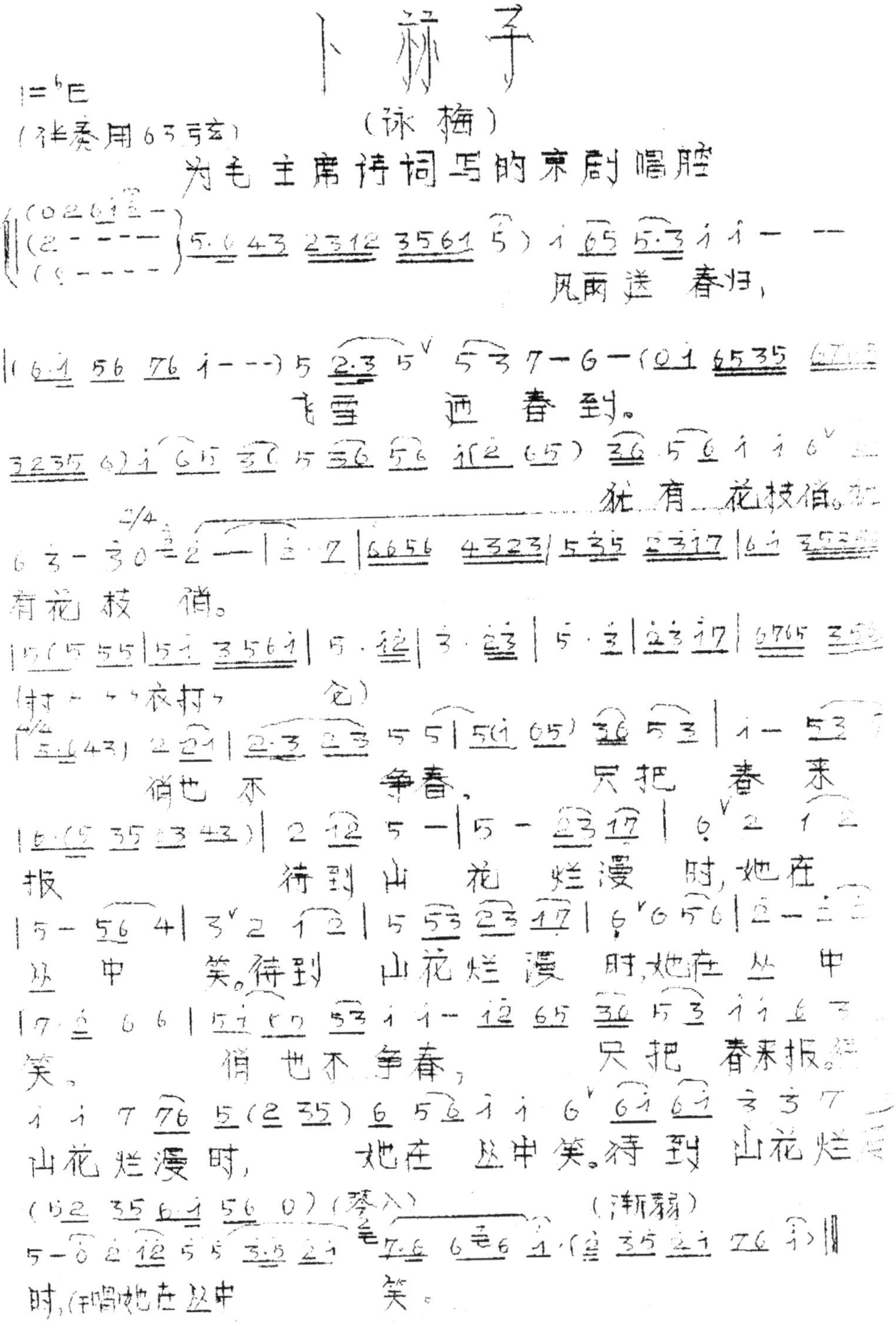

卜算子
1=♭E
(伴奏用63弦)
(咏梅)
为毛主席诗词写的京剧唱腔
风雨送 春归，
飞雪 迎 春 到。
犹有 花枝俏。犹
有花枝 俏。
俏也不 争春， 只把 春 来
报 待到山 花 烂漫 时，她在
丛 中 笑。待到 山花烂漫 时，她在 丛 中
笑。 俏 也不 争春， 只把 春来报。
山花烂漫 时， 她在 丛中笑。待到 山花烂
(琴入)
(渐弱)
时，(伴唱)她在丛中 笑。

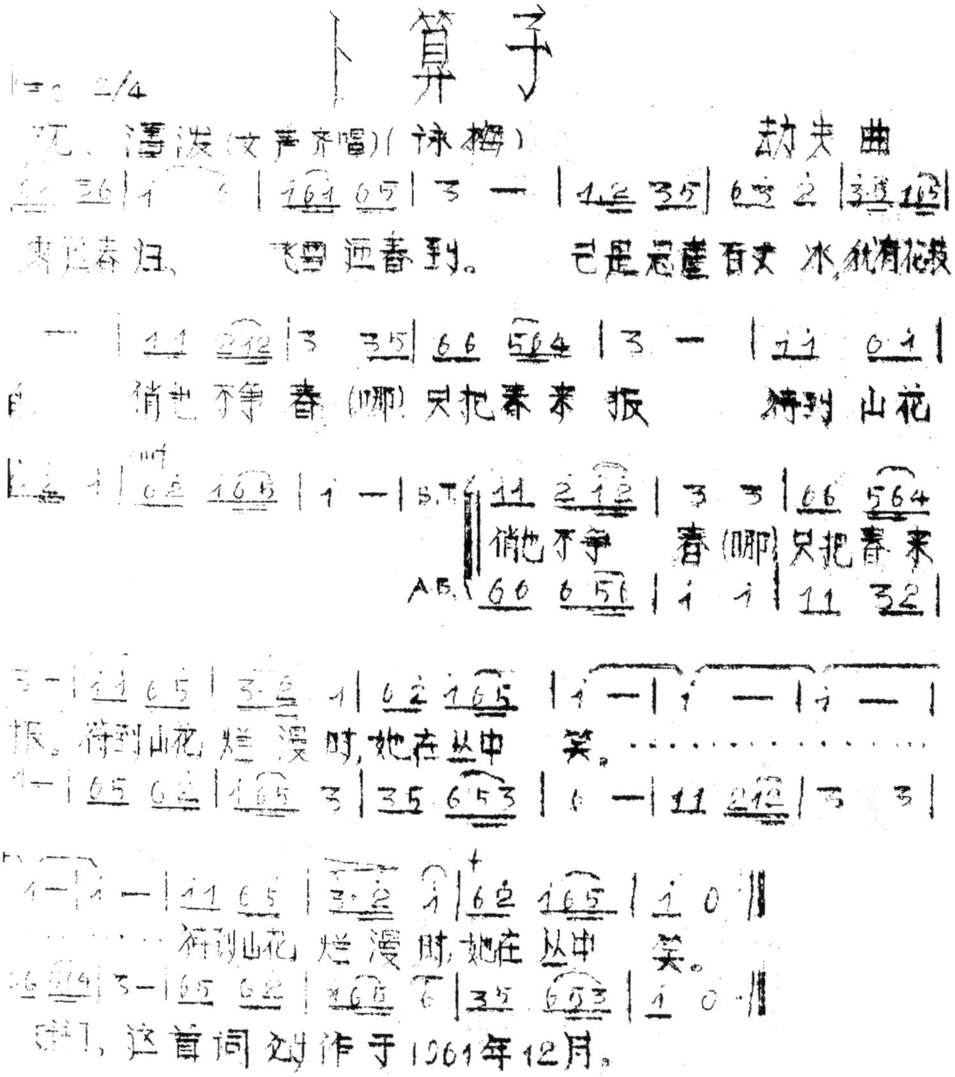

卜算子

沈、蒲波（女声齐唱）（咏梅）　　　　　劫夫曲

（简谱略）

风雨送春归，飞雪迎春到。已是悬崖百丈冰，犹有花枝俏。

俏也不争春（哪）只把春来报，待到山花

俏他不争　春（哪）只把春来

报，待到山花烂漫时，她在丛中　笑。……

……待到山花烂漫时，她在丛中　笑。

（注），这首词刘作于1961年12月。

卜算子

长恨两重有侠心　　（咏梅）　　　　　劫　夫曲

（简谱略）

风雨　送春归，　　（唉）　　　　　飞雪

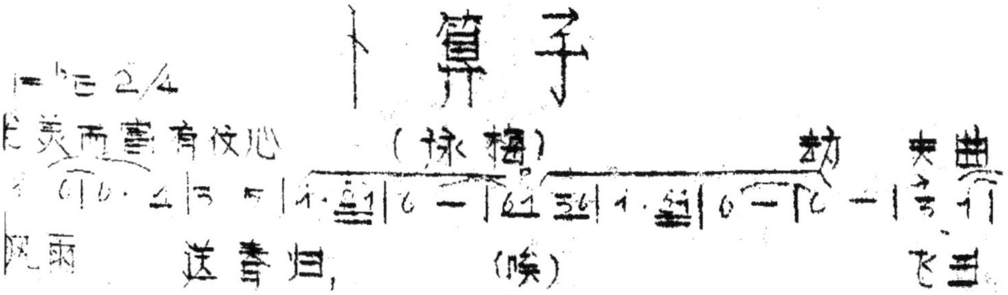

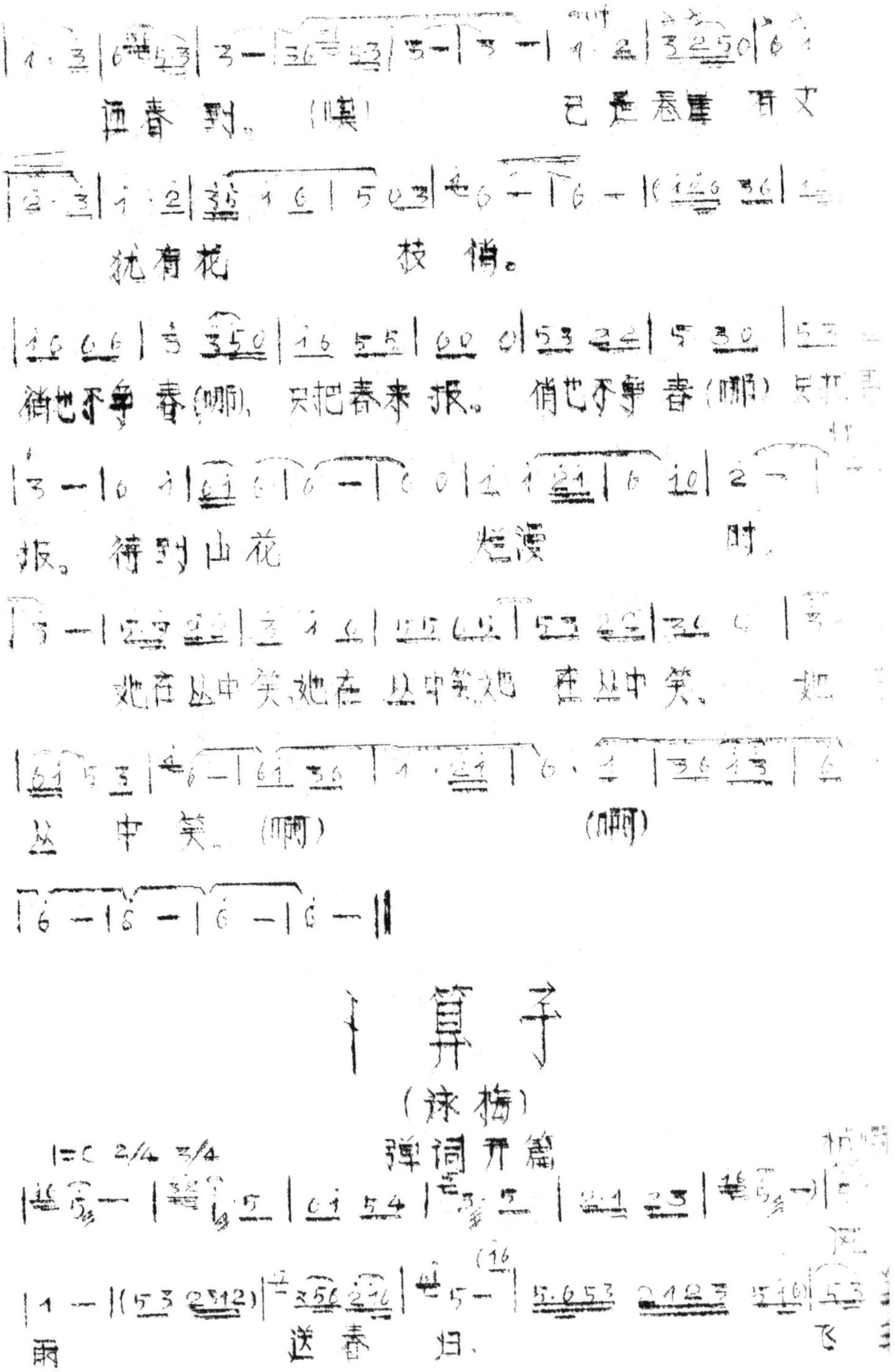

迎春到。(嘿)　　　已是悬崖百丈

犹有花　　　枝俏。

俏也不争春(哪)，只把春来报。俏也不争春(哪) 只把春

报。待到山花　　　烂漫　　　时

她在丛中笑,她在丛中笑,她在丛中笑。　她

丛　中　笑。(啊)　　　(啊)

卜算子

(咏梅)

1=C 2/4 3/4　　　　弹词开篇

雨　　　送春归。　　　　飞

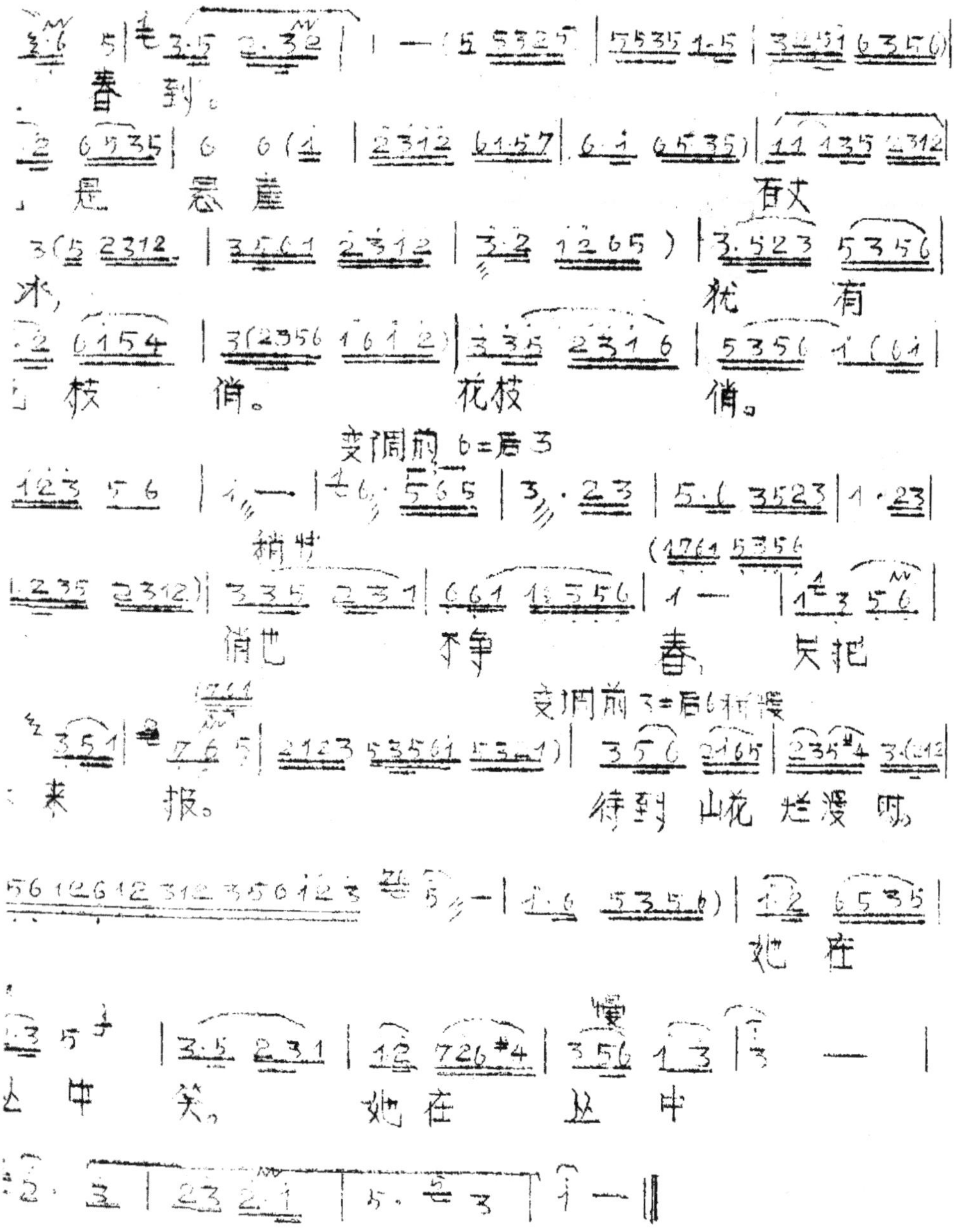

七律

=F 4/4
(稍快) （和郭沫若同志） 劫夫

一从大地起风雷，　　　便有精生白骨堆。

僧是愚氓犹可训，　　　妖为鬼蜮必成灾。

金猴奋起千钧棒，　　　玉宇澄清万里埃。

今日欢呼孙大至，　　　只缘妖雾又重来。

今日欢呼孙大至，　　　只缘妖雾又重来。

〔注〕这首诗创作于1961年11月17日

七律

=♭E 4/4 2/4 （和郭沫若同志） 王元方

一从大 地起 风雷，便有 精生白骨

僧是 愚氓犹可 训妖为鬼 蜮必

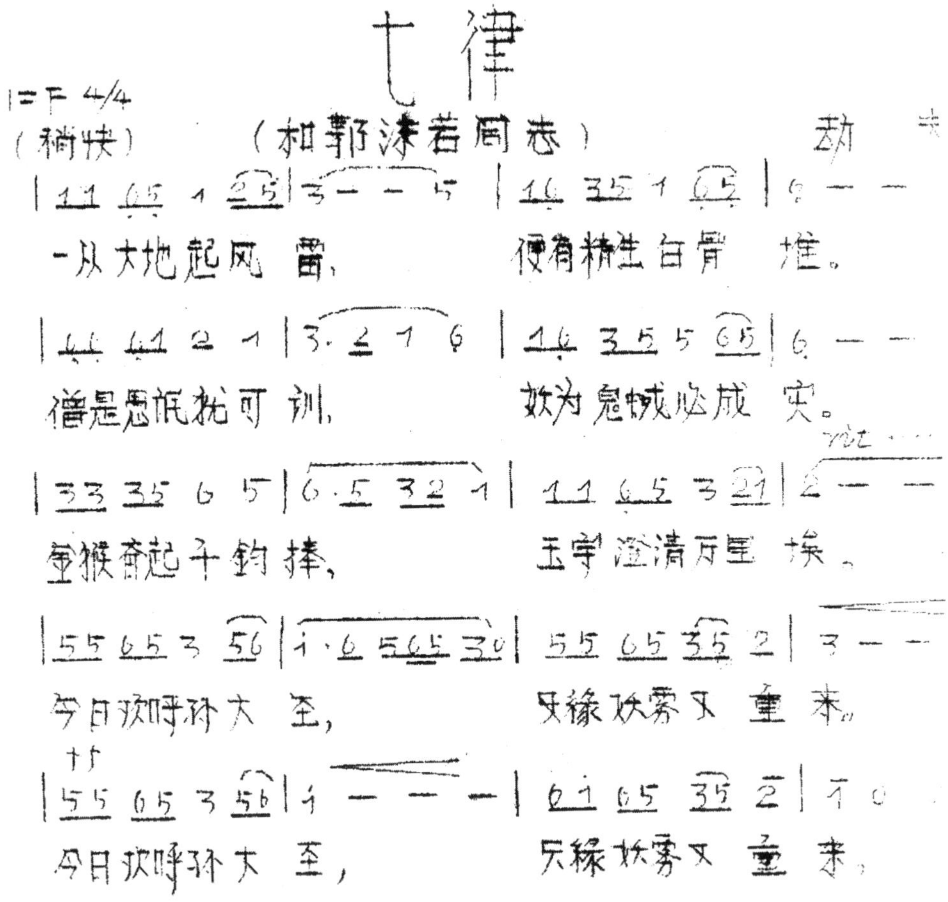

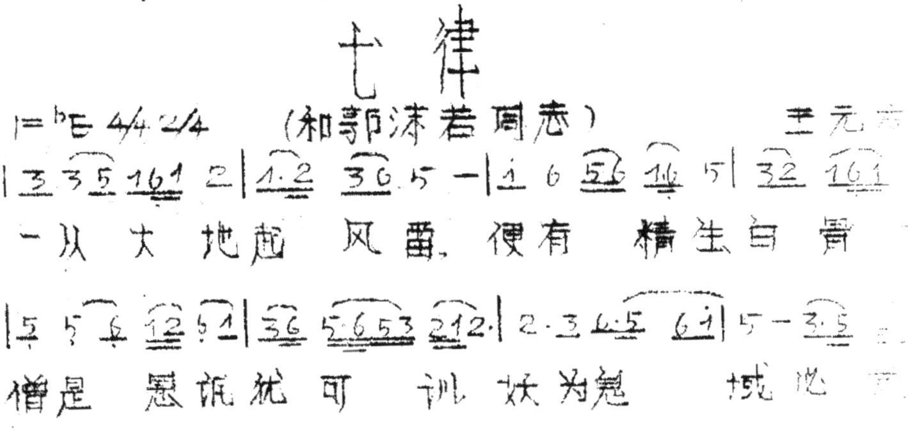

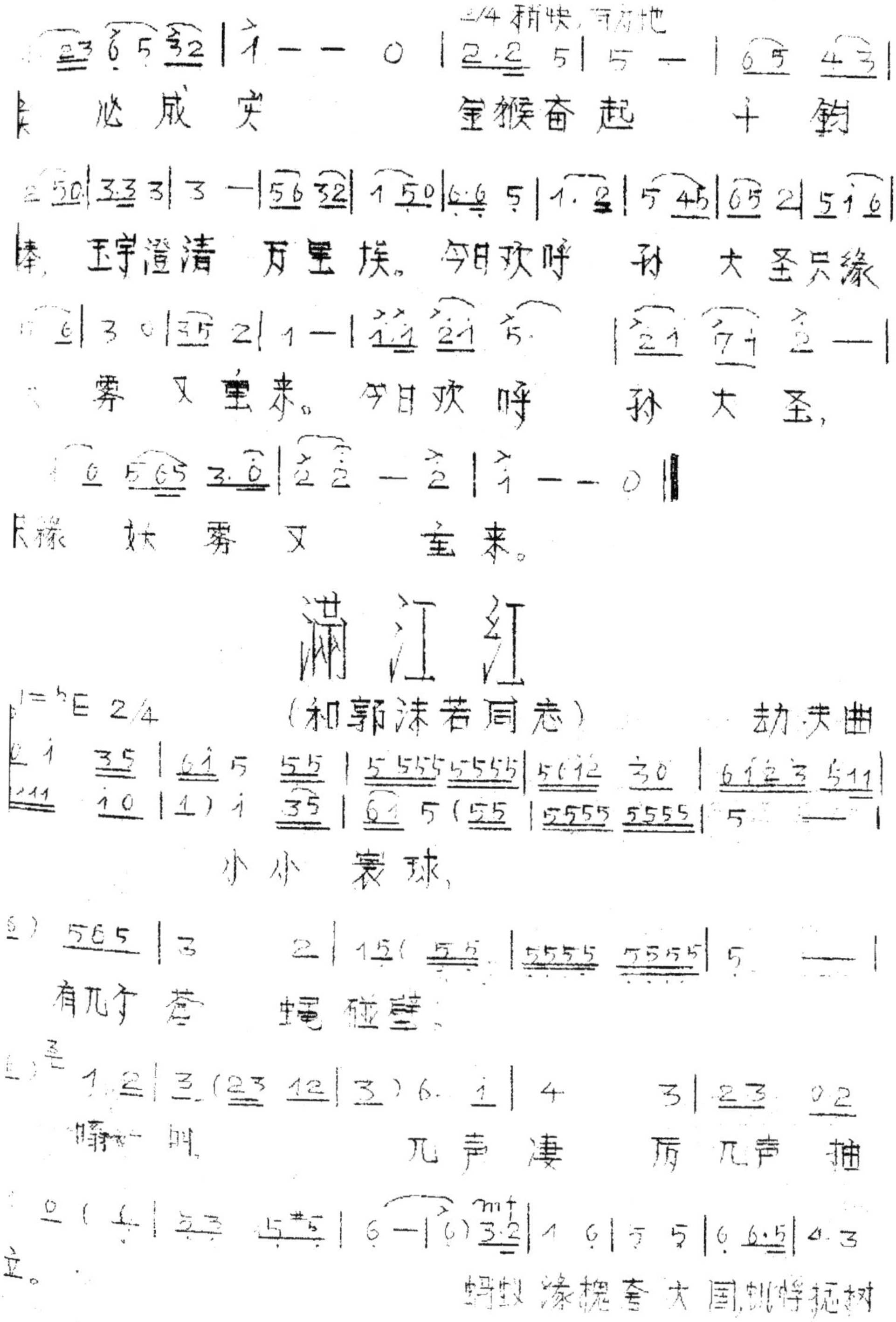

2/4 稍快有力地

长 必成灾　　　金猴奋起　千钧

棒 玉宇澄清 万里埃。今日欢呼　孙 大圣只缘

妖 雾又重来。今日欢呼　孙大圣，

长样 妖雾又 重来。

满江红

（和郭沫若同志）　　　劫夫曲

1=♭E 2/4

小小 寰球，

有几个苍　蝇碰壁。

嗡嗡叫，　　几声凄　厉几声抽

泣。　　　　　蚂蚁缘槐夸大国蚍蜉撼树

诛何易。　正西风　落叶下长安

鸣镝　　　　　　　　多

从来急,天地转　,光阴迫。一万年太久天

夕。　四海翻腾云水怒,五洲震荡风雷激要扫除一

害人虫　　全无敌。

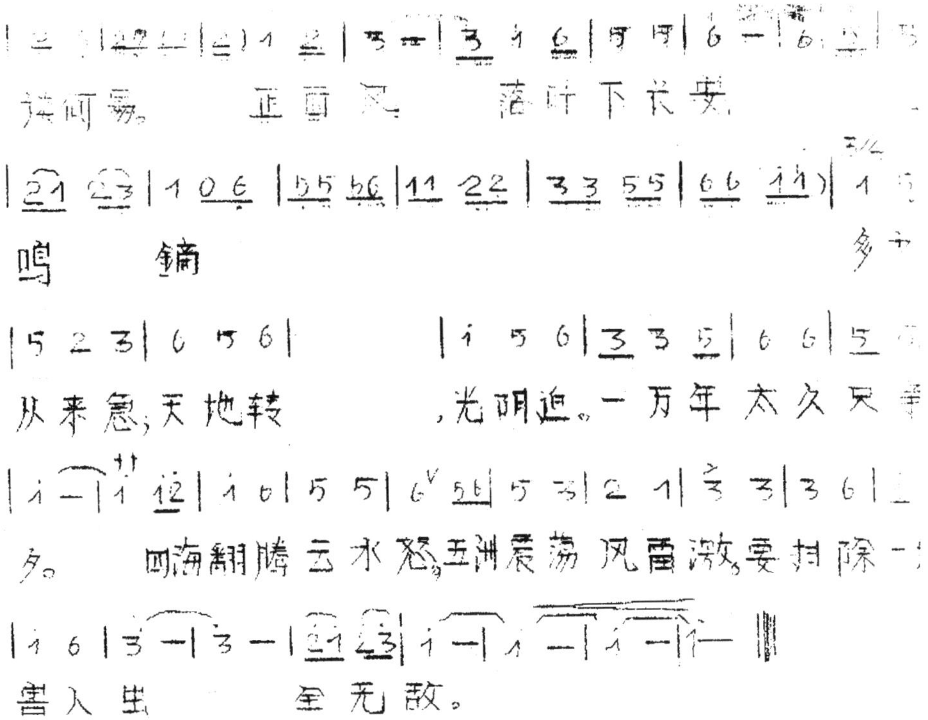

〔注〕这首词创作于1963年1月9日

满江红

1=F 2/4 3/4 4/4

豪迈,每分钟60拍(和郭沫若同志)　　邓尔敬

小小寰球, 有几个 苍蝇碰 壁

嗡嗡 叫几声凄厉 几声抽泣

蚂蚁缘槐夸大国, 蚍蜉撼树 谈何

正西风 落叶下长安, 飞鸣镝

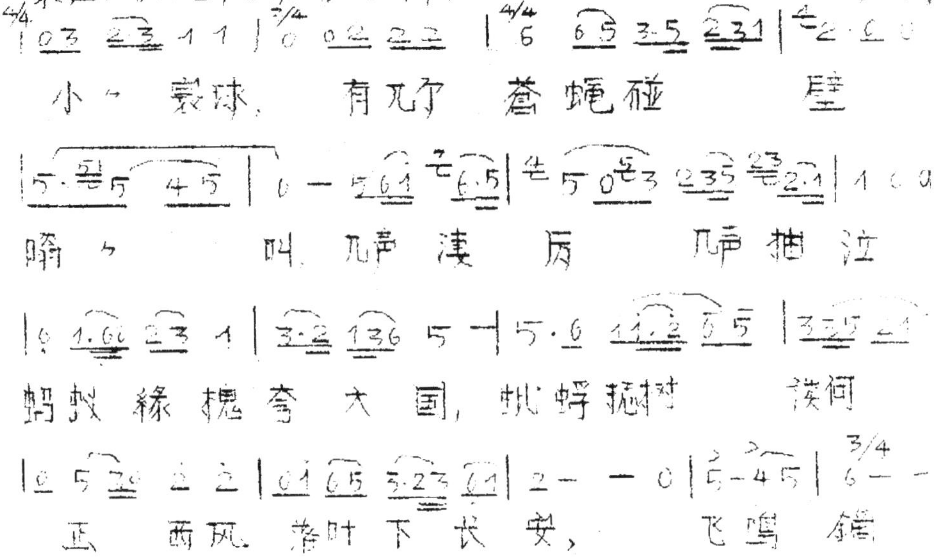

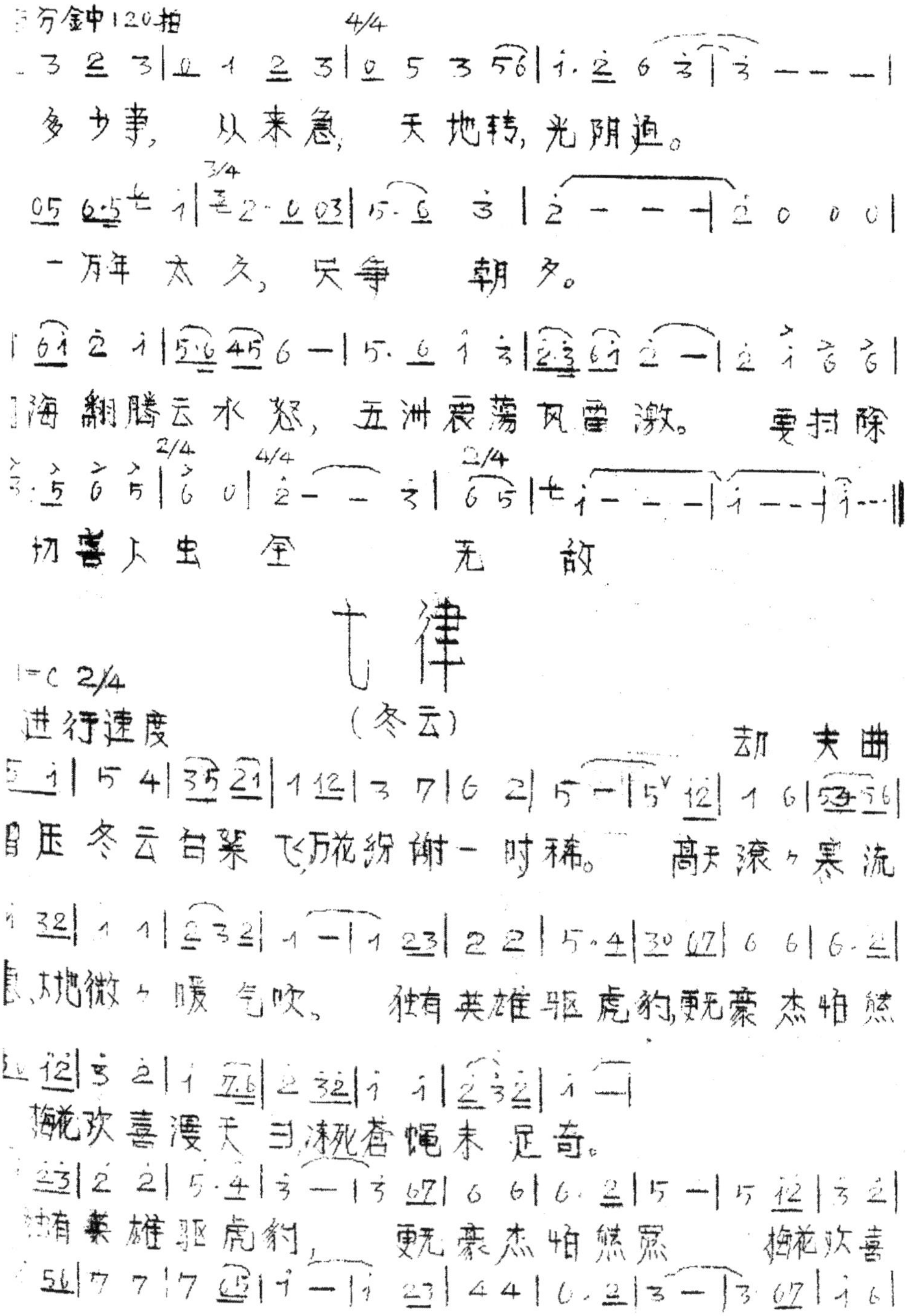

每分鐘120拍　　　　　4/4

3 2 3 | 2 1 2 3 | 0 5 3 56 | 1. 2 6 3 | 3 — — — |
多少事，　從來急　天地轉，光陰迫。

0 5 65 7 | 1 2 - | 0 3 | 5 6 3 | 2 — — — | 2 0 0 0 |
一萬年 太久，只爭　　朝夕。

1 61 2 1 | 5 2 45 6 — | 5 6 1 3 | 2 3 2 — | 2 7 6 1 |
四海 翻騰雲水怒，五洲震蕩風雷激。　　要掃除

3 5 6 1 6 | 6 0 | 2 — — 3 | 6 5 | 7 — — — | 1 — — — | 1 — |
一切害人虫　全　　無　　敵

七律

(冬云)

却 夫曲

進行速度　　2/4

5 1 | 5 4 | 35 21 | 1 12 3 7 | 6 2 | 5 — | 5' 12 | 1 6 | 53 56 |
雪压冬云白絮飞，万花纷谢一时稀。　　高天滚滚寒流

1 32 | 1 1 | 23 32 | 1 — | 1 23 | 2 2 | 5.4 | 30 07 | 6 6 | 6.2 |
急，大地微微暖气吹，　独有英雄驱虎豹，更无豪杰怕熊

1 12 | 3 2 | 1 56 | 2 32 | 1 1 | 23 32 | 1 — |
罴。梅花欢喜漫天雪，冻死苍蝇未足奇。

2 3 | 2 2 | 5.4 | 3 — | 3 07 | 6 6 | 6.2 | 5 — | 5 12 | 3 2 |
独有英雄驱虎豹，　更无豪杰怕熊罴，　　梅花欢喜

56 | 7 7 | 7 12 | 1 — | 1 — | 23 | 44 | 0.23 | 3 — | 3 07 | 1 6 |

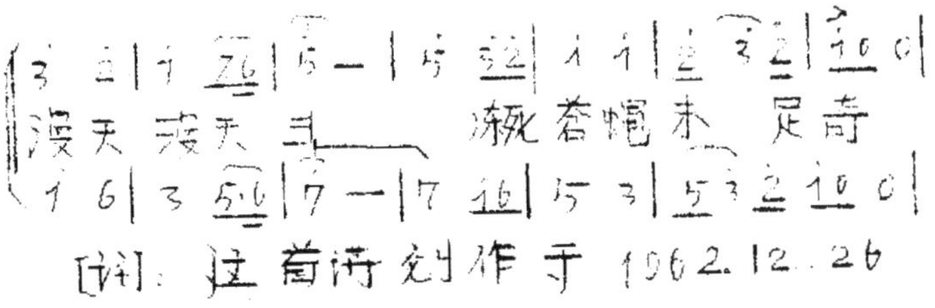

沁园春

（雪）

劫夫曲

1=F 4/4 2/4

慢板

北国风光，千里冰封，万里雪飘。望长城内

惟余莽莽，大河上下，顿失滔滔。山舞银蛇，原驰蜡

欲与天公试比高。须晴日，

红装素裹，分外妖娆。　　　　江

如此多娇，引无数英雄竞折

腰。　　　　惜秦皇汉武，略输

文采，唐宗宋祖，稍逊风骚。一代天

骄，成吉思汗，只识弯弓射大雕。

俱往矣，　　数风流人物，还看今

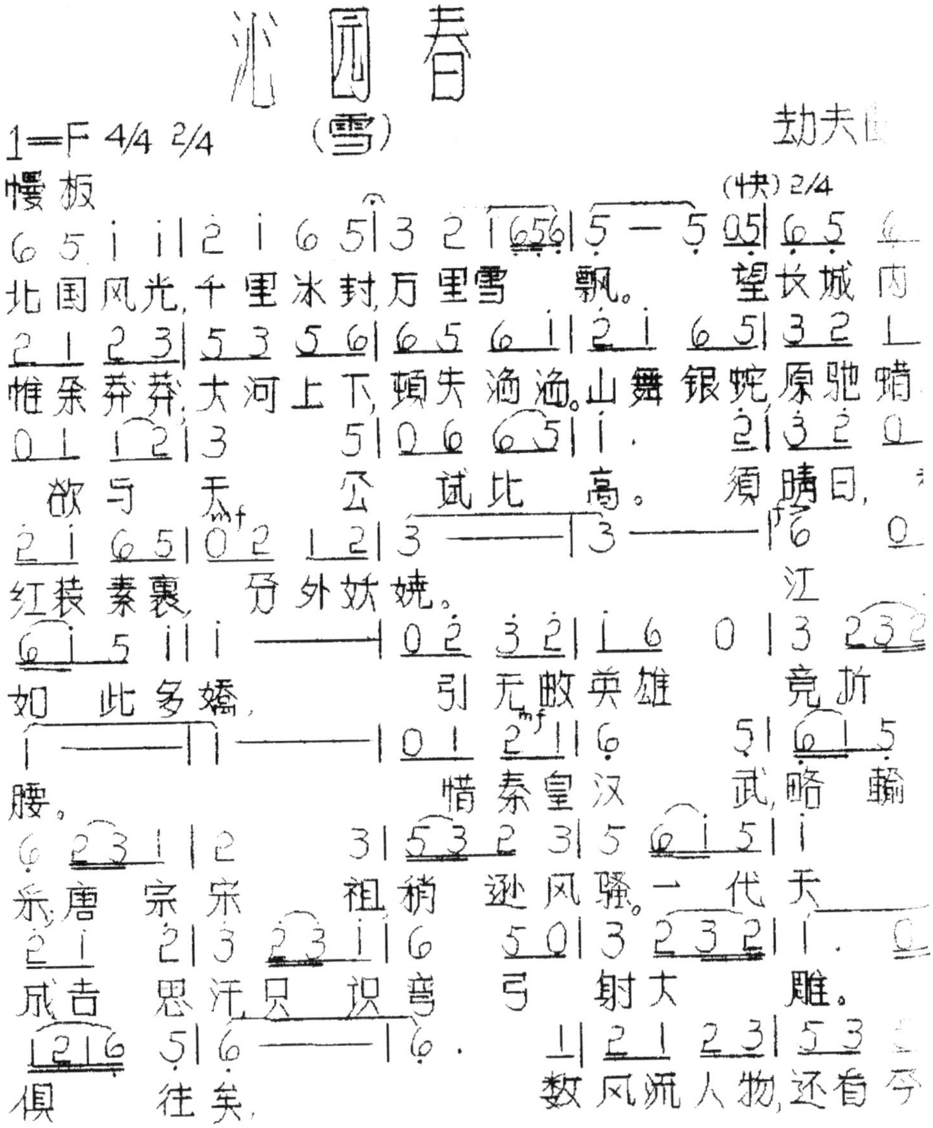

敌风流人物还看今朝。

[注] 这首词创作于1936年2月。

沁园春
（雪）

1=C 2/4

中板 壮大　　　　　　　　　劳舟曲

北国风光，千里冰封，万里雪飘。望长城内外，惟余莽莽；大河上下，顿失滔滔。山舞银蛇，原驰蜡象，欲与天公试比高。须晴日看红装素裹，分外妖娆。

江山如此多娇，引无数

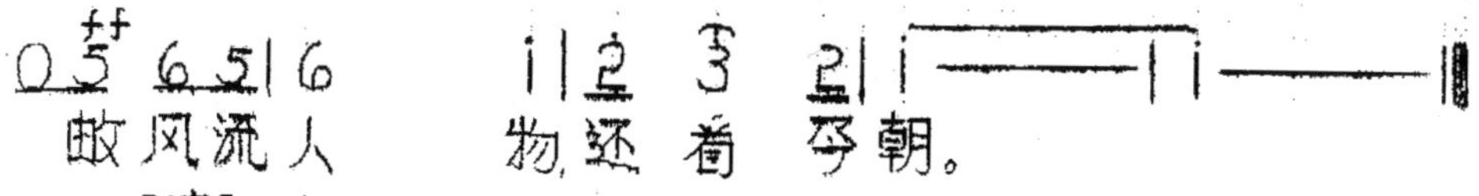

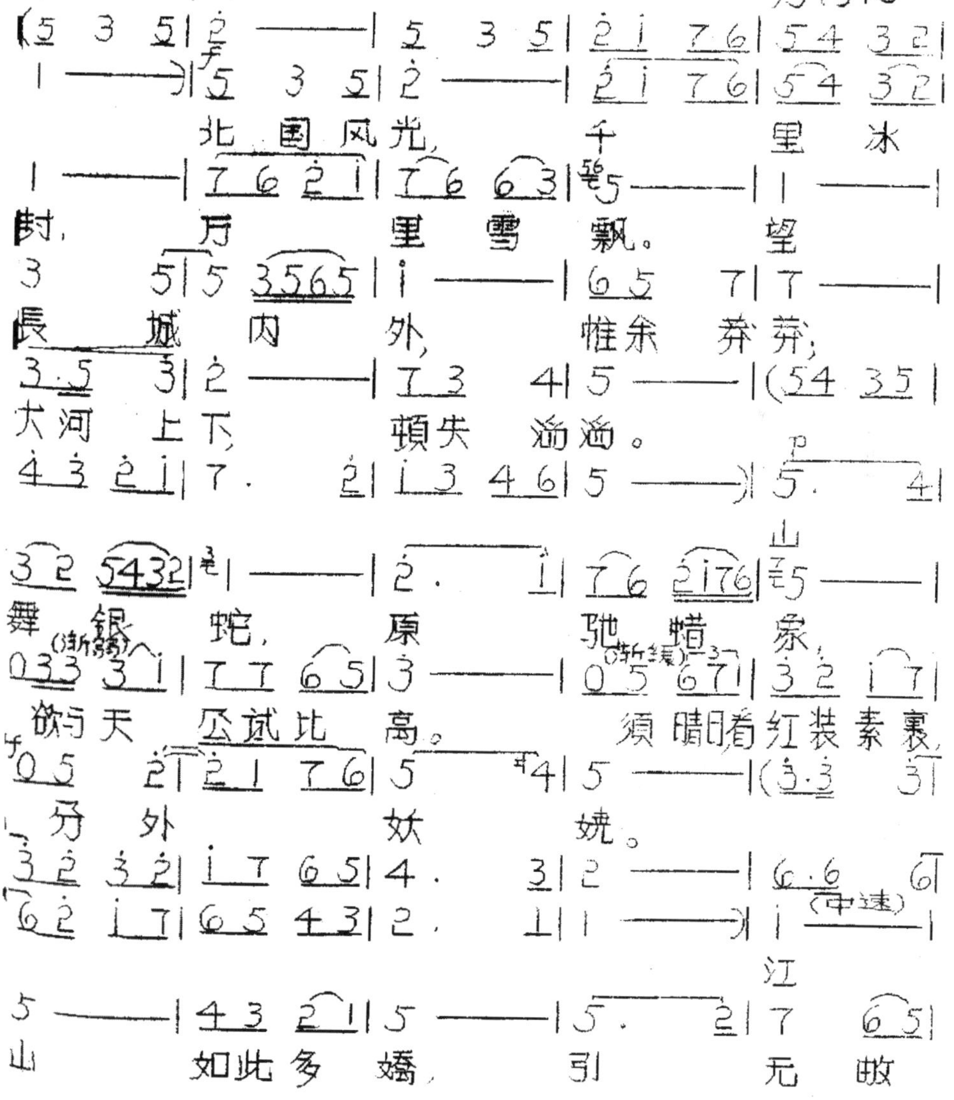

沁园春
(雪)

王元方曲

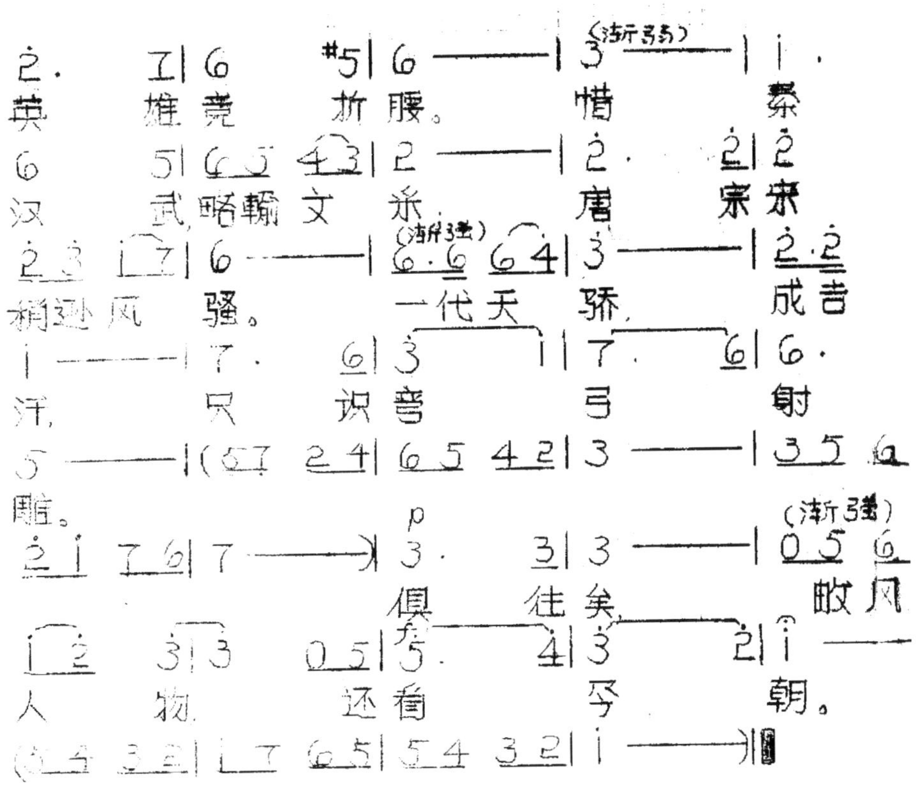

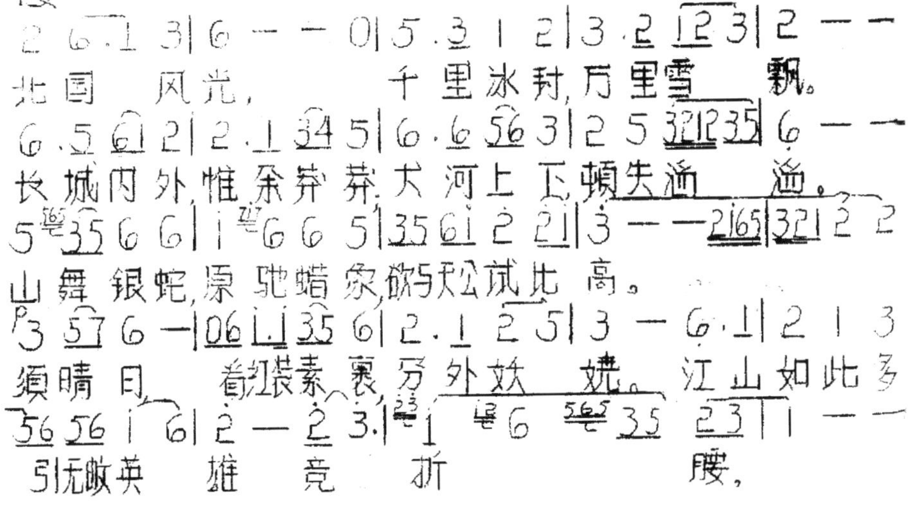

略输文采;唐宗宋祖稍逊风骚一代天骄
成吉思汗,只识弯弓射大雕。
俱往矣, 的风流人物
还看今朝。今朝。

沁园春

(雪)

1=G 2/4

慢板,豪放地

王莘曲

北国风光, 千里冰封万里雪
飘。 望长城内 外,惟余莽莽,
大河上下, 顿失滔滔。 山舞
银蛇原驰蜡 象, 欲与天公试比
高。 须晴日 看红装素
裹, 分外妖娆。 江
山如此多 娇。 引无数英雄竞 折

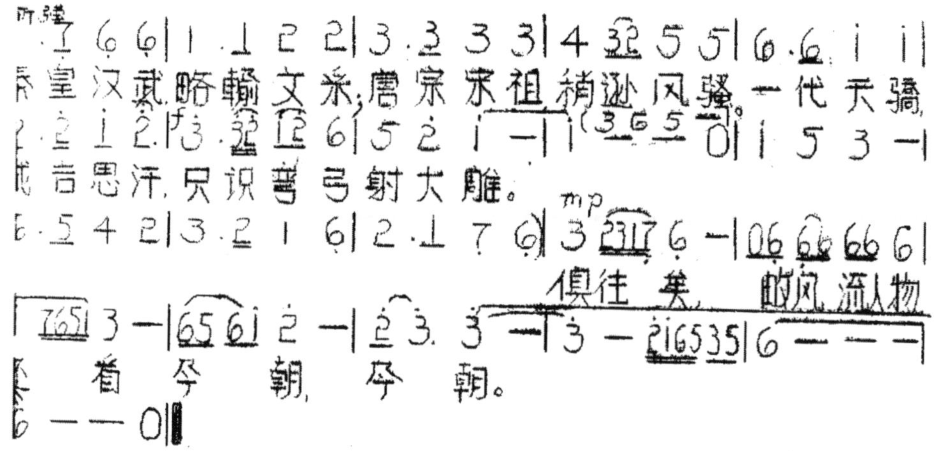

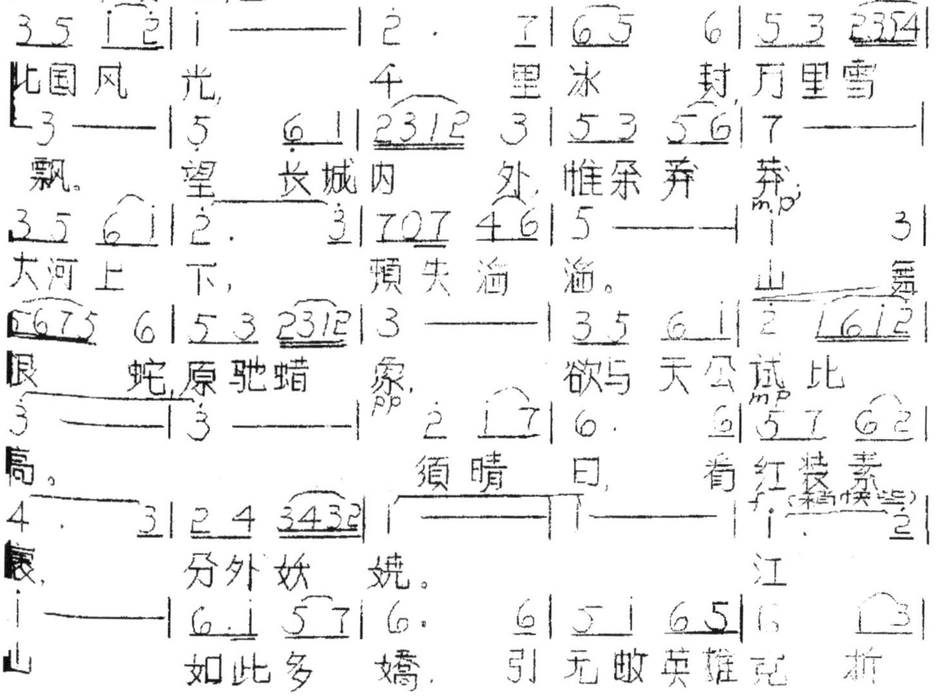

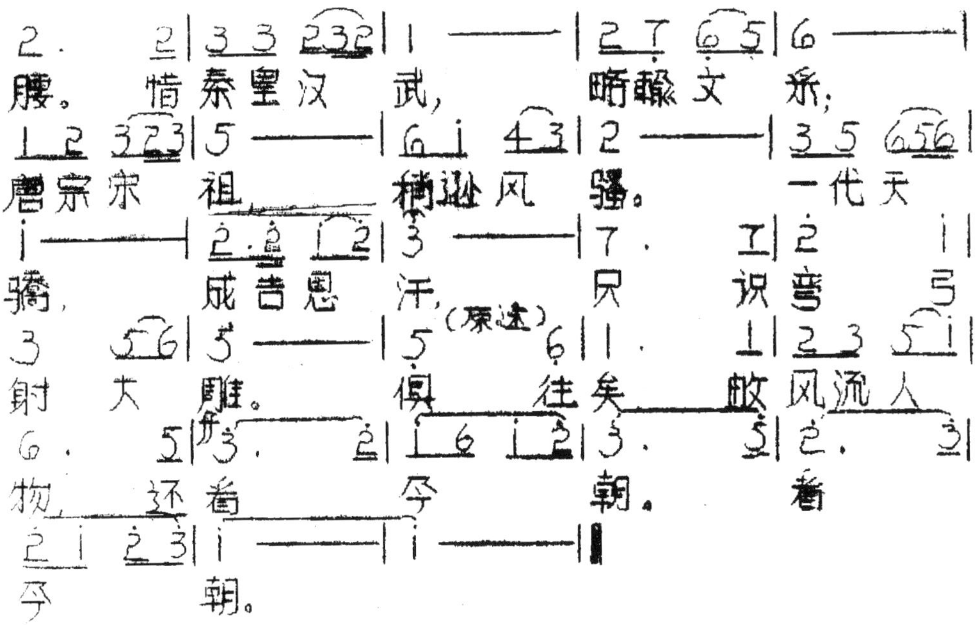
腰。惜秦皇汉武，略输文采；
唐宗宋祖，稍逊风骚。一代天
骄，成吉思汗，只识弯弓
(原速)
射大雕。俱往矣，数风流人
物，还看今朝。看
今朝。

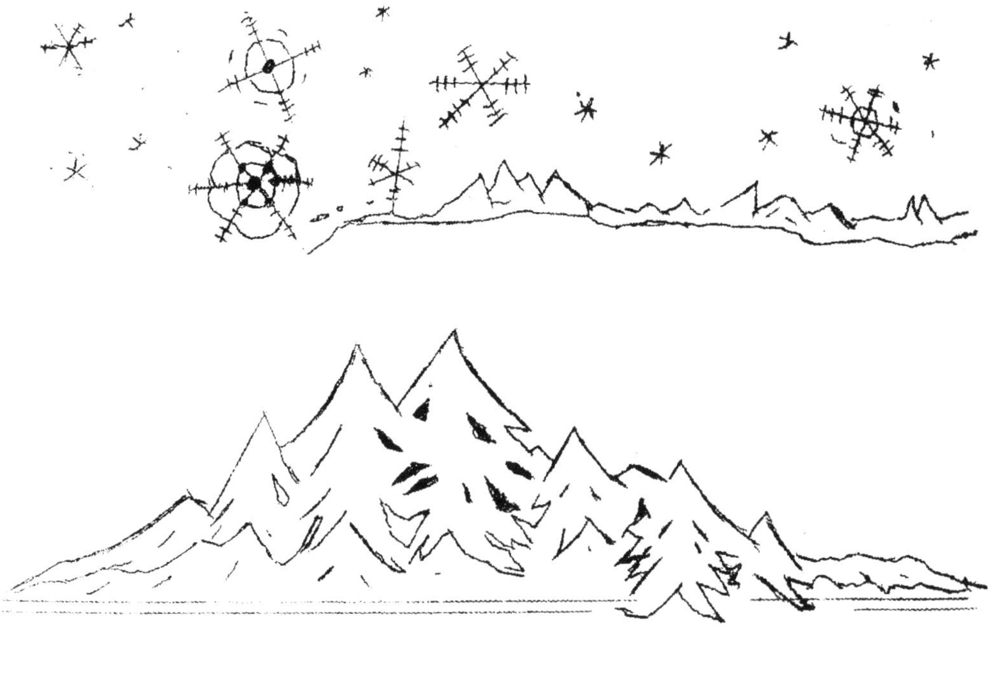

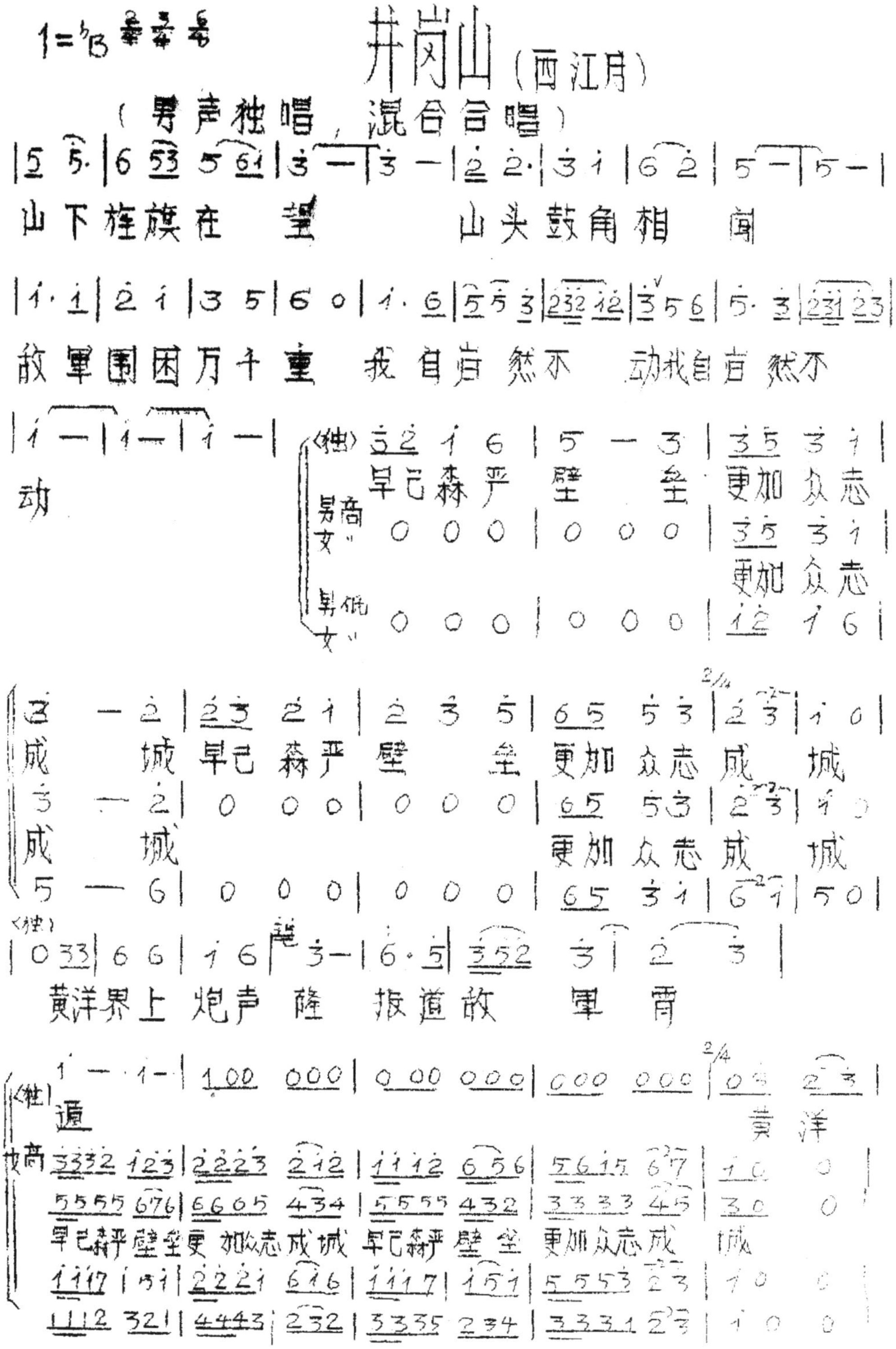

井岗山 （西江月）

（男声独唱，混合合唱）

1=♭B

山下旌旗在望　山头鼓角相闻

敌军围困万千重　我自岿然不动我自岿然不动

（独）早已森严壁垒　更加众志
男高女　更加众志
男低女　更加众志

成城早已森严壁垒　更加众志成城
成城　更加众志成城
成城　更加众志成城

（独）黄洋界上炮声隆　报道敌军宵遁

黄洋
女高　早已森严壁垒更加志成城早已森严壁垒　更加众志成城

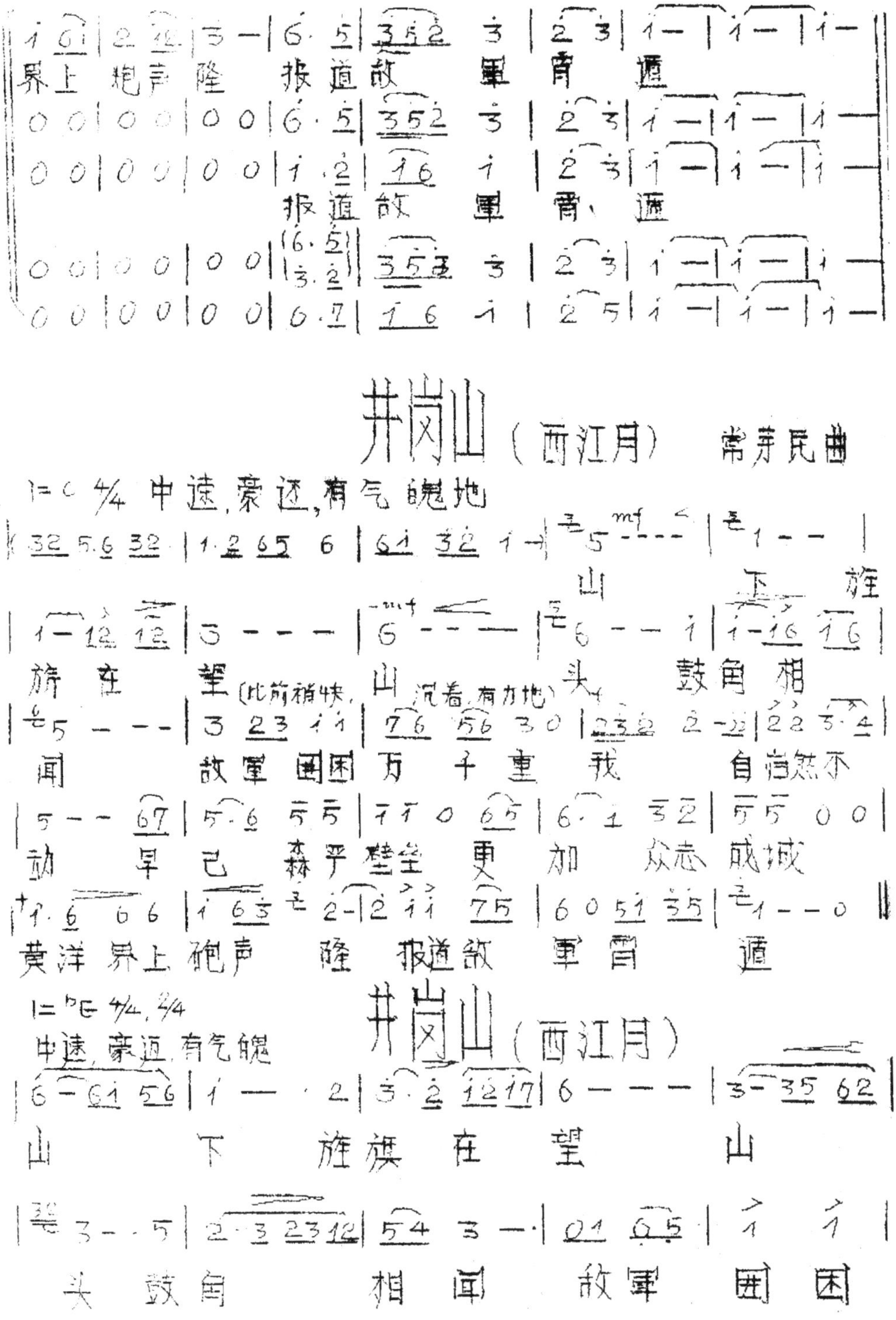
界上 炮声 隆 报道敌 軍宵 遁
报道敌 軍宵 遁
井岗山（西江月） 常芽民曲
1=C 4/4 中速，豪迈，有气魄地
山 下 旌 旗 在 望 山 头 鼓角相 闻 敌軍围困万千重 我 自岿然不 动 早已森严壁垒 更加 众志成城
黄洋界上炮声 隆 报道敌 軍宵 遁
1=♭E 4/4, 2/4
中速，豪迈，有气魄
井岗山（西江月）
山 下 旌旗 在 望 山
头 鼓角 相 闻 敌軍 围 困

馬屁歌曲 為啥未能流行？ 悲哉！

2·3 1̲2̲	3 0 6̲4̲

萬 十 重 我自 有 然　　　　　　不　動

（男女低音）

| 6̲5̲ i | 0̲1̲ 0̲5̲ | 3̲2̲ 3 | 3̲2̲3̲ 5 | 0̲5̲ 2̲1̲ | 6̲1̲5̲ 6· |

（齊）軍 已 森 严 壁 垒 更 加 众 志 成 城

男女高音

| 1̲2̲ | 3 5 ♯6̲ i | 2· 2 — | 0̲3̲ 1̲7̲ | 6̲1̲ 5 | 3 |

黄 洋 界 上 炮 声 隆　　 报 道 敌 軍

（女低）

| 1̲7̲ 1̲2̲ | 3̲3̲ | 5 — 5 — | 0̲1̲ 6̲5̲ | 1̲3̲2̲ | i |

（男低）

| 1̲7̲ 6̲5̲ | 1̲0̲ | 7 — 7 — | 0̲1̲ 1̲2̲3̲ | 6̲7̲ | i |

| 0 0 | 3̲5̲ 6̲i̲ | 2̲1̲2̲ 2̲3̲ | i — — — |

宵　　　　　　遁

| 0 0 | 1̲2̲ 3̲4̲ 4 — | 3 — — — |

| 0 0 | 1̲7̲ 6̲5̲ 2 5 | i — — — |

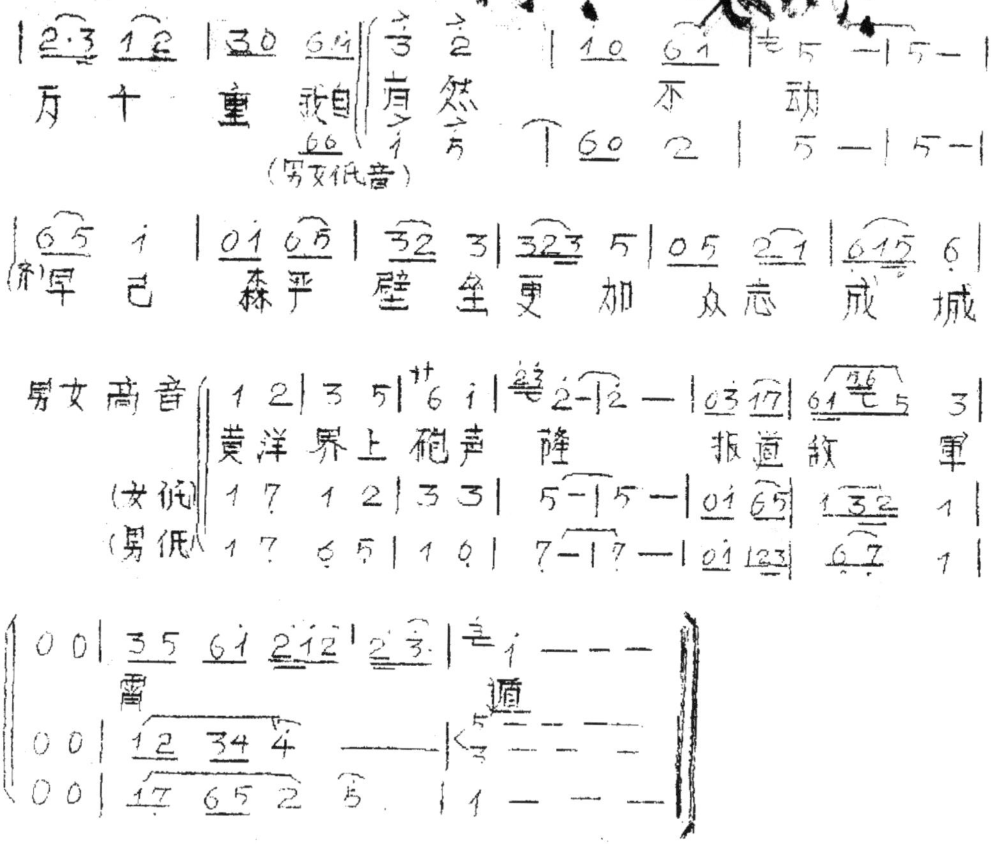

歌曲原件放大可
附在八個样版戏後
出版。
　滤油印本，具有史
料价位。
　　　古川彝

《红油焱》串联会赠。　1967. 7. 7.

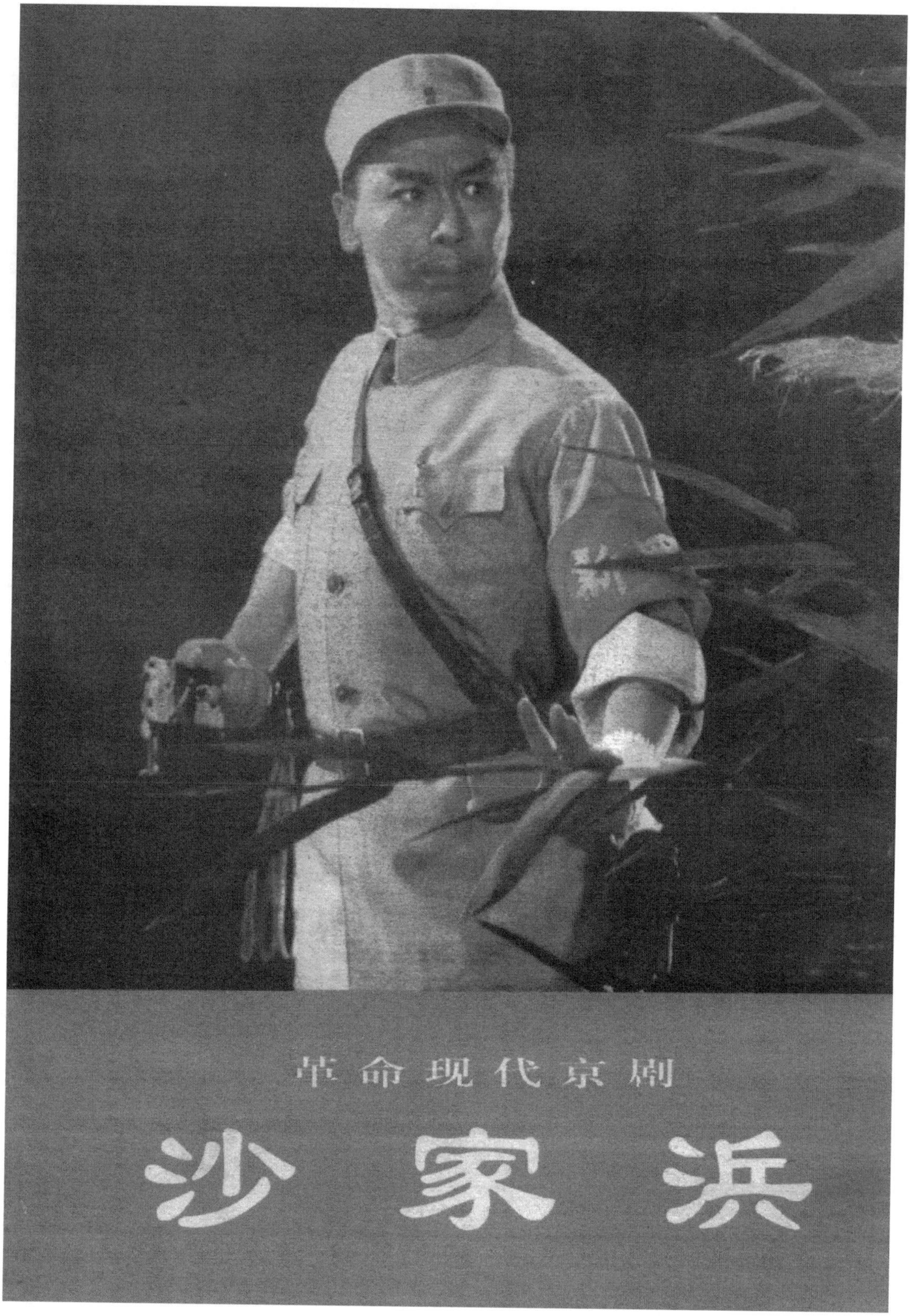

革命現代京剧

沙家浜

毛主席语录

革命文化，对于人民大众，是革命的有力武器。革命文化，在革命前，是革命的思想准备；在革命中，是革命总战线中的一条必要和重要的战线。

我们的文学艺术都是为人民大众的，首先是为工农兵的，为工农兵而创作，为工农兵所利用的。

毛 主 席 语 录

革命战争是群众的战争，只有动员群众才能进行战争，只有依靠群众才能进行战争。

在中国，离开了武装斗争，就没有无产阶级的地位，就没有人民的地位，就没有共产党的地位，就没有革命的胜利。利用的。

革命现代京剧

沙　家　浜

北京京剧团集体改编

（一九七〇年五月演出本）

第一次刊印本

人民出版社

目　　录

剧　本

主要唱段

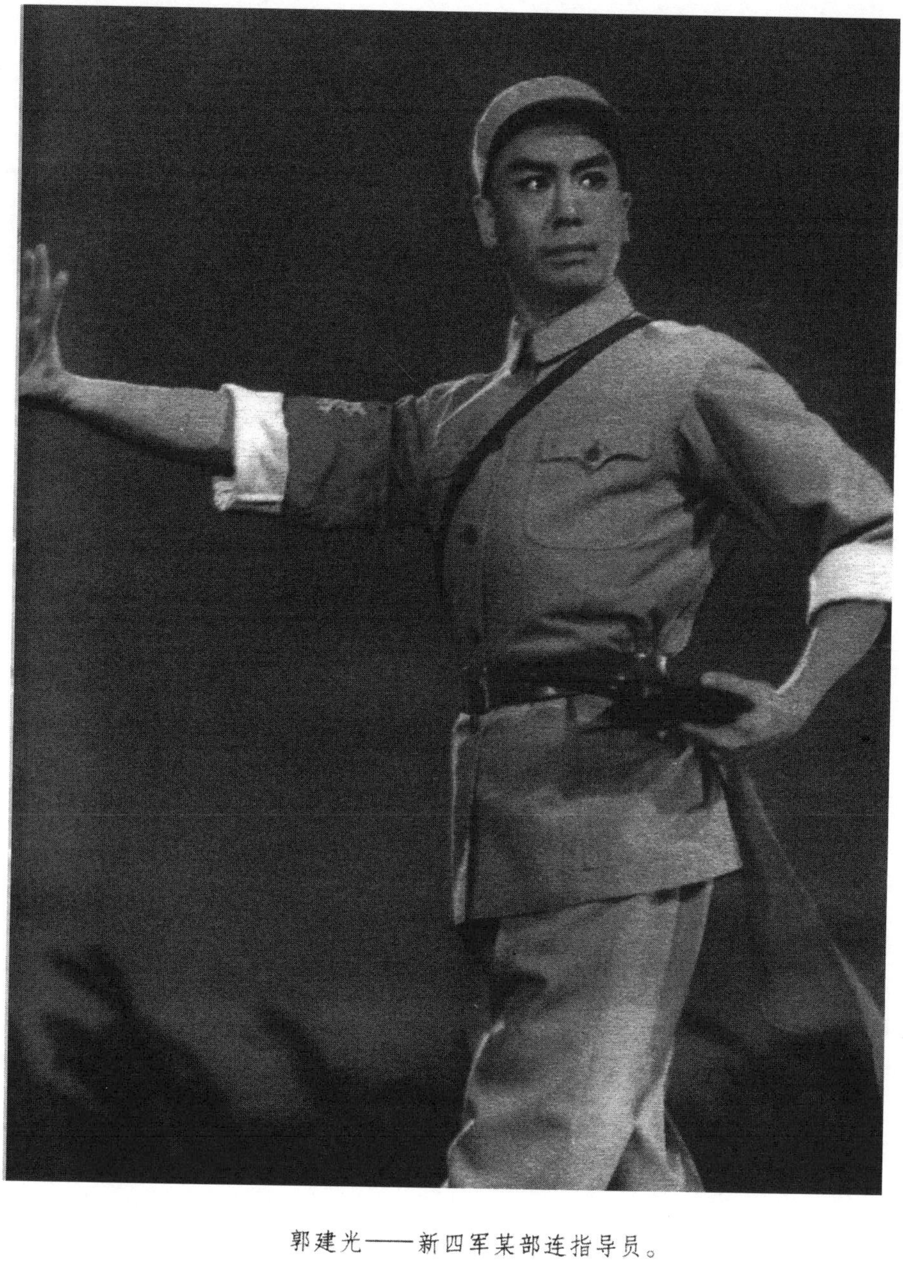

郭建光——新四军某部连指导员。

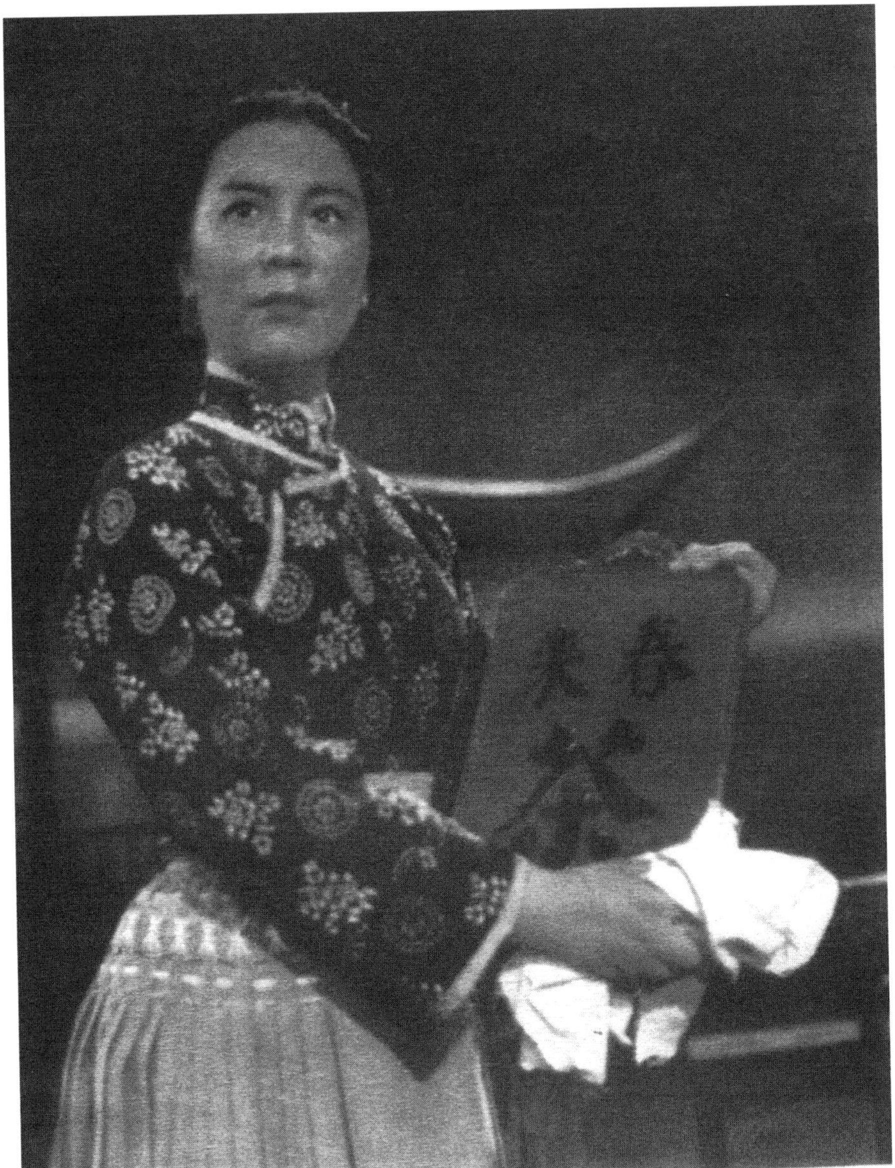

阿庆嫂——中国共产党党员，党的秘密工作者。

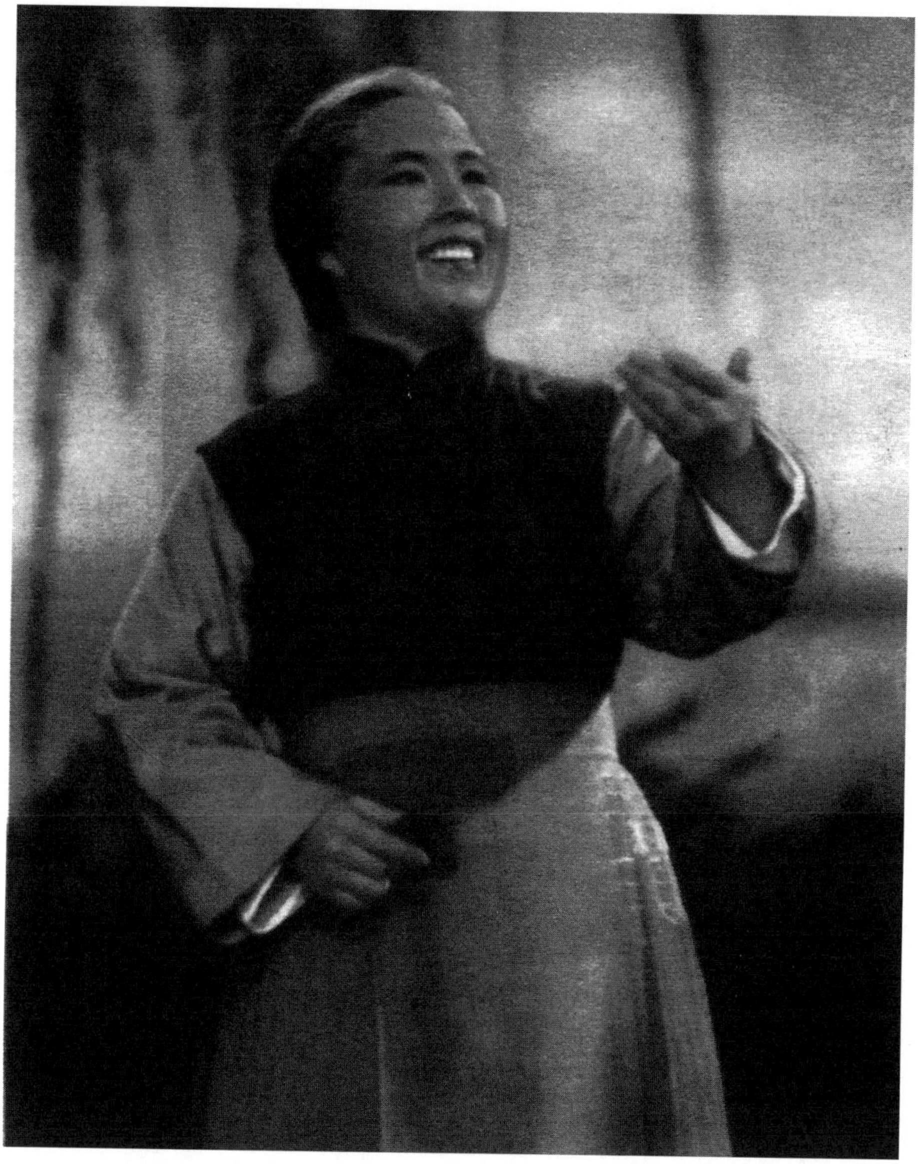

沙奶奶——沙家浜群众积极分子。

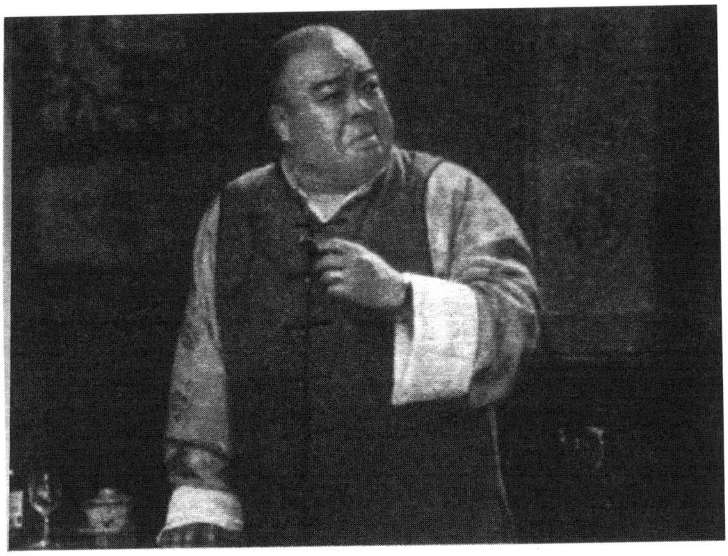

胡传魁——伪"忠义救国军"司令。

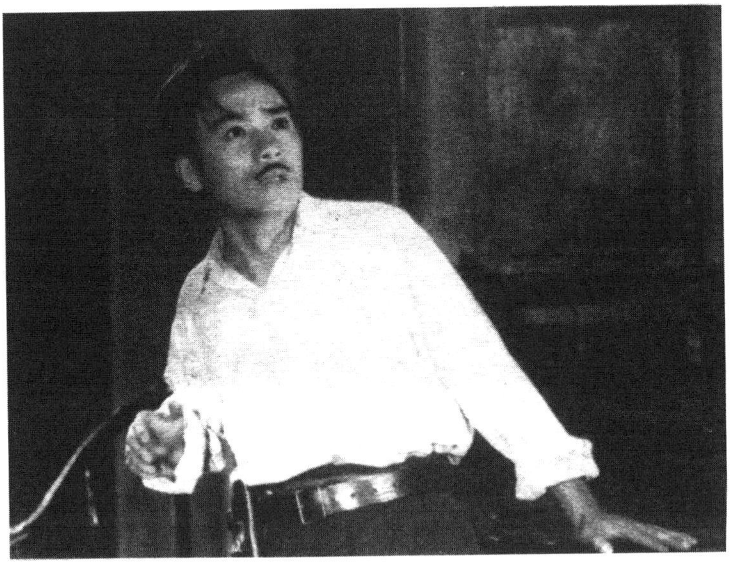

刁德一——伪"忠义救国军"参谋长。

人　物　表

郭建光——男，新四军某部连指导员。

阿庆嫂——女，中国共产党党员，党的秘密工作者。

沙奶奶——女，沙家浜群众积极分子。

程谦明——男，中国共产党常熟县委书记。

叶思中——男，新四军某部排长。

班　长——男，新四军某部班长。

小　凌——女，新四军某部卫生员。

小　王——男，新四军某部战士。

小　虎——男，新四军某部战士。

新四军战士林大根、张松涛等人。

沙四龙——男，沙奶奶的儿子，沙家浜基干民兵，后
　　　　参加新四军。

赵阿祥——男，沙家浜镇镇长。

王福根——男，沙家浜基干民兵。

阿　福——男，沙家浜革命群众。

沙家浜群众老幼男女苦干人。

胡传魁——男，伪"忠义救国军"司令。

刁德一——男，伪"忠义救国军"参谋长。

刘副官——男，伪"忠义救国军"副官。

刁小三——男，刁德一的堂弟。

伪"忠义救国军"士兵若干人。

黑　田——男，日寇大佐。

邹寅生——男，日寇翻译。

日寇士兵数人。

第一场 接应

〔抗日战争时期。半夜。江苏省常熟县地区，日寇设置的一条公路封锁线。

〔幕启：沙四龙由树后拨开草丛上，侦察四周，脚下一绊，翻"小毛"，警惕地张望。向幕内招手。

〔阿庆嫂上，后随赵阿祥，王福根。

阿庆嫂　（唱）【西皮摇板】

　　　　程书记派人来送信，

　　　　伤员今夜到镇中。

　　　　封锁线上来接应……

〔沙四龙吹苇叶为联络暗号，无反应。沙四龙欲沿公路去寻找，阿庆嫂急忙制止。

阿庆嫂　（接唱）

　　　　须防巡逻的鬼子兵。

〔阿庆嫂拉着沙四龙，示意赵阿祥暂时隐蔽。王福根突然发现程谦明走来，急回身招呼阿庆嫂。

王福根　阿庆嫂，来了！

〔程谦明上。

程谦明　阿庆嫂！老赵同志！

阿庆嫂
赵阿祥　程书记！

阿庆嫂　伤员同志都来了吗？

程谦明　同志们都来了。你看，郭指导员来了。

〔郭建光上，亮相。叶思中、小虎随上。

郭建光　（向叶思中）警戒！（向程谦明）程书记！

程谦明　我来介绍一下：这是郭指导员。这是沙家浜镇长赵阿祥。这就是阿庆嫂，她是这儿的党支部书记，又是联络员，她的公开身份是春来茶馆的老板娘。她的丈夫阿庆，是我们党的交通员。

阿庆嫂
赵阿祥　郭指导员！

郭建光　赵镇长！阿庆嫂！（与二人热情地握手）

程谦明　你们安心在沙家浜养伤，如果情况有变化，我会来跟你们联系。马上通过封锁线。

郭建光　叶排长，把同志们领过来。

叶思中　是！

小　虎　指导员！鬼子的巡逻队！

郭建光　隐蔽！

〔军民迅速隐蔽。

〔　支日本帝国主义的小分队极其凶恶、狡猾地巡逻而过。

〔沙四龙从树后出，矫健敏捷地翻"单蛮子"，急向日寇下去的方向窥视。回身向阿庆嫂等招手，众上。沙四龙、赵阿祥等照顾伤员们通过封锁线。郭建光、阿庆嫂与程谦明握手告别。

——幕　闭

第二场 转移

〔前场十多天后。阳澄湖边，沙奶奶家门前。垂柳成行，朝霞瑰丽。

〔幕启：沙奶奶正在缝补衣裳。小凌整理绷带、药品。小王在折口袋。

小　凌

小　王　换药？我不换！

小　凌　为什么？

小　王　小凌！咱们药品这么困难，应该先尽着重伤员用，我这伤很快就会好了。

小　凌　药是不多了，可是咱们的流动医院很快就要给咱们送药来了。你的伤不算重，可也不算轻啊！

小　王　我是轻伤员！

小　凌　轻伤员？那指导员带着轻伤员帮助老乡收稻子，为什么不叫你去呀？

〔小王语塞。

小　凌　小王，来换药吧！

小　王　我就不换！

小　凌　指导员叫你换的！

〔小王无可奈何地同意换药。回身看见沙奶奶。

小　王
小　凌　沙奶奶！

沙奶奶　哎！小王，你们伤病员同志，就应该听医生、护士的话，

〔小王顺从地让小凌为他换药。

小　凌　瞧，沙奶奶都批评你了！

小　王　哼！沙奶奶特别喜欢你，所以说话就总向着你呗！

沙奶奶　你说我向着她，我就向着她！人家姑娘说话办事总站在
　　　　理上，我就喜欢她嘛！

小　王　那，赶明儿让四龙跟我们走，把小凌给您留下，我们拿
　　　　姑娘换您个小子！

沙奶奶　那敢情好！沙奶奶这辈子养了四个儿子，还就是缺个女
　　　　儿呀！

〔沙奶奶坐。小凌搬小凳坐沙奶奶身边。

小　凌　沙奶奶，您总说您有四个儿子，怎么我们就看见四龙一
　　　　个人哪？

沙奶奶　（万分感慨，阶级仇恨涌上心头）那都是过去的事，还提它
　　　　干什么！

小　凌　沙奶奶，我们都想听听。

小　王　是啊，沙奶奶，您说给我们听听。

沙奶奶　（满腔仇恨，忍不住向亲人控诉一生的苦难。唱）【二黄三眼】

　　　　　　说来话长……

　　　　　　想当年家贫穷无力抚养，

　　　　　　四个儿有两个冻饿夭亡。

　　　　　　遭荒年背上了刁家的阎王账，

　　　　　　为抵债他三哥去把活儿扛。

　　　　【原板】

　　　　　　刁老财（站起，更加愤慨地控诉）蛇蝎心肠忒毒狠，

　　　　　　他三哥，终日辛劳，遭受毒打，伤重身亡。

闯进刁家论短长。

刁老财他说是夜入民宅，非偷即抢，

可怜他十六岁孩子也坐牢房。

新四军打下沙家浜，

我的儿出牢房他得见日光。

共产党就象天上的太阳一样！

小　凌　　沙奶奶，您说得对呀！

沙奶奶　　（接唱）【二黄摇板】

没有中国共产党，早已是家破人亡！

小　王　　沙奶奶，有了共产党，咱们穷人就不怕他们了！

沙奶奶　　是啊！

〔阿福端一碗年糕上。

阿　福　　沙奶奶！

沙奶奶　　阿福。

阿　福　　我妈叫我给指导员送点年糕来。

沙奶奶　　我也蒸了一点。

阿　福　　我妈说这是对咱们军队的一点心意啊！

沙奶奶　　说得对！放的这篮子里，呆会儿我炒一下给他们吃！

阿　福　　小王，李大妈等着你拿口袋装稻谷，好去藏粮食！

小　王　　（一直沉湎在沙奶奶的痛苦的家史里，忽然想起，要找刁老财去算账）沙奶奶，您说的那个刁老财他在哪儿？

沙奶奶　　怎么，你还想着这件事哪？刁老财死了！哎，他还有个儿子，前几年听说在东洋念书，现在也不知道哪儿去了。

小　凌　　沙奶奶，小王就是爱打破砂锅问到底！（向小王）小王，李大妈还等着口袋藏粮食哪！

小　王　　哎！

阿　福　咱们一块儿走。（与小王同下）

〔沙奶奶提篮子，要去洗衣裳，被小凌发现。

小　凌　沙奶奶您又去洗衣裳！我去洗！

沙奶奶　嘻！指导员连夜帮我们抢收粮食，我洗两件衣裳，还不应该吗?!

小　凌　那我跟您一块儿去。

沙奶奶　好！走！（与小凌同下）

〔郭建光与叶思中乘船上。把一箩一箩的稻谷搬下船。

叶思中　指导员，当心哪！

郭建光　好，叶排长，（指稻谷）把沙奶奶的稻谷赶快藏在屋后埋在地下的缸里，坚壁起来！

叶思中　是。（将稻谷挑到沙奶奶屋后）

〔郭建光顺手拿起扫帚打扫场院。劳动之后，面对江南景色，他心情激动，思念战友，渴望尽快重新奔赴战场。

郭建光　（唱）【西皮原板】

朝霞映在阳澄湖上，

芦花放稻谷香岸柳成行。

全凭着劳动人民一双手，

画出了锦绣江南鱼米乡。

祖国的好山河寸土不让，

岂容日寇逞凶狂！

战斗负伤离战场，

养伤来在沙家浜。

半月来思念战友（转【二六】）与首长，

【流水】

也不知转移在何方。

【快板】

军民们准备反"扫荡",

何日里奋臂挥刀斩豺狼?!

伤员们日夜盼望身健壮,

为的是早早回前方!

〔沙奶奶偕小凌上。

小　凌　指导员!

沙奶奶　指导员!

郭建光　沙奶奶!

小　凌　指导员,沙奶奶又给咱们洗衣裳了!

沙奶奶　这姑娘,洗两件衣裳还不应该吗!

郭建光　哈…哈…

沙奶奶　(向郭建光)同志们都回来啦?

〔小凌晾衣裳。

郭建光　回来啦。稻子全收完啦。把您的稻谷都给藏好了。

沙奶奶　好!累坏了!

郭建光　不累呀,沙奶奶!

沙奶奶　快坐这歇会儿!指导员,你看,这是阿福给你们送来的年糕。

郭建光　乡亲们待我们太好了!

〔沙四龙提了两条鱼和螃蟹、虾米上。

沙四龙　妈!我摸了两条鱼,还有螃蟹、虾米!

沙奶奶　四龙,刚干完活就下湖去了?

沙四龙　好给指导员下饭哪!

郭建光　哈…哈…

沙奶奶　好啊,拿来,我拾掇去。

郭建光　我来吧。

沙四龙　妈,您甭管了,我去拾掇。(进屋)

郭建光　沙奶奶，您坐。

〔叶思中从屋后上。

叶思中　指导员，有几个同志申请归队。（递上申请书）

郭建光　都这么性急！（看申请书）好，叶排长，我看，一部分同志
伤已经好了，可以先走。

叶思中　是。

沙奶奶　走？上哪儿去？

郭建光　我们找部队去呀！

沙奶奶　找部队去？那哪儿成啊！

（唱）【西皮摇板】

同志们杀敌挂了花，

沙家浜就是你们的家。

乡亲们若有怠慢处，

说出来我就去批评他！

叶思中　沙奶奶……

〔郭建光用手一拦。

郭建光　沙奶奶叫咱们提意见。提意见……沙奶奶，我给您提个
意见哪！

沙奶奶　给我提意见？（爽朗地）好哇，提吧！

郭建光　好吧！沙奶奶，您听着。

（接唱）

那一天同志们把话拉，

在一起议论你沙妈妈。

沙奶奶　（认真地）说什么来着？

郭建光　（接唱）

七嘴八舌不停口……

沙奶奶　哦，意见还不少哪！

郭建光　（接唱）

　　　　　一个个伸出拇指把你夸！

　　〔郭建光、叶思中、小凌同笑。

沙奶奶　我可没做什么事呀！

郭建光　沙奶奶。

　　（亲切地，唱）【西皮流水】

　　　　你待同志亲如一家，

　　　　精心调理真不差。

　　　　缝补浆洗不停手，

　　　　一日二餐有鱼虾。

　　　　同志们说：似这样长期来住下，

　　　　只怕是，心也宽，体也胖，路也走不动，山也不能

　　　　　　爬，怎能上战场把敌杀！

沙奶奶　（对叶思中等）哟！你瞧他说的！

　　〔郭建光、叶思中、小凌同笑。

郭建光　（接唱）

　　　　　待等同志们伤痊愈——

沙奶奶　（接唱）

　　　　伤痊愈，（亲热地）也不准离开我家。

　　　　要你们一日三餐九碗饭，

　　　　一觉睡到日西斜，

　　　　直养得腰圆膀又扎，

　　　　一个个象座黑铁塔，

　　　　到那时，身强力壮跨战马——

郭建光　（接唱）

　　　　驰骋江南把敌杀。

　　　　消灭汉奸清匪霸，

打得那日本强盗回老家。

等到那云开日出，家家都把红旗挂，

再来探望你这革命的老妈妈！

〔阿庆嫂、赵阿祥、王福根、阿福匆匆上。沙四龙闻声从屋里出来。

阿庆嫂	指导员！
郭建光	阿庆嫂。
阿庆嫂	鬼子开始"扫荡"了。进行得很快！县委指示，要同志们到芦荡里暂避一时。船和干粮，我都准备好了！
郭建光	阿庆嫂，老赵同志！你们通知民兵，带领乡亲们转移出去，把余下的粮食尽可能地赶快坚壁起来，来不及坚壁的，就带着走！
阿庆嫂 赵阿祥	好！
阿庆嫂	指导员你放心吧。就到咱们看好的地方去，到时候我去接你们。沙奶奶，叫四龙、阿福送同志们去吧？
沙奶奶	好！（进屋取年糕、锅巴）
沙四龙	船在哪儿？
阿　福	在镇西北角。
郭建光	叶排长，镇西北角集合！
叶思中	是！

〔小凌收了晾着的衣裳，与叶思中同下。

阿庆嫂	四龙啊！行船要隐蔽，千万别让任何人看见，啊！
沙四龙	哎！

〔沙奶奶提竹篮上。

沙奶奶	把这点锅巴、年糕都带上。（把篮子交给沙四龙）这芦荡无遮无盖，伤员同志们怎么受得住啊！
郭建光	沙奶奶，我们有毛主席英明领导，有红军爬雪山过草地

的传统，什么也难不倒我们！

〔炮声隆隆。

阿庆嫂　指导员，你们走吧！

郭建光　阿庆嫂，赵镇长，沙奶奶，你们都要当心哪！

阿庆嫂
沙奶奶　我们知道。
赵阿祥

郭建光　阿福、四龙，咱们走吧。（与沙四龙、阿福下）

阿庆嫂　（向赵阿祥、王福根）按照郭指导员的布置马上行动！

赵阿祥　我带领着乡亲们转移出去。

王福根　我带一部分人把没有坚壁好的粮食藏起来。

阿庆嫂　要快！

赵阿祥
王福根　哎！（下）

阿庆嫂　沙奶奶，您赶快把东西收一收！我再看看同志们去！

沙奶奶　好！

〔阿庆嫂走上土坡。沙奶奶收拾茶具，走向屋里。

〔灯光转暗。炮声、枪声渐近，远处火光起。灯光渐亮。阿庆
　嫂、赵阿祥扶老携幼，布置群众转移。日寇枪杀群众，群众愤
　怒地挺身反抗。王福根勇敢地砍死日寇，背起受伤的乡亲；
　沙四龙夺得一支步枪，同下。日寇翻译邹寅生上。日寇大佐黑
　田带日寇士兵上。

邹寅生　报告！新四军没有，新四军伤病员也没有！

黑　田　你，去找“忠义救国军”，新四军伤病员，叫他们统统的
　　　　抓到！

邹寅生　是！

黑　田　开路！

——幕　闭

第 三 场　勾 结

〔距前场三天。伪"忠义救国军"司令部。

〔幕启：刁德一与邹寅生耳语。

刁德一　我看没有什么问题，这个土匪司令在新四军和皇军中间
　　　　也混不下去了，他要想吃喝玩乐，不投靠皇军是不行喽。

邹寅生　投靠皇军，我看这位胡司令还没拿定主意，现在这支队
　　　　伍还是他说了算哪！

刁德一　他说了算？用不了多久就得我说了算！

邹寅生　你可真高明啊！

　　　　〔刘副官上。

刘副官　报告，司令到！

刁德一　好。

　　　　〔胡传魁一副骄横凶狠相，上。

胡传魁　（唱）【西皮散板】

　　　　　　乱世英雄起四方，

　　　　　　有枪就是草头王。

　　　　　　钩挂三方来闯荡；

　　　　　　老蒋、鬼子、青红帮。

刁德一　我来介绍一下，这位就是新近改编的"忠义救国军"的司
　　　　令，胡传魁，胡司令！司令，这位是日本皇军黑田大佐
　　　　的翻译官邹寅生先生。

胡传魁　好！坐，坐，坐！

〔胡传魁大大咧咧地与邹寅生握手。

刁德一　司令，邹先生带来皇军的意见。

胡传魁　好，说吧！

邹寅生　胡司令，上回我和刁参谋长说好了的，在扫荡中，共同围剿新四军，这回没有消灭他们，皇军对于胡司令很不满意！

胡传魁　他不满意怎么着！新四军是有胳膊有腿的，皇军碰不着，那么就应当我碰着吗？跟你说，我不能拿着鸡蛋往石头上撞。这个队伍，我当家！

邹寅生　这个队伍是你当家，可是皇军要当你的家！

刁德一　司令！黑田大佐要消灭咱们这支队伍！多亏了邹先生从中帮忙啊！

胡传魁　帮忙！他也不能光用话甜和人哪，咱们这个队伍，要钱，要枪，要子弹！

刁德一　这些，倒是都给咱们准备下了。

邹寅生　咱们要是谈妥了，皇军命令你们驻防沙家浜。

刁德一　司令，这可是个鱼米之乡啊！

胡传魁　老刁，沙家浜是共产党的地方，那新四军可不好惹啊！

邹寅生　司令！皇军也不好惹啊！

刁德一　司令，有奶就是娘！背靠皇军，咱们干他一场！就看你有没有这个胆量了！

胡传魁　好！一言为定！（与邹寅生握手）

邹寅生　还有个小条件。

胡传魁　（向刁德一，不满地）他怎么这么些个条件哪！

邹寅生　新四军有一批伤病员，原来隐藏在沙家浜，皇军要求胡司令一定把他们抓到。

刁德一　这没问题，我包下了！

胡传魁　既然是一块儿打共产党嘛，这是个小意思。来人哪！

〔刘副官、刁小三上。

刘副官
刁小三　有！

胡传魁　传我的命令：今天下午，队伍开进沙家浜！

刘副官
刁小三　是！（下）

刁德一　司令，您这回是明靠蒋介石，暗投皇军，真是左右逢源，曲线救国呀！您可算得是当代的一位英雄！

胡传魁　他明也好，暗也好，还不是你刁参谋长挂的钩吗！这回到了你的老家了，你可以重整家业，耀祖光宗。哎，就是我这强龙也压不过你这地头蛇！

邹寅生　彼此，彼此……

邹寅生
胡传魁　哈哈哈……
刁德一

幕　闭

第 四 场　智 斗

〔日寇在沙家浜镇"扫荡"了三天，已经过境。

〔春来茶馆。设在埠头路口。台的左右各有方桌　张，方凳两个。
日寇过后，桌椅茶具均遭破坏，屋外凉棚东倒西歪。地下有　些
断砖碎瓦，春来茶馆的招牌也被扔在地下。

〔幕启：阿庆嫂扶老携幼上。

阿庆嫂　您慢着点！

老大爷　阿庆嫂，谢谢你一路上照顾！

阿庆嫂　没什么，这是应当的。

老大爷　看，叫他们糟蹋成什么样了！

〔又一批群众上。

群　众　阿庆嫂！

阿庆嫂　你们回来了！

群　众　回来了。

老大爷　我们大家伙帮助收拾收拾吧！

阿庆嫂　行了，我自己来吧。

〔阿庆嫂从地下把招牌拾起　放在桌子上。众扶起翻倒的桌凳，
捡走破碎的茶具、砖瓦，支起凉棚。

少　妇　阿庆嫂，我回去了。

老大爷　阿庆嫂，我们也回去了。

阿庆嫂　您慢点走啊！

老大娘　我们也回去了。

阿庆嫂　（向小姑娘）搀着你妈点！

〔群众下。

〔阿庆嫂掸净招牌上的泥土，对着观众，亮出招牌上的字样，然后挂起招牌，打开放置茶具的柜子。

阿庆嫂　（唱）【西皮摇板】

敌人"扫荡"三天整，

断壁残墙留血痕。

逃难的众邻居都回乡井，

我也该打双桨迎接亲人。

〔沙奶奶、沙四龙迎面而来。

沙奶奶
沙四龙　阿庆嫂！

沙奶奶　你回来了。

阿庆嫂　回来了。

沙四龙　鬼子走了，该把伤病员同志们接回来了！

阿庆嫂　对！四龙，咱们这就走！

沙四龙　走！

〔内喊："胡传魁的队伍快要进镇子了！"

〔群众跑上，告诉阿庆嫂："胡传魁来了！"……赶快跑下。

〔赵阿祥、王福根上。

赵阿祥　阿庆嫂，胡传魁的队伍快要进镇了！

阿庆嫂　他来了！日本鬼子前脚走，他后脚就到了，怎么这么快呀？（向王福根）你瞧见他们的队伍了吗？

王福根　瞧见了，有好几十个人哪！

阿庆嫂　好几十个人？

王福根　戴的是国民党的帽微，旗子上写的是"忠义救国军"。

阿庆嫂　（思考）"忠义救国军"？‥‥‥国民党的帽微？……

赵阿祥　听说刁德一也回来了。

沙奶奶　刁德一是刁老财的儿子！

阿庆嫂　（向王福根）你再看看去。

王福根　哎。（下）

阿庆嫂　胡传魁这一回来，是路过，是长住，还不清楚，伤员同
　　　　志们先不能接，咱们得想办法给他们送点干粮去。

赵阿祥　我去预备炒米。

沙四龙　我去准备船。

阿庆嫂　要提高警惕呀！

赵阿祥
沙四龙　哎！

　　　　〔沙四龙扶沙奶奶下，赵阿祥随下。
　　　　〔阿庆嫂走进屋内。
　　　　〔内喊："站住！"
　　　　〔　妇女跑下。
　　　　〔内喊："站住！"刁小三追逐一挟包袱的少女上。

刁小二　站住！老子们抗日救国，给你们赶走了日本鬼子，你得
　　　　慰劳慰劳！

　　　　〔刁小三抢少女包袱。

少　女　你干嘛抢东西？！

刁小三　抢东西？我还要抢人呢！（扑向少女）

少　女　（急中生计，求救地喊）阿庆嫂！

　　　　〔阿庆嫂急忙从屋里出来，护住少女。

阿庆嫂　得啦，得啦，本乡本土的，何必呢！来　这边坐会儿，吃
　　　　杯茶。

刁小三　干什么呀，挡横是怎么着?! ……

　　　　　〔刘副官上。

刘副官　刁小三，司令这就来，你在这干嘛哪?

阿庆嫂　哎，是老刘啊!

刘副官　（得意地）阿庆嫂，我现在当副官啦!

阿庆嫂　喔! 当副官啦! 恭喜你呀!

刘副官　老没见了，您倒好哇?

阿庆嫂　好。

刘副官　刁小二，都是自己人，你在这闹什么哪?

阿庆嫂　是啊，这位兄弟，眼生得很，没见过，在这儿跟我有点过不去呀!

刘副官　刁小三! 这是阿庆嫂，救过司令的命! 你在这儿胡闹，司令知道了，有你的好吗?

刁小三　我不知道啊! 阿庆嫂，我刁小三有眼不识泰山，您宰相肚里能撑船，别跟我一般见识啊!

阿庆嫂　（已经察觉他们是一伙敌人，虚与周旋）没什么! 一回生，两回熟嘛，我也不会倚官仗势，背地里给人小鞋穿，刘副官，您是知道的!

刘副官　哎，人家阿庆嫂是厚道人!

阿庆嫂　（向少女）回去吧。

少　女　他还抢我包袱哪!

阿庆嫂　包袱? 他哪能要你的包袱啊!（向刁小三）跟她闹着玩哪，是吧?（向刘副官）啊?

刘副官　啊。（向刁小三）闹着玩，你也不挑个地方!

　　　　　〔刁小三无可奈何地把包袱递给阿庆嫂。

阿庆嫂　（把包袱给少女）拿着，要谢谢! 快回去吧!

〔少女下。

刘副官　刁小三，去接司令、参谋长。去吧，去吧！

刁小二　阿庆嫂，回见。

阿庆嫂　回见，呆会儿过来吃茶呀。

〔刁小三凶横地、恨恨不满地下。

刘副官　阿庆嫂，他是我们刁参谋长的堂弟，您得多包涵点呀！

阿庆嫂　这算不了什么。刘副官，您请坐，呆会铁水开了我就给您泡茶去，您是稀客，难得到我这小茶馆里来！

〔阿庆嫂欲进屋，刘副官从后叫住。

刘副官　阿庆嫂，您别张罗！我是奉命先来看看，司令一会儿就来。

阿庆嫂　司令？

刘副官　啊，就是老胡啊！

阿庆嫂　哦，老胡当司令了？

刘副官　对了！人也多了，枪也多了！跟上回大不相同，阔多喽。今非昔比，鸟枪换炮了！

阿庆嫂　哦。（下决心进行侦察）啊呀，那好哇！刘副官，一眨眼，你们走了不少的日子了。（一面擦拭桌面，一面观察刘副官）

刘副官　啊，可不是嘛。

阿庆嫂　（试探地）这回来了，可得多住些日子了？

刘副官　这回来了，就不走了！

阿庆嫂　……哦！（断定他们是长住了，就故意表示欢迎的态度）那好啊！

刘副官　要在沙家浜扎下去了，司令部就安在刁参谋长家里，已经派人收拾去了。司令说：先到茶馆里来坐坐。

〔内一阵脚步声。

刘副官　司令来了！

〔刘副官忙去迎接。阿庆嫂思考对策。

〔胡传魁、刁德一、刁小三上。四个伪军从土坡上走过。

胡传魁　嘿，阿庆嫂！

〔胡传魁脱斗篷。刘副官接住，下。

阿庆嫂　（回身迎上）听说您当了司令啦，恭喜呀！

胡传魁　你好哇？

阿庆嫂　好啊，好啊，哪阵风把您给吹回来了？

胡传魁　买卖兴隆，混得不错吧？

阿庆嫂　托您的福，还算混得下去。

胡传魁　哈哈哈……

阿庆嫂　胡司令，您这边请坐。

胡传魁　好好好，我给你介绍介绍，这是我的参谋长，姓刁，是本镇财主刁老太爷的公子，刁德一。

〔刁德　上下打量阿庆嫂。

阿庆嫂　（发觉刁德一是很阴险狡猾的敌人，就虚与周旋地）参谋长，我借贵方一块宝地，落脚谋生，参谋长树大根深，往后还求您多照应。

胡传魁　是啊，你还真得多照应着点。

刁德一　好说，好说。

〔刁德一脱斗篷。刁小三接住，下。

阿庆嫂　参谋长，您坐！

胡传魁　阿庆哪？

阿庆嫂　还提哪，跟我拌了两句嘴，就走了。

胡传魁　这个阿庆，就是脚野一点，在家里呆不住哇。上哪儿了？

阿庆嫂　有人看见他了，说是在上海跑单帮哪。说了，不混出个人样来，不回来见我。

胡传魁　对嘛！男子汉大丈夫，是要有这么点志气！

阿庆嫂　您还夸他哪！

胡传魁　阿庆嫂，我上回大难不死，才有了今天，我可得好好的谢谢你呀！

阿庆嫂　那是您本身的造化。哟，您瞧我，净顾了说话了，让您二位这么干坐着。我去泡茶去，您坐，您坐！（进屋）

刁德一　司令！这么熟识，是什么人哪？

胡传魁　你问的是她？

（唱）【西皮一六】

　　想当初老子的队伍才开张，

　　拢共才有十几个人、七八条枪。

【流水】

　　遇皇军追得我晕头转向，

　　多亏了阿庆嫂，她叫我水缸里面把身藏。

　　她那里提壶续水，面不改色，无事一样，

〔阿庆嫂提壶拿杯，细心地听着，发现敌人看见了自己，就若无其事地从屋里走出。

胡传魁　（接唱）

　　骗走了东洋兵，我才躲过大难一场。（转向阿庆嫂）

　　似这样救命之恩终身不忘，

　　俺胡某讲义气终当报偿。

阿庆嫂　（有意在敌人面前掩饰自己）胡司令，这么点小事，您别净挂在嘴边上。那我也是急中生智，事过之后，您猜怎么着，我呀，还真有点后怕呀！

〔阿庆嫂　面倒茶，一面观察。

阿庆嫂　参谋长，您吃茶！（忽然想起）哟，香烟忘了，我去拿烟

113

去。（进屋）

刁德一　（看着阿庆嫂背影）司令！我是本地人，怎么没有见过这位老板娘啊？

胡传魁　人家夫妻"八·一二"以后才来这儿开茶馆，那时候你还在日本留学，你怎么会认识她哪？！

刁德一　哦！这个女人真不简单哪！

胡传魁　怎么，你对她还有什么怀疑吗？

刁德一　不不不！司令的恩人嘛！

胡传魁　你这个人哪！

刁德一　嘿嘿嘿……

〔阿庆嫂取香烟、火柴，提铜壶从屋内走出。

阿庆嫂　参谋长，烟不好，请抽一支呀！

〔刁德一接过阿庆嫂送上的烟。阿庆嫂欲为点烟，刁德　谢绝，自己用打火机点着。

阿庆嫂　胡司令，抽一支！

〔胡传魁接烟。阿庆嫂给胡传魁点烟。

刁德一　（望着阿庆嫂背影，唱）【反西皮摇板】

这个女人不寻常！

阿庆嫂　（接唱）

刁德一有什么鬼心肠？

胡传魁　（唱）【西皮摇板】

这小刁一点面子也不讲！

阿庆嫂　（接唱）

这草包倒是一堵挡风的墙。

刁德一　（略一想，打开烟盒请阿庆嫂抽烟）抽烟！

〔阿庆嫂摇手拒绝。

胡传魁　人家不会，你干什么！

刁德一　（接唱）

　　　　她态度不卑又不亢。

阿庆嫂　（唱）【西皮流水】

　　　　他神情不阴又不阳。

胡传魁　（唱）【西皮摇板】

　　　　刁德一搞的什么鬼花样？

阿庆嫂　（唱）【西皮流水】

　　　　他们到底是姓蒋还是姓汪？

刁德一　（唱）【西皮摇板】

　　　　我待要旁敲侧击将她访。

阿庆嫂　（接唱）

　　　　我必须察言观色把他防。

　　〔阿庆嫂欲进屋。刁德一从她的身后叫住。

刁德一　阿庆嫂！

　　　　（唱）【西皮流水】

　　　　适才听得司令讲，

　　　　阿庆嫂真是不寻常。

　　　　我佩服你沉着机灵有胆量，

　　　　竟敢在鬼子面前耍花枪。

　　　　若无有抗日救国的好思想，

　　　　焉能够舍己救人不慌张！

阿庆嫂　（接唱）

　　　　参谋长休要廖夸奖，

　　　　舍己救人不敢当。

　　　　开茶馆，盼兴旺，

江湖义气第一桩。

司令常来又常往，

我有心背靠大树好乘凉。

也是司令洪福广，

方能遇难又呈祥。

刁德一　（接唱）

新四军久在沙家浜，

这棵大树有阴凉，

你与他们常来往，

想必是安排照应更周详！

阿庆嫂　（接唱）

垒起七星灶，

铜壶煮三江。

摆开八仙桌，

招待十六方。

来的都是客，

全凭嘴一张。

相逢开口笑，

过后不思量。

人一走，茶就凉……

〔阿庆嫂泼去刁德一杯中残茶，刁德一一惊。

阿庆嫂　（接唱）

有什么周详不周详！

胡传魁　哈哈哈……

刁德一　嘿嘿嘿……阿庆嫂真不愧是个开茶馆的，说出话来滴水
不漏。佩服！佩服！

阿庆嫂　胡司令，这是什么意思呀？

胡传魁　他就是这么个人，阴阳怪气的！阿庆嫂别多心啊！

阿庆嫂　我倒没什么！（提铜壶进屋）

胡传魁　老刁啊，人家阿庆嫂救过我的命，咱们大面儿上得晾得过去，你干什么这么东一锒头西一棒子，叫我这面子往哪儿搁！你要干什么，你？

刁德一　不是啊，司令，这位阿庆嫂眼观六路，耳听八方，胆大心细，遇事不慌。咱们要在沙家浜久住，搞曲线救国，这可是用得着的人哪。就不知道她跟咱们是不是一条心！

胡传魁　阿庆嫂？自己人！

刁德一　那要问问她新四军和新四军的伤病员，她不会不知道。就怕她知道了不说。

胡传魁　要问，得我去！你去，准得碰钉子！

刁德一　那是，还是司令有面子嘛！

胡传魁　哈哈哈……

〔阿庆嫂机警从容，端着一盘瓜子从屋内走出。

阿庆嫂　胡司令，参谋长，吃点瓜子啊。

胡传魁　好……（喝茶）

阿庆嫂　……这茶吃到这会儿，刚吃出味儿来！

胡传魁　不错，吃出点味儿来了。——阿庆嫂，我跟你打听点事。

阿庆嫂　哦，凡是我知道的……

胡传魁　我问你这新四军……

阿庆嫂　新四军？有，有！

　　　　（唱）【西皮摇板】

　　　　　　司令何须细打听，

　　　　　　此地驻过许多新四军。

117

胡传魁　驻过新四军?

阿庆嫂　驻过。

胡传魁　有伤病员吗?

阿庆嫂　有!

　　　　（接唱）【西皮流水】

　　　　　　还有一些伤病员,

　　　　　　伤势有重又有轻。

胡传魁　他们住在哪儿?

阿庆嫂　（接唱）

　　　　　　我们这个镇子里,

　　　　　　家家住过新四军。

　　　　　　就是我这小小的茶馆里,

　　　　　　也时常有人前来吃茶、灌水、涮手巾。

胡传魁　（向刁德一）怎么样?

刁德一　现在呢?

阿庆嫂　现在?

　　　　（接唱）

　　　　　　听得一声集合令,

　　　　　　浩浩荡荡他们登路程!

胡传魁　伤病员也走了吗?

阿庆嫂　伤病员?

　　　　（接唱）【西皮散板】

　　　　　　伤病员也无踪影,

　　　　　　远走高飞难找寻!

刁德一　哦,都走了?!

阿庆嫂　都走了。要不日本鬼子"扫荡"了三天,把个沙家浜象篦

头发似地篦了这么一遍，也没找出他们的人来！

刁德一　日本鬼子人地生疏，两眼一抹黑。这么大的沙家浜，要藏起个把人来，那还不容易吗！就拿胡司令来说吧，当初不是被你阿庆嫂在日本鬼子的眼皮底下，往水缸里这么一藏，不就给藏起来了吗！

阿庆嫂　噢，听刁参谋长这意思，新四军的伤病员是我给藏起来了。这可真是呀，听话听声，锣鼓听音。照这么看，胡司令，我当初真不该救您，倒落下话把儿了！

胡传魁　阿庆嫂，别……

阿庆嫂　不……

胡传魁　别别别……

阿庆嫂　不不不！胡司令，今天当着您的面，就请你们弟兄把我这小小的茶馆，里里外外，前前后后，都搜上一搜，省得人家疑心生暗鬼，叫我们里外不好做人哪！（把抹布摔在桌上，掸裙，双手一搭，昂头端坐，面带怒容，反击敌人）

胡传魁　老刁，你瞧你！

刁德一　说句笑话嘛，何必当真呢！

胡传魁　哎，参谋长是开玩笑！

阿庆嫂　胡司令，这种玩笑我们可担当不起呀！（进屋）

刁德一　（看着隔湖芦荡，转身向胡传魁）司令，新四军伤病员没有走远，就在附近！

胡传魁　在哪儿呢？

刁德一　看！（指向芦苇荡里）很有可能就在对面的芦苇荡里！

胡传魁　芦苇荡？（恍然大悟）不错！来人哪！

　　　　〔刘副官、刁小三上。

胡传魁　往芦苇荡里给我搜！

刁德一　慢着！不能搜．司令，你不是这里的人，还不十分了解芦苇荡的情形。这芦苇荡无边无沿，地势复杂，咱们要是进去这么瞎碰，那简直是大海里捞针。再者说，咱们在明处，他们在暗处，那可净等着挨黑枪。咱们要向皇军交差，可不能做这赔本的买卖！

胡传魁　那依着你怎么办呢？

刁德一　我叫他们自己走出来！

胡传魁　大白天说梦话！他们会自己走出来？

刁德一　我自有办法！来呀！

刘副官
刁小三　有！

刁德一　把老百姓给我叫到春来茶馆，我要训话！

刘副官
刁小三　是！（下）

胡传魁　你叫老百姓干什么？

刁德一　我叫他们下阳澄湖捕鱼捉蟹！

胡传魁　捕鱼捉蟹，这里头有什么名堂？

刁德一　每只船上都派上咱们自己的人，叫他们换上便衣。那新四军要是看见老百姓下湖捕鱼，一定以为镇子里头没有事，就会自动走出来。到那个时候各船上一齐开火，岂不就……

胡传魁　老刁，你真行啊！哈哈哈……

〔内响起群众的声音，由远而近。刘副官、刁小三上。

刘副官
刁小二　报告！老百姓都来了！

刁德一　好，我训话。

〔内群众抗议声。

刘副官
刁小二　站好了！……嗨！站好了！

刁小三　参谋长训话！

刁德一　乡亲们！我们是"忠义救国军"，是抗日的队伍。我们来了，知道你们现在很困难，也拿不出什么东西来慰劳我们，也不怪罪你们，叫你们下阳澄湖捕鱼捉蟹，按市价收买！

〔内群众抗议声。王福根："长官，我们不能去，要是碰见日本鬼子的汽艇，我们就没命了！"……

刁小二　别吵！

刁德一　大家不要怕，每只船上派三个弟兄保护你们！

〔内群众抗议声："那也不去！不敢去！"……

胡传魁　他妈的！谁敢不去！不去，枪毙！

〔胡传魁、刁德一、刘副官、刁小三下。
〔阿庆嫂急忙由屋内走出。

阿庆嫂　（唱）【西皮散板】

　　　　刁德一，贼流氓，
　　　　毒如蛇蝎狠如狼，
　　　　安下了钩丝布下网，
　　　　只恐亲人难提防。
　　　　渔船若是一举桨，
　　　　顷刻之间要起祸殃。

〔内群众抗议声。

阿庆嫂　（接唱）

　　　　乡亲们若是来抵抗，
　　　　定要流血把命伤。
　　　　恨不能生双翅飞进芦荡，
　　　　急得我浑身冒火无主张。

〔内刁小三叫喊："不去？不去我就要开枪了！"

阿庆嫂　开枪？

（唱）【西皮流水】

> 若是镇里枪声响，
>
> 枪声报警芦苇荡，
>
> 亲人们定知镇上有情况，
>
> 芦苇深处把身藏。（欠身了望，看到断砖、草帽，灵机一动）
>
> 要沉着，莫慌张，
>
> 风声鹤唳，引诱敌人来打枪！

〔阿庆嫂拿起墙根的断砖，上复草帽，扔进水中，急忙躲进屋里。

〔刁小三跑上。

刁小三　有人跳水！

〔胡传魁、刘副官急上。

〔刘副官、胡传魁开枪。刁德一闻声急上。

刁德一　不许开枪……唉！不许开枪！

〔阿庆嫂走到门旁观察。

胡传魁　为什么呀？

刁德一　司令！新四军听见枪声，他们能够出来么？

胡传魁　你怎么不早说哪！刁小二！

刁小二　有！

胡传魁　把带头闹事的给我抓起几个来！

刁德一　刘副官！

刘副官　有！

刁德一　所有的船只都给我扣了，我都把他们困死！

〔胡传魁、刁德一下。刘副官、刁小二随下。

〔阿庆嫂走到门外，思考，考虑下步的战斗。亮相。

——幕闭

第 五 场 坚 持

〔紧接前场，芦苇荡里。天色阴暗，大雨将至。

〔幕启：郭建光和战士们在注视着沙家浜镇的情况，一战士上。

一战士　报告，枪响以后没有什么情况。

郭建光　还要监视沙家浜的方向。

一战士　是（下）

郭建光　同志们，先去把芦棚修理好，叫重伤员住进去。告诉叶
　　　　排长，我到前边去看看。

众战士　是！

〔郭建光下。

林大根　同志们，沙家浜打枪，到底是怎么回事？

一战士　枪一响，准是有敌人，不是鬼子就是汉奸。

小　虎　那沙家浜的乡亲们又要吃苦了！

张松涛　沙家浜要是还有敌人，咱们暂时就出不去，可是现在干
　　　　粮、药品都没有了，这可是大问题呀！

〔郭建光上，观察战士的情绪。

小　虎　咱们干嘛上这儿来呀？那会儿还不如留在沙家浜跟敌人
　　　　拚一下了哪！

众战士　对！

班　长　你们这些想法，都是蛮干。要拚，也得等待命令！指导
　　　　员不是叫咱们修芦棚吗？走，先修芦棚去。

众战士　走！修芦棚去！（下）

〔郭建光目送战士下，转身，思索。

郭建光 （唱）【二黄导板】

听对岸响数枪声震芦荡……

【回龙】

这儿天，多情况，勤了望，费猜详，不由我心潮起
落似长江。

【慢三眼】

远望着沙家浜 云遮雾障，

湖面上怎不见帆过船航？

为什么阿庆嫂她不来探望？

这征候看起来大有文章。

曰、蒋、汪暗勾结早有来往，

村镇上乡亲们要遭祸殃。

【快三眼】

战士们要杀敌人，冒险出荡，

你一言，我一语，慷慨激昂。

这样的心情不难体谅，

阶级仇民族恨燃烧在胸膛。

要防止焦躁的情绪蔓延滋长，

要鼓励战士，察全局，观敌情，坚守待命，紧握手
中枪。

【原板】

毛主席党中央指引方向，

鼓舞着我们奋战在水乡。

要沉着冷静，坚持在芦荡，

【垛板】

主动灵活，以弱胜强。

河湖港汊好战场，

大江南处有天然粮仓。

漫道是密雾浓云锁芦荡，

遮不住红太阳（叫散）万丈光芒。

〔小虎内喊："指导员！"急上。

小　虎　小王同志昏过去了！

〔班长背小王上，叶思中、小凌、众战士们同上。

众战士　小王！小王……

郭建光　小凌，快！看看他的伤口是不是恶化了！

小　凌　指导员，刚才看过了，伤口有点恶化，不要紧。他主要
　　　　是打摆子，发高烧，再加上饿的。

郭建光　给他吃过药了吗？

小　凌　奎宁没有了！

郭建光　重伤员怎么样？

小　凌　伤口都有点恶化，药也快没有了！

叶思中　指导员，药品和干粮可是个大问题！

郭建光　是啊，我们一定要想办法。

众战士　小王，小王！你好点了吗？

小　王　同志们，你们看，我这不是很好嘛！（踉跄地走了几步）

班　长　小王，你是饿了。我这有块年糕，你吃了吧。

小　王　不！

众战士　小王，你就吃了吧！

小　王　（激动地）同志们，指导员把干粮都省给重伤员吃了，指
　　　　导员，你吃了吧。

郭建光　小王！（用手一挡，带着深厚的阶级友爱劝小王吃下年糕）同志

们，药品和干粮都是个大问题呀，我相信地方党会千方百计地想办法，群众也会来支援我们。看来目前党和群众都有困难，不能马上来帮助我们，那我们怎么办？难道说我们这支有老红军传统的部队，就被这小小的困难吓倒了吗？

众战士　不！

班　长　我们的红军爬雪山，过草地，那样的困难都战胜了。我们也一定能坚持下去！

众战士　对！

郭建光　对！

〔汽艇声。一战士上。

一战士　报告！湖面上发现汽艇！

郭建光　哦！继续监视！

〔一战士下。

郭建光　叶排长，带两个同志到前边警戒！

叶思中　是！跟我来！

〔叶思中、张松涛、一战士下。

郭建光　你们两个人照顾重伤员！

班　长
小　凌　是！（下）

郭建光　同志们！

众战士　有！

郭建光　作好战斗准备！

众战士　是！

〔众注视着汽艇声音方向，汽艇声渐渐转弱。

〔叶思中、张松涛、一战士上。

叶思中　指导员，汽艇往沙家浜开去了。

郭建光　根据情况判断，鬼子是撤退了，刚才响了一阵枪，现在
　　　　又发现汽艇……

叶思中　汽艇，只有日本鬼子才有啊。

郭建光　我看先派两个人过湖去侦察一下。

叶思中　对！

众战士　我去！我去！

郭建光　林大根、张松涛！你们两个人划船过去，找沙四龙或者
　　　　阿福，不要去找阿庆嫂。她的处境一定有困难。了解敌
　　　　情以后，顺便弄些草药。你们要小心谨慎地进去，悄悄
　　　　地回来！

　　　　（唱）【西皮二六】
　　　　　　　你二人改装划船到对岸，
　　　　　　　镇西树下把船拴。
　　　　　　　寻来草药医病患，
　　　　　　　弄清敌情就回还。
　　　　　　　同志们满怀信心将你们盼，
　　　　　　　盼望着胜利归来的侦察员。

　　　　【流水】
　　　　　　　掌握敌情作判断，
　　　　　　　我们就有主动权，
　　　　　　　进退出没都灵便，
　　　　　　　好与敌人巧周旋。
　　　　　　　伤愈归队再请战，
　　　　　　　回兵东进把敌歼，
　　　　　　　战鼓惊天红旗展，

一举收复大江南。

林大根
张松涛　坚决完成任务!

郭建光　准备去吧!

林大根
张松涛　是!

〔林大根、张松涛下。

〔班长内喊:"指导员!"持芦根、鸡头米跑上。小凌、一战士随上。

班　长　指导员你看,这芦根、鸡头米不是可以吃吗?

郭建光　是可以吃呀! 同志们, 只要我们大家动脑筋想办法,天大的困难也能够克服! 毛主席教导我们:**往往有这种情形, 有利的情况和主动的恢复, 产生于"再坚持一下"的努力之中**。同志们!

（唱）【西皮散板】

　　　　困难吓不倒英雄汉,

　　　　红军的传统代代传。

　　　　毛主席的教导记心上,

　　　　坚持斗争,胜利在明天。

同志们!（纵身跃上土台）这芦苇荡就是前方,就是战场,我们要等候上级的命令,坚持到胜利!

众战士　对! 我们要等待命令,不怕困难,坚持到胜利!

〔风雨骤起。

小　虎　大风雨来了!

郭建光　（英雄豪迈地鼓舞斗志,慷慨激昂地唱）【唢呐西皮导板】

　　　　要学那泰山顶上一青松!

〔电闪雷鸣。郭建光跳下土台,和战士共同与暴风雨搏斗。

众战士 （边舞边齐唱）

　　　　要学那泰山顶上一青松，

　　　　挺然屹立傲苍穹。

　　　　八千里风暴吹不倒，

　　　　九千个雷霆也难轰。

　　　　烈日喷炎晒不死，

　　　　严寒冰雪郁郁葱葱。

　　　　那青松逢灾受难，经磨历劫，伤痕累累，瘢迹重重，

　　　　更显得枝如铁，干如铜，蓬勃旺盛，倔强峥嵘。

　　　　崇高品德人称颂，

　　　　俺十八个伤病员，要成为十八棵青松！

　〔战士们顶风抗雨，巍然屹立，构成一组集体的英雄塑像。

　　　　　　　　　　　　　　　　　　　　　　幕　闭

第 六 场 授 计

〔前场次日。春来茶馆。

〔暴雨才过，阴云郁结。

〔幕启：茶馆门外空无一人，屋里时时传来打麻将洗牌的声音。

〔阿庆嫂由屋内走出。

〔一青年上。

青　年　阿庆嫂，你找我？

阿庆嫂　赵镇长和四龙他们回来了吗？

青　年　没看见哪！

阿庆嫂　四龙要是回来，叫他来一趟。

青　年　哎。（下）

　　　　〔刘副官上。

阿庆嫂　刘副官。

刘副官　阿庆嫂，刁参谋长在里头吗？

阿庆嫂　在里头看打牌哪。

刘副官　哦。

　　　　〔刘副官径自往屋里走，阿庆嫂略一思索，机警地随下。

　　　　〔刘副官、刁德一从屋内走出。

刁德一　什么事？

刘副官　邹翻译官找您。

刁德一　哦！

刘副官　皇军来电话问新四军伤病员的事。

130

刁德一　真逼命！咱们抓来的那些老百姓，都是一问二不知，新
　　　　四军伤病员，太难找了！

刘副官　我看那个王福根……

刁德一　王福根？

刘副官　那天带头闹事的就是他！

刁德一　对！就在他身上打主意。

刘副官　您快去吧！邹翻译官马上要走，汽艇都准备好了。

刁德一　哎，你在这一带盯着，我一会就回来。

刘副官　参谋长，我还是躲着点好。这两天司令老是爱跟我发脾
　　　　气，今儿手气又不好，回头再跟我来一通……

刁德一　你当司令发脾气是冲你吗?!我心里有数，有我哪　！

刘副官　（谄媚地）哎，我听参谋长的！

刁德一　到里头伺候着去！

刘副官　是！

　　　　〔刁德一下，刘副官进屋。

　　　　〔阿庆嫂从屋内走出，看天望水，心情沉重。

阿庆嫂　刁德一出出进进的，胡传魁在里头打牌。我出不去，走
　　　　不开。老赵和四龙给同志们送炒面，到现在还没回来。
　　　　同志们在芦荡里已经是第五天了。有什么办法，能救亲
　　　　人脱险哪！

　　　　（深沉地思考，唱）【二黄慢三眼】

　　　　　　风声紧雨意浓天低云暗，

　　　　　　不由人一阵阵坐立不安。

　　　　　　亲人们粮缺药尽消息又断，

　　　　　　芦荡内怎禁得浪激水淹！

　　　　【快三眼】

> 他们是革命的宝贵财产，
>
> 十八个人和我们骨肉相连。
>
> 联络员身负着千斤重担，
>
> 程书记临行时托咐再三。
>
> 我岂能遇危难一筹莫展，
>
> 辜负了党对我培育多年。
>
> 昨夜里赵镇长与四龙去送炒面，
>
> 为什么到如今不见回还？
>
> 我本当去把亲人来见，
>
> 怎奈是，难脱身，有鹰犬，那刁德一他派了岗哨又
>
>   扣船。
>
> 怎么办，怎么办，怎么办？
>
> 事到此间好为难……

〔耳旁仿佛响起《东方红》乐曲，信心倍增。

阿庆嫂　（接唱）

> 毛主席！
>
> 有您的教导，有群众的智慧，
>
> 我定能战胜顽敌度难关。

〔沙奶奶、沙四龙上。

沙四龙　　阿庆嫂。
沙奶奶

阿庆嫂　（一惊）四龙，你们回来了！炒面送到了吗？

沙四龙　没有。昨儿晚上我和镇长刚划船出去,就被敌人发现了，
　　　　我们俩就跳水跑了，船也被他们给扣了。

阿庆嫂　镇长呢？

沙四龙　镇长一下水，就发了摆子，再加上感冒，正在发高烧，起

不来床，他叫我先来向你报告一下。

沙奶奶　阿庆嫂，你看该怎么办？

阿庆嫂　还是得想办法弄条船，给同志们送点干粮去！

沙四龙　要不今儿晚上，我去搞它一条……

阿庆嫂　（听见脚步声，急忙制止沙四龙的话。从脚步声中判定来的是刘
　　　　副官）刘副官来了，叫四龙装病，跟他借条船，就说送
　　　　四龙到城里看病。

　　　　〔沙四龙伏桌上装病。刘副官从屋内走出。

阿庆嫂　刘副官。

刘副官　阿庆嫂。（看见沙四龙）哎，这是谁呀？

阿庆嫂　沙奶奶的儿子。

刘副官　在这儿干什么哪？

阿庆嫂　病了。

沙奶奶　刘副官，这孩子病了，想跟您借条船，带孩子到城里看
　　　　看病去。

刘副官　借船？那哪儿行啊！

沙奶奶　阿庆嫂，您给求个人情吧！

阿庆嫂　是啊，刘副官，您瞧这孩子病成这样，咱们这儿又没有
　　　　大夫，您就行个方便吧！

刘副官　阿庆嫂，不是我驳您的面子，我可作不了这个主。船，有
　　　　的是，就在那边，一条也不能动，这是刁参谋长的命令。
　　　　阿庆嫂，您可少管这路闲事，免得招惹是非。

阿庆嫂　唉，这孩子病得怪可怜的！

　　　　〔内串铃声。一伪军喊："站住！干什么的？"

　　　　〔内程谦明答："我是看病的大夫！"

　　　　〔阿庆嫂、沙奶奶喜出望外，然而不形于色。

沙奶奶　哦！大夫来了！

阿庆嫂　这就好了！该着这孩子的病好。（向内）可别叫大夫走

哇。（向刘副官）刘副官，就让那位大夫给孩子看看吧！

刘副官　不行！

沙奶奶　刘副官，既然您不肯借船，就请大夫给孩子看看病吧。

刘副官　不行！

阿庆嫂　是啊，刘副官，既然那位大夫来了，还真的让他走吗？就给孩子看看吧！

刘副官　阿庆嫂，您是知道的，我在刁参谋长面前不好交代。参谋长说了，这个地方不准闲人来！

阿庆嫂　嗨！这有什么大不了的事。别说参谋长啦，就是胡司令，这点面子也是肯给的！

刘副官　那好哇，司令在里头哪，您去跟他说说去。

阿庆嫂　这么点小事，就别去惊动他了。

刘副官　可是我作不了这个主啊！

〔胡传魁从屋内走出。

胡传魁　什么事啊？

刘副官　司令！来了个大夫。阿庆嫂说，要让那位大夫给这孩子看看病。

胡传魁　看病？

阿庆嫂　噢，是这么回事：这孩子有病，正赶上那位大夫打这儿路过，我就多了一句嘴，说让那位大夫给孩子看看。刘副官说，胡司令这点面子是肯给的，就怕刁参谋长知道了，要让司令为难。他这么一说，吓得我也不敢求您了！

胡传魁　（向刘副官）刁参谋长放个屁也是香的？拿着鸡毛当令箭！

阿庆嫂　其实呀，也没刘副官什么事。刘副官还说，司令心眼好，为人厚道。我是怕真要是刁参谋长较起真儿来，我觉得怪对不住司令的。那么，就叫那位大夫……

胡传魁　看！

刘副官　是！（向内）嗨！请大夫过来！

阿庆嫂　我替孩子谢谢司令了！

沙奶奶　谢谢司令。

〔程谦明上。

阿庆嫂
沙奶奶　大夫！

程谦明　你们好啊？

阿庆嫂
沙奶奶　好。

沙奶奶　大夫，请过来诊脉吧！

程谦明　好好好。

〔程谦明与胡传魁相遇，胡传魁打量程谦明，程谦明态度十分安详。

阿庆嫂　（有意分散胡传魁的注意力）胡司令，这会儿手气怎么样啊？

胡传魁　背透了，四圈没开和，出来蹓蹓。

阿庆嫂　您这一蹓跶，手气就来了，呆会儿坐下，我管保您连和三把满贯！

胡传魁　好，借你的吉言，和了满贯我请客！

阿庆嫂　那您这客算请定了，快进去吧，都等着您扳庄哪！

胡传魁　哦，哈哈哈……（进屋）

刘副官　（向程谦明）你是哪来的？

程谦明　（沉着地）常熟城里，三代祖传世医。

刘副官　有"良民证"吗？

程谦明　有。

刘副官　拿来看看。

〔程谦明取"良民证"交刘副官。

〔阿庆嫂取过两杯茶。

阿庆嫂　刘副官，你们这两天真够辛苦的，沿湖一带派了岗，扣了船，不许老百姓下湖捕鱼，究竟出了什么事了？

刘副官　没什么，没什么，听说芦荡里有新四军……

阿庆嫂　新四军？那怎么不派兵去搜啊？

刘副官　参谋长说了，芦苇荡那么大，上哪儿搜去！不谈这个，不谈这个。（回头向程谦明）快瞧病，快瞧病。

阿庆嫂　大夫，这孩子的病……

程谦明　病家不用开口，便知病情根源。说得对，吃我的药。说得不对，分文不取。

刘副官　嗨嗨嗨，你先别吹，今儿个我倒要看看你有多大本事！

程谦明　这个病是中焦阻塞，呼吸不畅啊。

刘副官　等等。（向沙奶奶）他说得对吗？

沙奶奶　是啊，刚才还说胸口堵得慌哪！

刘副官　哦，他还有两下子！

程谦明　看看舌苔。（看沙四龙舌苔）胃有虚火，饮食不周。

沙奶奶　缺食啊！

程谦明　肝郁不舒，就容易急躁。

沙奶奶　是啊，着急着哪！

刘副官　嗨！头疼脑热的，看什么急呀！

程谦明　不要紧，我开个方子，吃上一剂药，就会好的！

〔刘副官注视程谦明，阿庆嫂、沙奶奶很着急。阿庆嫂想了想，走进屋内。

程谦明　（唱）【西皮二六】

　　　　　　病情不重休惦念，

　　　　　　心静自然少忧烦。

　　　　　　家中有人勤照看……

〔阿庆嫂从屋内走出。

阿庆嫂　刘副官，看什么哪？

刘副官　我对医道很有兴趣。（向程谦明）快开方！

程谦明　好了！

（接唱）

草药一剂保平安。

刘副官　拿来！（取过药方）

程谦明　见笑，见笑。

〔一伪军由屋内走出。

伪　军　刘副官，司令叫。（下）

刘副官　哎。（把药方放回桌上）阿庆嫂，替我盯着点，我这就来。

阿庆嫂　哎。

〔刘副官进屋。阿庆嫂急命沙四龙、沙奶奶注意敌人的动静。程谦明与阿庆嫂小声交谈。

阿庆嫂　有不少乡亲被捕。

程谦明　哦！据我们得到的情报，胡传魁已经是死心塌地地投靠日寇了。

阿庆嫂　那该怎么办？

程谦明　一定要拔掉这个钉子！我们的主力部队马上要过来了。

阿庆嫂　好。

程谦明　你了解一下敌人的兵力部署情况，过两天我派人来取情报。

阿庆嫂　伤病员同志们怎么办？

程谦明　立刻转移红石村！

阿庆嫂　是！

〔沙四龙咳嗽。刘副官从屋内走出。

刘副官　阿庆嫂，司令赢钱了，说你让他请客，叫我买东西去。

阿庆嫂　那好哇。

刘副官　（向程谦明）哎，你怎么还没有走啊？

程谦明　（收拾药箱）这就走。药要早吃，可不能过了今天晚上。

刘副官　快走，快走。

程谦明　这就走，这就走。

沙奶奶　大夫，天阴下雨，小心路滑！

阿庆嫂　是啊，坑坑洼洼的，要多加小心！

程谦明　不怕，你们照顾病人要紧哪！

刘副官　快走！

〔程谦明下。刘副官随下。

阿庆嫂　县委指示，要同志们转移红石村，现在还得想办法弄条船哪。

沙四龙　我倒有个主意。

沙奶奶　你有什么主意？

沙四龙　我溜下水去，砍断缆绳，推出一条船，不撑篙不使桨，船上没人，动静不大。只要推出半里路，大湖之中，烟雾弥漫，就更看不清了。到现在只能这么办了。

沙奶奶　阿庆嫂，他有一身好水性，让他去吧。

阿庆嫂　事到如今，也只好按他的办法去做了。四龙，你顺着那条小道找个僻静地方下水，可千万要小心哪！

沙四龙　阿庆嫂！

（唱）【西皮快板】

　　四龙自幼识水性，

　　敢在滔天浪里行。

　　飞越湖水把亲人接应——

妈！阿庆嫂！

　　你们放宽心！

〔沙四龙、沙奶奶下。阿福上。

阿　福　阿庆嫂！

阿庆嫂　（一惊，回身）阿福，有事吗？

阿　福　昨儿晚上指导员派林大根、张松涛到我家里来过。

阿庆嫂　他们干什么来了？

阿　福　了解了胡传魁的情况，弄了点草药就走了。

阿庆嫂　你没给他们弄点干粮？

阿　福　弄了，他们都带走了。

阿庆嫂　好，你先回去吧！

阿　福　哎。（下）

〔阿庆嫂了望湖面。

阿庆嫂　（唱）【西皮散板】

　　　　看小船破雾穿云渐无踪影，

　　　　同志们定能转移红石村。

〔阿庆嫂进屋，刘副官上。

刘副官　阿庆嫂，东西买来了。（追进屋）

〔刁德一、刁小三上。刘副官又从屋里走出。

刘副官　参谋长，邹翻译官哪？

刁德一　走了。刘副官，司令要结婚了。

刘副官　结婚？女家是谁呀？

刁德一　邹翻译官的妹妹。

刘副官　不用说，是参谋长的大媒喽。

刁德一　嗨，派你一桩美差，到常熟城里办点嫁妆。

刘副官　（万分感激）是！多谢参谋长！

〔刁德一若有所思，走向湖边高坡，用望远镜了望湖面。

刁德一　（急叫）哎！这水面上仿佛是有条船！

刘副官　（大惊）船？刮了一天大风，恐怕是把缆绳刮断了，空船
　　　　漂出来了。

刁德一　不对！空船断缆是顺风顺水而来，怎么会逆风逆水而去
　　　　哪？船底下一定是有人！

刘副官　有人？

刁德一　来！给我追这条船！

刘副官　是！

——幕　闭

第七场 斥敌

〔前场后不久。刁德一家的厅堂。

〔幕启：内刘副官、刁小三行刑声："快说，快说，说！"

〔胡传魁烦躁地喝着酒，刁德一散领挽袖，神色凶狠而狼狈，手提皮鞭，踉跄而上。

刁德一 （念）新四军平安传移出芦荡，

胡传魁 （念）这皇军督催逼命可怎么搪！

〔内行刑拷问声。

刁德一 （念）抓来了一些穷百姓，拷问他们谁是共产党，

胡传魁 （念）问了半天，也没问出个名堂！

有一个招口供的没有？

〔内刘副官、刁小三答："没有。"

胡传魁 我说老刁啊，咱们不会枪毙他几个？

刁德一 我正琢磨着拿谁开刀呢。来呀，把王福根给我带上来！

〔内刘副官、刁小三答："是！"

〔刘副官、刁小三架王福根上。

胡传魁 说！新四军的伤病员哪儿去了？

刁德一 只要你说出来这镇上谁是共产党，马上就放了你。

〔王福根怒指胡传魁、刁德一。二人惊恐后退。

王福根 你们这些骑在人民头上的汉奸！走狗！

胡传魁 来呀！当着那些个穷百姓把他枪毙了！

王福根 汉奸！走狗！打倒日本帝国主义！打倒汉奸、走狗！……

〔王福根被押下。

〔内王福根高呼口号："中国共产党万岁！""毛主席万岁！"

〔排枪声。

〔内刘副官、刁小三嚎叫："你们瞧见没有？不说就象他这个样子——枪毙你们！快说！说！"

刁德一　刁小三，把那个新四军的家属刘老头枪毙！

　　　　〔内刁小三嚎叫："刘老头出来！"

　　　　〔内高呼："打倒汉奸卖国贼！"群众愤怒高呼口号。

　　　　〔排枪声。

胡传魁　来人哪！

　　　　〔刁小三上。

胡传魁　把那沙老太婆拉出去一块枪毙！

刁德一　慢着！把她给关起来！

刁小三　是！（下）

刁德一　司令！就是这沙老太婆不能毙！皇军点着名要她的口供，不要她的老命。留着她为的是追问出在幕后活动的共产党！

胡传魁　共产党！只怕是共产党坐在咱们对面，咱们也认不出来！

刁德一　司令，有一个人很值得怀疑。

胡传魁　谁？

刁德一　那天，刘副官冒冒失失地打了阵枪，在哪儿？扣下的船丢了一只，又在哪儿？都离春来茶馆不远！

胡传魁　你是说……

刁德一　阿庆嫂！

胡传魁　……

刁德一　太可疑了！

胡传魁　怎么？抓起她来？

刁德一　哪里哪里！司令的恩人哪能抓呀！司令不是派人请她去了吗？

胡传魁　我是请她帮着我办喜事的。

刁德一　等她来了，咱们问问她。

胡传魁　问问？怎么问？——"你是共产党吗？"

刁德一　哪能这么问！（耳语）怎么样？

胡传魁　好，依着你！来人！

〔一伪军上。

胡传魁　阿庆嫂来了，马上报告！

一伪军　是！（下）

〔胡传魁、刁德一下。

〔一伪军内报："阿庆嫂到！"

〔阿庆嫂上，观察周围环境。

阿庆嫂　（唱）【西皮散板】

　　　　　新四军反"扫荡"回兵东进，

　　　　　沙家浜即将要重见光明。

　　　　　胡传魁投敌寇把乡新们踩蹦，

　　　　【流水】

　　　　　这一笔血债要记清。

　　　　　奉指示探敌情十有九稳，

　　　　　唯有这司令部尚未查清，

　　　　　借题日入虎穴观察动静……

　　　　〔胡传魁、刁德一更衣整容上。

胡传魁　阿庆嫂

阿庆嫂　胡司令！参谋长！

　　　　（接唱）【散板】

　　　　　恭喜司令要成亲！

胡传魁　你全知道了？

刁德一　真是消息灵通！

阿庆嫂　满镇上都知道了，刘副官通知各家各户"自愿"送礼了。

刁德一　好，坐，泡茶！

〔一伪军送茶上，即下。

阿庆嫂　胡司令！听说新娘子长得很漂亮啊？

胡传魁　哦！你也听说过？

阿庆嫂　听说过！常熟城里有名的美人嘛。人品出众，才貌超群，真是百里挑一呀！

胡传魁　哈哈哈……阿庆嫂你可真会说话。我今天找你就为请你帮助我办喜事的，到了那天你可得多帮忙啊！

阿庆嫂　没什么，理当的。到了日子我一早就来，什么烧个茶递个水的，我都行啊……

胡传魁　不！不！那些个粗活儿，哪能叫你干哪。你就等花轿一进门，给我张罗张罗，免得出错。

阿庆嫂　行啊，行啊，花轿一进门，您就把新娘子交给我啦，我让她该应酬的都应酬到了，亲戚朋友决挑不了眼去，胡司令您尽管放心。

胡传魁　那好极了，他们家的老亲多，还爱挑个眼，有你当提调，那我就放心了。

阿庆嫂　新房在哪儿啊？

胡传魁　就在后院。明天东西置办齐了，我一定派人去请你。

阿庆嫂　好，我一定来！

胡传魁　早点来！

刁德一　（以烟筒击案，厉声而问）那个沙老太婆招了没有？

〔内刘副官、刁小三答："没招！"

刁德一　把她带上来！

阿庆嫂　胡司令，您这儿有事，我在这儿不方便，我走啦。

〔阿庆嫂转身欲下，刁德一拦住。

刁德一　阿庆嫂，我们办我们的事，你坐你的！

胡传魁　既然是参谋长留你，那你再坐坐！

阿庆嫂　好吧，（向胡传魁）那我就再坐坐。

〔阿庆嫂略一思索，胸有成竹，沉着地走向桌边，端然稳坐。

刁德一　把她带上来！

沙奶奶　（内唱）【西皮导板】

　　　　　且喜亲人已脱险……

〔沙奶奶上。

〔阿庆嫂、刁德一、胡传魁以不同的心情，不同的表情看着沙奶奶。

〔刘副官、刁小三上。

沙奶奶　（唱）【西皮散板】

　　　　　粉身碎骨也心甘。

　　　　　挺身来把仇人见——（见阿庆嫂坐在一边，心中一惊）

　　　　　阿庆嫂为何在堂前？（略一思索，有所解悟）

　　　　　只怕是敌人他来试探，

　　　　　我必须保护她，把天大的事儿一身担！

胡传魁　沙老太婆，你到底招是不招？

沙奶奶　你要我招什么？

胡传魁　芦苇荡里的新四军是不是你儿子送走的？

沙奶奶　不知道！

胡传魁　那么你儿子哪儿去了？

沙奶奶　不知道！

胡传魁　你跟你儿子干的这些事，谁的主谋？谁的指使？

沙奶奶　我不知道！

胡传魁　他妈的，一问三不知，今天叫你尝尝我的厉害！

〔胡传魁举鞭欲打沙奶奶。刁德一制止。

刁德一　司令，何必着急哪！坐，坐。嘿嘿嘿……沙老太，你受

委屈了。好，坐坐坐，听我跟你说！

（唱）【西皮摇板】

　　　　沙老太休得要想不开，

　　　　听我把话说明白：

　　　　你不出乡里年纪迈，

　　　　岂能够出谋划策巧安排？

　　　　定是有人来指派，

　　　　她在幕后你登台。

　　　　到如今你受害受弄难忍耐，

　　　　她袖手旁观稳坐在钓鱼台。

　　　　只要你说出她的名和姓，

　　　　刁德一我保你从此不缺米和柴！

怎么样，想明白了没有？

〔沙奶奶昂首不理。

刁德一　阿庆嫂，你劝她几句！

阿庆嫂　我？

刁德一　啊，你跟她是街坊，劝她几句嘛！（向胡传魁）啊？

胡传魁　对，阿庆嫂，你过去劝她几句。

阿庆嫂　好吧。既是刁参谋长这么看得起我，那我就试试看。不过这老太太的脾气，我是知道的，恐怕也是要碰钉子的。

（垂手走过去，边走边想主意。走到沙奶奶身边，双手往胸前一搭）

沙奶奶，参谋长说，你儿子给新四军送船，是真的吗？

〔沙奶奶怒视三人。

阿庆嫂　沙奶奶，你就这么一个儿子，真舍得让他走吗？

沙奶奶　孩子大了，要走哪条路，由他自己挑！

胡传魁　你说，新四军对你有什么好啊？

沙奶奶　好！我说！我说！

（痛斥敌人，唱）【二黄原板】

    "八・一三"，日寇在上海打了仗，

    江南国土遭沦亡，

    尸骨成堆鲜血淌，

    满目焦土遍地火光。

    新四军共产党来把敌抗，

    历尽艰辛，东进江南，深入敌后，解放集镇与村庄。

    红旗举处歌声朗，

    百姓们才见天日光。

    你们号称"忠义救国军"，

    为什么见日寇不发一枪？

    我问你救的是哪一国？

    为什么不救中国助东洋？

    为什么专门袭击共产党？

    你忠在哪里？义在何方？

    你们是汉奸走狗卖国贼，

    少兼无耻，丧尽天良！

胡传魁 住口！

刘副官
刁小三 胡说！

沙奶奶 （接唱）

    你有理，敢当着百姓们讲，

    纵然把我千刀万剐也无妨！

    沙家浜总有一天会解放，

    且看你们这些走狗汉奸（叫散）好下场！

胡传魁 拉出去，枪毙！

刘副官
刁小三 走！

 〔刁德一急忙暗示刁小三：不能执行。刁小三领会。

〔沙奶奶昂首走下。刘副官、刁小三随下。

阿庆嫂　胡司令！

刁德一　慢动手！阿庆嫂有话说！

阿庆嫂　（款款地站起身来，若无其事地）……我该走啦。

〔刁德一、胡传魁垂头丧气。

阿庆嫂　您这是公事，我们可不敢随便插嘴呀！

胡传魁　不，不，今天要听听你的主意！

刁德一　是啊，司令要枪毙沙老太太，你跟她是街坊，能够见死
　　　　不救吗？

阿庆嫂　沙奶奶会有人救的。

胡传魁　谁啊？

阿庆嫂　她儿子四龙给新四军送船，他就不救他的妈妈吗？再说
　　　　新四军也一家会救沙奶奶的！

胡传魁　我马上枪毙了她，看他们救谁！

阿庆嫂　是啊，您要是枪毙了她，谁也就不来了。没人来救沙奶
　　　　奶，您可谁也就逮不着了！

胡传魁　哦！你是说要放长线钓大鱼，叫他们上钩？

刁德一　照你这么说，还是不毙沙奶奶的好哇？

阿庆嫂　枪把子在您手里，主意您自己拿，我不过是替司令着
　　　　想啊！

胡传魁　对对对！

刁德一　好啊，阿庆嫂真是自己人。这么办，我们打算马上放了
　　　　沙老太太，请你把她送回去，你看好不好？

阿庆嫂　参谋长这么信得过我，我一定照办。

刁德一　那好，来啊！把沙老太婆放了！

〔内刘副官："是。走！"

〔沙奶奶上。刘副官随上。

沙奶奶　要杀就杀，不用捣鬼！

胡传魁　老太婆，放你回去，别不识抬举！

刁德一　沙老太，没有你的事了。阿庆嫂，送她回去吧。

阿庆嫂　沙奶奶，走吧！

〔沙奶奶下。阿庆嫂随下。

刁德一　（向刘副官）盯着她们，看她们说些什么！

刘副官　是！（下）

胡传魁　老刁，你这里头变的是什么戏法呀？

刁德一　只要她们一热火，就证明是一起的，马上抓回来，一块
　　　　审问！

〔内刘副官喊："报告！" 急上。

刘副官　报告！参谋长，打起来了！

刁德一　谁跟谁打起来了？

刘副官　沙老太婆跟阿庆嫂打起来了。

胡传魁　把沙老太婆给我抓回关起来！

刘副官　是！（下）

〔阿庆嫂上，头发略微散乱，一只鞋子被踏落。

阿庆嫂　哎呀！哎呀！好厉害的老太婆呀！出了门就跟我打起来
　　　　啦。嘴里"汉奸"、"走狗"一个劲地骂。喏，衣裳也撕破
　　　　了，（坐）牙也打出血来了！看哪！（提上被踏落的鞋子）

胡传魁　老刁，别自作聪明了，这你明白了吧？阿庆嫂，打得不
　　　　要紧吧？那么你帮我办喜事……

阿庆嫂　喜事尽管办！哼，瞎了眼的，她倒想算计我，那老太婆
　　　　哪是我的对手，早就被我打得落花流水了！

刁德一　阿庆嫂，你多心了吧？

阿庆嫂　哼！我要是多心哪，就不在多心人面前管闲事了！

〔阿庆嫂以手绢掸鞋，昂首而坐。胡传魁瞪着刁德一，刁德一垂
　　头丧气。

第八场 奔袭

〔前场三日后，黎明之前。野处。

〔幕启：沙四龙、叶思中上，侦察，下。

郭建光 （内唱）【西皮导板】

　　　月照征途风送爽……

〔郭建光上，抚枪亮相，英气勃勃，目光四射，巡视周围，转身招
手，侧身亮相。突击排战士随上。

郭建光 （唱）【西皮原板】

　　　穿过了山和水、沉睡的村庄。

　　　支队撒下包围网，

　　　要消灭日寇、汉奸匪帮。

　　　组成了突击排兼程前往，

【快板】

　　　飞兵奇袭沙家浜。

　　　将尖刀直插进敌人心脏，

　　　打他一个冷不防。

　　　管叫他全线溃乱迷方向，

　　　好一似汤浇蚁穴，（叫散）火燎蜂房！

〔沙四龙、叶思中上。

叶思中　敌人的巡逻队！

小　虎　干掉他！

郭建光 （制止小虎，下令）隐蔽！

〔众隐蔽。

〔伪军巡逻队走过。

〔沙四龙、叶思中立起，巡视后，招手。郭建光等从土坡后"虎跳"跃出。

郭建光　叶排长，沙四龙！

沙四龙　有！
叶思中

郭建光　你们看！（"跨腿"，"踢腿"，侧身亮相）前面就是沙家浜，命你二人继续侦察！

沙四龙　是！（下）
叶思中

郭建光　前进！

〔突击排战士整装。

郭建光　（唱）【西皮快板】

　　　　说什么封锁线安哨布岗，

　　　　我看他只不过纸壁蒿墙。

　　　　眼见得沙家浜遥遥（叫散）在望，

　　　　此一去捣敌巢擒贼擒王！

〔郭建光走"扫堂腿"、"旋子"。与众战士组成前进塑像。

　　　　　　　　　　　　　　——幕　闭

第九场 突破

〔紧接前场，刁德一家后院墙外。

〔幕启：一伪军在站岗。

伪　军　司令结婚，请来皇军，叫我们加岗。唉！倒了霉了！

　　〔叶思中等上，将伪军擒获，拉下。

　　〔郭建光、阿庆嫂同上，后随突击排战士、民兵。

阿庆嫂　指导员，翻过了这道墙，就是刁德一的后院！

　　（唱）【西皮快板】

　　　　敌兵部署无更变，

　　　　送去的情报图一目了然。

　　　　主力都在东西面，

　　　　前门只有一个班，

　　　　民兵割断电话线，

　　　　两翼不能来支援。

　　　　院里正在摆喜宴，

　　　　他们猜拳行令闹翻天。

　　　　你们越墙直插到当院，

　　　　家能够将群丑（叫散）一鼓聚歼！

郭建光　沙四龙！

　　（唱）【西皮快板】

　　　　你带领火力组绕到前院

　　　　消灭敌人的警卫班！

〔沙四龙带二战士下。

郭建光　（接唱，向阿庆嫂）

你迎接主力部队到镇边……

〔阿庆嫂带民兵下。

〔郭建光上墙，了望。回身招手，翻下。

〔众战士越墙。

——幕闭

第十场 聚歼

〔紧接前场。

〔刁德一家院内。

〔幕启：黑田、胡传魁、刁德一上。二日寇士兵随上。邹寅生迎面上。

邹寅生　汽艇准备好了。

黑　田　电话不通，情况不好，小心！

〔炮声。

黑　田　哪里打炮？

胡传魁　不知道！

〔一伪军上。

一伪军　报告，新四军打到后院了！

黑　田　顶住！顶住！（仓皇逃下）

〔开打，突击排消来日伪军。郭建光弹无虚发，连毙敌众，最后把黑田踩在脚下，亮相。

〔突击排战士押俘虏过场。

〔程谦明率主力郭队战士上。

〔阿庆嫂、赵阿祥率发兵上。

〔郭建光上，与程谦明、阿庆嫂等握手。

〔战士押黑田、邹寅生、胡传魁、刁德一上。

〔沙四龙扶沙奶奶上。

〔沙家浜群众和被救出狱的乡亲们上。

〔乡亲们看见胡传魁、刁德一等，怒不可遏，举铸欲打，郭建光拦阻。

郭建光　乡亲们！我们要把这些民族败类，交给抗日发主政府审判！

阿庆嫂　对！我们一定要公审他们。

胡传魁　你是……？

阿庆嫂　我是中国共产党党员！你们这些日本帝国主义者！民族败类！

郭建光　把他们押下去！

〔胡传魁、刁德一、黑田、邹寅生颓丧地低头，被押下。
〔郭建光、阿庆嫂等与沙奶奶会见。沙家浜镇的人民在毛主席和中国共产党的领导下，清除敌伪，重见光明。

——幕 闭

（剧 终）

共产党就象天上的太阳一样

第二场　沙奶奶唱

1=♭A

速度自由

(沙奶奶白) 那都是过去的事，还提它干什么！

(小凌白) 沙奶奶，我们都想听听。 (小王白) 是啊 沙奶奶，您说给我们

满腔仇恨，忍不住向亲人控诉一生的苦难

听听。　　(唱) 说　　来

话　　　　　　　　　　　　长……

慢速 ♩=58

【二黄慢三眼】

想　　当　　年　　　　　　　　家　贫　穷

155

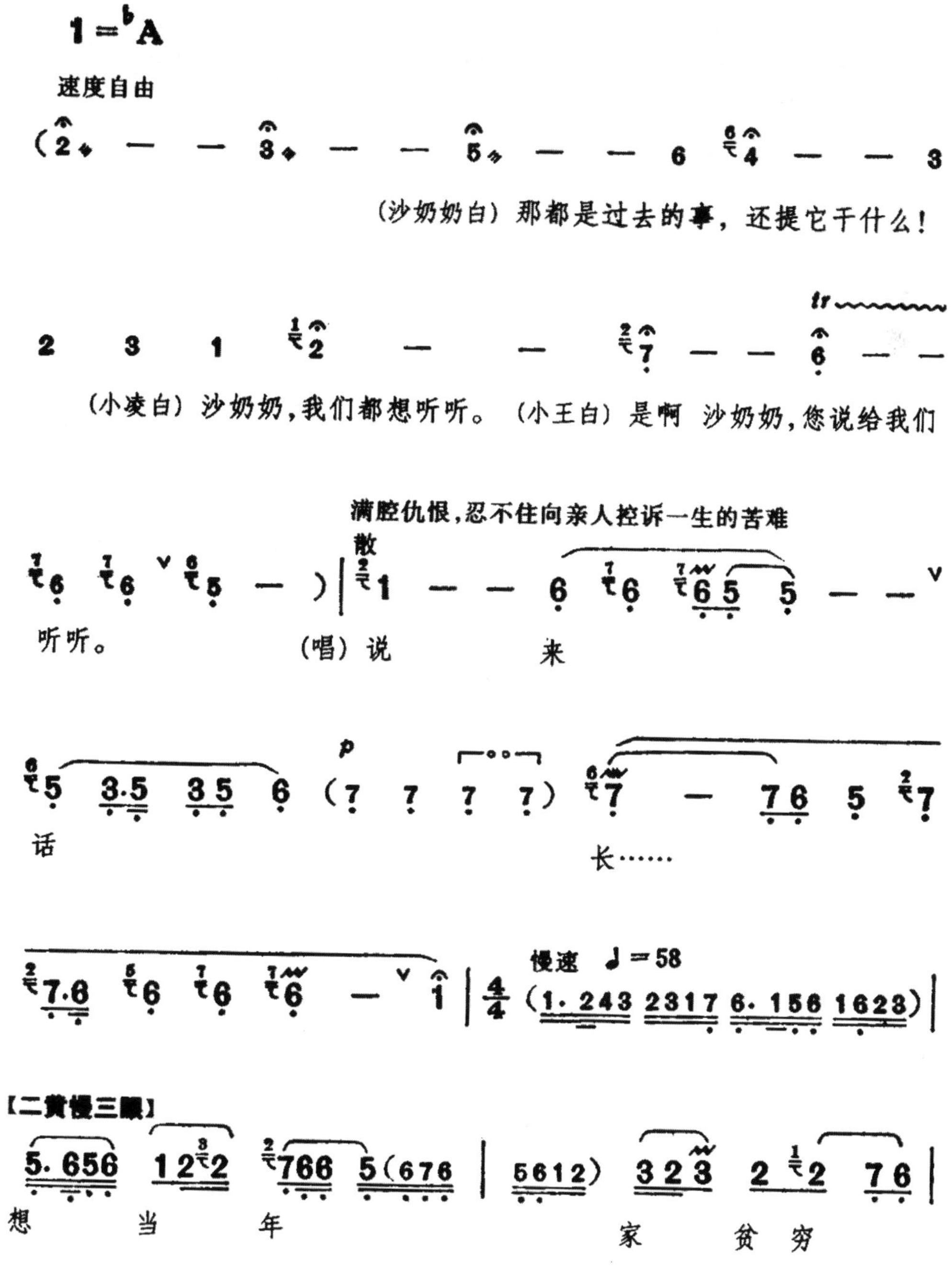

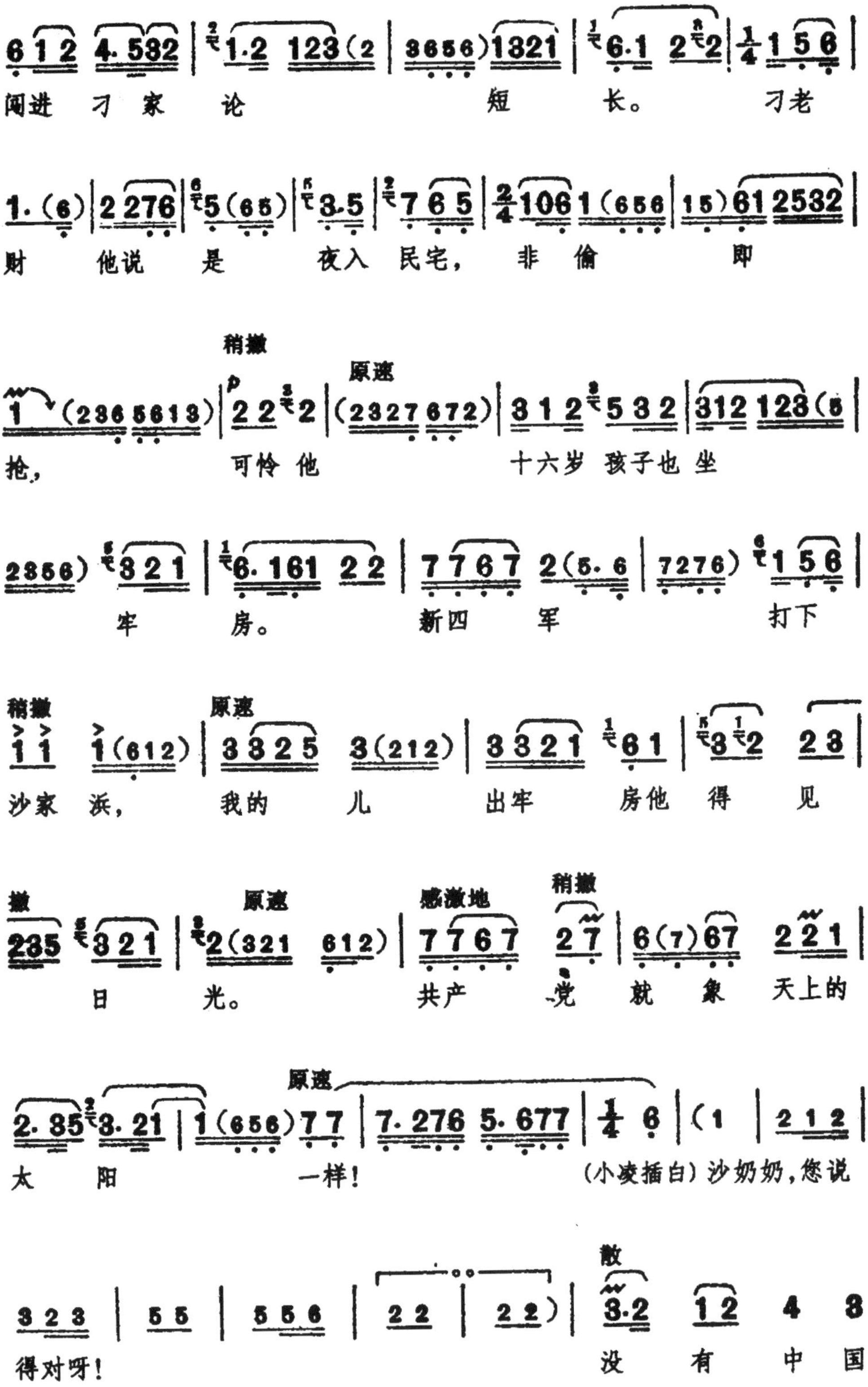

闯进刁家论　　短　长。　　刁老

财　他说是　夜入民宅，非偷即

抢，　　可怜他　十六岁孩子也坐

牢　房。　　新四军　打下

沙家浜，　我的儿　出牢房他得见

日　光。　　共产党就象天上的

太阳　　一样！　　(小凌插白)沙奶奶,您说

得对呀！　　没有中国

共产　党，早已是家破人　亡！，

祖国的好山河寸土不让

第二场　郭建光唱

1＝E

散　由慢渐快

中速 ♩＝100

（台）

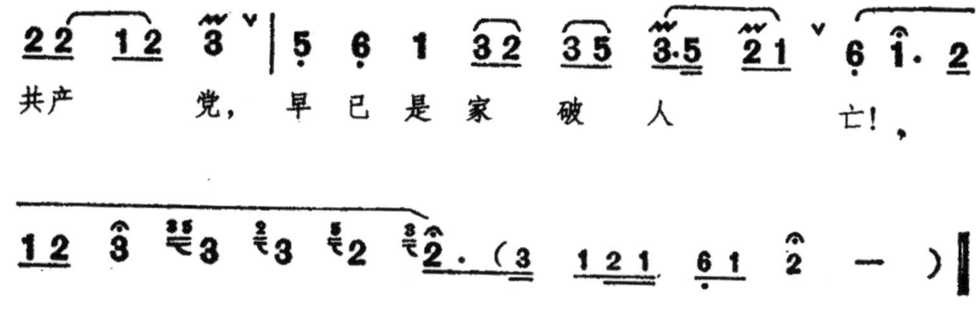

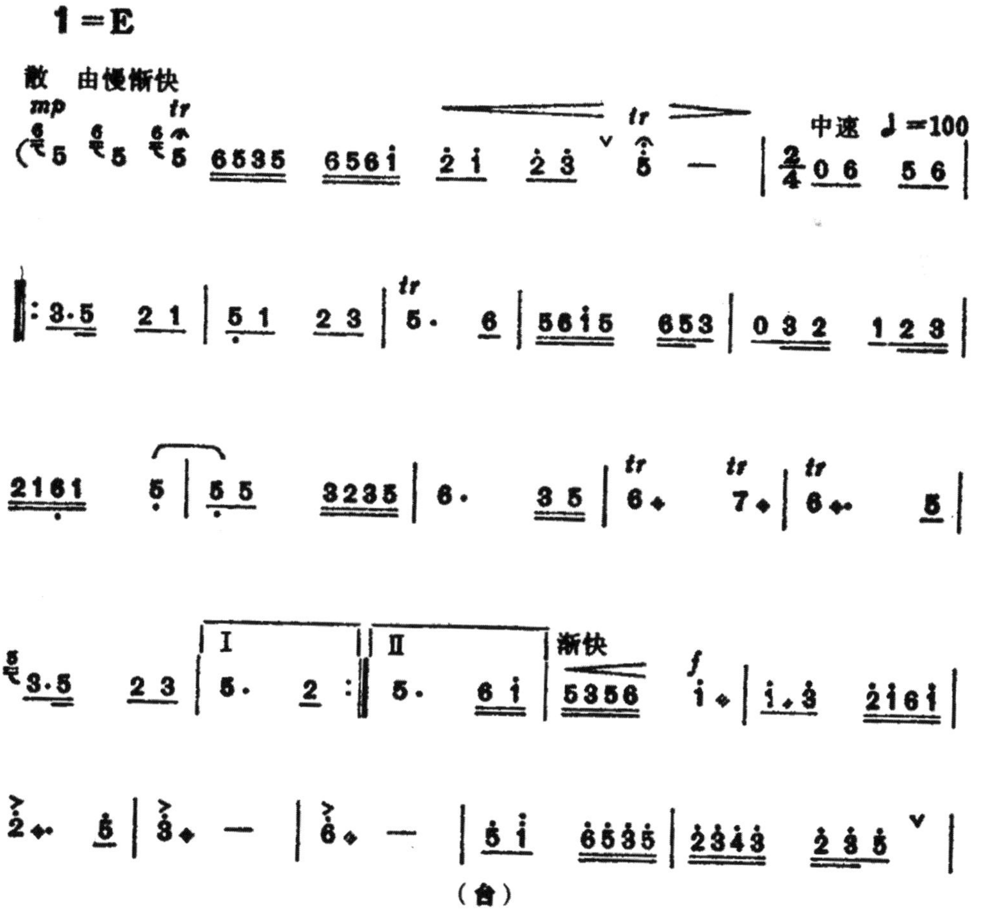

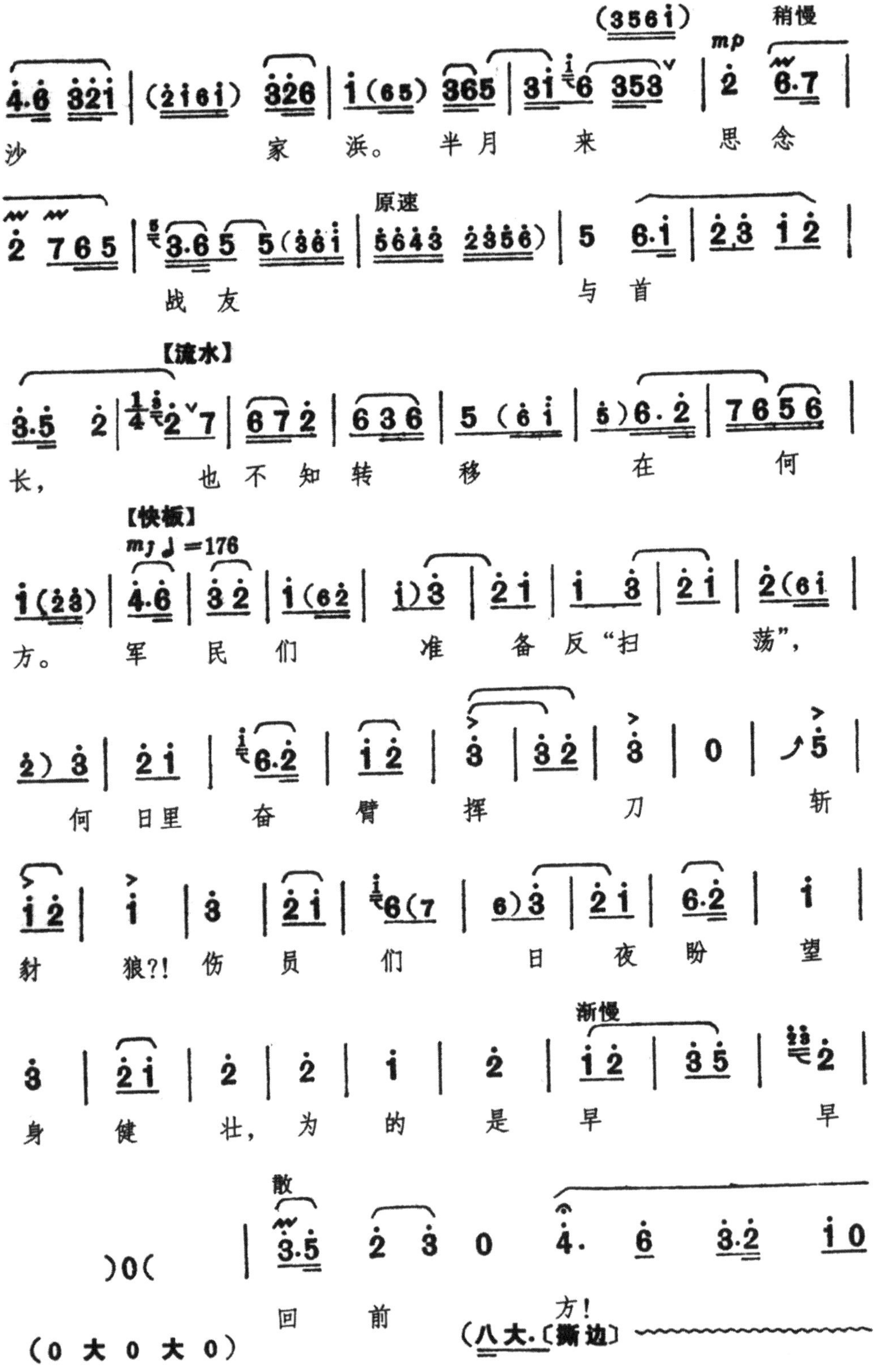

沙 家 浜。 半 月 来 思 念

战 友 与 首

长， 也 不 知 转 移 在 何

方。 军 民 们 准 备 反"扫 荡"，

何 日 里 奋 臂 挥 刀 斩

豺 狼?! 伤 员 们 日 夜 盼 望

身 健 壮， 为 的 是 早 早

回 前 方!

你待同志亲如一家

第二场　郭建光、沙奶奶对唱

1 = E

快速 ♩ =192

【西皮摇板】

(沙奶奶白)找部队去？那哪儿成啊！

们　杀　　　　　　敌　挂　了

花，

沙　家　浜　就　　是

你　　　　　　们　的　家。

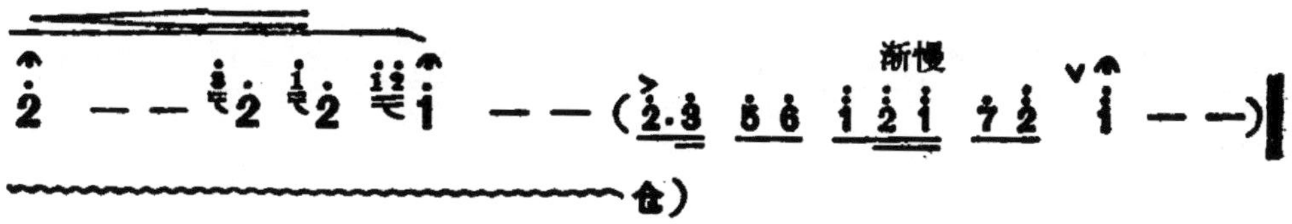

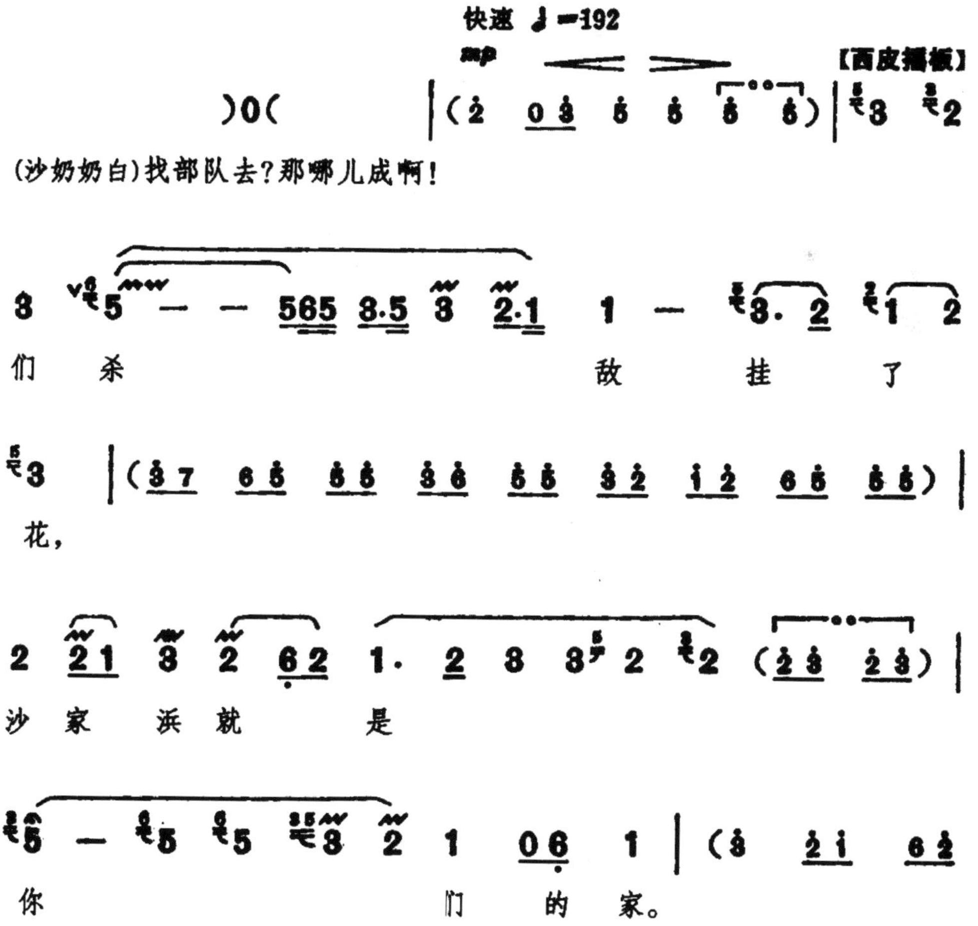

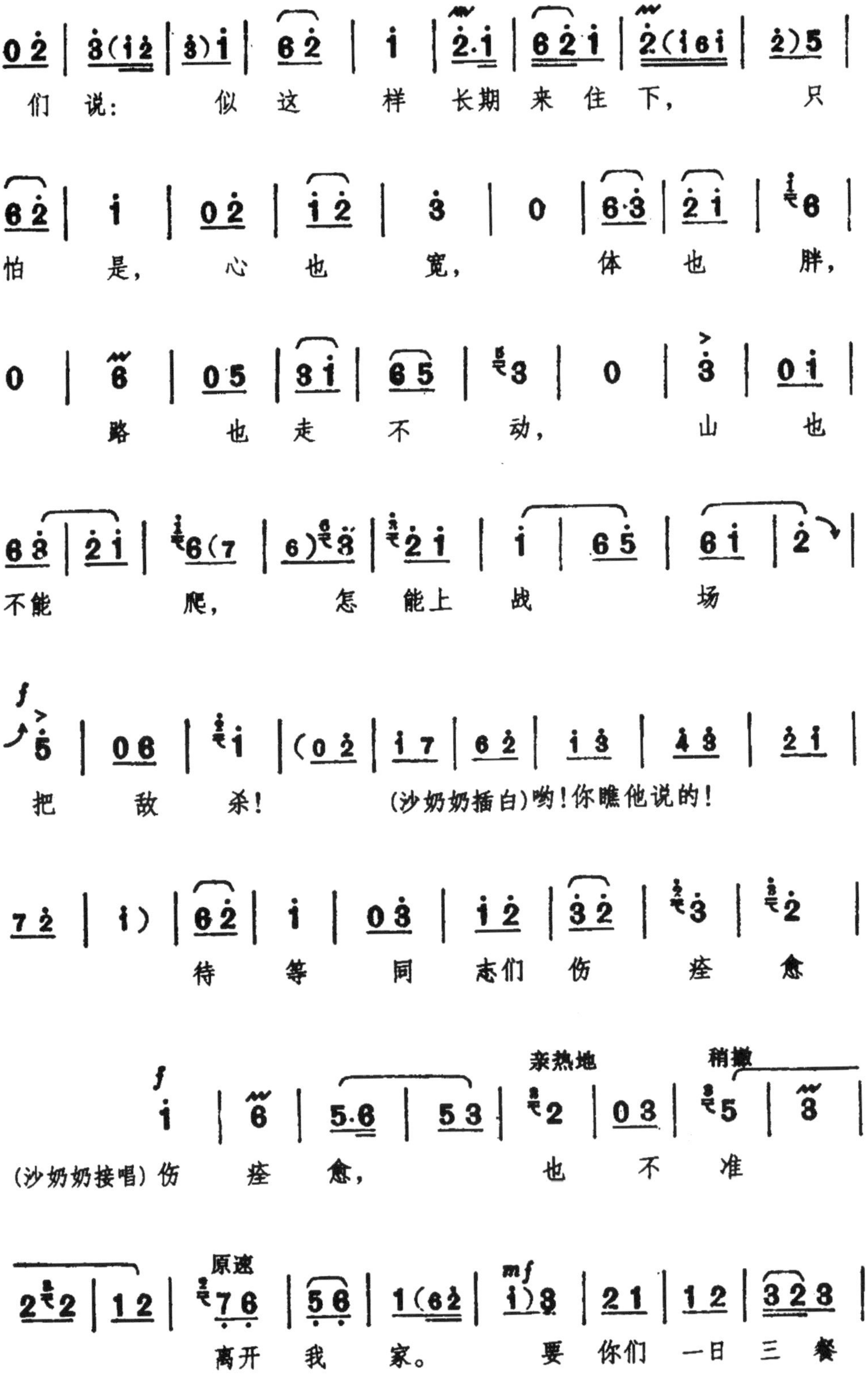

0 $\dot{2}$ | $\dot{3}$ ($\dot{1}\dot{2}$ $\dot{3}$)$\dot{1}$ | $6\dot{2}$ | $\dot{1}$ | $\dot{2}\cdot\dot{1}$ | $6\dot{2}\dot{1}$ | $\dot{2}$($\dot{1}6\dot{1}$ | $\dot{2}$)5 |

们 说： 似 这 样 长 期 来 住 下, 只

$6\dot{2}$ | $\dot{1}$ | 0 $\dot{2}$ | $\dot{1}\dot{2}$ | $\dot{3}$ | 0 | 6·$\dot{3}$ | $\dot{2}\dot{1}$ | $\overset{\cdot}{\underset{\cdot}{1}}6$ |

怕 是, 心 也 宽, 体 也 胖,

0 | $\overset{\sim}{6}$ | 05 | $\dot{3}\dot{1}$ | 6$\dot{5}$ | $\overset{\cdot}{\underset{\cdot}{3}}3$ | 0 | $\overset{\cdot}{3}$ | 0$\dot{1}$ |

路 也 走 不 动, 山 也

6·$\dot{3}$ | $\dot{2}\dot{1}$ | $\overset{\cdot}{\underset{\cdot}{6}}6$(7 | 6)$\overset{\cdot}{\underset{\cdot}{3}}\overset{\cdot\cdot}{3}$ | $\overset{\cdot\cdot}{\underset{\cdot\cdot}{2}}\dot{2}\dot{1}$ | $\dot{1}$ | 6$\dot{5}$ | 6$\dot{1}$ | $\dot{2}$ |

不 能 爬, 怎 能 上 战 场

$\overset{f}{\underset{>}{5}}$ | 06 | $\overset{\cdot\cdot}{\underset{\cdot\cdot}{1}}\dot{1}$ | (0 $\dot{2}$ | $\dot{1}7$ | 6$\dot{2}$ | $\dot{1}\dot{3}$ | $\dot{4}\dot{3}$ | $\dot{2}\dot{1}$ |

把 敌 杀! (沙奶奶插白)哟！你瞧他说的！

7$\dot{2}$ | $\dot{1}$) | 6$\dot{2}$ | $\dot{1}$ | 0$\dot{3}$ | $\dot{1}\dot{2}$ | $\dot{3}\dot{2}$ | $\overset{\cdot\cdot}{\underset{\cdot\cdot}{3}}3$ | $\overset{\cdot\cdot}{\underset{\cdot\cdot}{2}}2$ |

待 等 同 志 们 伤 痊 愈

亲热地　　　　　稍撤

$\dot{1}$ | $\overset{\sim}{6}$ | 5·6 | 53 | $\overset{\cdot}{\underset{\cdot}{2}}2$ | 03 | $\overset{\cdot}{\underset{\cdot}{5}}5$ | $\overset{\sim}{3}$ |

(沙奶奶接唱)伤 痊 愈, 也 不 准

原速　　　　　　　　mf

2$\overset{\cdot}{\underset{\cdot}{2}}2$ | 12 | $\overset{\cdot}{\underset{\cdot}{7}}76$ | $\overset{\cdot}{5}6$ | 1(6$\dot{2}$ | $\dot{1}$)3 | 21 | 12 | $\overset{\cdot}{3}2\overset{\cdot}{3}$ |

离 开 我 家。 要 你 们 一 日 三 餐

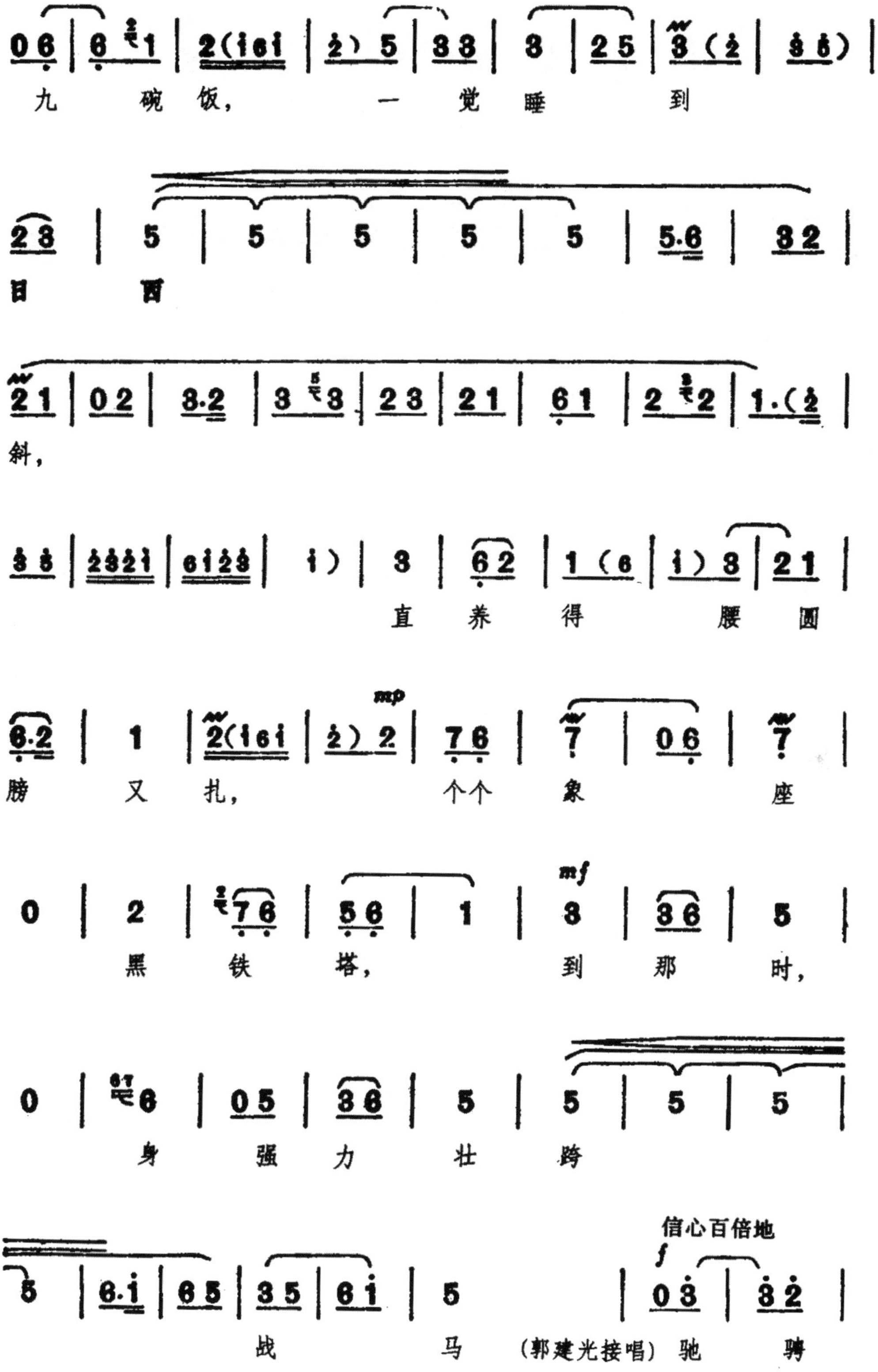

九 碗饭， 一 觉 睡 到 日 晡 斜， 直 养 得 腰 圆 膀 又 扎， 个个 象 座 黑 铁 塔， 到 那 时， 身 强 力 壮 跨 战 马 (郭建光接唱) 驰 骋

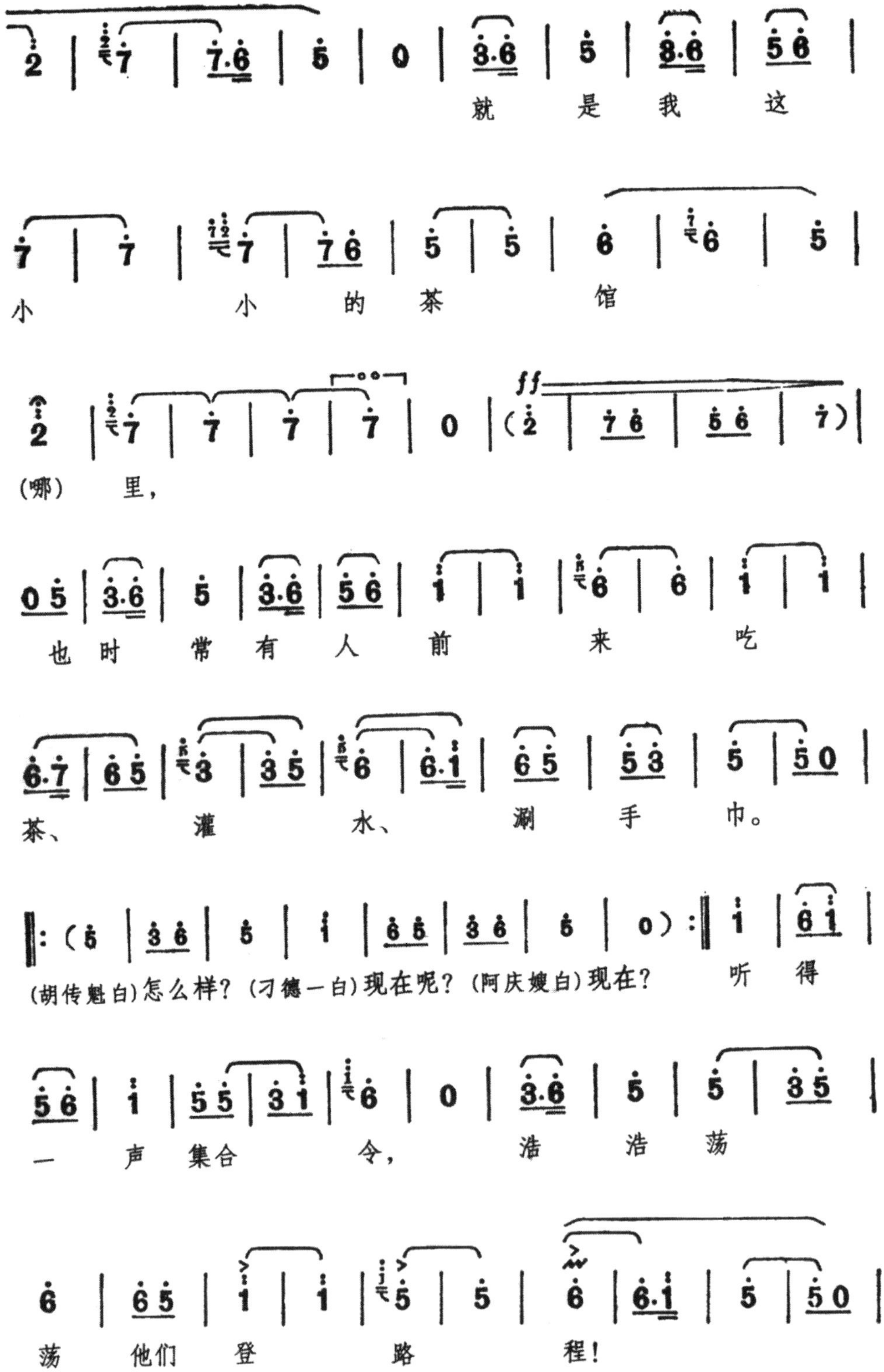

2 | 7̇ | 7.6̇ | 5̇ | 0 | 3̇.6̇ | 5̇ | 3̇.6̇ | 5̇6̇ |

　　　　　　　　就　是　我　这

7̇ | 7̇ | 7̇ | 7̇6̇ | 5̇ | 5̇ | 6̇ | 7̇6̇ | 5̇ |

小　　　小　的　茶　馆

2 | 7̇ | 7̇ | 7̇ | 7̇ | 0 | (2̇ | 7̇6̇ | 5̇6̇ | 7̇) |

（哪）里，　　　　　　　ff

0 5̇ | 3̇.6̇ | 5̇ | 3̇.6̇ | 5̇6̇ | 1̇ | 1̇ | 6̇ | 6̇ | 1̇ | 1̇ |

也时　常　有　人　前　来　吃

6̇.7̇ | 6̇5̇ | 3̇ | 3̇5̇ | 6̇ | 6̇.1̇ | 6̇5̇ | 5̇3̇ | 5̇ | 5̇0 |

茶、　灌　水、　涮　手　巾。

‖:（5̇ | 3̇6̇ | 5̇ | 1̇ | 6̇5̇ | 3̇6̇ | 5̇ | 0）:‖ 1̇ | 6̇1̇ |

（胡传魁白）怎么样？（刁德一白）现在呢？（阿庆嫂白）现在？　　听　得

5̇6̇ | 1̇ | 5̇5̇ | 3̇1̇ | 6̇ | 0 | 3̇.6̇ | 5̇ | 5̇ | 3̇5̇ |

一　声　集合　　令，　浩　浩　荡

6̇ | 6̇5̇ | 1̇ | 1̇ | 5̇ | 5̇ | 6̇ | 6̇.1̇ | 5̇ | 5̇0 |

荡　他们　登　路　程！

(胡传魁白) 伤病员也走了吗？　(阿庆嫂白) 伤病员？　　伤病

员也无　　　　踪　　　(呃) 影，

远走高飞　　难找寻！

引诱敌人来打枪

第四场　阿庆嫂唱

1=E

【西皮散板】激愤地

(项　仓)　刁德一，　贼流氓，毒

如蛇　蝎狼如狼，　　　(仓0)

安下了钩丝布下　　网，只恐亲人

163

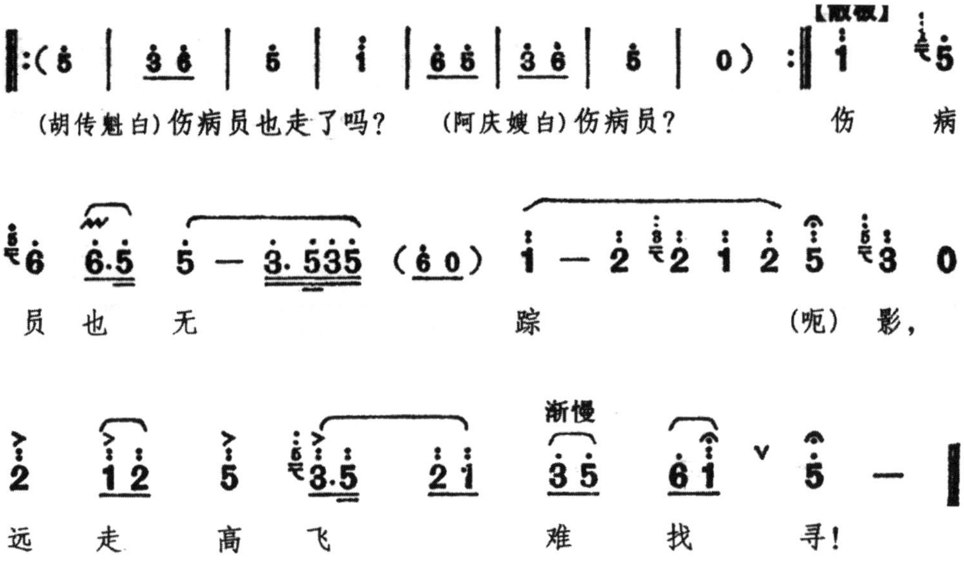

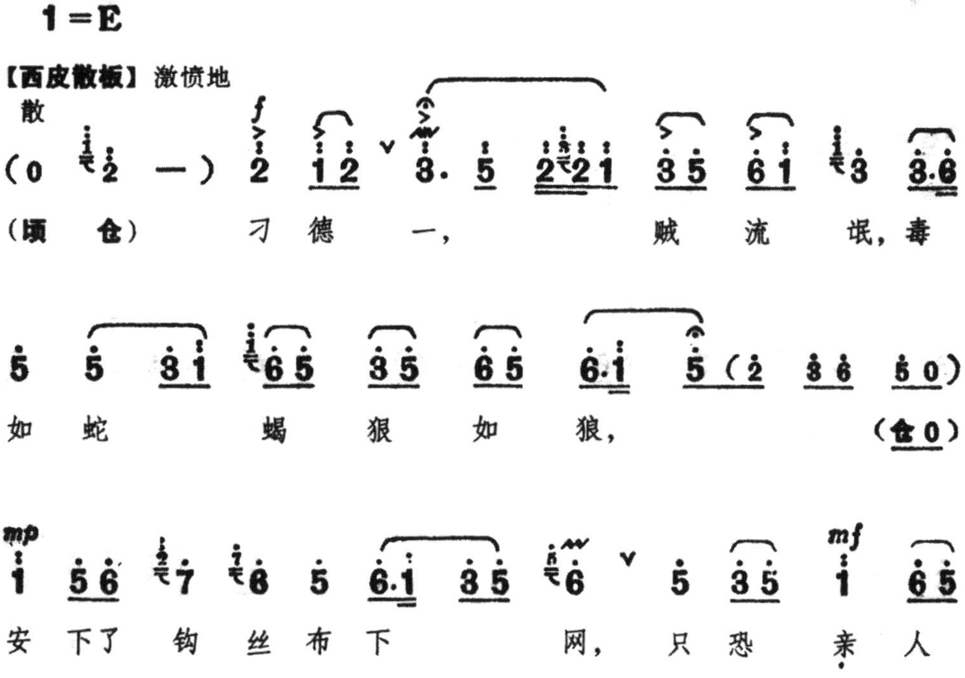

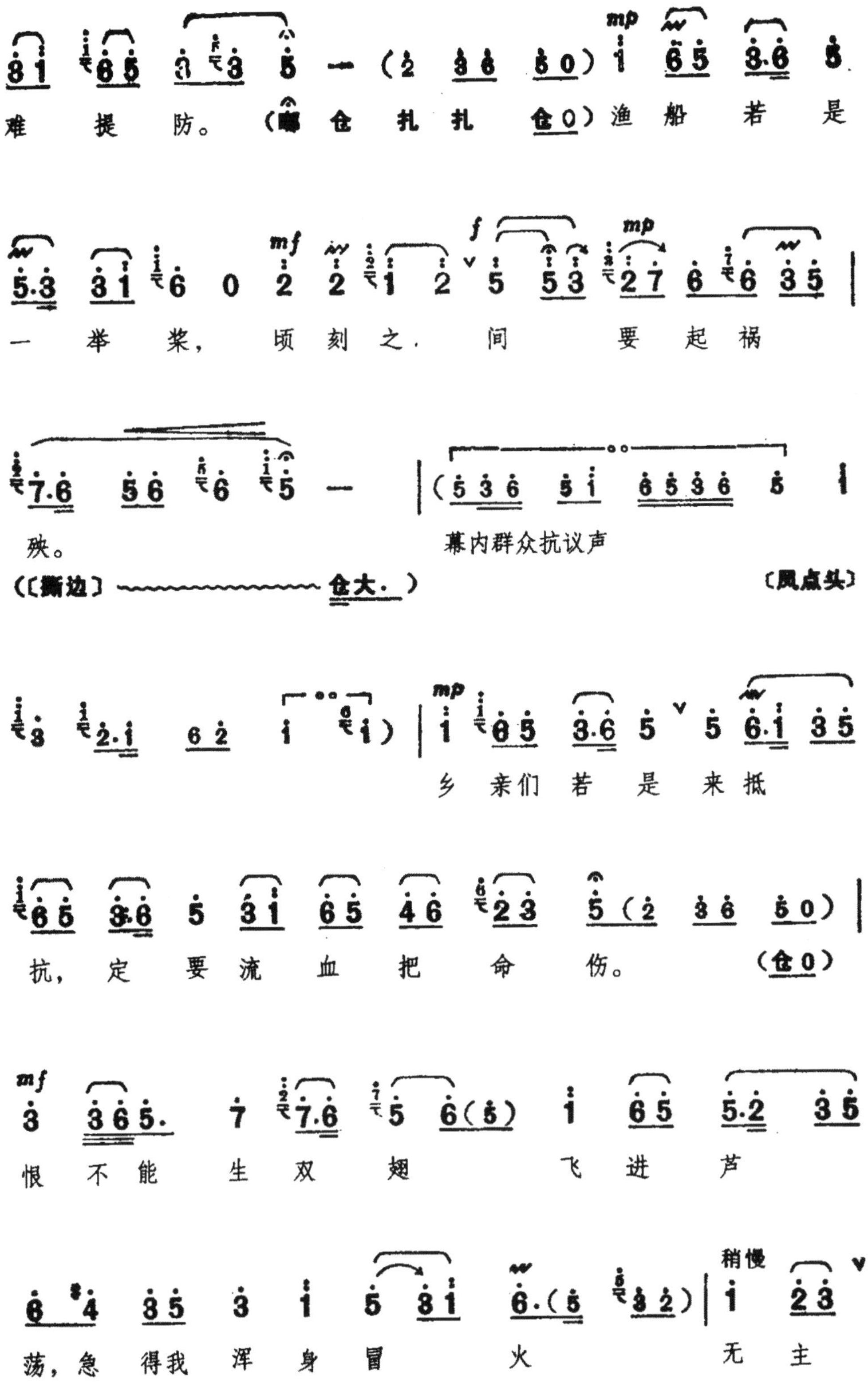

难 提 防。 （仓 扎 扎 仓0）渔船 若 是

一 举 桨， 顷 刻 之. 间 要 起 祸

殃。 （幕内群众抗议声

（〔撕边〕～～～～～仓大.） 〔凤点头〕

乡 亲们 若 是 来 抵

抗， 定 要 流 血 把 命 伤。 （仓0）

恨 不 能 生 双 翅 飞 进 芦

稍慢

荡，急 得 我 浑 身 冒 火 无 主

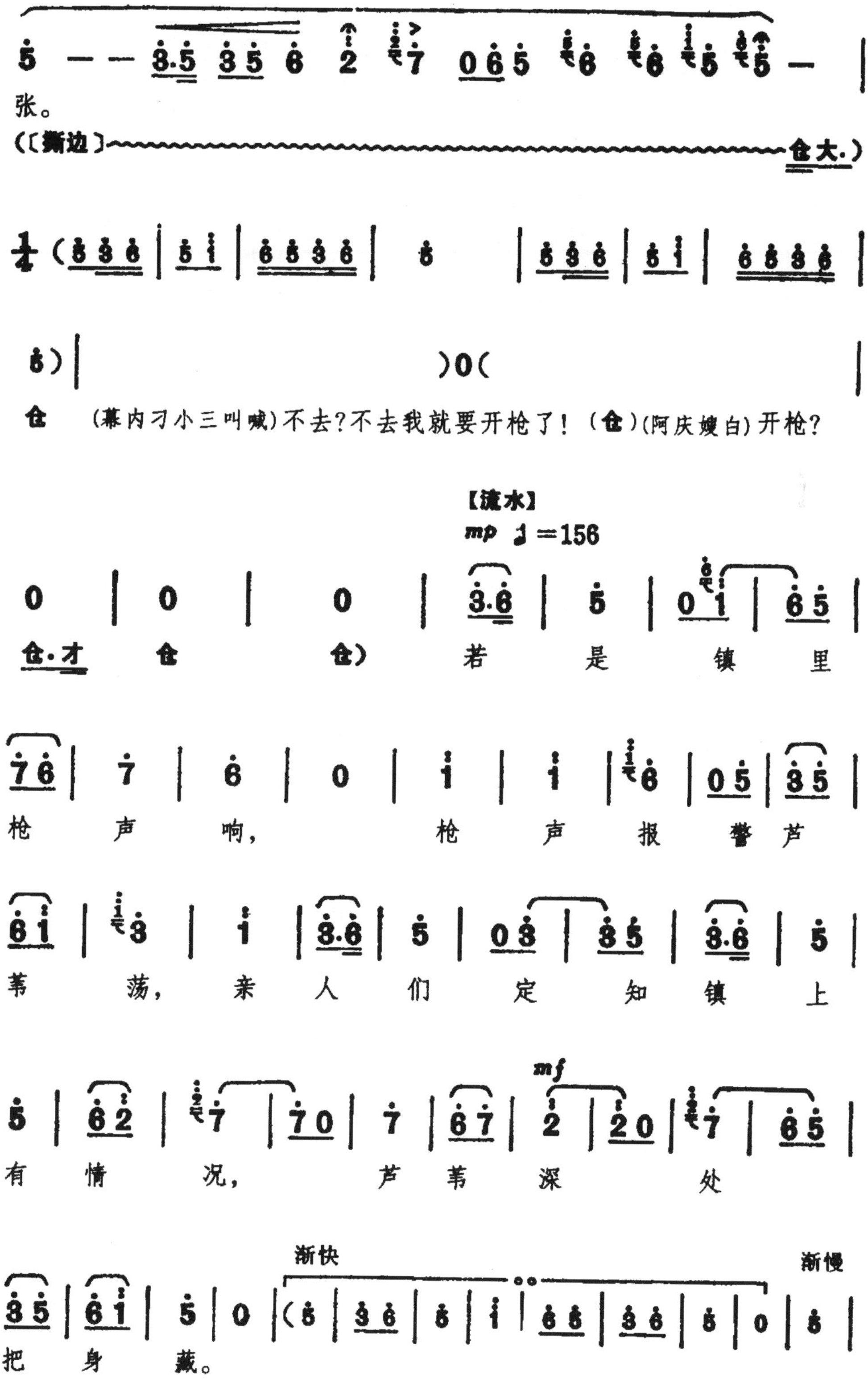

张。

（〔撕边〕）　　　　　　　　　　　　　（仓大.）

仓　（幕内刁小三叫喊）不去?不去我就要开枪了!（仓）（阿庆嫂白）开枪?

【流水】
mp ♩=156

仓.才　仓　　仓）　若　是　镇　里

枪　声　响，　枪　声　报　警　芦

苇　荡，　亲　人　们　定　知　镇　上

有　情　况，　芦　苇　深　处

渐快　　　　　　　　　　　渐慢

把　身　藏。

（仓．才 仓 仓0） 要 沉

原速 mf

着， 莫 慌 张， 风 声 鹤

渐慢　　　　　　　　　　快一倍

唉， 引诱 敌 人 来 打 枪！

散

（〔撕边〕八拉．仓 ）

毛主席党中央指引方向

第五场　郭建光唱

$1=E$　$\frac{2}{4}$

ff 快速

（仓　才　仓大八 来台 才台 乙个台 顷 仓0）

慢一倍　　　渐慢　　　　　　　　　sfp

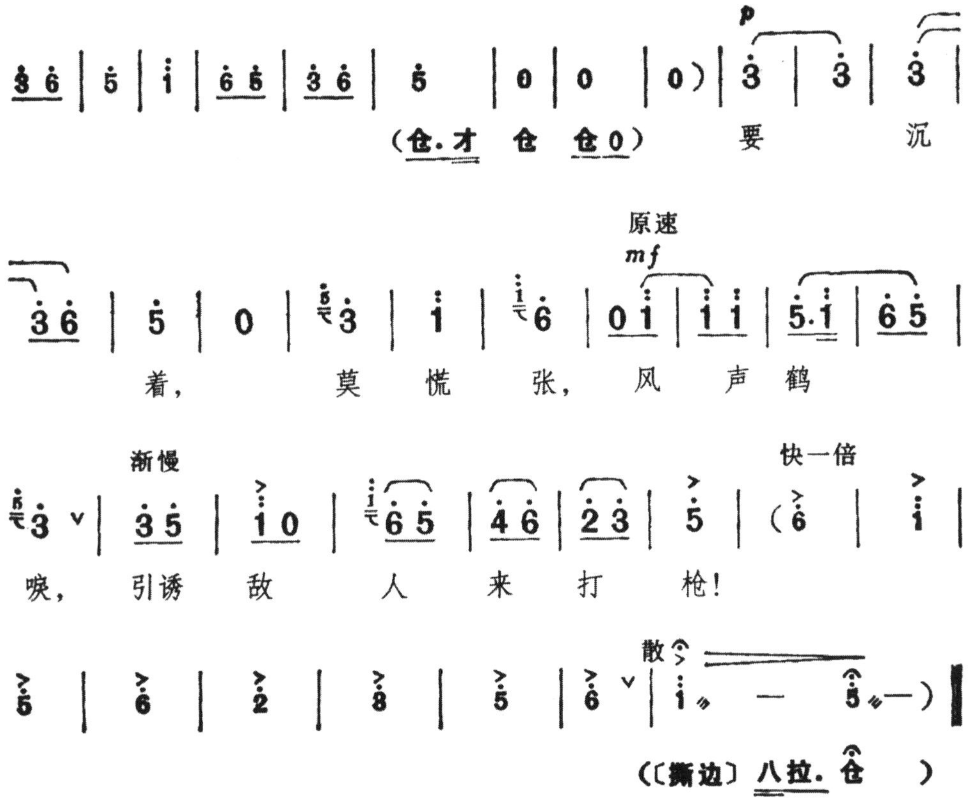

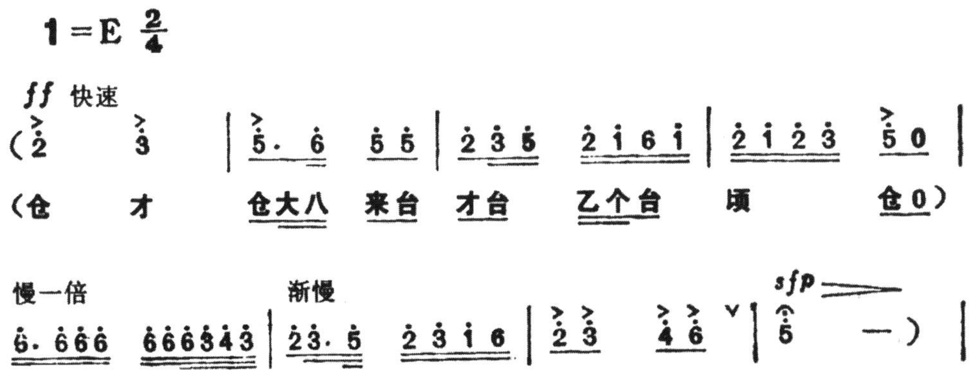

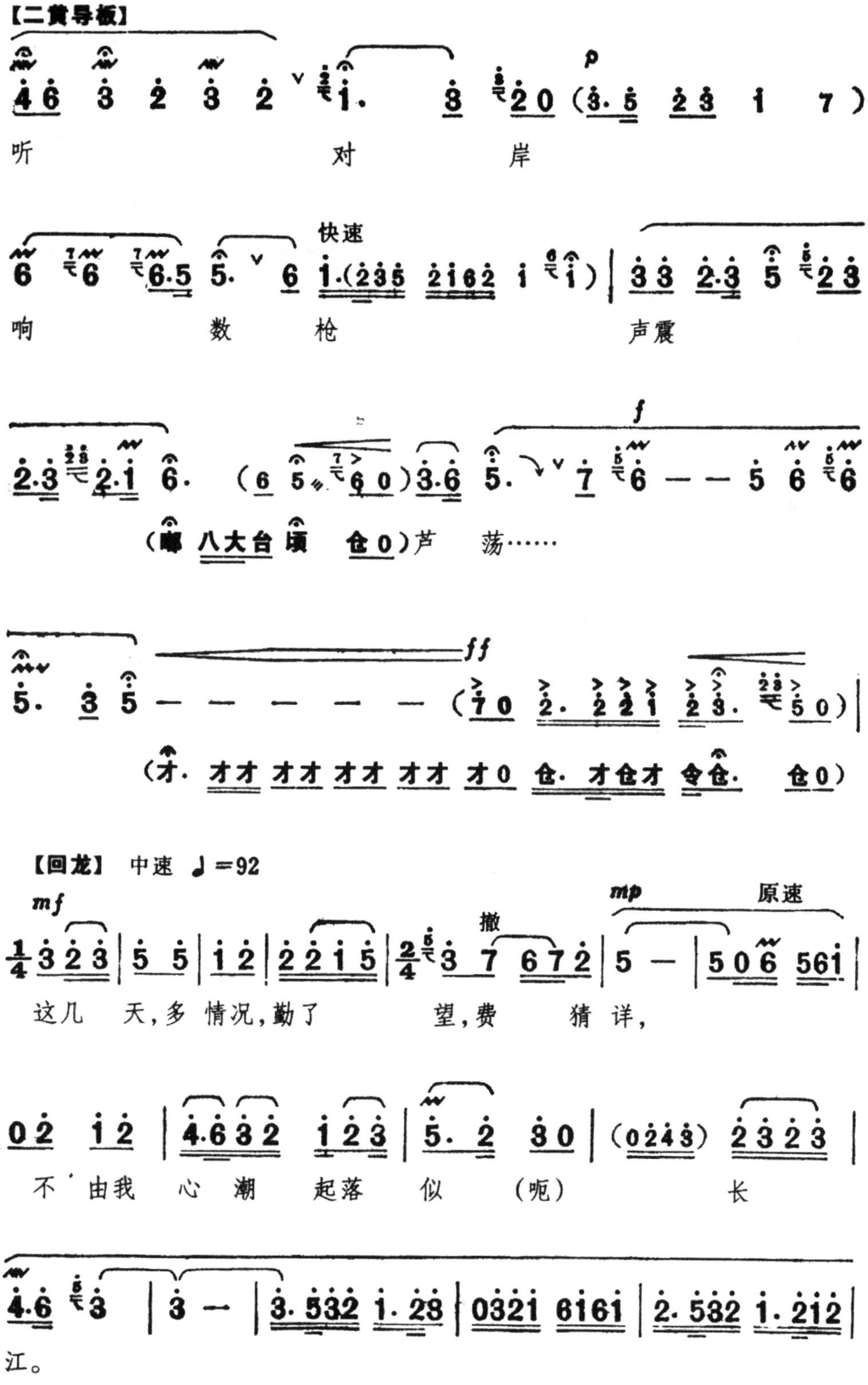

【二黄导板】

4 6 3 2 3 2 ˇ ⌒ 1. 3 ⌒ 2 0 (3. 5 2 3 1 7)
听　　　对　岸

6 6 6.5 5. ˇ 6 1.(2 3 5 2 1 6 2 1 1) | 3 3 2.3 5 2 3
响　　数　枪　　　声震

2.3 2.1 6. (6 5 6 0)3. 6 5. ˇ 7 6 — — 5 6 6
(嘟 八大台 顷 仓0)芦 荡……

5. 3 5 — — — — — (7 0 2. 2 2 1 2 3. 5 0) |
(才.才才 才才 才才 才才 才0 仓. 才仓才 令仓. 仓0)

【回龙】 中速 ♩=92

mf   mp   原速
1/4 3 2 3 | 5 5 5 | 1 2 | 2 2 1 5 | 2/4 3 7 6 7 2 | 5 — | 5 0 6 5 6 1 |
这几 天, 多 情况, 勤了　望,费 猜 详,

0 2 1 2 | 4.6 3 2 1 2 3 | 5. 2 3 0 | (0 2 4 3) 2 3 2 3 |
不 由我 心 潮 起落 似 (呃) 长

4.6 3 | 3 — | 3. 5 3 2 1. 2 3 | 0 3 2 1 6 1 6 1 | 2. 5 3 2 1. 2 1 2 |
江。

167

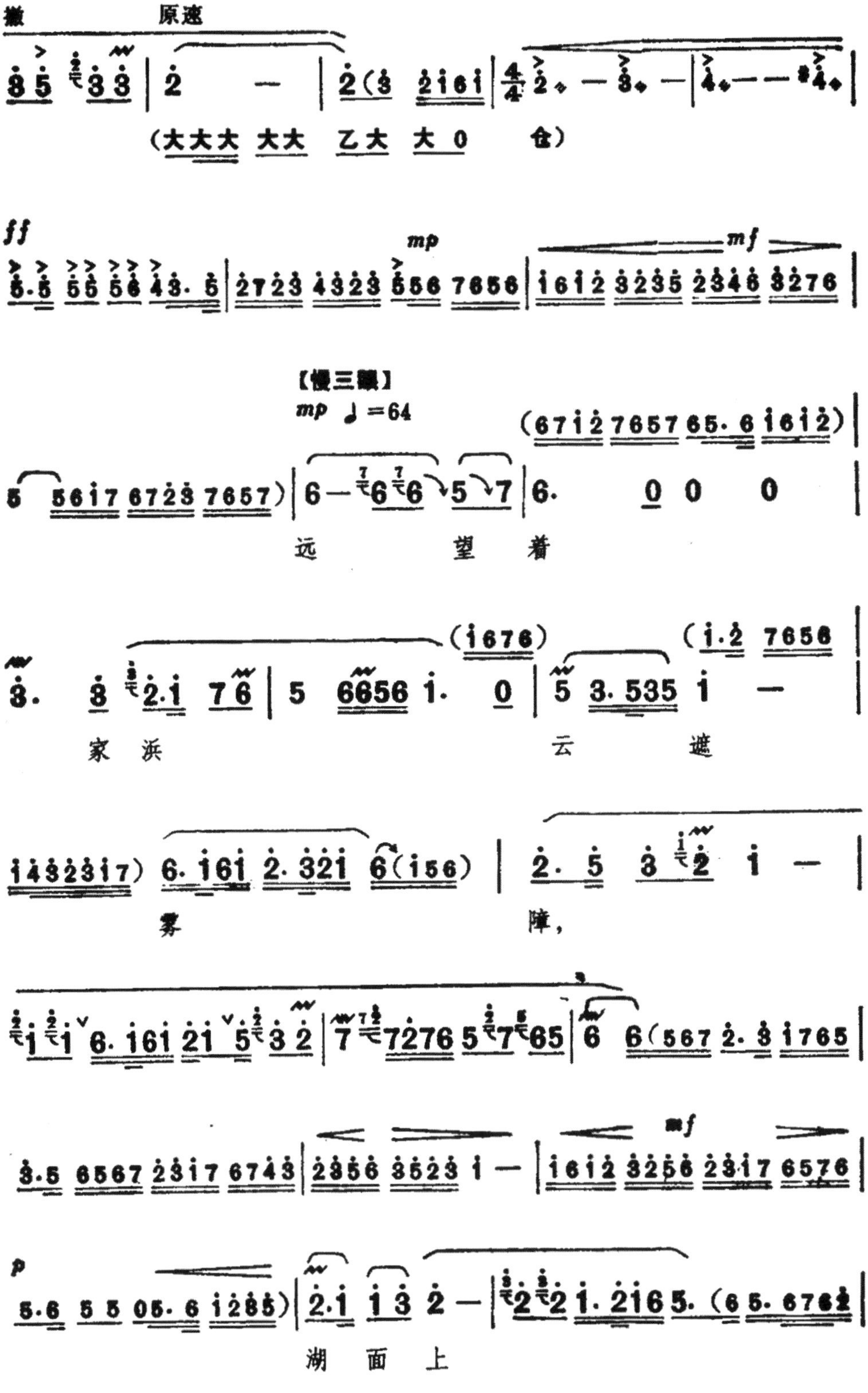
撤 原速
(大大大 大大 乙大 大 0 仓)
【慢三眼】
远 望 着
家 浜
云 遮
雾
障,
湖 面 上

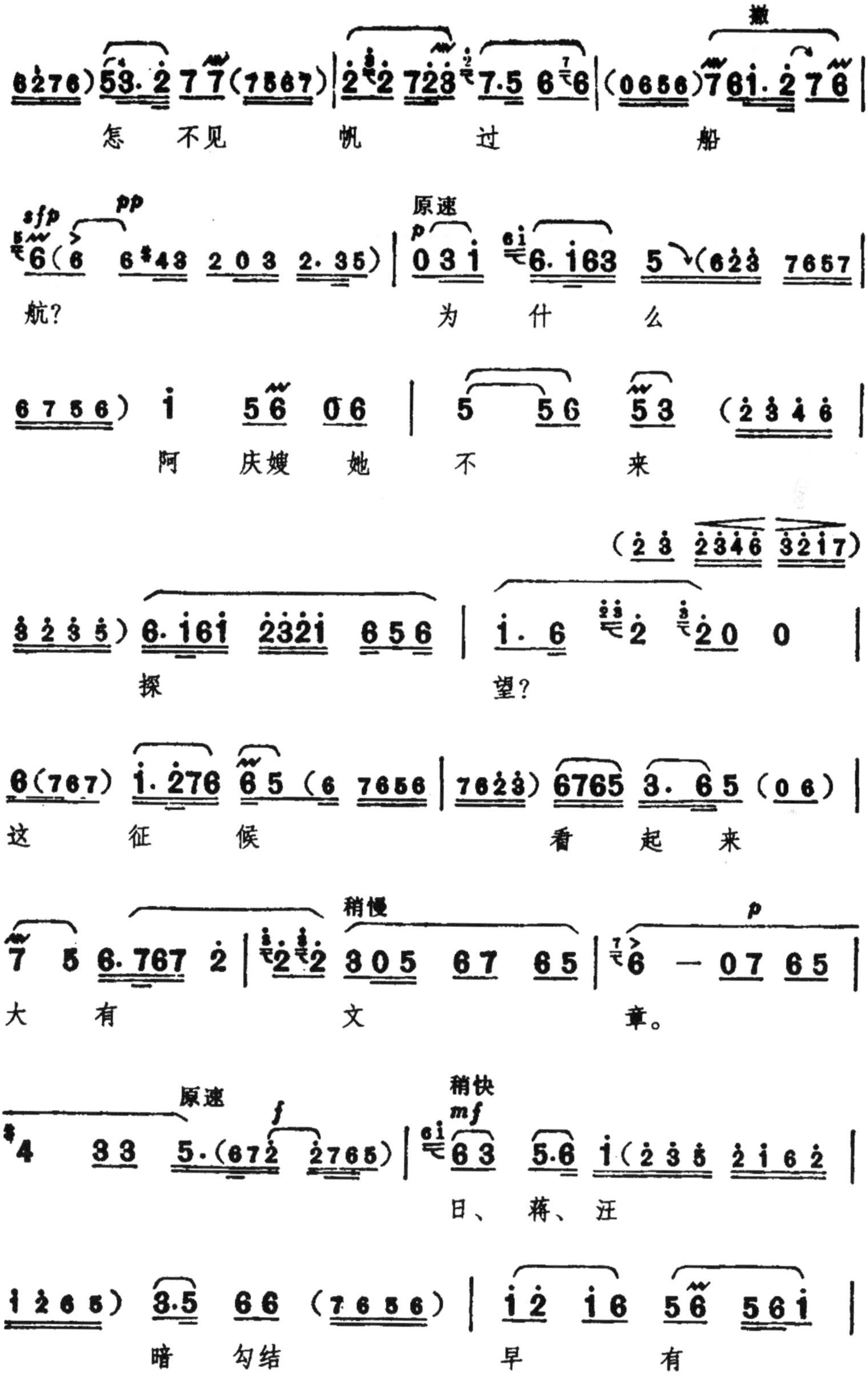
怎 不见 帆 过 船
航? 为 什 么
原速
阿 庆嫂 她 不 来
探 望?
这 征 候 看 起 来
稍慢
大 有 文 章。
原速
稍快
日、 蒋、 汪
暗 勾结 早 有

（i6i3）6.i6i 2 5 3̂2i ｜ i̯ (6̂2̂3 4.444 053̂2 i6i3) ｜

来　　　　　往，

渐慢

7　762̂ 270(6 762̂3) ｜ 4̂4 4.6̂32 2̂i. 02 ｜

村镇　上　　　乡亲　们　要

原速

3̂3 235 3̂2i7 6̂(67) ｜ 2̇ － － － ｜ 2̇5 3532 7272 325 ｜

遭　　祸　殃。

快一倍

渐慢　　　　f　（2̇　2̇　3̇　4̇3̇　2̇ ｜

2̇275 325 3̂ 3̇ 3̇ ｜ 2̇ － － － ｜

渐快　　　　　　ff

4̇3̇ 2̇i̇ 7̇i̇ 2̇3̇ ｜ 4̇5̇ 6̇7̇ 2̇ － ｜ 2̇ － － － ｜

7̄ 6̄ 5̄ 4̄ ｜ 3̇3̇ 3̇3̇ 3̇3̇ ｜ 3̇2̇ 3̇5̇ 6̇6̇ 3̇2̇ ｜

【快三眼】
mf ♩=234

i̇2̇ 3̇5̇ 2̇3̇ 3̇6̇ ｜ 5̇6̇ 5̇5̇ 07̇ 6̇5̇)｜ i̇ 2̇5̇ 3̇.i̇ 2̇ ｜

撒

(2̇3̇ 2̇i̇ 6̇i̇ 2̇)i̇ ｜ 3̇ － － 2̇ ｜ 2̇ 0 i̇.3̇ 2̇6̇ ｜

要杀　　敌人，

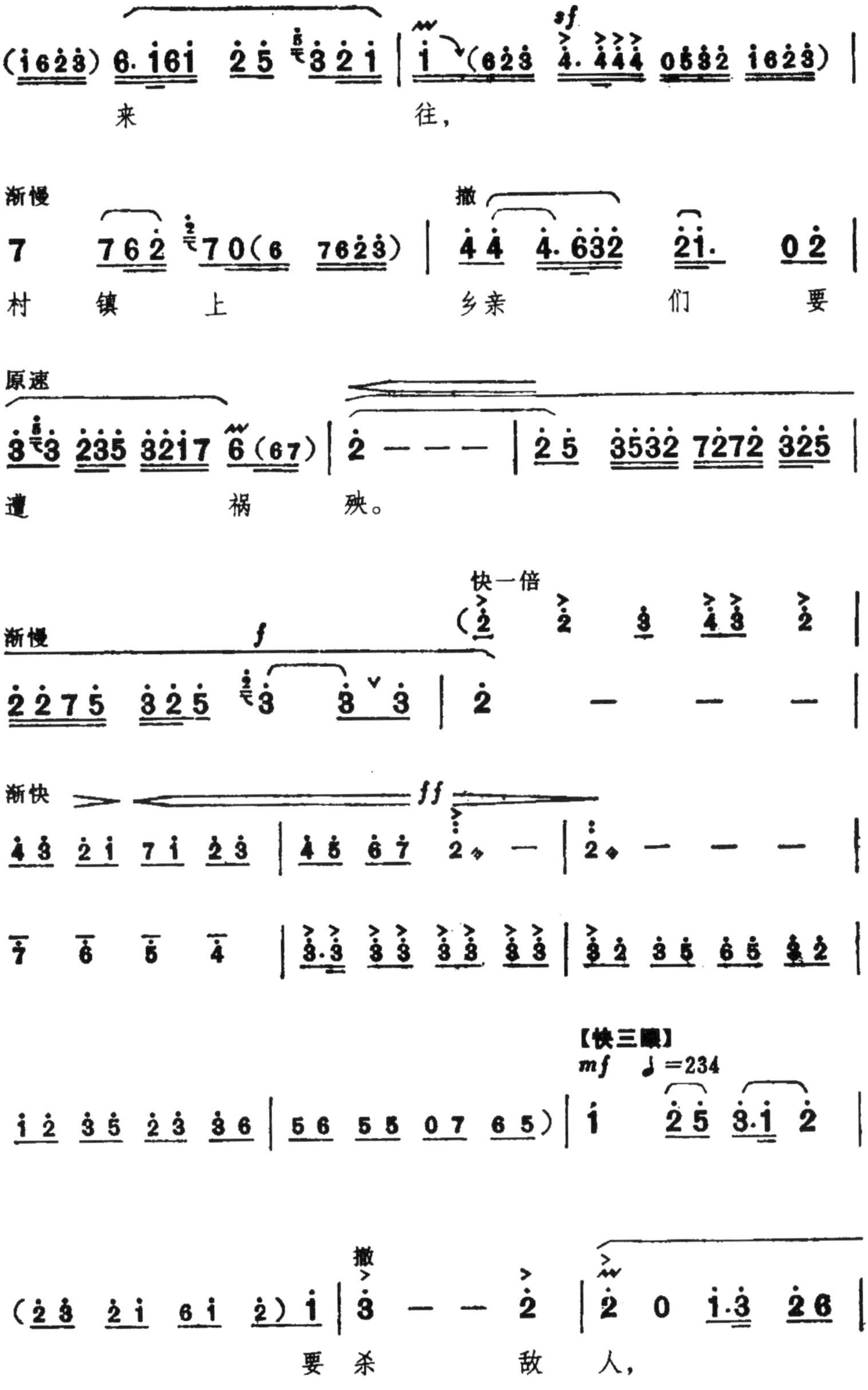

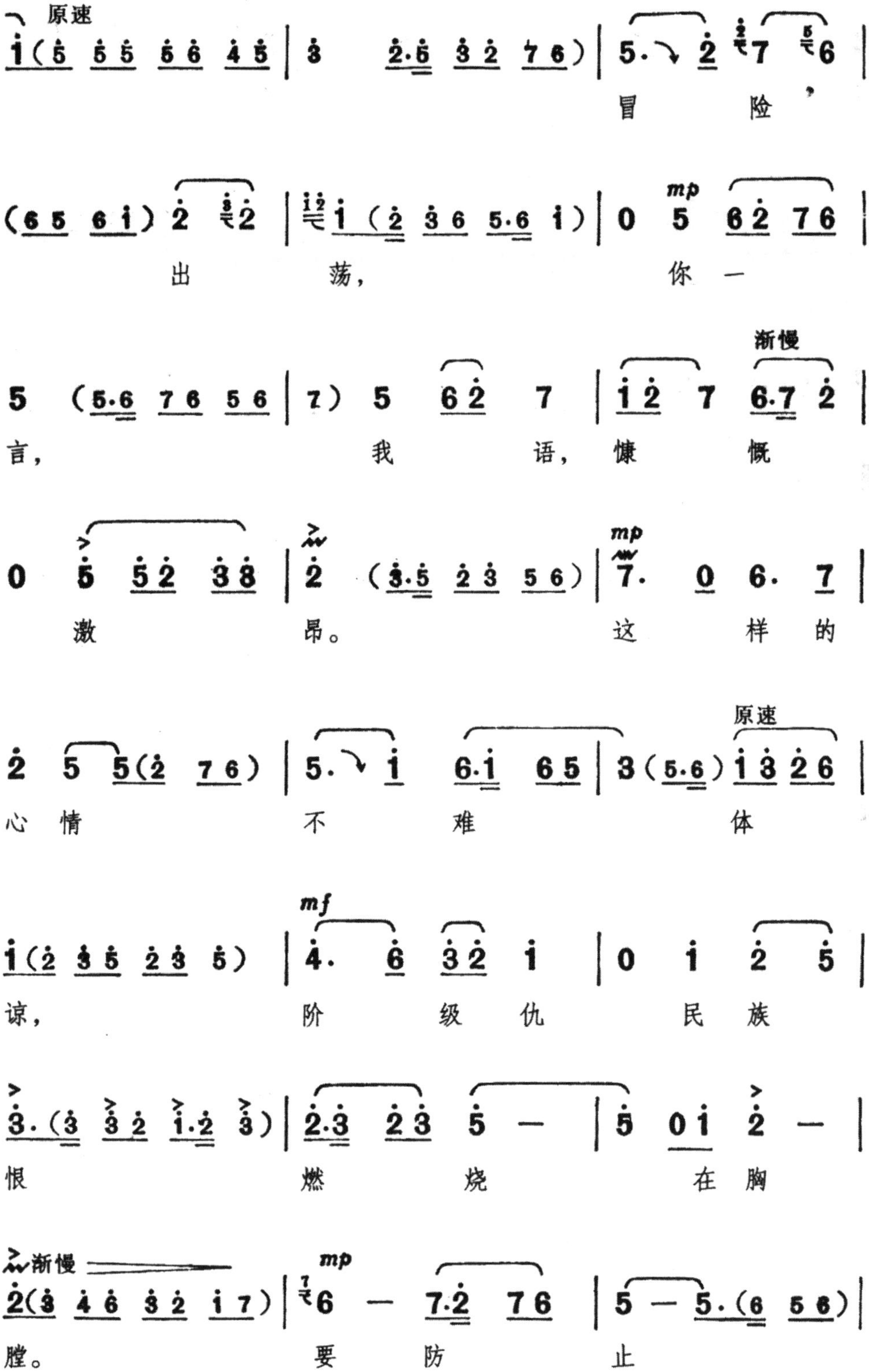

171

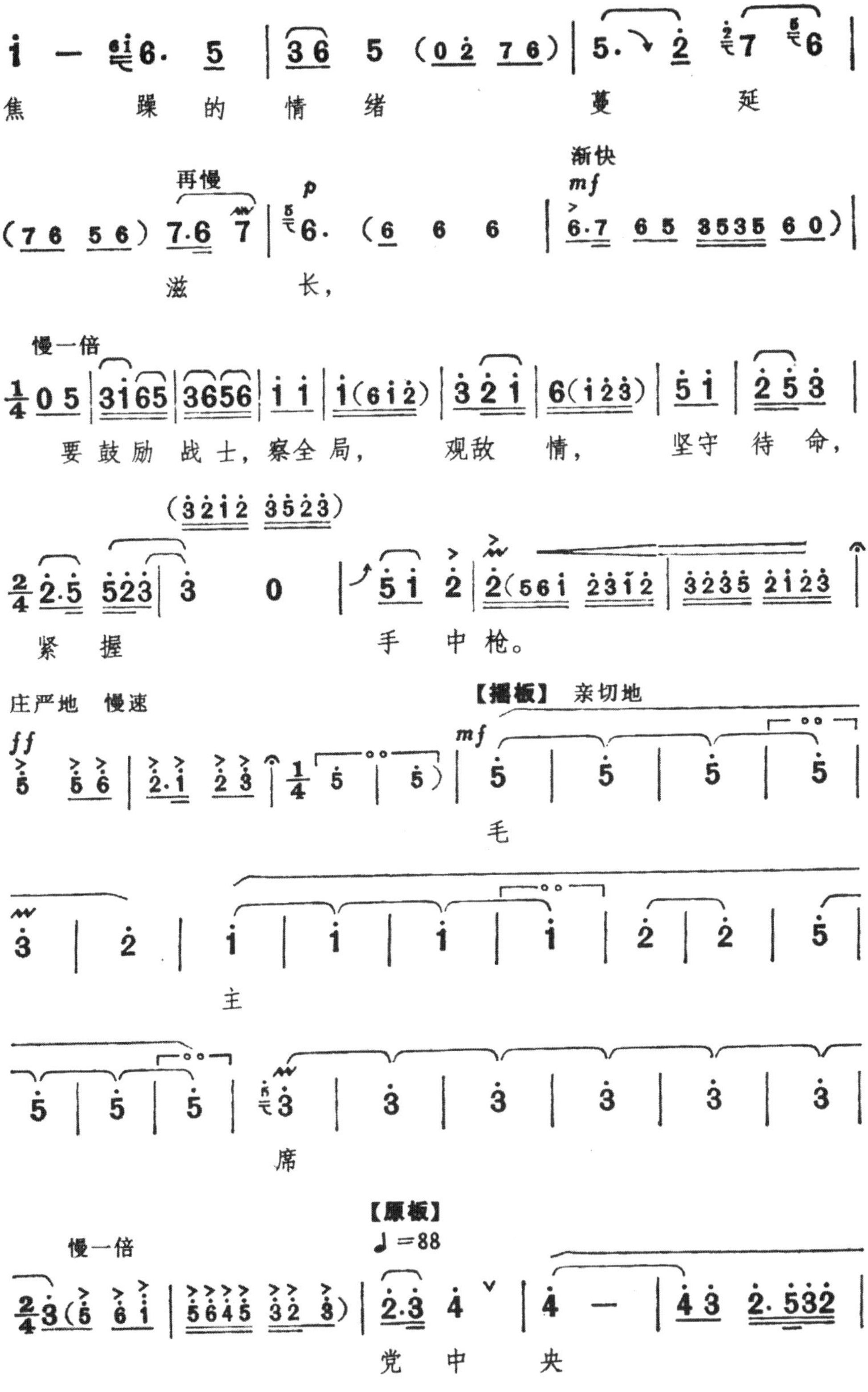

焦躁的情绪 蔓延

滋长，

要鼓励 战士，察全局， 观敌 情， 坚守 待 命，

紧握 手 中 枪。

庄严地 慢速

毛

主

席

党 中 央

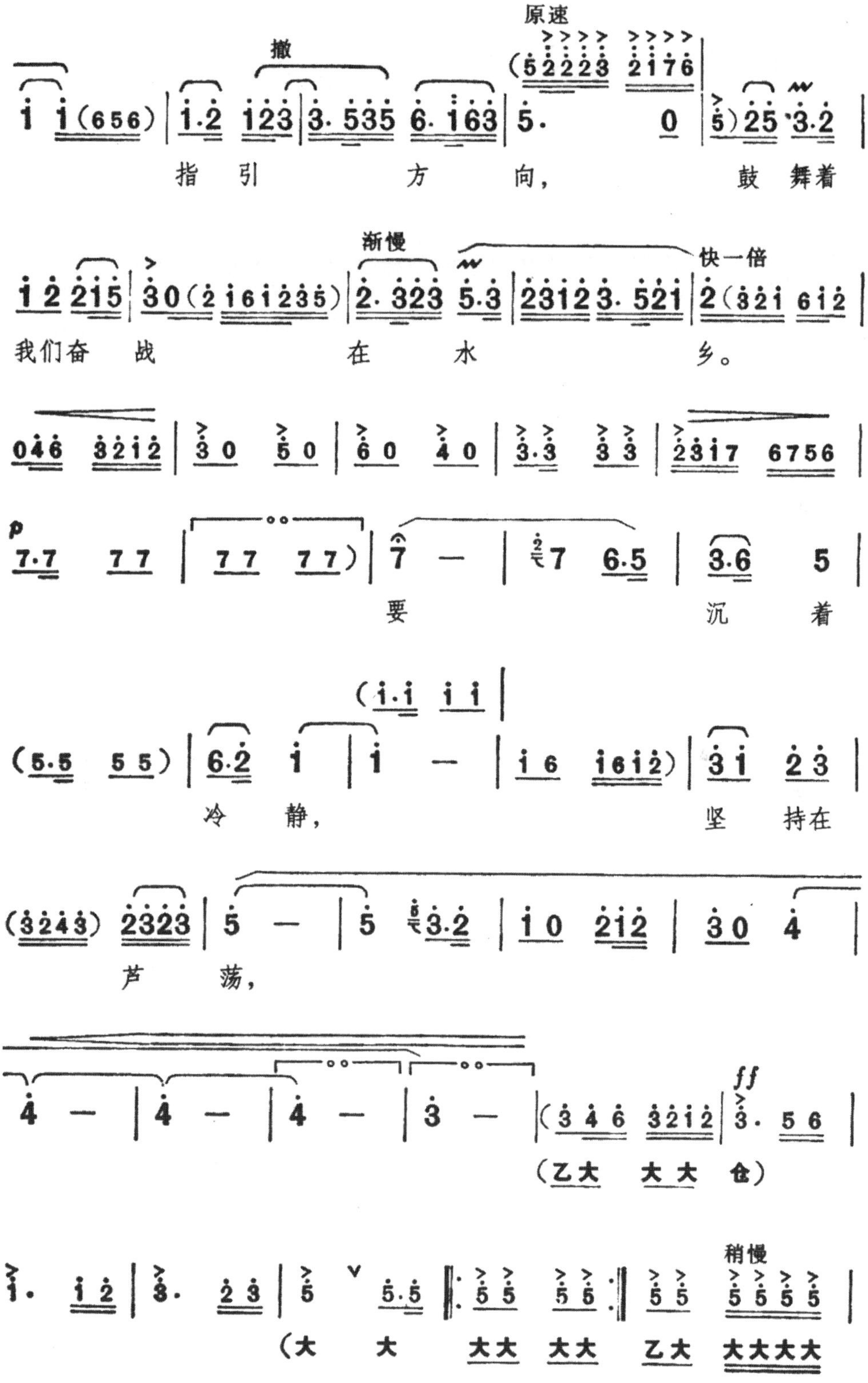
撤
原速
指引 方 向，鼓舞着
渐慢
快一倍
我们奋战 在 水 乡。
要 沉 着
冷 静，坚 持在
芦 荡，
(乙大 大大 仓)
稍慢
(大 大 大大 大大 乙大 大大大大

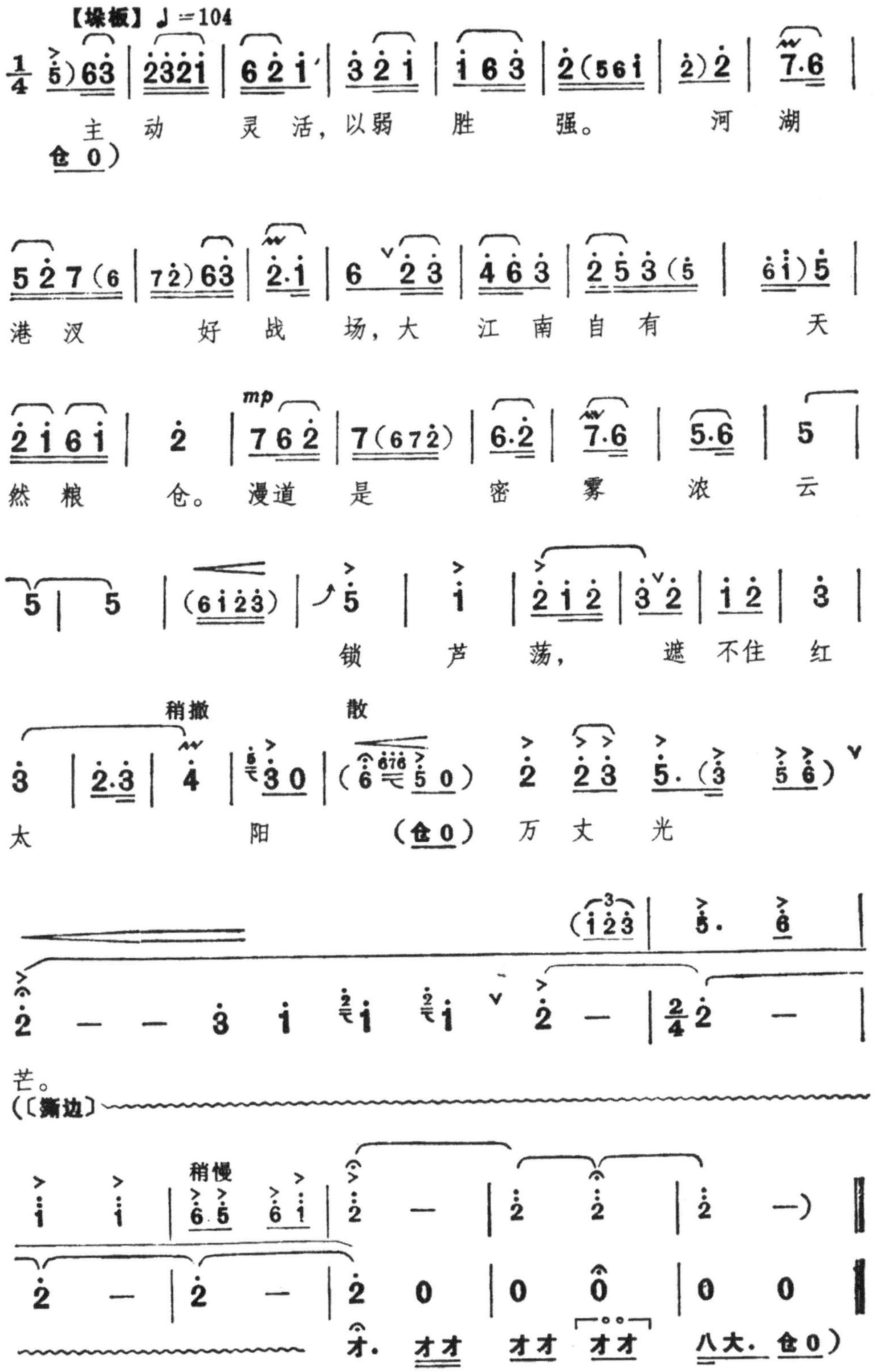
【垛板】♩=104
主动灵活，以弱胜强。河湖
仓 0）
港汉好战场，大江南自有天
mp
然粮仓。漫道是密雾浓云
锁芦荡，遮不住红
稍撤
散
太阳
（仓 0）
万丈光
芒。
（〔撕边〕
稍慢
八大．仓 0）

盼望着胜利归来的侦察员

第五场　郭建光唱

1 = E 1/4

f 中速 ♩=160　　　　　　　【西皮二六】

（白）……你们要小心谨慎地进去，悄悄地回来！

（唱）你二人改装划船到对岸，镇西树下把船拴。寻来草药医病患，弄清敌情就回还。同志们满怀信心将你们盼，盼望着胜利归来的侦察

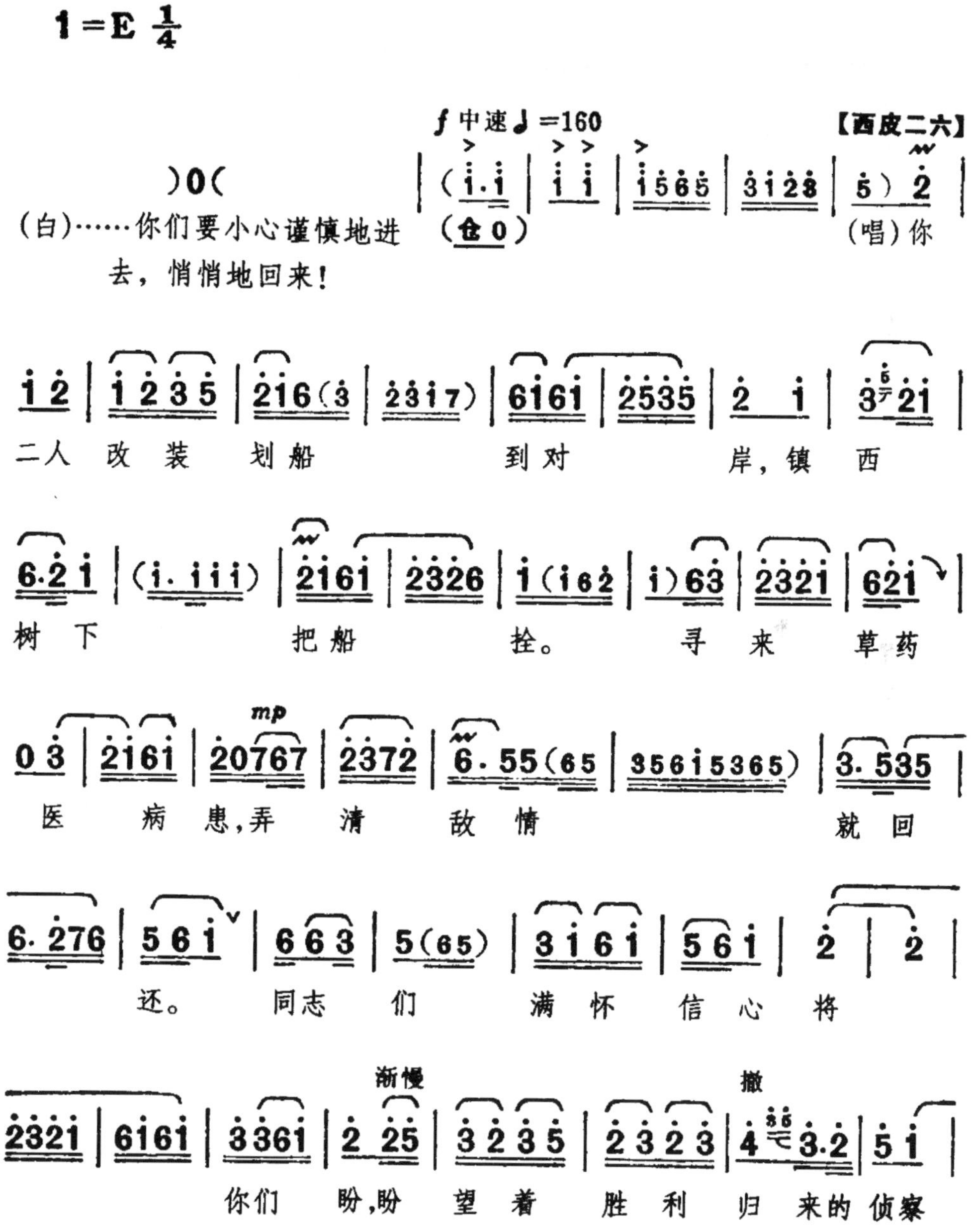

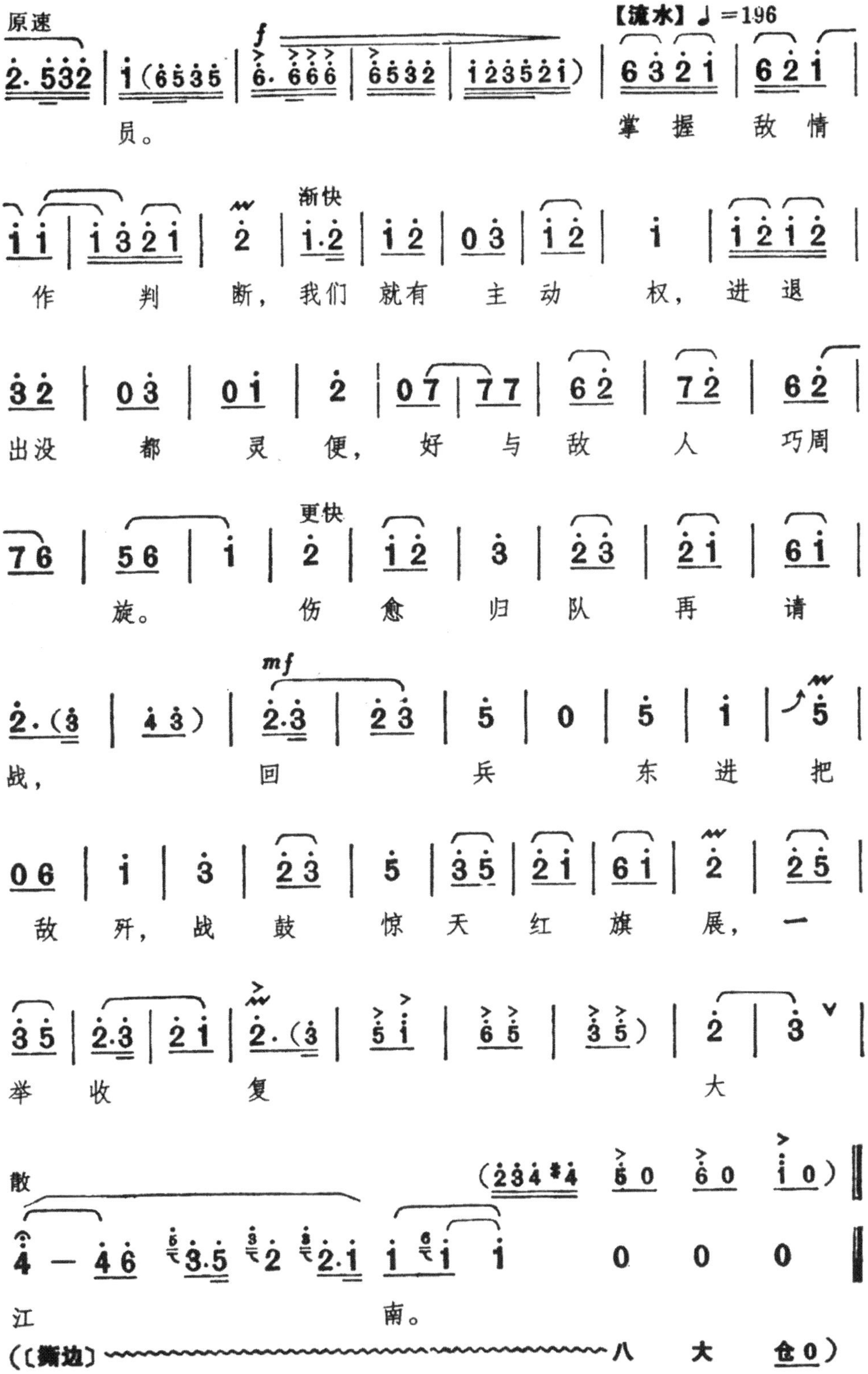
原速
【流水】♩=196
员。掌握敌情
渐快
作判断，我们就有主动权，进退
出没都灵便，好与敌人巧周
更快
旋。伤愈归队再请
mf
战，回兵东进把
敌歼，战鼓惊天红旗展，一
举收复大
散
江南。
(〔撕边〕八大仓0)

要學那泰山頂上一青松

第五場　郭建光、眾戰士唱

1=E

英雄豪邁地鼓舞鬥志,慷慨激昂地　【嗩吶西皮導板】

散

$(\overset{>}{6}\ \overset{>}{\dot{1}}\ \overset{>}{2\ 3}\ \overset{\frown}{\dot{1}})$ 　 $\overset{mf}{|\dot{1}\ \overset{\frown}{2\ 3}\ \dot{1}\ -\ \overset{v}{}\ 3\ \dot{1}\ \overset{\frown}{3\cdot 6}|}$

（郭建光唱）要　學　那　　泰　山　頂

《雙鑼》（倉　倉　才　倉）

$\overset{\frown}{5}\ -\ \underset{\frown}{4\cdot 5}\ 3\ 0\ \ (\overset{>}{2}\ \overset{>}{3}\ \overset{>}{4}\ \overset{>}{6}\ \overset{>}{3}\ 0)\ \overset{f}{\overset{\frown}{3\ 5}\ 6}\ \overset{v}{}\ 0\ |$

上　　　　（嘟　八大台　頃　一　倉0）一　青　（八大.

$\overset{\frown}{5}\ \overset{\frown}{5}\ \overset{\frown}{6}\ 6\ \overset{\frown}{5\cdot 3}\ \overset{\frown}{5\ -}\ |\ \overset{\cdot}{5}0\ \ \ \ )0(\ \ \ \ |$

松!（呃）　　　　　　　　　　　　　　　（眾戰士

〔撕邊〕〰〰〰〰〰〰　八　0倉0才0〔走馬鑼鼓〕倉.才倉倉0）

快速 ♩＝206

$\overset{f}{\frac{2}{4}\dot{1}}\ \overset{\frown}{2\ 3}\ |\ \dot{1}\ \ 0\ |\ \underline{3\ 5}\ \underline{1\ 2}\ |\ \overset{\frown}{3\ 5}\ \overset{\frown}{6\ \dot{1}}\ |\ 5\ \ 0\ |$

齊唱）要　學　那　　泰　山　頂　上　一　青　松,

$3\ \ 5\ |\ 6\ \ 5\ |\ 6\ \underline{5\ 4}\ |\ 3\ \ 0\ |\ \underline{4}\ 4\ 5\ |$

挺　然　屹　立　傲　蒼　穹。　　八　千　里

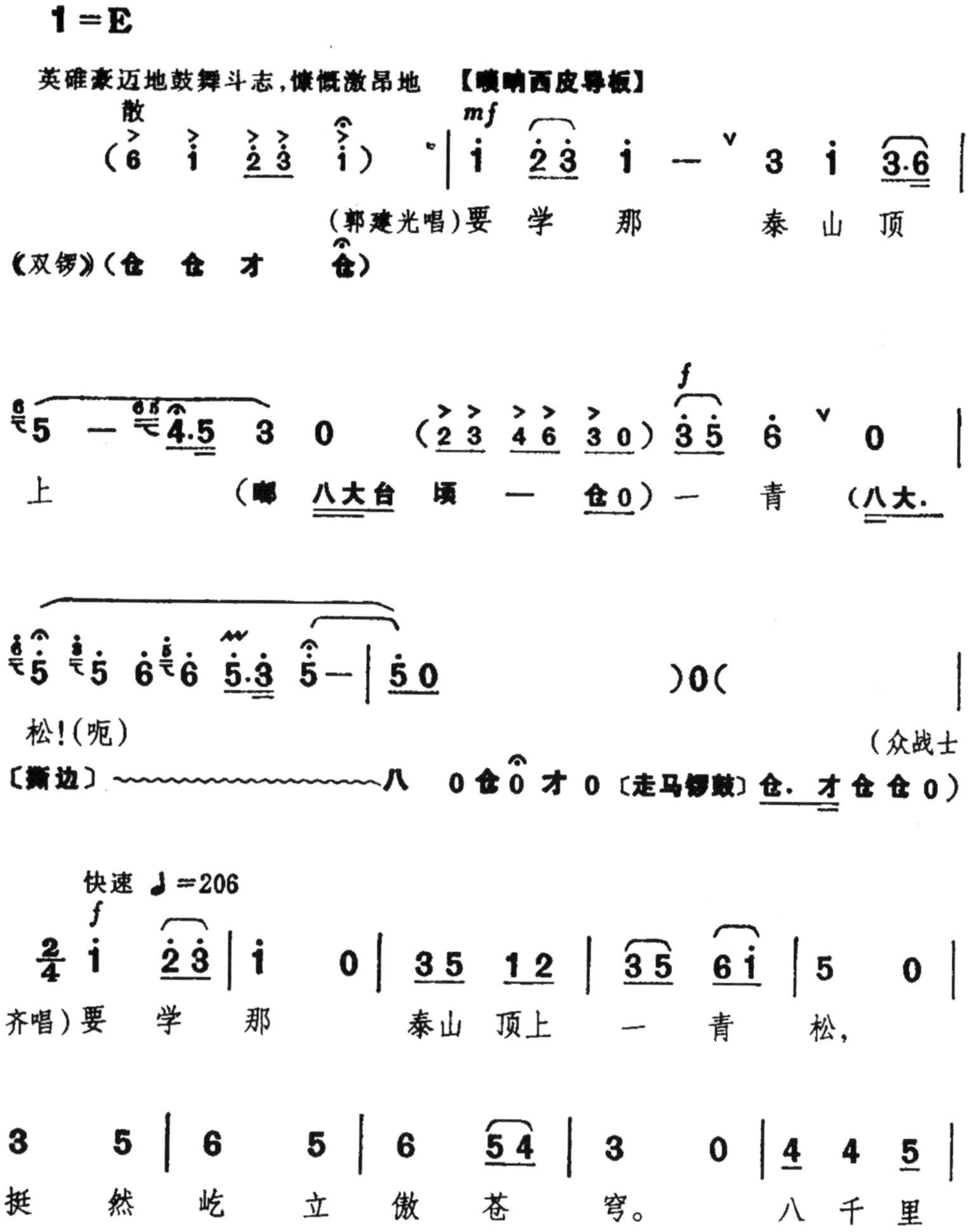

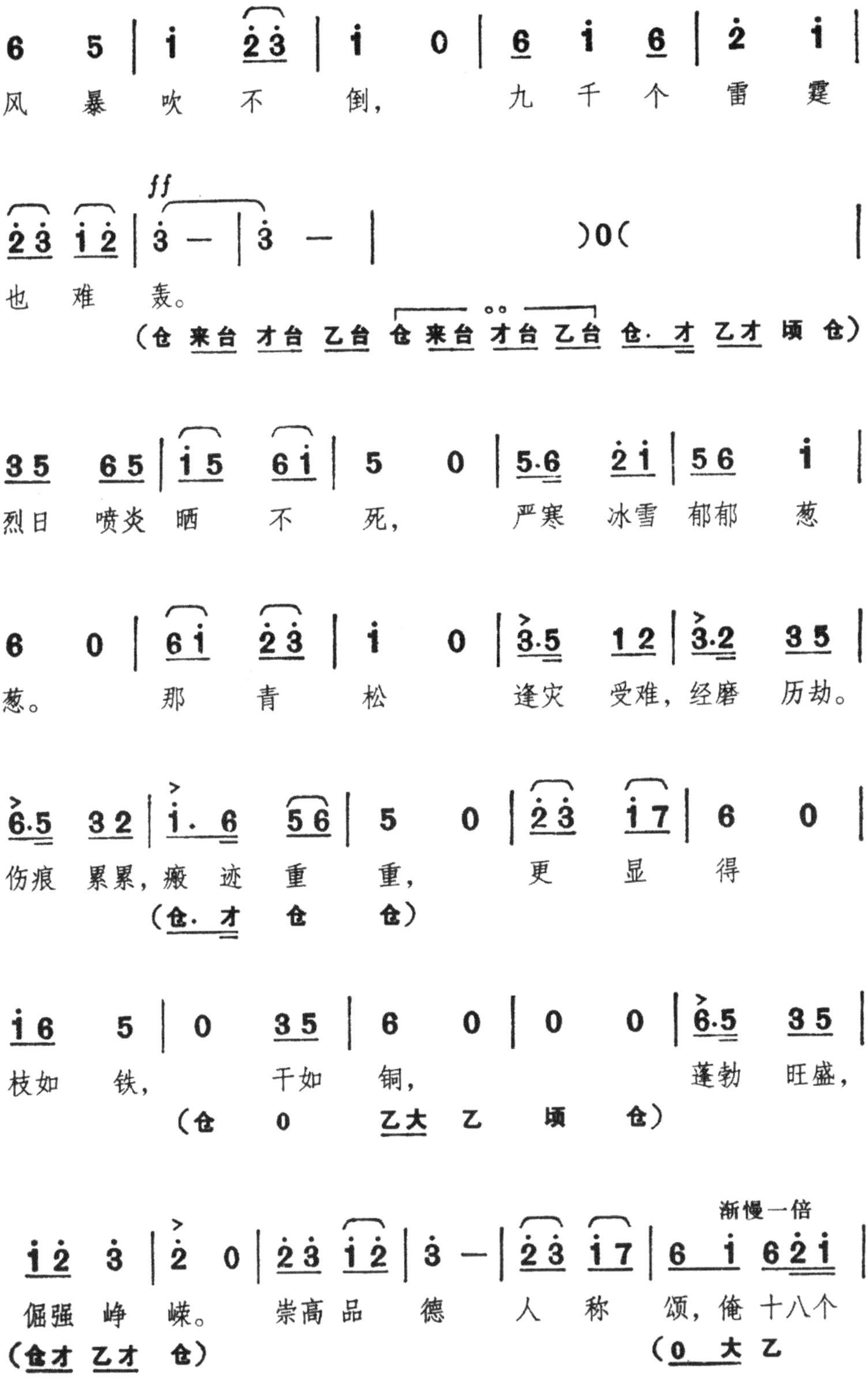

6 5 | i 23 | i 0 | 6 i 6 | 2 i |
风 暴 吹 不 倒， 九 千 个 雷 霆

23 12 | 3 — | 3 — |)0(|
也 难 轰。

（仓 来台 才台 乙台 仓 来台 才台 乙台 仓. 才 乙才 顷仓）

35 65 | i5 6i | 5 0 | 5.6 2i | 56 i |
烈日 喷炎 晒不 死， 严寒 冰雪 郁郁 葱

6 0 | 6i 23 | i 0 | 3.5 12 | 3.2 35 |
葱。 那 青 松 逢灾 受难， 经磨 历劫。

6.5 32 | i.6 56 | 5 0 | 23 i7 | 6 0 |
伤痕 累累， 瘢迹 重 重， 更 显 得
（仓. 才 仓 仓）

i6 5 | 0 35 | 6 0 | 0 0 | 6.5 35 |
枝如 铁， 干如 铜， 蓬勃 旺盛，
（仓 0 乙大 乙 顷 仓）

渐慢一倍

i2 3 | 2 0 | 23 12 | 3 — | 23 i7 | 6 i 62i |
倔强 峥 嵘。 崇高 品 德 人 称 颂，俺 十八个
（仓才 乙才 仓） （0 大 乙

| 2 3 1 2 | 3 | 2 1 | 6 1 | 2 | 3 | 2 | 3 5 | 2 | 3 | 5 — ‖

伤病　员，要　成为　十八棵青　　松！

仓台　才仓　才．嘟　仓大　嘟　仓仓　来才台　仓　一）

定能战胜顽敌度难关

第六场　阿庆嫂唱

$1 = ^bD$　$\frac{4}{4}$

【二黄慢三眼】

深沉地思考　♩=34

（5.676 5357 6.32317 656）| 1 152 7.265 (5.323

（仓）

　　　　　　　　　　　　风　声　紧

5.356）7.265 3.65.（76.756）| 202 7.265 7.275 6.（5327

雨　意　浓　　　　天　　低

稍慢　　　原速

6.7656）53535 6.1165 356 | 1 1 2.353（2.16123 10561）

云　　　暗，

2 2 2.37665（67♯435.6 | 76176.7）1.276 5672 7.（656）

不　由　人　　　　　一　阵　阵

7.672 665 53535 6 7 | 6.656 705 67656 7767

坐　　立　　　　不

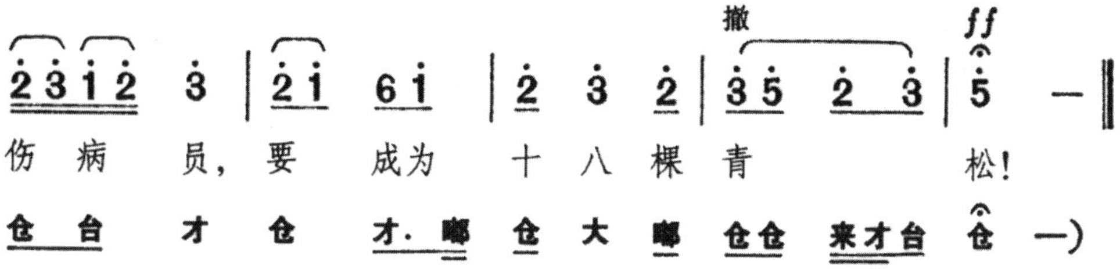

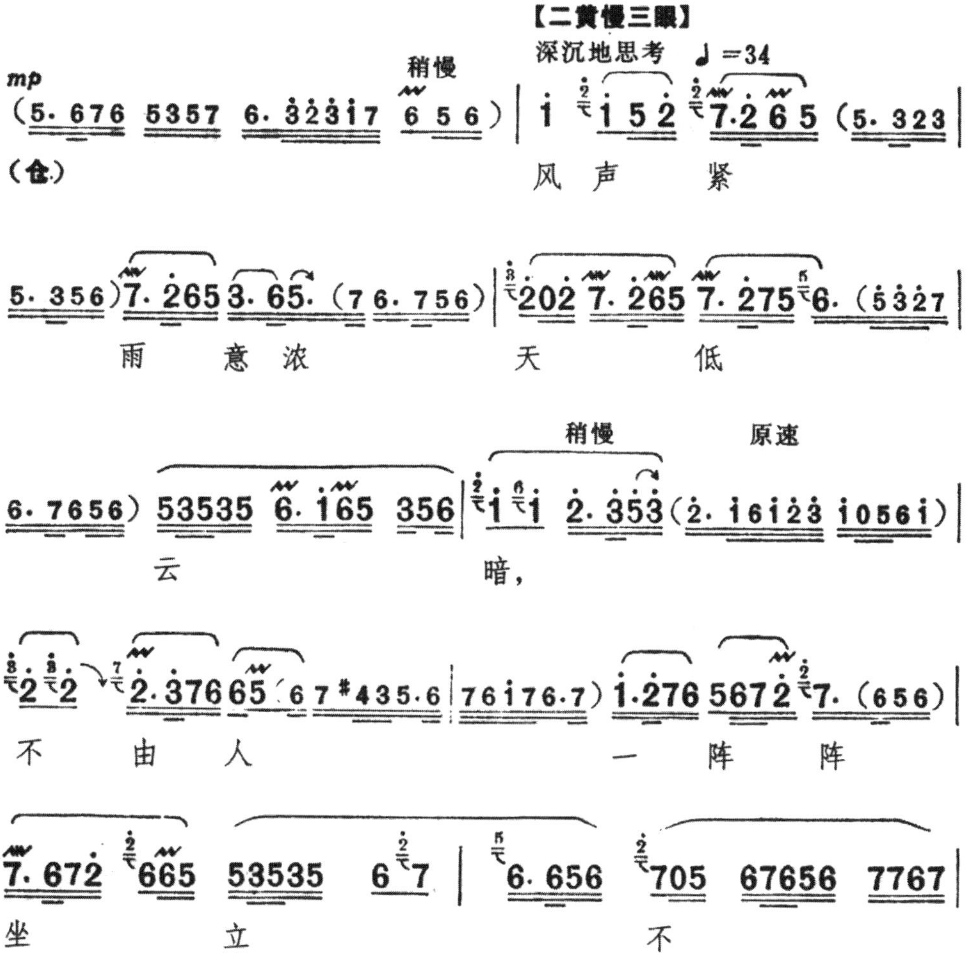

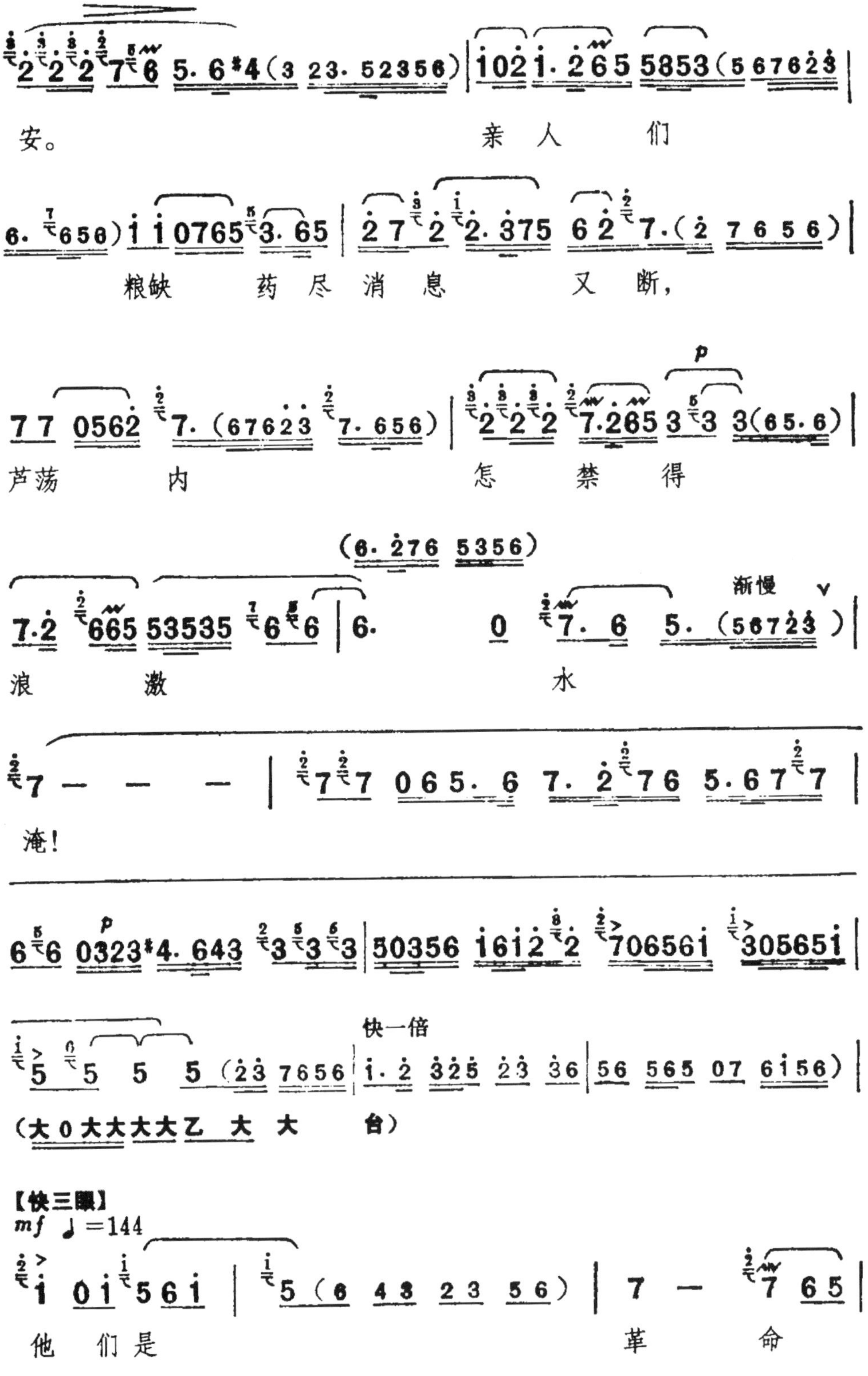

$\overline{\widehat{\underline{2}}\,\widehat{\underline{2}}\,\widehat{\underline{2}}\,\widehat{\underline{7}}}\,\underline{\overline{6}}$ $5.\underline{6}\,{}^{\sharp}4$ $(\underline{3}\,\underline{23.}\,\underline{52356})$ | $\underline{10\dot{2}}\,\dot{1}.\,\widehat{\underline{\dot{2}}}\,\underline{65}$ $\underline{5853}(\underline{56762\overline{3}}$

安。　　　　　　　　　　　　　　　亲 人　们

$6.\,\widehat{\underline{\dot{7}}}\,\underline{65\dot{6}})$ $\dot{1}\,\dot{1}\,\underline{0765}\,\widehat{\underline{3}}.\,\underline{65}$ | $\dot{2}\,\widehat{\underline{7}}\,\widehat{\underline{\dot{2}}}\,\dot{2}.\,\underline{375}$ $\underline{6\dot{2}}\,\widehat{\underline{\dot{7}}}.(\underline{\dot{2}}\,\underline{7\,6\,5\,6})$ |

粮缺　药尽消 息　　　又 断，

$\underline{7\,7}\,\underline{0562}\,\widehat{\underline{\dot{2}}}\,\dot{7}.(\underline{67623}\,\widehat{\underline{\dot{2}}}\,\dot{7}.\underline{656})$ | $\widehat{\underline{2}\,\underline{2}}\,\widehat{\underline{2}}\,\widehat{\underline{7}}.\underline{265}\,\underline{3}\,\widehat{\underline{3}}\,3(\underline{65.6})$ |

芦荡　内　　　　　　怎 禁 得

$(\overline{6.\,\dot{2}\,7\,6}\,\underline{5356})$

$\widehat{\underline{7}}.\dot{2}\,\widehat{\underline{6}}\,\underline{665}\,\underline{53535}\,\widehat{\underline{7}}\,\underline{6\dot{6}}$ | $6.\qquad 0\,\widehat{\underline{\dot{2}}}\,\dot{7}.\dot{6}\,5.(\underline{56723})$ |

浪　激　　　　　水

淹！

$\widehat{\underline{\dot{2}}}\,\dot{7}\,-\,-\,-$ | $\widehat{\underline{\dot{2}}}\,\dot{7}\,\dot{7}\,\underline{065}.\dot{6}\,\dot{7}.\dot{2}\,\widehat{\underline{\dot{2}}}\,\underline{76}\,5.\underline{67}\,\widehat{\underline{\dot{2}}}\,\dot{7}$ |

$6\,\widehat{\underline{6}}\,\underline{0323}\,{}^{\sharp}4.\underline{643}\,\widehat{\underline{3}}\,\widehat{\underline{3}}\,\widehat{\underline{3}}$ | $\underline{50356}\,\underline{\dot{1}6\dot{1}\dot{2}}\,\widehat{\underline{\dot{2}}}\,\dot{2}\,\widehat{\underline{7}}\,\underline{06561}\,\underline{3056\dot{5}\dot{1}}$ |

$\widehat{\underline{\dot{1}}}\,\widehat{\underline{5}}\,\widehat{\underline{5}}\,5\,5\,5\,(\underline{2\overline{3}}\,\underline{7656}$ | 快一倍 $\dot{1}.\dot{2}\,\underline{325}\,\underline{2\overline{3}}\,\underline{36}$ | $\underline{56}\,\underline{565}\,\underline{07}\,\underline{6\dot{1}56})$ |

（大 0 大 大 大 大 乙 大 大　 台）

【快三眼】

mf ♩=144

$\widehat{\underline{\dot{2}}}\,\dot{1}\,\underline{0\dot{1}}\,\widehat{\underline{\dot{1}}}\,\underline{56\dot{1}}$ | $\widehat{\underline{\dot{1}}}\,5\,(\underline{6\,4\,3}\,\underline{2\,3\,5\,6})$ | $7\,-\,\widehat{\underline{\dot{2}}}\,\widehat{\underline{7}}\,65$ |

他 们 是　　　　　　　革　命

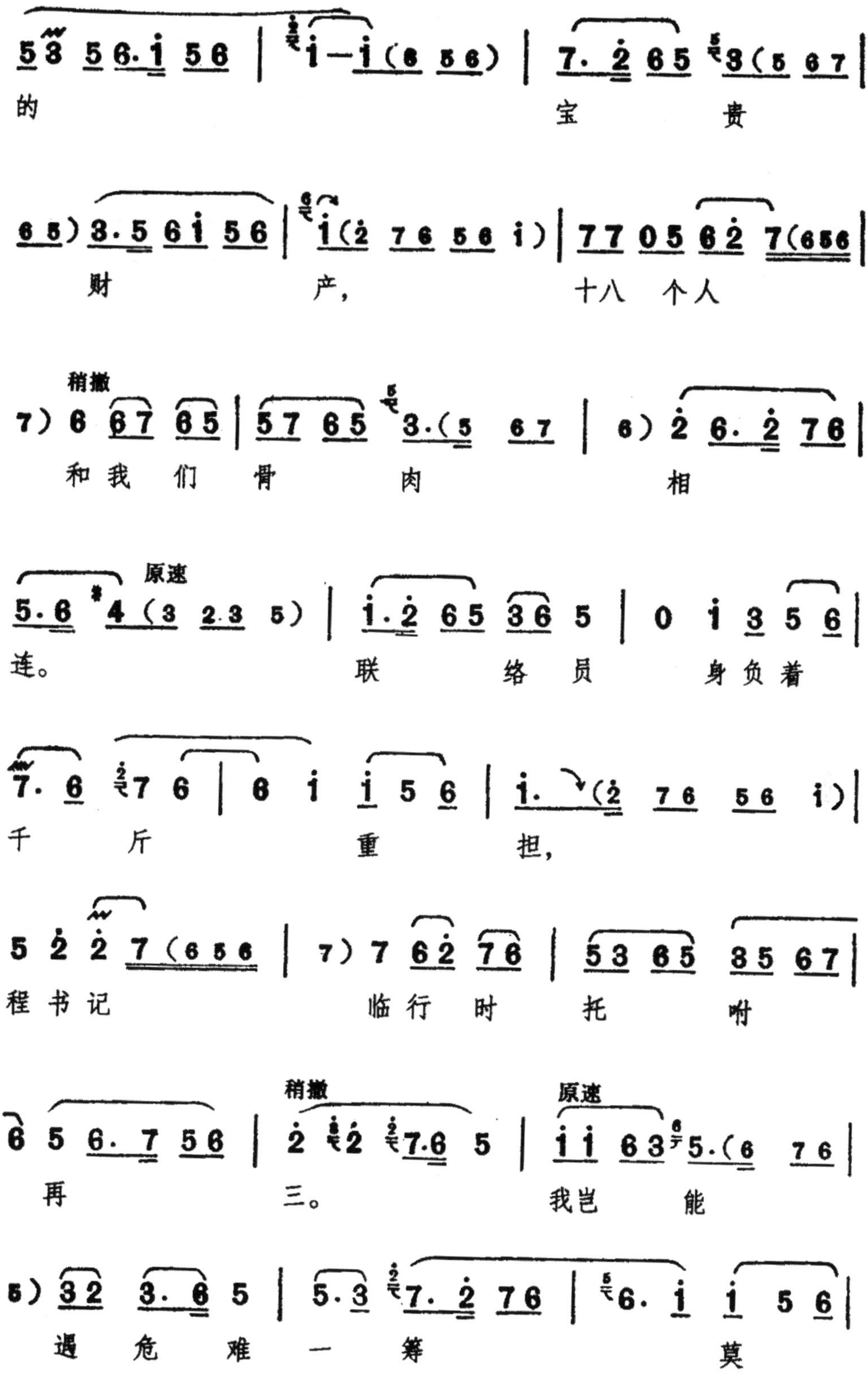

$\overbrace{5\widetilde{\overset{6}{3}}\ 5\underline{6.\dot{1}}\ 5\ 6}$ | $\widetilde{\overset{2}{\dot{1}}-\dot{1}}(\underline{6\ 5\ 6})$ | $7.\ \dot{2}\ 6\ 5\ \overset{5}{3}(\underline{5\ 6\ 7}$ |
的　　　　　　　　宝　　贵

$\underline{6\ 5})\overbrace{3.\ 5\ 6\ \dot{1}\ 5\ 6}$ | $\overset{6}{\dot{1}}(\underline{\dot{2}\ 7\ 6\ 5\ 6\ \dot{1}})$ | $\underline{7\ 7}\ \underline{0\ 5}\ \underline{6\ \dot{2}}\ 7(\underline{6\ 5\ 6}$ |
财　　　　产，　　　　　十八　个人

稍撤
$7)\ 6\ \overbrace{6\ 7}\ \underline{6\ 5}$ | $\overbrace{5\ 7}\ \underline{6\ 5}\ \overset{5}{3}.(\underline{5}\ 6\ 7$ | $6)\ \dot{2}\ \overbrace{6.\ \dot{2}}\ \underline{7\ 6}$ |
和我　们　骨　肉　　　　相

原速
$\overbrace{5.\ 6}\ \overset{\#}{4}(\underline{3\ 2\ 3}\ 5)$ | $\overbrace{\dot{1}.\ \dot{2}}\ \underline{6\ 5}\ \overline{3\ 6}\ 5$ | $0\ \dot{1}\ \overline{3\ 5}\ 6$ |
连。　　　　联　络　员　　身负着

$\overbrace{7.\widetilde{\ 6}}\ \overset{2}{7}6$ | $6\ \dot{1}\ \overline{\dot{1}\ 5}\ 6$ | $\dot{1}.\ (\underline{\dot{2}\ 7\ 6}\ \underline{5\ 6}\ \dot{1})$ |
千　斤　　重　担，

$5\ \overbrace{\dot{2}\widetilde{\ \dot{2}}}\ 7(\underline{6\ 5\ 6}$ | $7)\ \overline{7\ 6}\ \dot{2}\ \underline{7\ 6}$ | $\underline{5\ 3}\ \overline{6\ 5}\ \underline{3\ 5}\ \overline{6\ 7}$ |
程书记　　临行　时　托　咐

稍撤　　　　　　　　　　　　　**原速**
$\overbrace{6\ 5\ 6.\ 7\ 5\ 6}$ | $\dot{2}\ \overset{2}{\widetilde{\dot{2}}}\ \overset{2}{\widetilde{7.6}}\ 5$ | $\dot{1}\ \dot{1}\ 6\ 3\ \overset{6}{5}.(\underline{6}\ 7\ 6$ |
再　　　　三。　　　我岂　能

$5)\ \overline{3\ 2}\ 3.\ \overline{6}\ 5$ | $\underline{5.\ 3}\ \overset{2}{\widetilde{7.\ \dot{2}}}\ \underline{7\ 6}$ | $\overset{5}{\widetilde{6.\ \dot{1}}}\ \dot{1}\ \overline{5\ 6}$ |
遇　危　难　一　筹　　莫

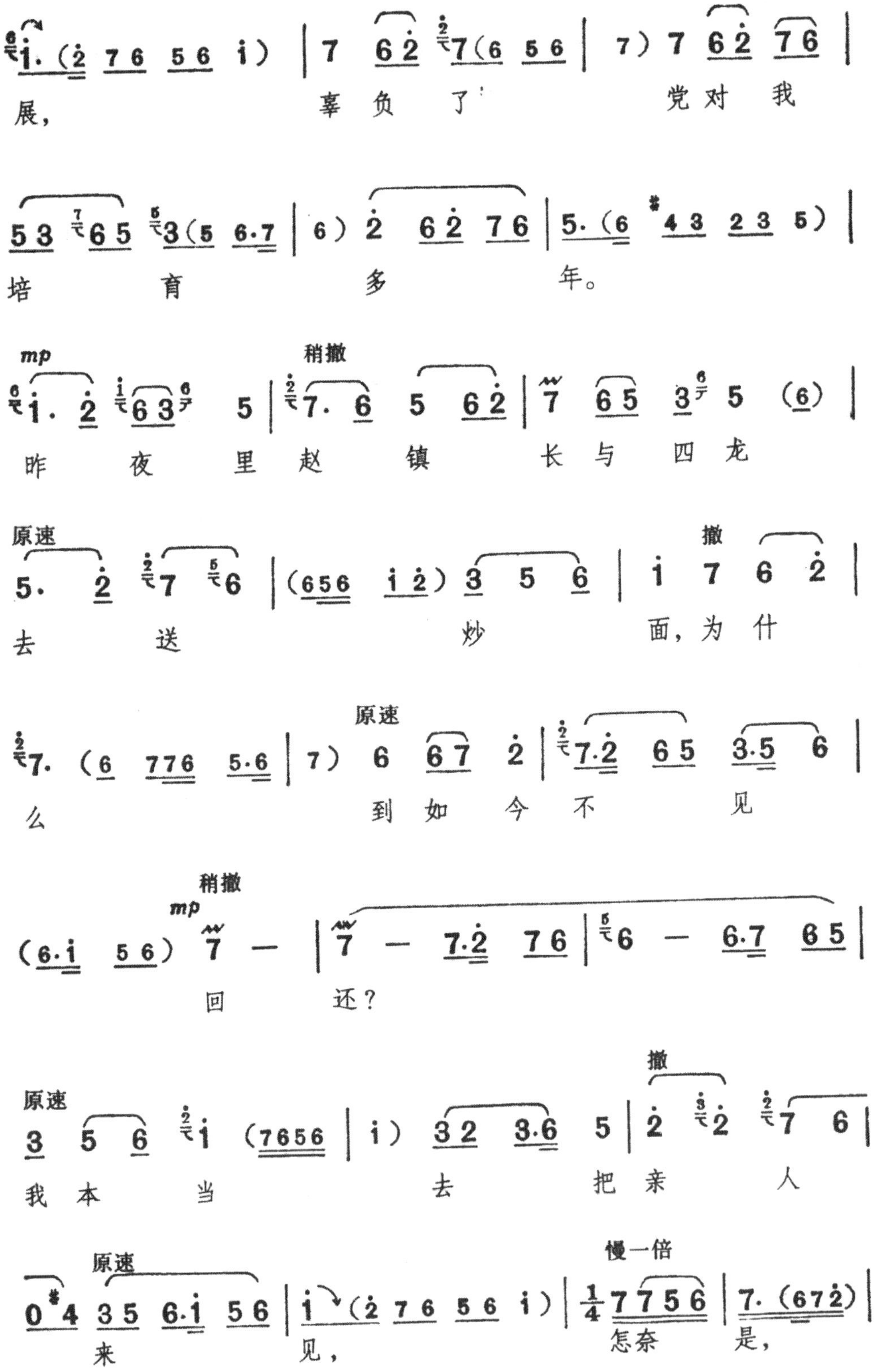

$\overset{\frown}{\underset{\small 6}{1}}$. ($\overset{.}{\underline{2}}$ $\underline{7\,6}$ $\underline{5\,6}$ $\dot{1}$) | 7 $\overset{\frown}{6\,\overset{.}{2}}$ $\overset{2}{\underset{\small 7}{7}}$($6$ $\underline{5\,6}$ | 7) 7 $\overset{\frown}{6\,\dot{2}}$ $\overset{\frown}{7\,6}$ |

展， 　　　　辜 负 了 党 对 我

$\overset{\frown}{5\,3}$ $\overset{7}{\underset{\small 6\,5}{}}$ $\overset{5}{\underset{\small 3}{}}$($5$ $\underline{6\cdot7}$ | 6) $\overset{\frown}{\dot{2}}$ $\overset{\frown}{6\,\dot{2}}$ $\overline{7\,6}$ | 5. (6 $\overset{\#}{\underline{4\,3}}$ $\underline{2\,3}$ 5) |

培 育 多 年。

^{mp}

$\overset{\frown}{\underset{\small 6}{1}}$. $\overset{\frown}{\dot{2}}$ $\overset{\dot{1}}{\underset{\small 6\,3}{}}$$\overset{6}{\underset{\small 7}{}}$ 5 | $\overset{\dot{2}}{\underset{\small 7}{7}}$. $\overset{\frown}{6}$ 5 $\overset{\frown}{6\,\dot{2}}$ | $\overset{\sim}{7}$ $\overset{\frown}{6\,5}$ $\overset{6}{\underset{\small 3}{}}$$\overset{\frown}{7}$ 5 （6） |

稍撤

昨 夜 里 赵 镇 长 与 四 龙

原速

5. $\overset{\frown}{\dot{2}}$ $\overset{\dot{2}}{\underset{\small 7}{7}}$$\overset{5}{\underset{\small 6}{}}$ | （$\underline{6\,5\,6}$ $\underline{\dot{1}\,\dot{2}}$) $\underline{3}$ 5 6 | $\dot{1}$ 7 6 $\dot{2}$ |

撤

去 送 炒 面，为 什

$\overset{\dot{2}}{\underset{\small 7}{7}}$. （6 $\underline{7\,7\,6}$ $\underline{5\cdot6}$ | 7) 6 $\overset{\frown}{6\,7}$ $\dot{2}$ | $\overset{\dot{2}}{\underset{\small 7\cdot\dot{2}}{}}$ $\overset{\frown}{6\,5}$ $\underline{3\cdot5}$ 6 |

原速

么 到 如 今 不 见

稍撤

^{mp}

（$\underline{6\cdot\dot{1}}$ $\underline{5\,6}$) $\overset{\sim}{7}$ － | $\overset{\sim}{7}$ － $\underline{7\cdot\dot{2}}$ $\overline{7\,6}$ | $\overset{5}{\underset{\small 6}{}}$ － $\underline{6\cdot7}$ $\overline{6\,5}$ |

回 还？

原速

3 $\overset{\frown}{5\,6}$ $\overset{\dot{2}}{\underset{\small 7}{1}}$ （$\underline{7\,6\,5\,6}$ $\dot{1}$) $\underline{3\,2}$ $\underline{3\cdot6}$ 5 | $\dot{2}$ $\overset{\dot{3}}{\underset{\small 2}{}}$ $\overset{\dot{2}}{\underset{\small 7}{}}$ 6 |

撤

我 本 当 去 把 亲 人

原速

慢一倍

0$\overset{\#}{4}$ $\underline{3\,5}$ $\underline{6\cdot\dot{1}}$ $\underline{5\,6}$ | $\overset{\frown}{\dot{1}}$（$\overset{.}{\underline{2}}$ $\underline{7\,6}$ $\underline{5\,6}$ $\dot{1}$) | $\frac{1}{4}$$\overline{7\,7}$$\underline{5\,6}$ | 7. （$\underline{6\,7\,\dot{2}}$) |

来 见， 怎奈 是，

182

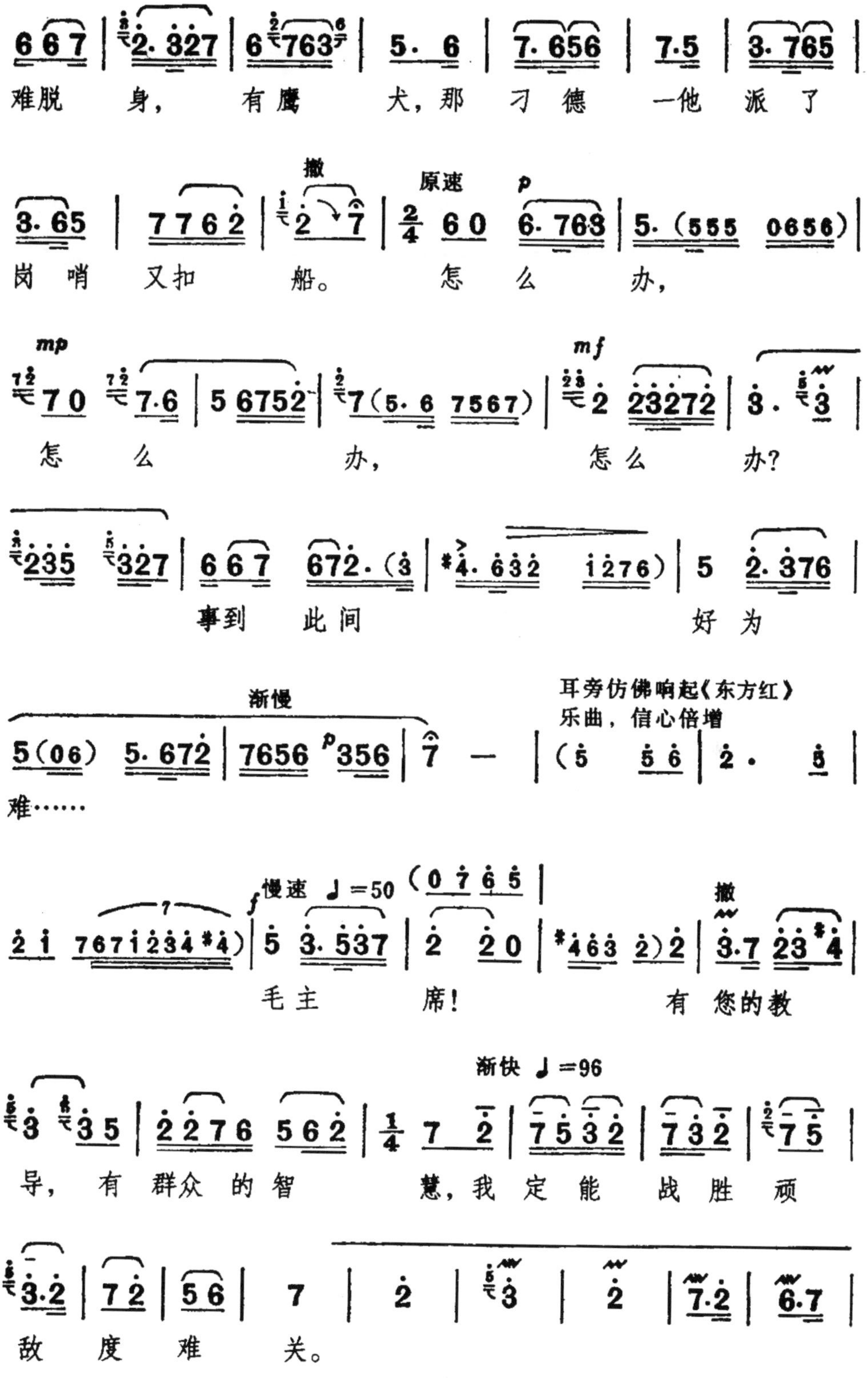

$6\ 67\ |\ \overline{2.\,327}\ |\ 6\ \overline{763}\ |\ 5.\ 6\ |\ 7.\,656\ |\ 7.5\ |\ 3.\,765\ |$

难脱　身，　有鹰　犬，那刁德　一他　派了

$3.\,65\ |\ 776\,2\ |\ \overset{撒}{2\ 7}\ |\ \overset{原速}{\frac{2}{4}}\ 60\ |\ \overset{p}{6.\,763}\ |\ 5.\ (555\ 0656)\ |$

岗哨　又扣　船。　　怎么　办，

$\overset{mp}{70}\ |\ 7.6\ |\ 5\ 6752\ |\ 7\ (5.6\ 7567)\ |\ \overset{mf}{2}\ 23272\ |\ 3.\ 3\ |$

怎　么　办，　　　怎　么　办？

$235\ 327\ |\ 667\ 672.\ (3\ |\ ^\#4.632\ i276)\ |\ 5\ 2.376\ |$

　事到　此间　　　　　　　　好为

耳旁仿佛响起《东方红》
乐曲，信心倍增

$5\ (06)\ 5.672\ |\ 7656\ ^p356\ |\ 7\ -\ |\ (5\ 56\ 2.\ 5\ |$

难……

慢速 $\mathbf{J}$ =50

$2i\ 767i234^\#4)\ 5\ 3.537\ |\ 2\ 20\ |\ ^\#463\ 2)2\ |\ \overset{撒}{3.7\ 23^\#4}\ |$

　　　　　　毛主　席！　　有　您的教

渐快 $\mathbf{J}$ =96

$35\ |\ 2276\ 562\ |\ \frac{1}{4}\ 7\ 2\ |\ 7532\ |\ 732\ |\ 75\ |$

导，有群众的智　慧，我　定能　战胜　顽

$3.2\ |\ 72\ |\ 56\ |\ 7\ |\ 2\ |\ 3\ |\ 2\ |\ 7.2\ |\ 6.7\ |$

敌　度难　关。

$\dot{2}\,7$ | $\dot{3}\,\dot{5}$ | $6\,^7_{\raise1pt\hbox{$\scriptstyle\sim$}}6$ | $\dot{2}\,^5_{\raise1pt\hbox{$\scriptstyle\sim$}}3$ | $5\cdot 3$ | $5\,7$ | $6\cdot \overset{\vee}{\dot{1}}$ | $6\,i6i$ | $\dot{2}\dot{3}\dot{2}$ |

渐慢　　　散

$1\,6\,1\,2$ | $3\,0\,^{\#}4\,3$ | $2\,7\,2\,3$ | $\overset{>}{5}$ — — $^5_{\raise1pt\hbox{$\scriptstyle\sim$}}5\ \overset{\frown}{5}$ — $^{\dot{3}}_{\raise1pt\hbox{$\scriptstyle\sim$}}\dot{1}\ \overset{>}{\dot{2}}\dot{1}$ — — |

（〔撕边〕）

稍慢

$\dfrac{2}{4}$（$\dot{5}\cdot\dot{5}$　　$\dot{4}\,\dot{8}$ | $\dot{2}\dot{1}\dot{2}\dot{3}$　$\dot{5}\,\dot{6}$ | $\dot{1}$　—　）|
　　　）

沙家浜总有一天会解放

第七场　沙奶奶唱

$1 = {}^{\#}F$　$\dfrac{2}{4}$

【二黄原板】
痛斥敌人
mf

（$\overset{>}{\underset{\cdot}{3}}\overset{>}{\underset{\cdot}{5}}$　$\overset{>}{\underset{\cdot}{6}}\overset{>}{\underset{\cdot}{1}}$ | $\overset{>}{2}$　　0 | $\overset{>}{2}\cdot 356$　3212）| 3　$\overbrace{3\,2\,3}$　5 |
（大大　大大　大）(白)我说！（仓）　　　　（唱）"八・一　三"，

（$\underline{5653}\,\underline{235}$）| $^5_{\raise1pt\hbox{$\scriptstyle\sim$}}\,5\,3\,2$　$1\,2$ | 2532　$^1_{\raise1pt\hbox{$\scriptstyle\sim$}}\,23$ | $5\,5$　$6\,2\,1$ | $4\cdot 632$　123（2 |
　　　　日寇在 上海 打了　仗，江南 国　土遭

较慢　mp　　　　　　原速
3656）| 3521 | $^5_{\raise1pt\hbox{$\scriptstyle\sim$}}\,6\cdot 1$ | $^2_{\raise1pt\hbox{$\scriptstyle\sim$}}\,2\,2$ | $2\,^3_{\raise1pt\hbox{$\scriptstyle\sim$}}2$　7276 | 561 | （0656） | $1\cdot 6$　561 |
　沦　亡，　尸骨 成堆　鲜

184

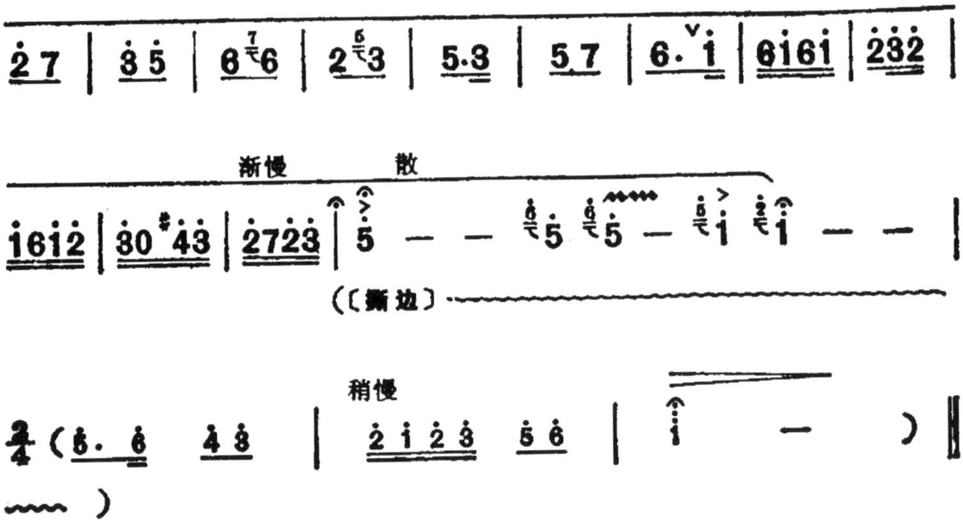

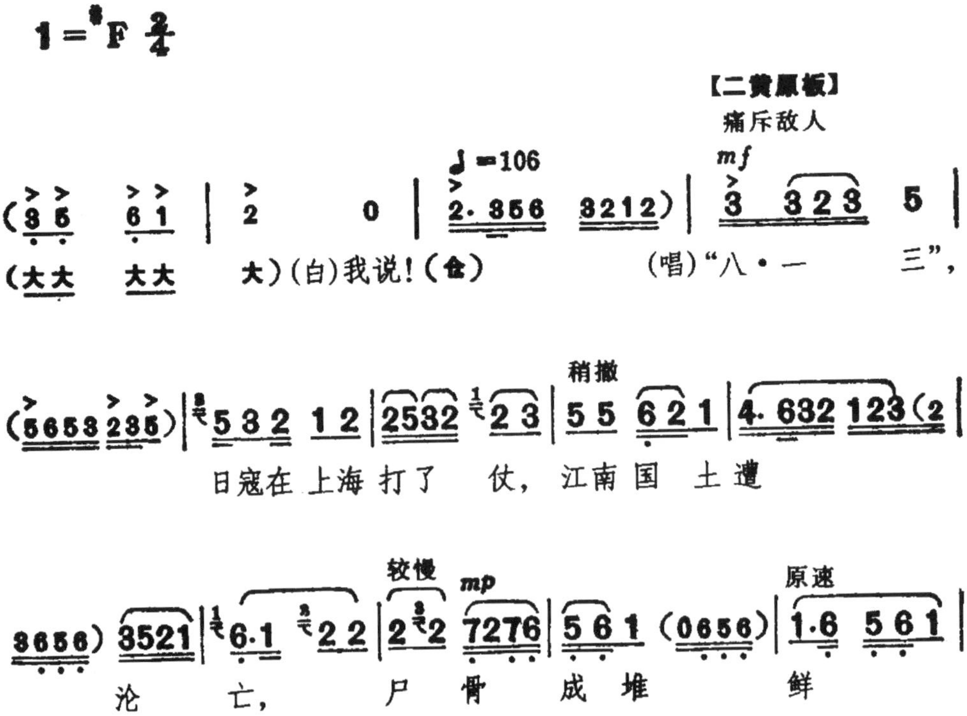

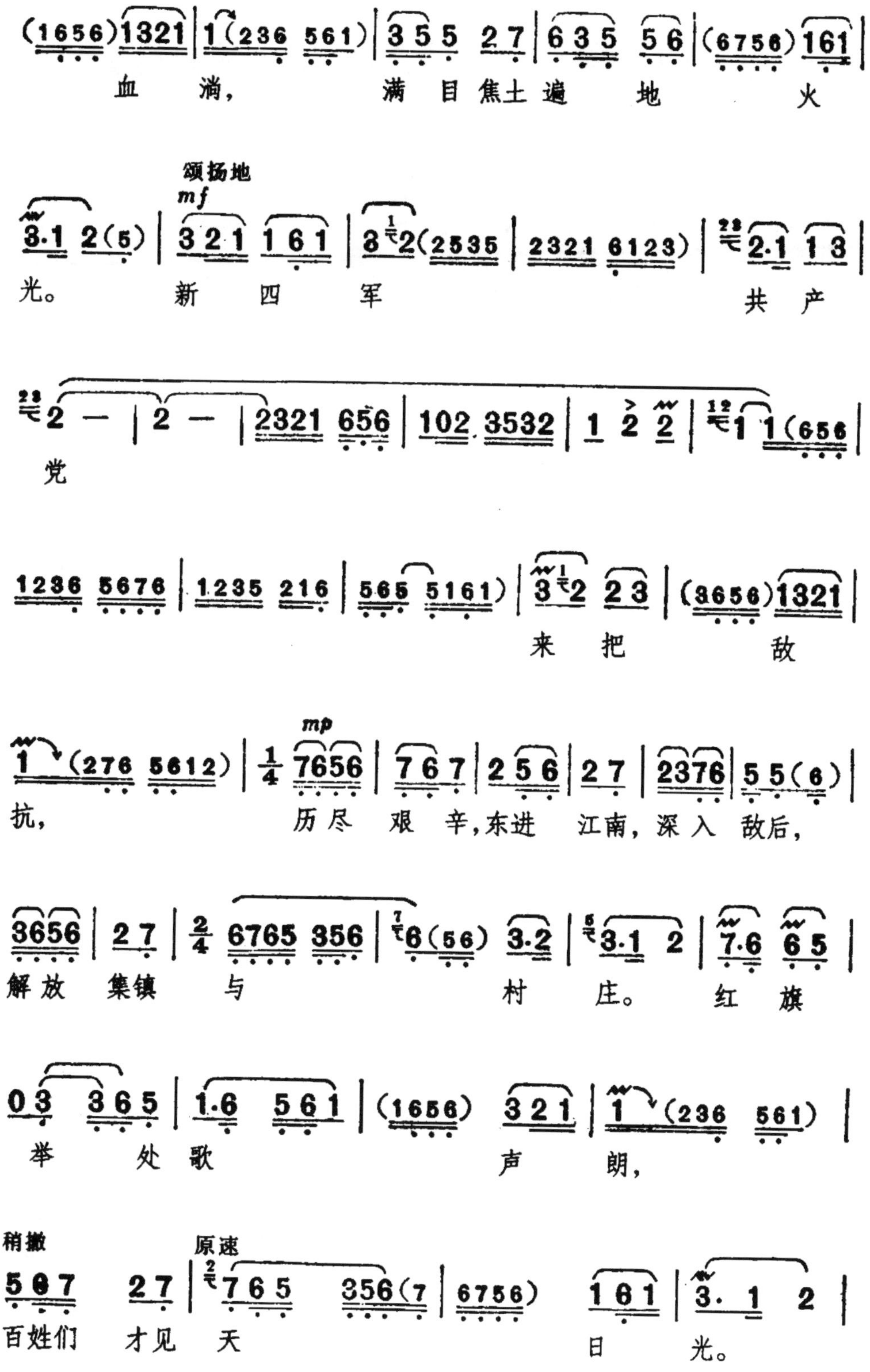

$(1\underset{\cdot}{656})\ 1\overline{32}1\ |\ 1\ (2\underset{\cdot}{36}\ 5\underset{\cdot}{61})\ |\ 3\ 55\ 27\ |\ 635\ 56\ |\ (6\underset{\cdot}{756})\ 161\ |$

血　　淌，　　　　满目焦土遍　地　　火

颂扬地
mf

$3.1\ 2(5)\ |\ 3\overline{21}\ 161\ |\ 3\overset{\frac{1}{2}}{2}\ (2535\ |\ 2321\ 6123)\ |\ \overset{23}{\widehat{}}\ 2.1\ 13\ |$

光。　　　新四　军　　　　　　　　共产

$\overset{23}{\widehat{}}\ 2\ -\ |\ 2\ -\ |\ 2321\ 656\ |\ 102.3532\ |\ 1\ \overset{>}{2}\ \overset{\smile}{2}\ |\ \overset{12}{\widehat{}}\ 1\ (656\ |$

党

$1236\ 5676\ |\ 1235\ 216\ |\ 565\ 5161)\ |\ 3\overset{\frac{1}{2}}{2}\ 23\ |\ (3656)\ 1\overline{32}1\ |$

来　把　　　敌

mp

$1\ (2\underset{\cdot}{76}\ 5\underset{\cdot}{612})\ |\ \frac{1}{4}\ 7656\ |\ 767\ |\ 256\ |\ 27\ |\ 2376\ |\ 55(6)\ |$

抗，　　　　历尽　艰辛,东进　江南,深入　敌后,

$3656\ |\ 27\ |\ \frac{2}{4}\ 6765\ 356\ |\ \overset{7}{6}(56)\ 3.2\ |\ \overset{5}{3.1}\ 2\ |\ 7.6\ 65\ |$

解放　集镇　与　　　　村　庄。　　红旗

$0\overset{3}{3}\ 365\ |\ 1.6\ 561\ |\ (1656)\ 321\ |\ 1\ (2\underset{\cdot}{36}\ 561)\ |$

举　处歌　　声　朗，

稍撤　　　　　原速
$5\overset{\ominus}{0}7\ |\ 27\ |\ \frac{2}{4}\ 765\ |\ 356(7\ |\ 6756)\ |\ 161\ |\ 3.1\ 2\ |$

百姓们　才见　天　　　　　日　光。

185

$\frac{2}{4}$ 2) | 2 5 3 2 | 1 2 3 | 2 3 3 | 2 8 2 | 1 | 3 2 3 | 6 2 1 |

（仓）你 有 理， 敢 当 着 百 姓 们 讲， 纵 然 把 我

充满信心地

3 2 3 | 6 2 1 | 2 3 1 2 | 3(0 2) | 3 3 2 3 | 5 | 3 3 | 2 3 |

千 刀 万 剐 也 无 妨！ 沙 家 浜 总 有 一 天

渐慢

3 2 5 | 3(2 3 5) | 2 3 | 2 1 | 6 1 | 2 5 3 5 | 2 3 | 5 |

会 解 放， 且 看 你 们 这 些 走 狗 汉 奸

f 散

0 | 0 | 3 2 1 6·2 | 1 — | 1 1 2 3 6 — |

（顷 仓）好 下 场！

5·· 2 3 — 3 3 2 2 — 2 0 0 0 0 0 |

（大台 仓 才 仓）

飞兵奇袭沙家浜

第八场 郭建光唱

1 = E

（1 — 3 — 5·2 3 5 2 3 5 0 1 1 3 3 3 2

（嘟 仓· 嘟 来台 顷 仓 0）

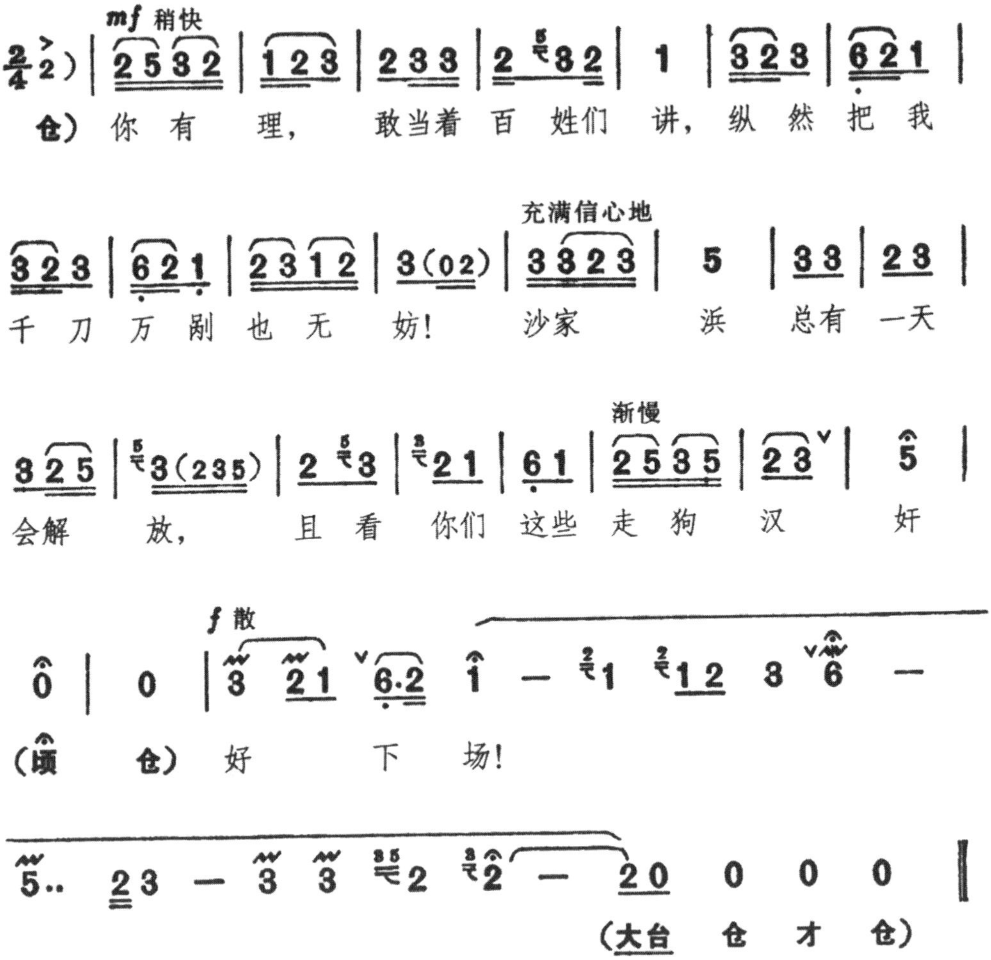

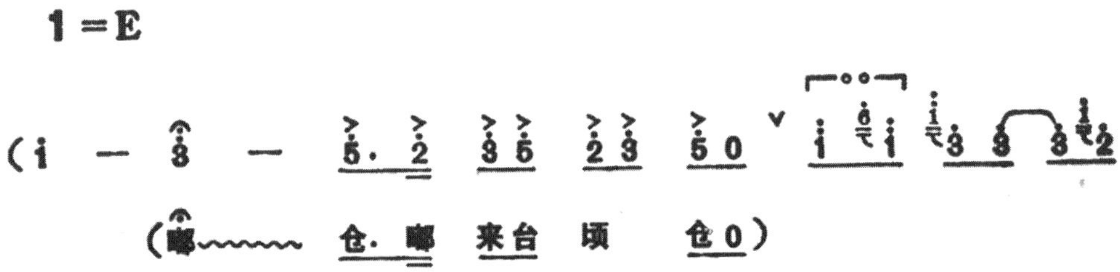

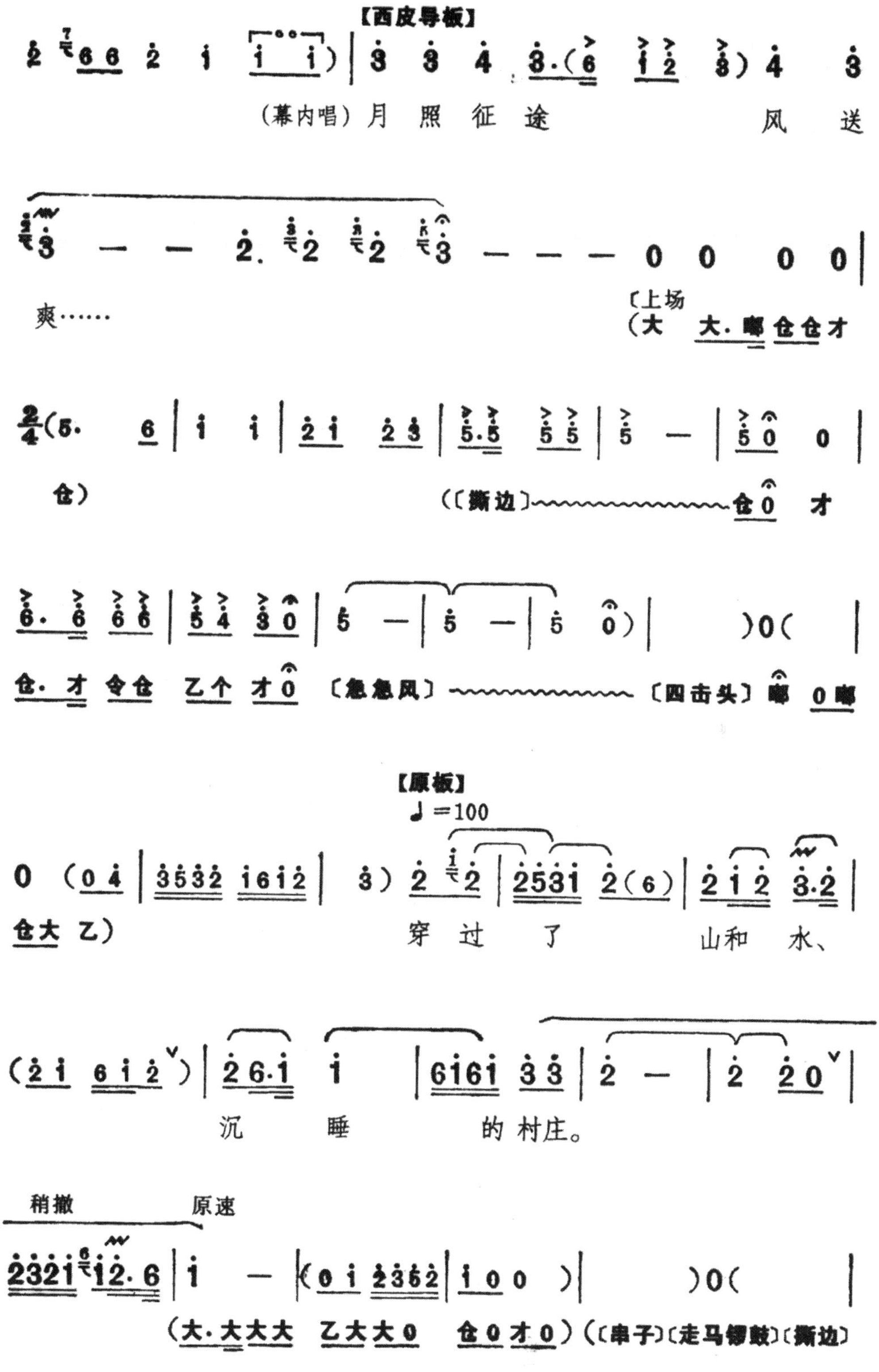

【西皮导板】

2 ⁷66 2 1 │ 1 1)│ 3 3 4 3.(6 1 2 3) 4 3

（幕内唱）月　照　征　途　　　　　风　送

3 — — 2. 2 2 3 — — — 0 0 0 0 │

爽……　　　　　　　　　　　　　【上场

　　　　　　　　　　　　（大　大.嘟仓仓才

2/4 (5. 6 │ 1 1 │ 2 1 2 3 │ 5.5 5 5 │ 5 — │ 5 0 0 │

仓）　　　　　　〔撕边〕～～～～～　仓 0　才

6. 6 66 │ 5 4 3 0 │ 5 — │ 5 — │ 5 0) │)0(│

仓.才令仓　乙个才 0 〔急急风〕～～～～〔四击头〕嘟 0 嘟

【原板】

♩=100

0 （0 4 │ 3 5 3 2 1 6 1 2 │ 3) 2 2 │ 2 5 3 1 2 (6) │ 2 1 2 3.2 │

仓大 乙)　　　　　　穿 过 了　　山 和 水、

(2 1 6 1 2) │ 2 6.1 1 │ 6 1 6 1 3 3 │ 2 — │ 2 2 0 │

沉 睡　的 村 庄。

稍撤　　　原速

2 3 2 1 1 2.6 │ 1 — │(0 1 2 3 6 2 │ 1 0 0)│)0(│

（大.大大大　乙大大 0　仓 0 才 0）〔串子〕〔走马锣鼓〕〔撕边〕

187

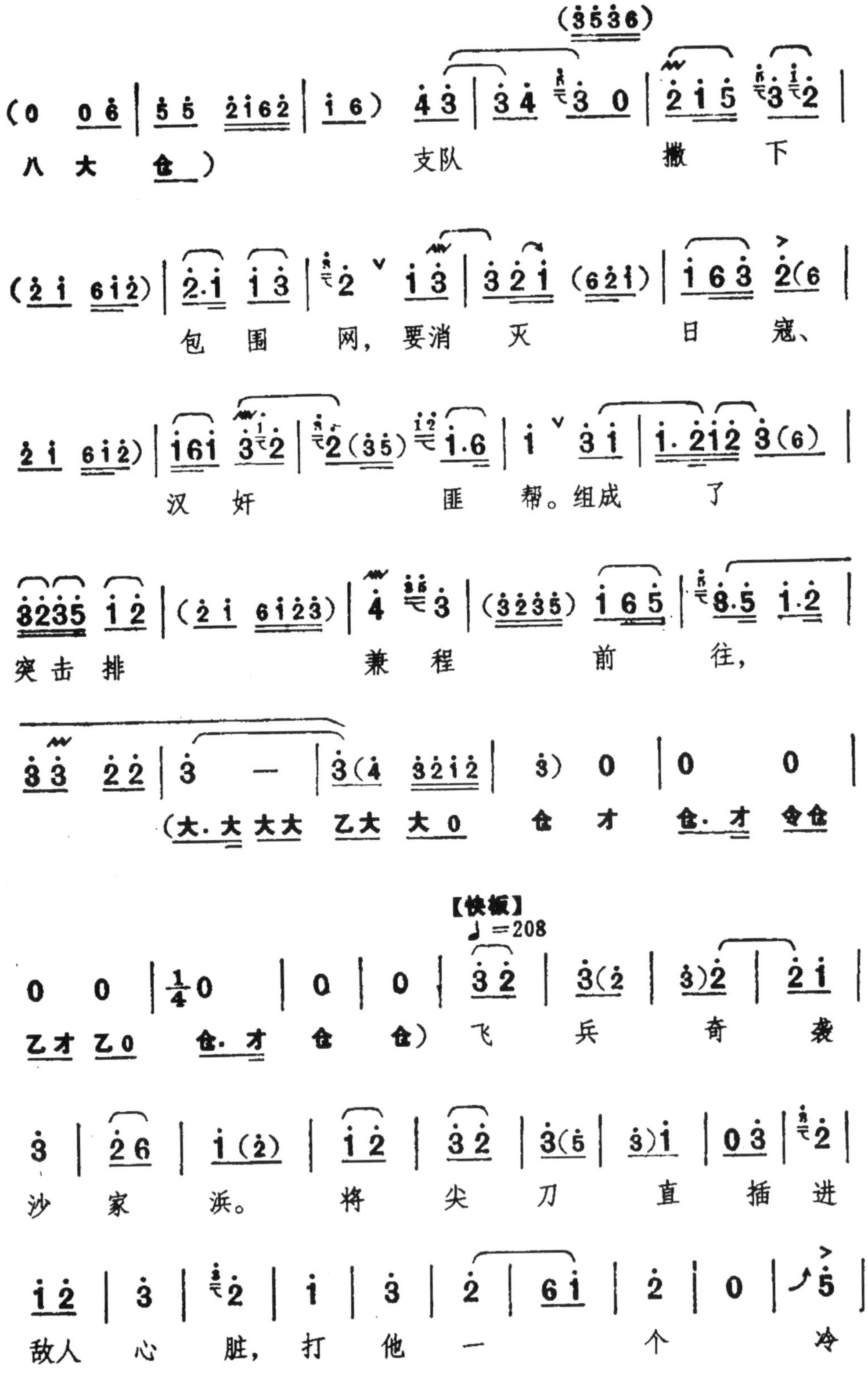

八 大 仓 ）
支队 撒 下
包 围 网，要消 灭 日 寇、
汉 奸 匪 帮。组成 了
突击 排 兼 程 前 往，
（大.大 大大 乙大 大 0 仓 才 仓.才 令仓
【快板】
♩=208
乙才 乙0 仓.才 仓 仓）飞 兵 奇 袭
沙 家 浜。将 尖 刀 直 插 进
敌人 心 脏，打 他 一 个 冷

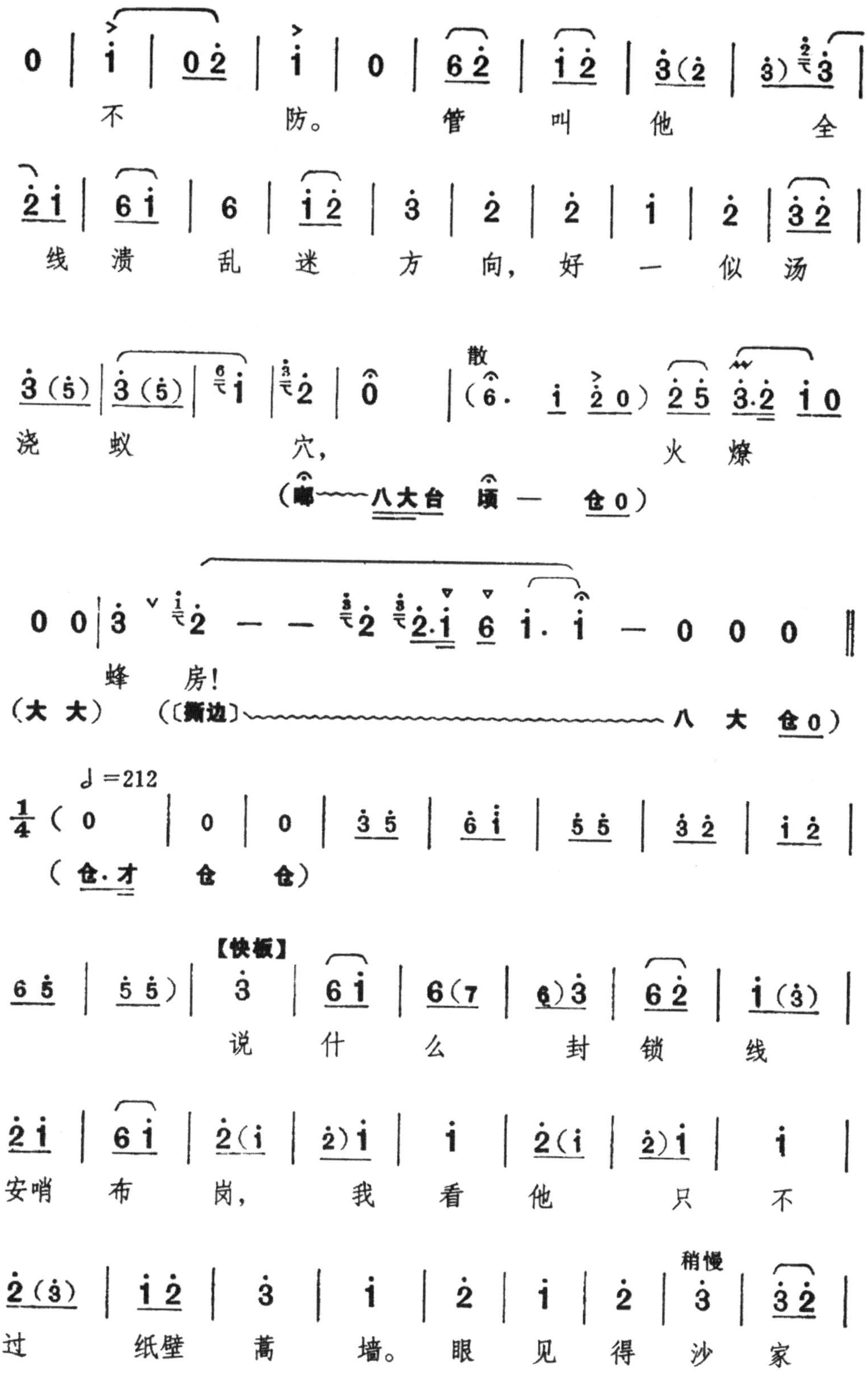

不防。　　管叫他全

线溃乱迷方向，好一似汤

浇蚁穴，　　　　火燎

（嘟———八大台　顷—仓0）

蜂房！

（大大）（〔撕边〕～～～～～～～～～～八大仓0）

说什么封锁线

安哨布岗，我看他只不

过纸壁蒿墙。眼见得沙家

189

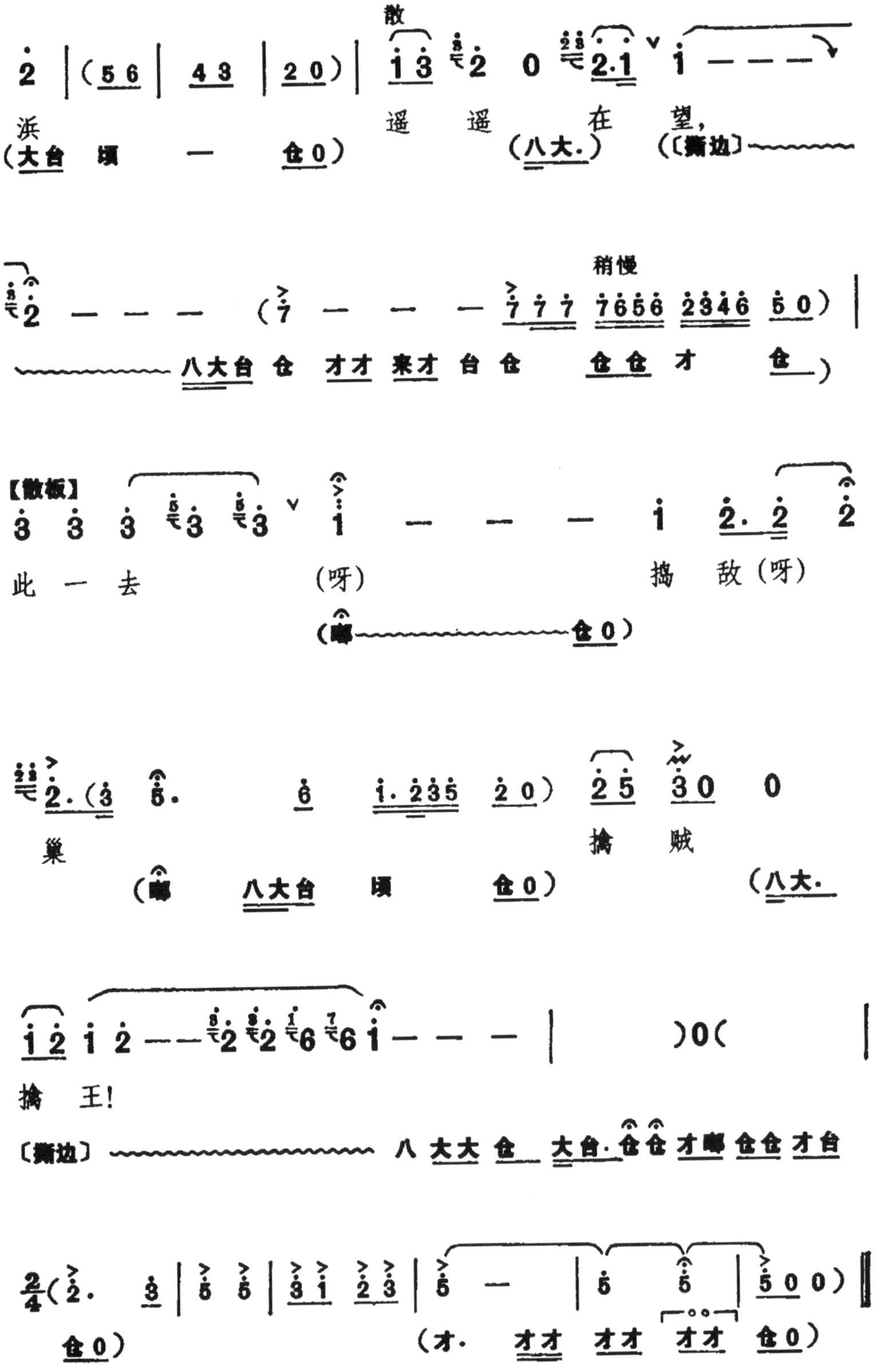
散
浜
(大台 頃 一 仓0)
遥 遥 在 望,
(八大.) (〔撕边〕
稍慢
八大台 仓 才才 来才 台 仓 仓仓 才 仓)
【散板】
此 一 去 (呀) 捣 敌 (呀)
(嘟 仓0)
巢
擒 贼
(嘟 八大台 頃 仓0) (八大.
擒 王!
〔撕边〕 八 大大 仓 大台. 仓 仓 才嘟 仓仓 才台
仓0)
(才. 才才 才才 才才 仓0)

锣 鼓 字 谱 说 明

八	鼓双楗同击
大	鼓单楗击
多	鼓单楗轻击
八大	鼓双楗紧促分击
嘟	鼓双楗滚击
撕边	鼓双楗由慢渐快滚击
乙、个	休止
扎	板音
仓	大锣单击或大锣、小锣、铙钹同击
顷	小锣轻击或大锣、小锣、铙钹同时轻击
台、来、当	小锣单击
令	小锣轻击
才	铙钹单击,或与小锣同击

乐 谱 符 号 说 明

pp　　　很弱

p　　　弱

mp　　　中弱

mf　　　中强

f　　　强

ff　　　很强

sf　　　特强

sfp　　　特强后弱

◁　　　渐强

▷　　　渐弱

撤　　　一般表示比较突然的慢

颤音：

　　（1）上颤音（〰、〰〰）实际效果为：

　　　　$\tilde{6}$　　等于　　**676.** 或 **616.**

　　　　$\tilde{6}$　　等于　　**67676** 或 **61616**

　　（2）下颤音（〰）实际效果为：

　　　　$\tilde{6}$　　等于　　**656.**

（颤音随符号长度的不同,声音颤动的长度也不同。）

散　　　　节奏自由处理

⌐°°⌐　　　自由反复或自由延长

⌒　　　　延长号

)o(　　　自由休止

>　　　　重音

ᵥ　　　　顿音

—　　　　保持音

v　　　　换气

♦　　　　震音

tr　　　颤音（或打弦）

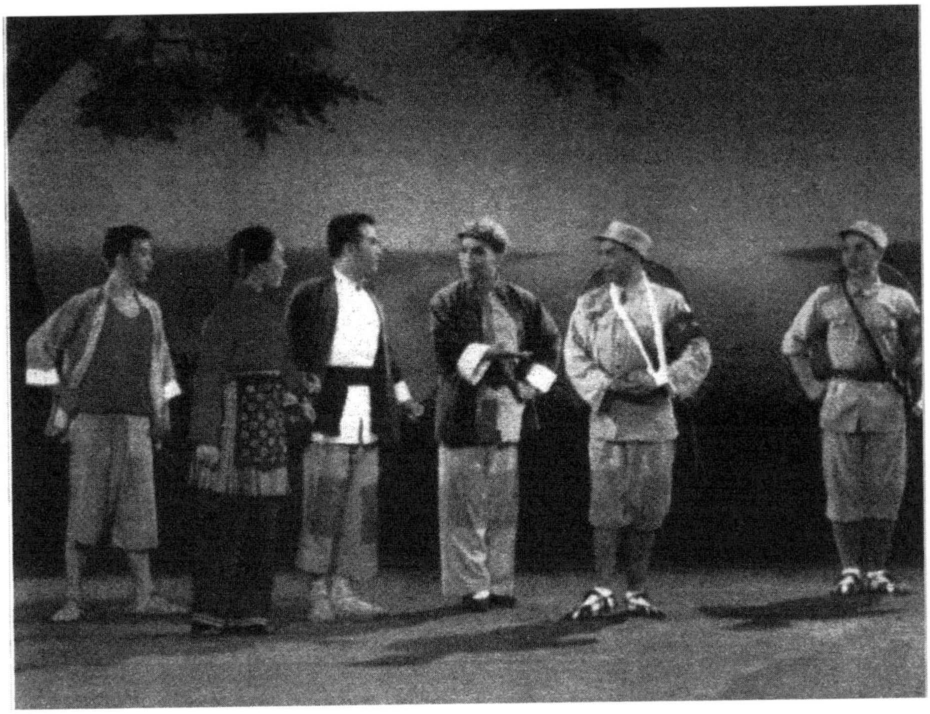

　　县委书记程谦明带领新四军伤病员来到沙家浜附近
的封锁线，并把指导员郭建光介绍给前来接应的沙家浜
党支部书记阿庆嫂和镇长赵阿祥。

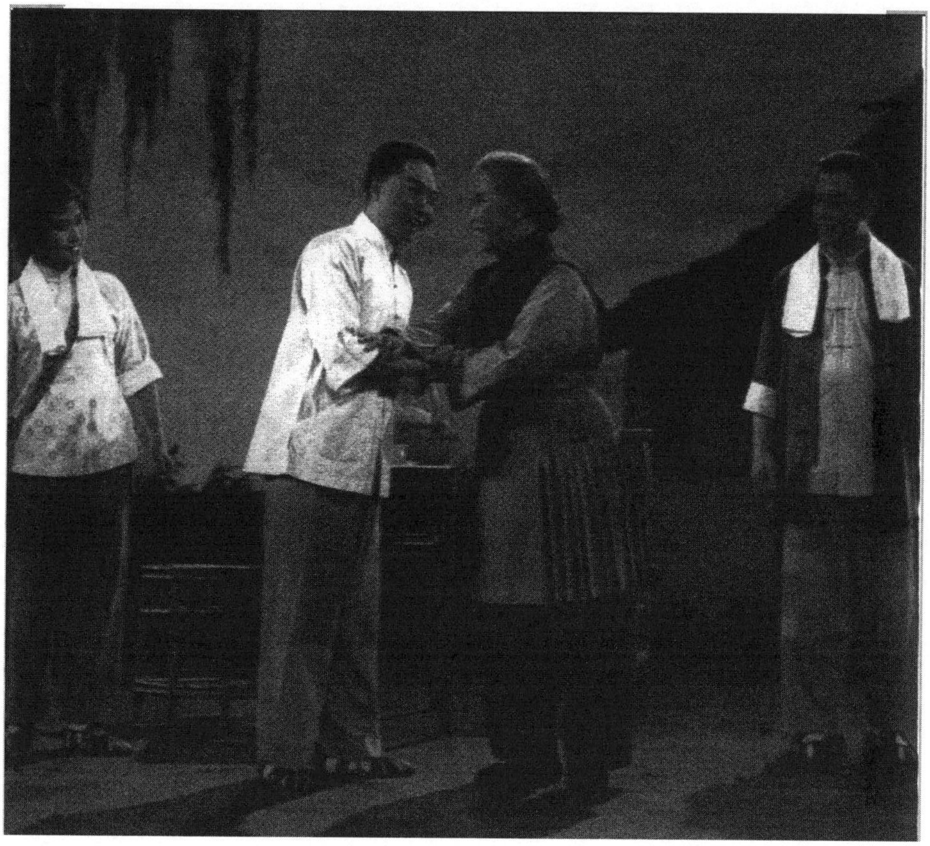

　　郭建光带领着新四军伤病员在沙家浜养伤，受到了
沙奶奶和乡亲们无微不至的关怀照顾，军爱民，民拥军，
军民亲如一家。

胡传魁和刁德一妄想探听新四军伤病员的
下落。阿庆嫂识破诡计，机智沉着，从容应对，
保护了新人新四军。

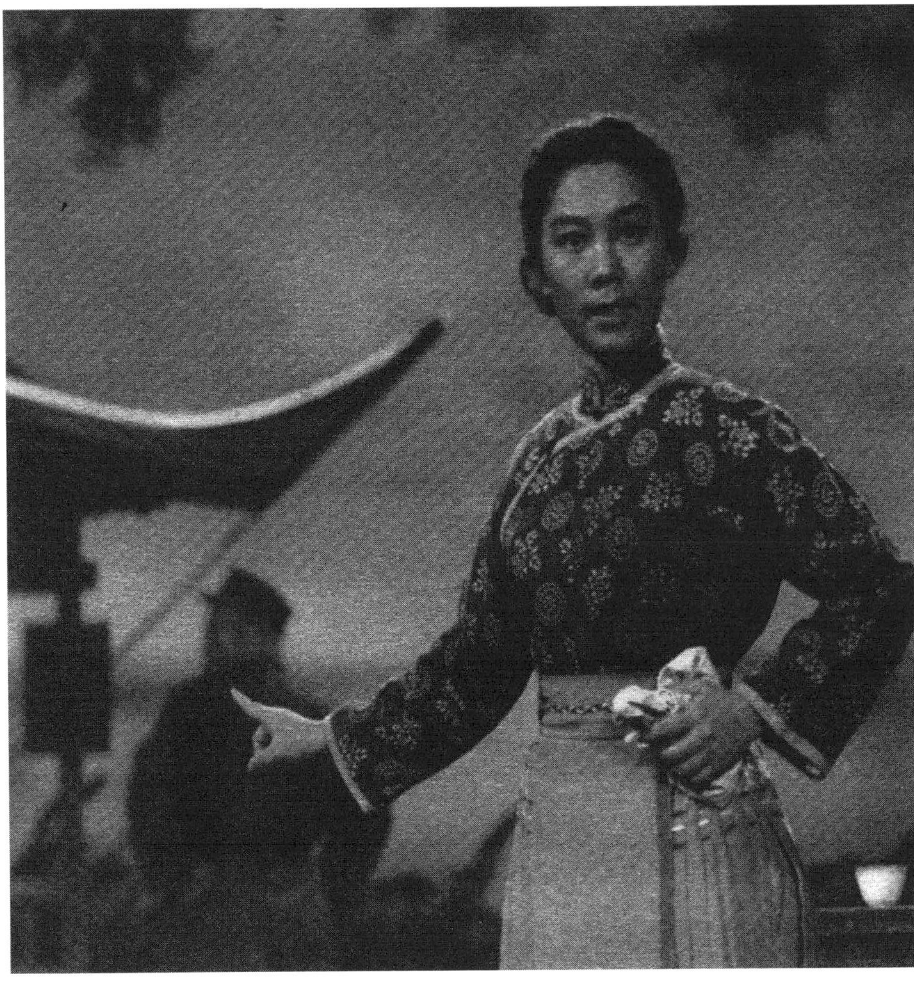

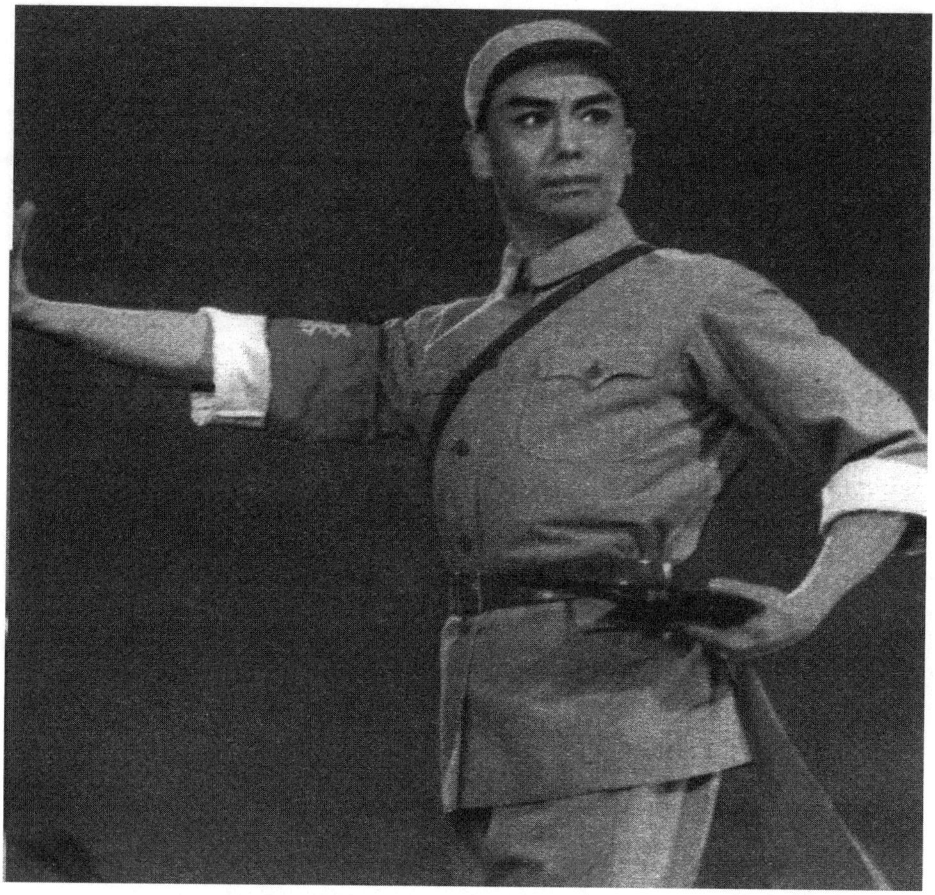

沙家浜的枪声传进芦荡，郭建光认真分析了敌情，
教育战士们察全局，观敌情，坚守待命，紧握手在枪。

新四军伤病员安全转移出芦荡。胡传魁、刁德一
这伙匪徒疯狂地屠杀革命群众。在敌人的严弄拷打下，
沙奶奶宁死不屈，大义凛然，痛斥汉奸、走狗、卖国贼。

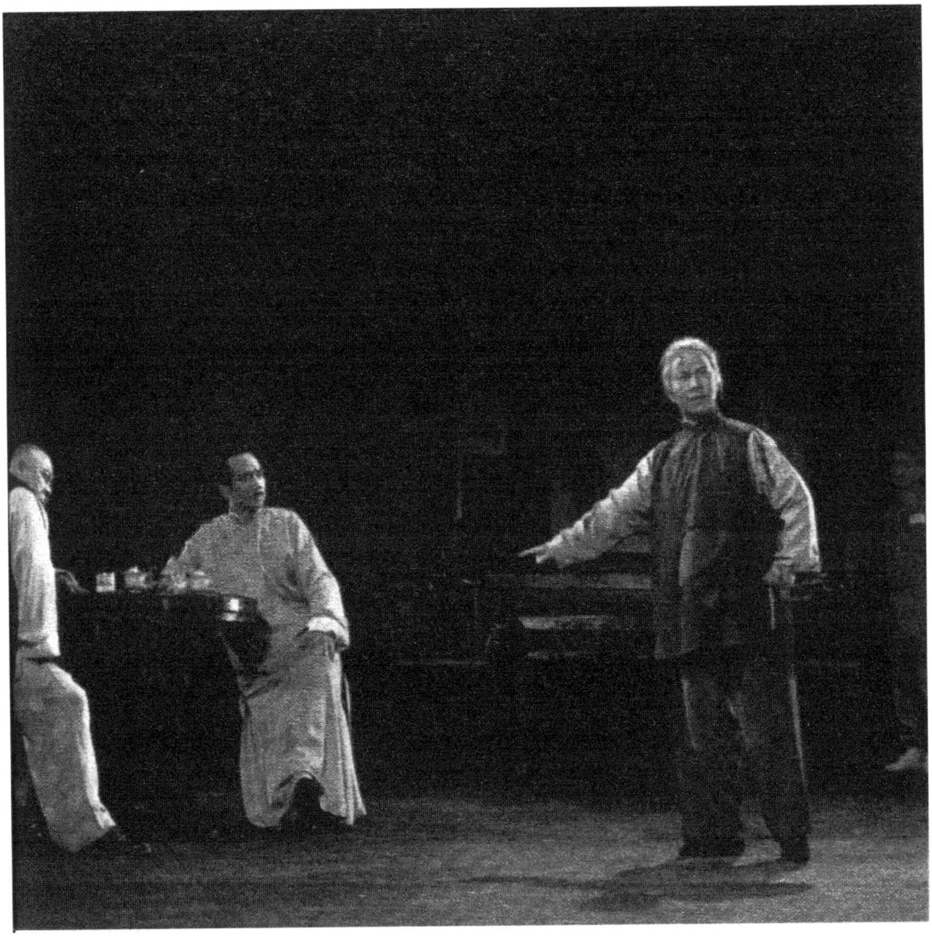

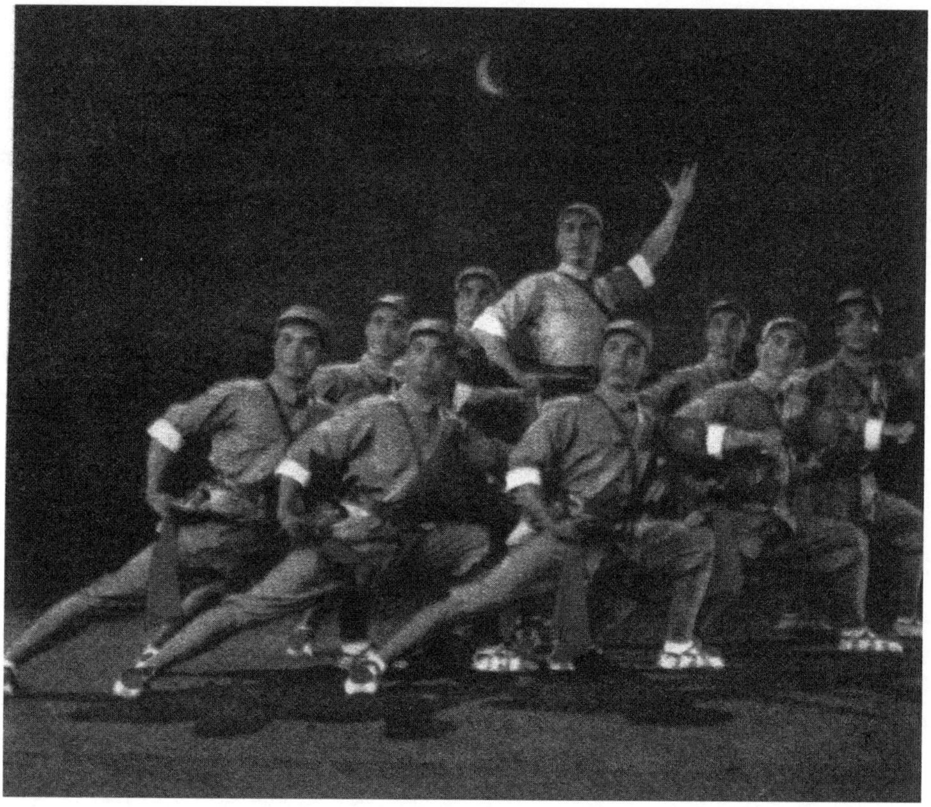

　　伤愈归队的伤病员，组成了突击排，在郭建光的
率领下，配合新四军主力部队，飞兵奇袭沙家浜。

程谦明化装医生，来到春来茶馆，把新四军主力
部队回兵东进的消息通知了阿庆嫂。要她了解敌人的
兵力部署情况，并立刻把伤病员转移到红石村。

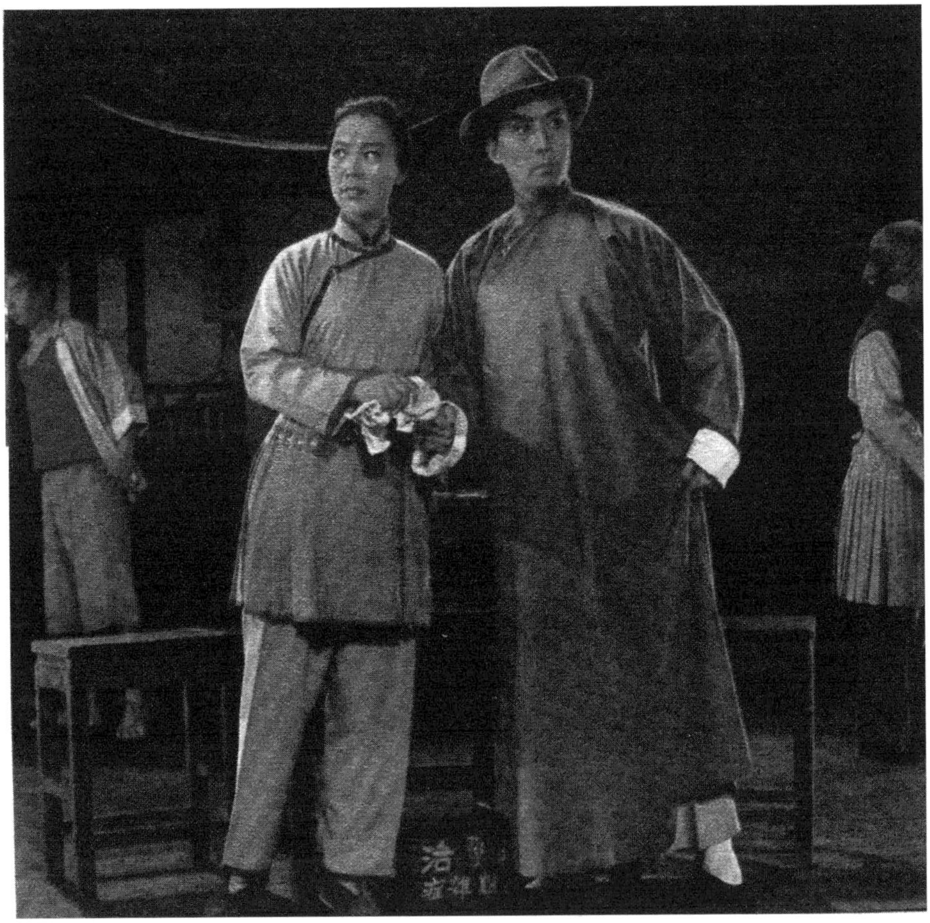

突击排在民兵配合下，直捣匪巢。郭建光
弹无虚发，连毙敌众，将日寇、汉奸一鼓聚歼。

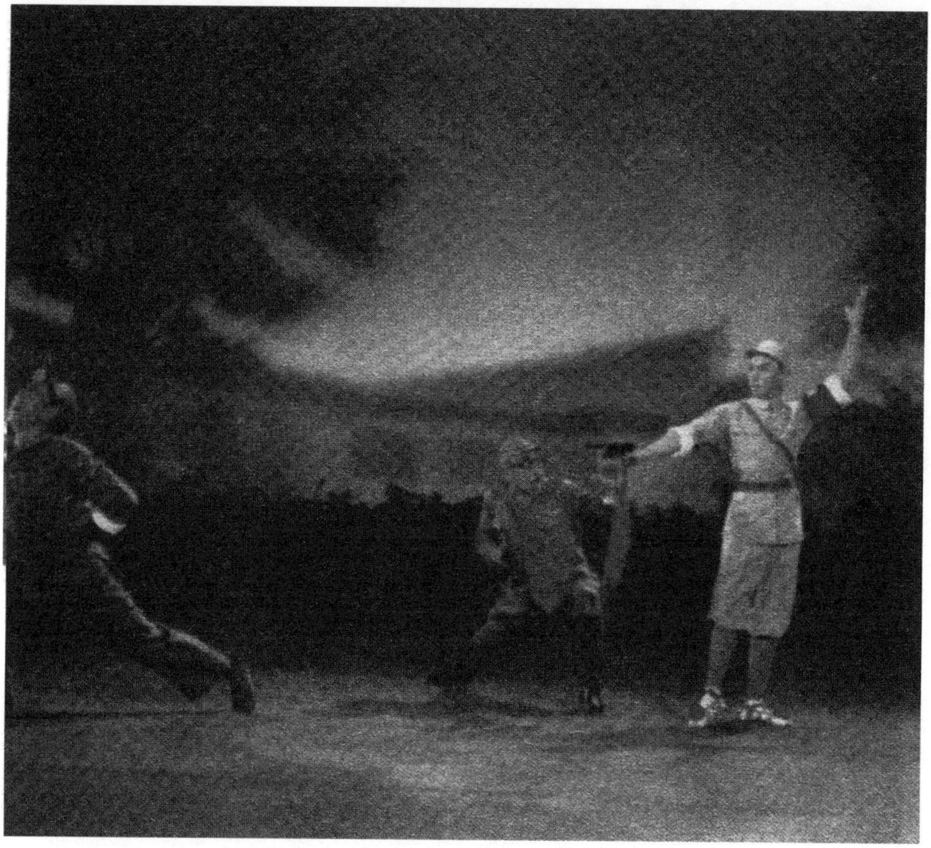

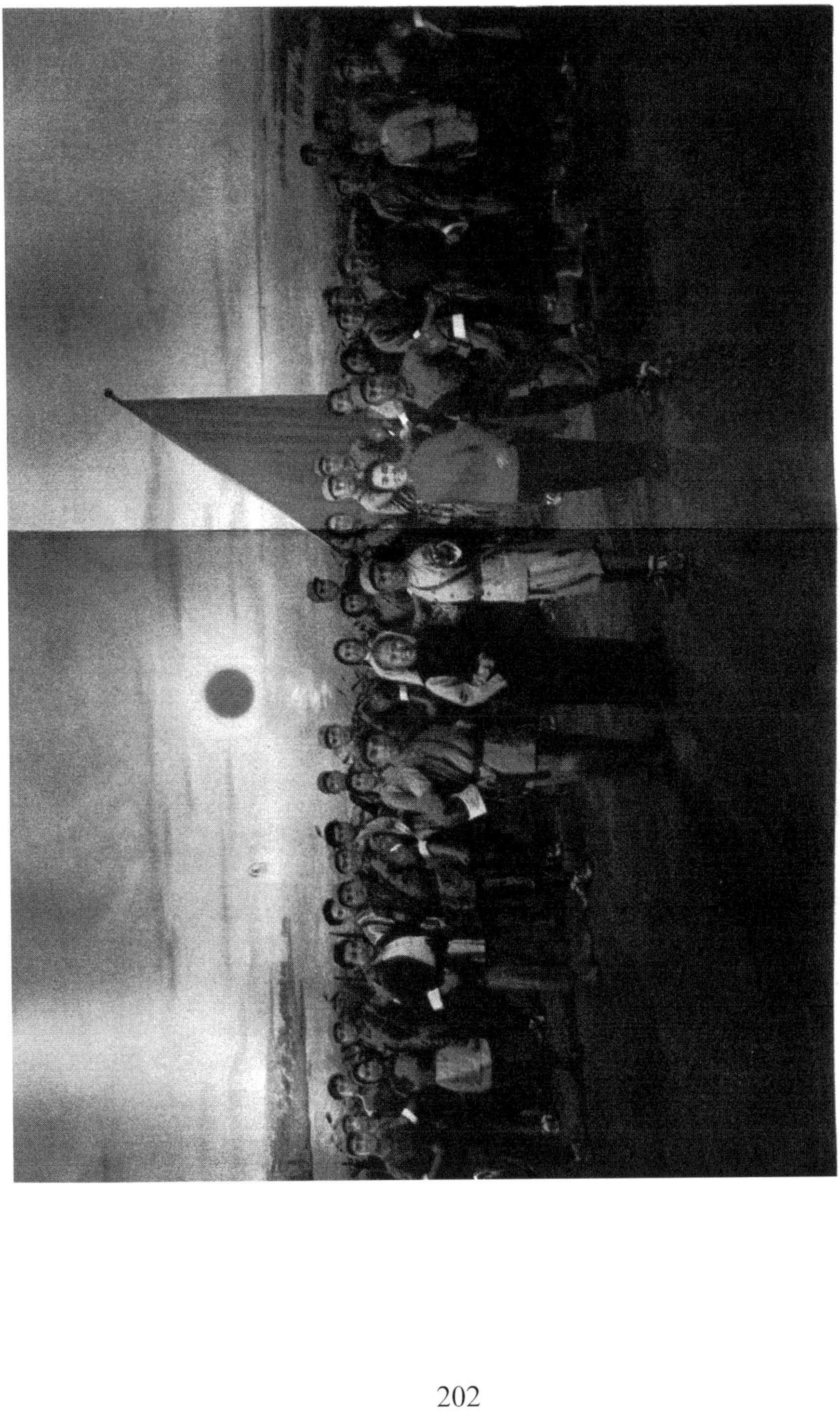

沙家浜人民在毛主席和中国共产党领导下，
清除敌伪，重见光明。

革命现代京剧

沙　　家　　浜

人 民 出 版 社 出版

新 华 书 店 发行

武汉市江汉印刷厂印刷

1970 年 9 月第 1 版

1970 年 11 月湖北第 1 次印刷

书号 10001·230　每册 0.25 元

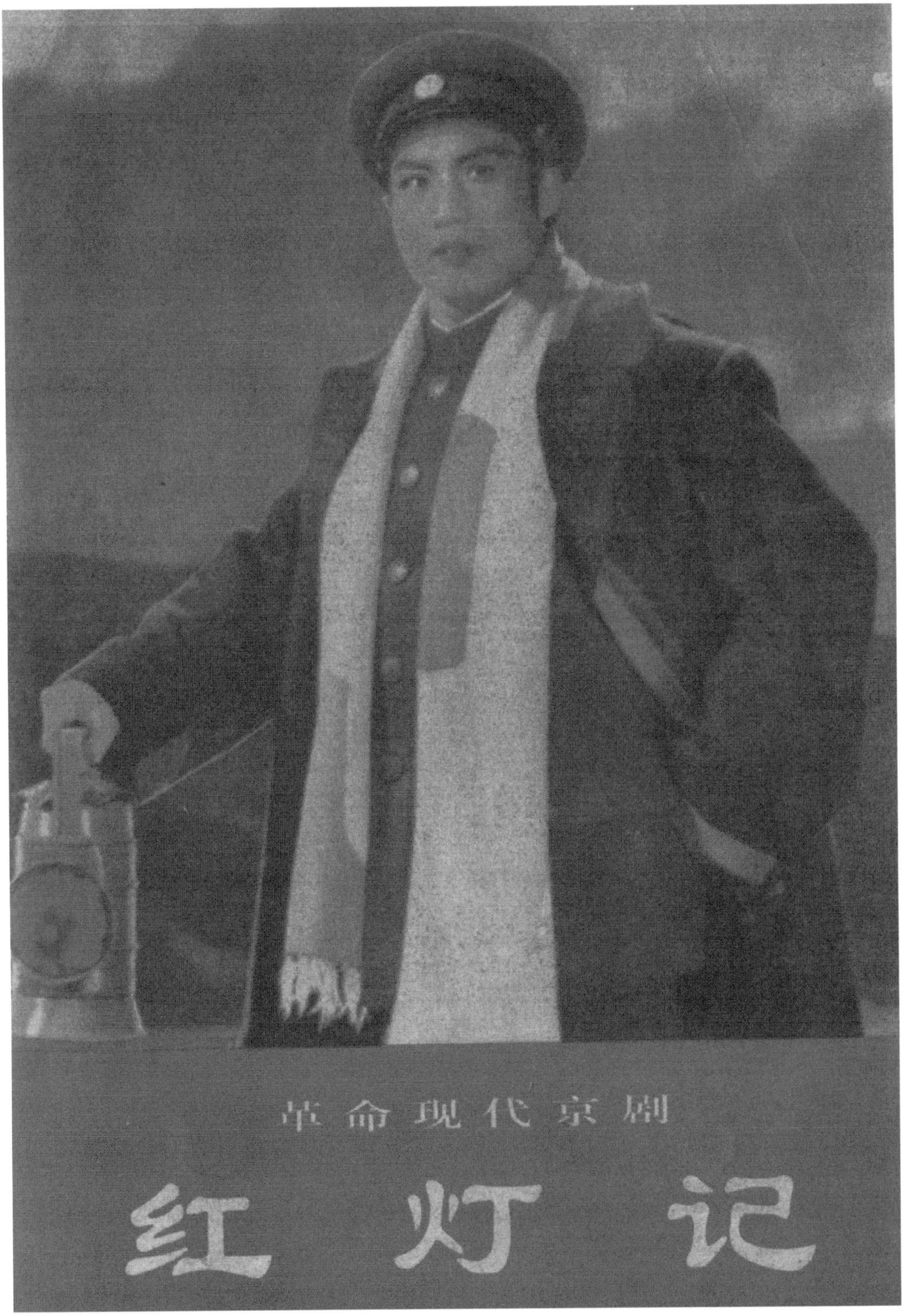

革命现代京剧

红灯记

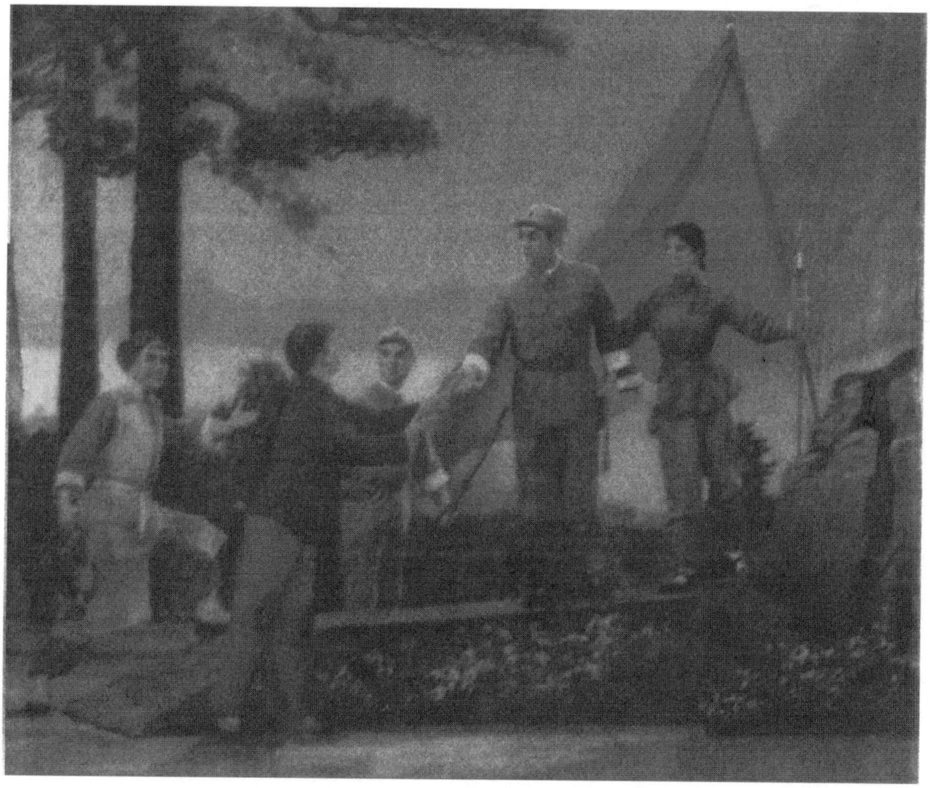

毛 主 席 语 录

革命文化，对于人民大众，是革命的有力武器。革命文化，在革命前，是革命的思想准备；在革命中，是革命总战线中的一条必要和重要的战线。

我们的文化艺术都是为人民大众的，首先是为工农兵的，为工农兵而创作，为工农兵所利用的。

毛主席语录

成千成万的先烈，为着人民的利益，在我们的前头英勇地牺牲了，让我们高举起他们的旗帜，踏着他们的血迹前进吧！

革命现代京剧

红 灯 记

中国京剧团集体改编

（一九七〇年五月演出本）

文革期間所有戏曲影
視停演受批判，只有
江青指导排演的八個
"樣版剧"在全国风行.

此八個"样版戏"
为最初刊印本。

中国人民解放军战士出版社翻印

目　　录

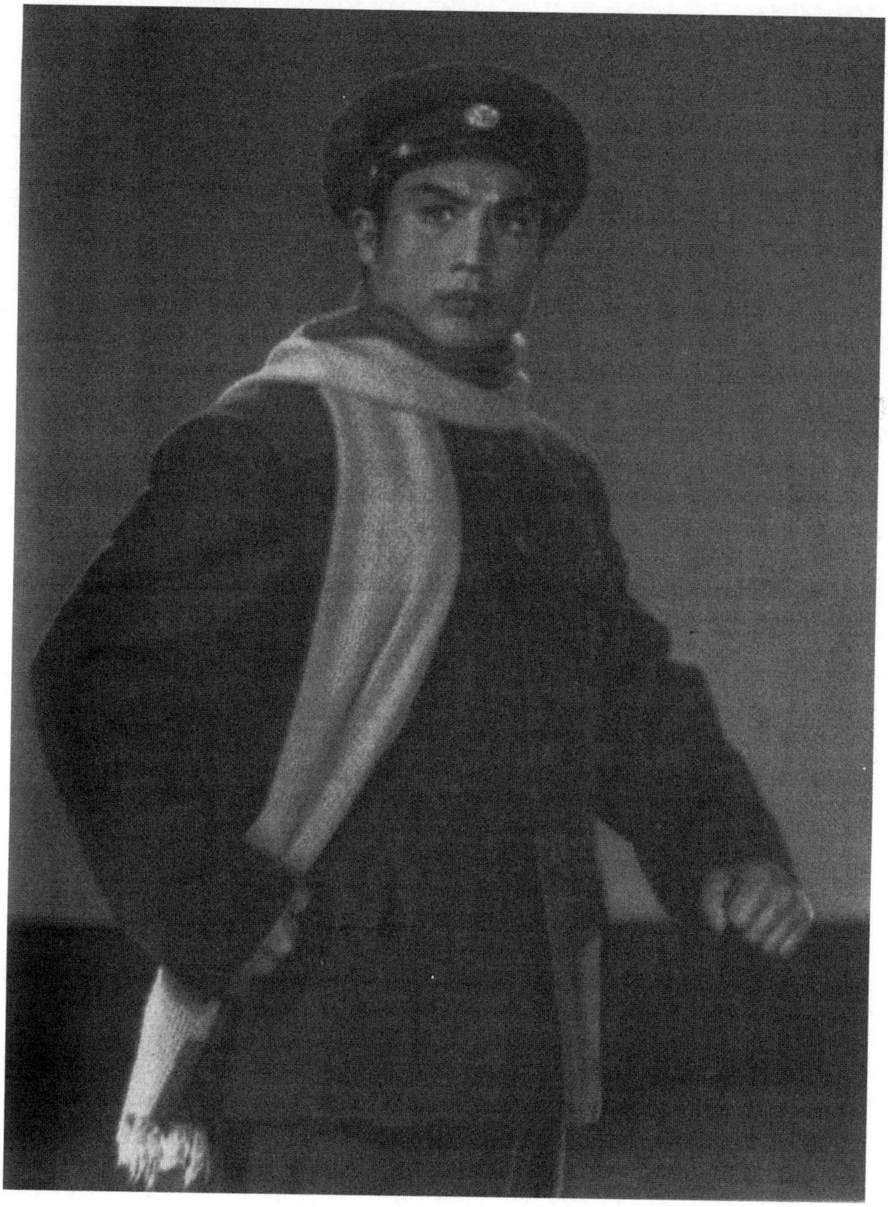

李玉和——铁路扳道工人。中国共产党员。

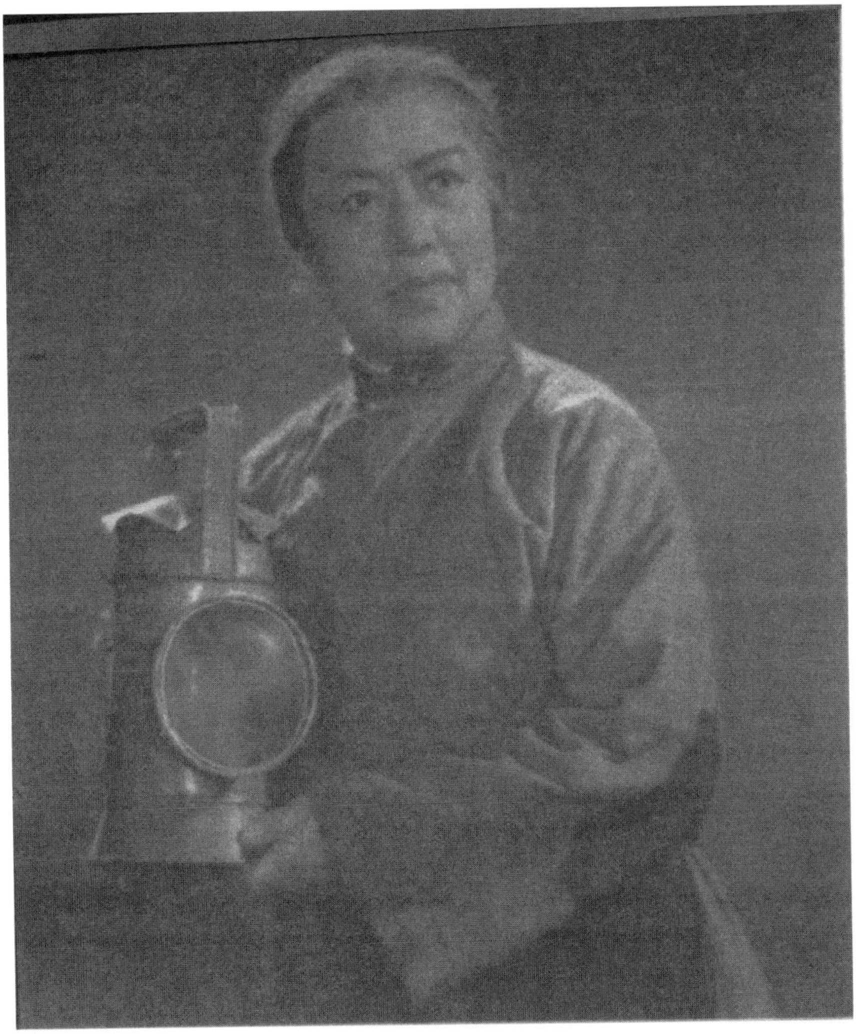

李奶奶——李玉和的母亲。

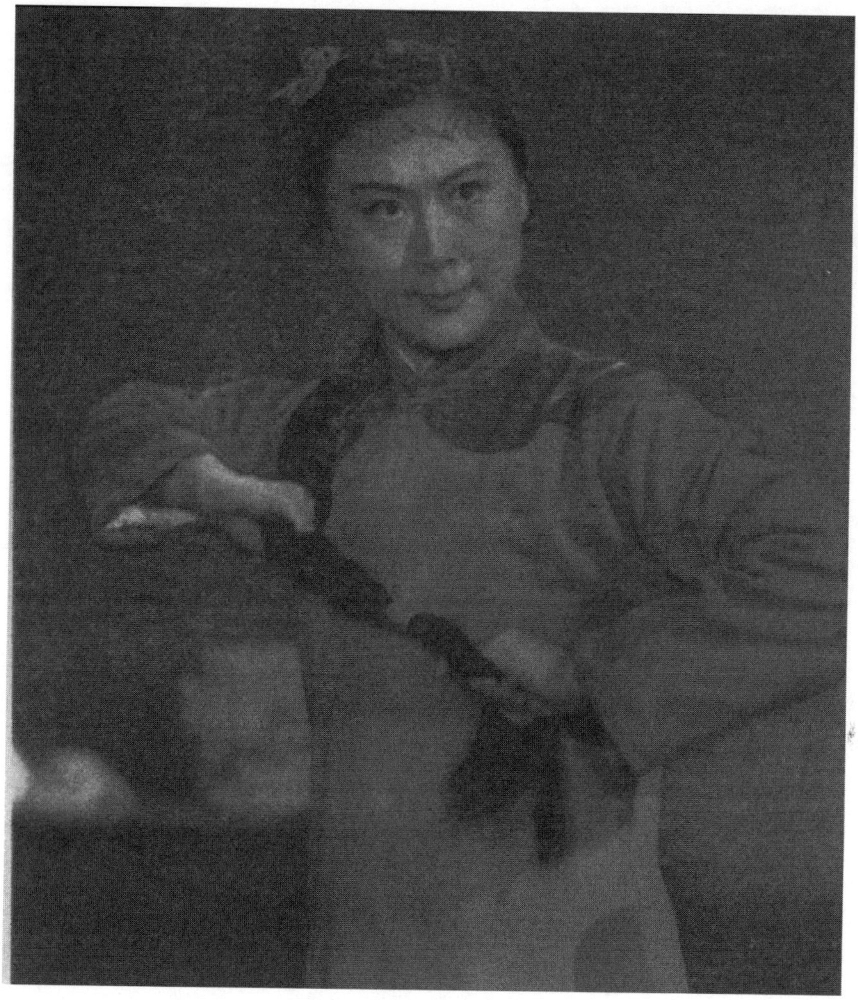

铁　梅——李玉和的女儿。

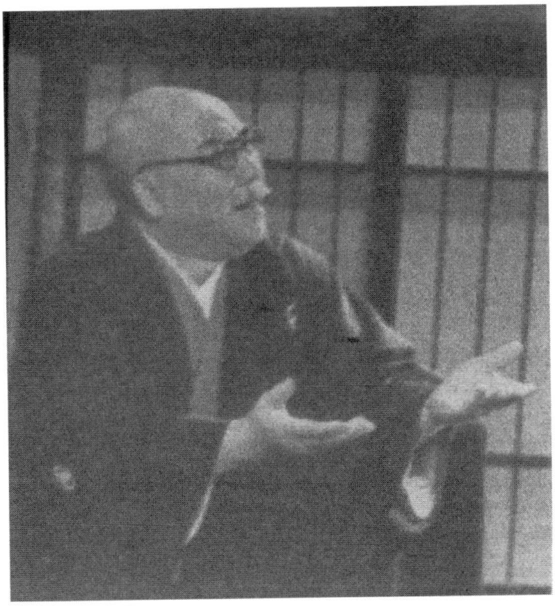

鸠山——日寇宪兵
队队长。

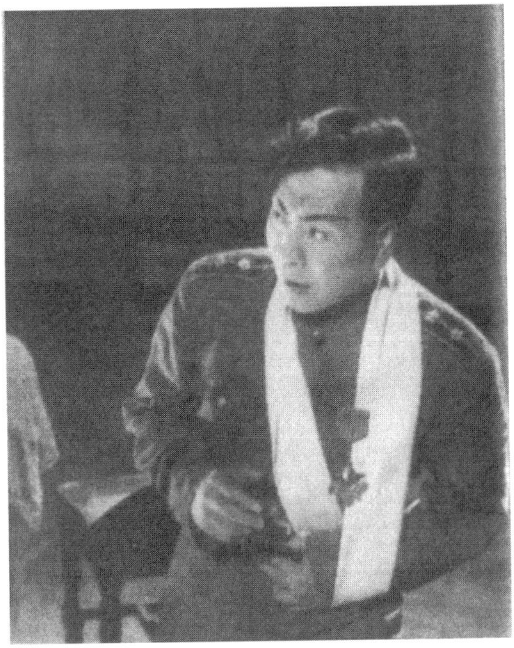

王连举——伪警察局
巡长。原为秘密共产党员，
后叛变投敌。

人 物 表

李玉和——铁路扳道工人。中国共产党党员。

铁　梅——李玉和的女儿。

李奶奶——李玉和的母亲。

交通员——八路军松岭根据地交通员。

磨刀人——八路军柏山游击队排长。

慧　莲——李玉和家的邻居。

田大婶——慧莲的婆婆。

八路军柏山游击队队长。

游击队员若干人。

卖粥大嫂。

卖烟女孩。

劳动群众甲、乙、丙、丁、戊。

鸠　山——日寇宪兵队队长。

王连举——伪警察局巡长。原为秘密共产党员，
　　　后叛变投敌。

侯宪补——日寇宪兵队宪补。

伍　长——日寇宪兵队伍长。

假交通员——日寇宪兵队特务。

皮　匠——日寇宪兵队特务。

日寇宪兵、特务若干人。

第一场　接应交通员

〔抗日战争时期。初冬之夜。

〔北方某地隆滩火车站附近。铁道路基可见。远处山峦起伏。

〔幕启：北风凛冽。四个日寇宪兵巡哨过场。

〔李玉和手提号志灯，朝气蓬勃，从容镇定，健步走上。

李玉和　　唱【西皮散板】

　　　　　　手提红灯四下看……

　　　　　　上级派人到隆滩，

　　　　　　时间约好七点半，

　　　　　　等车就在这一班。

〔风声。铁梅挎货篮迎风而上。

铁　梅　　爹。

李玉和　　哦。铁梅！（觉得孩子冷，摘下围巾给她围上）今天买卖怎么样？

铁　梅　　哼！宪兵和狗腿子，借检查故意刁难人，闹得人心惶惶，谁还顾得上买东西呀。

李玉和　　这一群强盗！

铁　梅　　爹，您也行多留点神哪！

李玉和　　好。铁梅，你回去告诉奶奶，说表叔就要来了。

铁　梅　　表叔？

李玉和　　对。

铁　梅　　爹，今儿这个表叔是个什么样儿呀？

李玉和　　小孩子，别老问这个啊。

铁　梅　　回去问奶奶。

李玉和　　这孩子！

　　　　　〔铁梅下。

李玉和　　（望着铁梅背影，高兴地）好闺女！

　　　　　唱【西皮原板】

　　　　　　　　提篮小卖拾煤渣，

　　　　　　　　担水劈柴也靠她。

　　　　　　　　里里外外一把手，

　　　　　　　　穷人的孩子早当家。

　　　　　　　　栽什么树苗结什么果，

　　　　　　　　撒什么种子开什么花。

　　　　　〔王连举上。

王连举　　老李，我找你半天……

　　　　　〔李玉和机警地制止王连举讲话，观察四周。

王连举　　老李，鬼子的岗哨，今天布置得很严密，看样子好象有
　　　　　什么事！

李玉和　　我知道。老王，以后我们尽量少见面，有事我临时通
　　　　　知你。

王连举　　好吧。

　　　　　〔王连举下。

　　　　　〔远处火车汽笛声。李玉和下。灯暗。

　　　　　〔火车轰鸣，飞驰而过。枪声。

　　　　　〔灯亮。交通员从坡上"抢背"下来，晕倒。

　　　　　〔李玉和急上。

李玉和　　（见状自语）左手戴手套……

217

〔枪声。王连举返回。

王连举　这是谁？

李玉和　自己人。我背走，你掩护！

王连举　好。

〔李玉和背交通员下。

〔日寇宪兵追喊声、枪声。王连举朝李玉和走的相反方向放了两
　　　　枪。日寇宪兵将至，王连举为保自己，畏缩颤抖地朝胳膊打了
　　　　一枪，倒地。

〔伍长带日寇宪兵追上。

伍　长　（问王连举）嗨！跳车的有？

王连举　啊？

伍　长　跳车的有？

王连举　哦！（手指李玉和下场的相反方向）在那边。

伍　长　（惊慌地）卧倒！

〔众日寇宪兵慌忙卧倒。

〔灯暗。

——幕　闭

第二场　接受任务

〔紧接前场。

〔李玉和家内外：门外是小巷。屋内正中放着桌椅，窗户上贴着一只"红蝴蝶"。右后方是里屋，挂着门帘。

〔幕启：北风呼啸，四壁昏暗；李奶奶捻灯，屋中转明。

李奶奶　　唱【西皮散板】

　　　　　　打渔的人经得起狂风世浪，

　　　　　　打猎的人【原板】哪怕虎豹豺狼。

　　　　　　看你昏天黑地能多久！

　　　　　　革命的火焰一定要大放光芒。

〔铁梅挎货篮进屋。

铁　梅　奶奶！

李奶奶　铁梅！

铁　梅　奶奶，我爹说：表叔马上就要来了。（放下货篮）

李奶奶　（自语，盼望地）表叔马上就要来了！

铁　梅　奶奶，我怎么有那么多的表叔哇？

李奶奶　哦。咱们家的老姑奶奶多，你表叔就多呗。

〔李奶奶补衣服。

铁　梅　奶奶，那今儿来的是哪个呀？

李奶奶　甭问。来了你就知道了。

铁　梅　嗯。奶奶，您不告诉我，我也知道。

李奶奶　知道？你知道个哈？

铁　梅　奶奶，您听我说！

　　　　唱【西皮流水】

我家的表叔数不清，

没有大事不登门。

虽说是，虽说是亲眷又不相认，

可他比亲眷还要亲。

爹爹和奶奶齐声唤亲人，

这里的奥妙我也能猜出几分：

他们和爹爹都一样，

都有一颗红亮的心。

〔李玉和背交通员急上，推门进屋，示意铁梅关门，注意外边。并亲切地扶交通员坐下，递水给他喝。

交通员 （苏醒）请问你此地可有个扳道的李师傅？

李玉和　我就是。

〔李玉和、交通员对暗号。

交通员　我是卖木梳的。

李玉和　有桃木的吗？

交通员　有。要现钱。

李玉和　好，你等着。

〔李玉和示意李奶奶拿灯试探。

李奶奶 （举煤油灯看交通员）老乡……

交通员 （见暗号不对）谢谢你们救了我，我走啦！

李玉和 （高举号志灯）同志！

交通员 （激动地）我可找到你啦！

〔铁梅接过号志灯，看到了它的作用，惊悟。

〔李奶奶示意铁梅提货篮出门巡风。

交通员　老李，我是松岭根据地的交通员。（从鞋底取出蜜电码）这是一份密电码。

〔李玉和郑重地接受。

交通员　你把它转送柏山游击队，明天下午在破烂市粥棚，有个

磨刀的人和你接头。暗号照旧。

李玉和　暗号照旧。

交通员　老李，这个任务很艰巨呀！

李玉和　放心吧，我一定完成任务！

交通员　好，老李，时间紧迫，我得马上回去。

李玉和　同志，你的身体……？

交通员　刚才是摔晕了，现在我能走了。

李玉和　好。等一等，我给你换件衣服。

〔李玉和拿衣服给交通员换上。

李玉和　（郑重叮嘱）敌人正在到处搜查，情况很紧。路上你要多
　　　　加小心！

交通员　老李，你放心吧！

李玉和　同志……

　　　　唱【二黄快三眼】

　　　　　　一路上多保重——山高水险，

　　　　　　沿小巷过短桥僻静安全。

　　　　　　为革命同献出忠心赤胆——

〔送交通员下，铁梅进屋。

（接唱）

　　　　　　烈火中迎考验重任在肩。

　　　　　　决不辜负党的期望我力量无限，

　　　　　　天下事难不倒共产党员！

〔警车声响，李玉和机智果断，示意李奶奶吹灯。

〔李玉和持密电码"亮相"。

〔灯暗。

——幕　闭

第 三 场 粥 棚 脱 险

〔次日下午。

〔破烂市粥棚。

〔幕启：群众丙坐着喝粥。群众甲、乙走进坐下喝粥。

〔粥棚近处，坐着卖烟的女孩。群众丁习烟下。

〔李玉和一手提号志灯，一提饭盒，沉着机警地走上。

李玉和　唱【西皮摇板】

　　　　破烂市我把亲人访，

　　　　饭盒里面把密件藏。

　　　　千万重障碍【摇板】难阻挡，

　　　　定要把它送上柏山岗。

群众丙　（站起）李师傅！

李玉和　哦。（关心地）老张啊，你的伤好了吗？

群众丙　好多了。

李玉和　哦。往后可要多加小心哪！

群众丙　嗳。（自语）这年头，碰上日本鬼子，坐车不给钱，还打
　　　　人！这是什么世道！

　　　　〔群众丙下。

　　　　〔李玉和起进粥棚，把号志灯挂在柱子上。

群众甲乙　李师傅来了，这边坐。

李玉和　（亲切地）你们坐。

卖粥大嫂　李师傅您喝碗粥啊？

李玉和　好，大嫂，近来你的买卖怎么样啊？

卖粥大嫂　咳！凑合着吧。（盛粥递李玉和）

　　　　〔群众戊上。

群众戊　掌柜的，给我来碗粥。（接过粥刚要喝）掌柜的，这粥什么
　　　　味？都发了霉啦！

群众甲　嘿！这是配给的混合面！

卖粥大嫂　没法子！

群众乙　哎哟！（砂子硌牙，啐出）硌着了我啦！

群众甲　这里头尽是砂子！

群众乙　哼！真拿咱们不当人呐！

群众甲　小声点，别找倒霉呀！

群众乙　这怎么吃？没法活呀！

李玉和　（感同身受）唱【西皮流水】

　　　　　　有多少苦同胞怨声载道，

　　　　　　铁蹄下苦挣扎仇恨难消。

　　　　　　春雷爆发等待时机到，

　　　　　　英勇的中国人民岂能够俯首对屠刀！

　　　　　　盼只盼柏山的同志早来到——

　　　　〔磨刀人上。

磨刀人　唱【西皮摇板】

　　　　　　为访亲人我四下瞧。

　　　　　　红灯高挂迎头照，

　　　　　　我吆喝一声："磨剪子来抢菜刀！"

李玉和　（接唱）

又对我扬起左手要找话谈。

我假作闲聊对暗号——

〔正要与磨刀人接关系，突然警车声响，日寇宪兵冲上，磨刀人为掩护李玉和，帮意把磨刀凳碰倒，将敌人引向自己。

李玉和 【散板】

他引狼扑身让我过难关。

〔机智而镇定地边唱边把喝剩的粥倾倒在饭盒里。

李玉和 大嫂，再来一碗。

〔李玉和让卖粥大嫂把粥盛在饭盒里。

〔日寇宪兵搜完磨刀人，斥磨刀人下。转而检查李玉和。

〔李玉和趁机主动地把饭盒递给日寇宪兵检查，日寇宪兵嗅到霉味，推开，搜身毕，挥手让起。

〔李玉和拿起饭盒和号志灯，泰然自若，从容走至正场，微微一笑，诳过敌人；转身，昂首迈开胜利的步伐。

〔灯暗。

——幕 闭

第四场　王连举叛变

〔下午。

〔鸠山办公室。

〔幕启：鸠山正接电话。

鸠　山　哦，哦！……怎么，掐断了？……哦，请你放心，密电码
　　　　一定会弄到手里……限期破案！是！是！（放下耳机。自语）
　　　　好厉害的其产党啊！司令部刚刚找到一点线索，很快地
　　　　就被他们掐断了！共产党厉害呀！

〔伍长、侯宪补上。

伍　长　报告：各处搜查，跳车的没有。抓来一些可疑分子。

鸠　山　哼！抓了一些可疑分子又有什么用处？那个跳车人是共
　　　　产党的交通员，他身上带有一份极其重要的密电码，如
　　　　果这份密电码落到柏山游击队手里，于我们帝国是大大
　　　　的不利！

伍　长　是！

鸠　山　王巡长？

侯宪补　他来了。

鸠　山　叫他进来。

侯宪补　是。（向内）王巡长！

〔王连举挎着一只受伤的胳膊走进。侯宪补下。

王连举　队长阁下！（敬礼）

鸠　山　哦！勇敢的年青人，你吃苦了！我代表司令部授给你一

枚三级勋章。（给王连举戴上勋章）

王连举　多谢队长。

鸠　山　唱【西皮散板】

　　　　　只要你忠心为帝国卖力气，

　　　　　飞黄腾达有时机。

　　　　　有道是：苦海无边回头是岸，

　　　　　就看你知趣（冷笑）不知趣！

王连举　队长阁下，您的话我不明白。

鸠　山　哼！你应该明白！我问你：那个跳车人能够距离你三公
　　　　分开枪吗？

王连举　队长阁下……

鸠　山　年青人，快说实话吧。谁是你的同党？

王连举　（脱口而出）同党！

鸠　山　对！事情很清楚，那个跳车人如果没有他的同党接应、
　　　　同党掩护，他能长翅膀飞走吗？

王连举　队长阁下，当时我中了枪弹，跌倒在地，跳车人怎么走
　　　　的，我怎么能知道啊？

鸠　山　你当然知道。如果说你不知道，为什么自己打自己一枪？
　　　　〔王连举一惊。

鸠　山　（步步逼近）年青人，快讲实话，谁是地下共产党？谁是
　　　　同党接应人？交通员藏在哪里？密电码又落到谁的手里？
　　　　统统地讲出来，我这里勋章和奖金是大大的有啊！

王连举　队长阁下，您的话我怎么越听越糊涂。

鸠　山　哼……！这么一说你应该清醒清醒啦！来！

伍　长　有。

鸠　山　带下去清醒清醒！

伍　长　是。来人！

〔二日寇宪兵上。

伍　长　带下去！

王连举　（怕死求活）队长阁下……

伍　长　（狰狞地）嘿！（踢倒王连举）

〔二日寇宪兵摁住王连举。

王连举　我……冤枉

鸠　山　打！

伍　长　带走！带走！

〔王连举喊"冤枉"，被二日寇宪兵拉下。伍长随下。

鸠　山　哼！用重刑撬开他的嘴，定叫他招出同党人！

〔伍长上。

伍　长　报告队长，他招了！

鸠　山　同党人是谁？

伍　长　扳道夫李玉和。

鸠　山　（似曾见过）李玉和！？……

〔灯暗。

——幕　闭

第五场 痛说革命家史

〔黄昏。

〔李玉和家内外。

〔幕启：李奶奶在屋内，盼望李玉和。

李奶奶　唱【西皮摇板】

　　　　时已黄昏，玉和儿未回转。

〔铁梅从里屋出。警车声响。

铁　梅　唱【垛板】

　　　　　街市上乱纷纷，惦念爹爹心不安。

〔李玉和提着饭盒和号志灯上，敲门。

李玉和　铁梅。

铁　梅　我爹回来啦！

李奶奶　快开门去！

铁　梅　（开门）爹！

李奶奶　玉和。

李玉和　妈！

李奶奶　可回来啦！接上了吗？（接过号志灯和饭盒）

李玉和　没有。（脱下大衣）

李奶奶　出什么事了？

李玉和　妈！

　　　　唱【西皮流水】

　　　　　　在粥棚正与磨刀师傅接关系，

　　　　　　警车叫跳下来鬼子搜查急。

　　　　　　磨刀人引狼扑身掩护我，

抓时机打开饭盒藏秘密。

密电码埋藏粥底搜不去——

李奶奶　玉和，密电码哪？

铁　梅　磨刀叔叔可真好！

李玉和　妈！（亲切、秘密地接唱）

防意外我把它安全转移。

铁　梅　爹，您可真有办法呀！

李玉和　铁梅，这件事你都知道了，这可比性命还要紧，宁可掉

脑袋，也不能露底呀！懂吗？

铁　梅　我懂！

李玉和　嗬！懂！瞧这丫头！

铁　梅　爹……

李玉和　呵……

　　　　〔天色渐黑，李奶奶拿过煤油灯。

李奶奶　呵……瞧你们这爷儿俩……

李玉和　妈，我有事再出去一趟。

李奶奶　可要小心，早点回来！

李玉和　嗳，您放心吧。

铁　梅　爹，给您戴上围巾。（给李玉和围好围巾）爹，您可要早点回来！

李玉和　（爱抚地）放心吧，啊。（出门）

　　　　〔李玉和下。

　　　　〔铁梅关门。

　　　　〔李奶奶虔诚地擦着号志灯。铁梅凝神注视。

李奶奶　铁梅，来，奶奶把红灯的事讲给你听听。

铁　梅　嗳。（高兴地走到桌旁，坐下）

李奶奶　（郑重地）这盏红灯，多少年来照着咱们穷人的脚步走，它

照着咱们工人的脚步走哇！过去，你爷爷举着它；现在

是你爹举着它。孩子，昨晚的事你知道，紧要关头都离不开它。要记住：红灯是咱们的传家宝哇！

铁　梅　哦。红灯是咱们的传家宝？

〔李奶奶满怀信心地望着铁梅，走进里屋。

〔铁梅拿起号志灯，端详，深思。

铁　梅　唱【西皮散板】

听罢奶奶说【摇板】红灯，

言语不多道理深。

为什么爹爹、表叔【原板】不怕担风险？

为的是：救中国，救穷人，打败鬼子兵。

我想到：做事要做这样的事，

做人要做这样的人。

铁梅呀！【垛板】年龄十七不算小，

为什么不能帮助爹爹操点心？

好比说：爹爹挑担有千斤重，

铁梅你应该挑上八百斤。

〔李奶奶从里屋出。

李奶奶　铁梅，铁梅！

铁　梅　奶奶！

李奶奶　孩子，你在想什么哪？

铁　梅　我没想什么。

〔隔壁孩子哭声。

李奶奶　是龙儿在哭吧？

铁　梅　可不是吗！

李奶奶　唉，又没吃的了！咱们家还有点玉米面，快给他们送去。

铁　梅　嗳！（盛面）

〔慧莲上，敲门。

慧　莲　李奶奶！

铁　梅　慧莲姐来了。

李奶奶　快给她开门去！

铁　梅　嗳！（开门。慧莲进）慧莲姐。

李奶奶　（关切地）慧莲哪！孩子的病怎么样了？

慧　莲　唉！哪儿顾得上给孩子瞧病啊！这年头，找我来缝缝补补、洗衣服的人越来越少了，家里老是吃了上顿没下顿，现在又揭不开锅了。

铁　梅　慧莲姐，给你这个。（递面）

慧　莲　（十分激动）……

李奶奶　快拿着。正要叫铁梅给你送去哪。

慧　莲　（接面）您待我们太好啦！

李奶奶　别说这个。有堵墙是两家，拆了墙咱们就是一家子。

铁　梅　奶奶，不拆墙咱们也是一家子。

李奶奶　铁梅说得对！

〔孩子的哭声又大了。

田大婶　（内喊）慧莲！慧莲！

〔田大婶上，进屋。

铁　梅　大婶。

李奶奶　她大婶，这边坐。

田大婶　不啦。孩子又哭啦，慧莲，回家看孩子去。（见慧莲手中面，感动）……

李奶奶　先给孩子做点儿吃的。

田大婶　可你们家也不富裕呀！

李奶奶　咳！（热情地）咱们两家不分你我，就不要说这些了！

田大婶　我们回去啦。

李奶奶　别着急，慢走。

〔田大婶、慧莲下。

铁　梅　（关门）奶奶，慧莲姐一家可真够苦的！

李奶奶　是啊。当初，她公爹是铁路上的搬运工人，叫火车给轧

　　　　死了！日本鬼子不给抚恤金，还把她丈夫抓了去做苦力

　　　　铁梅，咱们两家是同仇共苦的工人，要尽力照顾他们

〔假交通员上。敲门。

铁　梅　谁呀？

假交通员　李师傅在这儿住吗？

铁　梅　找我爹的。

李奶奶　开门。

铁　梅　嗳！（开门）

〔假交通员进屋，急忙关门。

李奶奶　你是……

假交通员　我是卖木梳的。

李奶奶　有桃木的吗？

假交通员　有。要现钱。

铁　梅　好，你等着！

〔假交通员转身放下"捎马子"。

〔铁梅要拿号志灯，李奶奶急拦，拿起煤油灯，试探对方，铁梅

　　恍然大悟。

假交通员　（回身见灯）哎呀，我可找到你们了！谢天谢地，可真

　　　　不容易呀！

〔铁梅由吃惊变为愤慨，怒不可遏。

李奶奶　（识破奸计，镇静地）掌柜的，快把木梳拿出来，让我们挑

　　　　挑哇！

假交通员　哎！老奶奶，我是来取密电码的！

李奶奶　丫头，他说的是什么？

假交通员　哎！您别打岔呀！老奶奶，这密电码是共产党重要文件，有关革命的前途，您快给我吧！

铁　梅　（怒逐之）哎呀，你罗嗦啥？你快走！

假交通员　咳，别别别……

铁　梅　你走！

〔铁梅推假交通员出门，狠狠地把"捎马子"扔到他怀里，猛地将门关上。

铁　梅　奶奶！

〔李奶奶急忙制止铁梅说话。

〔假交通员招来二便衣特务，示意监视李家，分下。

铁　梅　奶奶，我差点上了他的当！

李奶奶　孩子，一定是出了叛徒，泄漏了机密！

铁　梅　奶奶，那怎么办哪？

李奶奶　（秘密地）快把信号揭下来！

铁　梅　什么信号啊？

李奶奶　玻璃上那个"红蝴蝶"！

铁　梅　（惊悟）哦！（欲揭）

李奶奶　铁梅！开开门，用门挡住亮，你揭信号，我扫地掩护你。快，快！

〔铁梅开门，李玉和一步跨进屋里，关门。铁梅震惊，李奶奶手中笤帚落地。

李玉和　（察觉发生意外）妈，出事啦？

李奶奶　外面有狗！

〔李玉和一无所惧，对敌情作出判断。

李奶奶　孩子！孩子……

李玉和　妈，我可能被捕！（郑重叮嘱）密电码藏在西河沿老槐树旁边的石碑底下。您要想尽一切办法，把它交给磨刀师

傅！暗号照旧！

李奶奶　暗号照旧！

李玉和　对。您要多加小心哪！

李奶奶　孩子，放心吧！

铁　梅　爹……

〔侯宪补上，敲门。

侯宪补　李师傅在家吗？

李玉和　妈，他们来了。

铁　梅　爹！您……

李玉和　铁梅，开门去！

铁　梅　嗳！

侯宪补　开门哪！

〔铁梅开门，趁机揭去"红蝴蝶"。

侯宪补　（进门）哦，你就是李师傅吧？

李玉和　是啊。

侯宪补　鸠山队长请你去喝酒。（递请帖）

李玉和　哦！鸠山队长请我赴宴？

侯宪补　哎！

李玉和　哎呀，好大的面子！（蔑视地掷请帖于桌）

侯宪补　交个朋友嘛。李师傅，请吧！

李玉和　请！（对李奶奶，坚定而庄重地）妈，您多保重。我走啦！

李奶奶　等等！铁梅，拿酒去！

铁　梅　嗳！（进里屋取酒）

侯宪补　嘻　老太太，酒席宴上有的是酒，足够他喝的啦。

李奶奶　呵……穷人喝惯了自己的酒，点点滴滴在心头。（接过铁梅拿来的酒，对着李玉和，庄严、深情地为李玉和壮别）孩子，这碗酒，你，你把它喝下去！

李玉和　（庄重接酒）妈，有您这碗酒垫底，什么样的酒我全能对付！（一饮而尽）谢，谢，妈！

（雄伟地）唱【西皮二六】

临行喝妈一碗酒，

浑身是胆雄赳赳。

鸠山设宴和我交"朋友，"

千杯万盏会应酬。

时令不好风雪来得骤，

妈要把冷暖时刻记心头。

铁　梅　爹！（扑向李玉和，哭）

李玉和　（亲切地、含义深长地，接唱）

小铁梅出门卖货看气候，

来往"账目"要记熟。

困倦时留神门户防野狗，

烦闷时等候喜鹊唱枝头。

家中的事儿你奔走，

要与奶奶分忧愁。

铁　梅　爹！（扑在李玉和怀里哭）

侯宪补　李师傅，走吧！

李玉和　孩子，不要哭，往后要多听奶奶的话。

铁　梅　嗳！

李奶奶　铁梅，开开门，让你爹"赴宴"去！

李玉和　妈，我走啦。

〔李玉和与李奶奶紧紧握手，相互鼓舞：坚持斗争。

〔铁梅开门。一陈狂风。李玉和昂首阔步，迎风而去。

〔侯宪补跟出。

〔铁梅拿围巾追出，喊："爹！"

235

〔特务甲、乙、丙冲上，拦住铁梅。

特务甲　站住！回去！

〔将铁梅逼回。众特务时门。

铁　梅　奶奶！……

特务甲　搜！不许动！

〔众特务搜查，四处乱翻。一特务从里屋搜出一本黄历，翻看，扔掉。

特务甲　走！

〔众特务下。

铁　梅　（关好门，放下"卷窗"，环视屋内）奶奶！（扑到奶奶怀里痛哭。
　　　　少顷）奶奶，我爹……他还能回来吗？

李奶奶　你爹……

铁　梅　爹……

李奶奶　铁梅，眼泪救不了你爹！不要哭。咱们家的事应该让你
　　　　知道了！

铁　梅　奶奶，什么事啊？

李奶奶　坐下，奶奶跟你说！

〔李奶奶眼望围巾，革命往事，闪过眼前；新仇旧恨，涌上心头。
〔铁梅搬小凳傍坐在奶奶身边。

李奶奶　孩子，你爹他好不好？

铁　梅　爹好！可是爹不是你的亲爹！

李奶奶　可是爹不是你的亲爹！

铁　梅　（惊异）啊！您说什么呀？奶奶！

李奶奶　奶奶也不是你的亲奶奶！

铁　梅　啊！奶奶！奶奶，您气糊涂了吧？

李奶奶　没有。孩子，咱们祖孙三代本不是一家人哪！（站起）你
　　　　姓陈，我姓李，你爹他姓张！

　　　　唱【二黄散板】

> 十七年风雨狂怕谈以往，
>
> 怕的是你年细小志不刚，几次要谈我口难张。

铁　梅　　奶奶，您说吧。我不哭。

李奶奶　【慢三眼】

> 看想来你爹爹此去难回返，
>
> 奶奶我也难免被捕进牢房。
>
> 眼见得革命的重担就落在了你肩上。

【垛板】

> 说明了真情话，铁梅呀，你不要哭，莫悲伤，要挺
>
> 得住，你要坚强，【原板】学你爹心红胆壮志如钢！

铁　梅　　奶奶，您坐下慢慢地说！

〔铁梅扶李奶奶坐下。

李奶奶　　咳！提起话长啊！早年你爷爷在汉口的江岩机务段当检
　　　　　修工人。他身边有两个徒弟：一个是你的亲爹叫陈志兴。

铁　梅　　我的亲爹陈志兴？

李奶奶　　一个是你现在的爹叫张玉和。

铁　梅　　哦！张玉和？

李奶奶　　那时候，军阀混战，天下大乱哪！后来，（站起）毛主席
　　　　　共产党领导着中国人发闹革命！发国十二年二月，京汉
　　　　　铁路工人在郑州成立了总工会，洋鬼子走狗吴佩孚硬不
　　　　　让成立！总工会一声号令，全线的工人都罢了工。江岸
　　　　　一万多工人都上大街行啊！就在那天的晚上，天也是
　　　　　这么黑，也是这么冷。我惦记着你爷爷，坐也坐不稳，
　　　　　睡也睡不着，在灯底下缝补衣裳。一会儿，忽听得有人
　　　　　敲门，他叫着："师娘，开门，您快开门！"我赶紧把门开
　　　　　开，啊！急急忙忙地走进一个人来！

铁　梅　　谁呀？

李奶奶　就是你爹！

铁　梅　我爹？

李奶奶　嗯，就是你现在的爹。只见他浑身是伤！左手提着这盏
　　　　号志灯！

铁　梅　号志灯？

李奶奶　右手抱着一个孩子！

铁　梅　孩子……

李奶奶　未满周风的孩子……

铁　梅　这孩子……

李奶奶　不是别人！

铁　梅　他是谁呀？

李奶奶　就是你！

铁　梅　我？

李奶奶　你爹把你紧紧地抱在怀里，他含着眼泪，站在我的面前。
　　　　他叫着："师娘！师娘！"他两眼直瞪瞪地望着我，半晌说
　　　　不出话来。我心里着急，催着快说。他……他说："我
　　　　师傅跟我陈师兄都……牺牲了！这孩子是陈师兄的一条
　　　　根，是革命的的代。我要把她抚差成人，继承革命！"
　　　　他连叫着："师娘啊！师娘！从此以后，我就是您的亲儿
　　　　子，这孩子就是您的亲孙女。"那时候，我……我就把你
　　　　紧紧地抱在怀里！

铁　梅　奶奶！（扑在奶奶怀里）

李奶奶　挺起来！听奶奶说！

　　　　唱【二黄原板】

　　　　　　闹工潮你亲爹娘惨死在魔掌，

　　　　　　李玉和为革命东奔西忙。

　　　　　　他誓死继先烈红灯再亮，

擦干了血迹，葬埋了尸体，又上战场。

到如今日寇来烧杀斥抢，

亲眼见你爹爹被捕进牢房。

记下了血和泪一本账，

【垛板】

你须要：立雄心，树大志，要和敌人算清账；血债还要血来偿！

铁　梅　唱【二黄原板】

听奶奶讲革命英勇悲壮，

却原来我是风里生来雨里长，

奶奶呀！十七年教养的恩深如海洋。

【垛板】

今日起志高眼发亮，

讨血债，要血偿，前人的事业后人要承当！

我这里举红灯光芒四放——

爹！

【快板】

我爹爹象松柏意志坚强，

顶天立地是英勇的共产党，

我跟你前进决不彷徨。

红灯高举闪闪亮，

照我爹爹打豺狼。

祖祖孙孙打下去，

打不尽豺狼决不下战场！

〔铁梅和李奶奶高举号志灯，"亮相"。红光四射。

〔灯暗。

——幕　闭

第六场　赴宴斗鸠山

〔紧接前场。

〔鸠山会客室。桌上摆着酒席。

〔幕启：侯宪补上。

侯宪补　李师傅请吧。

〔李玉和从容镇静，坚定走上。侯宪补下。

李玉和　唱【二黄原板】

一封请帖藏毒箭，

风云突变必有内奸。

笑看他刀斧丛中摆酒宴，

我胸怀着革命正气、从容对敌、巍然如山。

〔鸠山上。

鸠　山　哦，老朋友，你好啊？

李玉和　哦，鸠山先生，你好啊？

〔鸠山要与李玉和握手，李玉和视若无睹，鸠山尴尬地将手缩回。

鸠　山　哎呀！好不容易见面哪！当年在铁路医院我给你看过病，你还记得吗？

李玉和　噢，那个时候，你是日本的阔大夫，我是中国的穷工人，你我是"两股道上跑的车"，走的不是一条路啊！

鸠　山　呃！不管怎么说，我们总不是初交吧！

李玉和　（虚与周旋）那就请你多"照应"罗！

鸠　山　所以，请你到此好好地叙谈叙谈。来，请坐请坐。老朋友，今天是私人宴会，我们只叙友情，不谈别的，好吗？

李玉和　（应对自若，探敌虚实）我是个穷工人，喜欢直来直去，你

要说什么你就说什么！

鸠　山　**痛快！痛快！来来来，老朋友，先干上一杯。**

李玉和　鸠山先生，你太客气了。实在对不起呀，我不会喝酒！
　　　　（推开酒杯，掏出烟袋，划火抽烟）

鸠　山　不会喝？唉！中国有句古语："人生如梦"，转眼就是百年哪！正所谓："对酒当歌，人生何"？

李玉和　（卑视地吹灭火柴）是啊，听听歌曲，喝点美酒，真是审仙过的日子。鸠山先生，但愿你天天如此，"长命百岁"！
　　　　（讽刺地掷火柴于地）

鸠　山　呃……（尴尬一笑）老朋友，我是信佛教的人，佛经上有这样一句话，说是："苦海无边，回头是岸"。

李玉和　（反击）我不信佛。可是我也听说有这么一句话，叫做："道高一尺，魔高一丈"！*

鸠　山　好！讲的好！老朋友，我们所讲的，只不过是一种信仰。其实呢，最高的信仰，只用两个字便可包括。

李玉和　两个字？

鸠　山　对。

李玉和　两个什么字啊？

鸠　山　"为我"。

李玉和　哦，为你！

鸠　山　不，为自己。

李玉和　（佯装不解）"为自己"？

鸠　山　对。老朋友，"人不为己，天诛地灭"呀！

道高一尺，魔高一丈：成语。在这里，"道"象征反动统治阶级，"魔"指无产阶级和革命人发向反动派进行斗争的革命先反精神。李玉和借这成语反击鸠山，说明日寇虽一时猩獗，但真正强大的力量去是革命人发。日寇必败，中国必胜。

李玉和　怎么？人不为己，还要天诛地灭？

鸠　山　这是做人的决窍。

李玉和　哦！做人还要在决窍？

鸠　山　做什么都要有决窍！

李玉和　哎呀，鸠山先生，你这个决窍对我来说，真好比：擀面
杖吹火，一窍不通！

〔鸠山一震。

鸠　山　老朋友，不要开玩笑了！应请你来帮帮我的忙吧！

李玉和　我是个穷工人，能帮你什么忙啊？

鸠　山　好啦，不必兜圈子了，快把那件东西交给我！

李玉和　啥东西？

鸠　山　密电码！

李玉和　哈……什么电马电驴的，我就会扳道岔，从来没玩过那
个玩艺儿！

鸠　山　（威胁地）老朋友，要是敬酒不吃吃罚酒的话，可别怪我
不懂得交情！

李玉和　（从容地）那就随你的便吧！

〔鸠山示意，王连举上。

鸠　山　老朋友，你看看这是谁呀！

〔李玉和目光如电，王连举龟缩胆颤。

〔鸠山示意王连举向前劝降。

王连举　老李，你不要……

李玉和　住口！

王连举　老李，你不要太死心眼儿了……

李玉和　（拍案而起，奋臂怒斥）无耻叛徒！

唱【西皮快板】

屈膝投降真劣种，

贪生怕死可怜虫。

敌人的威胁和利诱，

我时时向你敲警钟！

你说道："既为革命不怕死"，

为什么背叛来帮凶？

敌人把你当狗用，

反把耻辱当光荣！

到头来，人民定要审判你，

变节投敌罪难容！

〔李玉和的革命正气，使叛徒心惊胆颤，躲到鸠山背后。

鸠　　山　（自以为得意）呃！老朋友，不要发火。呵……（挥令王连举下）老朋友，这张王牌我本不愿意拿出来，可是你逼得我走投无路哇，所以，我是不得不这样做呀！

李玉和　（迎头痛击）哼！我料定你会这样做的！你这张王牌，不过是一条断了脊梁骨的癞皮狗！鸠山，我不会使你满意的！

鸠　　山　（诡计失败，凶相毕露）李玉和，我干的这一行，你不会不知道吧？我是专给下地狱的人发放通行证的！

李玉和　（针锋相对）哼！我干的这一行，你还不知道吗？我是专去拆你们地狱的！

鸠　　山　你要知道，我的刑具是从不素的！

李玉和　（蔑视地）哼！好些个东西，我早就领教过啦！

鸠　　山　（妄图恐吓）李玉和，劝你及早把头回，免得筋骨碎！

李玉和　（压倒敌人）宁可筋骨碎，决不把头回！

鸠　　山　宪兵队里刑法无情，出生入死！

李玉和　（斩钉截铁，字字千钧）共产党员钢铁意志，视死如归！
　　　　鸠山！

（痛斥日寇）唱【西皮原板】

日本军阀豺狼种，

本性残忍装笑容。

杀我人民侵我国士，

【快板】

说什么"东亚共荣"不"共荣"

共产党毛主席领导人民闹革命，

抗日救国几亿英雄。

你若想依靠叛徒起效用，

这才是水中捞月一场空！

鸠　山　来人！

〔伍长、二日寇宪兵上

鸠　山　唱【西皮散板】

我五刑俱备叫你受用！

〔李玉和斗志昂扬，敞怀"亮相"。

李玉和　（冷笑）哼……

伍　长　走！

李玉和　（接唱）

你只能把我的筋骨松一松！

伍　长　带走！

〔二日寇宪兵拉李玉和。

李玉和　不用伺候！

〔李玉和略一挥臂，二日寇宪兵踉跄后退。

〔李玉和从容扣钮，拿起帽子，掸灰；转身，背手持帽，以压倒一
　　切敌人的气魄，阔步走下。

〔伍长、二日寇宪兵随下。

鸠　山　（精神上被完全击败，无可奈何地）好厉害呀！

念【扑灯蛾】

共产党人，为什么比钢铁还要硬？

我软硬兼施全落空。

但愿得重刑之下他能招供——

〔伍长上。

伍　长　报告，李玉和宁死不讲！

鸠　山　宁死不讲？

伍　长　队长，我带人到他家再去搜！

鸠　山　算了。共产党人机警得很，恐怕早就转移了！

伍　长　是！

鸠　山　把他带上来！

伍　长　带李玉和！

〔二日寇宪兵拖李玉和上。李玉和身带伤痕，血迹殷红；英气勃勃，逼近鸠山，"翻身"，扶椅挺立。

李玉和　唱【西皮导板】

狼心狗肺贼鸠山！

鸠　山　密电码，你交出来！

李玉和　鸠山！

【快板】

任你毒刑来摧残，

真金哪怕烈火炼，

要我低头难上难！

哈……

〔英雄气概，令群敌心胆俱裂。

〔李玉和"亮相"。

〔灯暗。

——幕闭

第七场 群众帮助

〔几天以后。上午。

〔李玉和家内外。

〔幕启：门外不远处坐着特务假扮的皮匠，监视李家。

〔磨刀人远处吆喝"磨剪子来抢菜刀"上；再吆喝，并机警地观察。见信号撤去，又见特务，决定待机再接线。

〔同时，李奶奶、铁梅闻声从里屋出，注视窗外。

〔磨刀人很自然地吆喝着下。特务窥视，未发现破绽。

李奶奶　铁梅，这位磨刀师傅，说不定是来接关系的！

铁　梅　奶奶，我拿着红灯找他试探试探，看是不是自己人。

李奶奶　不行，门外有狗，你出不去呀！

铁　梅　哎呀！是啊，我可怎么出去哪？（思索）奶奶，我有主意了！我从慧莲姐他们家出去！

李奶奶　孩子，你怎么过去呀？

铁　梅　前些日子，里屋床底下墙根儿的那块石头活动了，帮我爹修的时候，我还挪开钻过去玩儿过哪！

李奶奶　怎么，你还钻过去啦！

铁　梅　过去就是慧莲姐他们房子里！

李奶奶　好！让田家帮帮忙。就从那儿走！铁梅，你爹说的暗号你记清楚了没有？

铁　梅　我记清楚了。

李奶奶　好。你要是追上那位磨刀师傅，对准了暗号，接上了关

系，就到西河沿老槐树旁边的石碑底下去取密电码！

铁　梅　老槐树旁边的石碑底下？

李奶奶　孩子！你不是听你爹讲过吗？可不能有一点马虎哇！

铁　梅　奶奶，您放心吧！

李奶奶　小心！

铁　梅　嗳。

〔铁梅拿号志灯，进里屋，下。

〔皮匠抽烟无火，扔掉空火柴盒。上前敲门。

皮　匠　开门！

李奶奶　谁呀？

皮　匠　缝鞋匠。

李奶奶　等着！（开门）

皮　匠　（进门）老太太。

李奶奶　你要干什么？

皮　匠　借火使使。

李奶奶　柜橱上有。

皮　匠　嗳。老太太，姑娘哪？（点烟）

李奶奶　病啦。

皮　匠　病了？在哪儿呢？

李奶奶　里屋躺着哪。

皮　匠　哦！好，谢谢。（出门）

李奶奶　这条狗！

〔皮匠招二特务上，耳语。李奶奶正要关门，二特务推门进屋

李奶奶　干什么的？

特务乙　查户口！

特务甲　你孙女哪？

李奶奶 病啦。

特务乙 病了？在哪儿呢？

李奶奶 里屋躺着哪。

特务乙 叫她起来！

李奶奶 孩子病了，让她歇会儿。

特务乙 躲开！（拖开李奶奶欲掀开门帘）

〔帘内声："奶奶，谁呀？"

李奶奶 查户口的！

〔二特务相对无奈，出门下。李奶奶关门，回身惊望

〔慧莲从里屋出。

李奶奶 啊！慧莲你怎么过来啦？

慧 莲 李奶奶！

唱【西皮流水】

铁梅已从我家走，

我婆婆叫我送信免您担忧。

过来时正遇特务盘问您，

骗敌人：我装作铁梅睡在床上头。

铁梅回来再从我家过，

有我掩护您就别发愁。

李奶奶 （感激地）你们帮了我们的大忙了！

〔铁梅从里屋出。

铁 梅 奶奶，慧莲姐！

慧 莲 铁梅，你可回来了！

李奶奶 要不是慧莲，事情可就闹大了。

慧 莲 你回来就好了，我也该回去看看啦。

铁 梅 谢谢你！

〔慧莲进里屋，下。

李奶奶　铁梅，快把那儿收拾好！

〔铁梅进里屋。李奶奶挂好号志灯。铁梅复出。

李奶奶　孩子，追上那位磨刀师傅了吗？

铁　梅　唉！我找了好几条街也没追上。我怕时间太长了，被特务发现，就赶快回来啦！

李奶奶　哦！

〔侯宪补上。令皮匠离去。敲门。

铁　梅　谁呀？

侯宪补　鸠山队长看你们来了。

铁　梅　奶奶！

李奶奶　铁梅，我要是被捕，你要想尽一切办法取出密电码，上柏山！

铁　梅　您放心吧！

侯宪补　开门哪！

李奶奶　开门去！

铁　梅　嗯！（开门）

〔鸠山上，进屋。侯宪补随进，侍立。

鸠　山　哦，老人家，你好哇！

李奶奶　你是鸠山先生？

鸠　山　不敢。鸠山。

李奶奶　请等一等，我收拾一下跟你走！

鸠　山　呃，我不是那个意思。老人家，李玉和讲有件东西交给你啦？

李奶奶　啥东西？

鸠　山　密电码！

李奶奶　丫头，他说的是什么？

鸠　山　就是一本书。

李奶奶　书！

鸠　山　对。

李奶奶　鸠山先生。

　　　　唱【西皮原板】

　　　　　　我一家饥寒交迫度进光，

　　　　　　三代人都不识字，哪里有书在家中藏？

鸠　山　（接唱）

　　　　　　李玉和已讲明岂能把我诓？

铁　梅　（接唱）

　　　　　　让我爹爹自来取，何劳你空忙！

鸠　山　好啦，好啦！你们要是交出这本书，李玉和马上以回
　　　　家，给他个副科长。我保你们富贵荣华。

李奶奶　哼！

　　　　唱【流水】

　　　　　　我看那富贵荣华如粪土，

　　　　　　穷苦人淡饭粗茶分外香。

　　　　　　你既然费尽心机来察访——

　　　　（向铁梅）给他找找看。

　　　　〔铁梅进里屋取出黄历，交李奶奶。

李奶奶　（对鸠山）唱【原板】

　　　　　　免得你空手而因徒劳一场。

　　　　〔递"书"给鸠山。

鸠　山　不错！就是它！就是它！黄历？（翻看）要带回去研空研
　　　　究它。老人家，是不是去见见你的儿子！

李奶奶　好！铁梅，好好看家！

鸠　山　不！小姑娘也一起去！

铁　梅　奶奶，咱们走！

　　　　唱【西皮散板】

　　　　　　学爹爹浑身是胆万难不怕——

　　　　〔李奶奶、铁梅出门。

　　　　〔鸠山跟出。侯宪补令特务封门。

李奶奶　（接唱）

　　　　　　革命人经得起地陷天塌！

　　　　〔祖孙二人，一往无前。"亮相"。

　　　　〔灯暗。

　　　　　　　　　　　　　　　　——幕　闭

第八场 刑场斗争

〔夜间。

〔日寇宪兵队监狱一角。

〔幕启：伍长、候宪补侍立。鸠山上。

鸠　山　看来公开审讯，密电码是得不到了！窃听器？

候宪补　安装已毕。

鸠　山　好，等他们母子见面之后，听他们讲些什么，或许可以得到一些线索。把老婆子带上来！

候宪补　是！（向内）走！

〔李奶奶上。

鸠　山　老人家，你知道这是什么地方？

李奶奶　宪兵队！

鸠　山　你的儿子，就要在这里上西天了！老人家，当一个人犯了罪的时候，他的母样能够救他的性命而不救，这样的母亲，未免的太残忍了吧！

李奶奶　（义正词严，审判凶顽）你这是什么话！我的儿子，无缘无故地被你们抓起来了，你们还要杀害他。是你们犯罪！是你们残忍！你们杀害中国人，难道还要中国人承当，难道还要我老婆子承当吗？

鸠　山　好！请见见你的儿子去！

〔李奶奶毅然走下。鸠山示意候宪补跟下。

鸠　山　把李玉和带到那儿去！

伍　长　　带李——玉——和！

〔暗转。

〔刑场一角：围墙。高坡。劲松参天。远处峻岭入云。

李玉和　内唱【二黄导板】

狱警传似狼嗥我迈步——（上场，"亮相"）出监。

〔二日寇宪兵上前推搡，李玉和大义凛然，坚韧不拔。"双腿横蹉步"，变"单腿后蹉"，停；"单腿转身"，"骗腿亮相"。无畏向前，逼退二日寇宪兵。

〔李玉和抚摸胸伤，蹬石揉膝；蔑视铁链，浩气凌云。

李玉和　【回龙】

休看我，戴铁镣，裹铁链，锁住我双脚和双手，锁
　　不住我雄心壮志冲云天！

〔李玉和腿伤剧痛，"单腿后蹉"，揉腿"骗腿亮相"。

李玉和　【原板】

贼鸠山要密件毒刑用遍，

筋骨断体肤裂心如铁坚。

赴刑场气昂昂抬头远看：

我看到革命的红旗高举起，

抗日的烽火已燎原。

日寇，看你横行霸道能有几天！

但等那风雨过，【慢三眼】百花吐艳，

新中国如朝阳光照人间。

那时候全中国红旗插遍，

想到此信心增斗志更坚！

【原板】

我为党做工作很少贡献，

最关心密电码未到柏山。

王连举他和我单线联系，

因此上不怕他乱咬乱攀。

我母亲我女儿和我一样肝胆，

【垛板】

贼鸠山，要密件，任你搜，任你查，你就是上天入
地搜查遍，也到不了你手边；革命都顶天立地勇
往直前！

〔李奶奶上。

李奶奶　玉和！

李玉和　（回望）妈！

〔李奶奶扑过去扶住李玉和。

李奶奶　唱【二黄散板】

转眼间十七年旧景重现！

阶级仇民族恨涌上心间。

这这这日寇凶暴又奸险，

打得你遍体伤痕……儿啊！儿啊！

李玉和　妈，您不要心酸！

李奶奶　（接唱）

有这样的好孩儿……娘不心酸！

李玉和　好妈妈！

唱【二黄二六】

党教儿做一个刚强铁汉，

不屈不挠斗敌顽。

儿受刑不怕浑身的筋骨断，

儿坐牢不怕反牢底来坐穿。

山河破碎，儿的心肝碎，

人民受难，儿的怒火燃！

革命的道路再艰险，

前仆后继走向前！

孩儿虽死无遗憾，

只是那笔"账目"(以手式暗示密电码)未还，儿的心
不安。

恨不得变雄鹰冲霄汉，

乘风直上飞舞到关山，

要使那几万万同胞脱苦难，

【散板】

为革命粉身碎骨也心甘！

〔侯宪补带二日寇宪兵上。

侯宪补　老婆子，鸠山队长请你去谈谈！

李奶奶　(对李玉和)孩子，他要说什么妈都知道！

侯宪补　走吧！

〔李奶奶英勇走下。二日寇宪兵跟下。

侯宪补　带李铁梅！

〔铁梅急上。

铁　梅　爹……

〔侯宪补下。

铁　梅　唱【二黄散板】

日夜盼望要见爹爹面，

你……这样浑身血满脸伤……爹爹呀！

李玉和　孩子，你不要哭！(抚爱地捂着铁梅的头发，毅然地)孩子，
挺起来！(搀起铁梅，深切地)孩子！

255

（接唱）

有件事几次欲说话又嚥，

隐藏我心中十七年。

我……

铁　梅　（急拦）爹！您别说了，您就是我的亲爹！（跪）

唱【二黄滚板】

爹莫说，爹莫谈，

十七年的苦水已知源……

〔李玉和扶起铁梅，心潮激荡。

李玉和　唱【二黄原板】

人说道世间只有骨肉的情义重，

依我看阶级的情义重于泰山。

无产者一生奋战求解放，

四海为家，穷苦的生活几十年。

我只有红灯一盏随身带，

你把它好好保留在身边。

铁　梅　唱【二黄快三眼】

爹爹给我无价宝，

光辉照儿永向前。

爹爹的品德传给我，

儿脚跟站稳如磐石坚；

爹爹的智慧传给我，

儿心明眼亮永不受欺瞒；

爹爹的胆量传给我，

儿敢与豺狼虎豹来周旋。

家传的红灯有一盏，

爹爹呀！你的财宝车儿载，船儿装，千车也载不

尽，万船也装不完，铁梅我定要反它好好保留在

身边。

李玉和　　唱【二黄散板】

万里长江波浪翻！

我家红灯有人传。

（向铁梅）

倘若你能回家转，

投亲友，度饥寒，“还清账目”（以手式暗示密电码）我

无挂牵。

〔众日寇宪兵推李奶奶上。伍长上。

伍　长　　鸠山队长给你们最后五分钟的考虑，不交出密电码，统

统枪毙！（拉过铁梅）小姑娘，这是最后五分钟，你要交出

密电码，一家大小都能活呀！明白？说！

〔铁梅坚定地走回亲人身边。

伍　长　　密电码！

铁　梅　　不，知，道！

伍　长　　统统枪毙！

众日寇　　嗨！

李玉和　　别这么张牙舞爪的！铁梅，咱们搀着奶奶一块走！

〔《国际歌》乐起。三人挽臂向前，勇敢坚定，昂首登上高坡。

〔鸠山上。

鸠　山　　慢！再给你们最后一分钟，请你们再想一想！

李玉和　　（动地惊天的气概）鸠山！中国人民，中国共产党人，是杀

不完的！我要你，仔细想一想你们的下场！

鸠　山　　太可怕了！（对伍长）照计划执行！

〔鸠山下。

伍　长　枪毙！

〔在雄壮的《国际歌》乐声中，三代人视死如归，挺胸走下。

〔日寇宪兵跟下。

〔静场。幕内李玉和高呼："打倒日本帝国主义！""中国共产党万岁！"三代人振臂齐呼："毛主席万岁！"

〔排枪声。二日寇宪兵拉铁梅上。推倒。

铁　梅　（站起，回身呼唤）爹！奶奶！

〔鸠山、侯宪补、伍长上。

鸠　山　李铁梅，密电码你交出来！

侯宪补
伍　长　说！

〔铁梅怒视鸠山。

鸠　山　把她放了！

侯宪补　是。走！

〔伍长推铁梅下。日寇宪兵随下。

侯宪补　队长，怎么把她放了？

鸠　山　这叫做放长线钓大鱼！

侯宪补　是！

〔灯暗。

——幕闭

第九场　前赴后继

〔紧接前场。清晨。

〔李玉和家内外。

〔幕启：铁梅进屋，靠在门上；环视屋里，想到爹爹、奶奶的牺牲，悲愤满腔。

铁　梅　爹！奶奶！（扑在桌上哭。少顷，徐徐抬头，见号志灯，急奔过去擎起）奶奶，爹！你们为什么死的，我都明白了。我要继承你们的遗志，我要做红灯的继承人！密电码一定送到柏山，血海深仇一定要报！鸠山哪，鸠山！你抓，你放，虽由不得我；这要密电码，可就由不得你！

唱【西皮导板】

　　提起敌寇心肺炸！

【快三眼】

　　强忍仇恨咬碎牙。

　　贼鸠山千方百计逼取密电码，

　　将我奶奶、爹爹来枪杀！

【二六】

　　咬住仇，咬住恨，嚼碎仇恨强咽下，

　　仇恨入心要发芽！

　　不低头，不后退，

【快板】

　　不许泪水腮边挂，

        流入心田开火花。

        万丈怒火燃烧起！

        要把黑地昏天来烧塌！

        铁梅我，有准备：

        不怕抓，不怕放，不怕皮鞭打，不怕监牢押！

        粉身碎骨不交密电码，

        贼鸠山你等着吧——

  【散板】

        这就是铁梅给你的好回答！

    走！（拿起号志灯欲走）

    〔慧莲从里屋出。

慧　莲　铁梅！

铁　梅　慧莲姐！（放灯，插门）

慧　莲　我妈看你来啦！

    〔田大婶从里屋出。

田大婶　铁梅！

铁　梅　大婶……（扑在田大婶怀里）

田大婶　孩子，你爹跟你奶奶的事情，我们大家都知道啦！看那些吃人的野兽，能够横行到什么时候！铁梅，现在门口有人盯着你，你出不去，还是从我们家走吧！快把衣裳脱下来跟慧莲换换。

铁　梅　不！大婶，我不能连累你们哪！

田大婶　孩子！（边为二人互换衣服）边唱【西皮散板】

        穷不帮穷谁照应，

        两颗苦瓜一根藤。

        帮助姑娘脱险境，

　　　　　逃出虎口奔前程。

铁　梅　大婶，你们要出了事可怎么办哪？

田大婶　孩子，我们两家是多年同仇共苦的工人，我不管担什么

　　　　风险，也要把你送出去！

铁　梅　（感激地）大婶……

田大婶　孩子，快走！

慧　莲　铁梅，快走吧！

铁　梅　姐姐，大婶，我永远也忘不了你们！

田大婶　快走！

　　　　〔铁梅拿起号志灯进里屋，下。

田大婶　慧莲，多加小心！

　　　　〔田大婶进里屋，下。

　　　　〔慧莲围好铁梅的围巾，遮住下半脸；挎货篮出门，反手带门。下。

　　　　〔特务乙、丙从电线杆后闪出，跟踪下。

　　　　〔灯暗。

　　　　　　　　　　　　　　　　　　——幕 闭

261

第十场　伏击歼敌

〔紧接前场。

〔通往柏山的路上。

〔幕启：磨刀人率改扮农民的二游击队员上；铁梅上，相遇。

铁　梅　磨刀叔叔！（从篮内取出号志灯，举起）

磨刀人　铁梅！（向二游击队员）警戒！

铁　梅　叔叔，我可找到您了！我爹跟我奶奶……

磨刀人　我们都知道了。铁梅，别难过，把悲痛化为力量，这个仇一定要报！密电码哪？

铁　梅　我带来了！

磨刀人　好哇。

铁　梅　叔叔，多亏邻居田慧莲姐姐假扮我的模样，把特务引走，我才能平安取出密电码来到这儿！

磨刀人　田慧莲一家必然引起敌人的注意。（向游击队员甲）老冯，你没法把田慧莲一家速速转移！

游击队员甲　是！

〔游击队员甲下。警车声响。

游击队员乙　老赵，敌人来了！

磨刀人　你护送铁梅上山。我们来对付他们！

〔游击队员乙引铁梅下。

〔王连举内喊："站住！"鸠山、王连举日寇宪兵追上。磨刀人阻挡。鸠山喊："带走！"磨刀人夺过王连举手枪，击毙一日寇宪兵。

抛出磨刀凳，砸向王连举。

〔众游击队员跃出树丛，"亮相"。

〔山岩上，一游击队员击毙一日寇宪兵。

〔鸠山、王连举逃下。磨刀人、众游击队员追下。

〔众游击队员飞下山岩，追击日寇。

〔一游击队员手持红缨枪，奋战二日寇宪兵。二日寇宪兵先后逃窜。游击队员追下。

〔磨刀人追击王连举上。二人格斗。

〔鸠山、众日寇宪兵上。一场短兵相挡接的搏斗。游击队尽歼日寇。处死叛徒。刀劈鸠山。

〔伏击大捷。众游击队员威武"亮相"。

〔灯暗。

——幕 闭

第十一场　胜利前进

〔紧接前场。

〔柏山。

〔幕启：红旗飘扬，天空明朗。游击队长从山坡上来。磨刀人
引铁梅上。众游击队员齐上。铁梅把密电码庄重地交给游击队
长。众挥舞刀枪，欢庆胜利。铁梅高举红灯，光芒万丈。

〔徐徐闭幕。

　　　　　　　　　　　　　　　　　　——剧 终

穷人的孩子早当家

第一场　李玉和唱

1 = E　2/4

【西皮原板】中快

mf

(0　　0 6 i | 5 6 1 5　6 1 5 1 | 6 5 3　0 7̇ 6 | 5 3 5　2 i 6 2 |

（扎多　乙0）

mp　　mf

1. 2　i 2 3 5) | 2 3 2 i　6 2 i | 2 3 2 i　7 6̃ | i (4. 6　3 2 i) |

提　篮　小　卖

（6. 7 6 i）

3 5 3 5　1. 2 | 3 (6)　3 i | i 2 6　∨ | 3̇ 2　2 (3 5 | 2 3 5 7　6 i 2̇) |

拾　　煤　渣，担水　　　劈柴

5. 6　3 2 | 7 2　2 5 6 | i. (2)　1 2 1 2 | 2 3 2　3 (6) |

也　　靠　她、里　里

2 i 5　3 2 | (2 3 5 7　6 i 2 3) | 4. 6　3 2 | i↘　1 2 3 5 |

外　外　　　　　　一　　把

2̃ ∨　1 2 1 2 | 2 3 2　3 (3 5) | 2 i 5　3 2 | (2 6 5 5　6 i 2) |

手，穷　人　的　　　孩　子

265

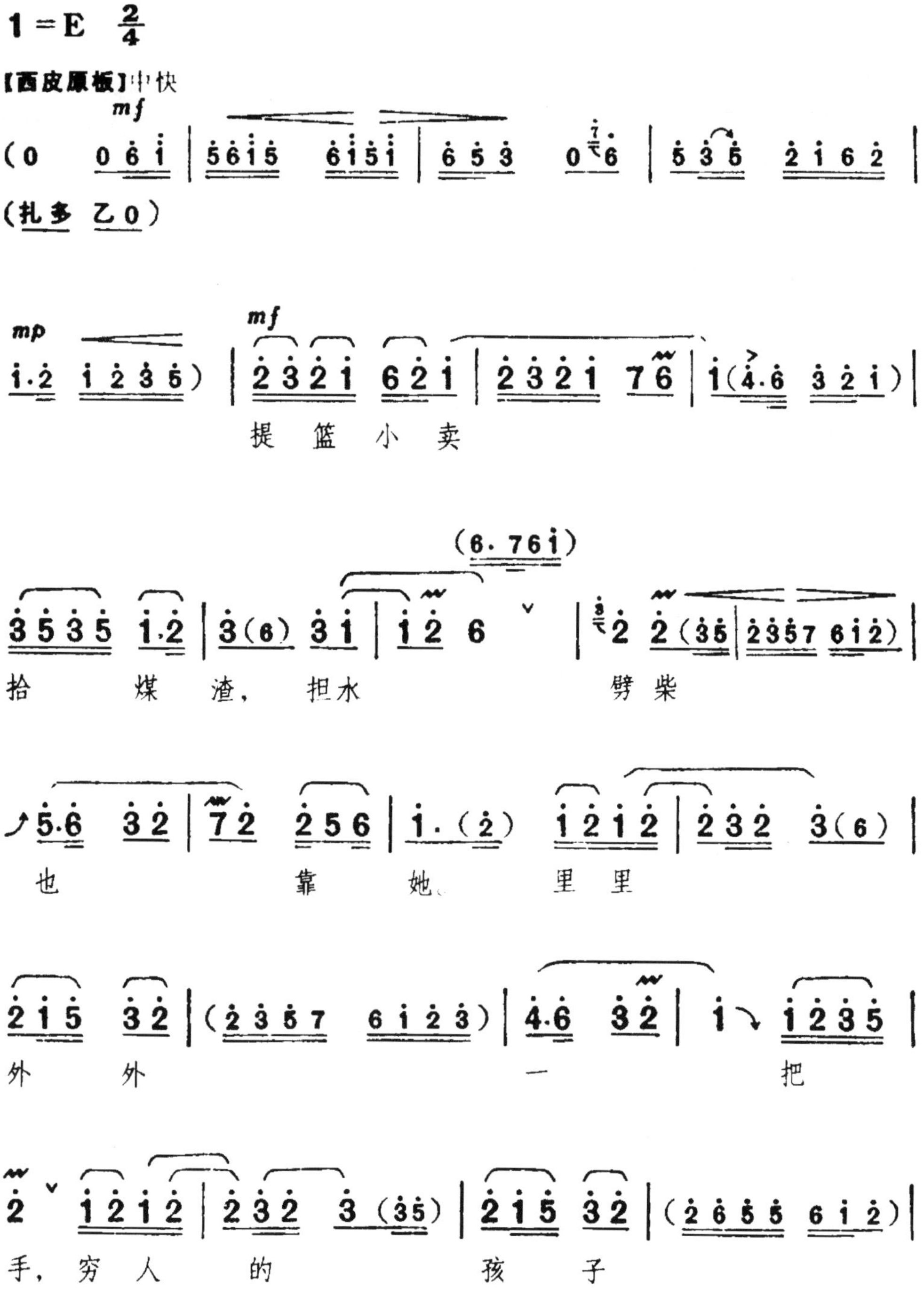

f ————　　　　　渐慢 mp ————

$\widehat{6}$
$\underline{3.5}$ $\underline{2\,3\,5}$ | $\widehat{6}\underline{3\,2\,1}$ $\underline{3\,5\,2\,3}$ | 4 — | $\underline{4\,0\,3}$ $\underline{2\,3\,4}$ |

早　　　　当　　　家。

原速 ————

$\underline{3.5\,3\,2}$ $\underline{2\,2}$ | 1 $1(\underline{3\,6\,1}$ | $\underline{5\,6\,4\,3}$ $\underline{2\,3\,2\,1}$ | $\underline{6\,1\,2\,3}$ $\underline{1\,0})$ |

mf

$\frac{1}{4}$ $\underline{3\,2\,1}$ | $\underline{6\,2\,1}$ $\underline{3\,2\,1}$ | $\widehat{1\,2}$ $\underline{0\,5}$ $\underline{6\,1}$ | $\underline{1.2}$ $\widetilde{3}$ | $\frac{2}{4}$ $\widetilde{2.}(\underline{1}$ $\underline{6\,1})$ |

栽什么树　苗　结什么　果，　　撒什么　种　　子

$(\underline{1.2}$ $\underline{4\,3}$ |

$\underline{3\,2\,1}$ $\underline{6\,1}$ | $\widehat{2}$ $\widetilde{2\,2}$ | $1.$ 0 | $\underline{2\,3\,2\,1}$ $\underline{7\,2}$ | $1\,0$ $0)$ ‖

开　　什么　花。

都有一颗红亮的心

第二场　铁梅唱

$1 = {}^{\sharp}\mathrm{F}$

【西皮流水】

中快

mf

$(\underline{1\,6\,5\,6}$ $1)$

$\frac{2}{4}(\underline{0\,6\,5}$ | $\underline{3\,5\,6\,1}$ $\underline{6\,5\,3\,2}$ | $1)$ 3 $\underline{1\,6\,5}$ | $\underline{3\,5\,3}$ 1 | $\underline{0\,5\,1}$ $\underline{6\,5\,3\,5}$ |

我　家的表　叔　数　不

mp

$6\vee\underline{1}$ $\underline{5\,6\,1}$ | $\widehat{6\,5}$ $\underline{4\,3\,2}$ | $\underline{2\,3}$ $\underline{2\,3\,5}$ | $\frac{1}{4}\overset{3}{5}$ | $\underline{5\,5\,2\,1}$ | $\widehat{6}.$

清，没有　大事　不　登　门、虽说　是，

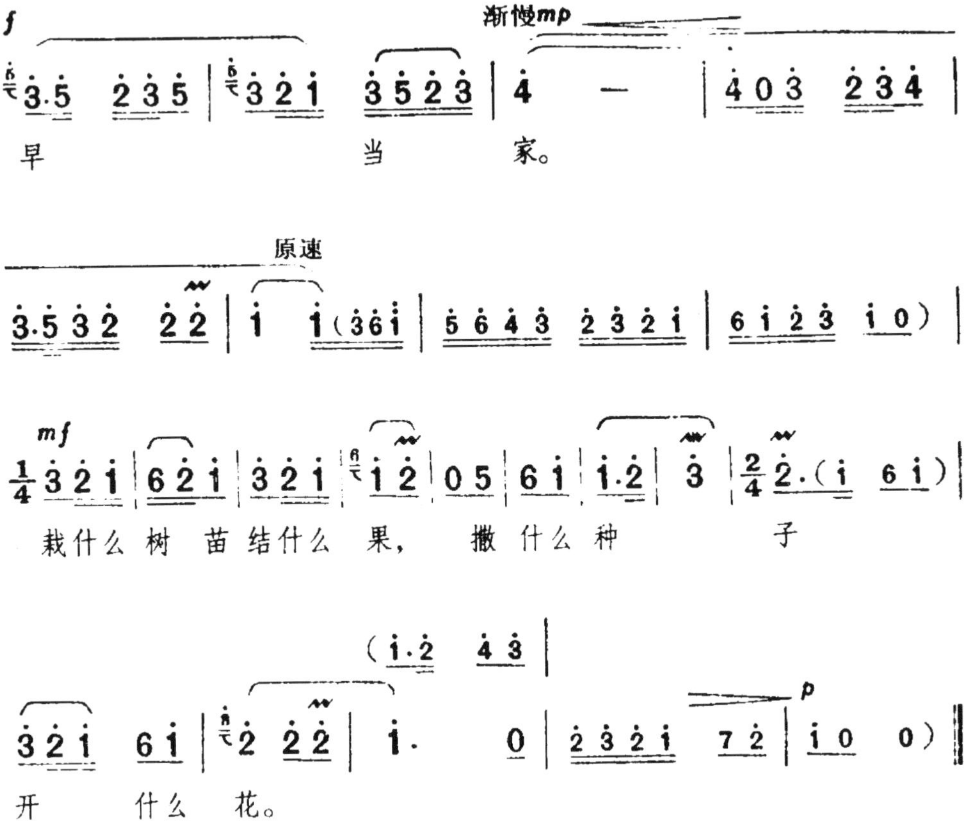

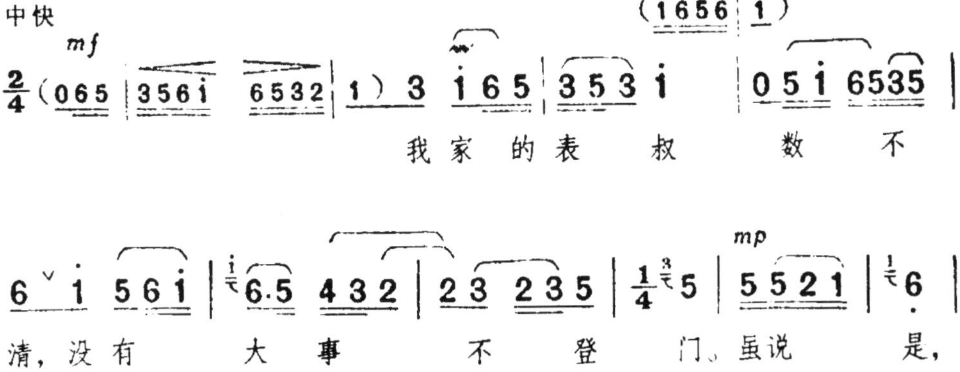

```
 ┌─┐                           mf
23 2 1 2 | 5 5̌ 3 | 2 3 4 | 5̌ 3. 5 | 1̇ 6̌·5 | 1̇ 6̌ 5 | 4 3 2 3 |
虽说  是 亲 眷 又 不 相   认, 可   他 比  亲 眷   还 要
```

```
                mp                                      ┌──┐
5 (2 3 6 | 2/4 5 5̌ 3 2 | 1 6 3 5 | 2 1̌ 2 | 2 3  3 5 | 1/4 2 3 1 7 |
亲。      爹 爹 和 奶 奶    齐  声  唤 亲
```

```
 p                                            7̌         7̌   mf
6· 2 | 1 2 | 3̌·5 2 3 | 5 5 6 | 5̌ 7 | 7 7 | 6·7 | 2 ↘ | 6 0 5 |
人, 这 里 的 奥     妙        我 也  能  猜  出
```

```
      f 稍快                       ̈
4 3 2 3 | 5 | 6 5 6 | 1̇·6 | 7 6 7 2 | 6̌ 1̇ | 6̌ 5 | 5· 5̌ | 3 5 |
几   分: 他 们 和 爹 爹 都 一   样, 都  有 一
```

```
   mp              渐慢                             f
7̌ 6 0 (5 | 6 5 3 5) | 6 7 6 5 | 5 3 5 | 2/4 1 — | 6· 5 3 5 | 6 1̇ | 5̄ |
颗     红  亮  的  心。
```

天下事难不倒共产党员

第二场　李玉和唱

```
1 = E
中速                          【二黄快三眼】
散 p              mf        mp 缓起            稍快
(7̌ 5   7̌  6̂    )    4/4 6̌·5  5 3 7  6̌ 2·3  7 6 5 7
(白)同志……(唱) 一  路   上
```

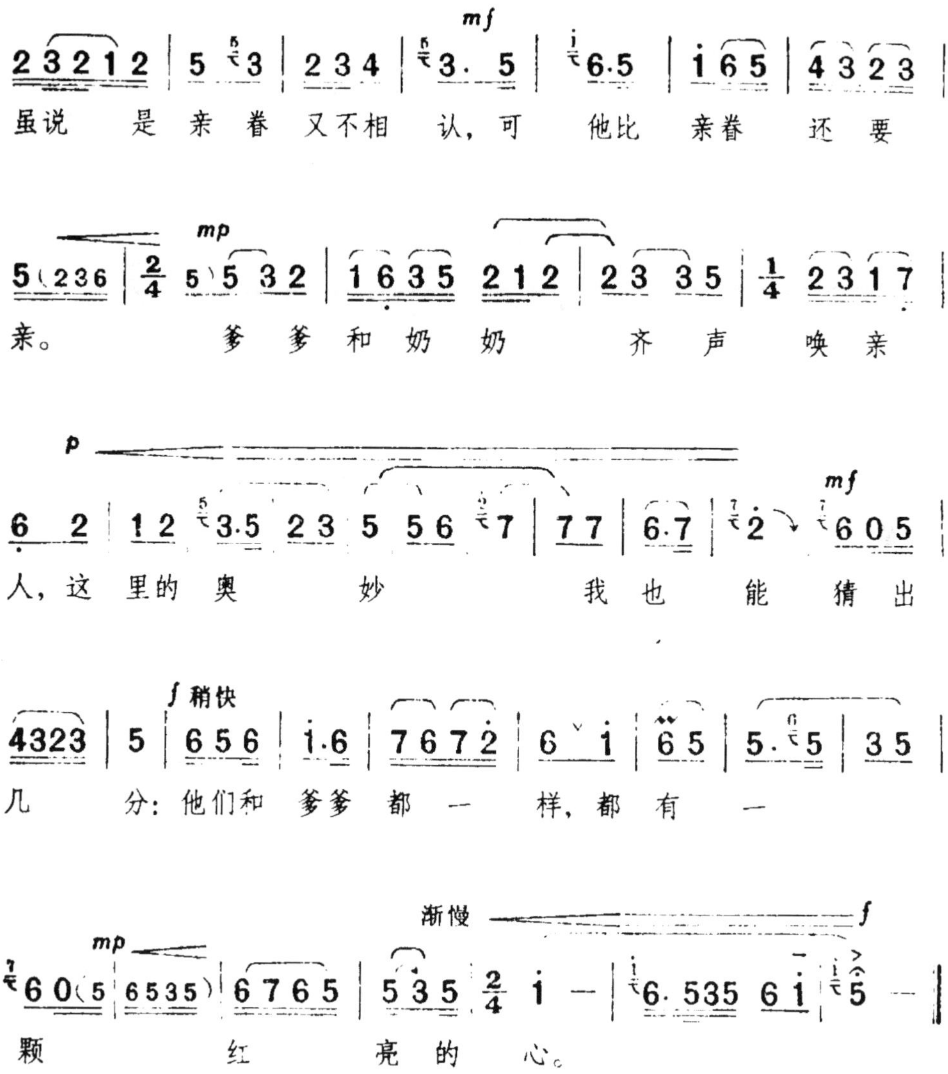

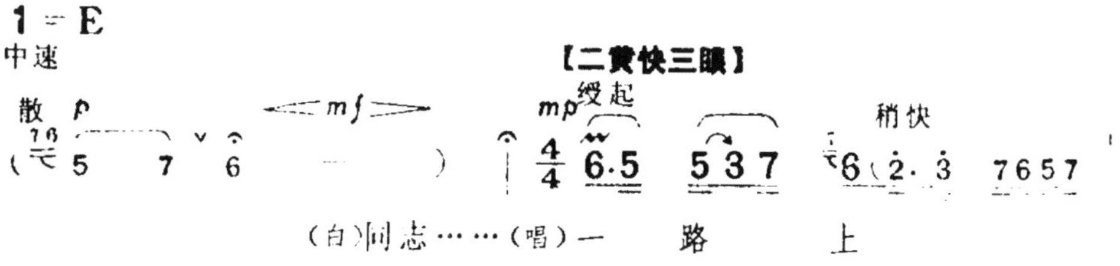

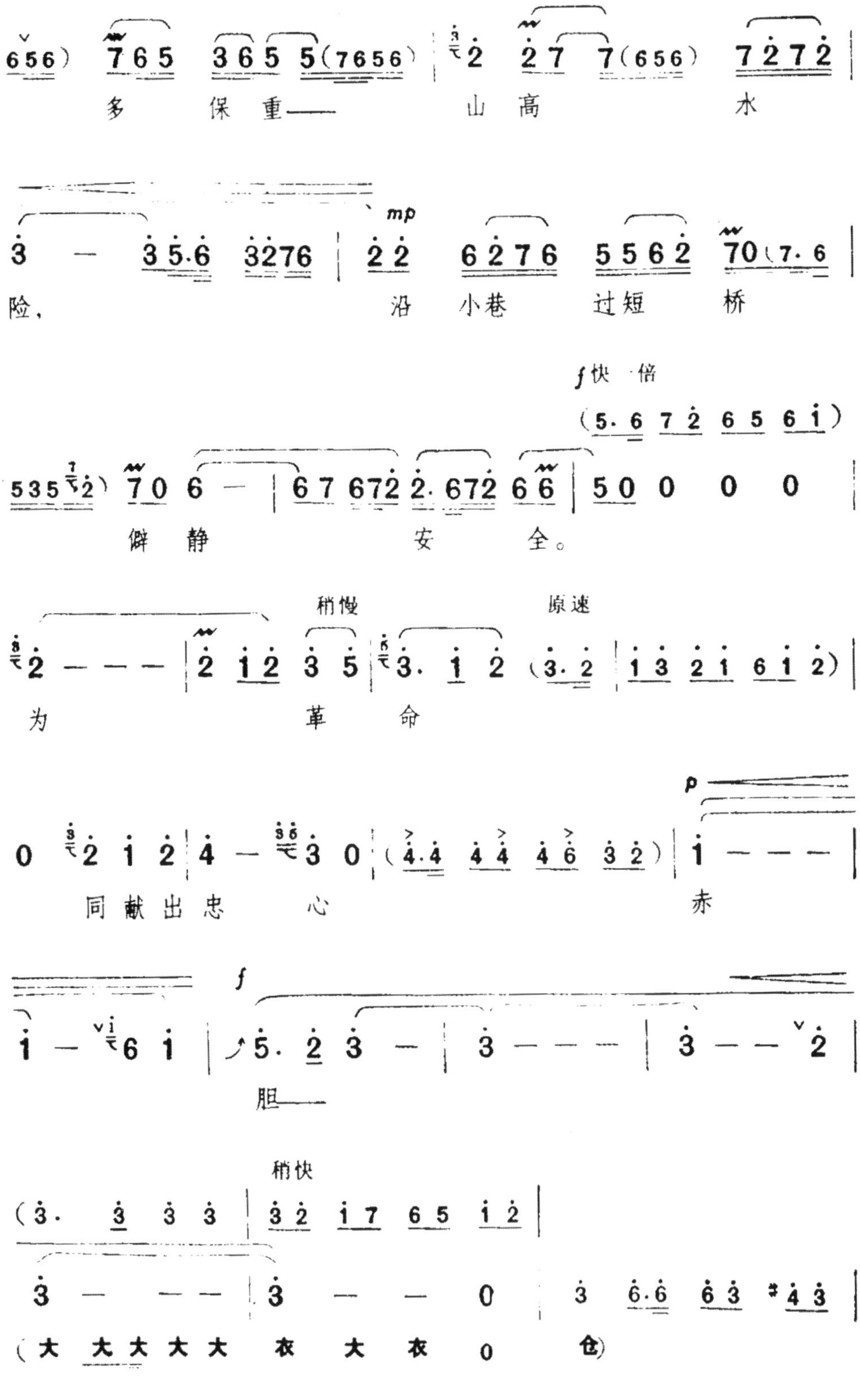
多 保 重——
山 高 水
险，
沿 小巷 过短 桥
快一倍
僻 静 安 全。
稍慢
原速
为 革 命
同 献 出 忠 心
赤
胆——
稍快
大 大大大大 衣 大 衣 0 仓

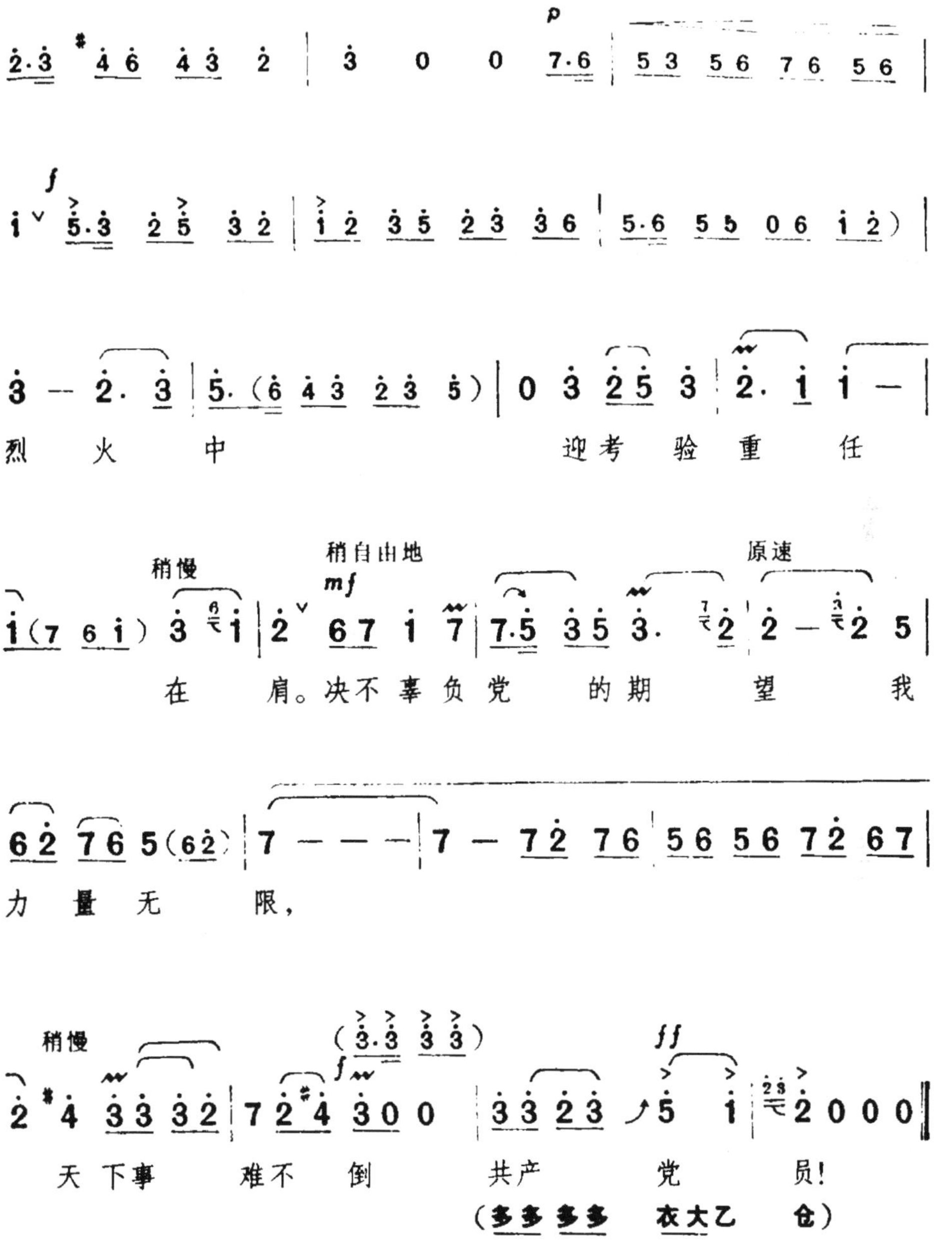

烈 火 中　　　　　　　迎考 验重 任

在　肩。决不辜负党　的期　望　我

力 量 无　限，

天 下事　难不　倒　共产　党　员！

（多多多多　衣大乙　仓）

做人要做这样的人

第五场　铁梅唱

1 = E

【四皮散板】

（2.2　12　3.2　35　21　12　2　5　—）1　—　6.7　6.5　3.6

听　罢　奶

【摇板】中快

5　7　—　6.7　6　653　5　—　6　｜（6｜6｜7｜65｜35｜

奶说　红　　　灯，

67｜65｜3.5｜6｜6）｜3.6　5　—　5　3　1　—｜（i｜i｜

言　语　不　多

i｜05｜6｜i｜5｜6）｜4　—　—　3　2　—　3　35　3　—　5　—｜

道　理　　深。

（5｜5｜6｜4｜3｜2.3｜43｜23｜43｜5｜5）｜33　23｜

为

4　—　3｜（54｜32｜12｜3｜3）｜i　—　6　5　1　—　2　3

什　么　　　　　　爹　爹、表

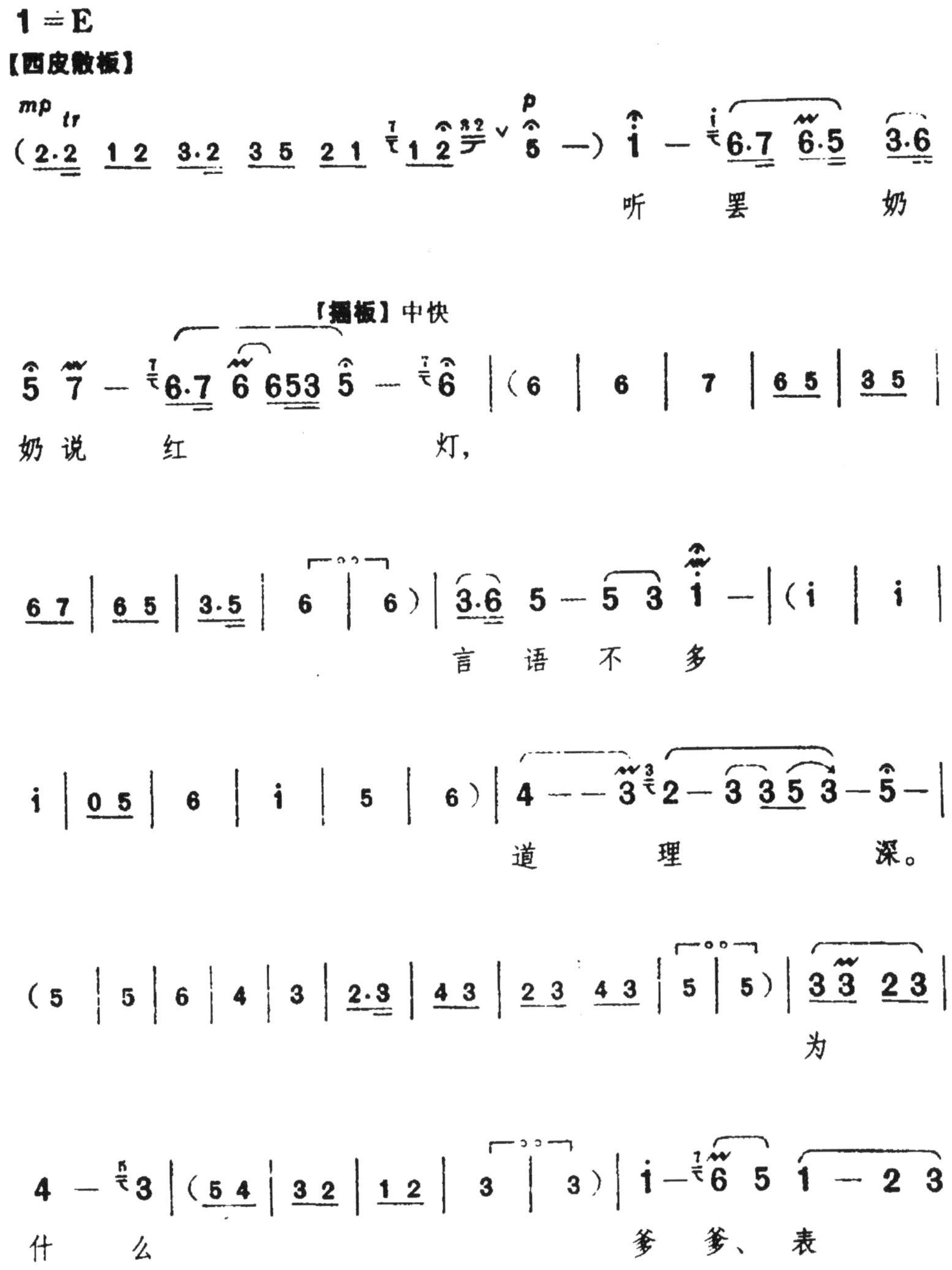

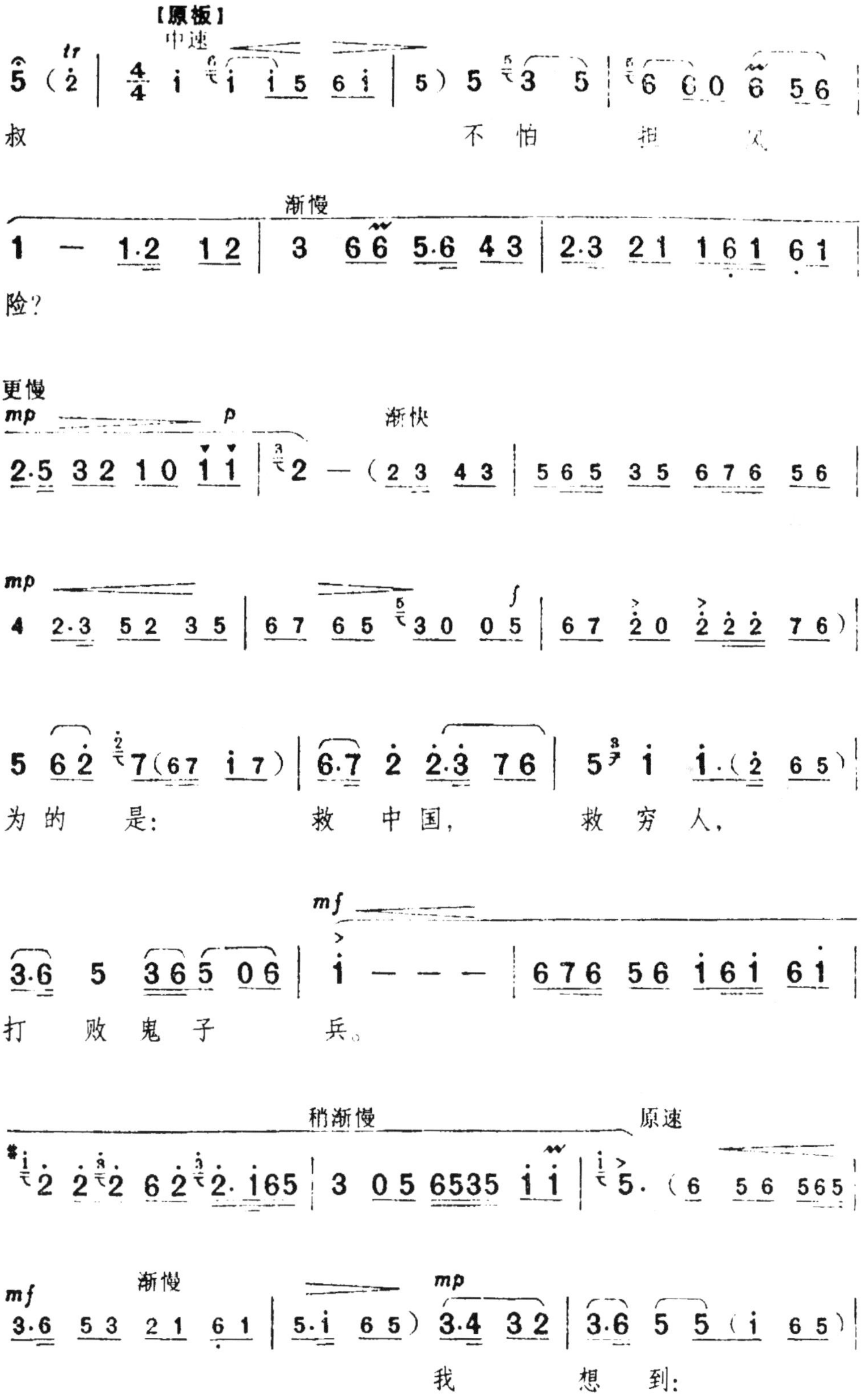

271

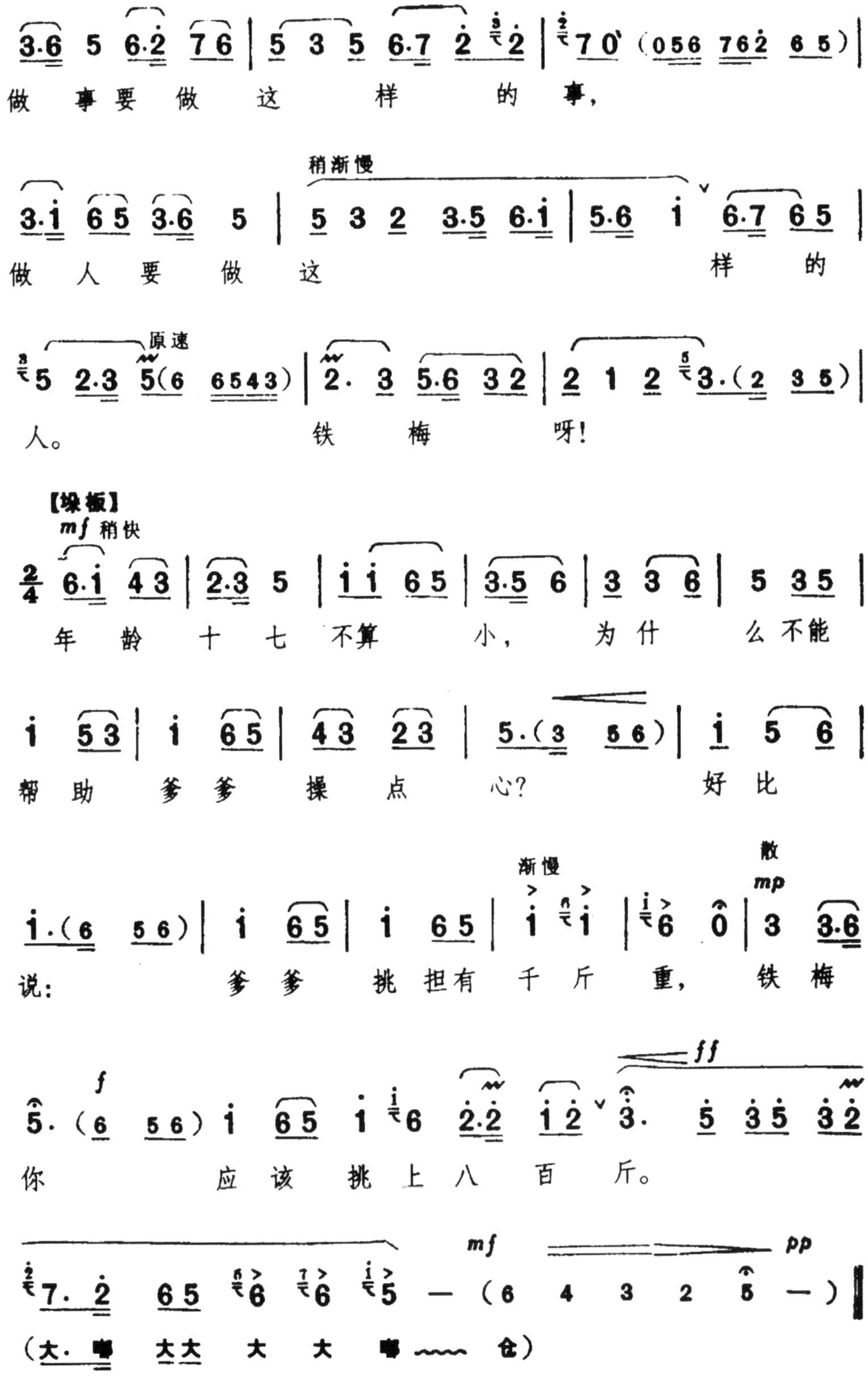

3.6 5 6.2 76 | 5 3 5 6.7 2 2 | 2 7 0 (056 762 65)|
做 事 要 做 这 样 的 事，

稍渐慢
3.1 65 5 3.6 5 | 5 3 2 3.5 6.1 | 5.6 1 6.7 65 |
做 人 要 做 这 样 的

原速
5 2.3 5(6 6543) | 2.3 5.6 32 | 2 1 2 3.(2 35)|
人。 铁 梅 呀！

【垛板】
mf稍快
2/4 6.1 43 | 2.3 5 | 1 1 65 | 3.5 6 | 3 3 6 | 5 35 |
年 龄 十 七 不 算 小， 为 什 么 不 能

1 53 | 1 65 | 43 23 | 5.(3 56)| 1 5 6 |
帮 助 爹 爹 操 点 心？ 好 比

渐慢 散
mp
1.(6 56)| 1 65 | 1 65 | 1 1 | 6 0 | 3 3.6 |
说： 爹 爹 挑 担 有 千 斤 重， 铁 梅

f ff
5.(6 56) 1 65 | 1 6 2.2 | 1 2 3.| 5 35 32 |
你 应 该 挑 上 八 百 斤。

mf pp
7.2 65 6 6 5 — (6 4 3 2 5 —)|
（大．仓 大大 大 大 仓 仓）

浑身是胆雄赳赳

第五场　李玉和唱

1 = E　1/4

【西皮二六】
中快

（临行喝妈一碗酒，

浑身是胆雄赳赳。

鸠山设宴和我交"朋友"，千

杯万盏会应酬。时令

不好　风雪来得骤，　妈要把

冷暖　时刻记心头。

273

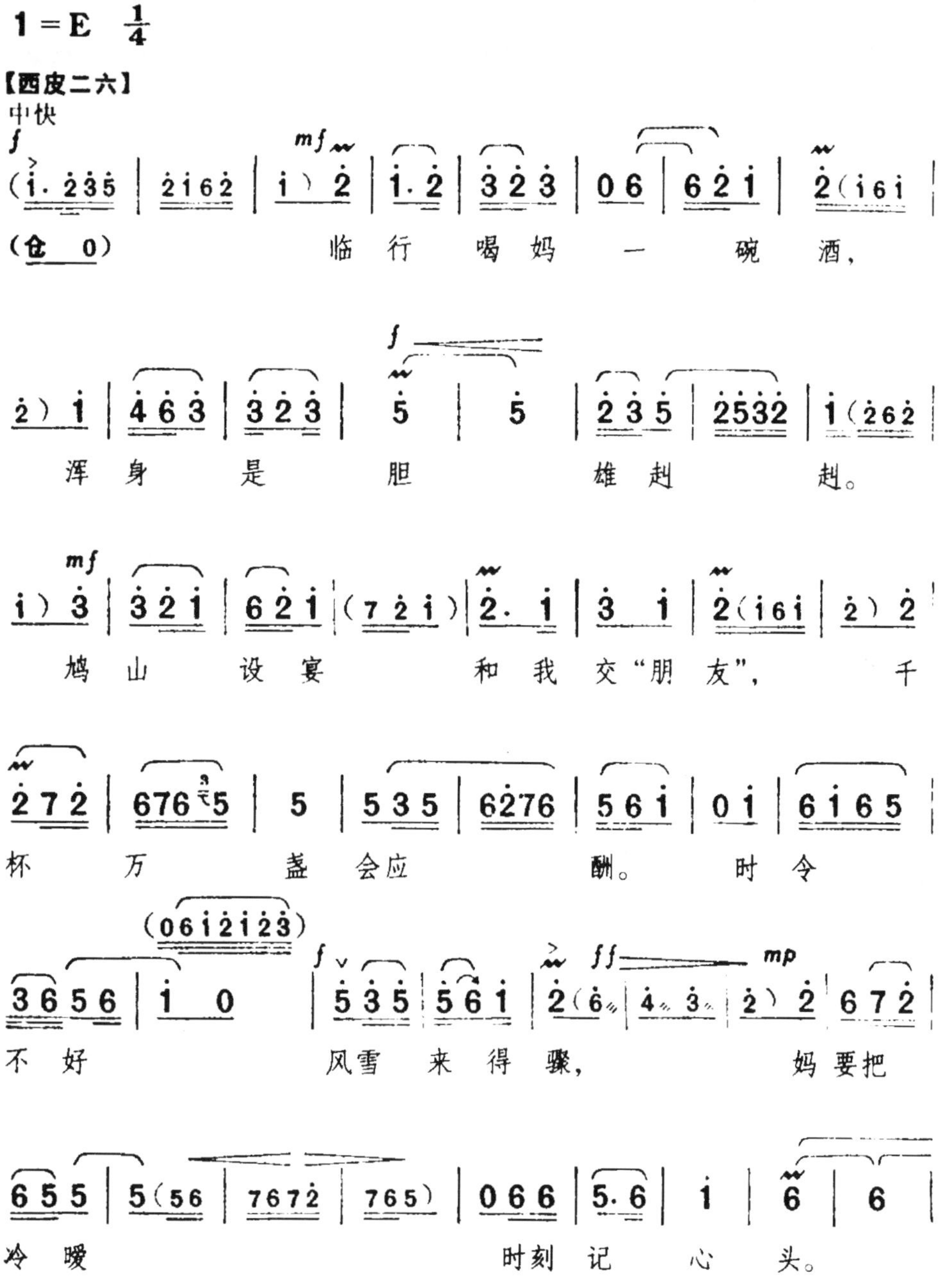

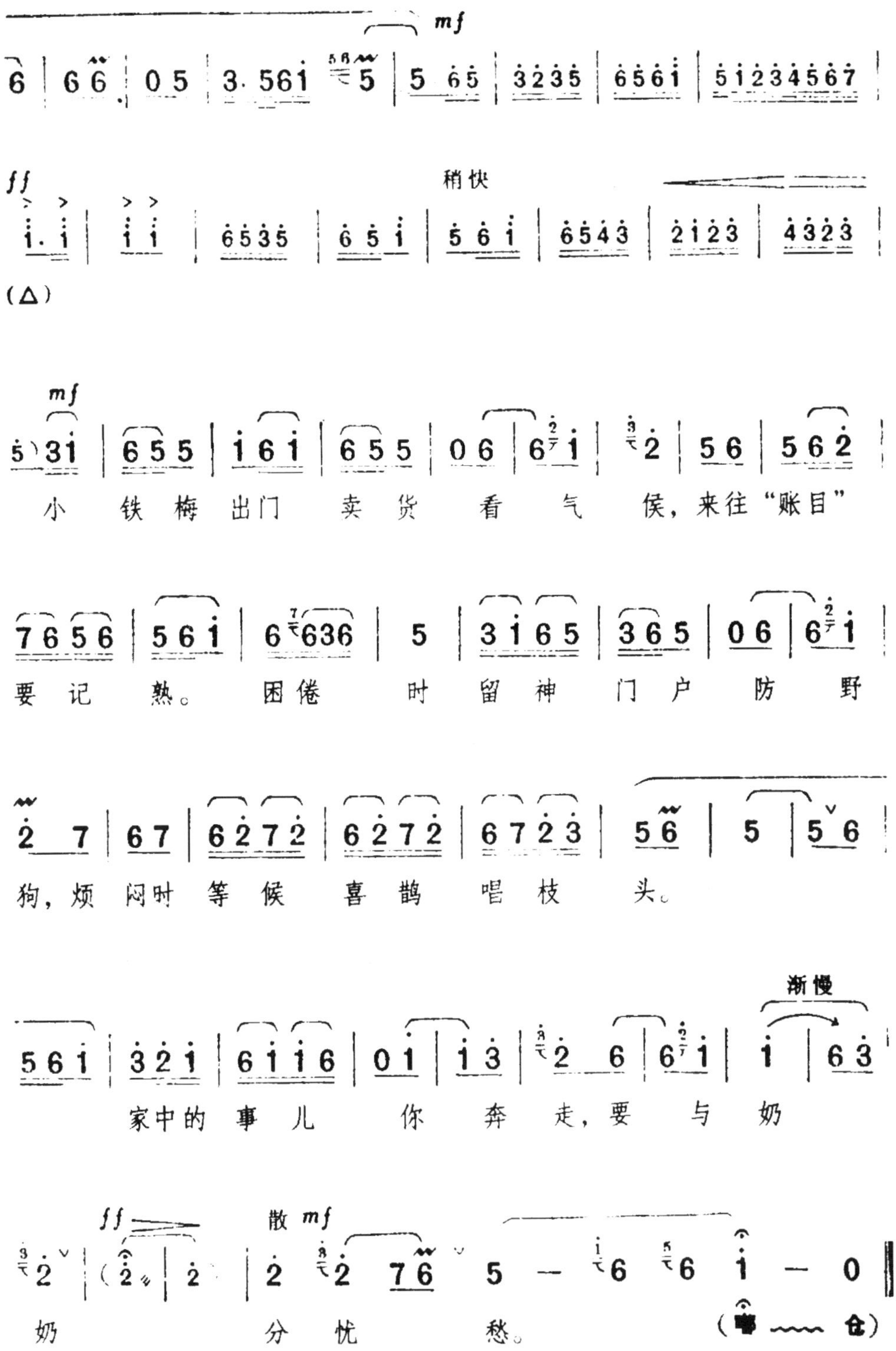
mf
ff
稍快
(△)
mf
小铁梅出门卖货看气候，来往“账目”
要记熟。困倦时留神门户防野
狗，烦闷时等候喜鹊唱枝头。
渐慢
家中的事儿你奔走，要与奶
ff
散 mf
奶分忧愁。

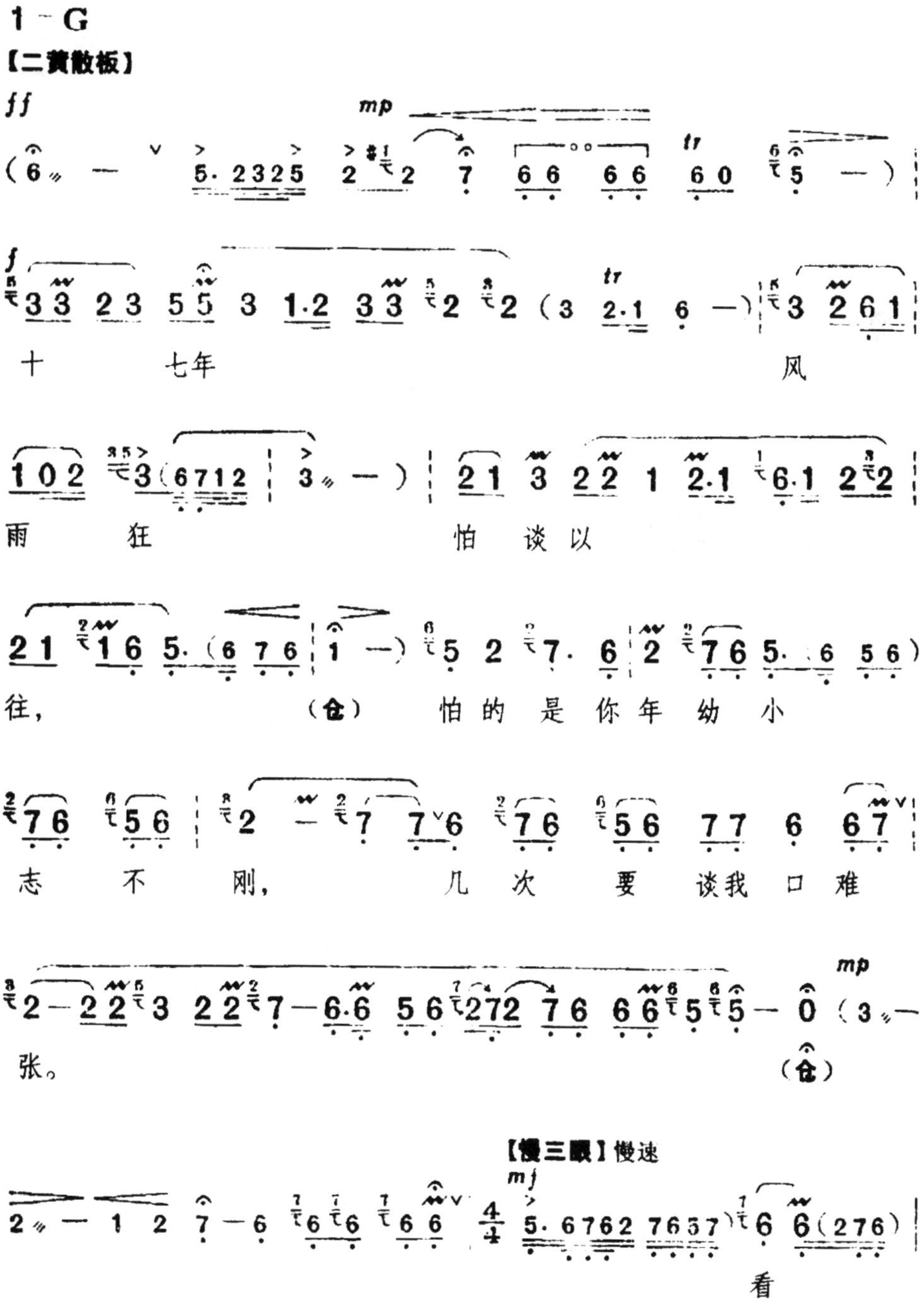

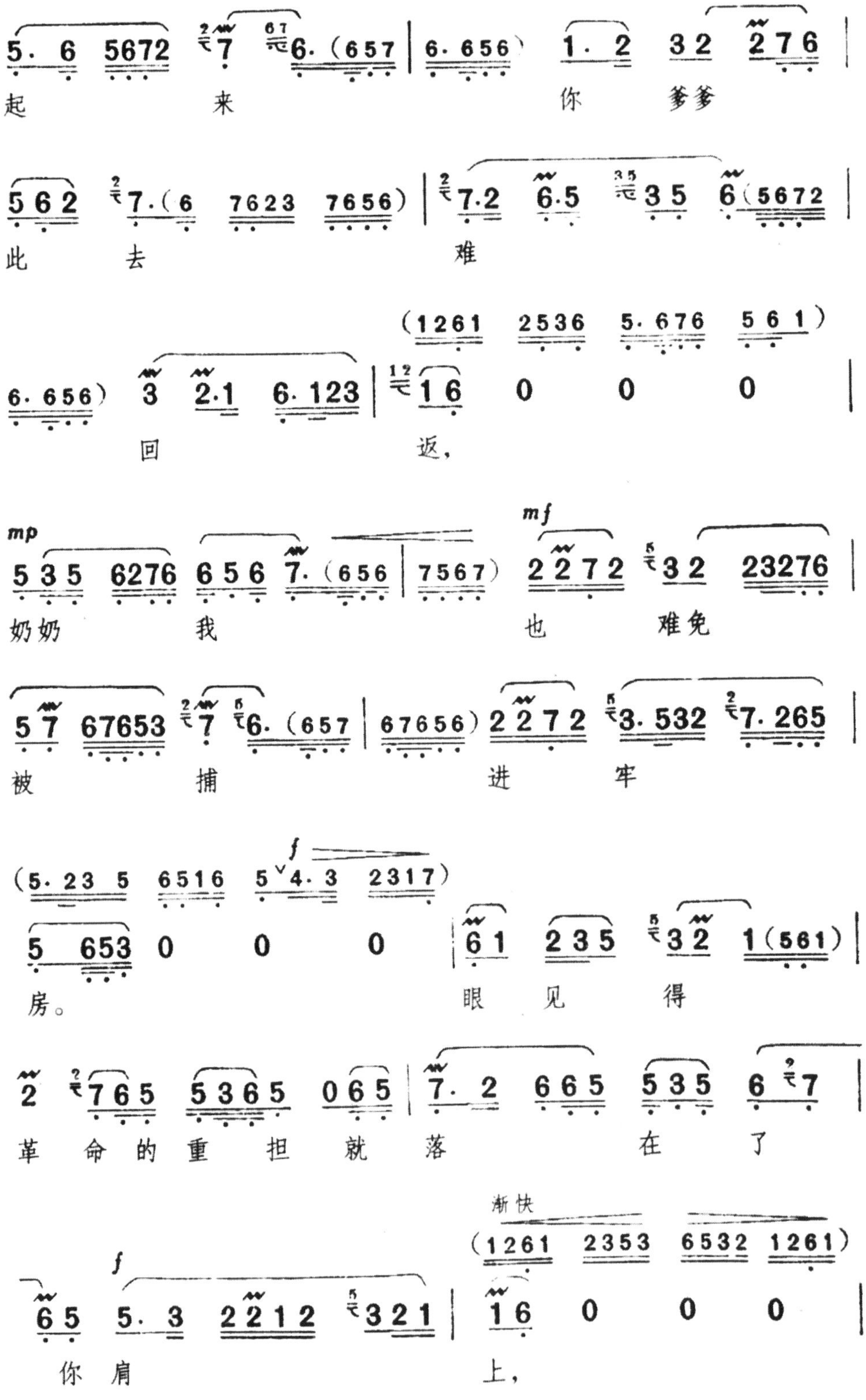

5. 6 5672 7 6.(657 | 6.656) 1. 2 32 276 |
起　　来　　　　　　　你　爹爹

5 6 2 7.(6 7623 7656) | 7.2 6.5 3 5 6(5672 |
此　去　　难

6.656) 3 2.1 6.123 | 16 0 0 0 |
回　　返，

mp　　　　　　　　　　　　　　　　mf
5 3 5 6276 6 5 6 7.(656 | 7567) 2 2 7 2 3 2 23276 |
奶奶　我　　　　　　也　　难免

5 7 67653 7 6.(657 | 67656) 2 2 7 2 3.532 7.265 |
被　捕　　　　　　　进　牢

(5.23 5 6516 5 4.3 2317)
5 653 0 0 0 61 2 3 5 3 2 1(561) |
房。　　　　　　　　眼　见　得

2 765 5365 065 | 7.2 665 5 3 5 6 7 |
革　命　的　重　担　就　落　　在　了

渐快
(1261 2353 6532 1261)
65 5.3 2212 321 | 16 0 0 0 |
你　肩　　　　上，

276

【垛板】

mf 中速

1/4 2 2 7 6 | 5. 6 5 (6) | 2 2 | 7. 6 5 | 2 2 7 | 7 6 ||

说明 了 真情 话, 铁梅 呀,

稍快 渐强

6 6 4 3 | 6 6 2 3 | 5 (3 5 7) | 6 7 1 | 7. 7 | 6 3 2 1 | 1 6 1 |

你 不要 哭, 莫悲 伤, 要 挺 得 住, 你

【原板】

f 渐慢 原速

2 3 4 | 3 (2 3 4 6) | 2/4 3) 3 | 2 3 5 | 5 5 | 6 2 1 | 3 2 3 | 4 0 |

要坚 强, 学 你 爹 心 红 胆 壮 志 如

4. 6 3 | 3 — | 3 — | 3. 2 1. 6 | 1. 2 3 1 2 |

钢!

稍慢 原速

(2 2 2 2 | 2 2 2 2 | 2 3. 5 2 1 6 1 | 2 0) ||

ff

3 0 5 3 3 | 2 — | 2 — | 2 0 0 | 0 0 ||

(大大 大大 大大大 大大 衣大 衣 仓)

血债还要血来偿

第五场 李奶奶唱

1 = G 2/4

【二黄原板】

ff 中快 *mf*

(6 5 4 0 3 | 2 1 2 3 4 3 2 3 | 5. 5 5 5 | 5 2. 5 3 2 7 6 | 5 6 5 0 6 1 2) ||

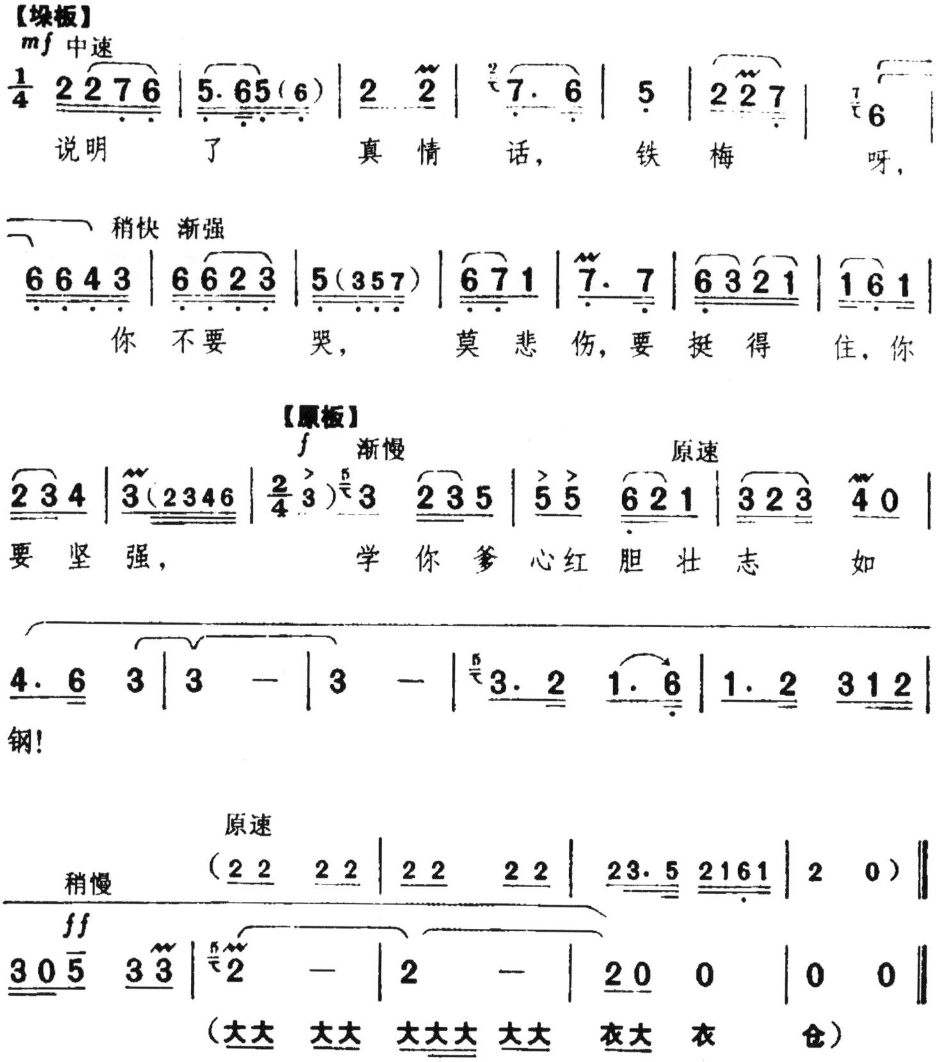

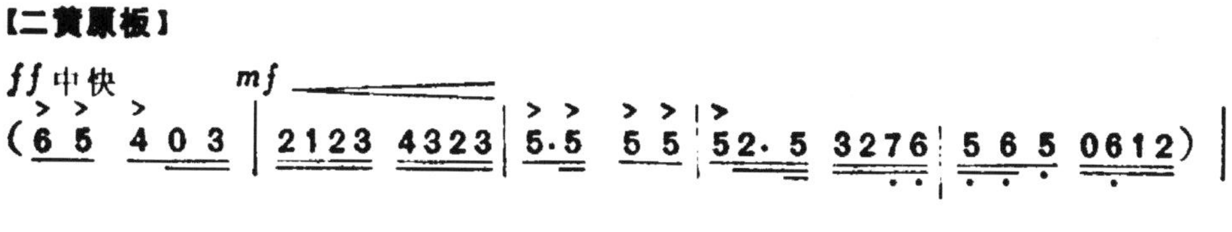

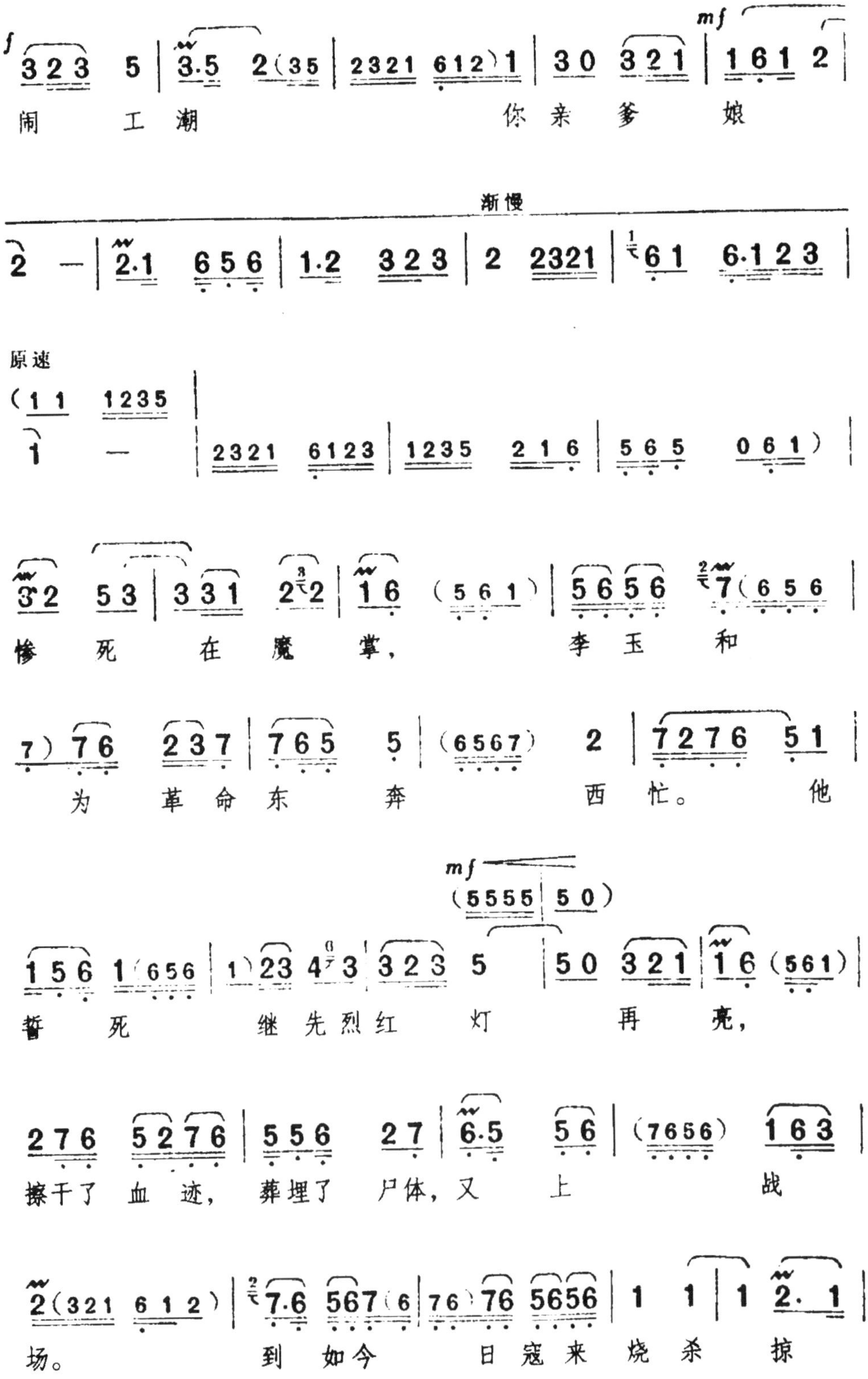
闹工潮 你亲爹娘
渐慢
原速
惨死在魔掌，李玉和
为革命东奔西忙。他
誓死继先烈红灯再亮，
擦干了血迹，葬埋了尸体，又上战
场。到如今日寇来烧杀掠

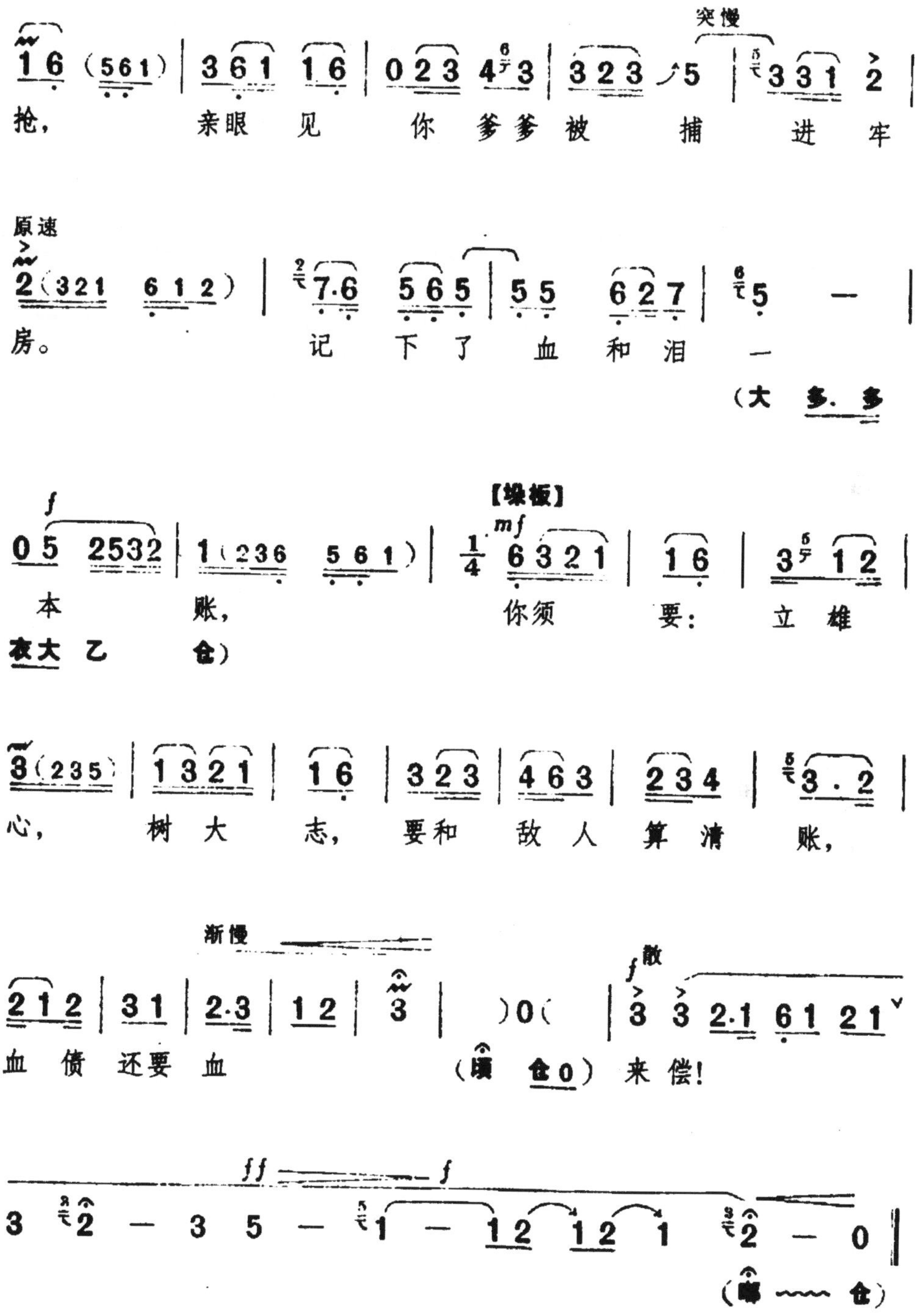
突慢
抢，亲眼见你爹爹被捕进牢
原速
房。记下了血和泪一
（大 多. 多
本 账，
衣大 乙 仓）
【垛板】
你须要：立雄
心，树大志，要和敌人算清账，
渐慢
散
血债还要血（顷 仓0）来偿！
（啷 仓）

打不尽豺狼决不下战场

1 = D 2/4

【二黄原板】

中速

（5·i 6 5　3 2 3 5 6 | 7 6 2 6 7 | 2·2 2 2 | 2i 2 3 5 | 2 3 2 i
（仓　才　仓　台台　才　台乙台　仓　0　大　大　大大

6 5 6 5 6 i　5 0 6 | 5 6 5 6 i 5　6 5 i 5 6 | 4 0 3　3 2 5 6） |
衣大大　仓）

i　35 | 6·（7 6 5　3 5 6 i）| 2·3　5 5 | 5 3·（2 1 2　3 ∨ 2 3）|
听奶奶　讲　革　命

5·6 5 3 | 2·3 5 | 2·i　6·i 2 3 | i（2 3）　7 | 7 6　6 7 6 5 |
英　勇　悲　壮，　却　原

5 3　3 2 3 | 5·6 5 3 | 2·3 | 5 5　5（3 5 7）| 6·5　6·7 |
来　我是风　里　生来　雨　里

2　27 | 6 6　6·5 | 5 3·（2　3 2 5 6）| i·2　3 | 2 7 6　5·6 |
长，　奶奶　呀！　十　七　年教　养的

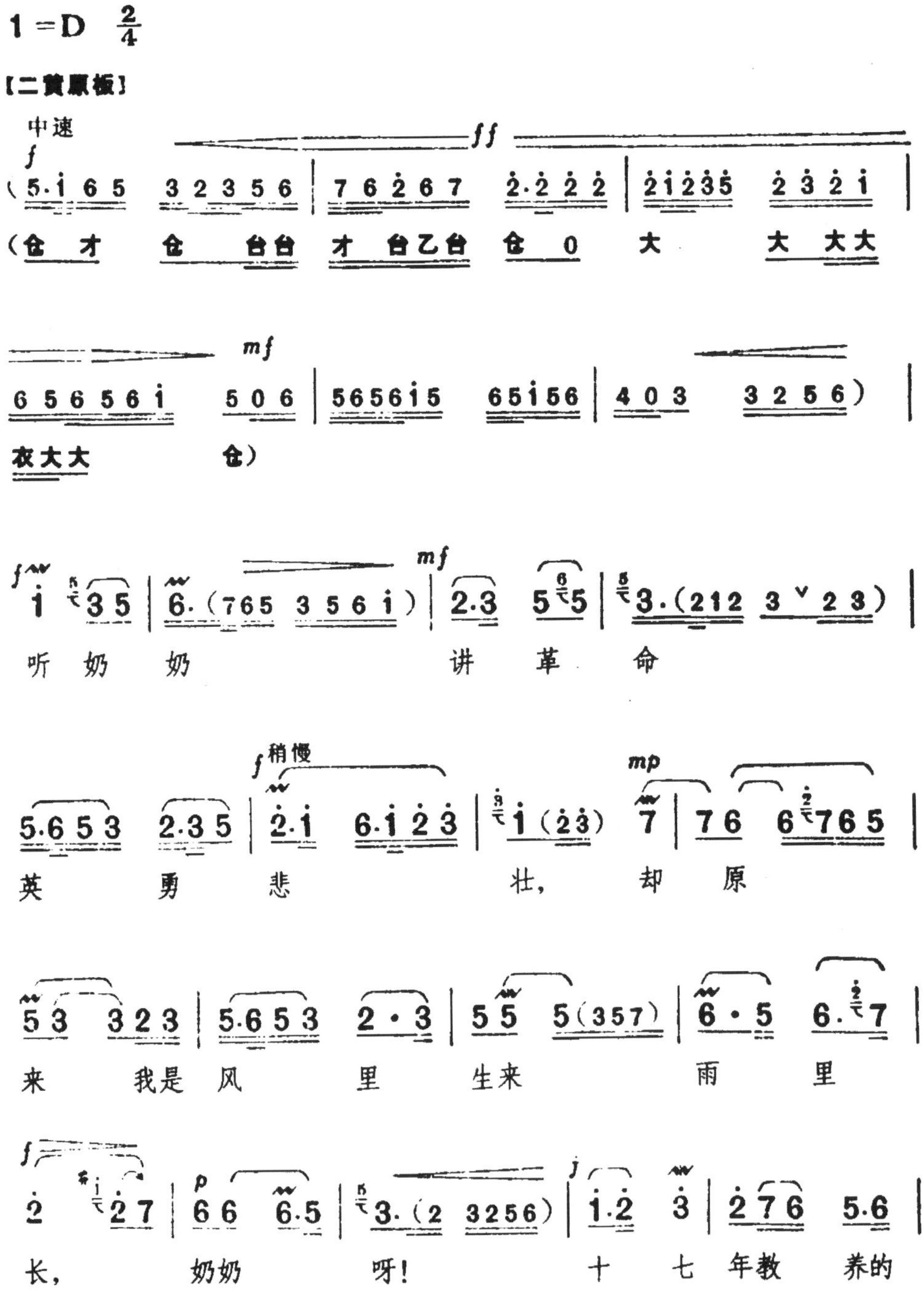

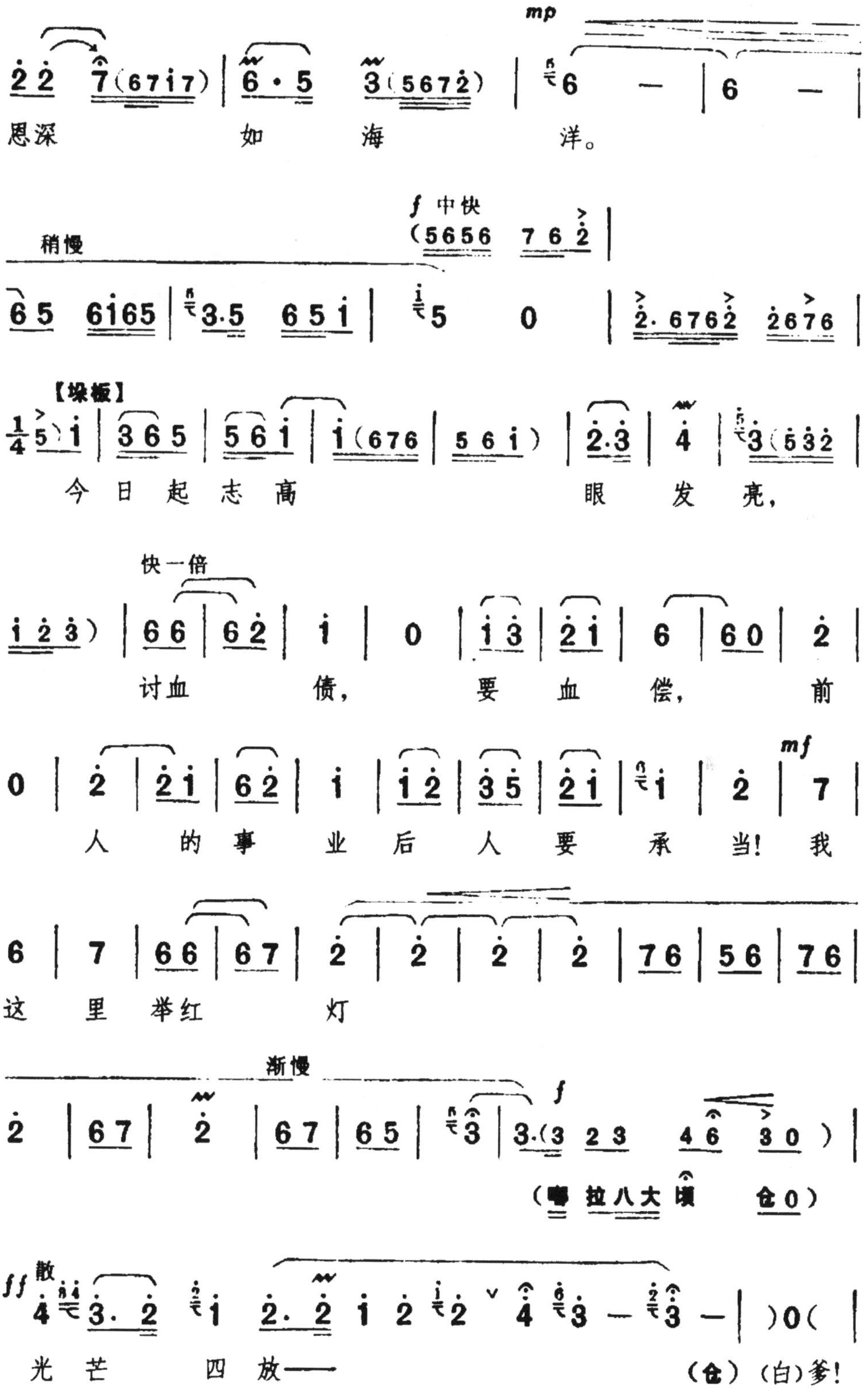
mp
恩深
如
海
洋。
稍慢
f 中快
【垛板】
今日起志高
眼
发
亮，
快一倍
讨血
债，
要
血
偿，
前
mf
人
的事
业
后
人
要
承
当！
我
这
里
举红
灯
渐慢
f
拉八大顷
仓0）
ff
散
光
芒
四
放——
（仓）（白）爹！

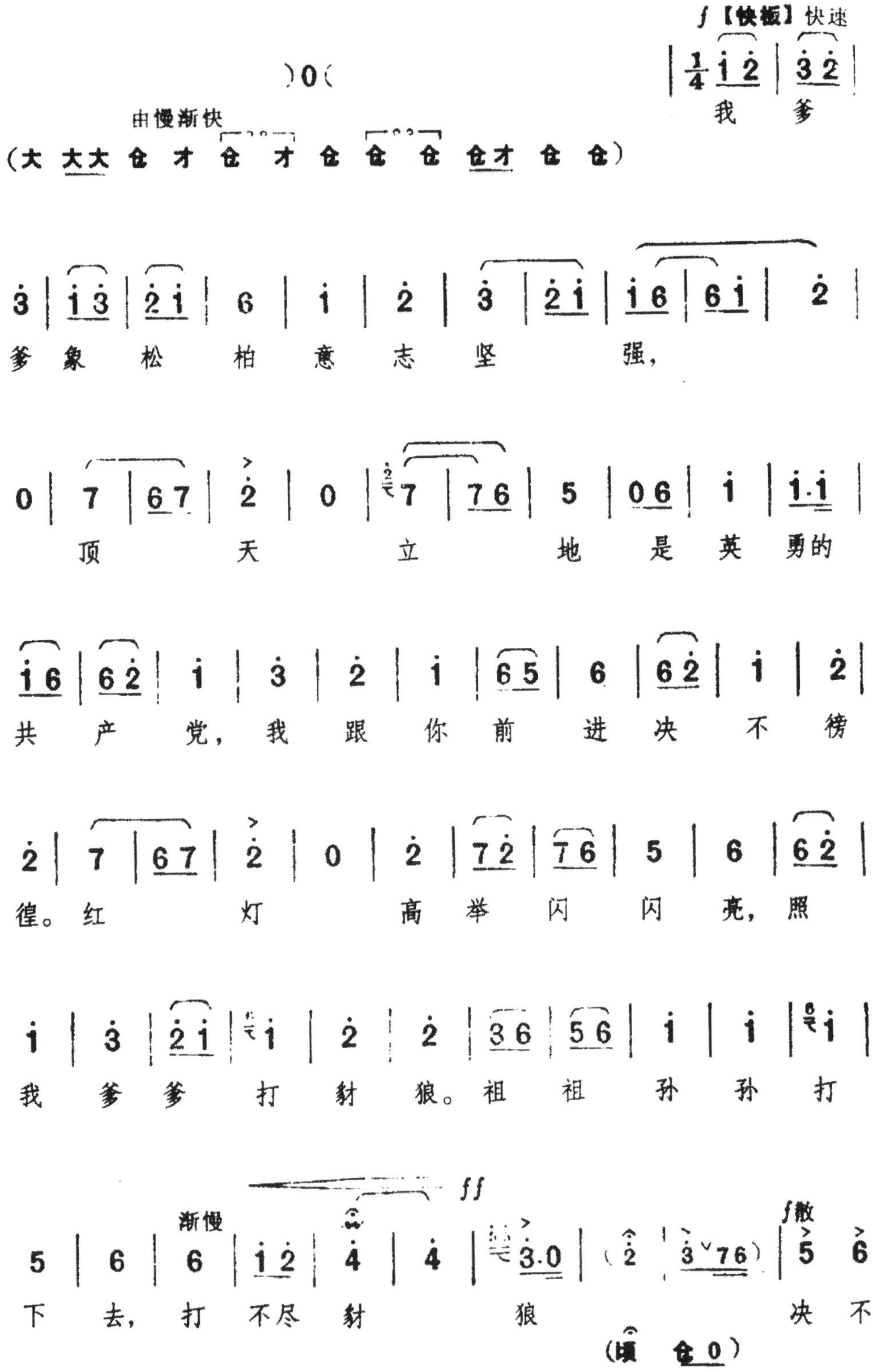

）0（

由慢渐快

（大 大大仓 才仓 才仓 仓 仓仓 才 仓仓）

f【快板】快速

$\frac{1}{4}$ $\overset{\frown}{1\ 2}$ | $\overset{\frown}{3\ 2}$ |

我　爹

$\overset{\frown}{3}$ | $\overset{\frown}{1\ 3}$ | $\overset{\frown}{2\ 1}$ | 6 | i | 2 | $\overset{\frown}{3}$ | $\overset{\frown}{2\ 1}$ | $\overset{\frown}{1\ 6}$ | $\overset{\frown}{6\ i}$ | 2 |

爹象 松 柏 意 志 坚 强，

0 | $\overset{\frown}{7}$ | $\overset{\frown}{6\ 7}$ | $\overset{>}{2}$ | 0 | $\overset{\frown}{7}$ | $\overset{\frown}{7\ 6}$ | 5 | $\overset{\frown}{0\ 6}$ | i | $\overset{\frown}{1\ 1}$ |

顶 天 立 地 是 英 勇 的

$\overset{\frown}{1\ 6}$ | $\overset{\frown}{6\ 2}$ | i | 3 | 2 | i | $\overset{\frown}{6\ 5}$ | 6 | $\overset{\frown}{6\ 2}$ | i | 2 |

共 产 党， 我 跟 你 前 进 决 不 徬

$\overset{.}{2}$ | 7 | $\overset{\frown}{6\ 7}$ | $\overset{>}{2}$ | 0 | 2 | $\overset{\frown}{7\ 2}$ | $\overset{\frown}{7\ 6}$ | 5 | 6 | $\overset{\frown}{6\ 2}$ |

徨。红 灯 高 举 闪 闪 亮，照

i | 3 | $\overset{\frown}{2\ 1}$ | i | 2 | 2 | $\overset{\frown}{3\ 6}$ | $\overset{\frown}{5\ 6}$ | i | i | $\overset{\frown}{6\ i}$ |

我 爹 爹 打 豺 狼。祖 祖 孙 孙 打

渐慢　　　　　　　　　ff　　　　　　　　　f散

5 | 6 | 6 | $\overset{\frown}{1\ 2}$ | 4 | 4 | $\overset{>}{3.0}$ | ($\overset{\frown}{2}$ $\overset{\vee}{3}$ $\overset{\frown}{7\ 6}$) | $\overset{>}{5}$ | $\overset{>}{6}$ |

下 去，打 不 尽 豺 狼　　　　　　　　决 不

（顿　仓0）

282

下 战　　　场！

（才．才才　才才　才才　仓）

从容对敌巍然如山

第六场　李玉和唱

1 = E　2/4

f 速度自由

（哩～～～仓 0）

【二黄原板】
中速

一 封

稍慢，　原速

请 帖　　藏 毒 箭，

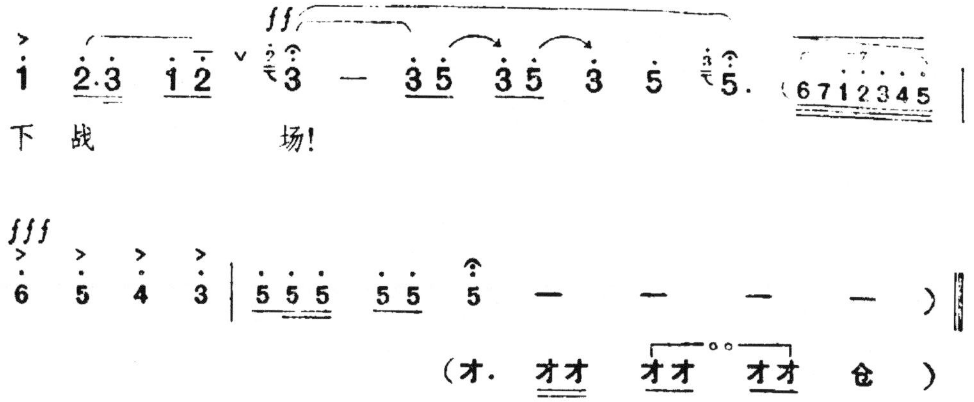

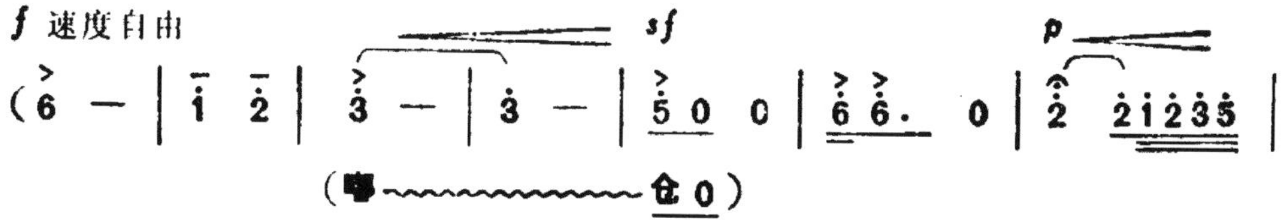

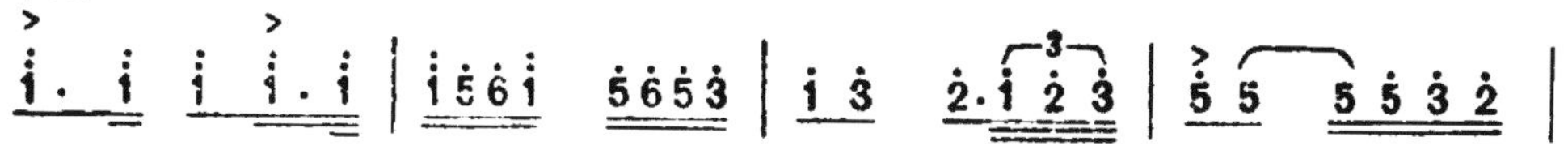

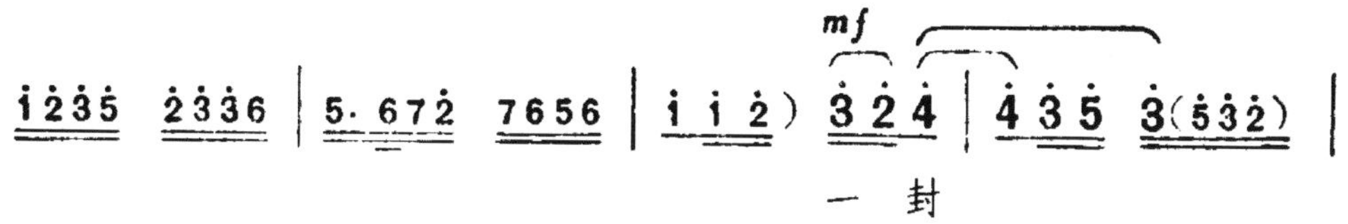

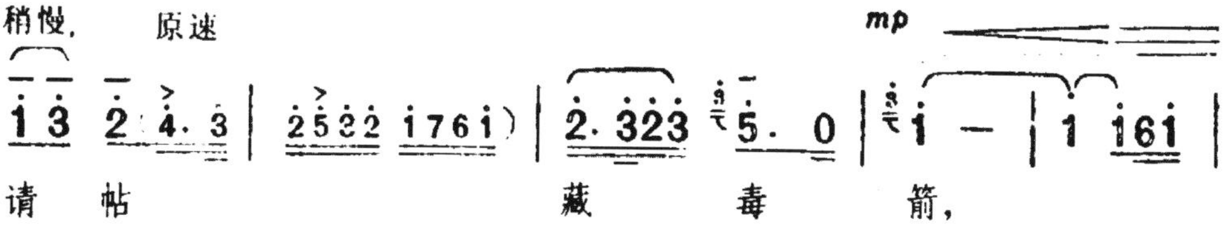

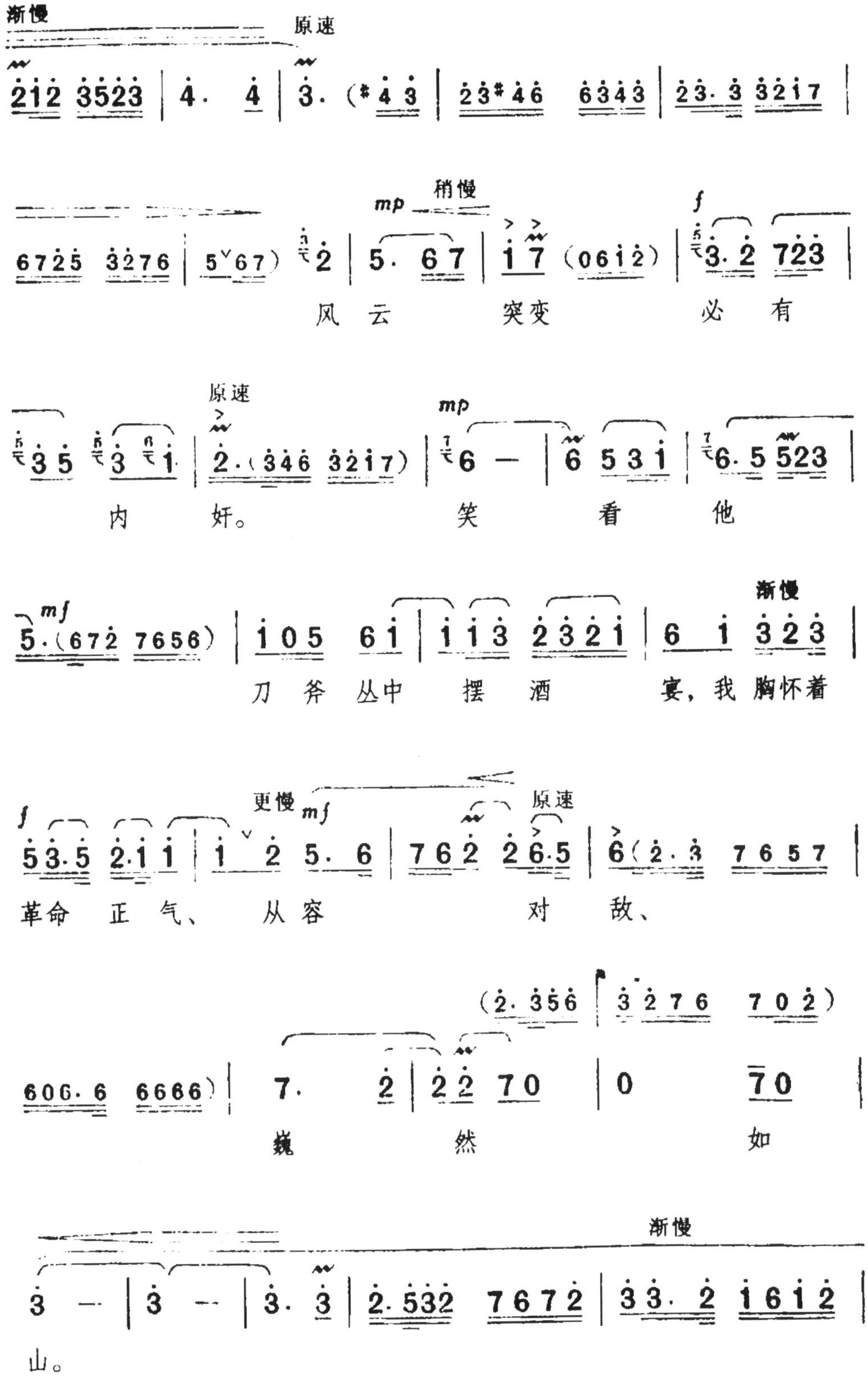

渐慢　　　　　　　　　原速

2̲1̲2̲ 3̲5̲2̲3̲ | 4· 4 | 3· (♯4̲3̲ | 2̲3̲♯4̲6̲ 6̲3̲4̲3̲ | 2̲3̲· 3̲ 3̲2̲1̲7̲ |

6̲7̲2̲5̲ 3̲2̲7̲6̲ | 5̲ᵛ6̲7̲) 2̇ | 5· 6̲7̲ | 1̇ 7̇ (0̲6̲1̇2̇) | 3̇· 2̇ 7̲2̲3̲ |
　　　　　　　　　　　　 风云　　突变　　　必有

3̲5̲ 3̲ 1 | 2̇· (3̲4̲6̲ 3̲2̲1̲7̲) | 6 — | 6̲ 5̲3̲1̲ | 6· 5̲ 5̲2̲3̲ |
　内　　奸。　　　　　　　　　笑　看　他

5· (6̲7̲2̲ 7̲6̲5̲6̲) | 1̲0̲5̲ 6̲1̲ | 1̲1̲3̲ 2̲3̲2̲1̲ | 6̲ 1̲ 3̲2̲3̲ |
刀　斧　丛中　摆　酒　　宴，我胸怀着

5̲3̲·5̲ 2̲1̲1̲ | 1 2̇ 5·6̲ | 7̲6̲2̇ 2̲6̲5̲ | 6 (2̲·3̲ 7̲6̲5̲7̲ |
革命 正气、　从容　　　对　敌、

(2̲·3̲5̲6̲ | 3̲2̲7̲6̲ 7̲0̲2̇)

6̲0̲6̲·6̲ 6̲6̲6̲6̲) | 7· 2̇ 2̲2̲7̲0̲ | 0 7̲0̲ |
巍　　然　　　如

3 — | 3 — — | 3·3̲ 2̲·5̲3̲2̲ 7̲6̲7̲2̲ | 3̲3̲·2̲ 1̲6̲1̲2̲ |
山。

稍慢

原速

ff

(2·222 | ·2057 656 1 | ·20 0)

f

3 25 501 | 2 — | 2 0 | 0 0 ‖

(大·大大大衣大 衣 仓0)

共产党毛主席领导人民闹革命

第六场 李玉和唱

1 = E 2/4

【西皮原板】中快

ff

(1 11 | 5653 13 | 5535 60 | 6535 2162 | 1) 365 | 54 3 (35) |

日 本

20 2 (6·1 | 2357 612) | 3·1 2 | 2 — | 2 — | 20 3·2 |

军 阀 豺 狼

稍慢

原速

(2 6·1 | 2312

3 5 | 21 3·1 | 2 — | 3235 6156 | 707 672 |

种,

mf

02 6276 | 5643 2172 | 1) 621 | 123 (3536) |

本 性

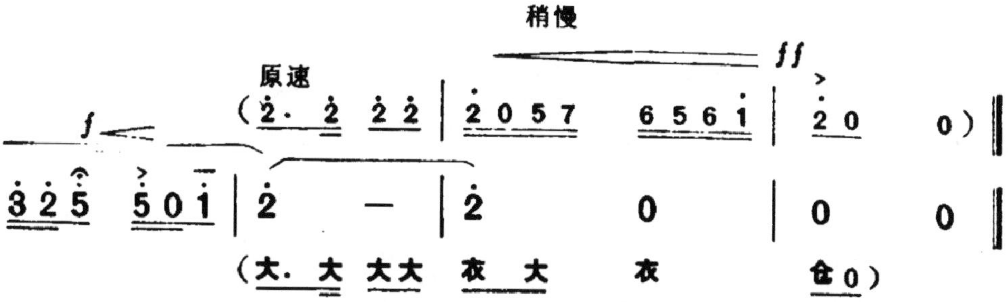

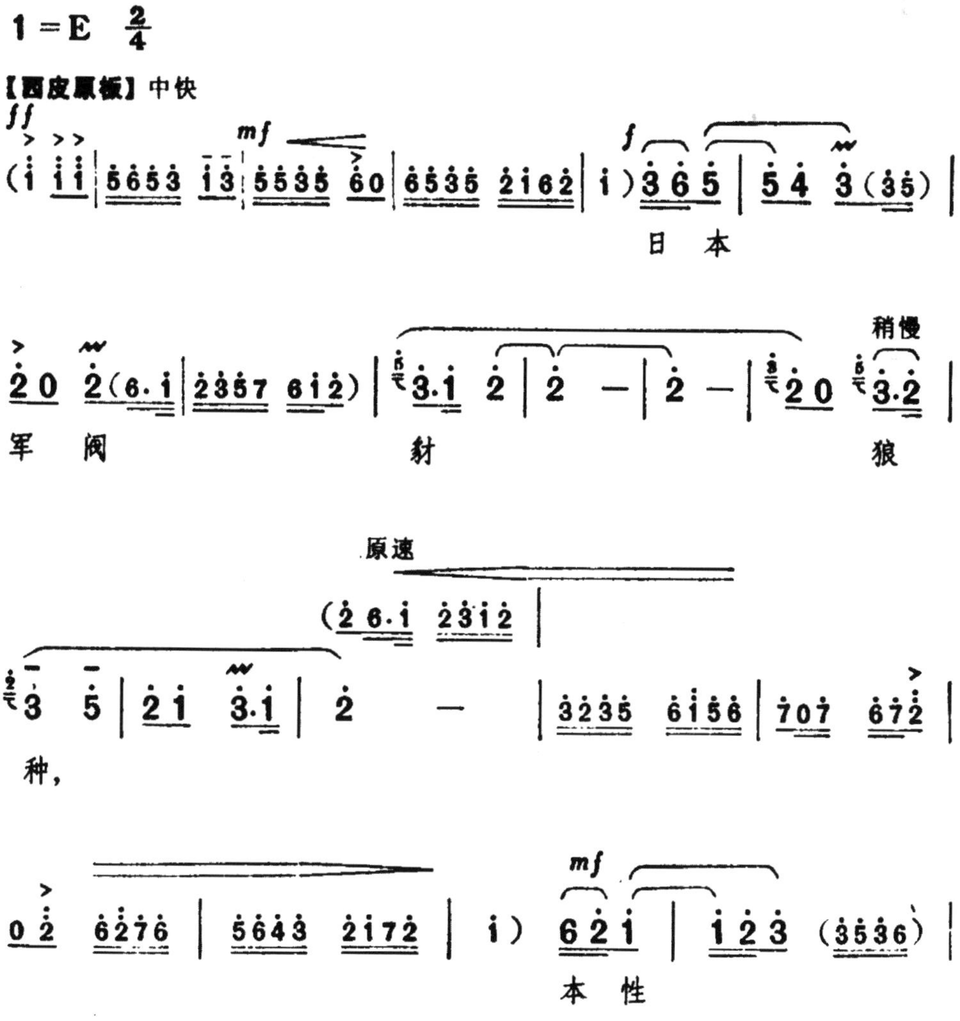

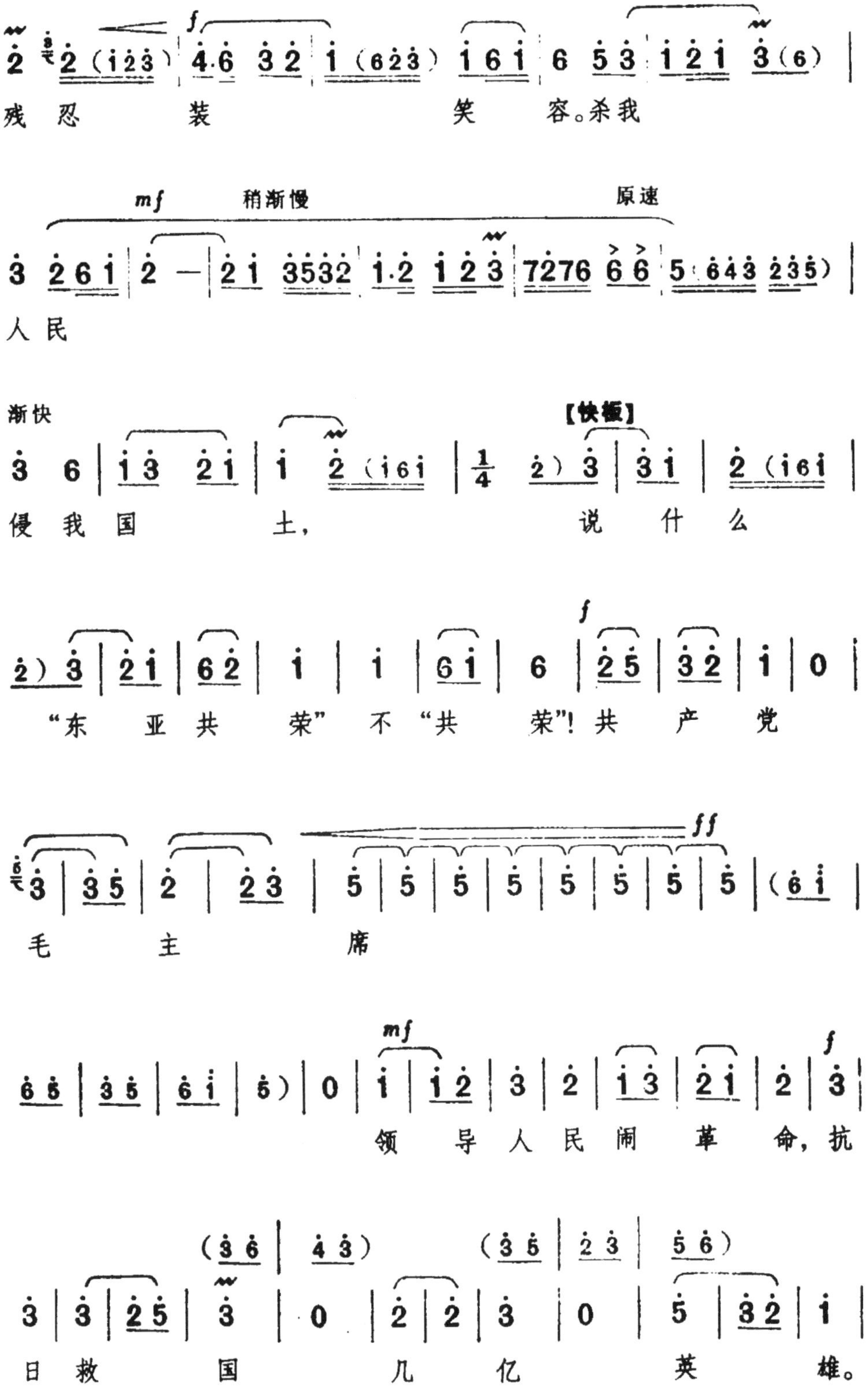

$\overset{\frown}{2}$ $\underset{3}{\overset{\vee}{\frac{}{}}}$ 2 $(1\dot{2}\dot{3})$ | $4\cdot6$ $3\dot{2}$ | $\dot{1}$ $(6\dot{2}\dot{3})$ | $\dot{1}6\dot{1}$ 6 | $5\dot{3}$ $\dot{1}2\dot{1}$ | $\overset{\frown}{3}$ (6) |

残 忍 装　　　　笑　容。杀我

mf　　稍渐慢　　　　　　　原速

$\dot{3}$ $\dot{2}6\dot{1}$ | $\dot{2}$ $-$ | $\dot{2}\dot{1}$ 3532 | $1\cdot2$ 123 | 7276 $\overset{\frown}{6}\overset{>}{6}$ | 5 $(643$ $235)$ |

人 民

渐快　　　　　　　　　　　　【快板】

$\dot{3}$ 6 | $\dot{1}\dot{3}$ $\dot{2}\dot{1}$ | $\dot{1}$ $\overset{\frown}{\dot{2}}(\dot{1}6\dot{1}$ | $\frac{1}{4}$ $\dot{2})$ 3 | $\dot{3}\dot{1}$ | $\dot{2}$ $(\dot{1}6\dot{1}$ |

侵 我 国　土，　　　　　说 什 么

$\dot{2})$ 3 | $\dot{2}\dot{1}$ | $6\dot{2}$ | $\dot{1}$ | $\dot{1}$ | $6\dot{1}$ | 6 | $\dot{2}5$ | $\dot{3}\dot{2}$ | $\dot{1}$ 0 |

"东 亚 共 荣" 不 "共　荣"! 共 产 党

$\underset{3}{\overset{\vee}{\frac{}{}}}\dot{3}$ | $\dot{3}5$ | $\dot{2}$ | $\dot{2}3$ | $\dot{5}$ | $\dot{5}$ | $\dot{5}$ | $\dot{5}$ | $\dot{5}$ | $\dot{5}$ | $\dot{5}$ | $\dot{5}$ | $(\dot{6}\dot{1}$ |

毛 主　席　　　　　　　　　　　　ff

mf

$\dot{6}\dot{5}$ | $\dot{3}\dot{5}$ | $\dot{6}\dot{1}$ | $\dot{5})$ 0 | $\dot{1}$ $\dot{1}\dot{2}$ | $\dot{3}$ | $\dot{2}$ | $\dot{1}3$ | $\dot{2}\dot{1}$ | $\dot{2}$ | 3 | f

领 导 人 民 闹 革　命，抗

$(\dot{3}\dot{6}$ | $4\dot{3})$ 　　　$(\dot{3}\dot{5}$ | $\dot{2}3$ | $\dot{5}\dot{6})$

3 | $\dot{3}$ $\dot{2}5$ | $\overset{\frown}{3}$ | 0 | $\dot{2}$ $\dot{2}$ | 3 | 0 | $\dot{5}$ | $\dot{3}\dot{2}$ | $\dot{1}$ |

日 救　国　　几 亿　英　雄。

mf

3 | 6 1 | 6 0 3 | 2 1 | 6 2 | 1 6 1 | 1 | 2 | 2 1 | 2 |

你 若 想 依 靠 叛 徒 起 效 用，这 才 是

慢一倍　　　　　　*f*

1 2 | 3 | 3 | 2 1 | 6 (3) | 2 3 5 | 1 (0 3 | 5 6 | 1 0) |

水 中 捞 月 一 场 空！

（八 大 仓 0）

雄心壮志冲云天

第八场　李玉和唱

1 = E

f 速度自由　　　　　　　　　　*ff* 快速

4/4 (6 — 1 — | 2 3 1 2 | 3 — — — | 1/4 3 6 5 6 4 3 | 2 3 1 2 |

（仓 ～～～～ 仓 0）

　　　　　　p ＿＿＿＿＿＿＿＿＿＿＿＿＿ *ff*

3 5 | 2 3 2 1 | 6 1 | 3 5 6 1 | 5 6 1 2 | 6 1 2 3 | 1 2 3 5 | 2 1 2 3 | 5 0 | 6 0 |

（大 0　大 0

7 | 7 | 6 0 7 | 2 . 3 4 6 | 3 5 2 3 | 1 0 | 稍慢 *mp* 3 . 5 | 2 3 | 7 0 |

仓 ～～～～ 仓 0）

散 *mf* ＿＿＿＿＿　　　　　　【二黄导板】 *mf*

6 2 | 7 6 | 5 —) | 2 | 3 1 2 | 2 0（3 1 7 6 — ）|

狱 警 传

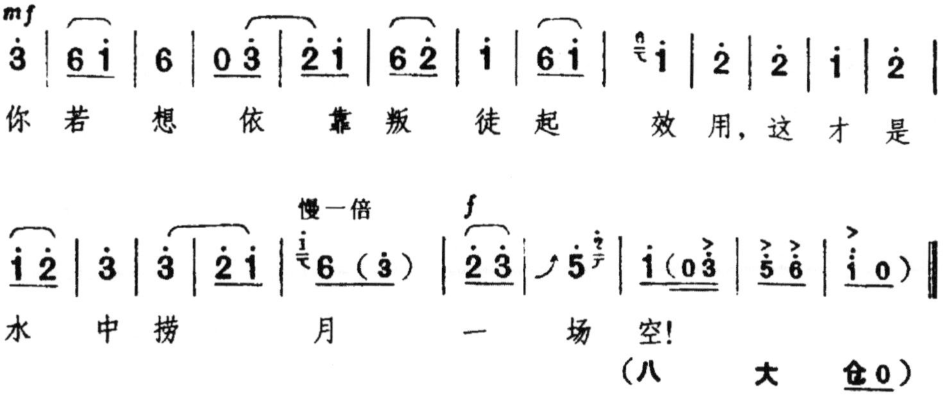

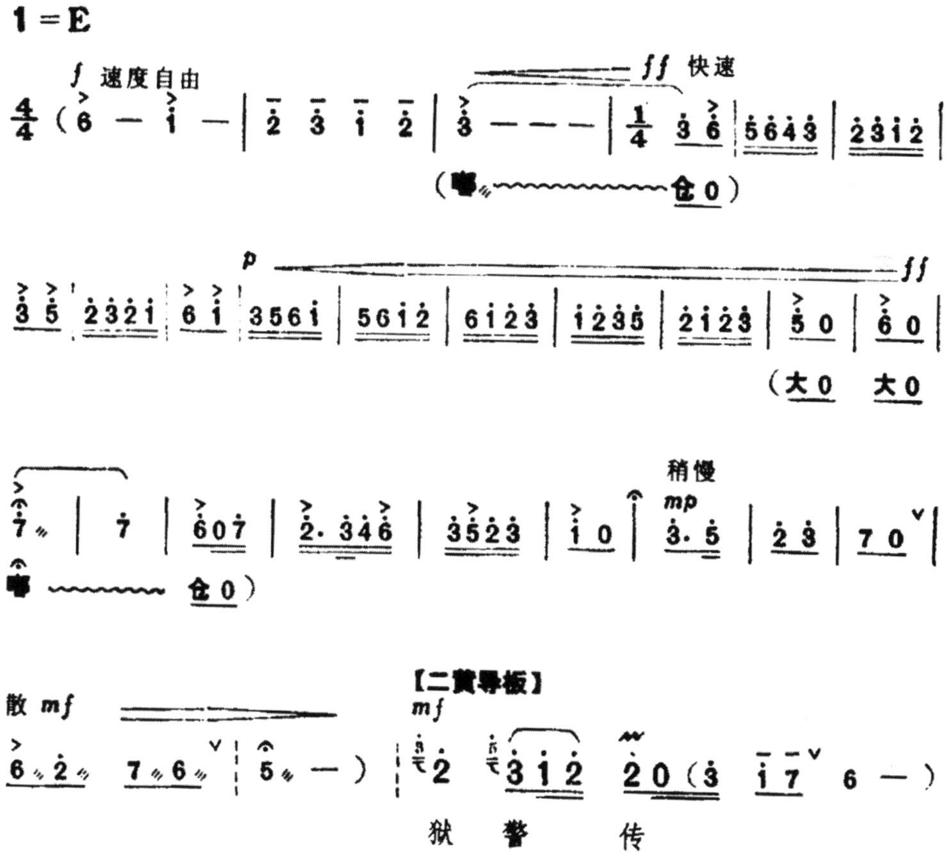

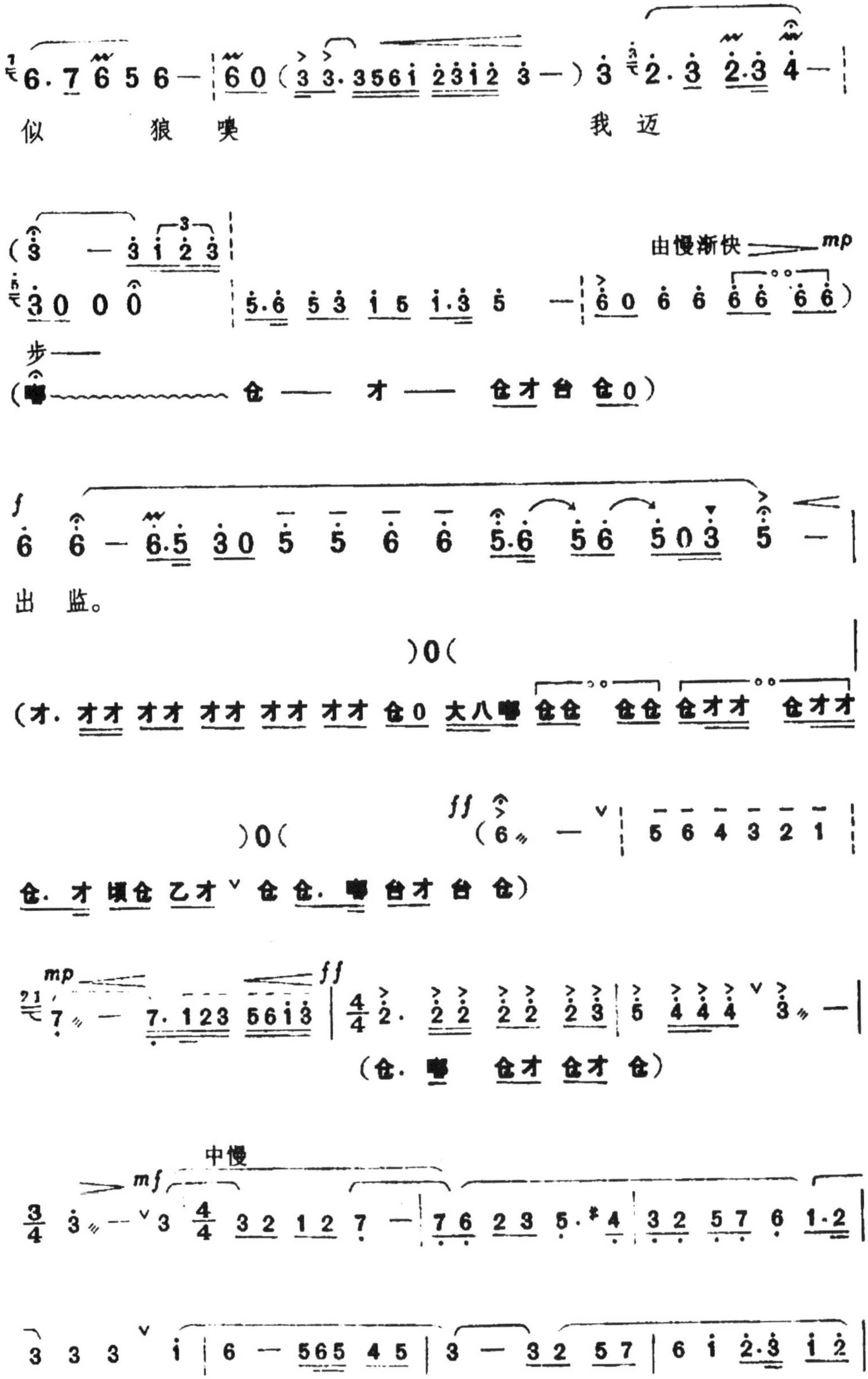

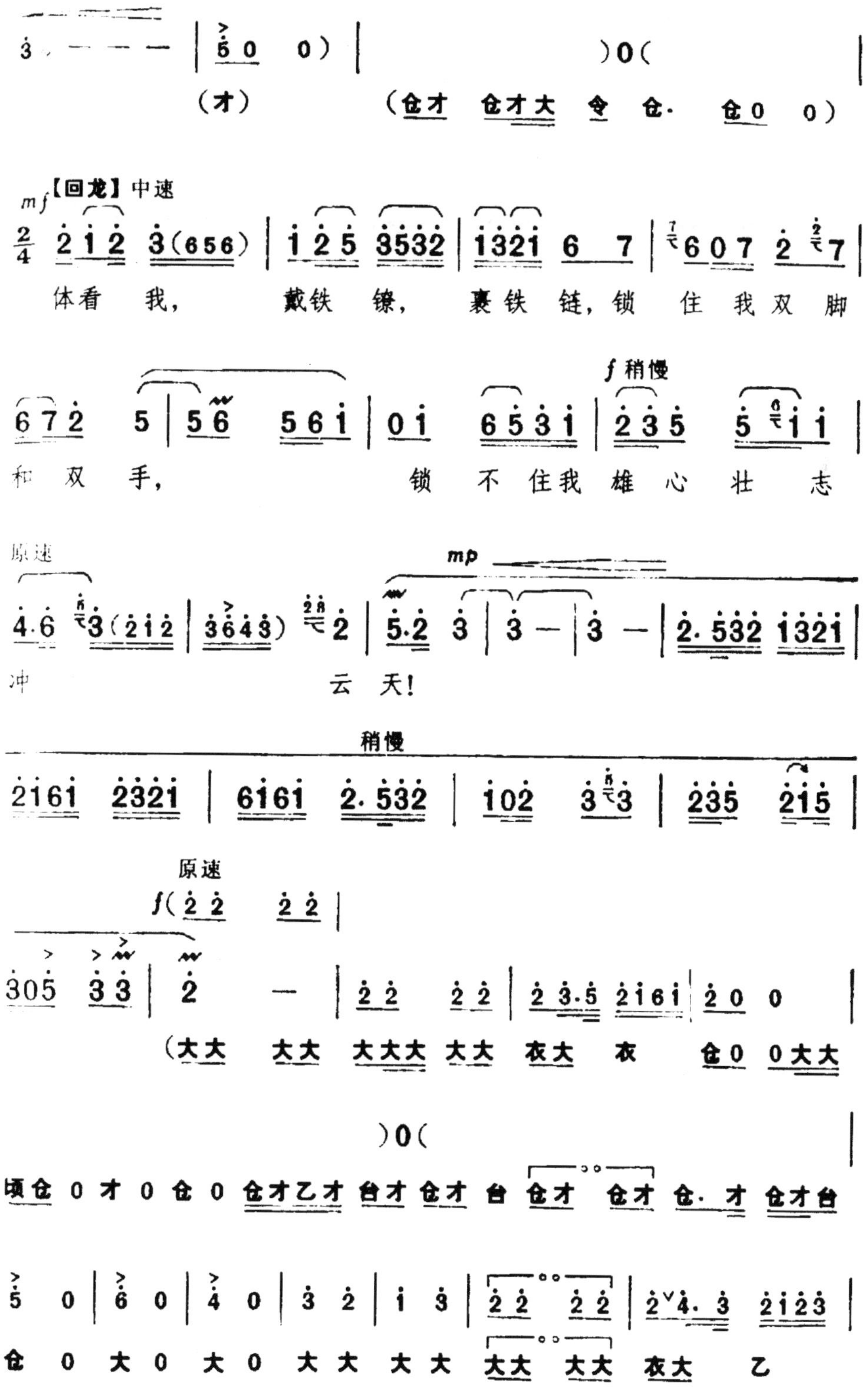

$\overset{\cdot}{3}$ — — — $|\overset{>}{\overset{\cdot}{5}}\ 0\ \ 0)$ $|$ $)0($ $|$

（才） （仓才 仓才大 令 仓. 仓0 0）

mf【回龙】中速

$\frac{2}{4}$ $\overset{\cdot}{2}\overset{\cdot}{1}\overset{\cdot}{2}$ $3(656)$ $|$ $\overset{\cdot}{1}\overset{\cdot}{2}5$ $35\overset{\cdot}{3}2$ $|$ $1\overset{\cdot}{3}\overset{\cdot}{2}\overset{\cdot}{1}$ $6\ 7$ $|$ $\overset{7}{\underset{\sim}{6}}07\ 2\overset{\overset{\cdot}{2}}{\underset{\sim}{7}}$ $|$

体看我, 戴铁镣, 裹铁链,锁 住 我双 脚

$6\ 7\ \overset{\cdot}{2}$ 5 $|$ $5\overset{\sim}{6}$ $5\ 6\overset{\cdot}{1}$ $|$ $0\overset{\cdot}{1}$ $6\ 5\ 3\ \overset{\cdot}{1}$ $|$ $\overset{f\ 稍慢}{\overset{\cdot}{2}\ 3\ 5}$ $5\overset{\overset{6}{\sim}}{1}\overset{\cdot}{1}$ $|$

和 双 手, 锁 不 住 我 雄 心 壮 志

原速 $\qquad\qquad mp$

$4.\ 6$ $\overset{\overset{\cdot}{6}}{\underset{\sim}{3}}(\overset{\cdot}{2}\overset{\cdot}{1}\overset{\cdot}{2}$ $|$ $3\ \overset{>}{6}4\ \overset{\cdot}{3})$ $\overset{\overset{\cdot}{2}\overset{8}{\cdot}}{\underset{\sim}{2}}$ $|$ $\overset{\sim}{5}.\ \overset{\cdot}{2}$ 3 $|$ $\overset{>}{3}\ —$ $|$ $3\ —$ $|$ $\overset{\cdot}{2}.\ 5\overset{\cdot}{3}2$ $1\overset{\cdot}{3}\overset{\cdot}{2}\overset{\cdot}{1}$ $|$

冲 云 天!

稍慢

$\overset{\cdot}{2}1\overset{\cdot}{6}1$ $\overset{\cdot}{2}\overset{\cdot}{3}\overset{\cdot}{2}1$ $|$ $6\overset{\cdot}{1}6\overset{\cdot}{1}$ $2.\ 5\overset{\cdot}{3}2$ $|$ $1\overset{\cdot}{0}\overset{\cdot}{2}$ $3\overset{\overset{6}{\sim}}{3}$ $|$ $\overset{\cdot}{2}\overset{\cdot}{3}5$ $\overset{\cdot}{2}1\overset{\cdot}{5}$ $|$

原速 $\quad f(\overset{\cdot}{2}\overset{\cdot}{2}\quad\overset{\cdot}{2}\ \overset{\cdot}{2}$ $|$

$\overset{>}{3}0\overset{\cdot}{5}$ $\overset{>}{3}\ \overset{\overset{\sim}{6}}{3}$ $|$ $\overset{\overset{\sim}{6}}{\overset{\cdot}{2}}$ $—$ $|$ $\overset{\cdot}{2}\ \overset{\cdot}{2}$ $\overset{\cdot}{2}\ \overset{\cdot}{2}$ $|$ $\overset{\cdot}{2}\overset{\cdot}{3}.5$ $\overset{\cdot}{2}1\overset{\cdot}{6}1$ $|$ $\overset{\cdot}{2}0\ 0$ $|$

（大大 大大 大大大 大大 衣大 衣 仓0 0大大

$)0($

顷仓 0 才 0 仓 0 仓才乙才 台才 仓才 台 仓才 仓才 仓. 才 仓才台

$\overset{>}{5}\ 0$ $|$ $\overset{>}{6}0$ $|$ $\overset{>}{4}0$ $|$ $\overset{>}{3}2$ $|$ $\overset{\cdot}{1}\overset{\cdot}{3}$ $|$ $\overset{\cdot}{2}\overset{\cdot}{2}$ $\overset{\cdot}{2}\overset{\cdot}{2}$ $|$ $\overset{\cdot}{2}\overset{>}{4}.3$ $\overset{\cdot}{2}1\overset{\cdot}{2}3$ $|$

仓 0 大 0 大 0 大大 大大 大大 大大 衣大 乙

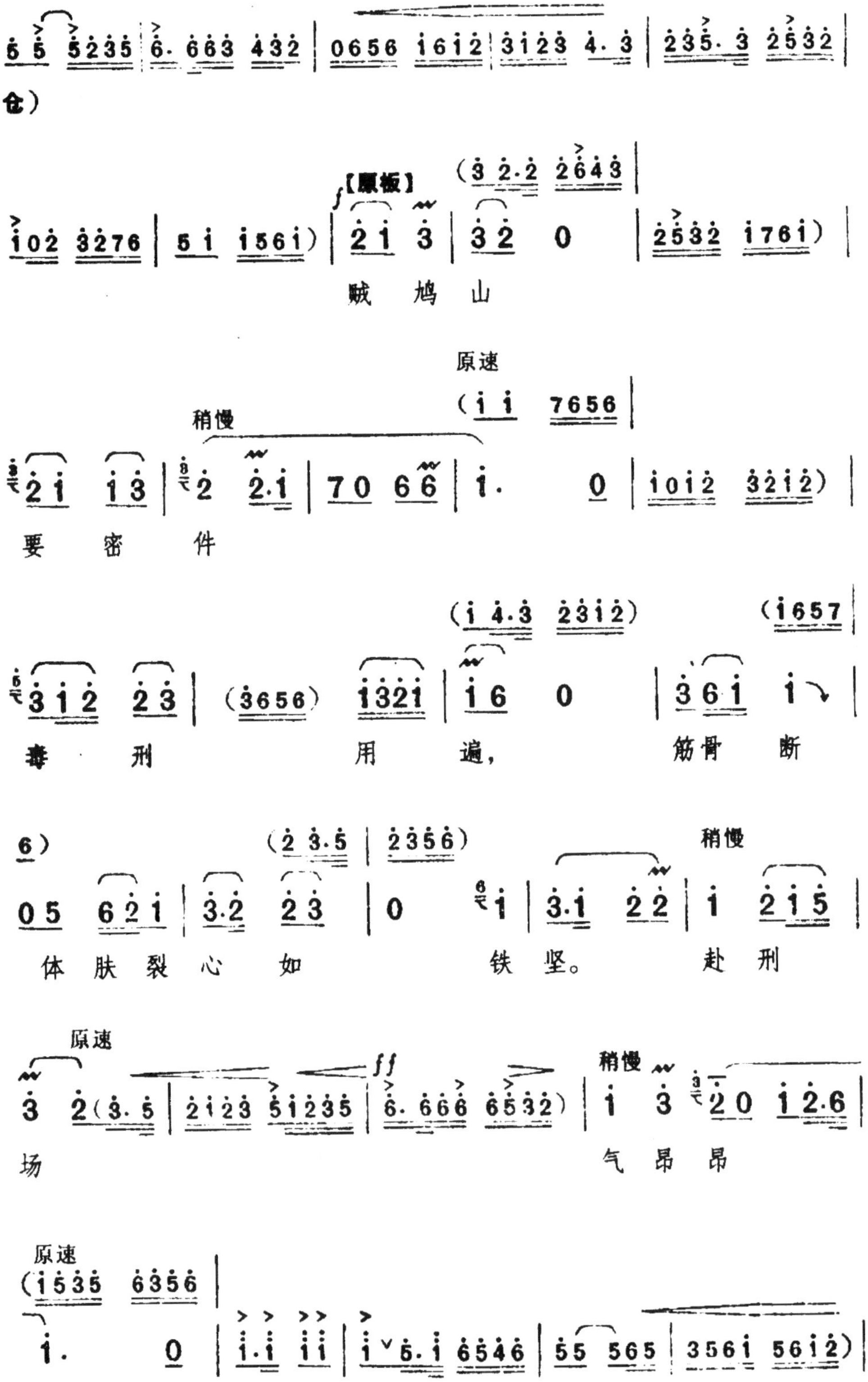

$\overbrace{\dot{6}\dot{5}}^{>}\ \underline{5\ \underline{23}\ 5}\ |\ \underline{\dot{6}.\ \dot{6}}\ \underline{\dot{6}\dot{3}}\ \underline{4\ \dot{3}\dot{2}}\ |\ \underline{0\ 6\ 5\ 6}\ \underline{\dot{1}\ 6\ \dot{1}\ \dot{2}}\ \underline{\dot{3}\ \dot{1}\ \dot{2}\ 3}\ \underline{4.\ \dot{3}}\ |\ \underline{\dot{2}\dot{3}}\ \underline{\dot{5}.\ \dot{3}}\ \underline{\dot{2}\ 5\ 3\ 2}\ |$

（仓）

【原板】　（$\dot{3}\ \dot{2}.\dot{2}\ \ \dot{2}\dot{6}\dot{4}\dot{3}$）

$\underbrace{\dot{1}\ 0\ \dot{2}}\ \underline{\dot{3}\dot{2}\ 7\ 6}\ |\ \underline{5\ \dot{1}}\ \underline{\dot{1}\ 5\ 6\ \dot{1}}）\ |\ f\ \underline{\dot{2}\ \dot{1}}\ \dot{3}\ |\ \dot{3}\ \dot{2}\ \ 0\ |\ \underline{\dot{2}\ 5\ 3\ 2}\ \underline{\dot{1}\ 7\ 6\ \dot{1}}）|$

　　　　　　　　贼　鸠　山

　　　　　　稍慢　　　　　　　　原速（$\dot{1}\ \dot{1}\ \ 7\ 6\ 5\ 6$

$\underline{\dot{2}\ \dot{1}}\ \underline{\dot{1}\ 3}\ |\ \dot{2}\ \ \widetilde{\dot{2}.\dot{1}}\ |\ \underline{7\ 0}\ \underline{6\ \widetilde{6}}\ |\ \dot{1}.\ \ \ 0\ |\ \underline{\dot{1}\ 0\ \dot{1}\ \dot{2}}\ \underline{\dot{3}\ \dot{2}\ \dot{1}\ \dot{2}}）|$

要　密　件

　　　　　　　　　　　（$\dot{1}\ \dot{4}.\dot{3}\ \ \dot{2}\dot{3}\dot{1}\dot{2}$）　　（$\dot{1}\ 6\ 5\ 7$

$\underline{\dot{3}\ \dot{1}\ 2}\ \underline{\dot{2}\ 3}\ |\ （\dot{3}\ 6\ 5\ 6）\ \underline{\dot{1}\ 3\ 2\ \dot{1}}\ |\ \dot{1}\ 6\ \ 0\ |\ \underline{\dot{3}\ 6\ \dot{1}}\ \dot{1}\searrow\ |$

毒　刑　　　　　　　　用　　遍，　　　　筋骨　断

6）　　　　　　　（$\dot{2}\ 3.\dot{5}\ |\ \dot{2}\ 3\ 5\ 6$）　　　　　　稍慢

$0\ 5\ \underline{6\ \dot{2}\ \dot{1}}\ |\ \dot{3}.\dot{2}\ \underline{\dot{2}\ 3}\ |\ \ 0\ \ \dot{6}\dot{1}\ |\ \underline{3.\dot{1}}\ \widetilde{\dot{2}\ \dot{2}}\ |\ \dot{1}\ \underline{\dot{2}\ \dot{1}\ 5}\ |$

体　肤　裂心　如　　　　　铁　坚。　　　赴刑

原速　　　　　　　　　　　　ff　　　　　　　　稍慢

$\dot{3}\ 2（\underline{3.5}\ |\ \underline{\dot{2}\dot{1}\dot{2}3}\ \underline{5\dot{1}23}\ 5\ |\ \underline{\dot{6}.\dot{6}\dot{6}\dot{6}}\ \underline{6\ 5\ 3\ 2}）|\ \dot{1}\ \ \dot{3}\ \widetilde{\dot{2}\ 0}\ \dot{1}\ \underline{2.6}$

场　　　　　　　　　　　　　　　　　　　　　气昂昂

原速

（$\underline{\dot{1}\ 5\ 3\ 5}\ \underline{6\ 3\ 5\ 6}$

$\dot{1}.\ \ \ 0\ |\ \dot{1}.\dot{1}\ \dot{1}\dot{1}\ |\ \dot{1}\vee\ \underline{5.\dot{1}}\ \underline{6\ 5\ 4\ 6}\ |\ \underline{5\ 5}\ \underline{5\ 6\ 5}\ |\ \underline{3\ 5\ 6\ \dot{1}}\ \underline{5\ 6\ \dot{1}\ \dot{2}}）|$

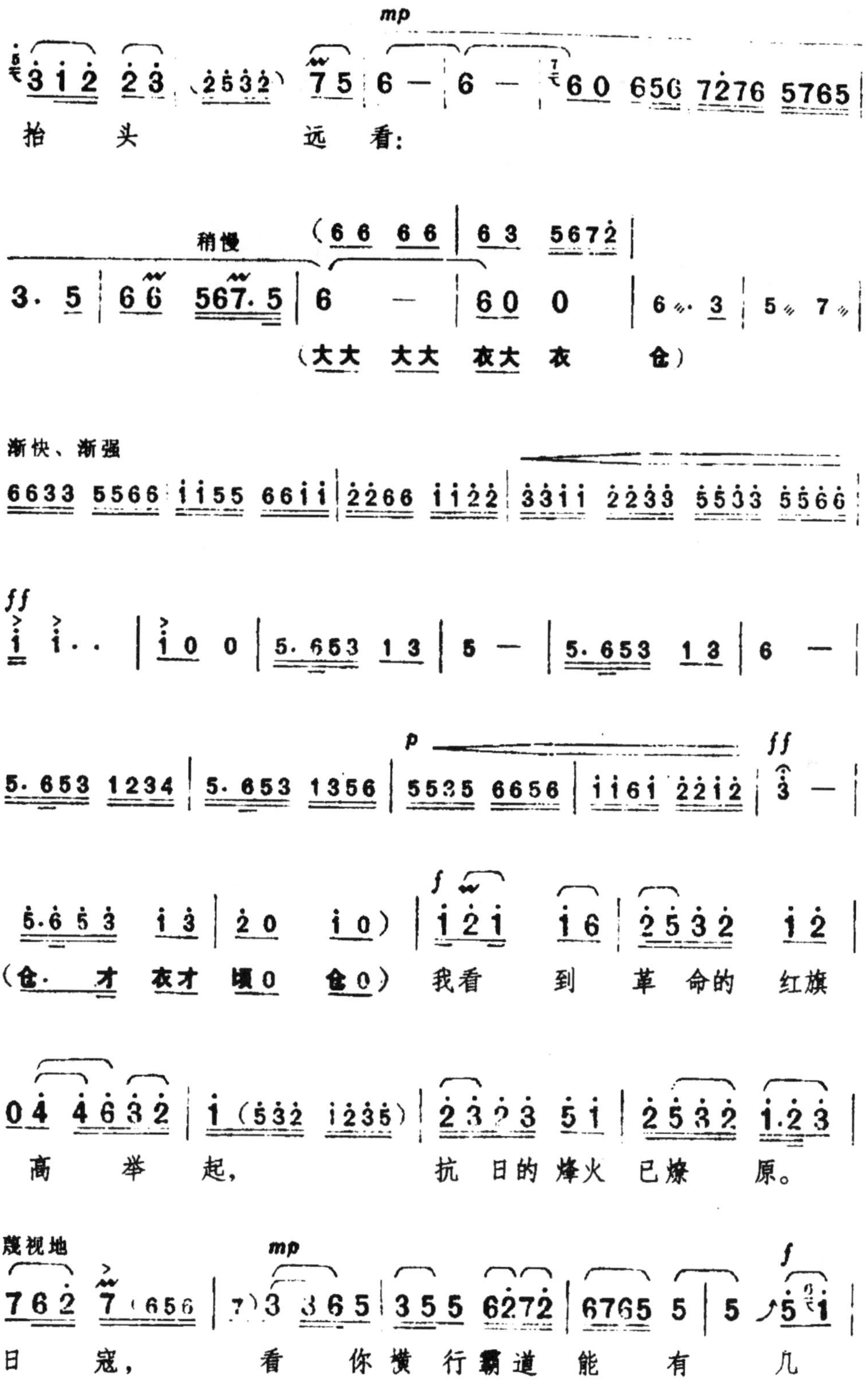
mp
抬 头 远 看:
稍慢
(大大 大大 衣大 衣 仓)
渐快、渐强
ff
p
ff
(仓· 才 衣才 顷0 仓0)
f
我看 到 革 命的 红旗
高 举 起,
抗 日的 烽火 已燎 原。
蔑视地
mp
f
日 寇, 看 你横 行霸道 能 有 几

无限向往地

$\overset{\frown}{\widehat{2}}(4.\overset{>}{3}\ 2\overset{>}{5}\overset{\vee}{3}2\ |\ \overset{>}{1}\ 5.7\ 656\overset{\cdot}{1})\ |\ \overset{\sim}{2}\ -\ |\ \overset{\cdot}{2}\ \overset{3}{\underset{8}{\overset{3}{2}}}\ \overset{8}{2}\ |\ \overset{\cdot}{1}0\overset{\cdot}{2}\ \overset{\cdot}{1}235\ |$

天! 　　　　　　　　　　但　　　等

$\overset{\sim}{3}\ 2.(\overset{\cdot}{3}4\overset{\cdot}{3}\ |\ 23\overset{\cdot}{2}76\ 5.6\overset{\cdot}{1}\overset{\cdot}{3})\ |\ \overline{\overset{\cdot}{2}0}\ \overline{\overset{\cdot}{6}0}\ |\ \overset{76}{\underset{}{7}}\ -\ |\ 7\ 6\overset{\sim}{6}\ |$

那　　　　　　　　　　　风　雨　过，

渐慢

$5\ \ \ \ 656\ |\ \overline{\overset{\cdot}{1}6}\ \ \overset{\sim}{3}.5\ \overset{\cdot}{2}\ \overset{3}{\overset{}{2}}\ \overset{\cdot}{2}.\overset{\cdot}{1}\ |\ 6.\overset{\cdot}{1}6\overset{\cdot}{1}\ \overset{\cdot}{2}\ \overset{\sim}{\overset{\cdot}{2}}\ |$

原速

$\quad\quad(\overset{\cdot}{1}\ \overset{\cdot}{1}\ \ \ \overset{\cdot}{1}656\ \ \ \overset{\cdot}{1}6\overset{\cdot}{1}2\ \ \ \overset{\cdot}{3}23\overset{\cdot}{5}23^{>}\ |$

$\quad\quad\quad\quad\quad\quad\quad\quad\quad\quad\quad\quad\quad\quad\quad\quad f$

$\frac{4}{4}\ \overset{\cdot}{1}\ -\ \ \ \ \overset{\cdot}{1}0\ \ \ \ 0\ \ |\ \overset{\cdot}{5}0\overset{\cdot}{2}\ \overset{\cdot}{7}6\ 5.\overset{\cdot}{1}\ \overset{\cdot}{6}5\ |$

突慢　　原速

$\overset{}{4}2\overset{}{4}5\ \overset{}{6}5\overset{}{6}72\ 6\ 6\overset{}{3}56\ |\ \overset{\cdot}{1}\ \overset{\cdot}{1}\overset{\cdot}{2}\ \overset{\cdot}{5}\ -\ |\ \overset{\cdot}{4}\ \overset{\cdot}{4}\overset{\cdot}{2}\ \overset{\cdot}{5}\ -\ |$

$\quad\quad\quad\quad\quad\quad\quad\quad\quad\quad\quad\quad\quad\quad\quad\quad(0\overset{\cdot}{5}\ \overset{\cdot}{3}\overset{\cdot}{2}$

渐慢　　　　　　　　　　　　【慢三眼】中慢　　　　　　($\overset{3}{\overset{\cdot}{3}}\overset{\cdot}{2}\overset{\cdot}{1}\overset{\cdot}{2}$

$\overset{\cdot}{5}\ \overset{\cdot}{6}\ \ \ \ \overset{\frown}{\overset{\cdot}{7}}\ \overset{\cdot}{7}6\ \overset{\cdot}{5}6\overset{\cdot}{3}2)\quad\quad mf$

$\overline{7\ \overset{\cdot}{2}65}\ \ 3\overline{6}5\ \overline{\overset{\cdot}{5}6}\ \overline{\overset{\cdot}{5}6\overset{\cdot}{3}2})\ |\ \overset{\cdot}{1}\overset{\cdot}{2}\ \overset{3}{\overset{}{\overset{\cdot}{2}}}\ 4.\overset{\cdot}{6}\ \ 3\ |$

　　　　　　　　　　　　　　　　　百　　　花

$\overset{\cdot}{3}52\overset{\cdot}{1})\quad\quad\quad\quad\quad\quad\quad\quad\quad\quad\quad(\overset{\cdot}{1}6\ \ \overset{\cdot}{5}3\overset{\cdot}{2}\ 7656\ \overset{\cdot}{1}5\overset{\cdot}{6}\overset{\cdot}{1})$

$\overset{}{3}0\ \ 6.\overset{\cdot}{1}6\overset{\cdot}{1}\ \overset{\cdot}{2}\overset{\cdot}{1}\overset{\cdot}{5}\ \overset{\sim}{\overset{3}{\overset{}{3}}2\overset{\cdot}{1}}\ |\ \overset{\frown}{\overset{\cdot}{1}6}\ 0\ \ 0\ \ 0\ |$

吐　　　　　　　　艳，

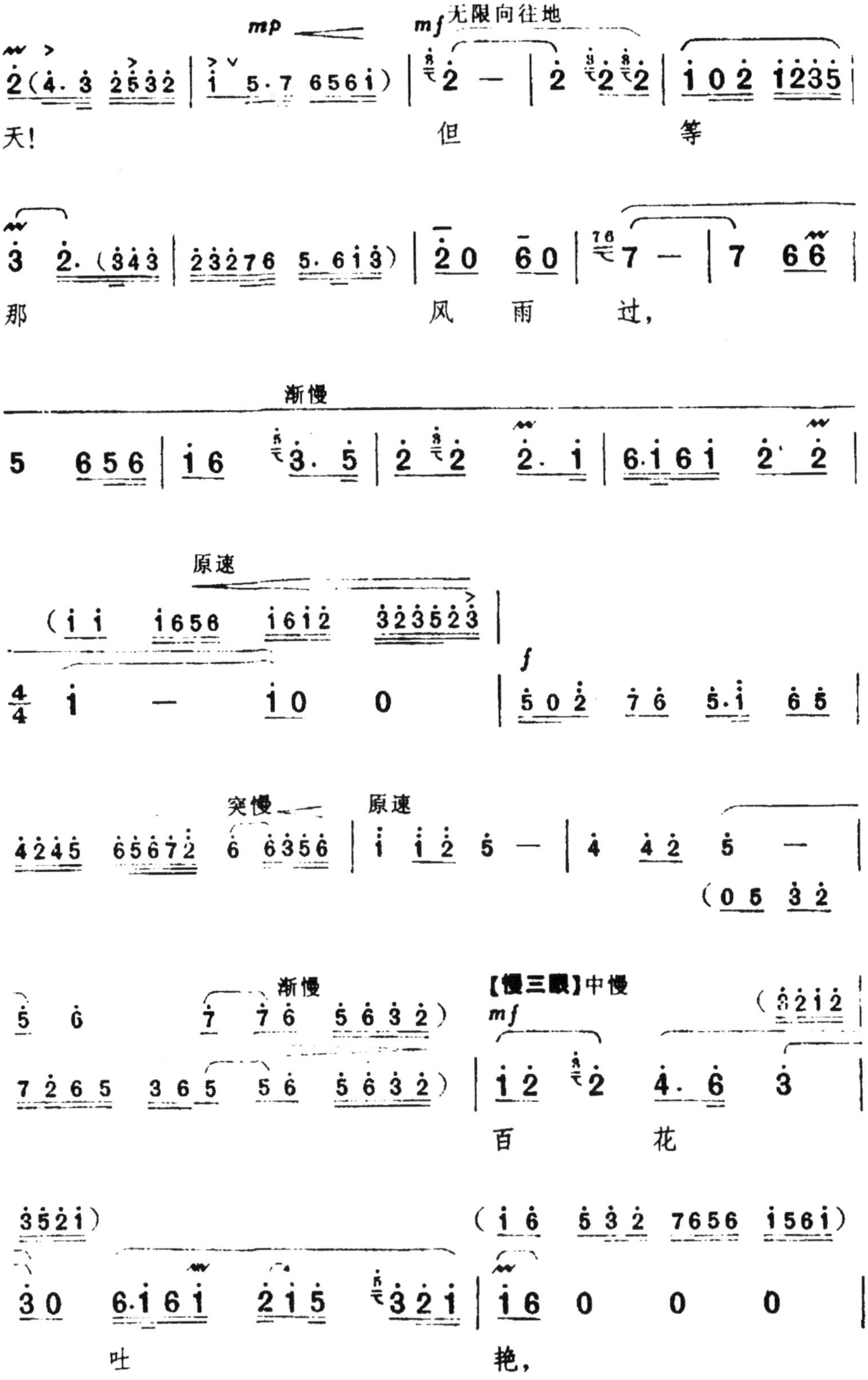

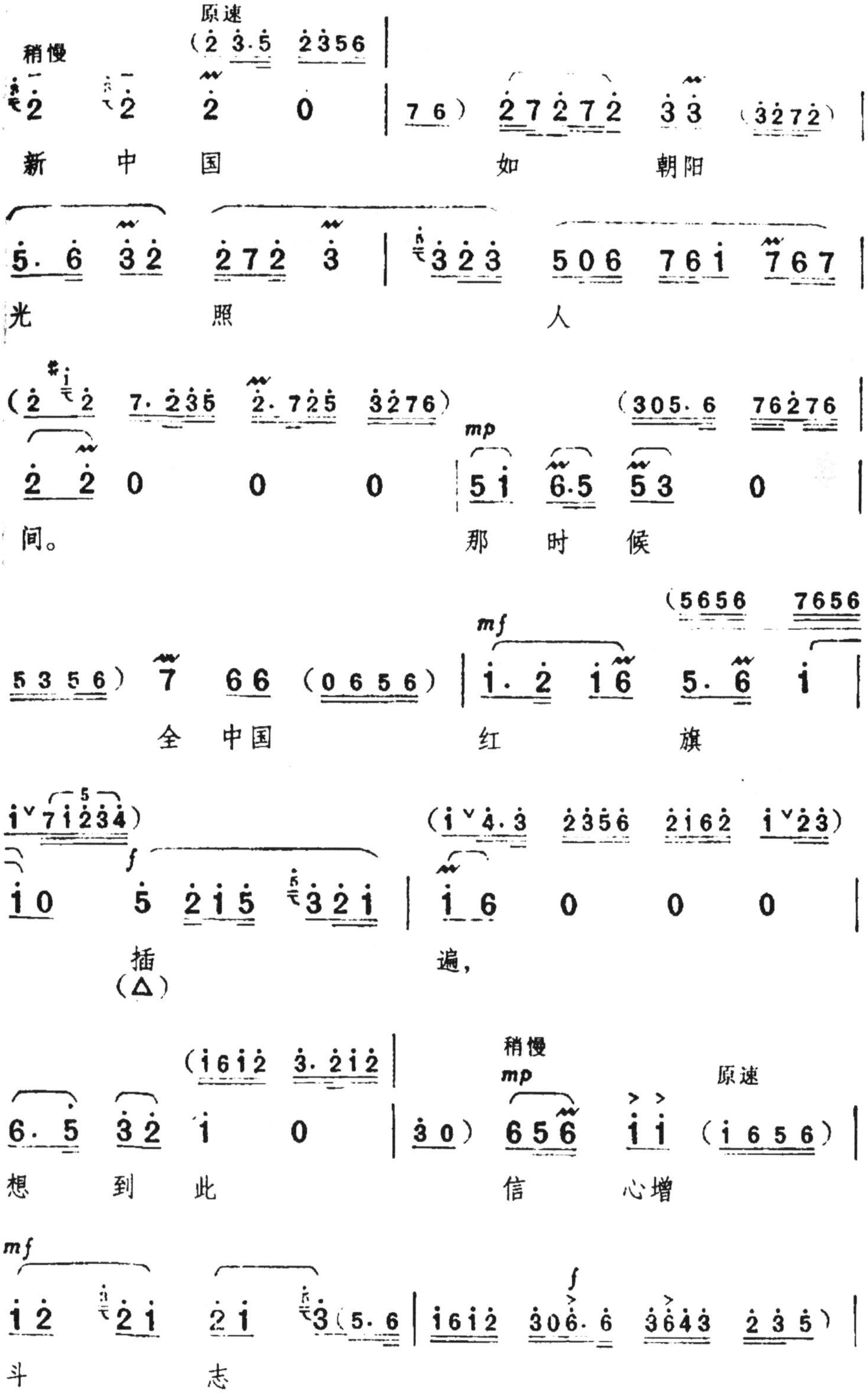

原速
稍慢
新 中 国 如 朝阳
光 照 人
间。
那 时 候
全 中国 红 旗
插 遍，
稍慢
原速
想 到 此 信 心增
斗 志

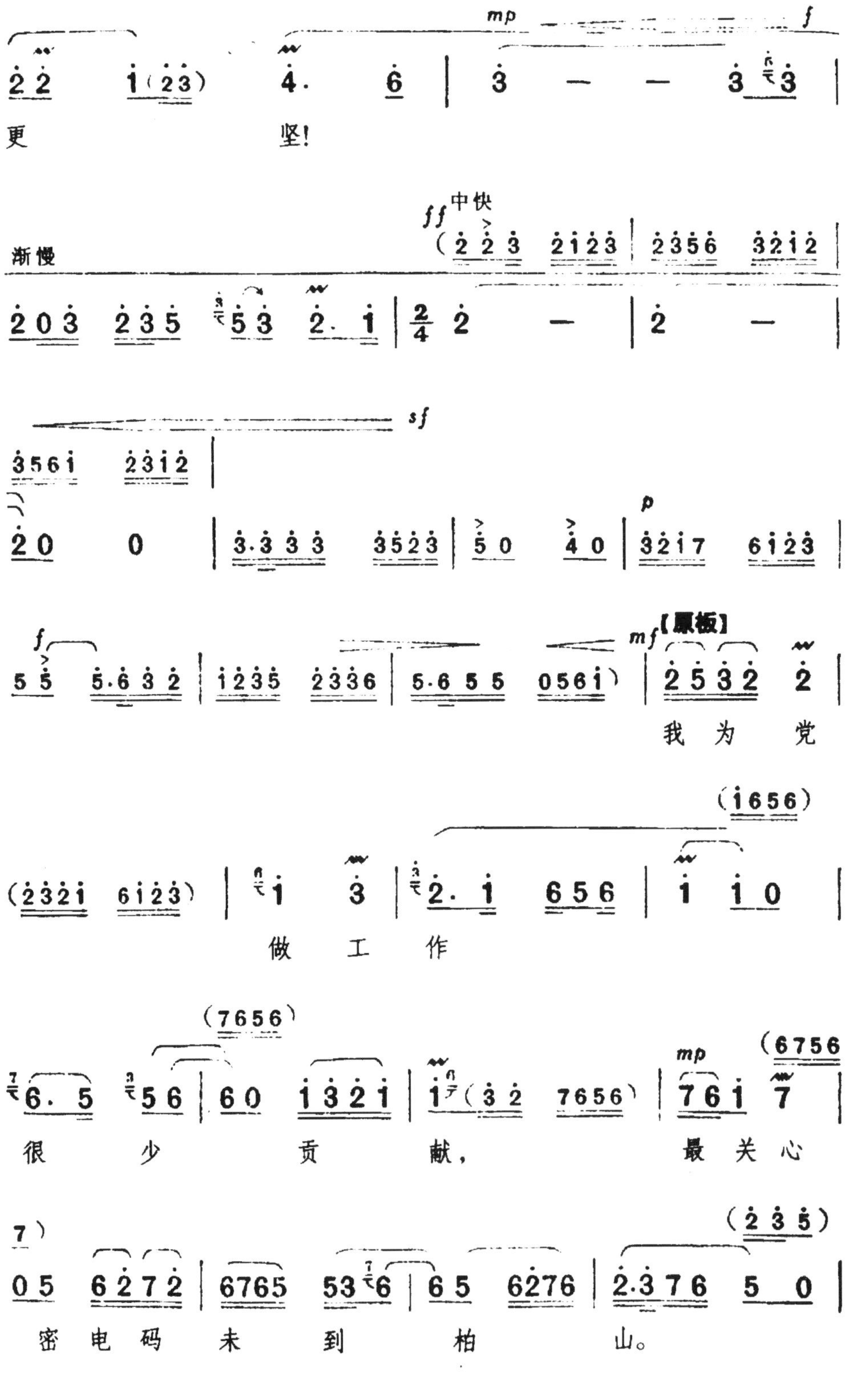
mp
f
更
坚！
渐慢
ff
中快
sf
p
f
mf【原板】
我为党
做工作
很少贡献，
mp
最关心
密电码未到柏山。

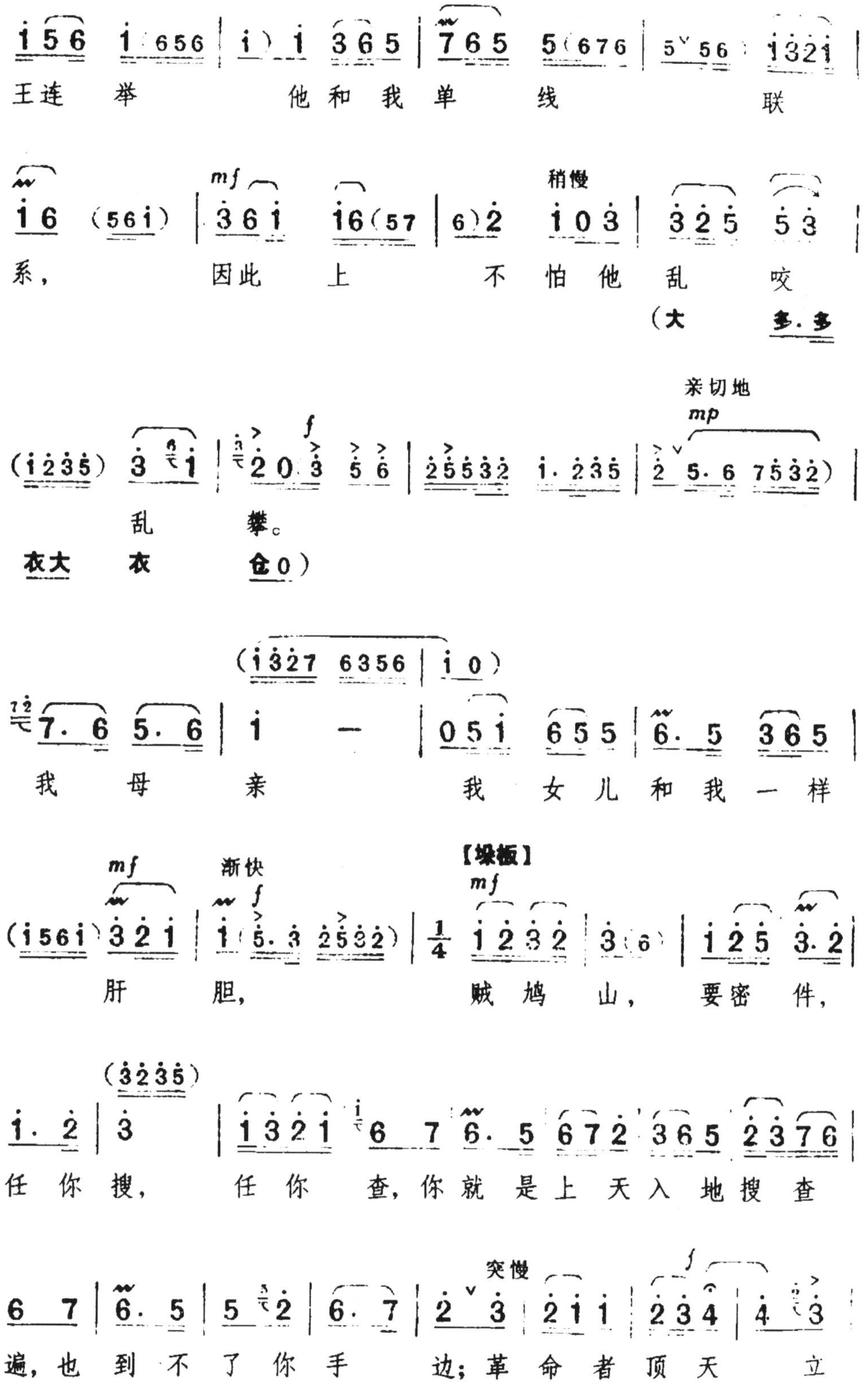

1̇ 5 6 | 1̇ 6̇5̇6 | 1̇) 1̇ 3̇6̇5 | 7̇6̇5 5 (6̇7̇6 | 5̇ 5̇6 | 1̇3̇2̇1 |
王连 举　　他 和 我 单 线　　　　　　联

1̇6 (5̇6̇1 | 3̇6̇1 | 1̇6 (5̇7 | 6̇)2̇ | 1̇03̇ | 3̇2̇5 5̇3 |
系，　　因 此 上　不 怕 他 乱 咬
稍慢

(1̇2̇3̇5) 3̇ 1̇ | 2̇03̇ 5̇6̇ | 2̇5̇5̇3̇2̇ 1̇.2̇3̇5 | 2̇ 5̇.6̇ 7̇5̇3̇2̇) |
　　乱　　攀。
亲切地 mp

(1̇3̇2̇7 6̇3̇5̇6 | 1̇ 0)
7̇.6̇ 5̇.6̇ | 1̇ — | 0 5̇1̇ 6̇5̇5 | 6̇.5̇ 3̇6̇5 |
我 母 亲　　我 女 儿 和 我 一 样

(1̇5̇6̇1 3̇2̇1 | 1̇ 5̇.3̇ 2̇5̇3̇2̇) | ¼ 1̇2̇3̇2̇ 3̇6̇ | 1̇2̇5 3̇.2̇ |
肝 胆，　　贼 鸠 山， 要 密 件，
渐快 【垛板】 mf

1̇.2̇ | 3 | 1̇3̇2̇1̇ 6̇ 7̇ 6̇.5̇ 6̇7̇2̇ 3̇6̇5 2̇3̇7̇6̇ |
任 你 搜，　任 你 查， 你 就 是 上 天 入 地 搜 查

6̇ 7̇ 6̇.5̇ 5̇ 2̇ 6̇.7̇ 2̇ 3̇ 2̇1̇1̇ 2̇3̇4̇ 4̇ 3 |
遍， 也 到 不 了 你 手 边； 革 命 者 顶 天 立
突慢 f

295

このページは楽譜（簡譜）のため、以下の歌詞と曲名のみ転記します。

党教儿做一个刚强铁汉

第八场　李玉和唱

1 = E 2/4

【二黄二六】中快

（多罗 0）

党　教　儿　做　一　个　刚　强　铁

汉，　　　（大大大大　衣大衣　　仓）

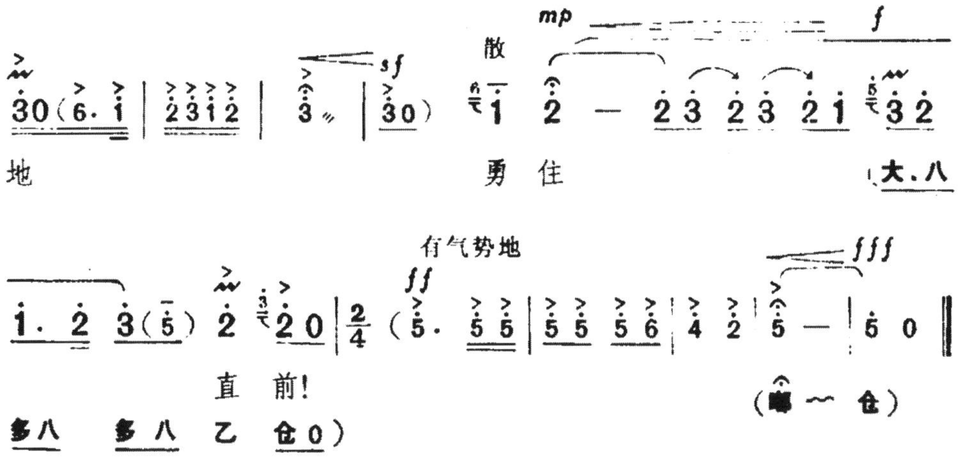

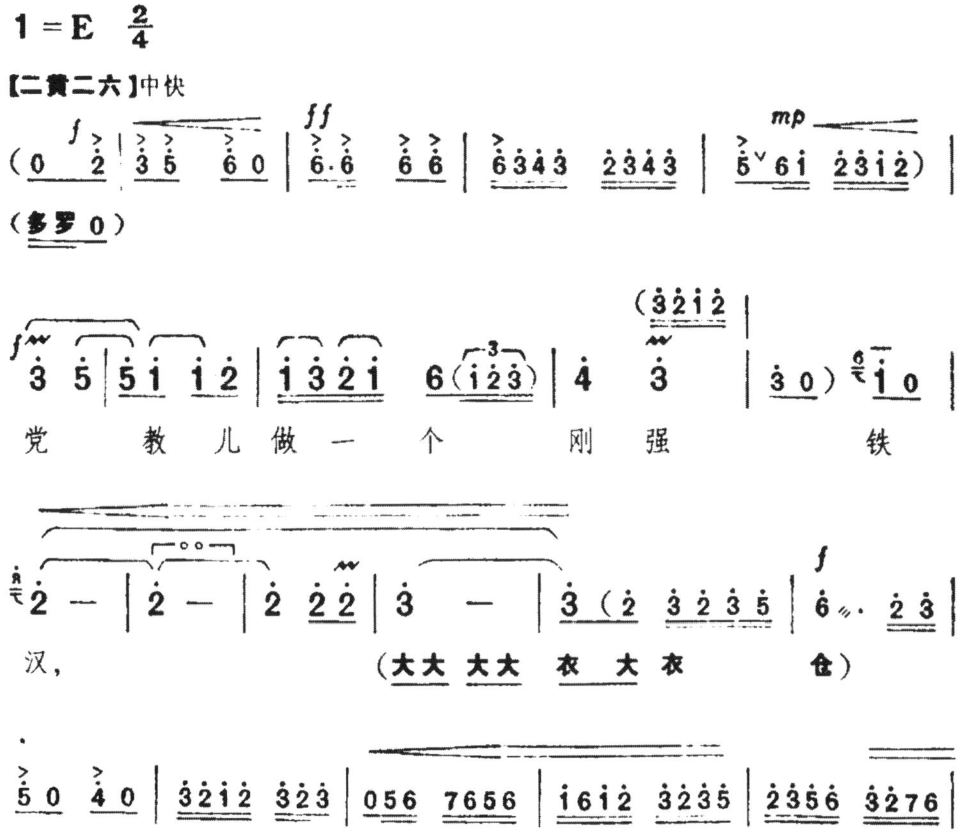

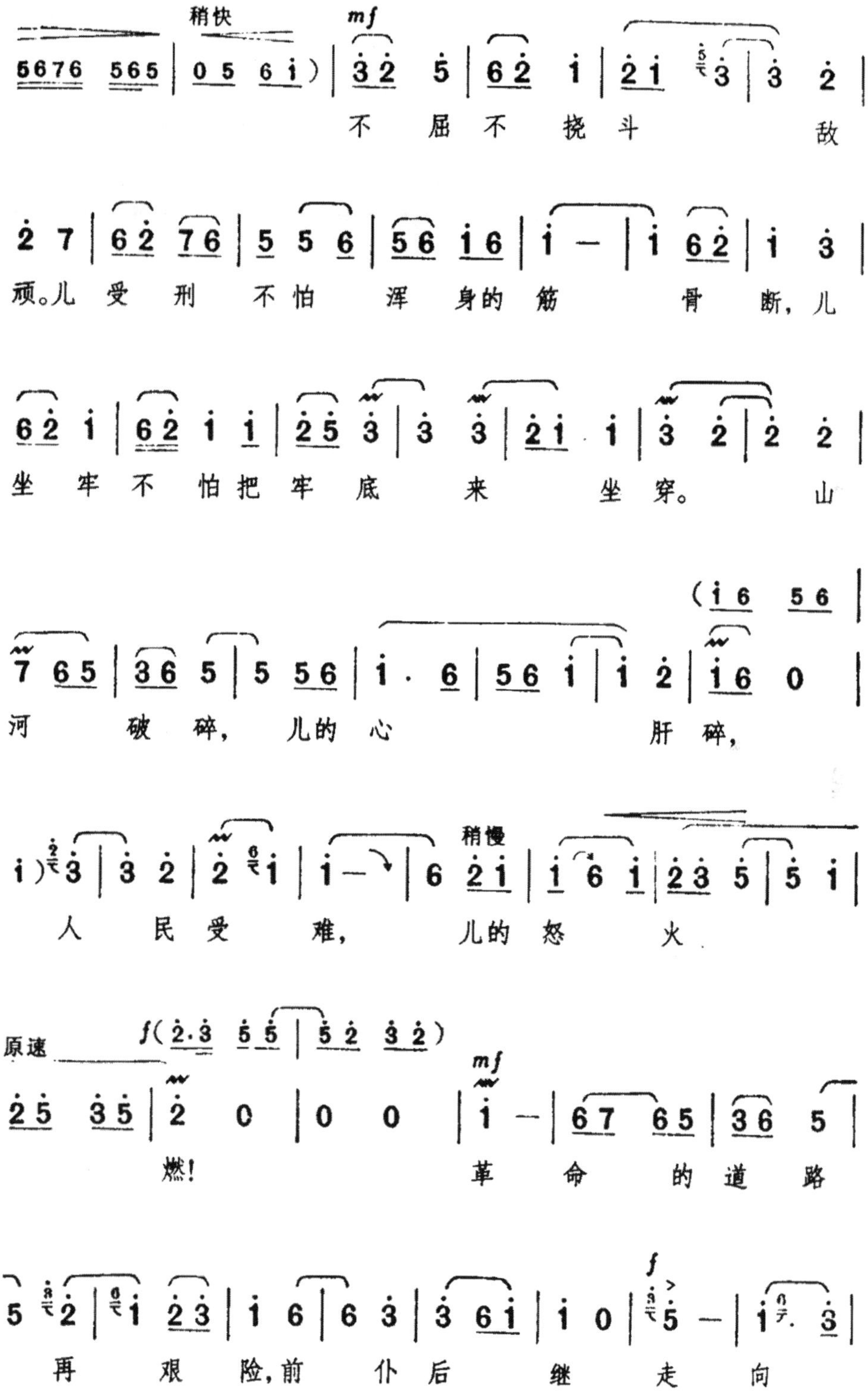

稍快　　　　　　*mf*

5676 565 | 05 6i) | 32 5 | 62 i | 2i 5̃3 | 3 2 |
　　　　　　　　　不　屈不　挠斗　　　　敌

2̇7 | 62 76 | 5 5 6 | 56 i6 | i - | i 62 | i 3 |
顽。儿受刑　不怕　浑身的　筋　　骨断，儿

62 i | 62 i i | 25 3 | 3 3 | 2i i | 3 2 | 2 2 |
坐牢不怕把牢底　来　　坐穿。　　　山

(i6 56 |

765 | 365 | 5 56 | i·6 | 56 i | i 2 | i6 0 |
河　破碎，儿的心　　　　肝碎，

i) 3̇ | 3 2 | 2 i | i - | 6 2i | i6 i | 23 5 | 5 i |
人　民受　难，　儿的怒　火

原速　　　*f*(2̇·3 55 | 52 3̇2)　　　　　*mf*

2̇5 35 | 2̇ 0 | 0 0 | i - | 67 65 | 36 5 |
燃！　　　　　革　命　的　道路

5 2̇ | i 23 | i6 63 | 36 i | i 0 | 5 - | i· 3 |
再　艰险，前　仆后　继　走　向

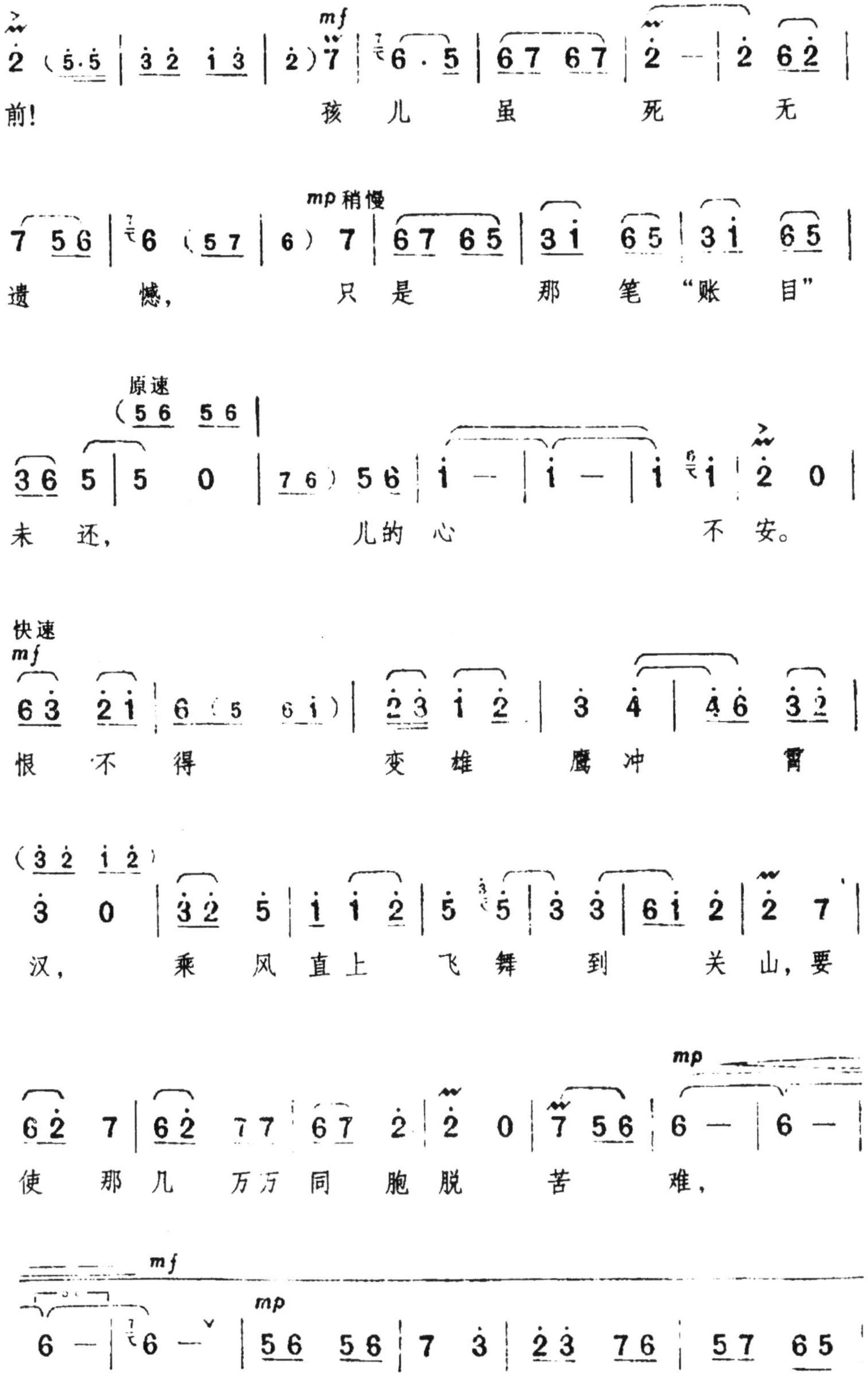

前!　　　孩　儿　虽　死　无

遗　　憾，　　只　是　　那 笔 "账 目"

未　还，　　　儿 的 心　　　　　不 安。

恨 不 得　　　变 雄 鹰 冲　霄

汉，　乘 风 直 上 飞 舞 到 关 山，要

使 那 几 万万 同 胞 脱 苦 难，

稍慢

3 5　3 5｜6 6̃｜5 6　5 6｜7 2̇　7 6｜5 6　5 6｜7　2̇｜

原速 *mf*　　　　　　　　　　　　　　散 *ff*

（6 6　5 6｜1̇ 1̇　6 1̇｜2̇ 2̇　1̇ 2̇｜3̇ 2̇　3̇ 5̇｜6̇　6 0 5｜

7　7̃｜6　—｜6　—｜6　—｜6　—｜6 0　0｜

（大　大　大　大　衣　大　衣　一　仓　0·大

【散板】 *f*

3̇ 2̇　1̇ 2̇｜3̇ 2̇ 5̇）｜2·5　3̇ 3̇｜（3̇ 3̇·）｜1̇　—｜3̇ 2̇｜

大大　大大　大八大）　为　革命　　粉　身

1̇　2̇ 1̇｜3̇·（6 1̇ 2̇ 3̇　—）｜3̇ 2̇　2̇ 3̇｜2̇ 3̇　2̇ 1̇｜2̇　2̇｜—｜

碎骨　　　也　　　　心　甘！

ff 中速　　　　　　　　　*mp* 慢速　　　　　　　 *p*

2/4（6·66｜66　56｜4̄　3̄｜2·3　56｜16　1̇23｜2·2　—）｜

无产者一生奋战求解放

第八场　李玉和唱

1＝D　2/4

【二黄原板】

ff 中速　　　　　　　　　　　　　　　　　　*mf*

（6　—｜2̇　—｜7·7　77｜723　7657｜60 1̇　5645｜

（仓　—　0　0　大·大　大大　衣大　衣　仓　0）

299

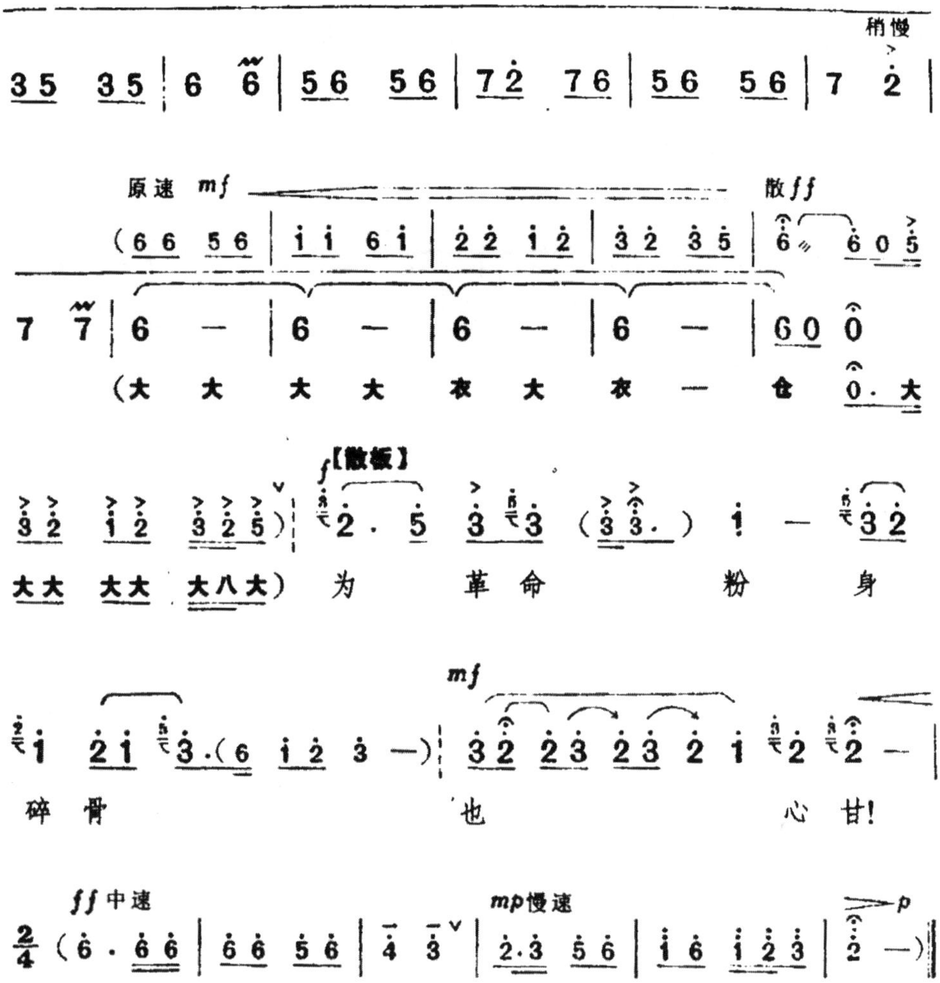

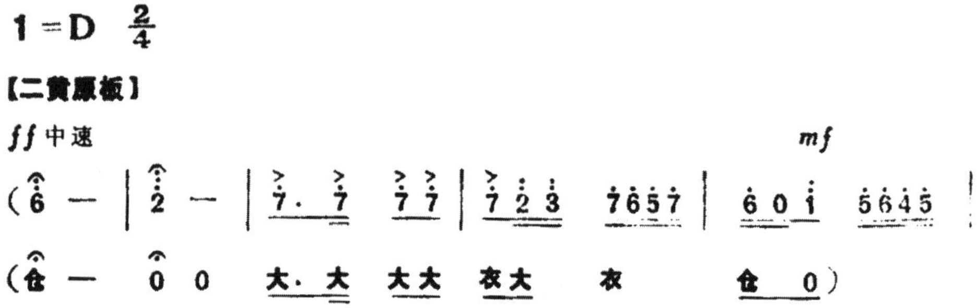

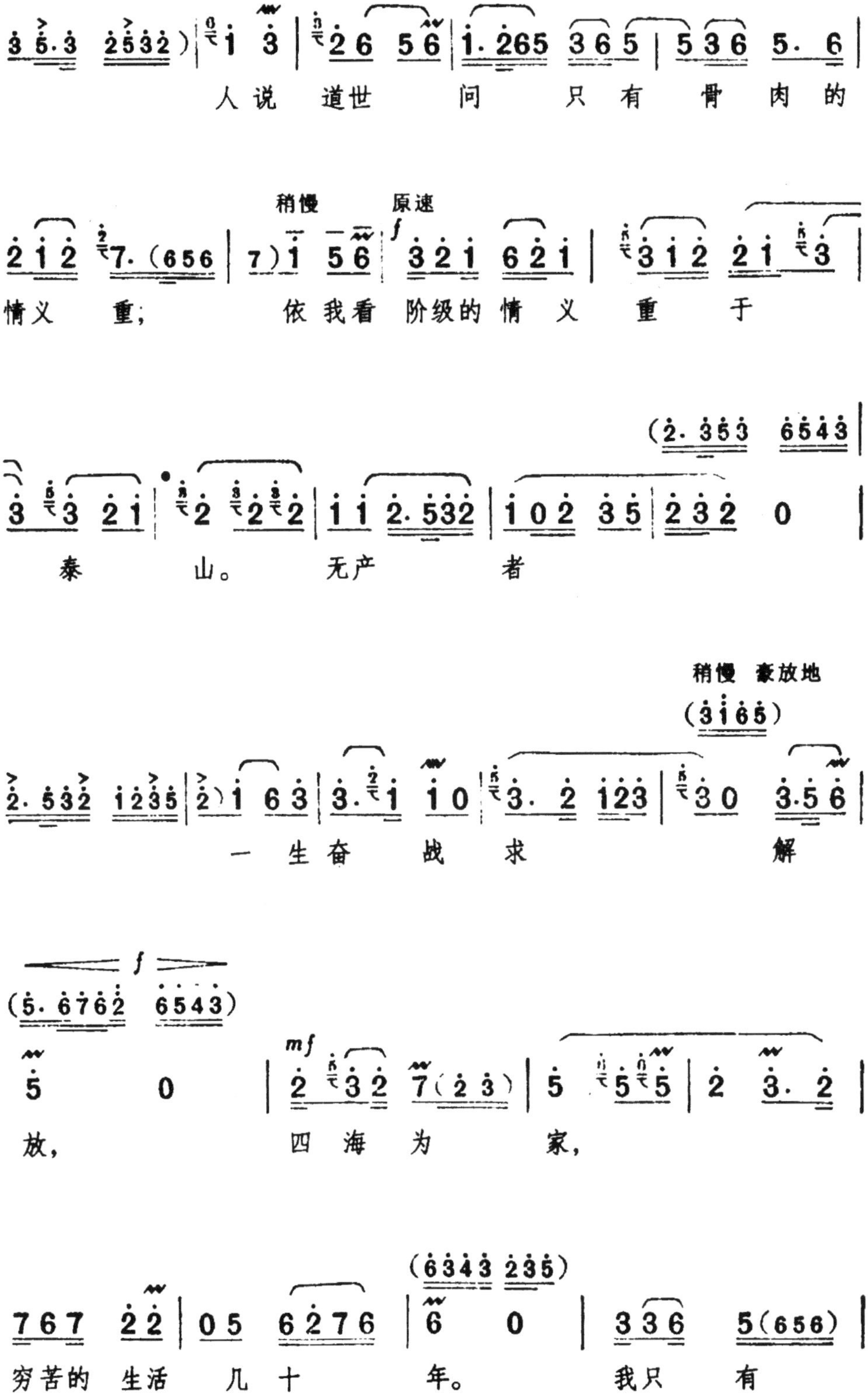
人说 道世 问 只有 骨 肉 的
稍慢
原速
情义 重； 依我看 阶级的情 义 重 于
泰 山。 无产 者
稍慢 豪放地
一 生奋 战 求 解
放， 四 海 为 家，
穷苦的 生活 几 十 年。 我只 有

$\widehat{1\,1}$ 5.$\widehat{161}$ | $\widehat{5.6}$ $\widehat{1}$($\widehat{5.6}$ | $\widehat{1561}$) $\overset{8}{\overset{\frown}{2}}$ $\widehat{2}$ | $\overset{\frown}{16}$ 0 |

红灯 一 盏 随　　身 带，

$\widehat{3656}$ $\widehat{1}$($\widehat{5672}$ | $\widehat{60}$ $\widehat{6}$ $\widehat{6532}$ | $\widehat{12}\overset{\frown}{1}$ $\overset{3}{1}\widehat{2}$ | 3 3 |

你 把 它　　好 好 保 留 在 身 边。

稍慢

$\overset{\frown}{3}$ － | 3 $\overset{\frown}{2.1}$ | $\widehat{61}$ $\widehat{1212}$ | $\overset{5}{3}\overset{\frown}{3}$ $\widehat{2321}$ | $\overset{\frown}{2}$ － ‖

光辉照儿永向前

第八场　铁梅唱

1 = D $\frac{2}{4}$

【二黄快三眼】中速

(5643 235)

mf　　　　　　　mf

(0$\overset{\cdot}{3}.\overset{\cdot}{5}$ $\widehat{23}\overset{\cdot}{17}$ | $\widehat{60}\overset{\cdot}{5}.\overset{\cdot}{6}$ $\widehat{7656}$) | $\overset{\cdot}{1}$ $\overset{2}{\overset{\frown}{76}}$ | 5 0 |

爹　爹

$\overset{\cdot}{2}.\widehat{532}$ $\widehat{16}\widehat{3}\overset{\cdot}{2}$ | $\overset{1}{\overset{\frown}{2}}$ － | $\overset{\cdot}{2}.$ $\overset{\frown}{\overset{\cdot}{2}}$ | $\overset{\cdot}{1}.$ $\overset{\cdot}{2}$ | $\overset{2}{\overset{\frown}{76}}$ $\overset{5}{\overset{\frown}{66}}$ |

给　我

($\overset{\cdot}{1}$ $\overset{\cdot}{1}$ $\widehat{1323}$)

$\overset{\cdot}{1}$ － | $\overset{\cdot}{5}.\overset{\cdot}{7}$ $\widehat{6561}$ | $\overset{\cdot}{5}.\overset{\cdot}{4}\overset{\cdot}{35}$ $\overset{\cdot}{2}.\overset{\cdot}{351}$ | $0\overset{\cdot}{3}\overset{\cdot}{2}\overset{\cdot}{7}$ $\widehat{6156}$ | $\overset{\frown}{76}$ $\overset{2}{\overset{\frown}{7}}\overset{5}{\overset{\frown}{6}}$ |

mp

无

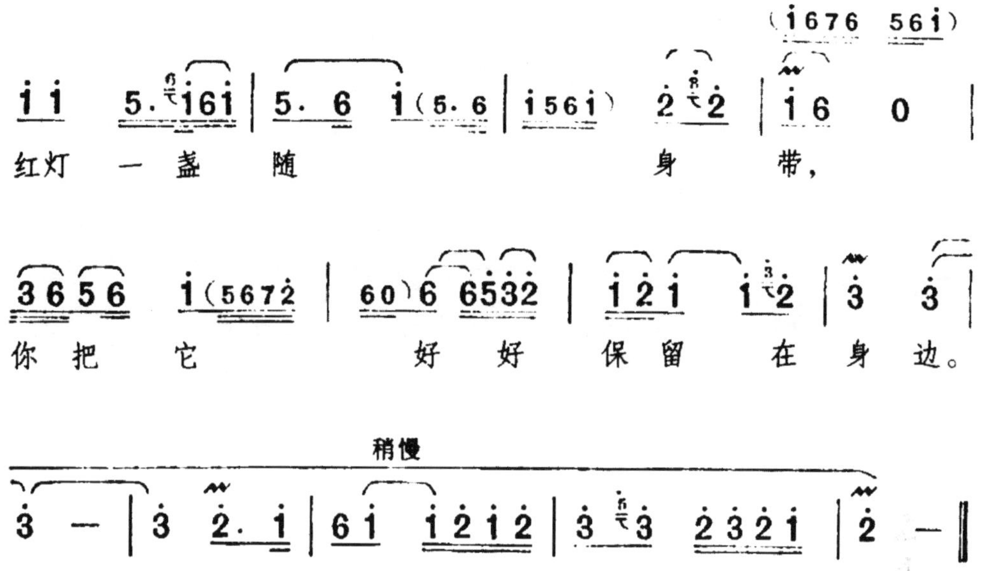

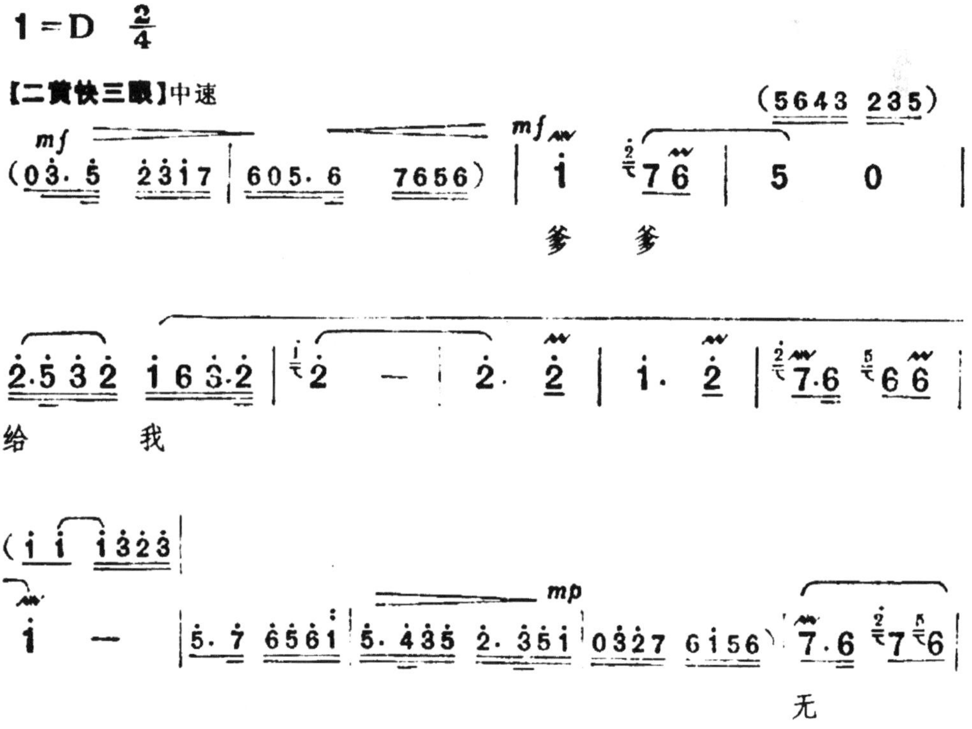

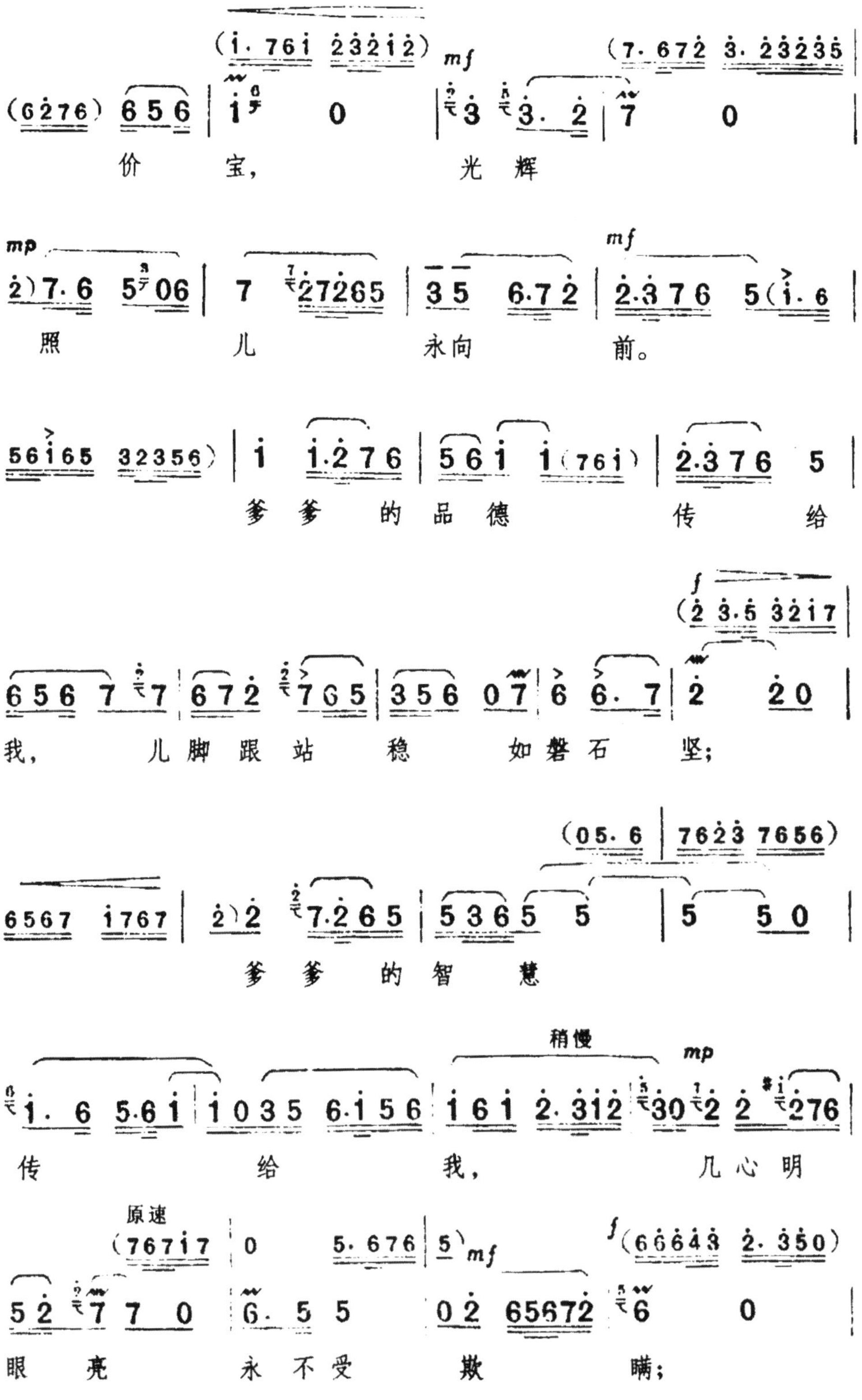

（6276）656 | (i·76i 23212) mf | (7·672 3·23235
i 0 | 3 3·2 7 0
价　宝，　　　　光　辉

mp mf
2)7.6 5 06 | 7 27265 | 35 6.72 | 2.376 5(i·6
照　　　儿　　　　永　向　　　前。

56i65 32356) | i i·276 | 56i i(76i) | 2.376 5
爹　爹　的　品　德　　传　　给

f
(2 3·5 3217
656 7 7 | 672 765 | 356 07 6 6·7 | 2 20
我，　儿脚跟站　稳　　　如磐石坚；

(05·6 | 76 23 7656)
6567 i767 | 2)2 7·265 | 5365 5 | 5 50
爹　爹　的　智　慧

稍慢 mp
i·6 5·6i | i035 6·i56 | i6i 2·3i2 30 2 2 276
传　　给　　我，　　　几心明

原速
(767i7 | 0 5·676 | 5) mf f(66643 2·350)
52 7 70 | 0 6·55 | 02 65672 6 0
眼　亮　　　永　不　受　　欺　瞒；

302

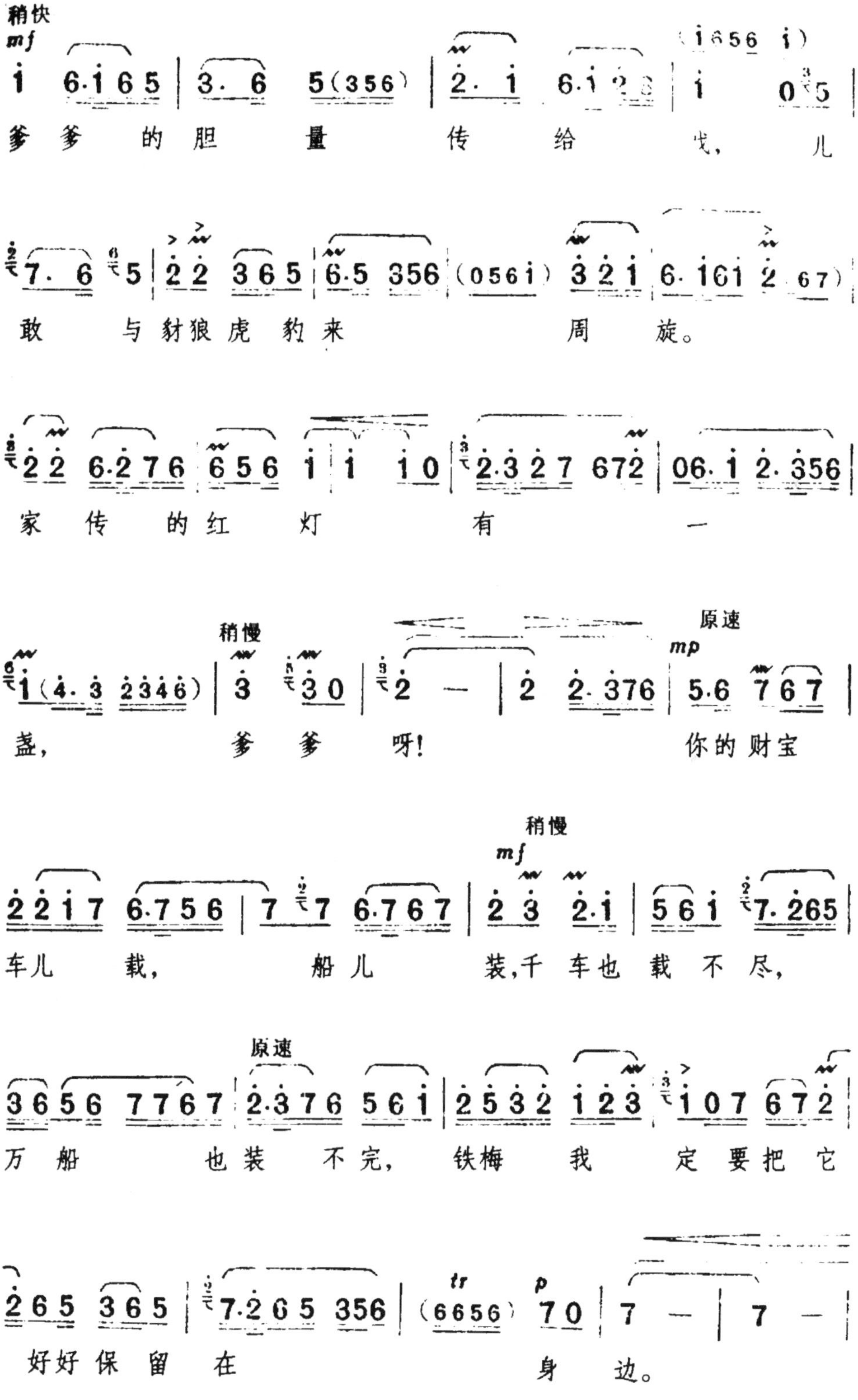

稍快
mf
爹爹的胆量传给我，儿
敢与豺狼虎豹来周旋。
家传的红灯有一
稍慢
原速
mp
盏，爹爹呀！你的财宝
稍慢
mf
车儿载，船儿装，千车也载不尽，
原速
万船也装不完，铁梅我定要把它
tr
p
好好保留在身边。

仇恨入心要发芽

第九场　铁梅唱

1 = G

【西皮导板】

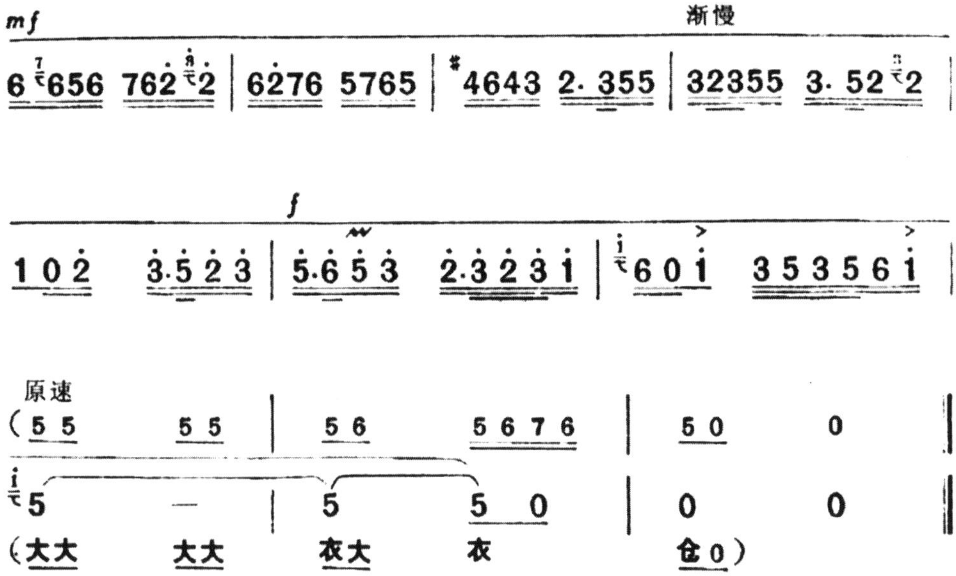

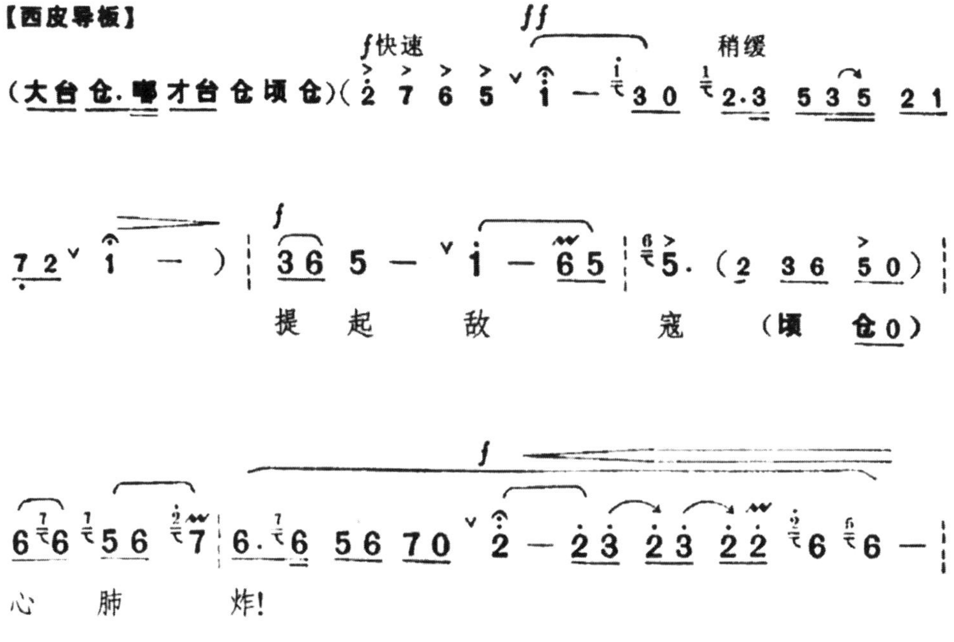

【快三眼】快速 *f*

由慢渐快

6765 356i | 56ii | 56ii | 3235 | 6535 | 2165 | 3212 | 356i | 3612

16) 3535 | 56 3（435） 稍慢 i.2 765 | 536.5 | 53.

强忍　　　仇恨咬碎

p 渐慢

6 — | 6. 6 | 56i 65 | 403 2123 | 53i6i | 3.56i

牙。

f 原速

（55 55 | 55 536i |

i5 — | 50 0 | 5i.i iiii | 305 i35 | 06.i 6535

（大大 大大 衣大 衣 仓）

2161 2356 | i6) 165 | 54 3（536） *mf* | 532 123 | 4 30

贼鸠山　千方百计逼取

原速

（33 346 |

稍慢

（3235） 1165 | 3532 | 1.212 | 3 32 2 2 | 3 —

密电码,

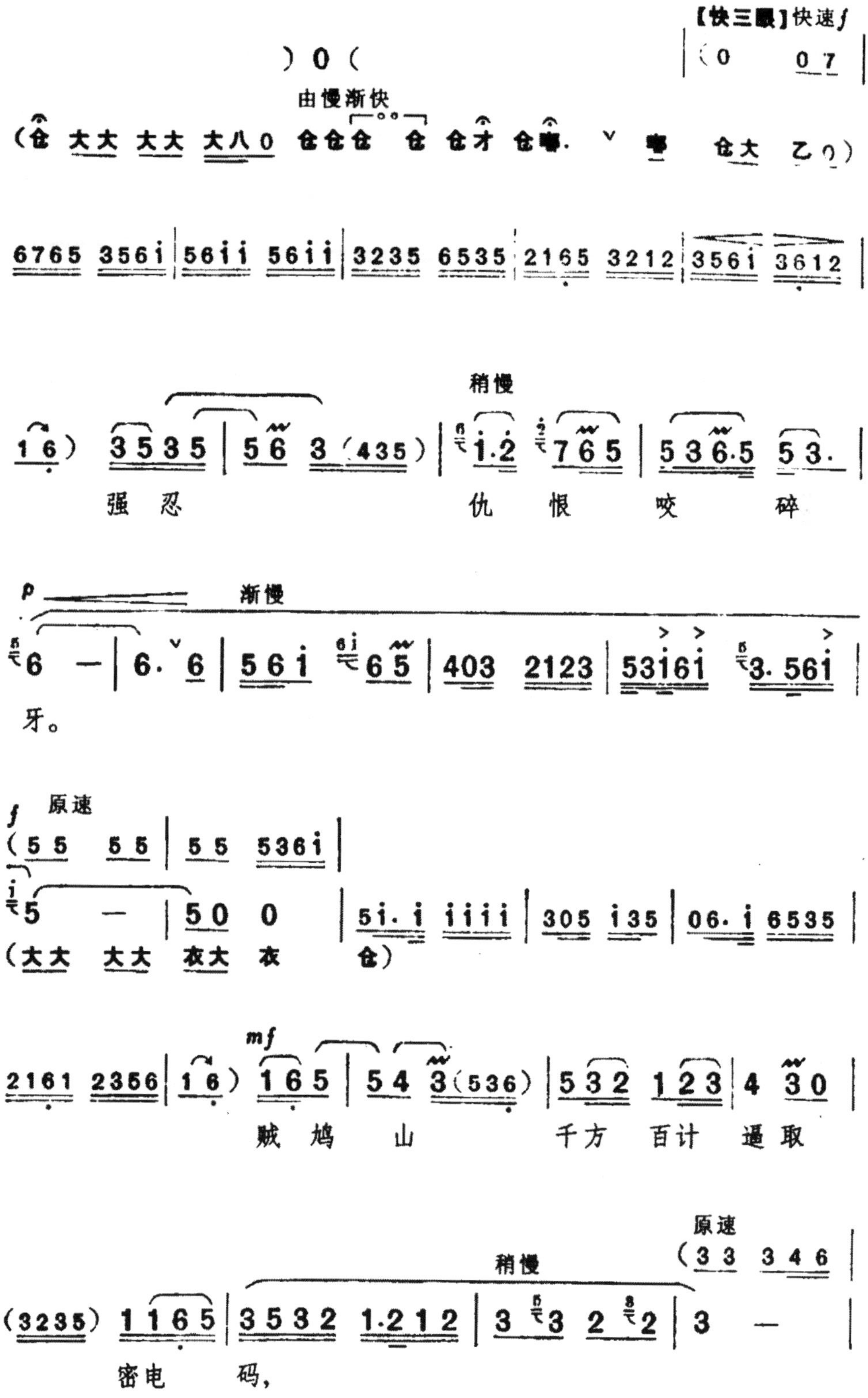

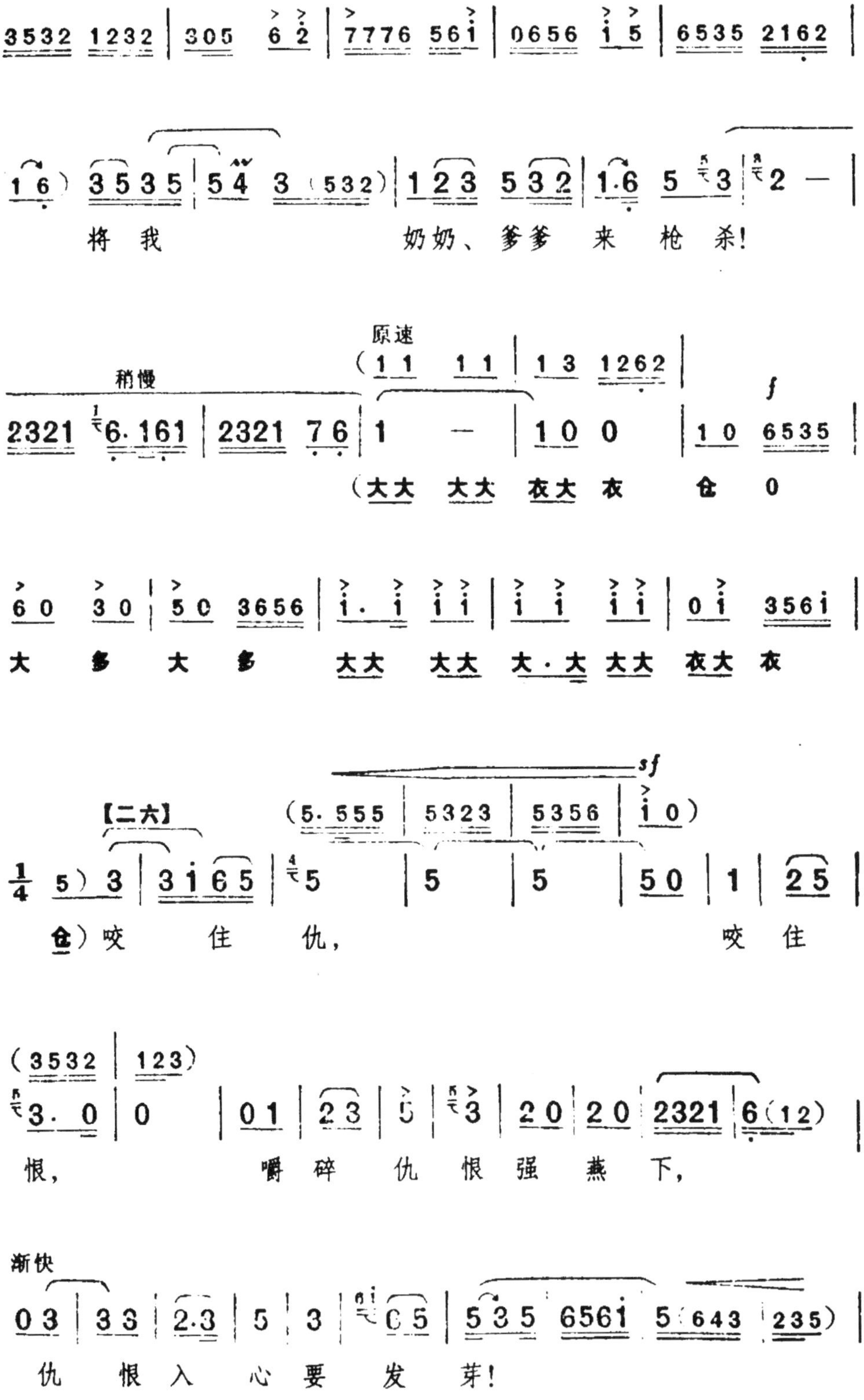

3532 1232 | 305 6̇2̇ | 7776 56i̇ | 0656 i̇5̇ | 6535 2162 |

1̇6̇) 3535 | 54̇ 3 (532) | 123 532 | 1̇6̇ 53̇ | 2̇ — |

将我　　　奶奶、爹爹　来　枪杀！

稍慢　　　　　　　　　　　　原速
（11 11 | 13 1262 |
2321 6̇.161 | 2321 76 | 1 — | 10 0 | 10 6535 |　　f

（大大　大大　衣大衣　仓 0

6̇0 3̇0 | 5̇0 3656 | i̇.i̇ i̇i̇ | i̇i̇ i̇i̇ | 0i̇ 356i̇ |

大　多　大　多　大大　大大　大·大　大大　衣大衣

【二六】　　　（5.555 | 5323 | 5356 | i̇0）　　sf

1/4 5）3 | 3i65 | 5̇5 | 5 | 5 | 50 | 1 | 25 |

仓）咬　住　仇，　　　咬　住

（3532 | 123）
3̇.0 | 0 | 01 | 23 5̇ | 3̇ | 20 20 | 2321 6̇(12) |

恨，　　嚼碎仇恨强燕下，

渐快
03 | 33 | 2.3 | 5̇3̇ | 6̇i̇05̇ | 535 6561 | 5(643 235) |

仇　恨　入　心　要　发　芽！

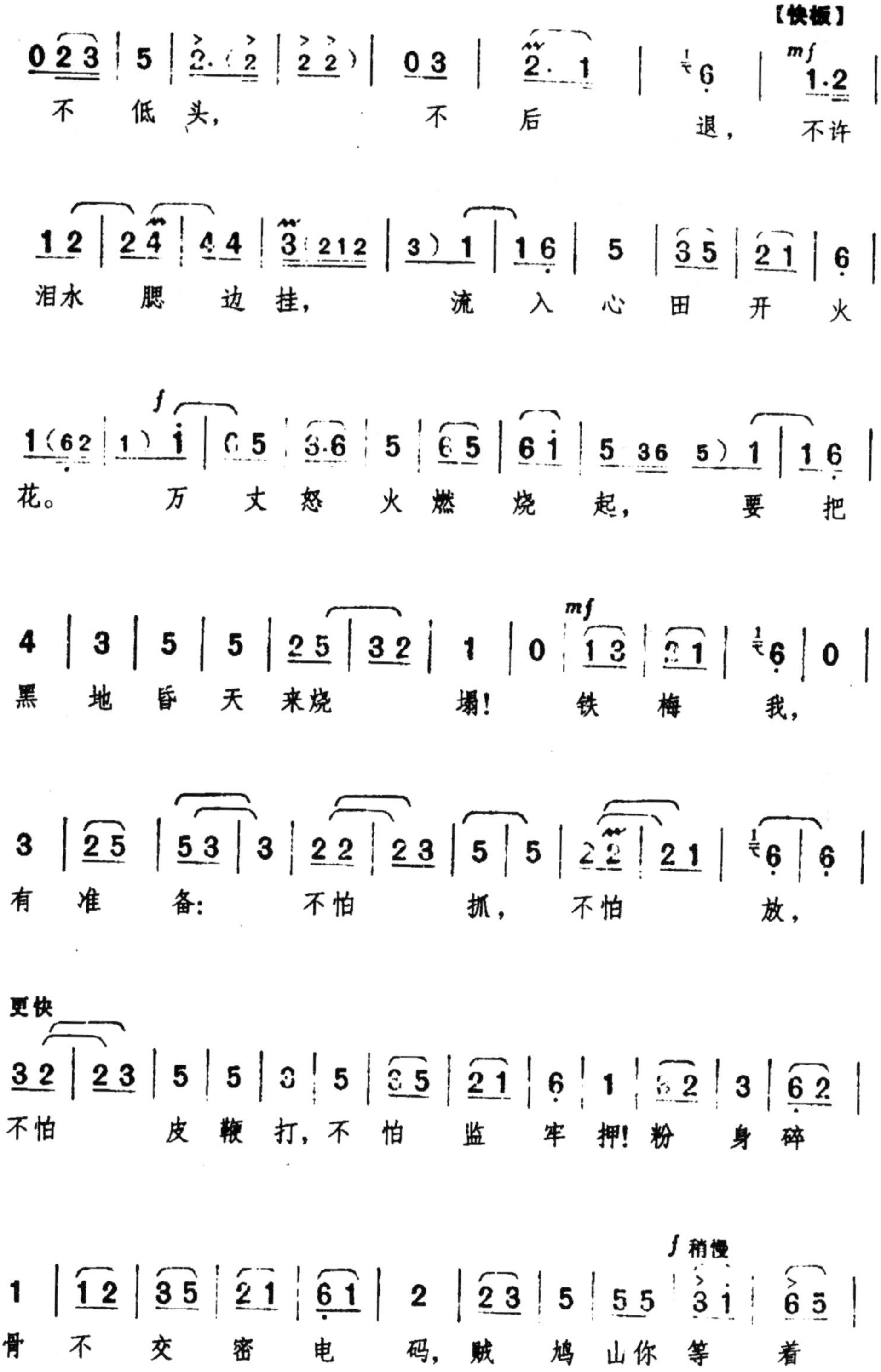

【快板】

0 2 3 | 5 | ⌢2·(2 | 2 2) | 03 | ⌢2·1 | ↗6 | *mf* 1·2 |

不　低　头，　　　不　后　退，　　不许

1 2 | 2 4 | 4 4 | ⌢3 2 1 2 | 3) 1 | 1 6 | 5 | 3 5 | 2 1 | 6 |

泪水　腮边　挂，　　流入　心田　开　火

f 1(6 2 | 1) 1 | 0·5 | 3·6 | 5 | 6 5 | 6 1 | 5 3 6 5) 1 | 1 6 |

花。　万　丈　怒　火　燃　烧　起，　要　把

4 | 3 | 5 | 5 | 2 5 | 3 2 | 1 | 0 *mf* 1 3 | 2·1 | ↗6 | 0 |

黑　地　昏　天　来　烧　塌！　铁　梅　我，

3 | 2 5 | 5 3 | 3 | 2 2 | 2 3 | 5 | 5 | ⌢2 2 | 2 1 | ↗6 | 6 |

有　准　备：　不怕　抓，　不怕　放，

更快

3 2 | 2 3 | 5 | 5 | 3 | 5 | 3 5 | 2 1 | 6 | 1 | 3 2 | 3 | 6 2 |

不怕　皮鞭　打，不怕　监　牢　押！粉　身　碎

f 稍慢
1 | 1 2 | 3 5 | 2 1 | 6 1 | 2 | 2 3 | 5 | 5 5 | 3 1 | 6 5 |

骨不　交密　电码，贼　鸠　山你　等　着

【散板】

```
 5 >               ff                                   ff
 3 0 | (2 )| 3 3 21 2 3  5 — 3 5 6 1 6  i 2 —
```
吧——　（仓）这 就 是 铁　　梅

中速

```
 7 2  7.6  6 6  i 5  5 — |2/4 0 3 2 3 | 5 1 2 3 2 | 1 0 0 ‖
```
给 你 的　好　回　　答！

（嘟 ～～ 仓 0 八 0 大 0 仓 0 0）

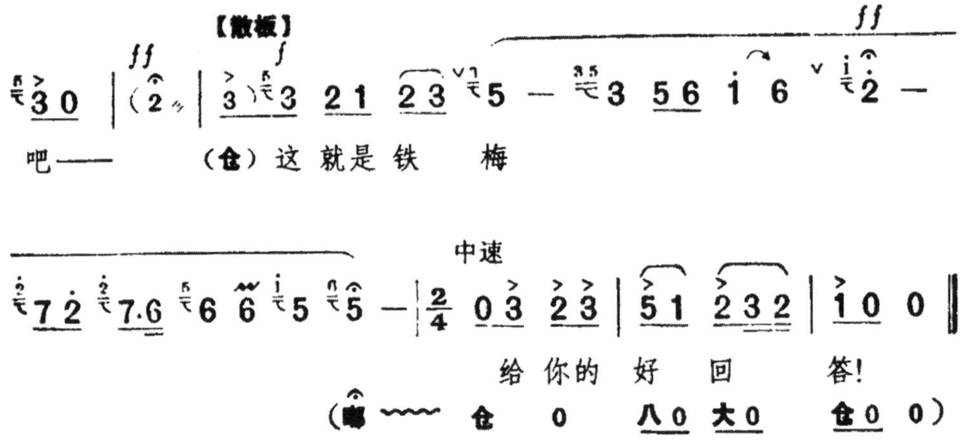

锣 鼓 字 谱 说 明

大 　　 鼓单楗击

八 　　 鼓双楗同击

大八 　　 鼓双楗分击

嘟 　　 鼓双楗滚击

拉 　　 鼓双楗滚击的落音

多 　　 鼓单楗轻击

多罗 　　 鼓单楗滚奏轻重二击

乙 　　 休止

扎、衣 　　 板音

仓 　　 大锣单击或大锣、小锣、铙钹同击

顷 　　 大锣单击或大锣、小锣、铙钹同时轻击

台 　　 小锣单击

令 　　 小锣轻击

才 　　 铙钹与小锣同击或铙钹单击

△ 　　 吊钹

乐 谱 符 号 说 明

~~ 　　上颤音，实际效果为：

　　　$\tilde{6}$　等于　$\underline{6\ 7\ 6}.$　$\underline{6\ 1\ 6}.$

~~ 　　下颤音，实际效果为：

　　　$\tilde{6}$　等于　$\underline{6\ 5\ 6}.$

tr　　颤音（只用于器乐部分）

⌒　　延长号

♪、⌒　滑音

▼　　顿音

>　　重音

⌐‥⌐　　自由反复或自由延长

）0：　　自由休止

◁　　渐强

◁　　渐弱

∨　　换气

α　　震音

ppp　　最弱

pp　　很弱

p　　弱

mp　　中弱

mf　　中强

f　　强

ff　　很强

fff　　最强

sf　　特强

sfp　　特强后弱

散　　速度、节拍自由处理

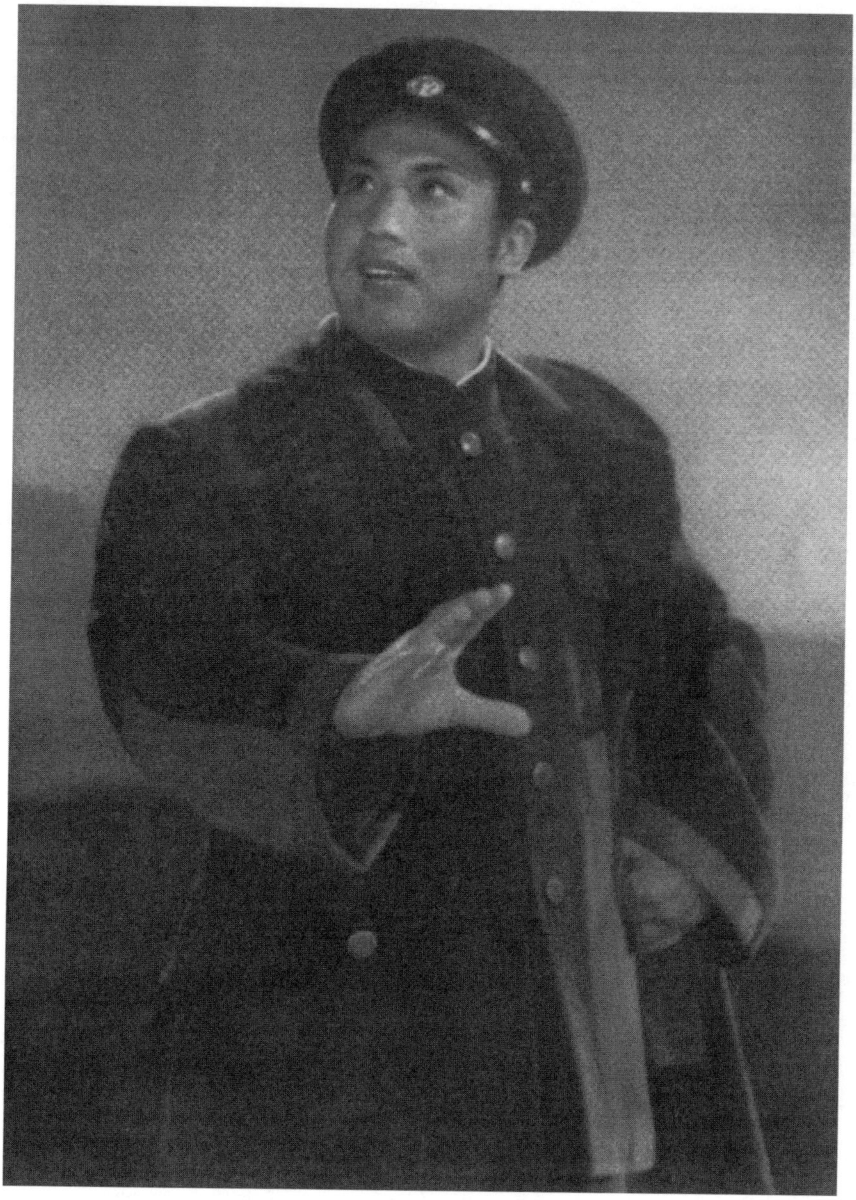

光照人间的无产阶级英雄形象李玉和。

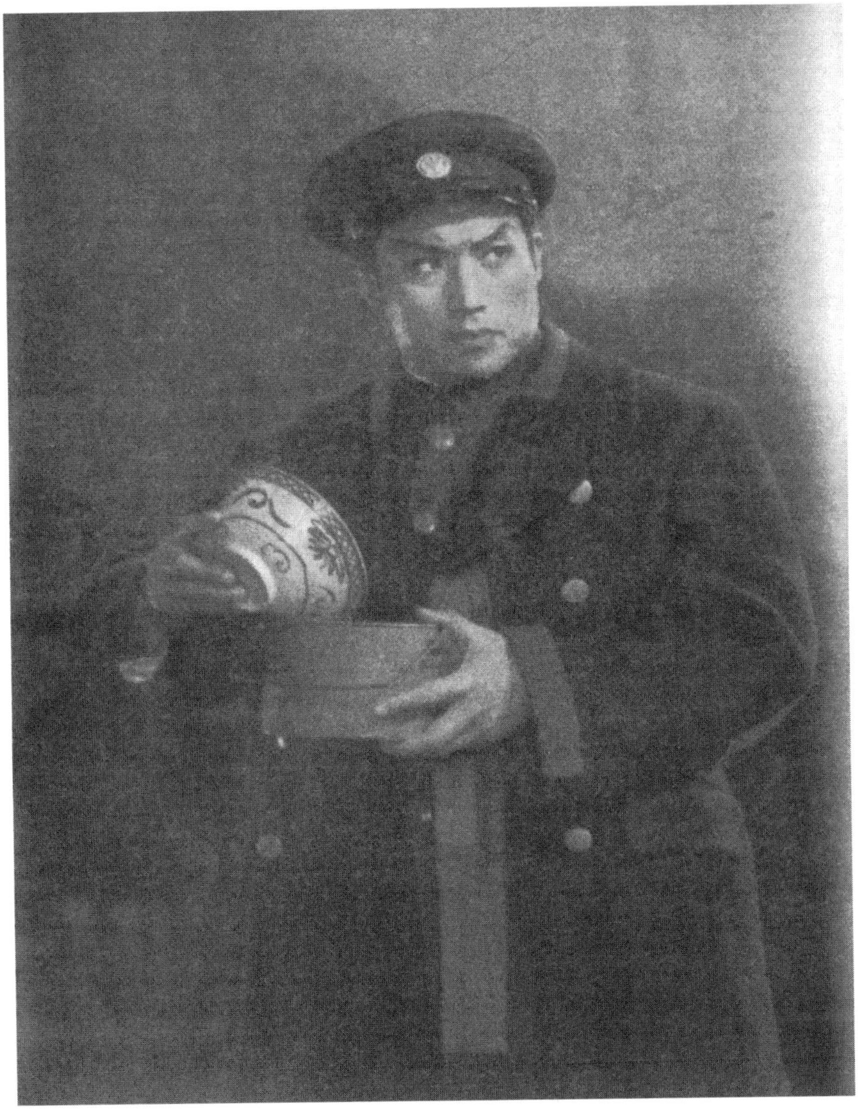

李玉和正要与磨刀人接关系时，日寇宪兵突然来粥棚
进行搜查。李玉和机智沉着，"抓时机打开饭盒藏秘密"。

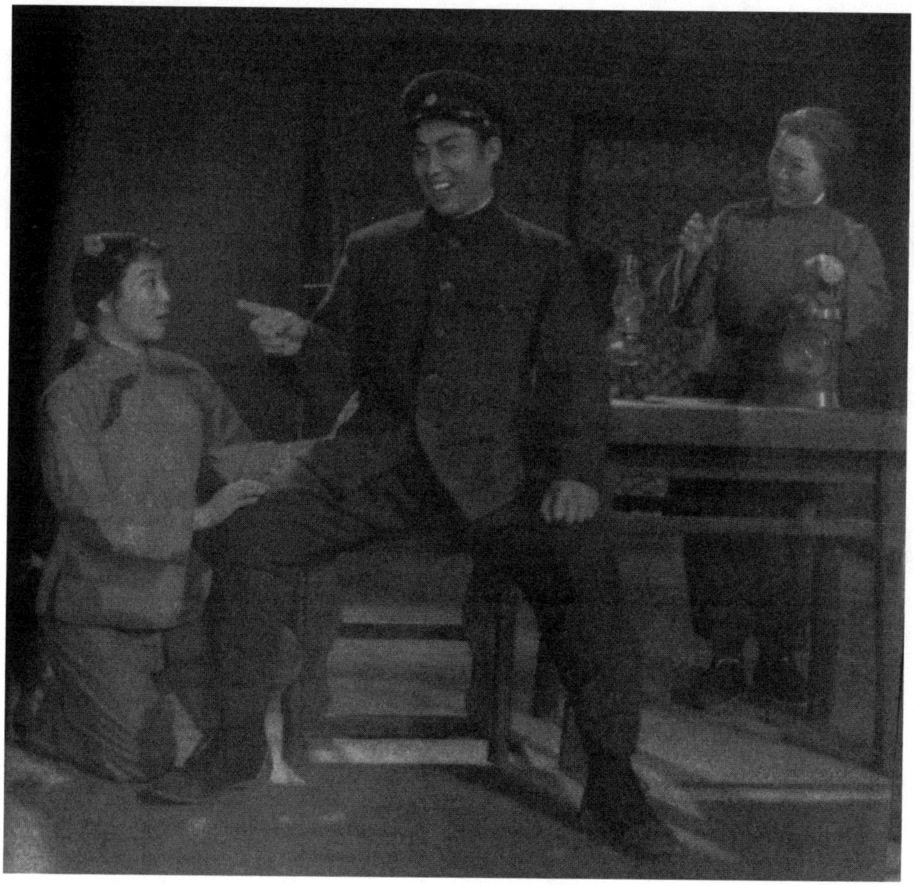

　　李玉和、李奶奶、铁梅，是在革命征途上建立起来
的无产阶级战斗集体。李玉和接应交通员、转移密电码
的事，铁梅都知道了，李玉和教育她宁可掉脑袋，也不
能露底，并且夸奖她的聪明。

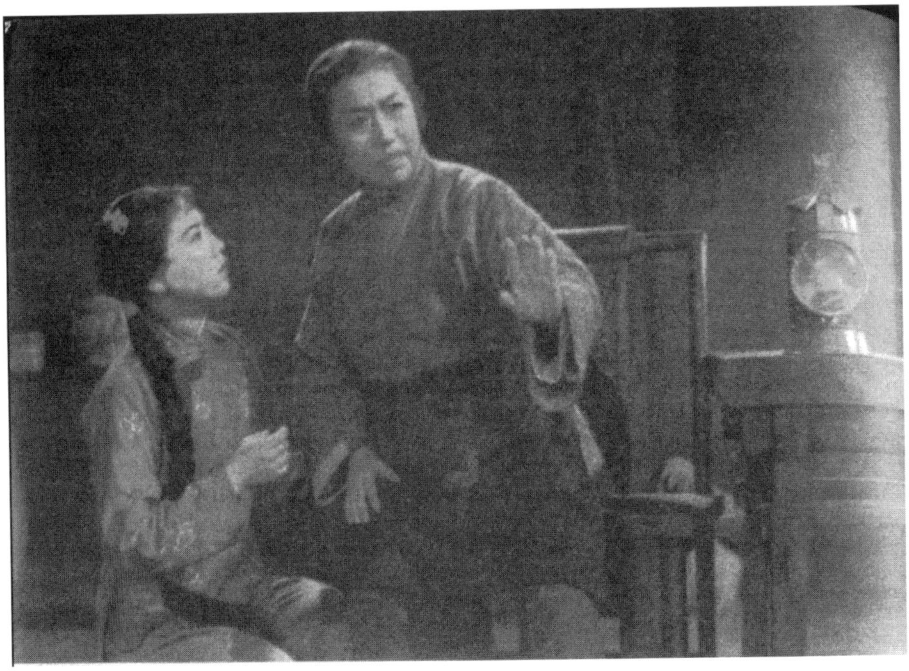

李玉和被捕后，李奶奶向铁梅痛说革命家史。

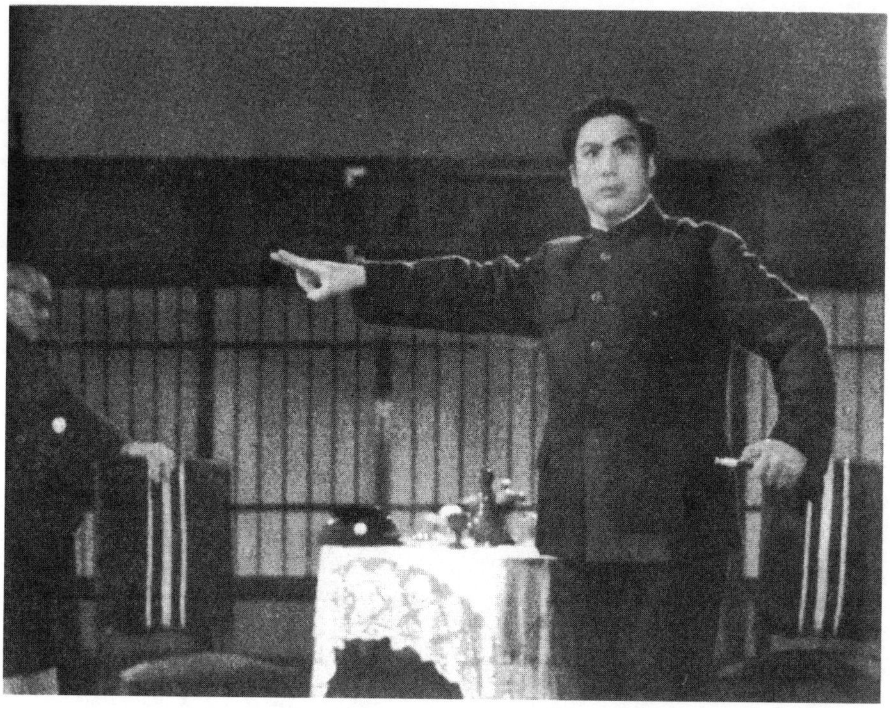

　　凶残虚弱、色厉内荏的鸠山玩弄反革命的威逼利诱
惨遭失败后，露出豺狼本性，妄想用严刑来动摇李玉和
李玉和义正词严，痛斥日寇对我国的侵略。

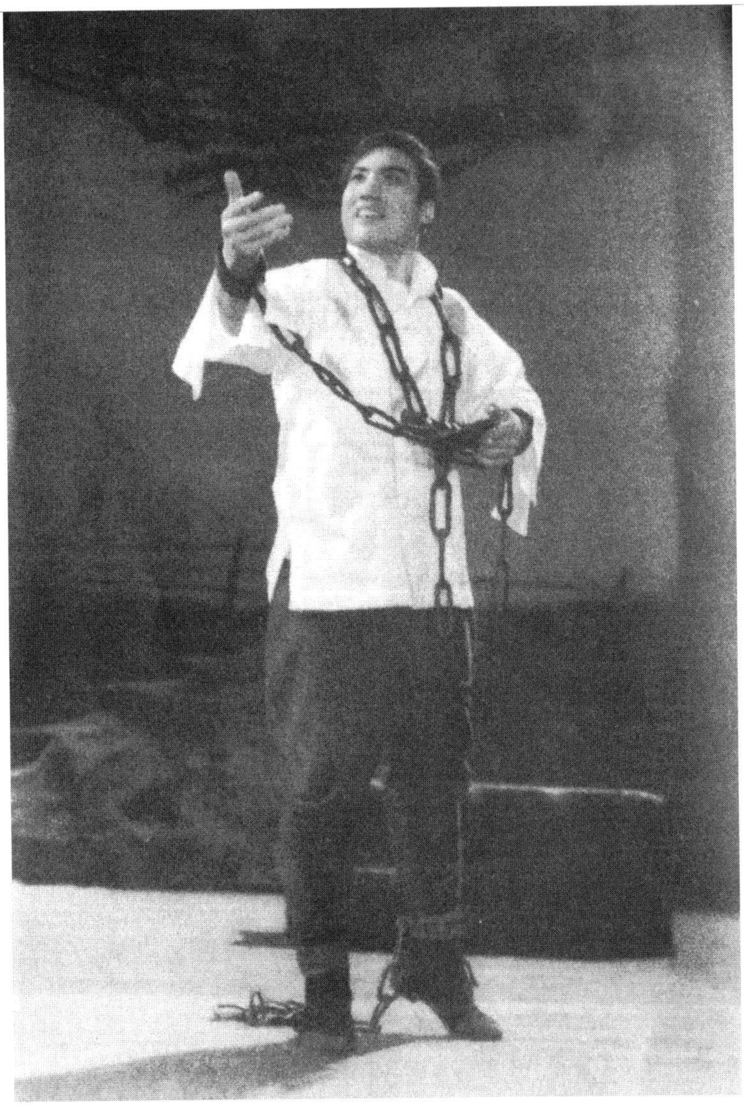

　　无产阶级英雄李玉和身在刑场，满怀革命豪情地畅想到"但等那风雨过，百花吐艳，新中国如朝阳光照人间"，决心和敌人斗争到底，勇往直前。

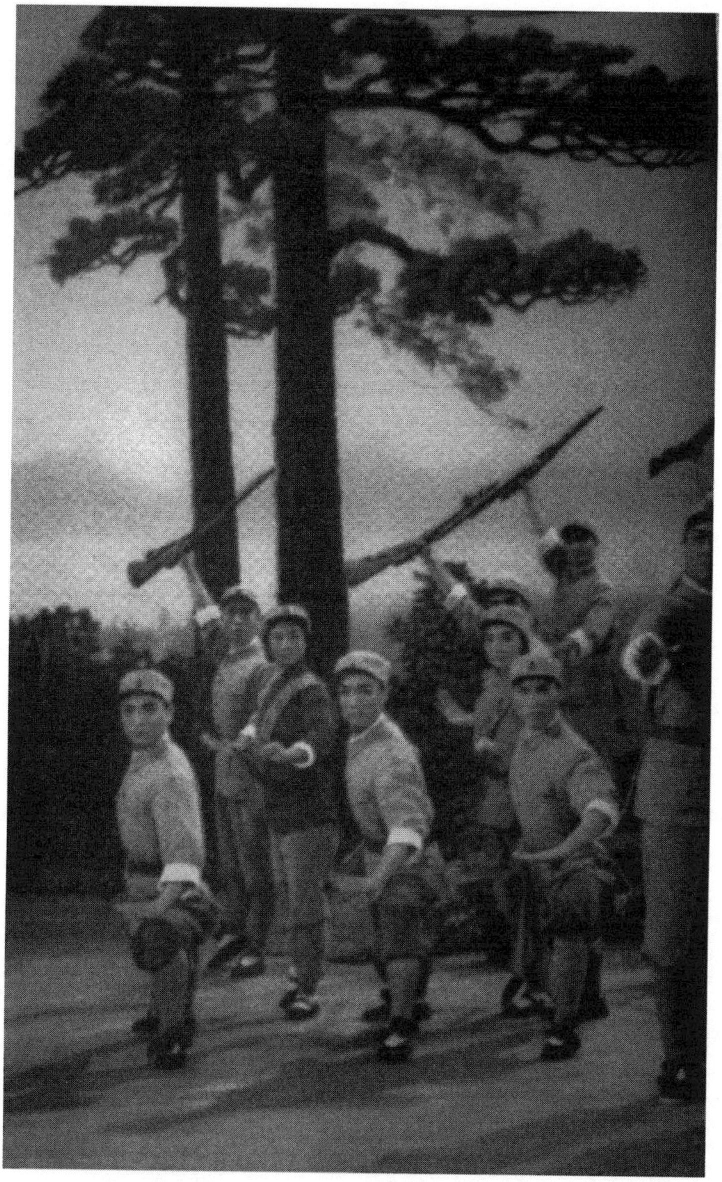

　　在党的领导和游击队的配合及群众的帮助下，铁梅把密电码送到了柏山，胜利地完成了任务。众游击队员挥舞刀枪，欢庆胜利。

李玉和一家三代人宁死不屈，大义
凛然，顶天立地，视死如归，在雄壮的
《国际歌》乐声中起向刑场。

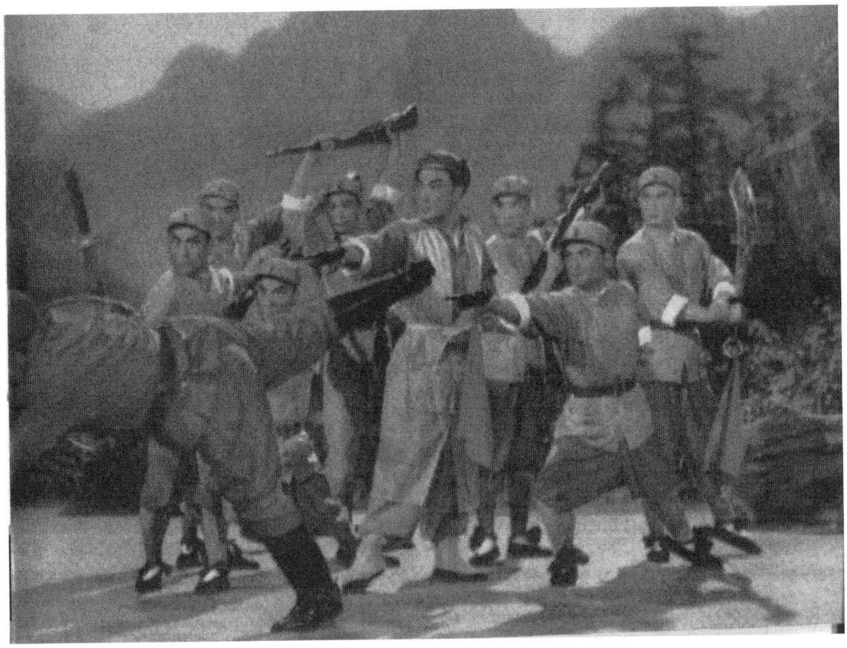

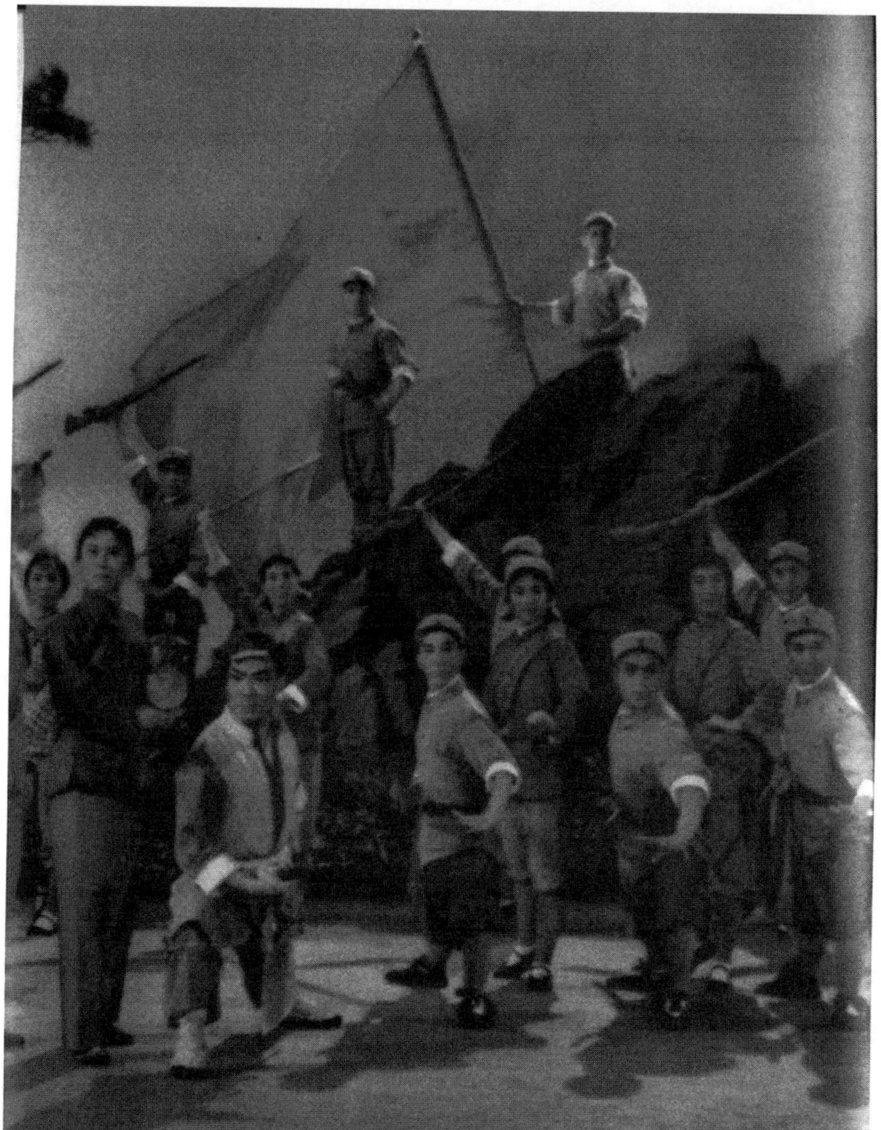

击队的配合及群众的帮助下，铁梅把密电码送
了任务。众游击队员挥舞刀枪，欢庆胜利。

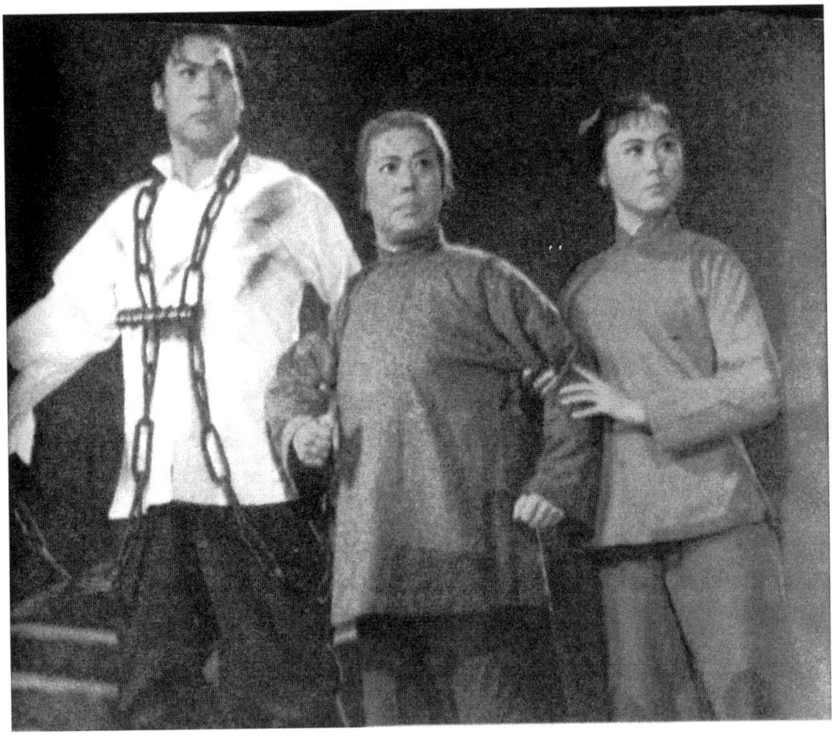

日寇宪兵队追赶铁梅，进入我伏击
圈内。众游击队员，力战顽敌，尽歼日
寇，处死叛徒，刀劈鸠山。

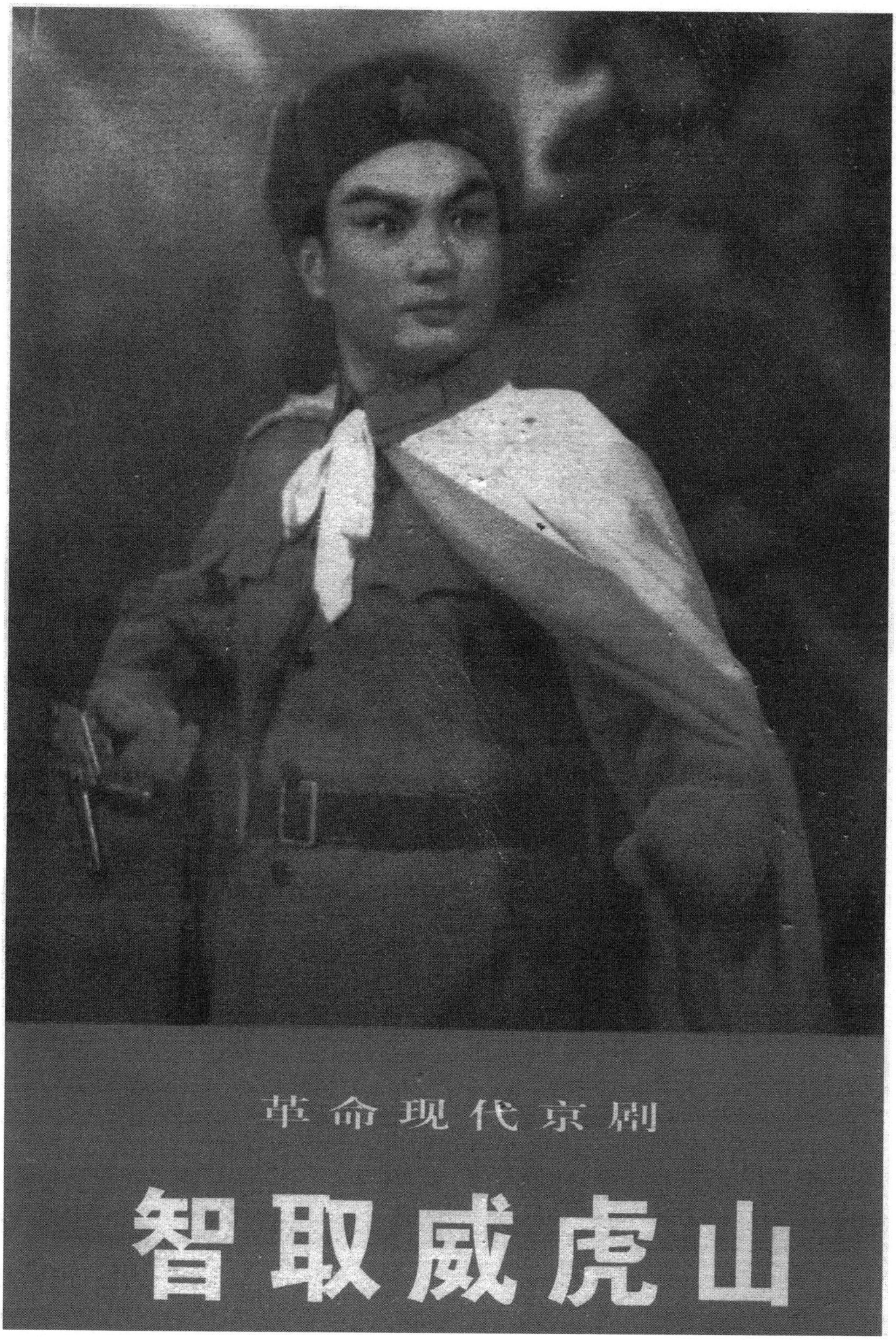

革命现代京剧

智取威虎山

毛 主 席 语 录

没有一个人民的军队，便没有人民的一切

革命战争是群众的战争，只有动员群众才能进行战争，只有依靠群众才能进行战争。

革命现代京剧

智取威虎山

上海京剧团《智取威虎山》剧组集体改编及演出

（一九七〇年七月演出本）

第一次刊印本

人民出版社

革命现代京剧

智取威虎山

人民出版社出版
新华书店发行
河北人民印刷厂印刷

1970 年 9 月第 1 版
1970 年 10 月河北第 1 次印刷
书号 10001·224　每册 0.25元

目　録

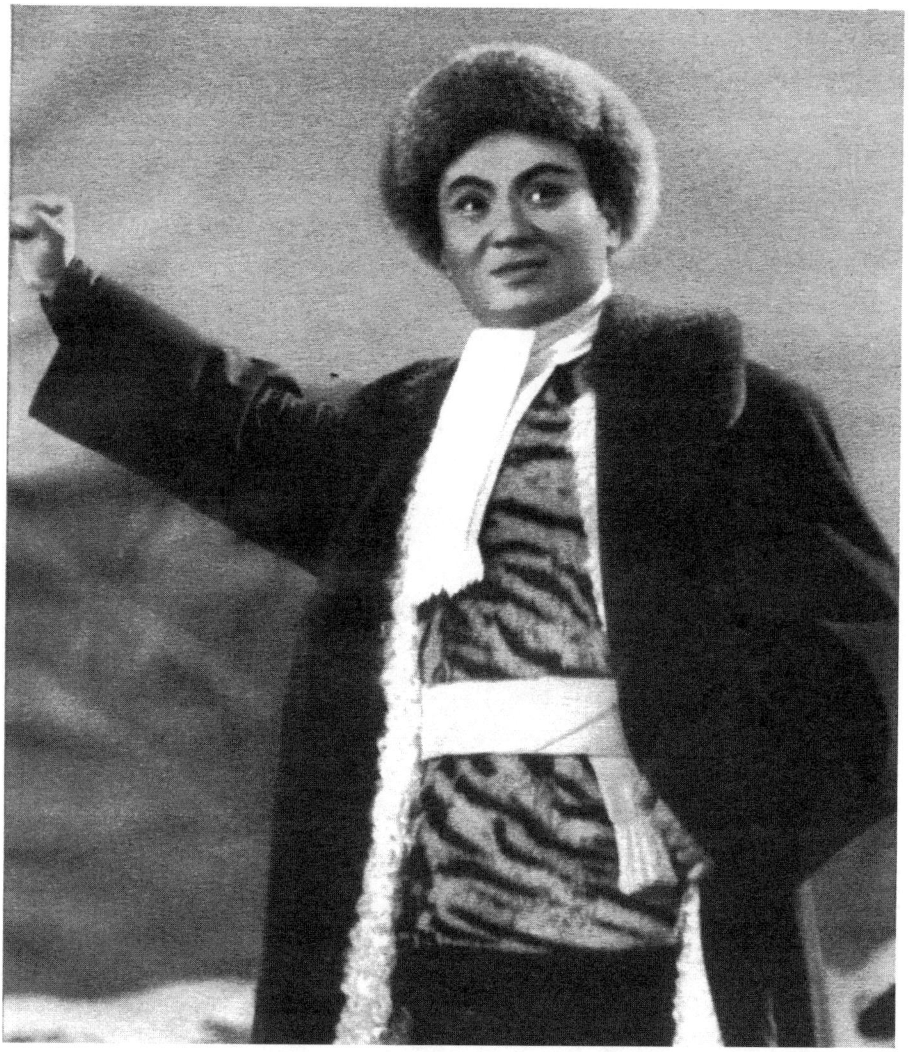

杨子荣——中国人民解放军某部侦察排长。

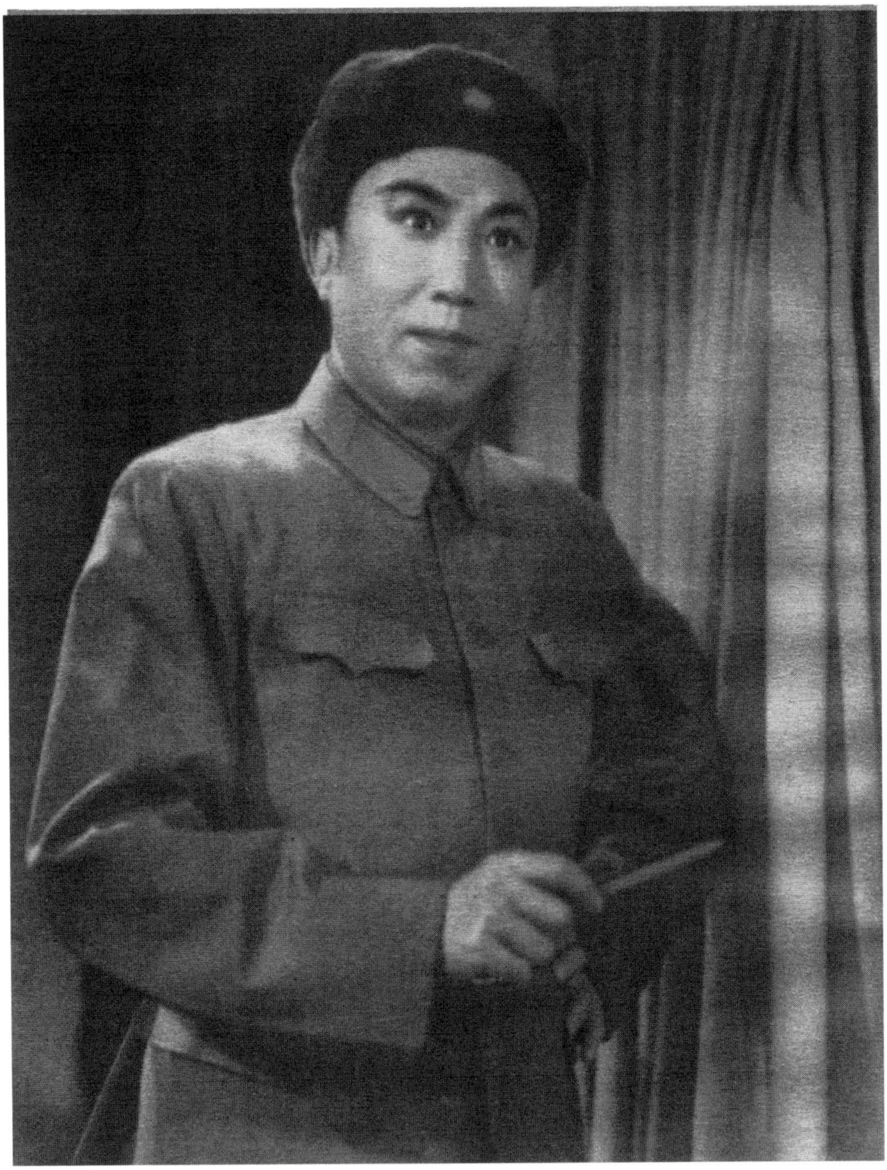

参谋长——中国人民解放军某部团参谋长。

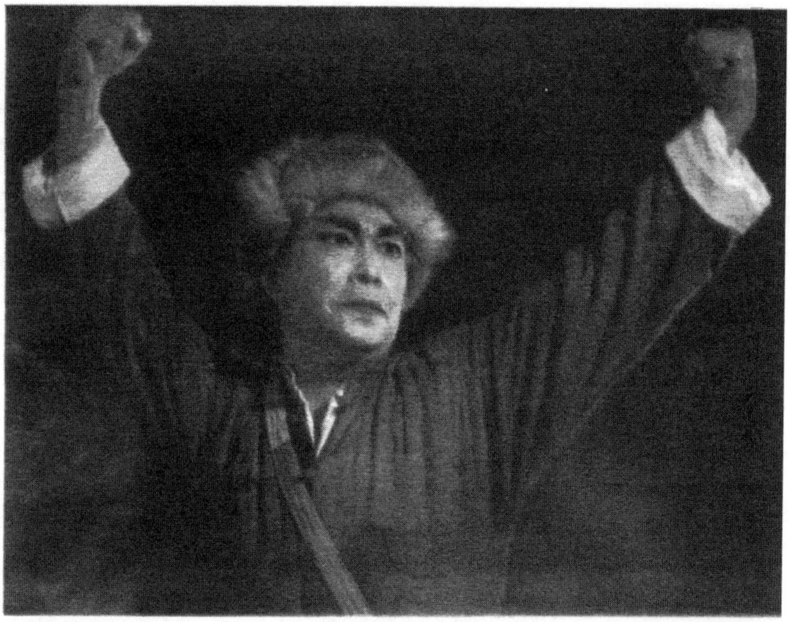

李勇奇——铁路工人。

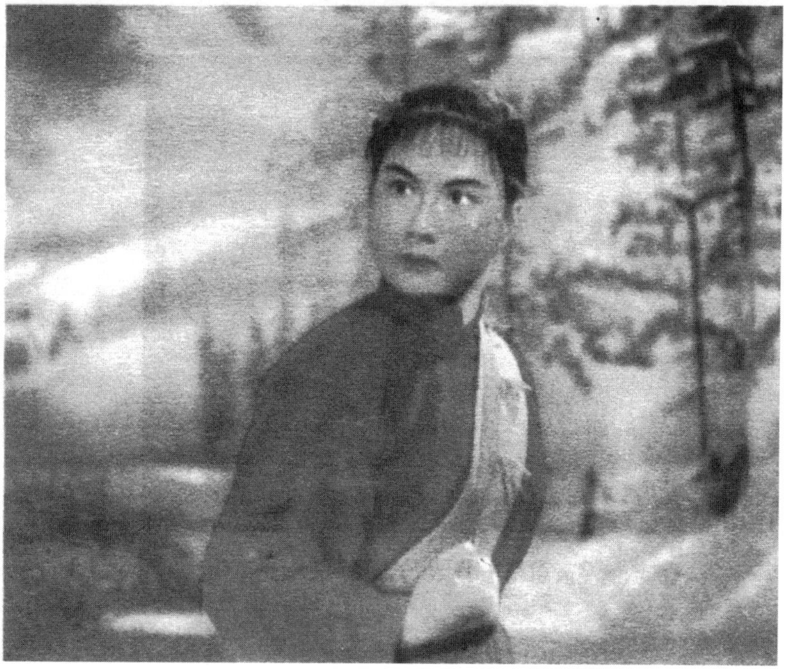

常　宝——猎户女儿

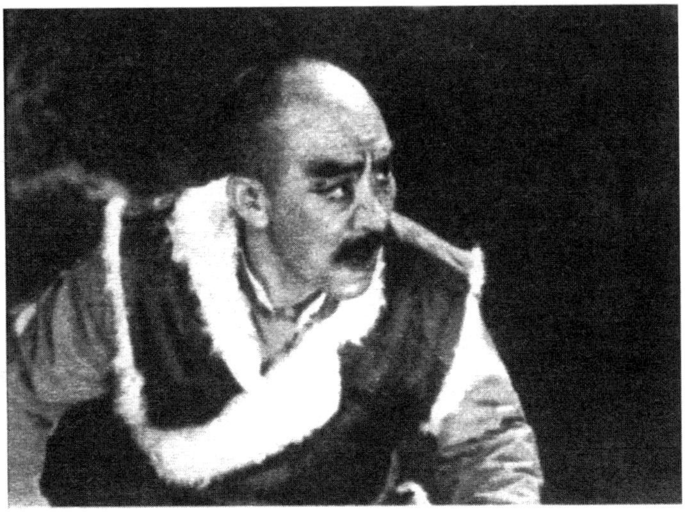

座山雕——威虎山匪首、国民党伪"滨绥
图佳保安第五旅旅长"。

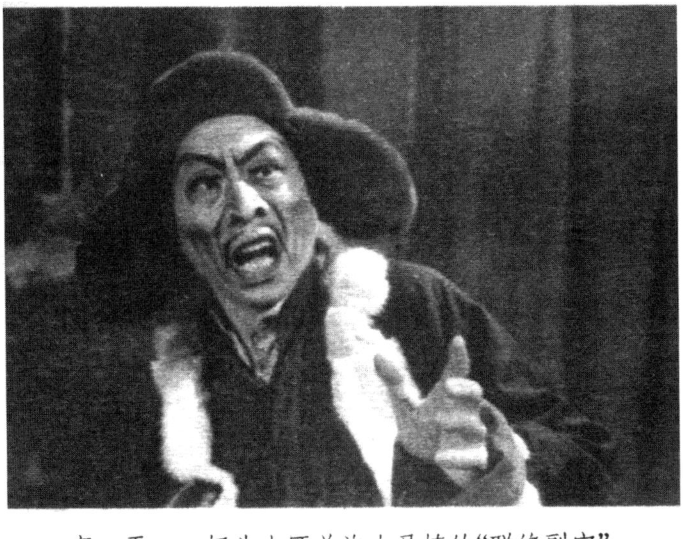

栾　平——奶头山匪首许大马棒的"联络副官"。

人　物　表

杨子荣——中国人民解放军某部侦察排长。

参谋长——中国人民解放军某部团参谋长。

李勇奇——铁路工人。

常　宝——猎户女儿。

申德华——中国人民解放军某部侦察排副排长。

卫生员——中国人民解放军某部卫生员。（女）

小　郭——中国人民解放军某部战士。

钟志城——中国人民解放军某部战士。

吕宏业——中国人民解放军某部战士。

罗长江——中国人民解放军某部战士。

战士若干人。

常猎户——常宝的父亲。

李　母——李勇奇的母亲。

张大山——铁路工人。

李　妻——李勇奇妻。

群众若干人。

座山雕——威虎山匪首、国民党伪"滨绥图佳保安第五旅旅长"。

栾　平——奶头山匪首许大马棒的"联络副官"。

匪参谋长。

匪副官长。

匪连长。

众"金刚"、匪徒若干人。

第一场 乘胜进军

〔一九四六年冬季。东北某地。

〔深山老林，皑皑白雪。

〔中国人民解放军某部追剿队全副武装，红旗前导，急驰上。

〔战士们迎风踏雪，作行军于山路的舞蹈。

罗长江　**停止前进！**

〔众列队。

罗长江　**报告参谋长，来到二岔路口！**

参谋长　**原地休息。**

罗长江　**是。吕宏业！**

吕宏业　**到。**

罗长江　**警戒！**

吕宏业　**是。（下）**

罗长江　**原地休息！**

众战士　**是。**

〔小郭递地图。参谋长看地图，辨地形。

罗长江　**司务长！原地休息！**

〔内应："原地休息！"马嘶声。

〔众踏脚取暖，抖掉身上的积雪。

参谋长　**大家累了吧？**

众战士　**不累！**

参谋长　**好！同志们！**

〔众列队。

参谋长　杨子荣、申德华同志到前站侦察，这里就是会合的地点。团党委遵照毛主席《**建立巩固的东北根据地**》的指示，组成追剿队，在牡丹江一带发动群众，消灭土匪，巩固后方，配合野战军，粉碎美蒋进攻，这是有伟大战略意义的任务。座山雕这股顽匪，逃进了深山老林，我们在风雪里行军已经有好几天了，到现在还没有找到。我们一定要发扬连续作战的精神，（斩钉截铁地、有力地）"**下定决心，不怕牺牲，排除万难，**

参谋长
众战士　**去争取胜利。**"

〔吕宏业上。

吕宏业　报告，杨排长他们侦察回来了！

〔众热切地注视杨子荣来的方向。

〔参谋长将地图交小郭。

〔杨子荣、申德华上，敬礼。

杨子荣　报告！

参谋长　子荣同志，你们辛苦了！

杨子荣　我们奉命化装侦察，在偏僻的山坳里，救了个哑巴孩子。经他父亲指点，我们到了黑龙沟，搜集到一些情况，查出了座山雕的行踪。

参谋长　好。

杨子荣　唱【西皮摇板】

　　　　这一带常有匪出没往返，

　　　　番号是"保安五旅第三团"。

　　　　昨夜晚黑龙沟又遭劫难。

【快板】

座山雕心狠手辣罪恶滔天。

行凶后纷纷向夹皮沟流窜，

据判断这惯匪逃回威虎山。

参谋长　同志们！我们已经侦察到座山雕的下落，现在要紧紧跟踪。罗长江！

罗长江　到。

参谋长　今晚到黑龙沟宿营！

罗长江　是。

参谋长　子荣同志！

杨子荣　到。

参谋长　我们还要进一步掌握敌情，你带申德华，

申德华　到。

参谋长　钟志城！

钟志诚　到。

参谋长　吕宏业！

吕宏业　到。

参谋长　继续向前方侦察！

杨子荣　是。

参谋长　出发！

〔众"亮相"。

——幕　闭

第二场 夹皮沟遭劫

〔黄昏。夹皮沟村头，枯木斜立，深沟旁峭石杂陈

〔国民党"保安第五旅"座山雕匪帮溃退回山，路过夹皮沟。匪首座山雕向村中窥视。

匪副官长　三爷，这次回山，一道儿上捞到不少东西了；这夹皮沟就在咱家门口，别动它啦。

匪参谋长　是啊，"兔子不吃窝边草"嘛！

座山雕　还管那些！给我多抓些穷棒子带回去修筑工事！男的、女的都要！

匪参谋长　（会意）明白啦。

〔匪参谋长率众匪进村。匪副官长正欲进村，被座山雕叫住。

座山雕　副官长，野狼嗥去找栾平，有十天了吧？

匪副官长　唔，我也正为这件事着急哪。

座山雕　咱们回到威虎山，头一件事就要赶快扩充实力。

匪副官长　是。只要野狼嗥能找着栾平，把许大马棒的那张联络图弄到手，这牡丹江一带就都归咱们啦。

座山雕　不过，侯专员也在到处找这张图，可千万别叫他弄了去！

匪副官长　三爷，您放心，野狼嗥跟栾平是把兄弟，联络图飞不了。

座山雕　唔！美国人明里拉着国共两党和平谈判，暗里帮着老蒋调兵遣将，听说老蒋已到沈阳，亲自督战，要在三个月之内，消灭关里关外的共军。我看时候到了！

匪副官长　好！等国军一到，北满的总司令就是您的啦！张大帅、满洲国、老蒋，都少不了二爷您哪。哈哈哈哈！

座山雕　哈哈哈哈！

〔村内传来犬吠声。

〔村内火光四起，人声杂乱："孩子！""土匪！""救命啊！"···

〔匪副官长、座山雕冲进村去。小匪随下。

李勇奇　内唱【西皮小导板】

　　　　火光冲天（持猎枪、提猎物，边唱边奔而上）人喧嚷，

【快板】

　　　　母叫子来儿喊娘。

　　　　土匪又来烧杀抢，

　　　　豁出性命拚一场！

〔李勇奇撂猎物。

〔众匪强拉张大山、男女青壮村民，绳捆索绑上。李勇奇与匪扭打。群众被匪拴拽，下。张大山挣断绳索，与匪格斗，下。

〔李妻被拉上。李母抱婴儿赶上，喊"媳妇！"李勇奇喊："娘，娘！"与匪格斗，下。匪连长夺过婴儿奔到深沟边。李妻、李母大喊："孩子！"匪连长残酷地将婴儿摔于深沟里。

〔李勇奇上，和李妻、李母同时惊呼："啊！"李勇奇女怒极，与匪拚死格斗，在膀挨一枪托，"抢背"倒地。

〔座山雕上，对准李勇奇开枪。

李　妻　（急呼）勇奇！

〔李妻以身遮护李勇奇，中弹亡。座山雕等下。

李勇奇　（急忙站起，悲愤地俯望着妻子）孩子他娘！孩子他娘！孩子他···（将妻子慢慢放于地上）

李　母　（扑过去，悲痛地）媳妇！

〔李勇奇悲愤至极，起身，疾步至深沟边，俯视。

李勇奇　　唱【西皮快板】

　　　　　霹雳一声灾祸降，

　　　　　熊熊怒火烧胸膛。

　　　　　深仇大恨誓要报，

　　　座山雕！

　　　　　抓住你刀劈斧剁把血债偿！

〔张大山被匪强拉上，喊："勇奇！"李勇奇欲救；土匪冲上，缚住李勇奇。李勇奇奋力挣扎。

李　母　　勇奇！

〔李勇奇被掳走。

李勇奇　　娘！娘！娘！

〔李母追上，被匪推倒在地。

李　母　　（起身，"横蹉步"）勇奇！勇奇！勇奇！

　　　　　　　　　　　　　　　　——幕闭

第三场 深山问苦

〔午后。偏僻的山坳里。窄小木屋，桌上碗筷狼藉。

〔常宝在屋里收拾桌子，常猎户向屋外眺望。

常　宝　爹，刚才来的那一男一女真不讲理，把咱们家刚弄到的
　　　　一点狍子肉，都吃光了。（气愤地坐于木墩上）

常猎户　（紧张地掩上门）常宝，你知道这一男一女是什么人？

常　宝　那男的不是说，他是中国人民解放军嘛！

常猎户　哼！八年前我被拉上威虎山，在山上见过他，他叫野狼
　　　　嗥，是土匪。

常　宝　（惊讶地）啊！

常猎户　这儿待不住了！咱们赶紧收拾收拾，到夹皮沟你大山叔
　　　　那儿去。

常　宝　嗳。

〔二人收拾东西。

常猎户　（自语）前几天来的那俩皮货商，说咱们老家来了共产党，
　　　　帮着穷人闹翻身，不知是真是假？

常　宝　爹，那两个皮货商，可是好人，要不是他们在雪地里救
　　　　了我，我早就冻死了！

常猎户　是啊！快！

常　宝　嗳。

〔常猎户打点好包裹，常宝从墙上取下皮子，隔窗见有人影。

常　宝　爹，那有人来了！

常猎户　（急忙摇手示意）**别说话啦！**

〔二人凝神谛听。

〔杨子荣、申德华、钟志城、吕宏业身着白披户，风帽蒙着军帽上的红星，机警地上。

杨子荣　唱【西皮散板】

　　　　紧跟踪可疑人形迹不见，

申德华　老杨，这不是猎户老常的家吗？

杨子荣　对。

　　　（接唱）

　　　　再访问猎户家解决疑难。

　　　　申德华、吕宏业同志！

申德华
吕宏业　到。

杨子荣　继续向前搜索，得到情况，上这儿会合！

申德华
吕宏业　是。（跑下）

杨子荣　小钟！警戒！

钟志城　是。（跑下）

〔常猎户、常宝正在藏皮子，杨子荣走到屋前敲门。

杨子荣　老乡！

〔常猎户示意常宝躲起，然后紧张地由屋内出来。

常猎户　（打量杨子荣）你是

杨子荣　不认识啦？我就是前几天来过的皮货商啊！

常猎户　皮货商？

杨子荣　**啊。**

〔常宝闻声奔出，见身着军装的杨子荣，露出惊讶的神色。

杨子荣　（对常宝）小兄弟，你爹认不出我了。那天不是我送你回
　　　　　家的吗？

常　宝　（又仔细打量，点点头）……

杨子荣　好聪明的孩子！

常猎户　（细看杨子荣，认出）哦！你是杨掌柜的！

杨子荣　啊。

常猎户　对，咱们还认过乡亲呢。

杨子荣　（微微点头）……

常猎户　屋里坐，屋里坐。

　　　　　〔同进屋。常宝整炕让坐，杨子荣边脱手套，边环视。

杨子荣　（关切地对常宝）你好点儿了吧？

常　宝　（欲语）……

常猎户　（急忙把常宝拉在身后，抢过话头）他是哑巴。

杨子荣　哦，对对对。

常猎户　你又做买卖又当兵，到底是干什么的？

杨子荣　我本来就不是买卖人。（摘下风帽，露出红星）我是中国人
　　　　　民解放军！

常猎户　（惊疑地）你也是中国人民解放军？

杨子荣　是啊。你见过？

常猎户　（掩饰地）哦，没有，没……没有！

杨子荣　（觉察到常猎户对自己的怀疑，坐在木墩上，亲切地）上次来，
　　　　　没跟您多说，我们就是从山东过来的，是毛主席、共产
　　　　　党领导的队伍。

　　　　　〔杨子荣取斧欲劈柴

常猎户　哦。可老远的，你们到这儿干吧来了？

杨子荣　打土匪！（有力地将斧剁于木砧上）

常猎户　（惊讶地）打土匪？能行？

杨子荣　（站起）我们的大部队都在后头哪！咱中国人民解放军在东北打了好几个大胜仗，牡丹江一带全解放了。大股土匪已经打垮，剩下座山雕这些顽匪逃进了深山老林，我们一定尽快地把他们消灭掉！

常猎户　（无限愤恨地）座山雕哇！‥

杨子荣　老常，这一带叫座山雕糟蹋得够苦啦！你们爷儿俩躲进这深山老林，一定有深仇大恨哪！

常猎户　（激愤地坐下，拔起斧头)……

杨子荣　老常，说吧！

常猎户　（不愿触及伤心事）八年了，别提它了！（摔下斧头）

常　宝　（情不自禁地）爹！（扑向常猎户）

常猎户　（一惊）常宝，你……

〔常猎户痛苦地坐在木墩上。常宝抽泣，紧依于常猎户膝下。

杨子荣　（无限深情地）孩子！毛主席、共产党会给我们作主的，说吧！

常　宝　叔叔！我说，我说！

唱【反二黄导板】

八年前风雪夜大祸从天降！

【快三眼】

座山雕杀我祖母掳走爹娘。

夹皮沟大山叔将我收养，

爹逃回我娘却跳涧身亡。娘啊！

避深山爹怕我陷入魔掌，

从此我充哑人女扮男装。

【原板】

白日里父女打猎在峻岭上，

到夜晚爹想祖母我想娘。

【垛板】

盼星星盼月亮，

只盼着深山出太阳，

只盼着能在人前把话讲，

只盼着早日还我女儿装，

只盼讨清八年血泪账，

恨不能生翅膀，持猎枪、飞上山岗、杀尽豺狼！

爹！（扑向常猎户）

杨子荣　（激愤地）唱【西皮原板】

小常宝控诉了土匪罪状，

字字血，声声泪，激起我仇恨满腔。

普天下被压迫的人民都有一本血泪账，

要报仇，要伸冤，要报仇，要伸冤，血债要用血

来偿！

【流水】

消灭座山雕，人民得解放，

翻身作主人，深山见太阳。

从今后跟着救星共产党，

管叫山河换新装。

这一带也就同咱家乡一样，

美好的日子万年长。

〔钟志城在屋外巡视而过。

常猎户　（激动地）老杨！坐！

〔常猎户激动地紧握杨子荣的手，热情地让杨子荣坐在靠门一边

〔的炕头，递烟袋。杨子荣谢辞。常宝弟水，杨子荣坐下，一饮而尽。常宝移木墩，靠近常猎户坐下。

常猎户　老杨，这话说到我心里去了。

杨子荣　哈哈哈哈！

常猎户　嘻，打座山雕可不易呀，他仗着九群二十七地堡，能攻、能守、又能溜，谁也摸不着他呀！

杨子荣　是啊，听说上山这道儿就很难闯啊！

常猎户　可不，前山明道只有一条，又高又陡，加上防守严密，谁上得去呀！

杨子荣　当年您是怎么从山上下来的呢？

常猎户　后山还有条险路。

　　　　〔杨子荣发现重要情况，移近猎户，全神贯注地倾听。

常猎户　那儿是陡壁悬崖，没人敢走，土匪也没设防。八年前我从那儿下来，要不是落在一棵树杈上，早就粉身碎骨了！

杨子荣　(兴奋地) 老常，您提供的情况很有用。只要咱们大家一条心，就没有攻不破的山头！

常猎户　对！就盼着这一天哪！哈哈哈哈！

杨子荣　哈哈哈哈！

常猎户　老杨，不是我拿你当外人呐，刚才这儿来了一男一女，那男的明明是土匪，可他也说是中国人民解放军。

常　宝　我爹在威虎山见过他。他叫野狼嗥！

杨子荣　野狼嗥？他还说过些什么？

常猎户　他管那女的叫嫂子，还说是什么 …栾平的把兄弟。

杨子荣　栾平？(起身)

常猎户　(起身) 看样子那女的是栾平的老婆。野狼嗥跟她大吵大闹，为了争夺一张什么图？

常　宝　联络图。

常猎户　对。

杨子荣　（思考）联络图？

〔钟志城推门。

钟志城　排长！老申他们回来了。

〔申德华、吕宏业上。进屋。

申德华　老杨，我们在东北方向的密林深处，发现一具女尸，身旁还有一只血手套。（把手套递给杨子荣）

吕宏业　因为风雪太大，埋没了脚印，不知凶手逃到哪儿去了。

杨子荣　老常，这只手套您见过吧？

常猎户　（看手套思考）这手套好象是野狼嗥的。

杨子荣　（果断地）一定是他杀了人，抢走了联络图。同志们，这件案子很复杂，牵涉到咱们逮着的那个栾平。吕宏业！

吕宏业　到。

杨子荣　我们去捉凶手。你把情况向参谋长汇报。我建议提审栾平，追查联络图！

吕宏业　是。（跑下）

杨子荣　老常，事情急迫，不能跟您多谈了。来，这点干粮给你们留下。

〔杨子荣解下干粮袋交给常猎户；申德华也解下粮袋交给常宝。

常猎户　老杨

申德华　收下吧！

常　宝　（感动地）叔叔……

杨子荣　再见吧！（转身向屋门走去）

常猎户　老杨，哪儿去？

杨子荣　追捕野狼嗥。

345

常猎户　不行啊！野狼嗥准是奔威虎山去了。这里的道儿本来就很难走，眼下大雪封山，生人就更摸不着了。来，我们爷儿俩给你们带路！

杨子荣　（激动地走向常猎户）老常，谢谢您！

常猎户　走！

〔常猎户持斧、常宝持枪，急奔屋门。众"亮相"。

——幕　闭

第四场 定计

〔清晨。追剿队宿营地黑龙沟。指挥所内，炭火正红。军事挂图前，参谋长伫立凝思。

〔门外狂风呼啸，大雪飞舞，巍巍丛山，层层密林。

〔一哨兵持枪警戒，走动于丛树旁。

参谋长 （从容地）唱【二黄导板】

朔风吹林涛吼峡谷震荡，

〔一阵风吹开屋门。参谋长走近门口，举目远望，心潮激荡。

【回龙】

望飞雪漫天舞，巍巍丛山披银装，好一派北国风光。

【慢板】

山河壮丽，万千气象，

怎容忍虎去狼来再受创伤！

【原板】

党中央指引着前进方向，

革命的烈焰势不可当。

解放军转战千里，肩负着人民的希望，

要把红旗插遍祖国四方。

【垛板】

哪怕它美蒋勾结、假谈真打、明枪暗箭、百般花样，

怎禁我正义在手、仇恨在胸、以一当十，誓把(那)

反动派一扫光！

〔杨子荣上。

杨子荣　报告！

参谋长　（闻声）老杨！

〔杨子荣进屋。参谋长急步上前。

参谋长　凶手抓到了？！

杨子荣　抓到了！这是从他身上搜出的一封信和一张联络图。

　　　　（把信和图递给参谋长）

参谋长　好！

杨子荣　这一带的路很难找，多亏猎户老常给我们带路哇！凶手先还冒充咱们的侦察员，经过猎户老常当面揭发，他才承认是威虎山的人，叫李充豪，外号叫野狼嗥。

参谋长　好哇！猎户对我们的帮助很大。毛主席早就教导过我们：**"革命战争是群众的战争，只有动员群众才能进行战争，只有依靠群众才能进行战争。"**咱们离开了群众，就寸步难行啊！

杨子荣　是啊！猎户老常还提供了两条上山的道路。我根据他所指的方向，画了一张草图。（递草图）野狼嗥供认了山前这条明道，他说这儿没工事，很容易上。

参谋长　哼！显然是谎话。（略停）你们把猎户父女都安置好了吗？

杨子荣　我们把干粮留给了猎户，他们打算搬到夹皮沟去。

参谋长　好！嗳，老杨，过去栾平可没交代过这张图啊。

杨子荣　对。野狼嗥说，联络图上标着奶头山在东北各地的秘密联络点有三百处。这可是个重要问题呀！

参谋长　栾平已经押到，咱们立即提审，弄清联络图！

杨子荣　好，我去带栾平。（欲走）

参谋长　嗳，老杨，栾平是你的老对手，还是由你来审。

杨子荣　是。（走至门口，对放哨的战士）小张！

小　张　到。

杨子荣　带栾平。

小　张　是。（下）

〔参谋长拉上保密帘，进里屋。

〔杨子荣把墙边的板凳摆到靠门的地方。

〔小郭押栾平上，进屋。

〔杨子荣一指板凳，栾平坐下。

杨子荣　栾平！

栾　平　有。

杨子荣　这一向交代得怎么样了？

栾　平　我是愿意坦白的，有什么交代什么。

杨子荣　你还有一样东西没交代。

栾　平　长官，除了身上穿的，我是一无所有！

杨子荣　（出其不意地）一张图！

栾　平　图！

杨子荣　一张联络图！

栾　平　（惊）呃！（故作镇定）我，我想想……（装作思考）哦，对，对，我想起来了，听说许大马棒是有一线秘密联络图哇。

杨子荣　听说！？

栾　平　长官，别误会。这张图是许大马棒的至宝，我连见也没见到过呀。

杨子荣　栾平，你应该懂得我们的政策！

栾　平　我懂，我懂！坦白从宽，抗拒从来。

杨子荣　我问你，你在奶头山是干什么的？

栾　平　这您知道哇，我是联络副官。

杨子荣　哼哼！联络副官不交代联络点, 也没见过联络图。看来, 你是不想说实话！

〔栾平伴作无可奈何。

杨子荣　（示意小郭，猛然地）押下去！

小　郭　（会意）走！

栾　平　（惊恐地）不, 不！我‥（自打耳光）我姓栾的该死。我该死！我对不起长官, 现在我说实话, 是有一张秘密联络图。上面画着许大马棒在东北各地的秘密联络点, 有三百处哇！在我老婆手里。这么着, 您把我放出去, 找到她把那张图要来, 献给长官, 立功赎罪, 争取宽大处理。（鞠躬）

杨子荣　你除了联络这三百处, 别处呢？

栾　平　别处？那就是座山雕了。不过, 座山雕老想着独霸北满, 跟许大马棒面和心不和, 我跟他很少联络。去年座山雕生日, 请我吃百鸡宴, 我都没去呀。

〔杨子荣机警地发现新情况。

杨子荣　你要老实交代！

栾　平　嗳, 嗳！

杨子荣　把那些联络点的详细情况都给我写出来。

栾　平　是, 是。

杨子荣　带下去！

小　郭　走！（押栾平下）

〔参谋长由里屋出。

杨子荣　这家伙真狡猾！（把栾平坐的板凳放回原处）

参谋长 （风趣地）哼，狐狸再狡猾也斗不过好猎手哇！有关联络
图的事儿，他的口供跟野狼嗥倒是一致的。

杨子荣 可是他无意中又说出了百鸡宴。

参谋长 唔。

杨子荣 这封信上座山雕又请他上山赴宴，我看这里面还有问题
呀。

参谋长 对。

〔申德华上。

申德华 报告！

参谋长 进来。

〔申德华进屋

申德华 参谋长，同志们急着要打威虎山，都写请战书呐！

参谋长 是你带的头吧？

申德华 我……

杨子荣 哈哈哈哈！

参谋长 哈哈哈哈！（坐于炭盆旁）同志们的心情是可以理解的。
现在兄弟部队已经封锁住牡丹江一带的渡口要道，座山
雕跑不了啦！不过，这个家伙很不容易对付。大家不是
讨论过几次了吗？用大兵团进剿，等于拳头打跳蚤，不
行；把他们引下山来一口一口地吃掉，任务紧迫，也不
行。这是一场特殊的战斗！咱们要记住毛主席的教导，
在战略上要藐视敌人，在战术上要重视敌人！　　德
华同志，再去召开一次民主会，根据新的情况，好好讨
论一下。

申德华 是。（下）

〔杨子荣欲下。

参谋长　嗳！老杨，你有什么想法？

杨子荣　我想再审野狼嗥，进一步弄清威虎山百鸡宴的情况。

参谋长　好！我等着你拿出主意来！

杨子荣　是。（下）

参谋长　唱【西皮快三眼】

　　　　几天来摸敌情收获不小，

　　　　细分析把作战计划反复推敲。

　　　　威虎山倚仗着地堡暗道，

　　　　看起来欲制胜以智取为高。

　　　　选能手扮土匪钻进敌心窍，

　　　　方能够里应外合捣匪巢。

　　　　这任务重千斤派谁最好？　（思考）

【原板】

　　　　杨子荣有条件把这副担子挑！

　　　　他出身雇农本质好，

　　　　从小在生死线上受煎熬。

　　　　满怀着深仇把救星找，

　　　　找到了共产党走上革命的路一条。

【一六】

　　　　参军后立誓把剥削根子全拔掉，

　　　　身经百战　出生入死屡建功劳。

　　　　他多次凭机智炸毁敌碉堡，

　　　　他出曾虎穴除奸救出多少战友和同胞。

　　　　入林海他与土匪多次打交道，

　　　　擒栾平、逮胡标、活捉野狼嗥。

　　　　这一次若派他单人入险要，

> 相信他心红红似火，志坚坚如钢，定能够战胜顽匪
> 座山雕。

〔申德华上，进屋。

申德华　参谋长！

参谋长　德华同志，民主会开得怎么样？

申德华　大家仔细研究了敌情，认为我们只能智取，不能强攻，
　　　　必须派一个同志打进匪巢……

参谋长　对。咱们来谈谈！

〔杨子荣穿匪大衣急上，进门。参谋长打量他，申德华惊讶地望着。

杨子荣　胡标前来献图！（行匪礼）

参谋长　胡标？老杨！哈哈哈哈！

申德华　老杨！哈哈哈哈！

杨子荣　哈哈哈哈！（脱大衣，坐下）

参谋长　快说说你的想法。

杨子荣　参谋长，攻打威虎山，我看最好是智取。

参谋长　对。

杨子荣　敌人的百鸡宴倒是个好机会。

参谋长　百鸡宴的情况弄明白啦？

杨子荣　弄明白了。每年腊月三十晚上，为座山雕庆寿，要用一
　　　　百家的鸡摆下筵席，这就叫百鸡宴。　　我建议派一
　　　　个同志打进敌人内部，把明堡暗道全弄清楚，然后利用
　　　　百鸡宴，把土匪全部集中在威虎厅里，用酒灌醉

参谋长　追剿队出期不意插上威虎山，打他个措手不及！

杨子荣　对，参谋长，这个任务就交给我吧！

申德华　同志们也提议要老杨担当这个任务！

参谋长　哦，好哇！德华同志，（递联络图）把这张图拿去复制留

底。嗳，你通知下去，我们开个支部委员会。

申德华　是！（下）

参谋长　老杨，你改扮土匪，打进威虎山，有把握吗？

杨子荣　我有三个有利条件。

参谋长　这一？

杨子荣　奶头山许大马棒刚垮台，我可以扮作他的饲马副官胡标，
　　　　这个人现在我们手里，座山雕没见过他；我又熟悉土匪
　　　　黑话，不会露出破绽。

参谋长　二呢？

杨子荣　我把联络图带给座山雕，作为进见礼，必然取得他的
　　　　信任。

参谋长　好。

杨子荣　这第三个条件最重要……

参谋长　就是中国人民解放军对党对毛主席的赤胆忠心！

杨子荣　（交心地）参谋长，你是了解我的！

参谋长　（深情地）老杨，这个任务不比往常啊！

杨子荣　参谋长！

　　　　唱【西皮原板】

　　　　　　共产党员时刻听从党召唤，

　　　　　　专拣重担挑在肩。

　　　　　　一心要砸碎千年铁锁链，

　　　　　　为人民开出（那）万代幸福泉。

　　　　【二六】

　　　　　　明知征途有艰险，

　　　　　　越是艰险越向前。

　　　　　　任凭风云多变幻，

> 革命的智慧能胜天。

【快板】

> 立下愚公移山志，
>
> 能破万重困难关。
>
> 一颗红心似火焰，
>
> 化作利剑斩凶顽！

参谋长　好！你骑上许大马棒的青鬃马，按照猎户老常指引的路线，往东北方‥

杨子荣　绕道上山。

参谋长　你走之后，追剿队进驻夹皮沟，发动群众，积极备战，等候你的情报！

杨子荣　我把情报按照记号放在威虎山西南方松树林中。

参谋长　我在本月二十六日派申德华去取情报。

杨子荣　我保证准时送出。

参谋长　好，追剿队接到情报，立即出发，里应外合，把座山雕这股顽匪歼灭在威虎山！

杨子荣　参谋长，这是一个完整的作战方案，就这样决定了吧！

参谋长　(激动地抚着杨子荣手臂。少顷) 子荣同志！大胆、谨慎！

唱【西皮快板】

> 相信你定能够完成重任，
>
> 这件事关系大举足重轻。
>
> 还要开支委会讨论决定，
>
> 用集体的智慧战胜敌人。

〔杨子荣、参谋长紧紧握住双手"亮相"。

——幕　闭

第五场 打虎上山

〔几天后。

〔威虎山麓。雪深林密。一株株挺直的栋梁松，高耸入云；缕缕阳光，穿入林中。

杨子荣　内唱【二黄导板】

穿林海跨雪原气冲霄汉！

〔杨子荣改装扬鞭飞马而上。作马舞："骗右腿"、"蹬腿"、"横蹉步"，以示下山坡；右转身、甩大衣、"跨腿"、"抬腿"、勒马、"大蹉步"，以示上高岭；"腾空拧叉"，以示越山涧；"直蹉步"、"右大跨腿"、"蹉步"、"左大跨腿"、"蹉步"，以示穿密林；转身甩大衣、挥鞭、"横蹉步"，纵横驰骋。至台口，"抬腿"勒马、"蹬腿"、"小踮步"，"亮相"。眺望四方。

【回龙】

抒豪情寄壮志面对群山。

【原板】

愿红旗五湖四海齐招展，

哪怕是火海刀山也扑上前。

我恨不得急令飞雪化春水，

【散板】

迎来春色换人间！

【西皮快板】

党给我智慧给我胆，

千难万险只等闲。

为剿匪先把土匪扮，

似尖刀插进威虎山。

暂把座山雕，埋葬在山涧，

壮志撼山岳，雄心震深渊。

待等到与战友会师百鸡宴，

捣匪巢定叫它地覆天翻！

〔远处虎啸。杨子荣作马舞："抬腿"，勒马，甩大衣，转身，"摔叉"；虎啸渐近，马惊失蹄；跃起，转身，勒马，"前骗腿"，下马，牵马下。

〔复上。脱大衣，拔枪，拧"旋子"，"亮相"，机警地观察虎的动向，转身隐蔽树下，看准有利时机，敏捷跃起，连发数枪，虎哀鸣死去。

〔远处传来枪声。

杨子荣　（立刻警觉）枪声！匪徒们下山来了。（镇静地）刚刚打死一只，现在又来一群，叫你们同样逃脱不了覆灭的下场！

〔匪参谋长内喊："站住！"匪参谋长率众小匪上。

〔杨子荣穿好大衣，挺身上前，行匪礼。

匪参谋长　"蘑菇溜哪路？什么价？"

杨子荣　（昂首不答）

小匪甲　（发现杨子荣打死的老虎，惊叫）虎！虎！虎！

〔众小匪慌张后退。

杨子荣　哈哈哈哈！好大的胆子，那是只死虎。

小匪甲　（略张望）好枪法！天灵盖都打碎了！

匪参谋长　是你打死的？

杨子荣　它撞在我枪口上了。

匪参谋长　嗨，好样儿的！是哪个山头的？到这儿干什么来了？

杨子荣　（反问）看样子，你们是威虎山的人啦？

匪参谋长　哼哼！那还用说。（自觉失言）嗯！你到底是哪个山头的？

杨子荣　这个你别问。我要面见崔旅长，有要事相告。

匪参谋长　你怎么连山礼山规都不懂，你不是个"溜子"，是个"空子"!

杨子荣　要是个"空子"，也不敢来闯威虎山哪！

匪参谋长　（威逼地）"么哈？么哈？"

〔杨子荣胸有成竹，昂然不答。

众小匪　说！

杨子荣　（傲然地）不见到崔旅长，你们什么也别想问出来！

匪参谋长　（无可奈何地）好！咱们走！你的家伙呢？

杨子荣　（轻蔑地）哈哈哈哈！别害怕！

〔杨子荣把枪扔给小匪，又示意抬虎、牵马。

匪参谋长　把虎搭着，牵着马！

众小匪　是！

〔杨子荣向台口作两个急速的转身，甩大衣，坚定、镇静、勇敢地"亮相"。

——幕徐徐闭

第六场 打进匪窟

〔紧接前场。

〔威虎厅内，阴森的山洞。悬挂着几盏灯火。

〔座山雕坐于椅上。"八大金刚"杂乱地分立两旁。众小匪立于厅
内左后方。

〔座山雕示意匪参谋长带人。

匪参谋长　三爷有令，带"溜子"！

众小匪　带"溜子"喽！

〔杨子荣昂首阔步上。

杨子荣　唱【西皮快板】

虽然是只身把龙潭虎穴闯，

千百万阶级弟兄犹如在身旁。

任凭那座山雕凶焰万丈，

为人民战恶魔我志壮力强。

〔杨子荣向前行匪礼。

座山雕　（突然地）"天王盖地虎！"

杨子荣　"宝塔镇河妖！"

众金刚　"么哈？么哈？"

杨子荣　"正晌午时说话，谁也没有家"

座山雕　"脸红什么？"

杨子荣　"精神焕发！"

座山雕　"怎么又黄啦？"

〔众匪持刀枪逼近杨子荣。

杨子荣 （镇静地）哈哈哈哈！"防冷涂的蜡！"

〔座山雕用枪击灭　盏油灯。杨子荣向匪参谋长要过手枪，敏捷地一枪击灭两盏油灯。众小匪哗然："呵，一枪打两个，真好，真好，　　"被金刚制止。

座山雕　嗯，照这么说，你是许旅长的人啦？

杨子荣　许旅长的饲马副官胡标！

座山雕　胡标？那我问问你，什么时候跟的许旅长？

杨子荣　在他当警察署长的时候。

座山雕　听说许旅长有几件心爱的东西？　…

杨子荣　两件珍宝。

座山雕　哪两件珍宝？

杨子荣　好马快刀。

座山雕　马是什么马？

杨子荣　卷毛青鬃马。

座山雕　刀是什么刀？

杨子荣　日本指挥刀。

座山雕　何人所赠？

杨子荣　皇军所赠。

座山雕　在什么地方？

杨子荣　牡丹江五合楼！

座山雕　（略停）嗯，你既是许旅长的饲马副官，上次侯专员召集开会，我怎么只见到栾平栾副官，没见到你呀？

杨子荣　崔旅长，我胡标在许旅长那儿，不过是个走卒而已，哪儿比得上人家栾副官，出头露面全是人家呀！

座山雕　你来到威虎山打算怎么办？

杨子荣　投靠崔旅长，也好步步登高。今天初登门坎，各位老大

　　　　就是这样不信任我，可有点不仗仪了吧？

座山雕　嘿嘿嘿嘿！这也是为了山寨的安全嘛。哈哈哈哈！

众金刚　哈哈哈哈！

　　　　〔座山雕接过　旁小匪递上的烟袋。

座山雕　胡标，奶头山何日失陷？

杨子荣　腊月初三。

座山雕　你怎么走了这么多日子？

杨子荣　崔旅长，我胡标这一趟来得可不容易呀。奶头山被攻破，

　　　　我在白松湾避了几天风。

座山雕　白松湾？

杨子荣　就是栾平他三舅家。

座山雕　你见着栾平了？

杨子荣　见着了。

座山雕　那野狼嗥呢？

杨子荣　野狼嗥？

座山雕　啊。

杨子荣　不知道。

　　　　〔众匪失望地面面相觑。

座山雕　胡标，你来了，那栾平呢？

杨子荣　栾平？

座山雕　啊。

杨子荣　嘻！别提啦！

座山雕　怎么啦？

　　　　〔众匪　齐拥上。

杨子荣　我‥　（环顾众小匪向座山雕表示机密）

〔座山雕示意，众金刚吆喝："去，去，去！"众小匪被逐下。

座山雕　胡标，栾副宫到底怎么回事啊？

杨子荣　一言难尽！

唱【西皮小导板】

提起栾平气难按，

座山雕　他怎么啦？

杨子荣　【原板】

全不顾江湖中"义"字当先。

座山雕　嗳，他怎么不讲义气？

杨子荣　（接唱）

奶头山被攻破我二人幸免，

我劝他改换门庭投靠威虎山。

〔众金刚得意。

座山雕　嗯，他来不来呢？

杨子荣　（接唱）

人各有志不能强勉，

他不该 …

他不该恶语伤人吐狂言。

座山雕　他说什么？

杨子荣　他说……

座山雕　说什么？

杨子荣　咳！

座山雕　（急不可待地）嗳，老胡，你说，你快说呀！

杨子荣　他说：

（接唱）

座山雕也要听侯传员……

座山雕　什么？

杨子荣　（接唱）

　　　　　调遣！

座山雕　（右腿跨椅子，转身，暴跳地坐下）啊！什么？我听他的调
　　　　遣！？

众金刚　去他的，什么玩意儿！

杨子荣　栾平他还有话呢！

众金刚　他说什么？

杨子荣　（接唱）

　　　　　八大金刚无名鼠辈更不值一谈。

众金刚　（激怒地嚷叫）啊！这个兔崽子！

杨子荣　【流水】

　　　　　他自称凤凰要把高枝占，

　　　　　侯专员树大根深是靠山。

众金刚　去他的吧！

杨子荣　（接唱）

　　　　　说话间掏出图……

座山雕　图？

杨子荣　（接唱）

　　　　　一卷！

〔座山雕下位馋涎欲滴地跟在杨子荣身后团团转。

座山雕　图！

杨子荣　【摇板】

　　　　　投专员献宝图定可升官。

座山雕　是那张联络图吗？

杨子荣　对，正是那张秘密联络图。

座山雕 （焦急地）这么说，他把那张图献给侯专员啦？

杨子荣 您别着急。

（接唱）

　　　　他得意洋洋 （面带讽刺的微笑） 笑眯了眼，

座山雕 嗯！

杨子荣 （接唱）

　　　　从屋里搬出

【流水】

　　　　酒一坛。

座山雕 嗨！

杨子荣 （接唱）

　　　　我一连灌他三大碗，

座山雕 喔！

杨子荣 【摇板】

　　　　栾平他醉成泥一滩。

众金刚 哈哈哈……他醉了。

杨子荣 这个时候，我趁他醉得不省人事……

座山雕 嗨！

杨子荣 我就……

座山雕 宰了他！

杨子荣 不能啊！我们是多年的老朋友啦！

座山雕 呵呵，呵呵，呵呵呵呵！（自觉失言，很窘地改口）对，对，对，友情为重，友情为重啊！哈哈哈哈！

众金刚 （杂乱地）对，对，对！友情为重啊，够朋友！

座山雕 老胡，你说下去！

杨子荣 他有他的打算，我有我的打算。

座山雕　　你怎么着？

杨子荣　　我

座山雕　　嗯。

杨子荣　　【流水】

　　　　　　　　我乘机把他这件衣服换，

　　　　　　　　跨上了青鬃马，趁着漫天大雪，

　　　　　　　　一口气跑上威虎山。

座山雕　　老胡，这么说，联络图在你手里？！

杨子荣　　（轻轻地）哈哈哈哈！

　　　　　【快板】

　　　　　　　　崔旅长抬头请观看，

　　　　　　　　宝图献到你面前。（展图）

　　　　　〔座山雕拂袖，率众匪接图、看图。

座山雕　　唱【西皮散板】

　　　　　　　　联络图我为你朝思暮想，

　　　　　〔杨子荣机警地视察着众匪。

座山雕　　【摇板】

　　　　　　　　今日如愿遂心肠。

　　　　　（狂喜）哈哈哈哈！

众金刚　　老胡了不起！好汉子！哈哈哈哈！

杨子荣　　（双关地）崔旅长，联络图一到手，这牡丹江一带可都是
　　　　　我们的啦！

座山雕　　对对对，老胡说得对。等国军一到，我就是司令。你们
　　　　　都弄个师长、旅长干干。

众金刚　　全仗三爷，哈哈哈哈！

杨子荣　　哈哈哈哈！

座山雕　　老胡，你给威虎山立了一大功，我封你为威虎山老九。

杨子荣　　谢三爷。

座山雕　　咱们是国军，总得有个官衔呀！(略停) 我委任你为"滨绥图佳保安第五旅"上校团副。

杨子荣　　谢三爷提拔。(登上台阶) 今后全靠各位老大多多包涵！

众金刚　　好说，好说。

匪参谋长　　拿酒来！

众金刚　　拿酒，拿酒！

〔小匪上，分送酒。

匪参谋长　　大家干一碗，祝贺老九荣升！

众金刚　　祝贺九爷荣升！

座山雕　　献图有功，劳苦功高！

杨子荣　　(豪迈地) 唱【西皮快二六】

今日痛饮庆功酒，

壮志未酬誓不休。

来日方长显身手，

甘酒热血写春秋。

众　匪　　干，干！

〔杨子荣居高临下，带着胜利的微笑，一饮而尽。

杨子荣　　(雄壮地) 哈哈哈哈！

〔座山雕、匪副官长侧目窥视杨子荣。

——幕　闭

第七场 发动群众

〔夹皮沟。李勇奇家内外。

〔中午。风雪交加。

李　　母　唱【二黄摇板】

　　　　　　病缠身粮食尽呼儿不应，

　　　　　　咱穷人血泪仇何日能平！

〔张大山上。

张大山　　大娘。

〔张大山推门进屋。

李　　母　噢，是大山哪！

张大山　　嗳。大娘，今儿个您的病好点了吧？

李　　母　早晨起来头更晕了。

张大山　　大娘，这点高粱糠……（递高粱糠）

李　　母　大山，你又……

张大山　　大娘，勇奇不在，还有我们大家呢！

〔张大山烧水。

〔李母无比感激，持高粱糠进内屋。

〔李勇奇额带伤痕，棉衣破烂。气喘吁吁急上。推门进屋。

张大山　　（一惊）勇奇！

李勇奇　　大山！

〔李母从内屋出。

李勇奇　　娘！

李　　母　（惊喜交集）勇奇！

367

唱【二黄散板】

　　　难道说与孩儿相逢在梦境，

　　　你这样浑身伤痕叫娘怎不心疼。

李勇奇　娘。

李　母　（接唱）

　　　你怎样离虎口

【一六】

　　　逃脱性命？

李勇奇　（接唱）

　　　从后山跳悬崖险路脱身。

李　母　（接唱）

　　　母子们得重逢悲喜交并，

　　　越是喜越想念儿媳孙孙！

李勇奇　唱【垛板】

　　　多少仇来多少恨，

　　　桩桩件件记在心。

　　　满腔仇恨化烈火，

　　　来日奋力杀仇人！

　　〔群众内喊："大兵进村喽！""快走，快走！"

　　〔战士内喊："老乡别走！我们是自己人！"

张大山　啊，座山雕又来了？

李勇奇　追我来了！？

张大山　你快躲一躲，我去看看。（拔出匕首下）

　　　〔李母急忙关门。李勇奇欲冲，李母急阻。

李　母　孩子，你还是躲躲吧！

李勇奇　躲？娘，往哪儿躲呀？

〔钟志城、吕宏业上。

李勇奇　我反正豁出去了！今天是拚一个够本，拚俩赚一个！

李　母　勇奇，你……

吕宏业　(敲门) 屋里有老乡吗？

李勇奇　有！人还没死绝哪！

　　　　〔李勇奇猛然把门打开。李母急忙阻拦。钟志城、吕宏业进屋。李
　　　　勇奇紧护李母。

吕宏业　老乡！

钟志城　大娘！

吕宏业　大娘，别害怕，我们是……

李勇奇　少罗嗦！

吕宏业　(对李勇奇) 老乡，我们是中国人民解放军！

李勇奇　(打量对方) 哼！这号"军"，那号"军"，我见得多啦，谁
　　　　知道你们是什么军呐！想怎么着，就直说吧！要钱，没
　　　　有！要粮，早被你们抢光了！要命…… (刚欲举起拳头)

李　母　(急忙拦阻) 勇奇！

钟志城　老乡，我们是工农子弟兵，是保护老百姓的！

李勇奇　说得好听！

　　　　〔李母　阵晕眩。

李勇奇　娘！

吕宏业　(对钟志城) 大娘有病？我们找人来看看吧。

钟志城　好。

李勇奇　得了吧！(掉李母进内屋)

　　　　〔吕宏业示意钟志城，同出门。

　　　　〔参谋长、小郭上。

钟志城　参谋长！

参谋长　情况怎么样？

吕宏业　这家有个老大娘病了！

参谋长　哦，快把卫生员叫来，让她带点粮食来！

吕宏业　是！（下）

钟志城　这儿的群众工作真难做呀！

参谋长　夹皮沟的老乡对我们不了解，他们上过土匪的当，你忘
　　　　了，野狼嗥不是还冒充过咱们的侦察员吗？

钟志城　是啊。

参谋长　小钟，我们不发动群众，就不能站稳脚跟，消灭座山雕；
　　　　我们不把土匪打垮，群众也不能真正发动起来。

钟志城　（笑着）我明白。

参谋长　你去告诉大家，我们要关心群众的疾苦，耐心宣传党的
　　　　政策，严格执行三大纪律、八项注意，以实际行动打开
　　　　局面！

钟志城　是。（转身欲下）

参谋长　暧，顺便打听一下，猎户老常来了没有。

钟志城　是。（下）

　　　　〔卫生员拿粮袋上。

卫生员　参谋长，病人呢？

参谋长　在这家。（指李屋）

卫生员　（走至门前）老乡！

参谋长　老乡，我们的医生来了。快开门吧！

　　　　〔李勇奇腰掖匕首怒冲冲地上；李母追上，劝阻。

李　母　勇奇，你可别···

李勇奇　怕什么？有这个也能跟他们拚！（把匕首猛扎桌上）

李　母　（大惊）勇奇，我，我求求你···（昏晕）

李勇奇　（急扶）娘！娘！

〔参谋长用力推门，与卫生员、小郭同进。

〔李勇奇护着母亲，对参谋长怒目而视。

参谋长　赶快急救！

卫生员　是！

〔参谋长迅速脱下大衣给李母披上。卫生员将李母挽进内屋；李勇奇、小郭随入。

〔参谋长把干粮袋内的粮食倒进锅内少许，煮粥。

〔少顷。李勇奇从内屋出。参谋长进内屋。

李勇奇　（发现锅内的粥，感动，深思）中国人民解放军？

唱【二黄三眼】

这些兵急人难治病救命，

又嘘寒又问暖和气可亲。

自古来兵匪一家欺压百姓，

今日事却叫人难消疑云！

真是我们盼望的救星来了吗？

李　母　（内呼）水！

〔李勇奇舀粥汤，小郭从内屋出，接粥复入。参谋长从内屋出。

参谋长　老乡，大娘醒过来了，你放心吧，啊！

李勇奇

参谋长　老乡，你叫什么名字？

李勇奇　李勇奇。

参谋长　不是本地人吧？

李勇奇　老家是山东。当年我爹在济南做工，"四·一二"政变以后，有一次闹罢工，被蒋介石杀害了⋯⋯

参谋长　（愤愤地）咳！（亲切地）怎么到这儿来了？

371

李勇奇　我爹死后，我娘带着我闯关东来了。

参谋长　干什么活儿的？

李勇奇　铁路工人。

参谋长　(异常兴奋地) 好哇，那更是自己人了！

李勇奇　(上下打量参谋长) 你们到底是什么队伍？到深山老林干什么来了？

参谋长　(亲切地) 老乡！

唱【二黄原板】

我们是工农子弟兵来到深山，

要消灭反动派改地换天。

几十年闹革命南北转战，

共产党、毛主席指引我们向前。

一颗红星头上戴，

革命红旗挂两边。

红旗指处乌云散，

解放区人民斗倒地主把身翻。

人民的军队与人民共患难，

到这里为的是扫平威虎山！

李勇奇　(春雷爆发般地倾吐内心的感情)唱【二黄碰板】

早也盼晚也盼望穿双眼，

怎知道今日里打土匪、进深山、救穷人、脱苦难、自己的队伍来到面前！

(真挚地)【原板】

亲人哪！我不该青红不分皂白不辨，

我不该将亲人当仇敌羞愧难言！(将扎在桌上的匕首按倒)

三十年做牛马天日不见，

抚着这条条伤痕，处处疮疤我强压怒火，挣扎在无
　　底深渊。

乡亲们悲愤难诉仇和怨，

乡亲们切齿怒向威虎山，

只说是苦岁月无边无岸，

谁料想铁树开花、枯枝发芽竟在今天！

【垛板】

从此我跟定共产党把虎狼斩，

不管是水里走、火里钻，粉身碎骨也心甘！

纵有千难与万险，

扫平那威虎山我一马当先！

〔吕宏业内喊："参谋长！"上。进屋。

吕宏业　参谋长，老乡们都看你来啦！

〔群众拥战士上。

〔卫生员扶李母从内屋出。

群众甲　长官……

战　士　老大爷，我们不兴叫长官，叫首长。

参谋长　（紧接）叫同志。

钟志城　参谋长，这就是老常。

参谋长　（迎上去，握常猎户手）哦，老常，打山里来的？

常猎户　山洼里住不下去了，我们爷儿俩又投奔她大山叔这儿来
　　啦。

参谋长　好姑娘啊！

李勇奇　老常哥！

常猎户　勇奇，可盼到救星啦！

张大山　首长，咱村里人人心头一团火，争着去打威虎山哪！

参谋长　(高声地) 乡亲们！咱中国人民解放军在前方打了大胜胜仗，牡丹江一带也解放啦！

群　众　好呀！

参谋长　座山雕没处跑啦！

张大山　去抄他的老窝！

李勇奇　首长，快发给我们枪吧！

群　众　对！快发给我们枪吧！

李勇奇　(激奋地) 要是有了枪，夹皮沟哪一个也能对付他仨俩的！

群　众　对！

参谋长　枪一定发给大家！不过，现在乡亲们身无御寒衣，家无隔夜粮，还能到深山老林里去打土匪吗？

群　众　那怎么办呢？

参谋长　夹皮沟药材遍地，木材如山，只要小火车一开动，不就能换回衣服粮食吗？

群　众　对呀！

参谋长　大家再把民兵组织起来，小火车一定能够通车；有吃有穿，打座山雕就更有劲啦！

李勇奇　什么时候动手修铁路？

参谋长　说干就干，咱们一起动手。

群众甲　首长，这可是个力气活呀！

钟志城　老大爷，我们这些人都是苦出身，扛起枪能打仗，拿起家伙能干活呀！

李勇奇　(奔向参谋长，异常激动地紧紧握手) 好哇！首长！咱们真是一家人哪！

　　　　唱【一黄垛板】

山里人说话说了算，

一片真心可对天！

擒龙跟你

群　众　（齐唱）

下大海，

李勇奇　（接唱）

打虎

群　众　（齐唱）

随你上高山。

李勇奇　（接唱）

春雷一声天地动！

座山雕哇！（持匕首）

群　众
众战士　齐唱【散板】

看你还能活几天！

〔军民紧紧靠在一起，斗志昂扬地构成雄壮威武的群象。

——幕　闭

第八场 计送情报

〔拂晓。威虎山巅的一块地方。峭石耸立，地堡成群，远山起伏，遍地冰雪。右方为通往山下的要路。

座山雕　老九就常在这儿打拳吗？

匪参谋长　是啊。

座山雕　他还到哪儿去过？

匪参谋长　五个山包都去转了转。

座山雕　什么！你们连九群二十七地堡都让他看了？

匪参谋长　自己弟兄，给他开开眼嘛！

座山雕　嘻！这几天大局不妙，山下风紧，野狼嗥一去不回，早
　　　　先咱们谁也没见过胡标，他单在这个时候来，我不得
　　　　不防！

〔匪副官长从右方上。

匪副官长　二爷，照您的吩咐，都准备好了。

座山雕　好，按昨儿晚上说的，给他个一针见血！

匪副官长　是。（从右方下）

〔座山雕、匪参谋长突然有所发现，急从左前方下。

杨子荣　内唱【二黄导板】

　　　　劈荆棘战斗在（上场）敌人心脏！

　　　【回龙】

　　　　望远方、想战友、军民携手整装待发打豺狼，更激
　　　　起我斗志昂扬！

【慢板】

党对我寄托着无限希望，

支委会上同志们语重心长。

千叮咛万嘱咐给我力量，

一颗颗火红的心暖我胸膛。

【快一眼】

要大胆要谨慎切记心上，

靠勇敢还要靠智谋高强。

党的话句句是胜利保障，

毛泽东思想永放光芒。

【原板】

威虎山果然是层层屏障，

明碉堡暗地道处处设防。

领导上拟智取部署得当，

若强攻必招致重大伤亡。

七天来摸敌情了如指掌，

暗写就军事情报随身藏。

趁拂晓送情报装作闲逛，（有所发现）

为什么忽然间增哨加岗情况异常！

这情报，

这情报送不出，误战机，毁大计，对不起人民，对

不起党，

【二六】

除夕近万不能犹豫徬徨。

刀丛剑树也要闯，

排除万难下山岗。

山高不能把路挡，

抗严寒化冰雪我胸有朝阳。

〔天空霞光四射，彩云万朵，一道晨光染红哨石之尖。

〔内有人声："嗨，快走哇！""这不是来了吗！"杨子荣警惕地脱下大衣，打拳，以作掩护。

〔小匪乙、丙上，巡逻，与杨子荣打招呼。

小匪乙
小匪丙　　哦，九爷，早，早！

杨子荣　　早，早！

〔小匪乙、丙下。

〔杨子荣"收式"。

〔枪声。

杨子荣　　枪声！

〔远处喊："冲啊！杀啊！"近处喊："共军来了！""共军来了！"

〔枪声紧。

杨子荣　　什么！同志们来了？（思考，立即判断）不！参谋长接不到我的情报，在这个时候是不可能来的。

〔枪声列紧。喊杀声更近。

杨子荣　　枪声也不对！哼哼，又是试探！好，我给他个将计就计，把情报送出去。（对空鸣枪两发。向左方喊）弟兄们！共军来了，跟我出击！

〔四小匪上。

杨子荣　　快，冲！

小　匪　　冲啊！冲啊！（下）

〔座山雕，匪参谋长暗中急上。匪副官长迎上。

座山雕　　老九，老九，慢着。

杨子荣　　（向右方喊）站住！

匪副官长　（紧接）别打啦！别打啦！

〔小匪内应："啊！""别打啦！"

杨子荣　（向座山雕）怎么？

座山雕　嘿嘿！这是我布置的军事演习。

杨子荣　嗳，要不是您拦的快，我这一梭子打出去，准得撂倒他几个。

座山雕　呵呵呵呵！

杨子荣　三爷，您布置军事演习，怎么也不告诉我老九一声！您这是 ⋯⋯

座山雕　哎哎，老九啊，别多心呐。这场演习我谁也没告诉，不信你问问他。（指匪副官长）

匪副官长　（装腔作势）呃，可不是吗，我也真当是共军来了呢

座山雕　哈哈哈哈！

杨子荣　（双关地）来了好啊，我这儿正等着他呢。

座山雕　老九，你真行！哈哈哈哈！

〔匪连长推小匪甲从右方上。

匪连长　走，快走！

〔小匪倒于地上。

匪连长　三爷，"溜子"在外头撞墙了！

座山雕　什么？

小匪甲　（吓得发抖）二爷，我们奉命下山，老远就看见小火车通了，还没进夹皮沟就撞上了共军啦！

座山雕　夹皮沟？（狐疑抖）就回来你一个？

匪副官长　你八成叫共军俘虏了放回来的吧？

小匪甲　没有！没有！没有！

座山雕　（摸枪，直逼小匪甲）你个孬种！

杨子荣　（拦阻）三爷，何必呢，他要是真叫共军给俘虏过，谅他也不敢跑回来。

匪参谋长　是呀，谁都知道三爷最恨的是叫共军逮住过的人！

杨子荣　（对小匪甲）还不快走，惹三爷生气。

匪参谋长　（踢小匪甲）滚！

小匪甲　（走至　旁，轻声地）咳，还是九爷好哇！（下）

匪参谋长　（对匪连长）吩咐下边，加紧防山。

匪连长　是。（下）

座山雕　（沮丧地）咳！

匪参谋长　三爷，我马上派人下山一趟，抓他一把，庆贺百鸡宴。

座山雕　嗯，这次可要特别小心！

匪参谋长　知道了。（下）

杨子荣　三爷，咱们威虎山，要讲防御，是没说的了。

座山雕　（自鸣得意地）哈哈哈哈！

杨子荣　可是咱们不能光等着人家来打咱们哪。

座山雕　对，依着你怎么办？

杨子荣　现在咱们就演习追击。

座山雕　嗯。

杨子荣　把兵练得棒棒的。

座山雕　对。

杨子荣　等吃过百鸡宴，进攻夹皮沟！

座山雕　（抓住杨子荣的手）你真是好样的！老九，就派你率领着弟兄们演习追击。

杨子荣　是。

座山雕　嘿嘿嘿嘿！

　　　　〔座山雕、匪副官长下。

杨子荣　（轻声，蔑视地）这个笨蛋！

　　　　唱【西皮快二六】

　　　　　　座山雕愚而诈又施伎俩，

　　　　　　反让我有机可乘下山岗。

　　　　　　德华同志，

　　　　　　取情报这重任落在你身上，

　　　　　　等到那百鸡宴痛歼顽匪凯歌扬！

　　　　〔敞怀"亮相"。

——幕　闭

第九场 急速出兵

〔腊月二十九的上午。李勇奇家门外场坪。木栅门上贴着红色对联。 片翻身后的欢腾景象。

〔在火车汽笛长鸣声中幕启。

〔夹皮沟群众背粮袋上。一小女孩喊："唁,小火车又开喽!"众目送火车远去,欢悦地下。一个青年把帮李母背的粮袋放在门前。

李　母　唱【西皮流水】

军民一家心连心,

欢腾景象满山村。

瑞雪纷飞人欢笑,

分衣分粮庆翻身。

〔参谋长上。

参谋长　大娘!

李　母　首长!

参谋长　过年的东西都够了吗?

李　母　够啦,夹皮沟能过上这么个好年,可做梦也没想到哇!要不是你们来了啊,咳,这年还不知道怎么过哪!

参谋长　好日子还在后头哪!

李　母　全托共产党、毛主席的福哇!

〔参谋长背粮袋,预备给李母送进屋去。幕后传来李勇奇带领民兵操练声。李勇奇喊:" 、二、三、四!"民兵喊:" 、二、三、四!"

李　母　（赞叹地）嘻！民兵们劲头十足啊！就是留下守村子的民

兵可有意见啦！特别是常宝，说什么也不愿留下！

参谋长　这姑娘啊‥（幕后民兵喊声："杀杀杀！"）

　　　　〔参谋长、李母边谈边下。

　　　　〔幕后民兵操练声又起："目标正前方，杀！杀！杀！"

　　　　〔常宝面朝民兵操练的方向，"后蹉步"上。

常　宝　唱【一黄小导板】

　　　　　　听那边练兵场杀声响亮，

　　　　【回龙】

　　　　　　看他们斗志昂为剿匪练兵忙，

　　　　　　急得我如同烈火燃胸膛！

　　　　【原板】

　　　　　　杀豺狼讨血债日盼夜想，

　　　　　　披星戴月满怀深仇磨刀擦枪。

　　　　　　风雪里峻岭上狼窝虎穴我敢闯，

　　　　　　为什么偏要留我守村庄！？

　　　　【垛板】

　　　　　　马上去找参谋长，

　　　　　　再把心里的话儿讲。

　　　　　　坚决要求上战场，

　　　　　　誓把顽匪消灭光。

　　　　〔卫生员上。

卫生员　常宝！

常　宝　姐姐，你帮我说说呀！走，咱们找参谋长去！

　　　　〔拉着卫生员欲走，参谋长从李屋出。李勇奇上。

参谋长　哎，你们俩在嘀咕什么呢？

常　宝　　叔叔，您还是让我去吧！

参谋长　　保卫村子也是咱民兵的责任哪！

常　宝　　哼，我恨透了座山雕了，非亲手砍了他不可。您要是不
　　　　　让我去，那·　那怎么行啊！

参谋长　　常宝！你还小啊！

常　宝　　啊？！还小哪？·

卫生员　　参谋长，常宝有阶级觉悟，滑雪滑得好，打枪打得准，
　　　　　还能帮助我照顾伤员，让好去吧！

李勇奇　　首长，这孩子苦大仇深，就让她去吧！

参谋长　　喔？你也这么想，民兵队长？

李勇奇　　就这么着吧。

参谋长　　这么说，你们是一个心眼儿喽。好！就这样定了！

常　宝　　是！(欢跳下，卫生员跟下)

李勇奇　　首长，把栾平、野狼嗥两个犯人押走了，(机密地) 看样
　　　　　子，马上就要打威虎山了吧？！

参谋长　　怎么？着急啦？

李勇奇　　(憨笑)……

参谋长　　哎，你说走后山好条险路，按我们的滑雪速度，需要多
　　　　　少时间才能赶到？

李勇奇　　走后山虽比前山远八十，我看最多一天一夜。

参谋长　　好！民兵作好充分准备！

李勇奇　　是！(下)
　　　　　〔钟志城、吕宏业上。

吕宏业　　参谋长，咱们干吧这么老等着？同志们的滑雪速度已经
　　　　　达到了标准要求·…

钟志城　　民兵也组织好了·…

吕宏业　再说，上级又给我们派来了增援部队…

钟志城　我看，咱们赶快出发，保证能打胜！

参谋长　同志，在关键时刻更要防止急躁情绪。

　　　　唱【西皮散板】

　　　　　　耐心待命。

钟志城　是！

　　　　〔钟志城、吕宏业下。

参谋长　【原板】

　　　　　　我虽然劝他们，自己的心潮也难平。

　　　　　　歼敌日期已迫近，

　　　　　　申德华取情报不见回音。

　　　　　　倘若是生变故。

　　　　【快板】

　　　　　　我另有决定，

　　　　　　百鸡宴好时机绝不变更。

　　　　　　李勇奇提供后山有险径，

　　　　　　出奇兵越险峰直捣威虎奇。

　　　　〔罗长江边喊边上。

罗长江　参谋长，老申回来了！

　　　　〔申德华上。

参谋长　(趋前) 德华同志！

申德华　(气喘吁吁地递情报) 我没耽误时间吧？

参谋长　(接情报) 没有。快去休息！

　　　　〔罗长江扶申德华下。

参谋长　(急切地看情报) "⋯山后有险路，直通威虎厅，⋯以

　　　　松树明子为号⋯⋯"(激动地) 老杨，英雄啊！

〔天幕渐转暗，下雪。

〔小郭内喊："参谋长！"

〔小郭急上。张大山跟上。李勇奇上。

小　郭　报告参谋长，小火车开到西叉河，桥梁被破坏，我们下车抢修，突然遭到土匪袭击，我们打退了敌人

参谋长　那两个犯人呢？

小　郭　野狼嗥被流弹打死。

参谋长　栾平呢？

小　郭　我们追击土匪，栾平他跑了！

参谋长　栾平他跑了？（旁白）他要是跑上威虎山，突然给杨子荣同志造成危险，破坏我们的巢匪计划！（回身对小郭、李勇奇）紧急集合！

小　郭
李勇奇　是！（下）

〔远处传来急促的敲击铁轨声。

参谋长　大山同志！保卫村子由你和老常负责。

张大山　是！

〔追剿队　民兵、常猎户、李母、群众上。

参谋长　同志们！

唱【西皮散板】

　　情况突变任务紧，

　　十万火急分秒必争。

　　同志们整行装飞速前进！

出发！

〔暗转。

〔风雪弥漫。

〔追剿队、民兵由李勇奇带路，迎风破雪、飞速前进。

〔行至山前，众脱滑雪板。一个战士登山崖，滑下；另外两个战士持绳索攀上；其中一人又滑下，复攀上。两人抛下绳索，参谋长率众胜利地攀绳而上。

〔下山斜坡，众战士有的翻下，有的腾跃而下，急速地英勇前进。

——幕 闭

第十场 会师百鸡宴

〔除夕。威虎厅。

〔在"带溜子喽"声中开幕。

〔一小匪押栾平上。

栾　平　三爷。

座山雕　栾平！

栾　平　有。

座山雕　栾副官！

栾　平　三爷。

座山雕　你来干什么？

栾　平　我…·我是给三爷拜寿来了。嘿嘿嘿嘿！

座山雕　哼！你打哪儿来呀？

栾　平　我…·

座山雕　嗯。

栾　平　我…·

众金刚　说呀！快说！

栾　平　我说，我说……我…·从侯专员那儿来呀。

座山雕　噢，从侯专员那儿来。

栾　平　是。

座山雕　请老九！

小　匪　是，有请九爷。

〔杨子荣身挂红色值勤带上。

388

杨子荣　三爷，一切都安排妥当啦。

座山雕　老九，你看看谁来啦？

杨子荣　呃。(见栾平惊，立即镇定下来，抓住敌人虚弱的本质，机智地先发制人)噢！栾大哥，你怎么上这儿来了？怎么样？这次投靠侯专员得了个什么官？我胡标祝你高升！

〔栾平茫然。

众金刚　(讥讽地)是呀，当上团长了吧？哈哈哈哈！

〔杨子荣镇定地逼视栾平。栾平吃惊地认出了杨子荣，不知所措地。

座山雕　侯专员给你个什么官呀？嗯！

栾　平　(奸笑)嘿嘿嘿嘿，好一个胡标！你……你不是……

杨子荣　(抢先一步)我不是？是我的不是，还是你的不是？我胡标够朋友，讲义气！不象你姓栾的，当初我劝你投靠崔旅长，你硬拉我去投侯专员，这不能怪我不义气！(威严地紧逼)快回三爷的话，今儿个你到这儿来，有何公干哪？

栾　平　(避开杨子荣)三爷，我是说……

杨子荣　别扯淡！今天是三爷的五十大寿，没工夫听你说废话！

座山雕　对，少说废话！我只问你干什么来了？

栾　平　投靠三爷，改换门庭。

座山雕　哼！

杨子荣　你不是到侯专员那儿讨封去了吗？

栾　平　(欲向座山雕辩解)……

杨子荣　姓栾的，侯专员派你来干什么？快说实话吧！

众金刚　对对对，说！快说！

栾　平　我不是从侯专员那儿来！

匪参谋长　嘿，这小子刚才还说过，转眼不认账，真不是个玩意儿！

〔众匪哄笑。

栾　平　（突然）别笑了！你们都中了奸计了！他不是胡标，他是共军！

〔众金刚掏出武器，对准杨子荣。

杨子荣　（镇静地）哈哈哈哈！好！你说我是共军，就算我是共军。现在，你当着二爷跟各位老大的面儿，就把我这个共军的来历谈一谈吧！

座山雕　对，你说他不是胡标，是共军，你怎么跟他认识的？

栾　平　（吞吞吐吐）他……他……

众　匪　嘿！

栾　平　他……

杨子荣　三爷，姓栾的今儿个说话是吞吞吐吐，前言不搭后语，我看他心里必有鬼胎！

匪参谋长　八成儿是叫人军俘虏了，放出来的吧！

栾　平　没有，没有呀！

杨子荣　是共军把你放了？还是共军派你来的？

众金刚　说！

栾　平　我　…

匪副官长　对！是不是共军派你来的？

栾　平　我……

众金刚　说！说！快说！

栾　平　（瞠目结舌）……

杨子荣　三爷，咱们威虎山防守得严严实实，共军这才打不进来。这小子一为，是一定有鬼！

栾　平　（急口分辩）没有！没有呀！

杨子荣　栾平！

　　　　唱【西皮快板】

　　　　　　反复无常好阴险，

　　　　　　吞吞吐吐定藏奸。

　　　　　　踏破山门留脚印，

　　　　　　要把共军引上山。

　　　　〔登上台阶。

　　　　　　二连长！

　　　　〔匪连长上，五小匪跟上。

匪连长　有！

杨子荣　（接唱）

　　　　　　加岗哨严密警戒，

　　　　　　无令不准撤回还！

座山雕　对，没有老九的命令不准撤岗！

匪连长　是！（下）

　　　　〔众金刚点头赞许。

座山雕　（离开座位摔栾平于地）哼哼，你这条疯狗！前者你拉着老
　　　　九去投侯专员，现在又来施离间计，还想着把共军给引
　　　　进来，我岂能容你！

栾　平　三爷，他不是胡标，他真是共军啊！

杨子荣　姓栾的，你真狠毒！（从台阶上奔下）你想借三爷的刀来杀
　　　　我，我悔不该在白松湾喝酒的时候不一刀宰了你！

众金刚　对，对，对！

杨子荣　三爷，我胡标一向不受小人欺。今儿个为了您，才得罪
　　　　了这条疯狗，他才这样穷凶极恶！您要是拿我当共军，

就立刻把我处置了！您要是拿我当胡标，就放我下山，今天是有他没我，有我没他，留他留我，三爷，您随便吧！（摘下值勤带，扔在地上）

〔座山雕茫然。

众小匪 （低声地）九爷不能走，九爷不能走！

匪参谋长 三爷，老九不能走啊！

众 匪 对对对，老九不能走啊！老九不能走，不能走……

众小匪 九爷不能走啊……

〔匪参谋长拾起值勤带，递给座山雕。

座山雕 哈哈哈哈，老九哇，你怎么耍小孩子脾气？来来来，戴上，戴上，三爷不会亏待你。

匪参谋长 （从座山雕手里接过值勤带）老九，戴上。（给杨子荣戴值勤带）

栾 平 （见情势不利，上前央求）三爷……

座山雕 （拂袖）哼！

〔栾平惊恐倒地，座山雕回到座位上。

栾 平 （又央求）三爷！（见座山雕不理，为了保命，无奈地扑到杨子荣脚下）胡……胡标贤弟！

杨子荣 （挺立不理）……

〔众匪纷纷指点栾平。

栾 平 （自打耳光）我……我不是人，我该死。我不是人呐我！

杨子荣 （对众匪高喊）时间已到，准备给三爷拜寿！

众小匪 准备给三爷拜寿喽！

匪参谋长 二爷五十大寿，可千万别让这条丧家犬给搅了。

匪副官长 不宰了这个丧门星，于山头不利！

众 匪 对，非宰了他不可！宰了他！宰了他！

栾　平　各位老大，胡标贤弟，各位老大……（爬跪在座山雕面前）

　　　　二爷…‥三爷！三爷饶命……

座山雕　（仰面狞笑）哈哈哈哈！

栾　平　（惊恐地）啊！二爷饶命啊！

　　　　〔座山雕摆手示意。

匪副官长　架出去！

杨子荣　交给我啦！

栾　平　九爷，九命饶命·…

　　　　〔杨子荣架出栾平，栾平瘫痪。

杨子荣　唱【西皮快板】

　　　　　　　为非作歹几十年，

　　　　　　　血债累累罪滔天。

　　　　　　　代表祖国处决你，

　　　　　　　要为人民报仇冤。

　　　　〔杨子荣拽着栾平衣领"蹉步"拖下。枪声。杨子荣复上。匪连长跟上。

杨子荣　三爷，一切都安排妥当了，现在该给您拜寿啦。

座山雕　老九，你的值日官，你就吩咐嘛！

杨子荣　好，弟兄们！

匪连长　有。

杨子荣　厅里掌灯，山外点明子，给三爷拜寿！

匪连长　是。（匪连长下）

众　匪　给三爷拜寿啦！

　　　　〔众匪给座山雕施礼拜寿。

　　　　〔匪连长上。

杨子荣　（登上木墩）弟兄们，今儿个来个猛吃猛喝，一醉方休！

众　匪　对对对，一醉方休！

杨子荣　三爷，请入席。

座山雕　嗳，弟兄们请啊！

杨子荣　今天是您的五十天寿，还是您先请。

众金刚　对，对！还是二爷请。

座山雕　好，好，请，请！(得意忘形地大笑)哈哈哈哈！

众　匪　二爷请！吃去，喝啊！哈哈哈哈！

〔众匪进入内洞。

杨子荣　(走下木墩) 三连长！

匪连长　有。

杨子荣　把放哨的弟兄们调回来，多喝几杯啊。

匪连长　是！(下)

〔杨子荣环顾，扶椅欲看暗道。众匪猜拳行令。

〔杨子荣上木墩。

杨子荣　唱【西皮快二六】

　　　　除夕夜全山寨灯火一片，(走下木墩)

　　　　我已经将信号遍山点燃。

　　　　按计划布置好百鸡宴，

　　　　众匪徒吃醉酒乱作一团。

　　　　盼只盼同志们即刻出现，

　　　　捣匪巢歼顽故就在眼前。

　　　　心焦急只觉得时光太慢，

　　　　战友们却为何动静杳然。

　　　　抑不住激动情出外察看，(欲行又止)

〔众匪杂乱的猜拳行令声。

(镇定地)【摇板】

　　　　紧急中要冷静，我把住这暗道机关。

〔座山雕、匪参谋长等醉步跟跄上。

座山雕 老九，老九，老九啊！你怎么不来入席呀？弟兄们都等
着敬你两碗哪。

匪参谋长
匪副官长 是啊！

杨子荣 今天是您的五十大寿，应当敬您哪。来来来，给三爷满
上，满上。哈哈哈哈！

座山雕 来来来，满上，满上！老九，干干干！

杨子荣 二爷，请！

〔众喝酒。

〔机枪声。众匪惊慌地掷酒碗。

〔解放军内喊："缴枪不杀！"

〔金刚甲慌忙上。众小匪狼狈跟上。

金刚甲 三爷，共军的机枪把威虎厅给封住了！

座山雕 （大惊）啊！弟兄们，快！往外冲！

众 匪 冲，冲，冲！

座山雕 老九啊，你赶快跟我从这暗道里走吧！

〔解放军内喊："缴枪不杀！"

〔座山雕掀座椅，杨子荣把他推在 旁。

杨子荣 你走不了啦！

〔二战士翻上，喊："不许动！"

座山雕 （对杨子荣）你是……

杨子荣 我是中国人民解放军！

座山雕 啊！

〔座山雕欲开枪，被杨子荣一脚将枪踢飞。

〔座山雕逃下。杨子荣击毙金刚甲。

〔申德华率吕宏业、李勇奇、常宝、卫生员、战士冲进洞内。

申德华　老杨！

杨子荣　同志们！（指台阶上座椅下暗道）这是暗道。救出老乡，活捉座山雕！（追下）

申德华　同志们！冲啊！

〔众战士、民兵喊"杀！"分数路追下。

〔申德华守住暗道。匪金刚乙逃上，申德华猛喊杀声截住。申德华和匪金刚乙相刺杀。匪金刚乙被刺中。

〔匪参谋长上，举枪射申德华，申躲过，反将匪金刚乙击毙。申德华与匪参谋长搏斗。

〔罗长江上，将匪参谋长手枪踢掉。

〔匪金刚丙、丁上，加入混战。申德华追　匪下。

〔匪参谋长掀座椅帐布，欲从暗道逃走。罗长江猛喊："不许动！"跃上座椅。匪参谋长吓倒于地。罗继续与匪金刚丙、丁搏斗。

〔匪参谋长持匕首猛扑向椅上的罗长江。罗机警每捷地从椅上"云里翻"落于阶下。双方继续搏斗。

〔常宝追匪金刚戊上。罗长江刺中匪参谋长左臂，匪参谋长负伤逃下。罗长江、常宝继续与匪战斗，擒住二匪，喊"走！"常宝押匪下。

〔李勇奇、卫生员、战士和民兵救出被掳上山的群众，过场下。

〔罗长江示意李勇奇守住暗道，下。

〔李勇奇守住暗道。匪连长逃上，遇李勇奇。李喊"杀！"将匪击毙。匪金刚乙窜上，被李勇奇抓起掼地，活捉。

李勇奇　不许动！走！

〔一战士押一匪上。李勇奇示意战士守住暗道，押众匪下。

〔一战士守住暗道。匪副官长率二匪逃上，被战士冲散，激烈混战。

〔杨子荣上，二小匪争向暗道逃走，被杨子荣连发二枪击毙。匪副官长逃下，战士追下。

〔杨子荣迅速跃上台阶守住暗道。座山雕偷偷持刀向杨子荣背后砍去，杨机警地闪开，举枪射座山雕腿，但发现子弹已尽。座山雕得意狞笑。杨子荣与座山雕格斗，夺过战刀，奋力砍杀；座山雕狼狈不堪地招架。

〔匪副官长逃上，举枪欲射杨子荣；李勇奇赶上，将匪副官长手枪打落在地。杨子荣拾起手枪，连毙数匪，最后将匪副官长击毙于座椅上。座山雕和众匪就擒。

〔参谋长、申德华、李勇奇、卫生员　小郭等和众民兵先后奔上。

〔常宝愤怒地要刺杀座山雕，卫生员劝阻。

参谋长　（紧握杨子荣手，激动地）老杨！

杨子荣　参谋长！

〔参谋长把李勇奇介绍给杨子荣。二人紧紧握手。在胜利的雄壮的乐曲中众"亮相"。

——幕　闭

（剧　终）

只盼着深山出太阳

第二场　常宝唱

1 = E

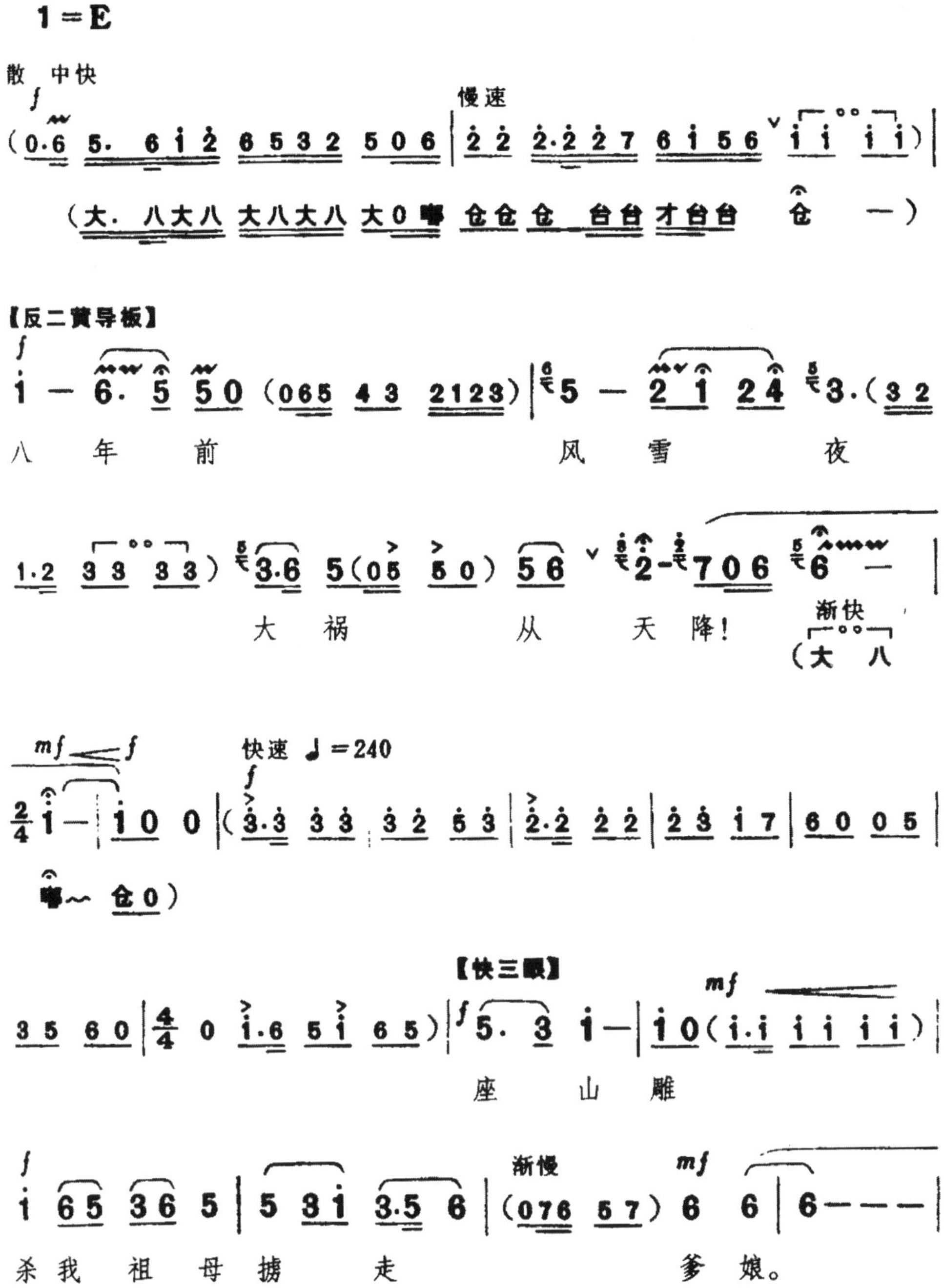

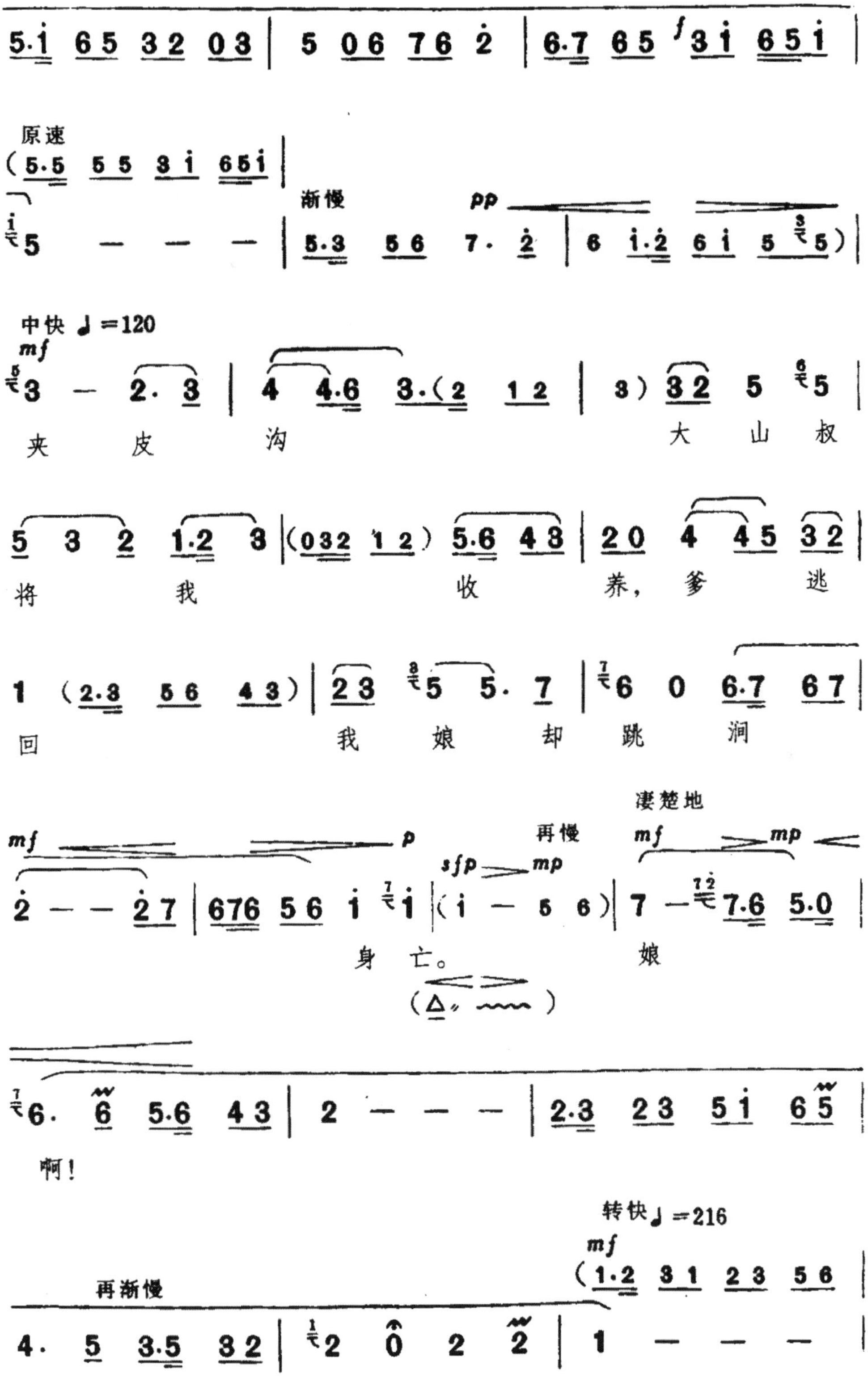
原速
渐慢
中快 ♩=120
夹 皮 沟
大 山 叔
将 我 收 养， 爹 逃
回 我 娘 却 跳 涧
凄楚地
再慢
身 亡。
娘
啊！
转快 ♩=216
再渐慢

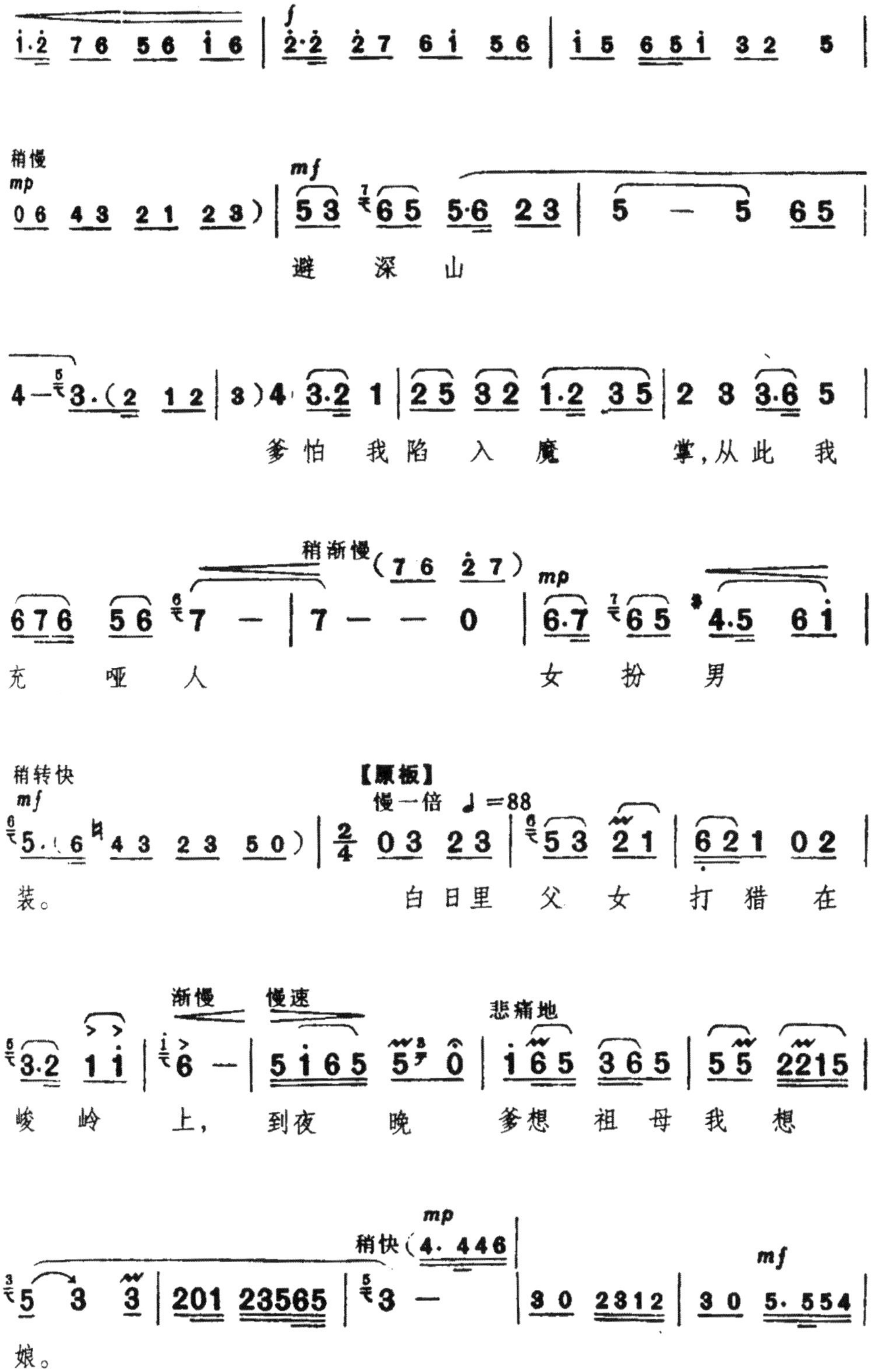

（曲谱）

$\overbrace{\underline{\dot1\cdot\underline2}\ \underline{7\ 6}\ \underline{5\ 6}\ \underline{\dot1\ 6}}$ | $\mathbf{f}$ $\underline{\dot2\cdot\underline2}\ \underline{\dot2\ 7}\ \underline{6\ \dot1}\ \underline{5\ 6}$ | $\underline{\dot1\ 5}\ \underline{6\ 5}\ \underline{\dot1}\ \underline{3\ 2}\quad 5$ |

稍慢
mp
$0\ \underline{6\ 4}\ \underline{3\ 2}\ \underline{1\ 2}\ \underline{3}$) | **mf** $\underline{5\ 3}\ \overset{7}{\underline{6\ 5}}\ \underline{5\cdot\underline6}\ \underline{2\ 3}$ | $5\ -\ 5\ \underline{6\ 5}$ |
　　　　　　　　　　避　深　山

$4\ -\ \overset{5}{3\cdot}\ (\underline{2}\ \underline{1\ 2}$ | $3)4\ \underline{3\cdot\underline2}\ 1$ | $\underline{2\ 5}\ \underline{3\ 2}\ \underline{1\cdot\underline2}\ \underline{3\ 5}$ | $2\ 3\ \underline{3\cdot\underline6}\ 5$ |
　　爹　怕　我　陷　入　魔　　掌，从此我

　　　　　　　　　稍渐慢($\dot7\ 6\ \dot2\ 7$) **mp**
$\underline{6\ 7\ 6}\ \underline{5\ 6}\ \overset{6}{7}\ -$ | $7\ -\ -\ 0$ | $\underline{6\cdot\underline7}\ \overset{7}{\underline{6\ 5}}\ \underline{{}^\sharp4\cdot\underline5}\ \underline{6\ \dot1}$ |
充　哑　人　　　　　　女　扮　男

稍转快　　　　　【原板】
mf　　　　　慢一倍 ♩=88
$\overset{6}{5\cdot\underline6}\ {}^\sharp\underline{4\ 3}\ \underline{2\ 3}\ \underline{5\ 0}$) | $\frac{2}{4}\ 0\ 3\ \underline{2\ 3}$ | $\overset{6}{\underline{5\ 3}}\ \underline{\tilde{2}\ 1}$ | $\underline{6\ 2}\ \underline{1\ 0}\ 2$ |
装。　　　　　　　白日里　父　女　打　猎　在

　　渐慢　慢速　　　　　　　悲痛地
$\overset{5}{\underline{3\cdot\underline2}}\ \underline{1\ 1}$ | $\overset{\dot1}{6}\ -$ | $\underline{5\ \dot1}\ \underline{6\ 5}$ $\overset{\tilde6}{\underline{5\ 7}}\ 0$ | $\underline{\tilde1\ 6\ 5}\ \underline{3\ 6\ 5}$ | $\underline{5\ 5}\ \underline{2\ 2\ 1\ 5}$ |
峻　岭　上，　到夜　晚　　爹想　祖母　我　想

　　　　　　　　　　　　　mp
　　　　　　稍快($\underline{4\cdot\underline4\ 4\ 6}$)　　　　　　　**mf**
$\overset{3}{5}\ 3\ \tilde3$ | $\underline{2\ 0\ 1}\ \underline{2\ 3\ 5\ 6\ 5}$ $\overset{5}{3}\ -$ | $\underline{3\ 0}\ \underline{2\ 3\ 1\ 2}$ | $\underline{3\ 0}\ \underline{5\cdot5\ 5\ 4}$ |
娘。

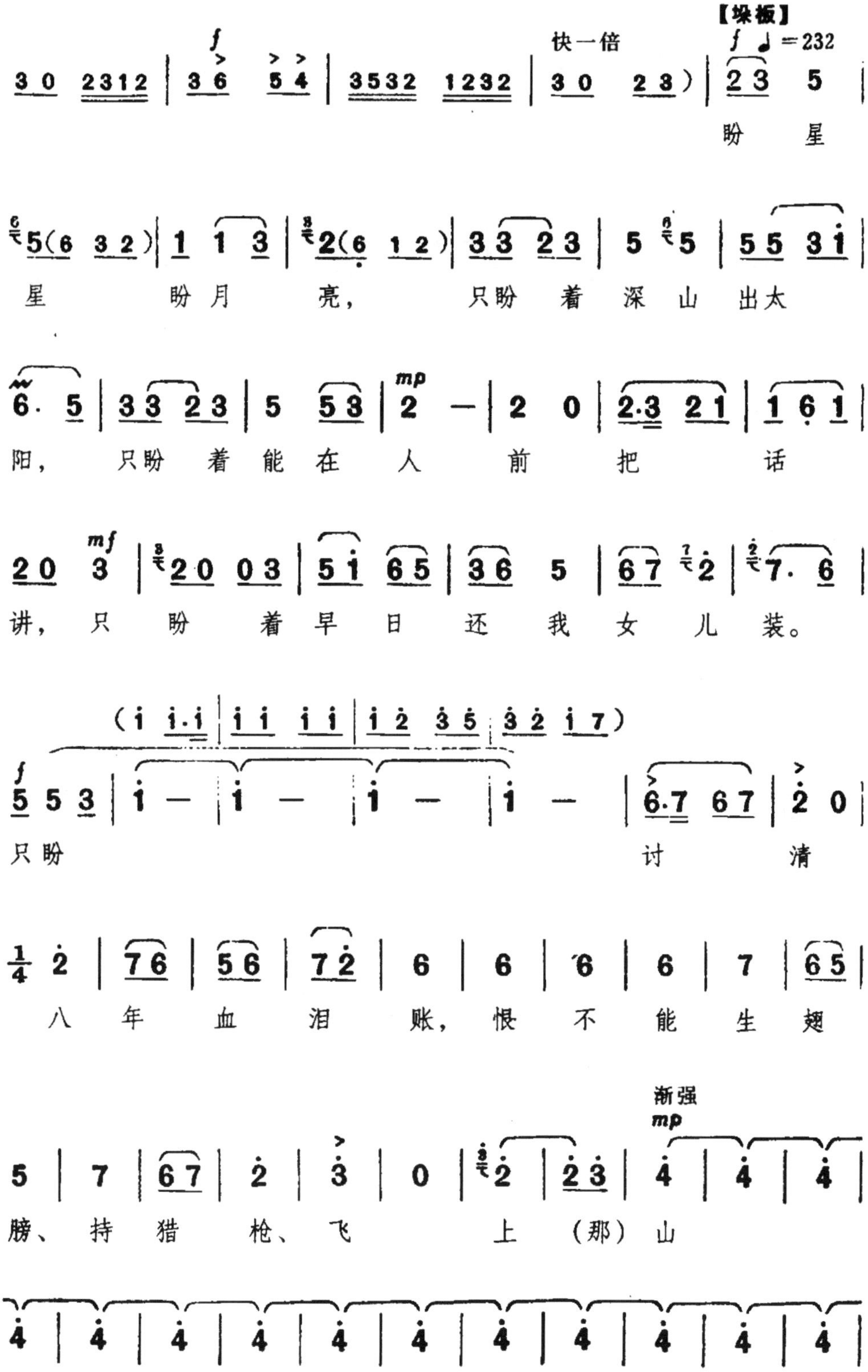
【垛板】
快一倍
盼星
星 盼月 亮，只盼 着 深 山 出太
阳，只盼 着 能 在 人 前 把 话
讲，只 盼 着 早 日 还 我 女 儿 装。
只盼 讨 清
八 年 血 泪 账，恨 不 能 生 翅
渐强
膀、持 猎 枪、飞 上 （那） 山

（乐谱）

岗、　　　　　　　　　杀尽

豺狼！　　　　　　　　　　（△　0　八大仓）

管叫山河换新装

第二场　杨子荣唱

1＝E

【西皮原板】

深情地　慢起稍渐快为中速

（常宝白）爹！　　　　（杨子荣唱）小 常 宝

激愤地　♩＝69

控 诉 了 土 匪 罪 状，字 字 血， 声 声

泪，　　　激 起 我 仇 恨　　　　满

稍慢　　　　　转快

腔。

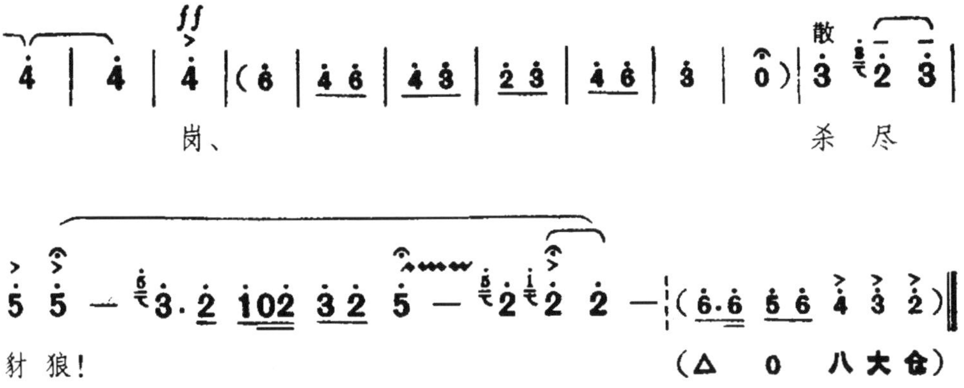

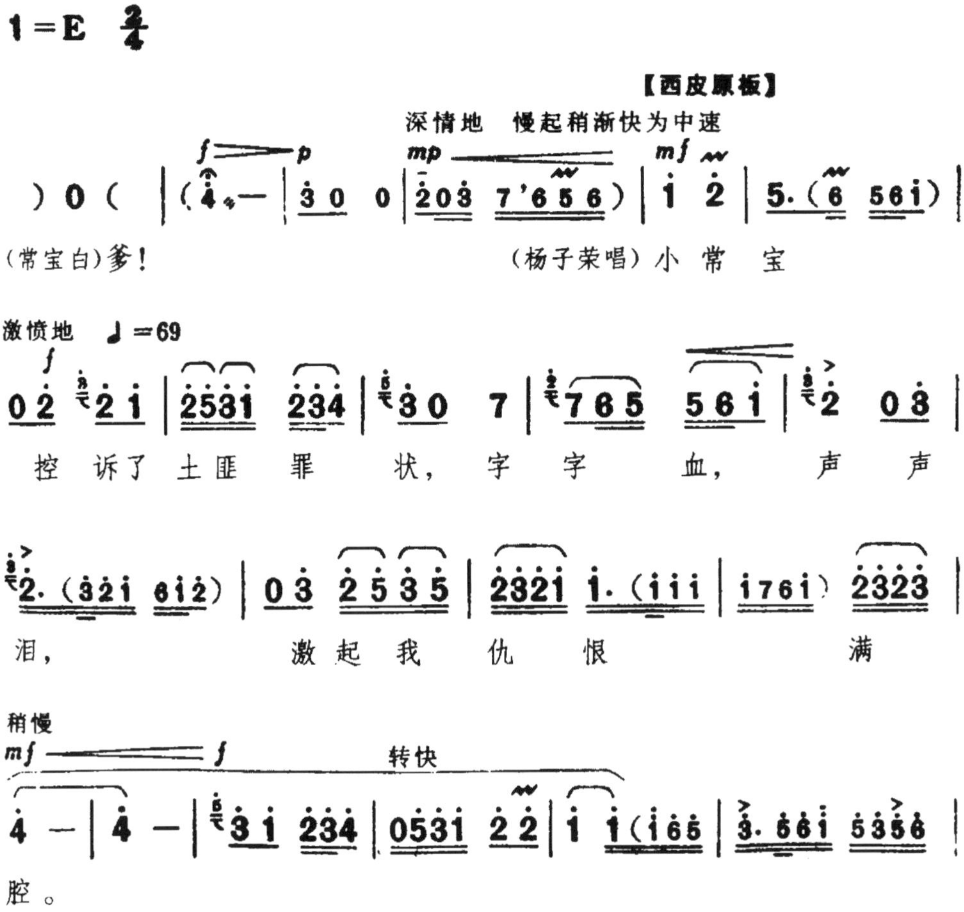

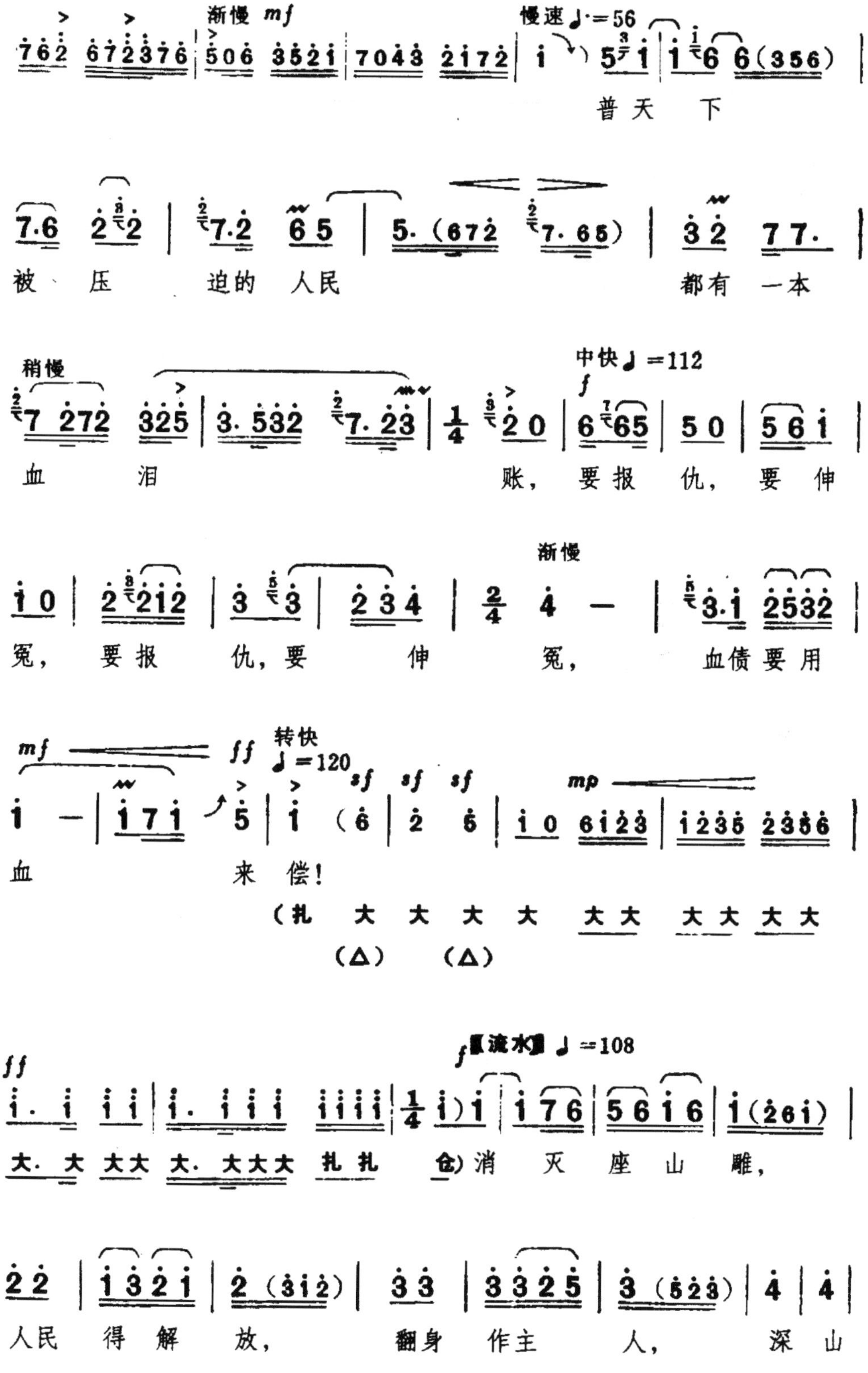

普天 下

被 压 迫的 人民　　都有 一本

血泪　　　　账，要报 仇，要伸

冤，要报 仇，要 伸 冤，　　血债要用

血　 来 偿！

（扎 大 大 大 大　大 大　大 大 大 大
（△）　（△）

大. 大 大 大 大. 大 大 大 扎 扎　仓）消 灭 座 山 雕，

人民 得 解 放，　翻身 作主 人，　深山

见太　阳。

中速 ♩=96

（仓0）从今后　　跟　着救星共产

渐慢

党,管叫山　河　换新　装。这

一带　也就　同咱家乡　样,美好的日

子 万 年　　　　　长! ［放回头］

誓把反动派一扫光

第四场　参谋长唱

1 = E　2/4

速度自由
f

（2· 3｜5　6·｜

稍快

2· 3 5 5｜3 5 3 1｜

渐慢

2· 3　4 3 4 6｜

仓 一）

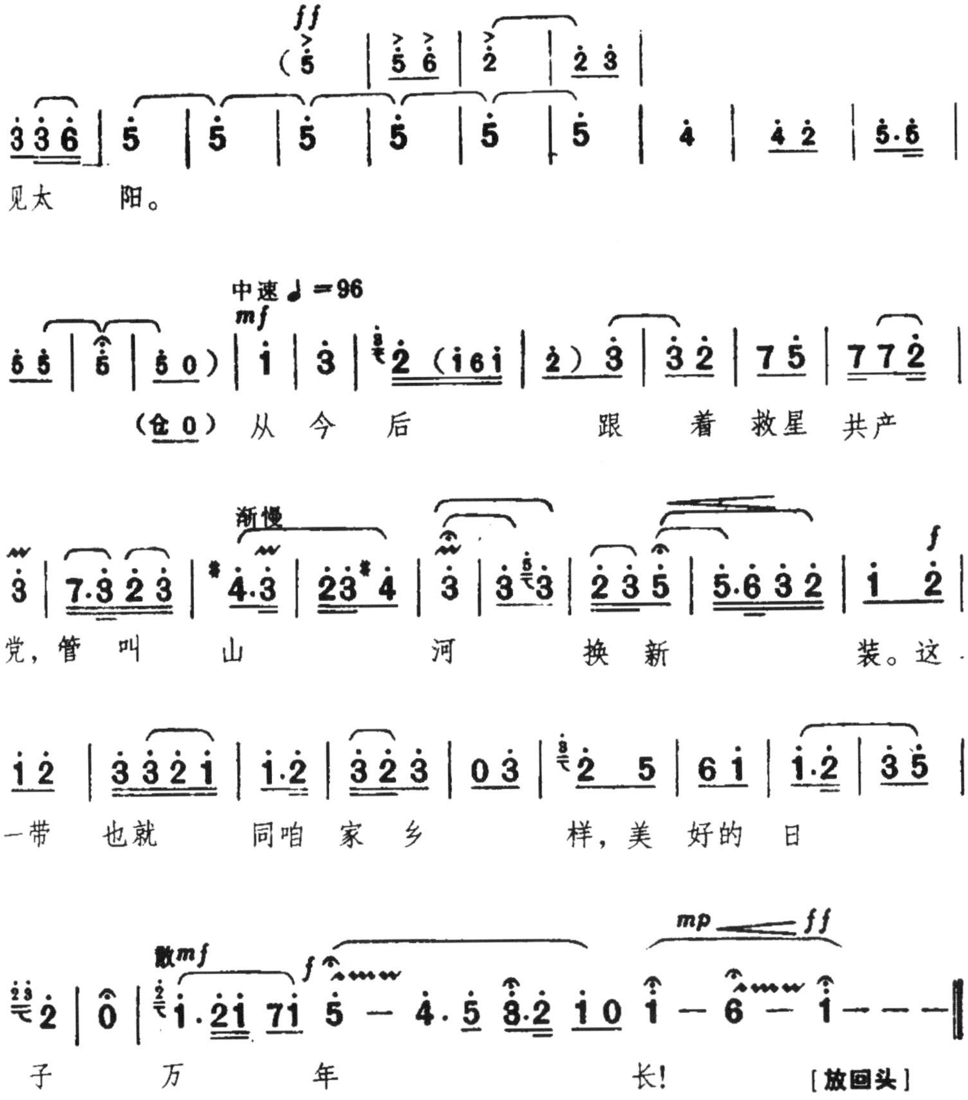

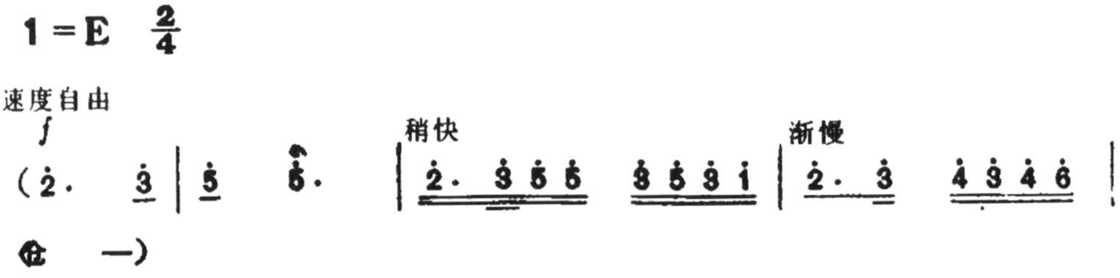

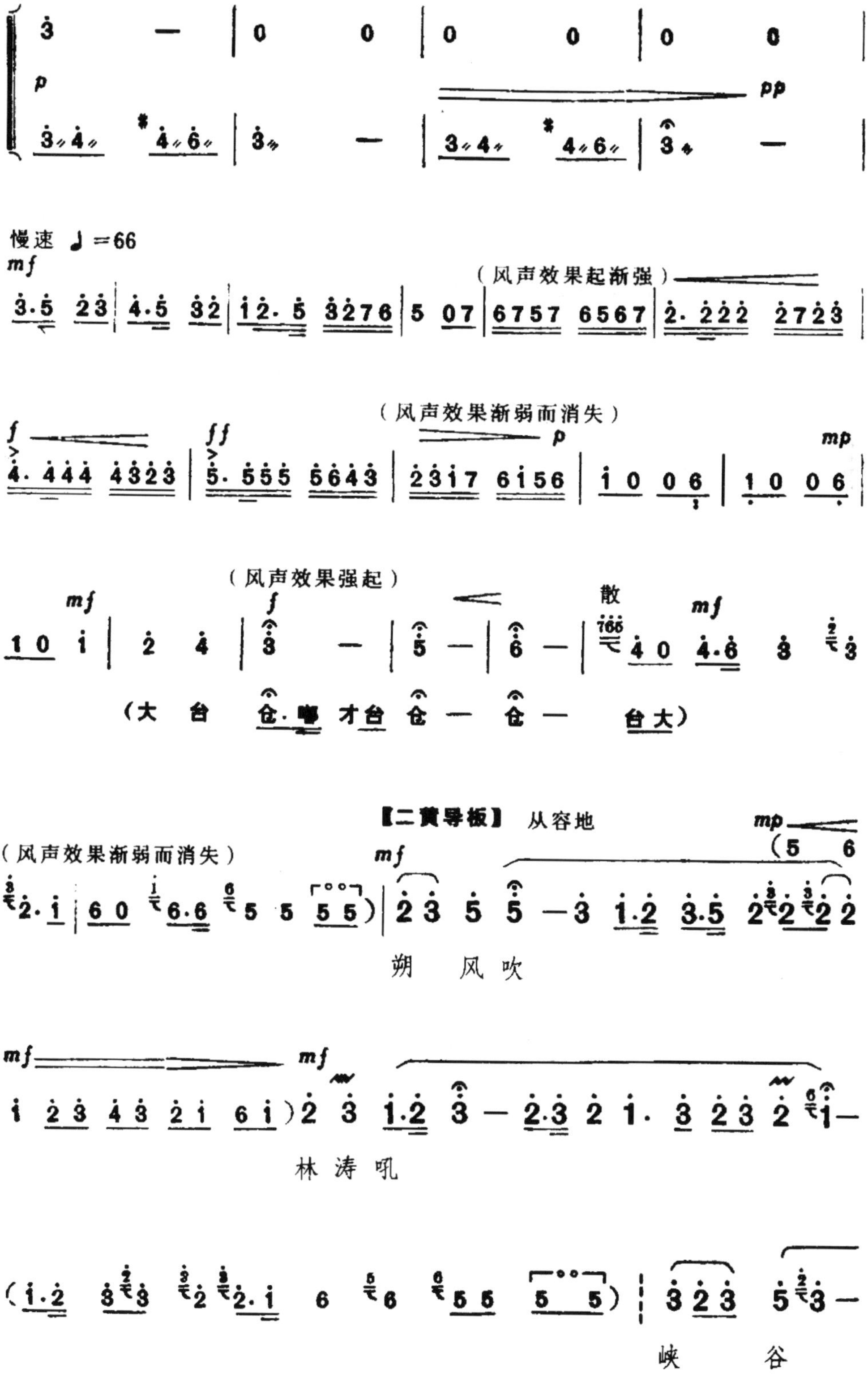
慢速 ♩=66
（风声效果起渐强）
（风声效果渐弱而消失）
（风声效果强起）
散
（大 台 仓·嘟 才台 仓 — 仓 — 台大）
【二黄导板】 从容地
（风声效果渐弱而消失）
朔 风 吹
林 涛 吼
峡 谷

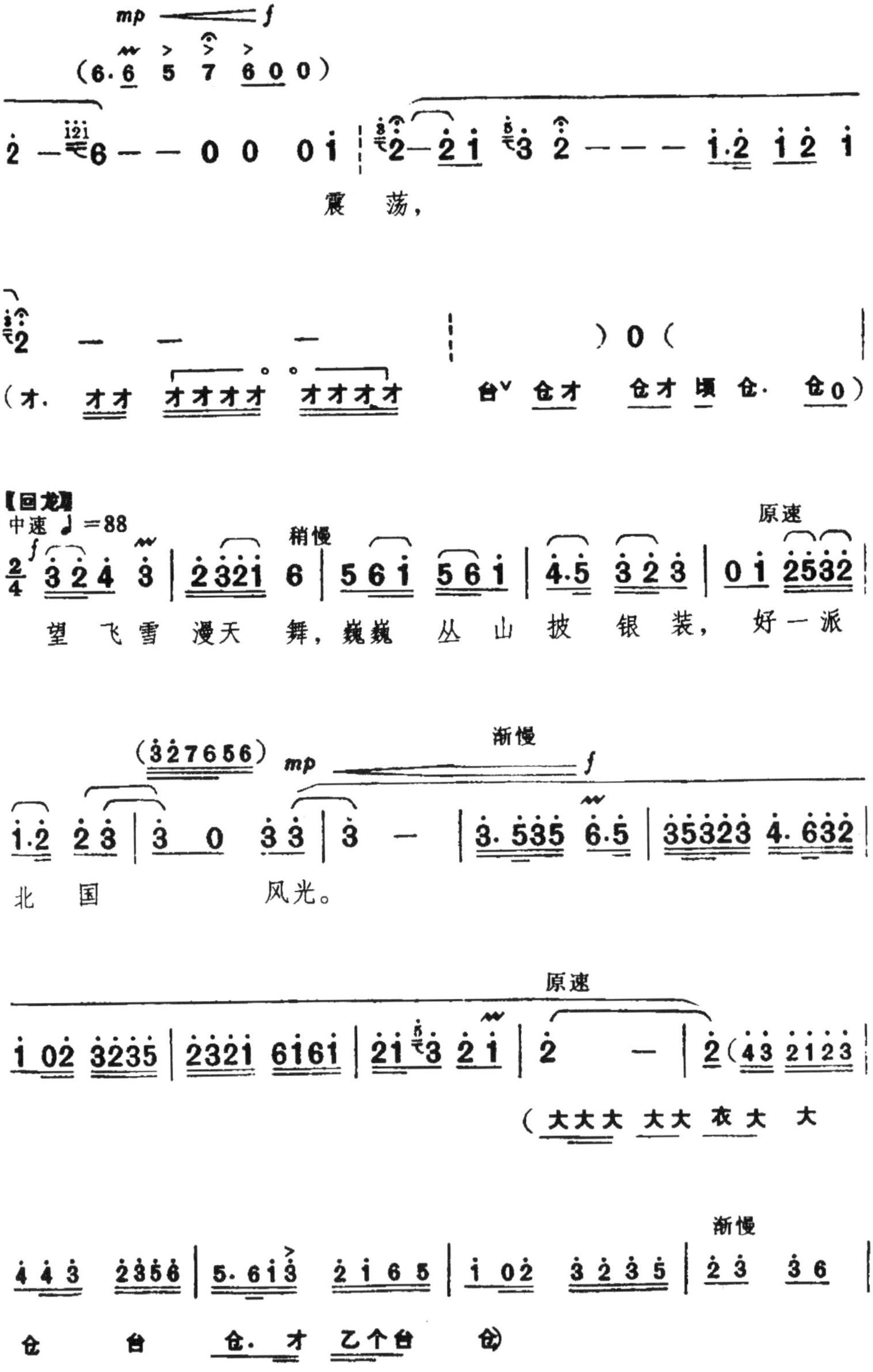
mp f
震 荡，
【回龙】
中速 ♩=88
稍慢
原速
望 飞 雪 漫天 舞，巍巍 从 山 披 银 装， 好一派
渐慢
北 国 风光。
原速
渐慢

【慢板】

mf 慢速 ♩=56

$\frac{4}{4}$ 5 6 56 5 0 5 6.$\dot{1}2\dot{3}$) | 4 3532 12 20 | $\dot{1}$ 6$\dot{3}$ 26$\dot{1}$ 2 —

山　　河　　壮　丽，

mf ($\dot{1}$ $\dot{1}$ $\dot{1}$6$\dot{2}\dot{3}$ 5 06 7.6$\dot{2}\dot{3}$)

mp 2.$\dot{1}$25 3.$\dot{5}$32 7.$\dot{6}$22 66 | $\dot{1}$ — — 0 |

f $\dot{1}$2 $\dot{2}\dot{3}$ $\dot{5}$. ($\dot{4}$ $\dot{3}$2$\dot{1}$2 | $\dot{3}$656) $\dot{1}\dot{3}$ $\dot{2}.\dot{1}$ 6 (5 6) |

万　千　　　　气

(5.555 57 6$\dot{1}$)

2.$\dot{1}$ $\dot{3}$.$\dot{5}$32 $\dot{1}$0$\dot{2}$ $\dot{1}$276 | 5. 0 2.$\dot{1}$25 3.$\dot{5}$32 |

象，

稍慢　　　　　原速 *mf*

(6 6 6567 $\dot{2}\dot{3}4\dot{6}$ $\dot{3}\dot{2}\dot{1}7$)

7 6 7 $\dot{2}$.$\dot{3}$76 5.6 65 | 6 — — 0 |

f

6567 $\dot{2}$7$\dot{2}\dot{3}$ $\dot{4}$.$\dot{4}$44 $\dot{4}$3$\dot{2}\dot{3}$ | $\dot{5}$.555 $\dot{5}$6$\dot{4}\dot{3}$ 2.$\dot{3}$17 6 5 $\dot{1}$) |

$\dot{2}\dot{2}$ $\dot{1}$5 $\dot{3}$.$\dot{1}$ $\dot{2}\dot{2}$ | $\dot{2}\dot{3}$ $\dot{1}$2.5 $\dot{3}$($\dot{2}$.6 76$\dot{2}$56 |

怎容　　　忍

7) $\dot{3}$.6 535 627 7(6$\dot{2}\dot{3}$) | $\dot{1}$2 $\dot{2}\dot{3}$ $\dot{3}$$\dot{1}$2 $\dot{3}$($\dot{1}$.$\dot{2}$ |

虎　去　狼　来　　再　受

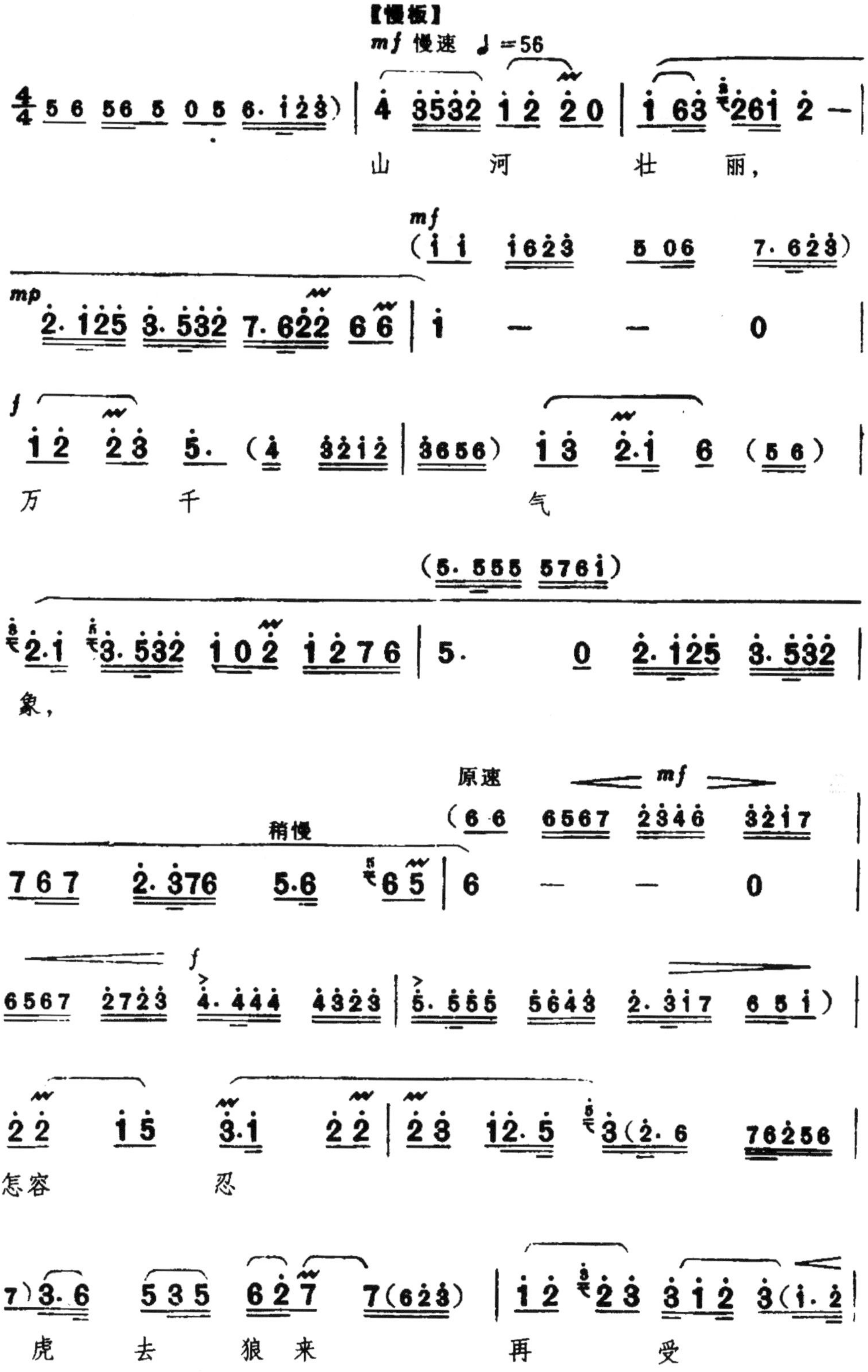

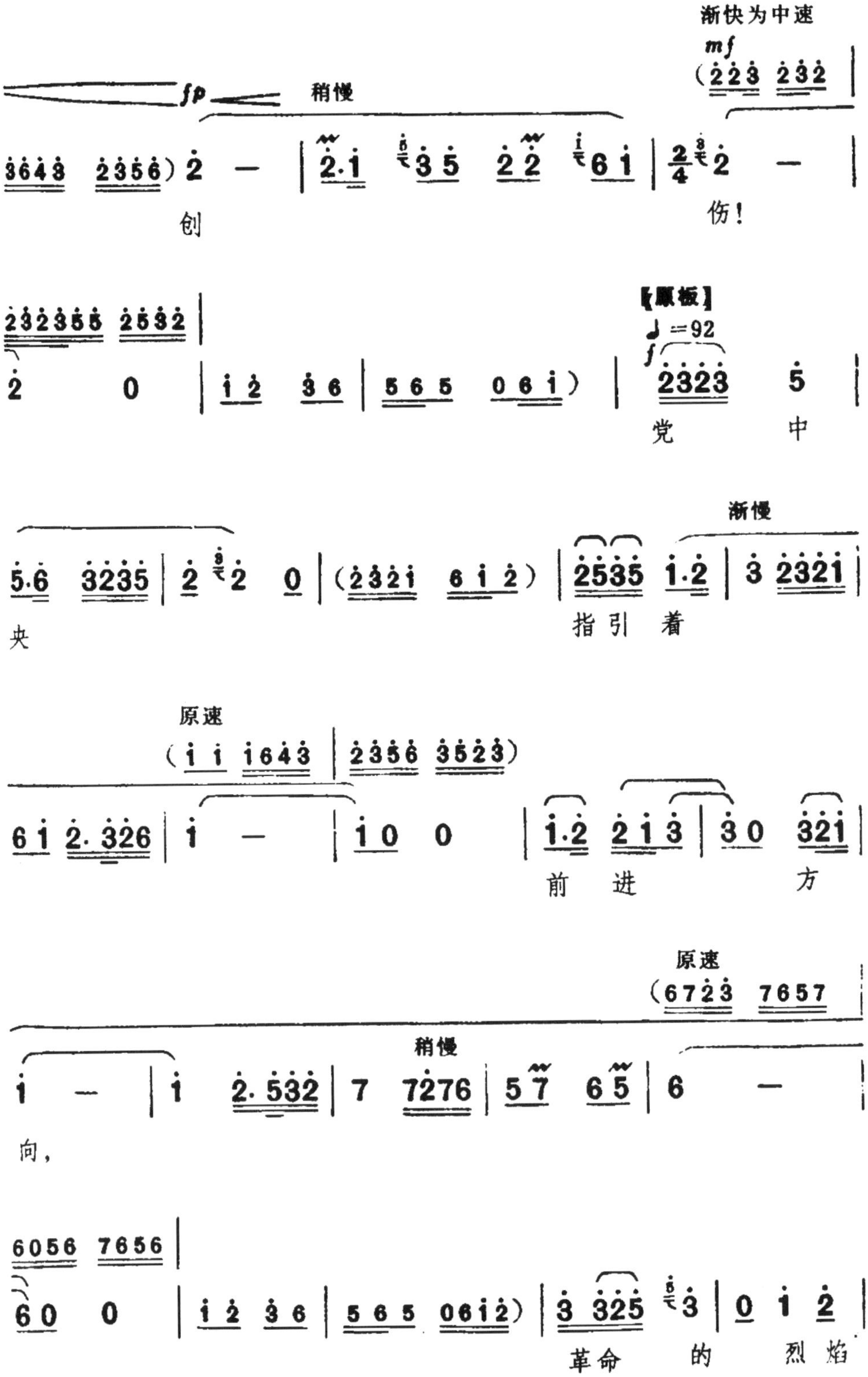
渐快为中速
mf
fp
稍慢
创
伤！
【原板】
♩=92
f
党
中
央
渐慢
指引着
原速
前进
方
向，
原速
稍慢
革命的烈焰

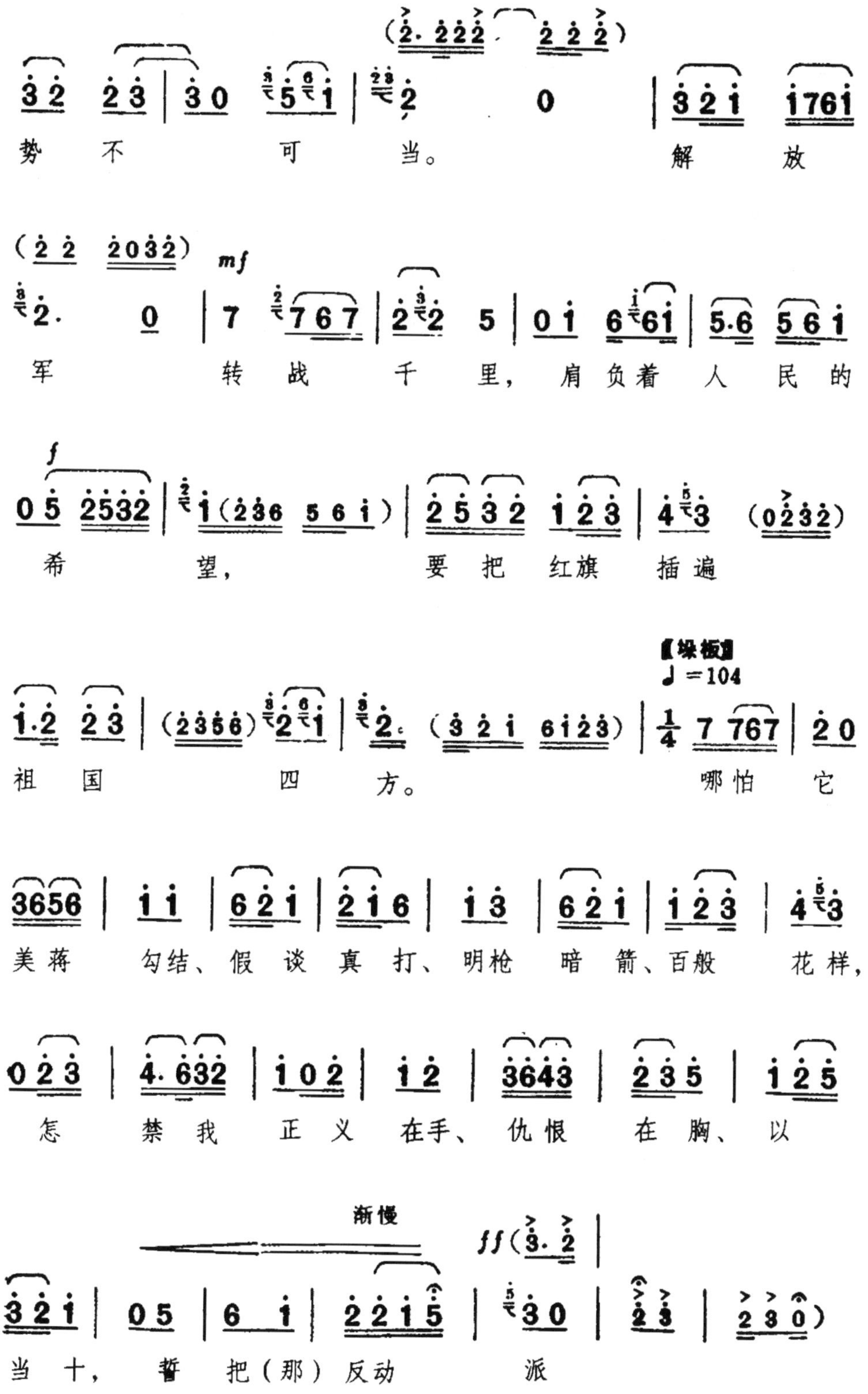

$$(\stackrel{>}{\dot{2}}.\stackrel{}{\dot{2}}\stackrel{}{\dot{2}}\stackrel{}{\dot{2}}\quad \stackrel{>}{\dot{2}}\stackrel{}{\dot{2}}\stackrel{}{\dot{2}})$$

$$\widehat{\dot{3}\ \dot{2}}\ \widehat{\dot{2}\ \dot{3}}\ |\ \dot{3}\ 0\ |\ \stackrel{3}{\underset{\sim}{5}}\ \stackrel{6}{\underset{\sim}{1}}\ |\ \underset{\sim}{\dot{2}}\stackrel{\dot{3}}{\ }\quad 0\quad |\ \dot{3}\ \dot{2}\ \dot{1}\ |\ \dot{1}\ 7\ 6\ 1$$

势　不　可　当。　　　　解　放

$$(\stackrel{}{\dot{2}\ \dot{2}}\ \stackrel{}{\dot{2}\ 0\ \dot{3}\ \dot{2}})\quad mf$$

$$\stackrel{3}{\underset{\sim}{\dot{2}}}.\quad 0\ |\ 7\ \stackrel{2}{\underset{\sim}{7}}\ \widehat{67}\ |\ \stackrel{\dot{3}}{\underset{\sim}{\dot{2}}}\ \dot{2}\ 5\ |\ 0\ \dot{1}\ \stackrel{\dot{1}}{\underset{\sim}{6}}\ \widehat{61}\ |\ 5.\ \widehat{6}\ \widehat{5\ 6\ \dot{1}}$$

军　　转　战　千　里，肩　负　着　人　民　的

$$f$$

$$0\ \stackrel{\dot{5}}{5}\ \underline{25\ 32}\ |\ \stackrel{2}{\underset{\sim}{\dot{1}}}(\underline{2\ 3\ 6}\ \underline{5\ 6\ \dot{1}})\ |\ \underline{2\ 5\ 3\ 2}\ \underline{1\ 2\ 3}\ |\ 4\ \stackrel{5}{\underset{\sim}{3}}\ (0\ 2\ 3\ 2)$$

希　　望，　　　要　把　红　旗　插　遍

【垛板】
♩=104

$$\widehat{\dot{1}.\ \dot{2}}\ \widehat{\dot{2}\ \dot{3}}\ |\ (\underline{2\ 3\ 5\ 6})\ \stackrel{3}{\underset{\sim}{\dot{2}}}\ \stackrel{6}{\underset{\sim}{\dot{1}}}\ |\ \stackrel{3}{\underset{\sim}{\dot{2}}}.\ (\dot{3}\ \dot{2}\ \dot{1}\ \widehat{6\ \dot{1}\ \dot{2}\ \dot{3}})\ |\ \frac{1}{4}\ 7\ \widehat{767}\ |\ \dot{2}\ 0$$

祖　国　四　方。　　　哪　怕　它

$$\underline{3\ 6\ 5\ 6}\ |\ \dot{1}\ \dot{1}\ |\ \widehat{6\ \dot{2}\ \dot{1}}\ |\ \widehat{\dot{2}\ \dot{1}\ 6}\ |\ \dot{1}\ 3\ |\ \widehat{6\ \dot{2}\ \dot{1}}\ |\ \dot{1}\ \dot{2}\ 3\ |\ 4\ \stackrel{5}{\underset{\sim}{3}}$$

美　蒋　勾　结、假　谈　真　打、明　枪　暗　箭、百　般　　花　样，

$$0\ \widehat{\dot{2}\ 3}\ |\ 4.\ \widehat{632}\ |\ \dot{1}\ 0\ \dot{2}\ |\ \dot{1}\ \dot{2}\ |\ \underline{3\ 6\ 4\ 3}\ |\ \dot{2}\ 3\ 5\ |\ \dot{1}\ \dot{2}\ 5$$

怎　　禁　我　正　义　在　手、仇　恨　在　胸、以

渐慢　　　　　　　　　　$ff(\stackrel{>}{\dot{3}}.\ \stackrel{>}{\dot{2}}\ |$

$$\stackrel{3}{\underset{\sim}{\dot{3}}}\ \dot{2}\ \dot{1}\ |\ 0\ 5\ |\ 6\ \dot{1}\ |\ \widehat{\dot{2}\ \dot{2}\ \dot{1}\ \widehat{5}}\ |\ \stackrel{5}{\underset{\sim}{3}}\ 0\ |\ \stackrel{>}{\dot{2}}\ \stackrel{>}{3}\ |\ \stackrel{>}{\dot{2}}\ \stackrel{>}{3}\ \widehat{0})$$

当　十，　暂　把（那）反　动　　派

一 扫 光！

把剥削根子全拔掉

第四场　参谋长唱

1 = E　4/4

【西皮快三眼】稍慢

几 天

来　　摸敌情

收获 不 小，

中快

细 分 析 把

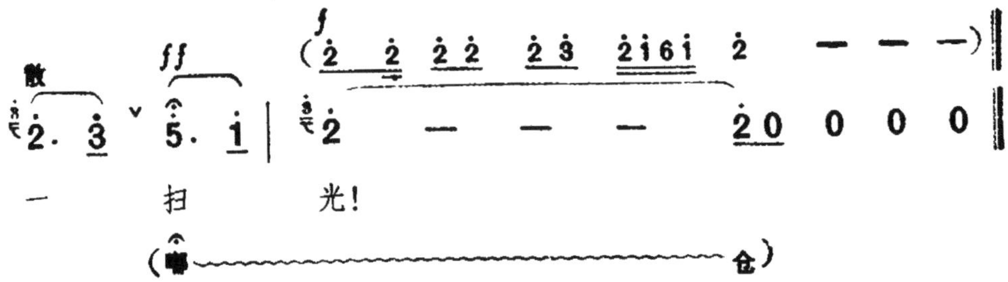

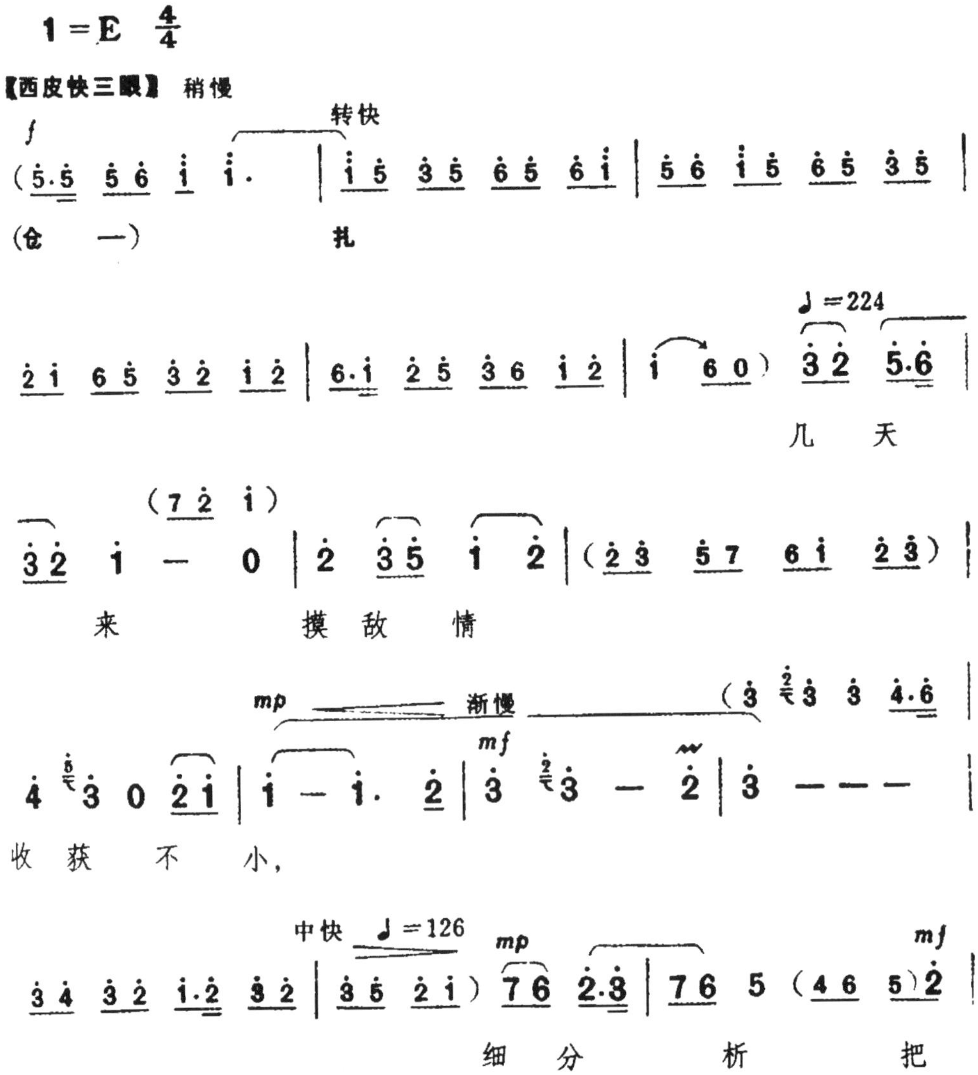

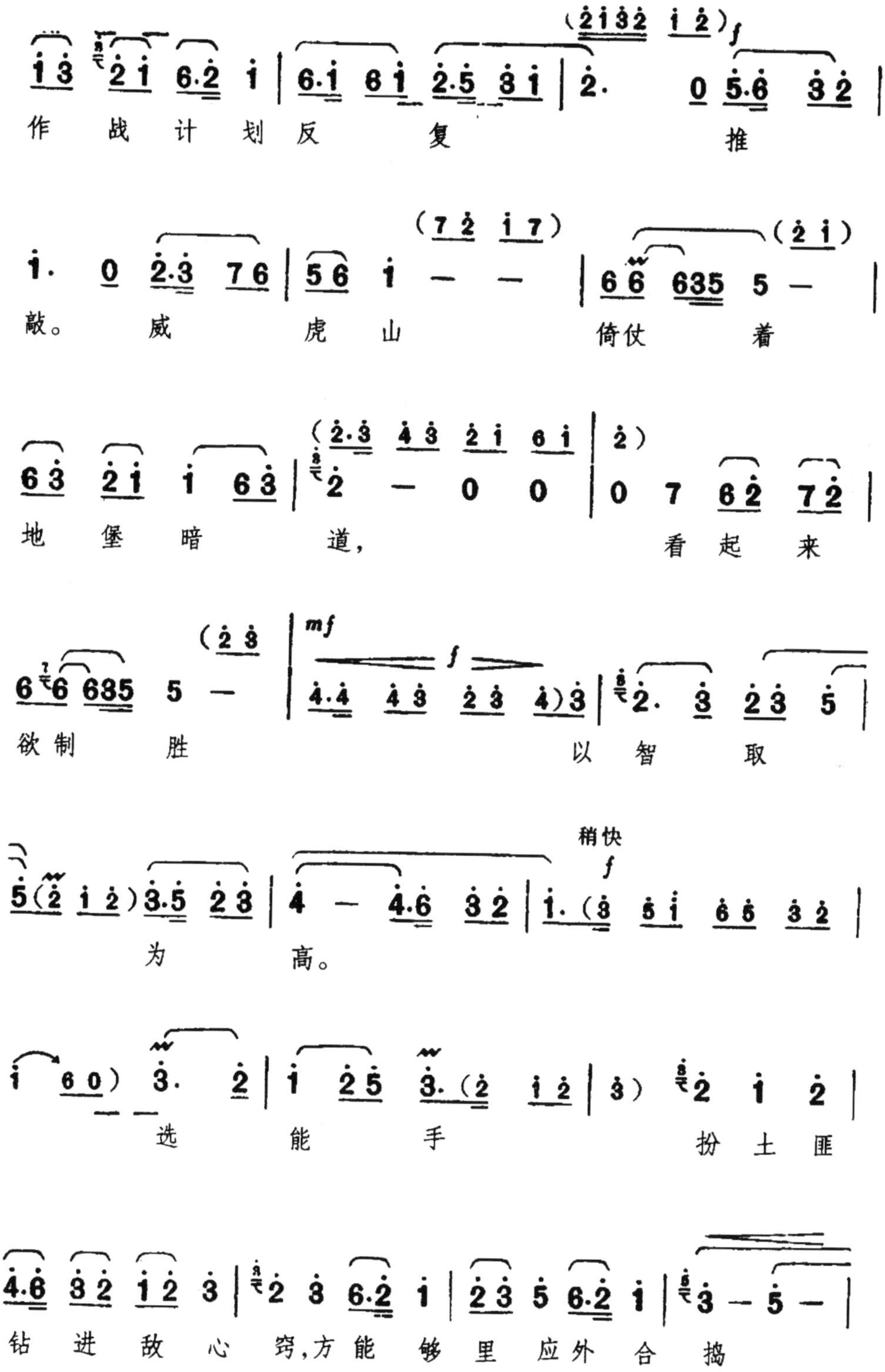
作战计划反复推敲。威虎山
倚仗着地堡暗道，看起来
欲制胜
以智取为高。
稍快
选能手扮土匪
钻进敌心窍，方能够里应外合捣

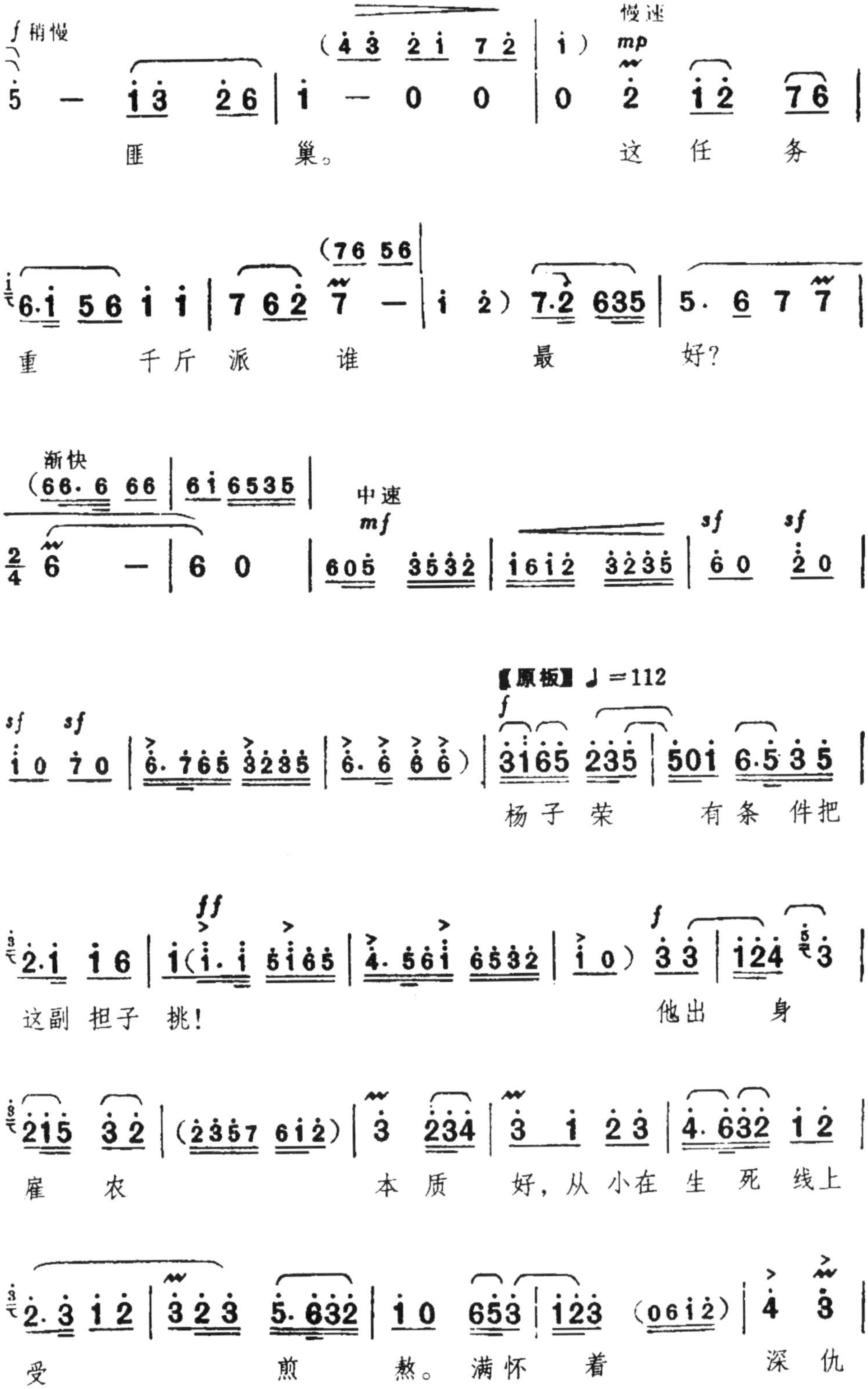
稍慢
匪 巢。
慢速
这 任 务
重 千斤 派 谁 最 好？
渐快
中速
【原板】♩=112
杨 子 荣 有 条 件 把
这副 担子 挑！ 他出 身
雇 农 本 质 好，从 小在 生 死 线上
受 煎 熬。满怀 着 深 仇

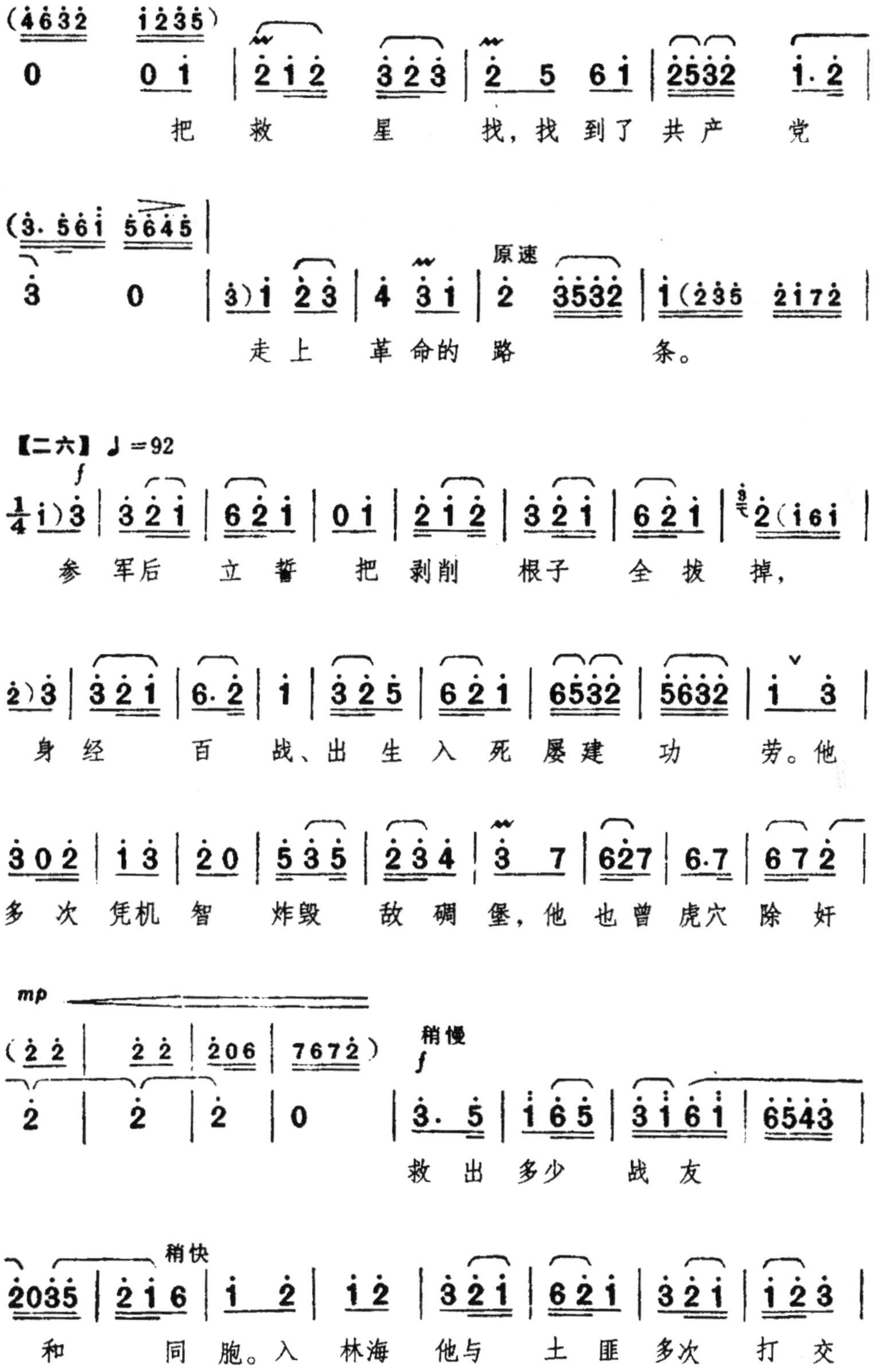
把 救 星 找，找 到了 共产 党
走上 革命的 路 条。
原速
【二六】
参 军后 立 誓 把 剥削 根子 全 拔 掉，
身 经 百 战、出 生 入 死 屡建 功 劳。他
多 次 凭机 智 炸毁 敌 碉 堡，他 也 曾 虎穴 除 奸
稍慢
救 出 多少 战 友
稍快
和 同 胞。入 林海 他与 土 匪 多次 打 交

$$\overset{8}{\underset{<}{2}} \mid \overline{1}65 \mid 5 \mid \overline{1}56 \mid \dot{1} \mid \overline{2}3\dot{5} \mid \overline{2}53\dot{2} \mid$$

道，　擒栾　平、　逮胡　标、　活捉　野狼

$$\dot{1}\dot{2} \mid \dot{1}.\dot{2} \mid \dot{2}\dot{1}\dot{2} \mid \dot{3}\dot{2}\dot{3} \mid \dot{2}\dot{1}6\dot{1} \mid \dot{2} \mid \dot{2}0 \mid$$

嗥。这　一　次　若派他　单人　入险　要，　相

$$\overset{\frown}{\dot{2}.\dot{1}} \mid \dot{2}(\dot{3}5 \mid \dot{2}16\dot{1} \mid \dot{2}3\dot{1}\dot{2}) \mid \dot{3}.\dot{2} \mid \dot{1}2\dot{5} \mid \dot{3}\ \dot{3} \mid$$

信　他　　　　　心　红　红似　火，志

$$\overline{3}56\dot{1} \mid \dot{4}3\dot{2}3 \mid \dot{5}\ \dot{3} \mid \dot{2}5\dot{3} \mid \overset{8}{\underset{<}{\dot{2}}}\dot{2} \mid \dot{1}.235 \mid$$

坚　坚如　钢,定　能　够　战　胜　顽

渐慢

$$\underset{\sim}{\dot{2}} \mid 0 \mid \dot{2}3 \mid \overset{\frown}{\dot{4}}.6\overset{\frown}{3}\dot{2}. \mid \dot{1}\ \dot{1} - - - - \parallel$$

匪　　座　山　　　　雕。

（大　大　大大　衣　仓）

共 产 党 员

第四场　杨子荣唱

1 = E

散
mp ⎯⎯ f　p　【西皮原板】散起
　　　　　　　mf

$$(\overset{8}{\underset{<}{\overset{\frown}{4}}}\overset{\frown}{6}\overset{1}{\underset{}{6}}\overset{\frown}{0}\ \overset{\frown}{5} -) \mid 3\ \overline{3}2\overline{3} \mid 5 - \overset{8}{6}\overline{3}2\dot{1} \mid \dot{1} - - \mid \dot{1}0 \mid$$

（白）参谋长！　（唱）共 产　党　　员

（大　大　大大衣　仓0）

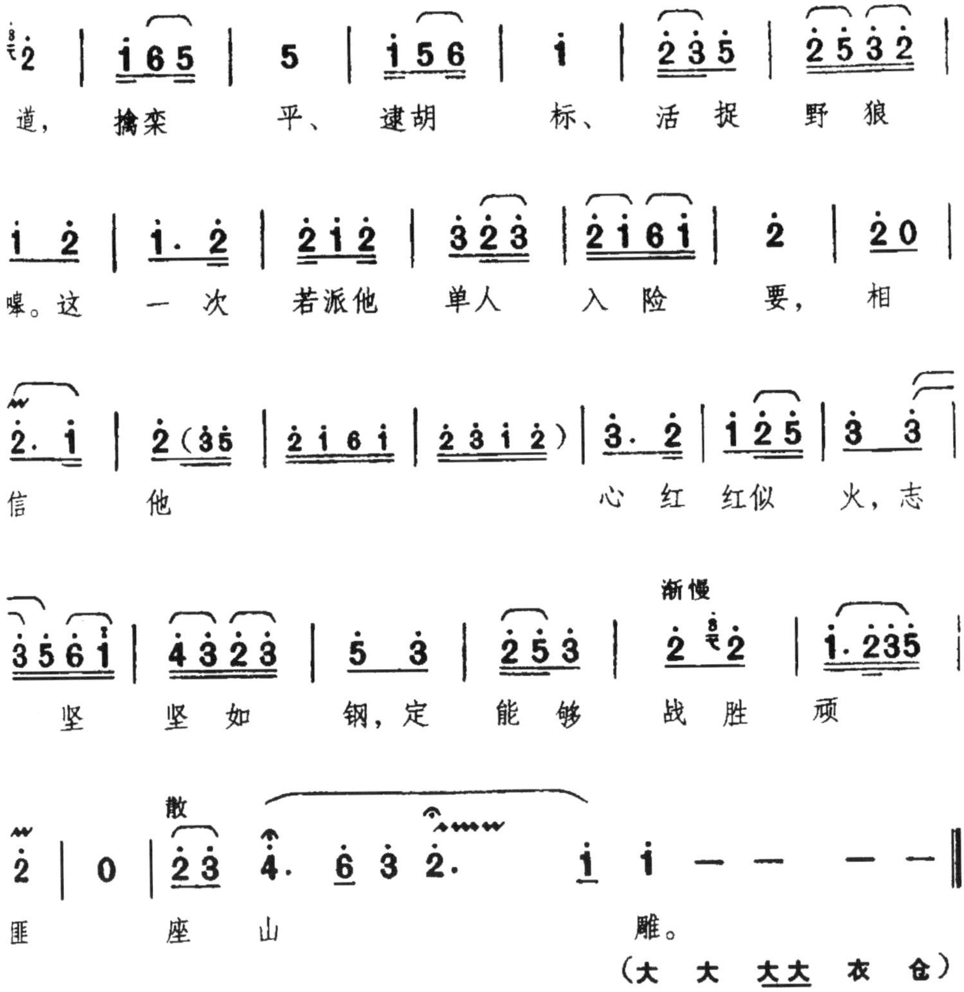

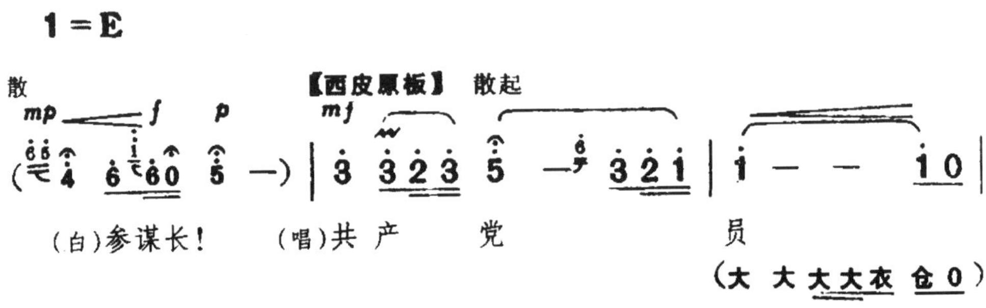

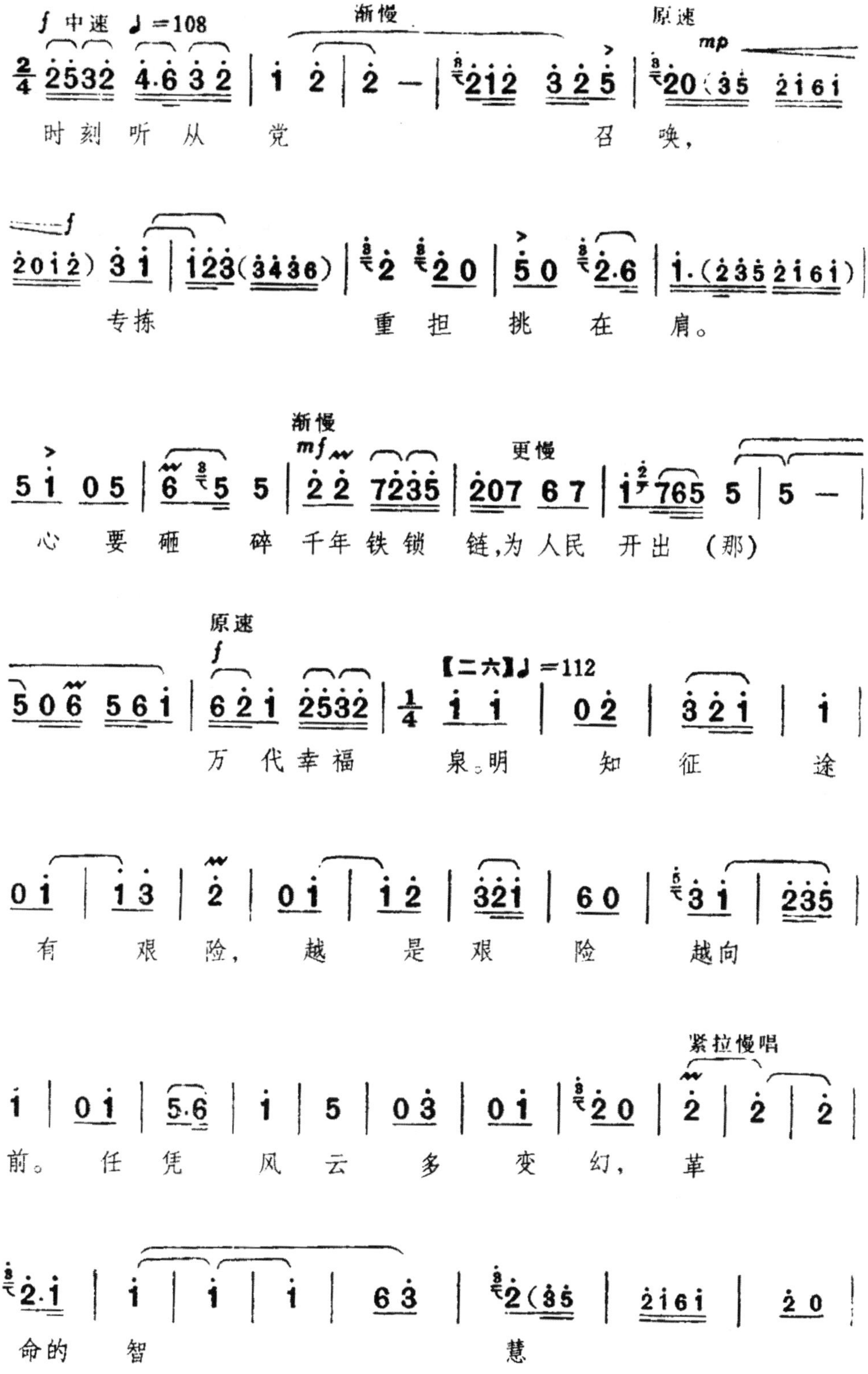
中速 ♩=108
渐慢
原速
时刻听从党召唤，
专拣重担挑在肩。
渐慢
更慢
心要砸碎千年铁锁链，为人民开出（那）
原速
【二六】♩=112
万代幸福泉。明知征途
有艰险，越是艰险越向
紧拉慢唱
前。任凭风云多变幻，革
命的智慧

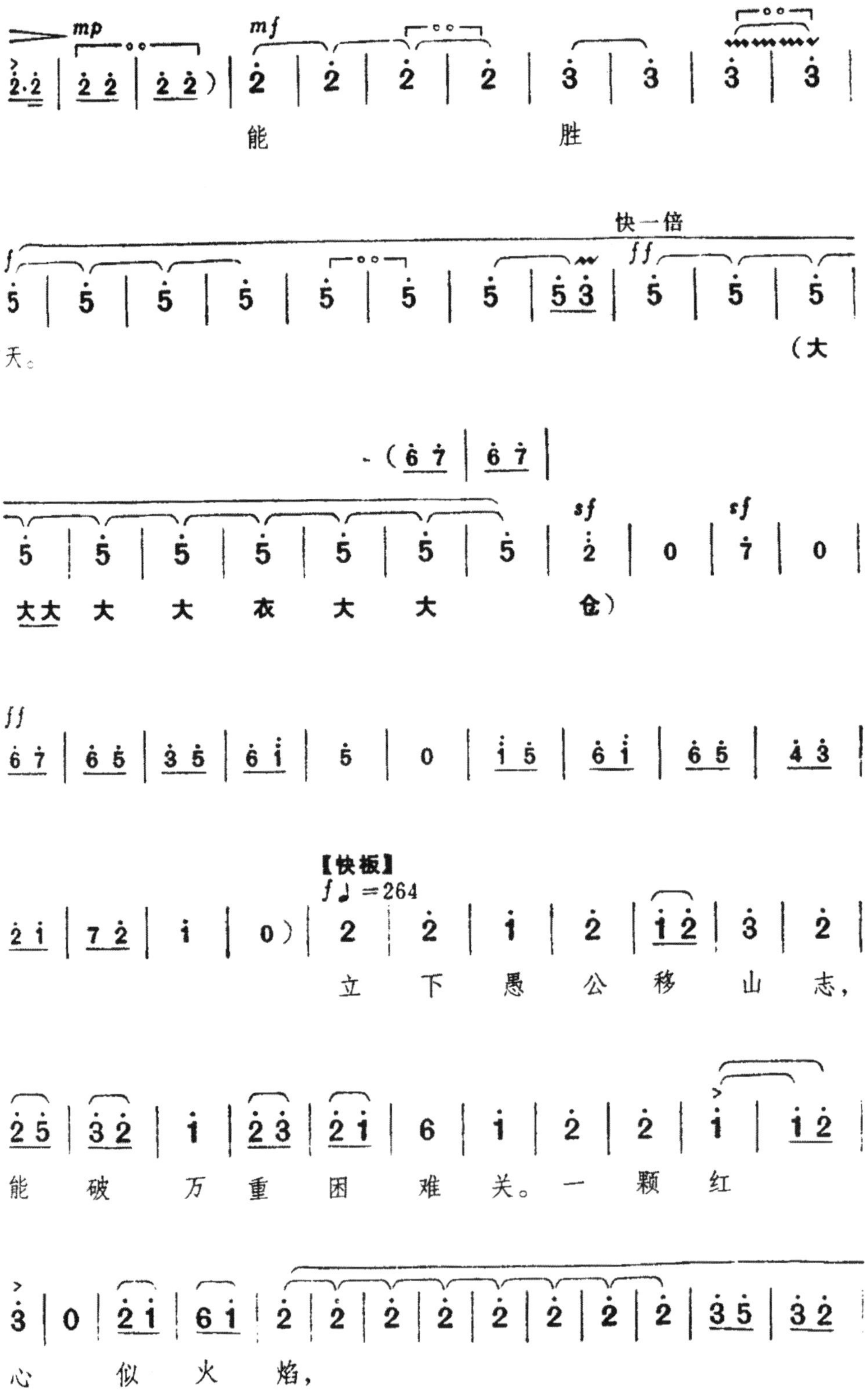
mp
mf
能 胜
快一倍
f
ff
天。
（大
sf
大大 大 大 衣 大 大
仓）
ff
【快板】
f♩=264
立 下 愚 公 移 山 志，
能 破 万 重 困 难 关。一 颗 红
心 似 火 焰，

渐慢　　散 sfp

$\overset{.}{1}\overset{.}{3}\mid\overset{.}{2}\overset{.}{1}\mid\overset{.}{6}\overset{.}{1}\mid\overset{.}{6}\overset{.}{1}\mid\overset{.}{2}\overset{.}{3}\mid\overset{.}{1}\overset{.}{2}\mid\overset{.}{3}\overset{.}{2}\mid 5\mid\overset{5}{\underset{.}{2}}.\overset{.}{3}\ \overset{.}{2}\overset{.}{3}\ \underline{20}\overset{.}{1}\mid\overset{.}{1}0\mid$

mf

$(\overset{.}{2}\mid\overset{.}{2}\overset{.}{2}\mid\overset{.}{2}\mid\overset{.}{2}\mid\overset{.}{2}\mid\overset{.}{3}5$

$\frac{1}{4}\overset{3}{\underset{.}{2}}\mid\overset{.}{2}\mid\overset{.}{2}\mid\overset{.}{2}\mid\overset{.}{2}\mid\overset{.}{2}\mid\overset{.}{2}\overset{.}{1}\mid\overset{.}{6}\overset{.}{1}\mid\overset{.}{2}\mid 0)$

f　　　　　　转慢

$\overset{.}{6}.\overset{.}{2}\mid\overset{.}{1}\mid\overset{.}{1}\mid\overset{.}{6}\overset{.}{3}\mid\overset{5}{\underset{.}{2}}\mid(\overline{30})\ \frac{2}{4}\ 5\ 0\mid\overset{3}{\underset{.}{2}}\ 0\mid\overset{.}{1}\ 0\mid$

化　作　利　　　剑　　　　　斩　凶　顽！

（八 0 大 0 仓）

迎来春色换人间

第五场　杨子荣唱

$1=E\ \frac{2}{4}$

♩=132

fff

$(\overset{.}{2}\ -\mid\overset{.}{2}\ -\mid\overset{.}{2}\ -\mid\overset{.}{2}\ -\mid\overset{.}{2}\overset{.}{5}\mid\overset{.}{3}\overset{.}{2}\mid\overset{.}{1}\overset{.}{3}\mid\overset{.}{2}\overset{.}{1}\mid$

大八　大八　大八　大八

mp

$\overset{.}{6}\overset{.}{1}\mid\overset{.}{6}\overset{.}{5}\mid\overset{.}{3}\overset{.}{5}\mid\overset{.}{3}\overset{.}{2}\mid\overset{.}{1}\overset{.}{3}\mid\overset{.}{2}\overset{.}{1}\mid\overset{.}{6}\overset{.}{1}\mid\overset{.}{6}\overset{.}{5}\mid 3\ \ 4\ \mid\overset{\sharp}{4}\ \ 5\ \mid$

大八　大八　大八　大八　大八　大八　大八　大八　大八　大八　大八　大八

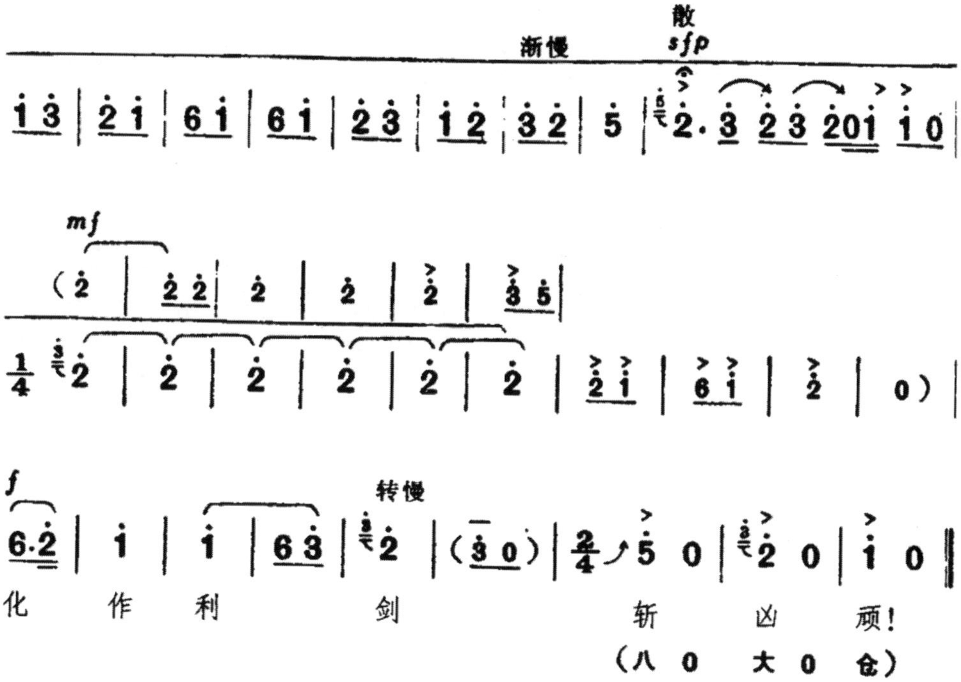

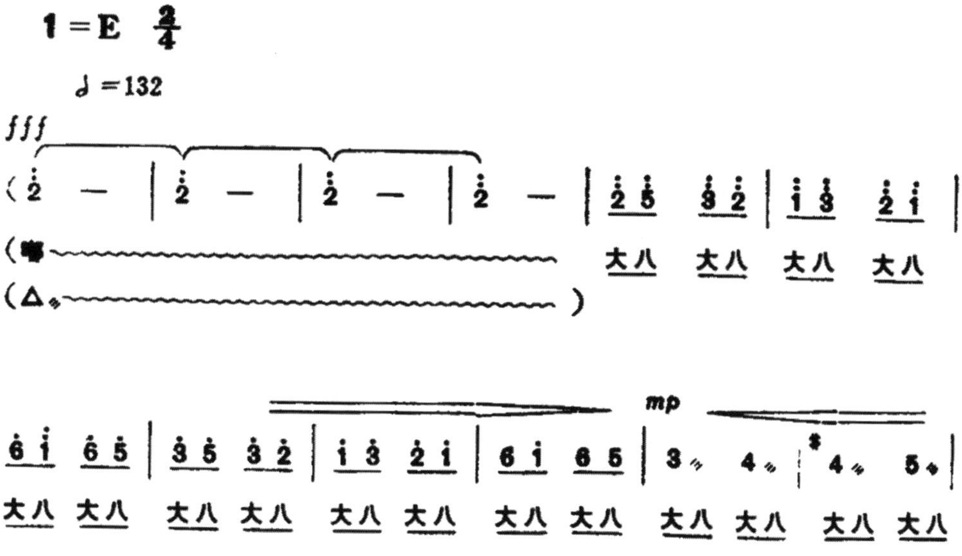

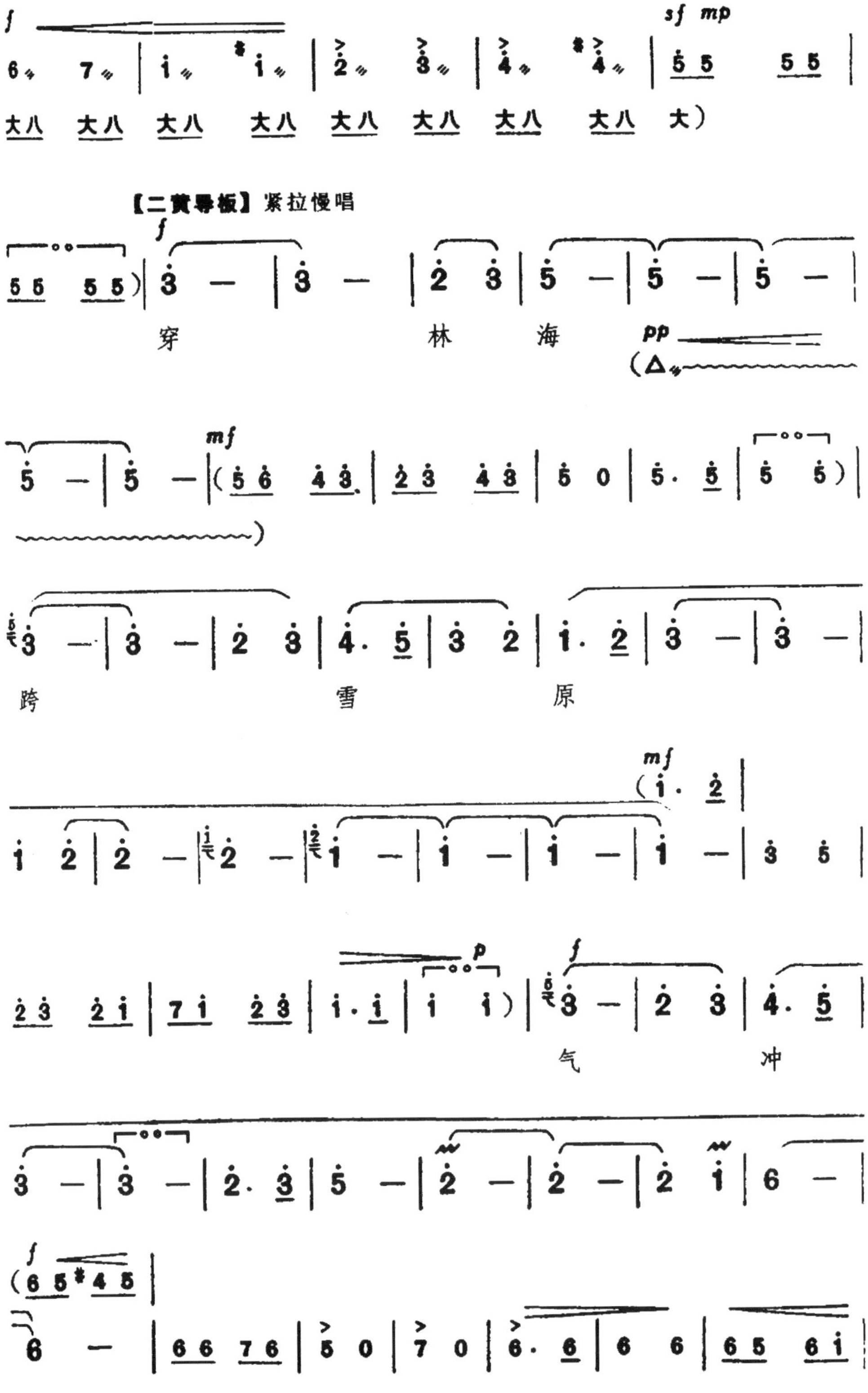
大八 大八 大八 大八 大八 大八 大八 大八 大）
【二黄导板】紧拉慢唱
穿 林 海
跨 雪 原
气 冲

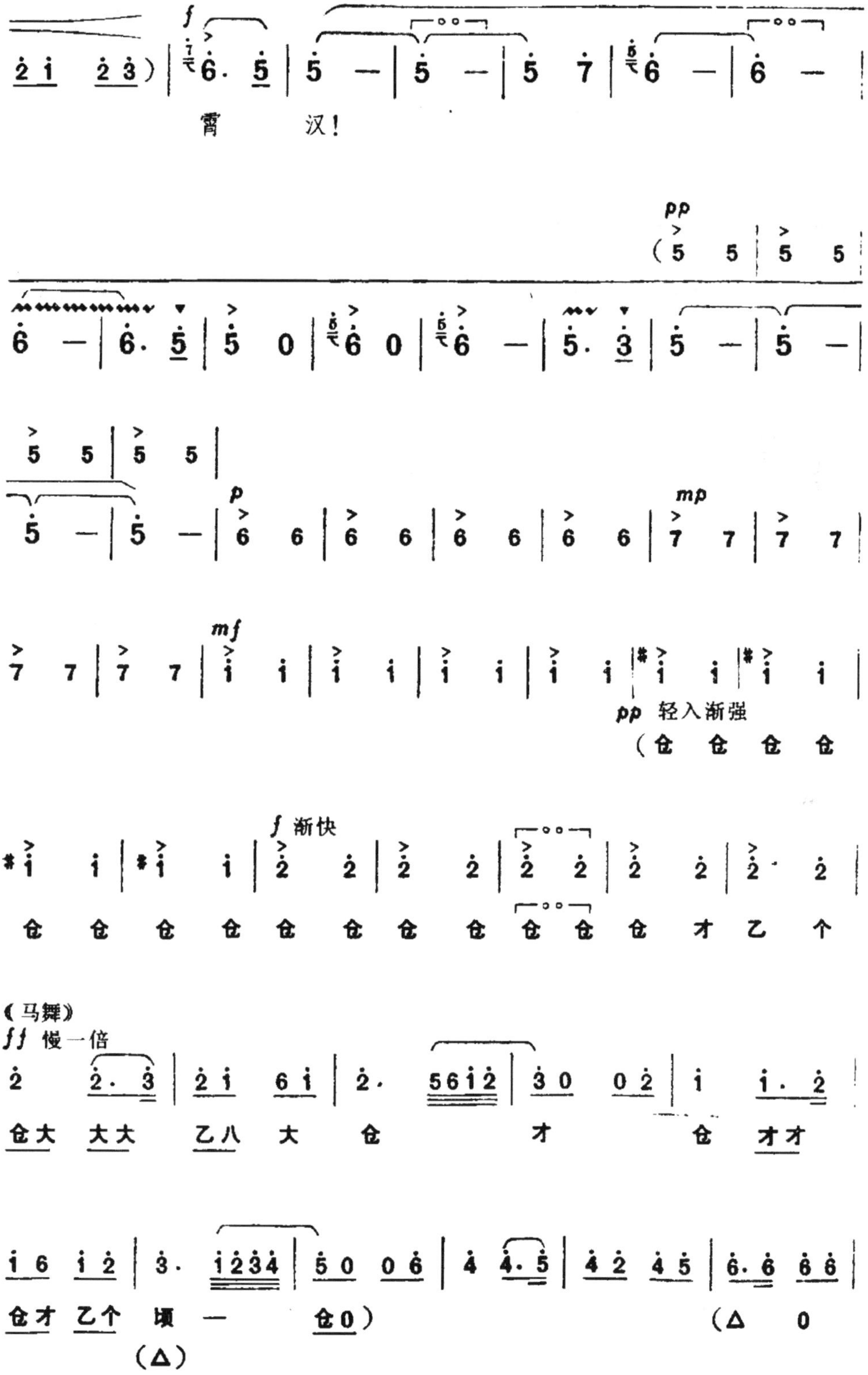
霄 汉！
pp 轻入渐强
（仓 仓 仓 仓
f 渐快
仓 仓 仓 仓 仓 仓 仓 仓 仓 仓 仓 才 乙 个
《马舞》
ff 慢一倍
仓大 大大 乙八 大 仓 才 仓 才才
仓才 乙个 顷 一 仓0）
（△）
（△ 0

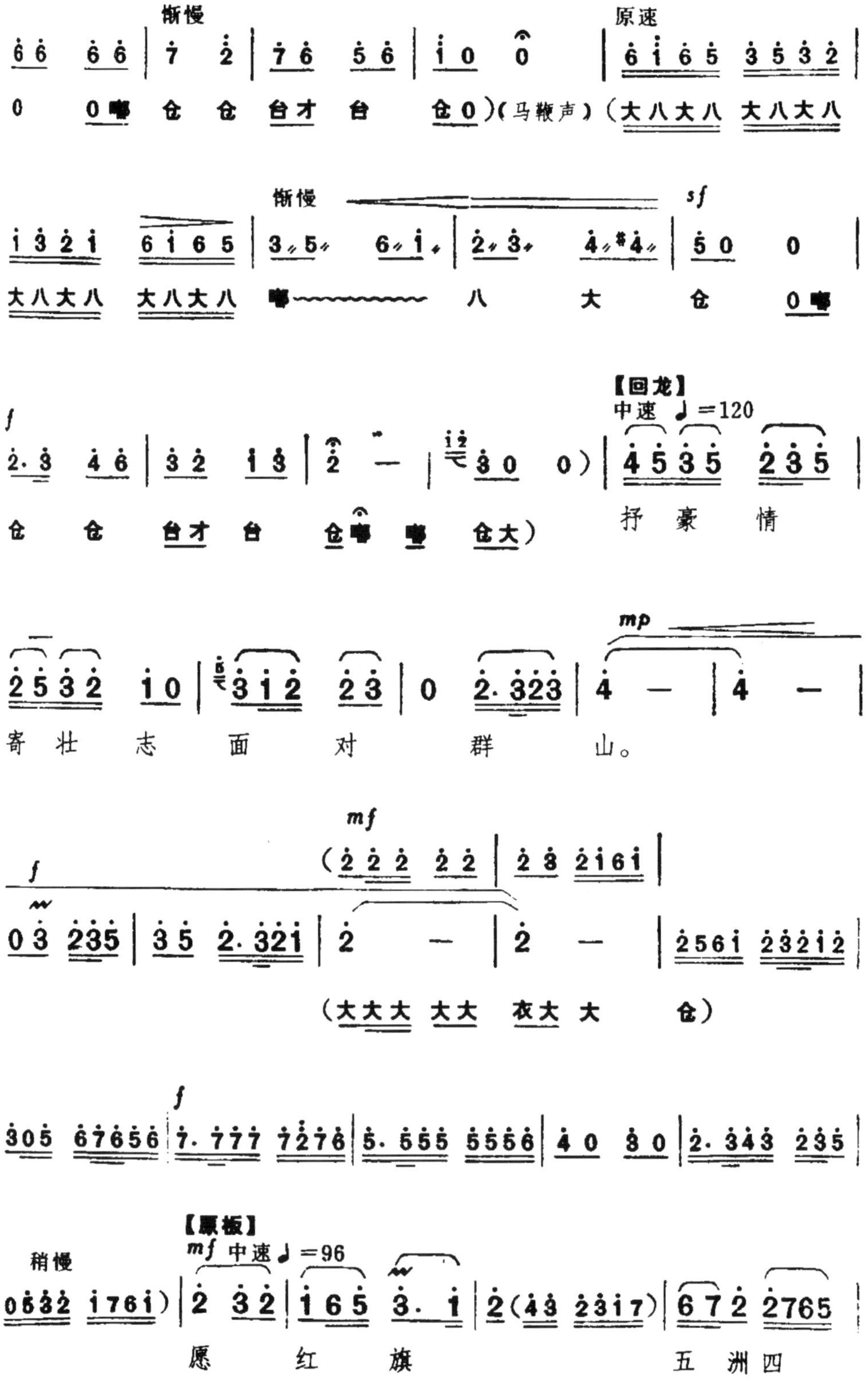

渐慢　　　　　　　　　　　　　　　　　　原速
6̇6̇　6̇6̇｜7̇　2̇｜7̇6̇　5̇6̇｜1̇0　0̂‖6̇1̇6̇5̇　3̇5̇3̇2̇｜
0　0嘡 仓 仓 台才 台　　仓0)(马鞭声)(大八大八 大八大八

渐慢　　　　　　　　　　　　　　sf
1̇3̇2̇1̇　6̇1̇6̇5̇｜3̇,5̇,　6̇,1̇,｜2̇,3̇,　4̇,#4̇,｜5̇0　0｜
大八大八 大八大八嘡～～～～～　八　大　仓　0嘡

f
2̇.3̇　4̇6̇｜3̇2̇　1̇3̇｜2̇̂　－｜1̇2̇̃　3̇0　0)｜4̇5̇3̇5̇　2̇3̇5̇｜
仓 仓 台才 台 仓嘡 嘡 仓大)　抒 豪 情

mp
2̇5̇3̇2̇　1̇0｜3̇1̇2̇　2̇3̇｜0　2̇.3̇2̇3̇｜4̇　－｜4̇　－｜
寄 壮 志 面 对 群　　山。

mf
f　　　　(2̇ 2̇ 2̇　2̇ 2̇｜2̇ 2̇ 2̇1̇6̇1̇｜
03̇ 2̇3̇5̇｜3̇5̇ 2̇.3̇2̇1̇｜2̇　－｜2̇　－｜2̇5̇6̇1̇ 2̇3̇2̇1̇2̇｜
(大大大 大大 衣大大 仓)

f
3̇05̇ 6̇7̇6̇5̇6̇｜7̇.7̇7̇7̇ 7̇2̇7̇6̇｜5̇.5̇5̇5̇ 5̇5̇5̇6̇｜4̇0 3̇0｜2̇.3̇4̇3̇ 2̇3̇5̇｜

【原板】
稍慢　mf中速♩=96
05̇3̇2̇ 1̇7̇6̇1̇)｜2̇ 3̇2̇｜1̇6̇5̇｜3̇.1̇｜2̇(4̇3̇ 2̇3̇1̇7̇)｜6̇7̇2̇ 2̇7̇6̇5̇｜
愿 红 旗　　　　　　　五 洲 四

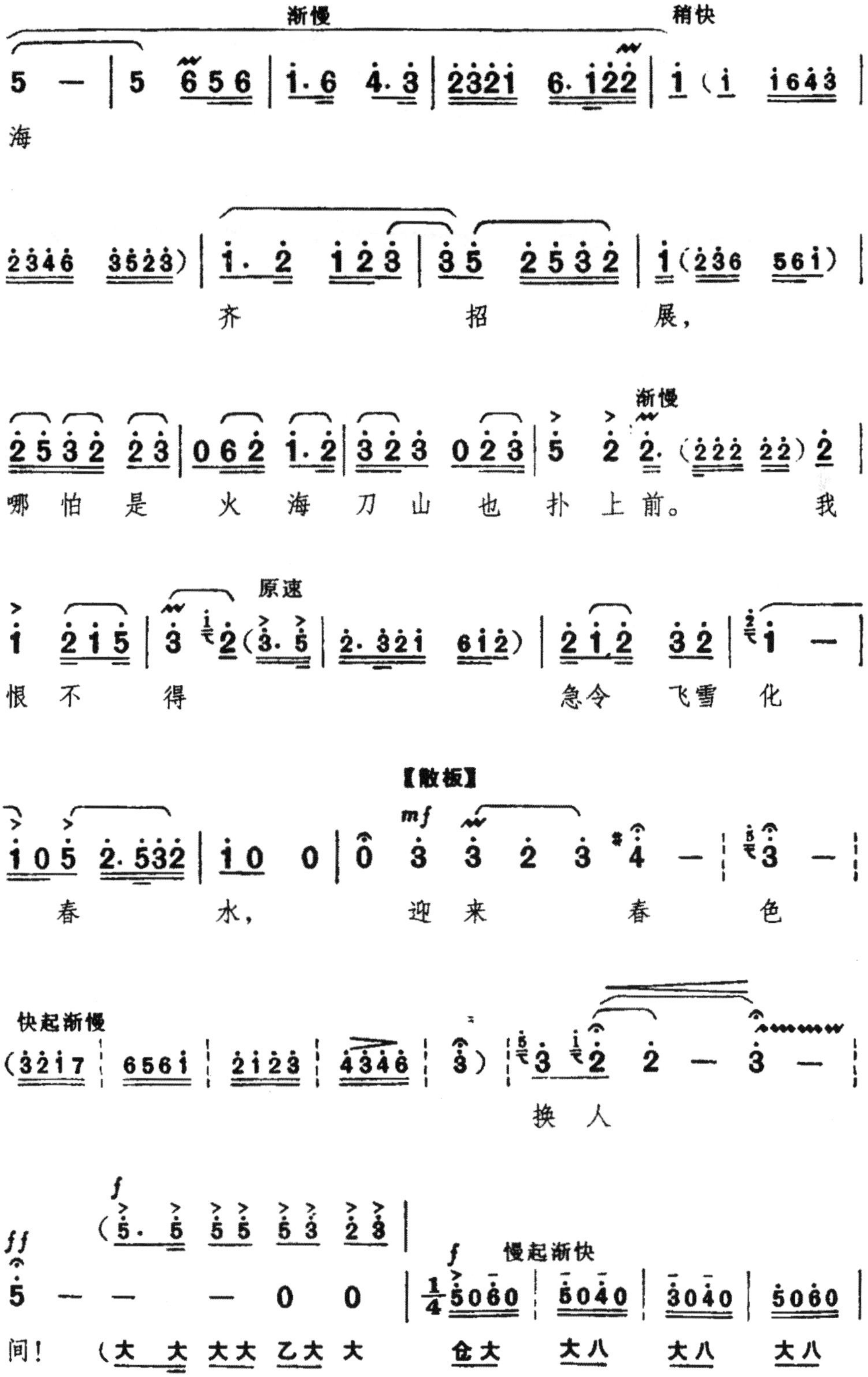

渐慢　　　　　　　　　　　　　　　　　　　　稍快

5 － | 5 656 | 1.6 4.3 | 2321 6.122 | 1（1 1643 |
海

2346 3523）| 1.2 123 | 35 2532 | 1（236 561）|
齐　　　　招　　展，

2532 23 | 062 1.2 | 323 023 | 5 2 2. （222 22）2 |
哪怕是　火海　刀山　也　扑上前。　　　　　我

　　　　　　　　　原速
1 215 | 3 12 （3.5 | 2.321 612）| 212 32 | 1 － |
恨不　得　　　　　　　　急令　飞雪　化

　　　　　　　　【散板】　mf
105 2.532 | 10 0 | 0 3 3 2 3 #4 － | 3 － |
春　水，　　　迎来　春色

快起渐慢
（3217 | 6561 | 2123 | 4346 | 3）| 3 2 2 3 － |
　　　　　　　　　　　　　　　换　人

ff　　　f （5.5 555 53 23 |
　　　　　　　　　　　　　　f　慢起渐快
5 － － － 0 0 | 1/4 5060 | 5040 | 3040 | 5060 |
间！（大　大 大大 乙大 大　　仓大　大八　大八　大八

421

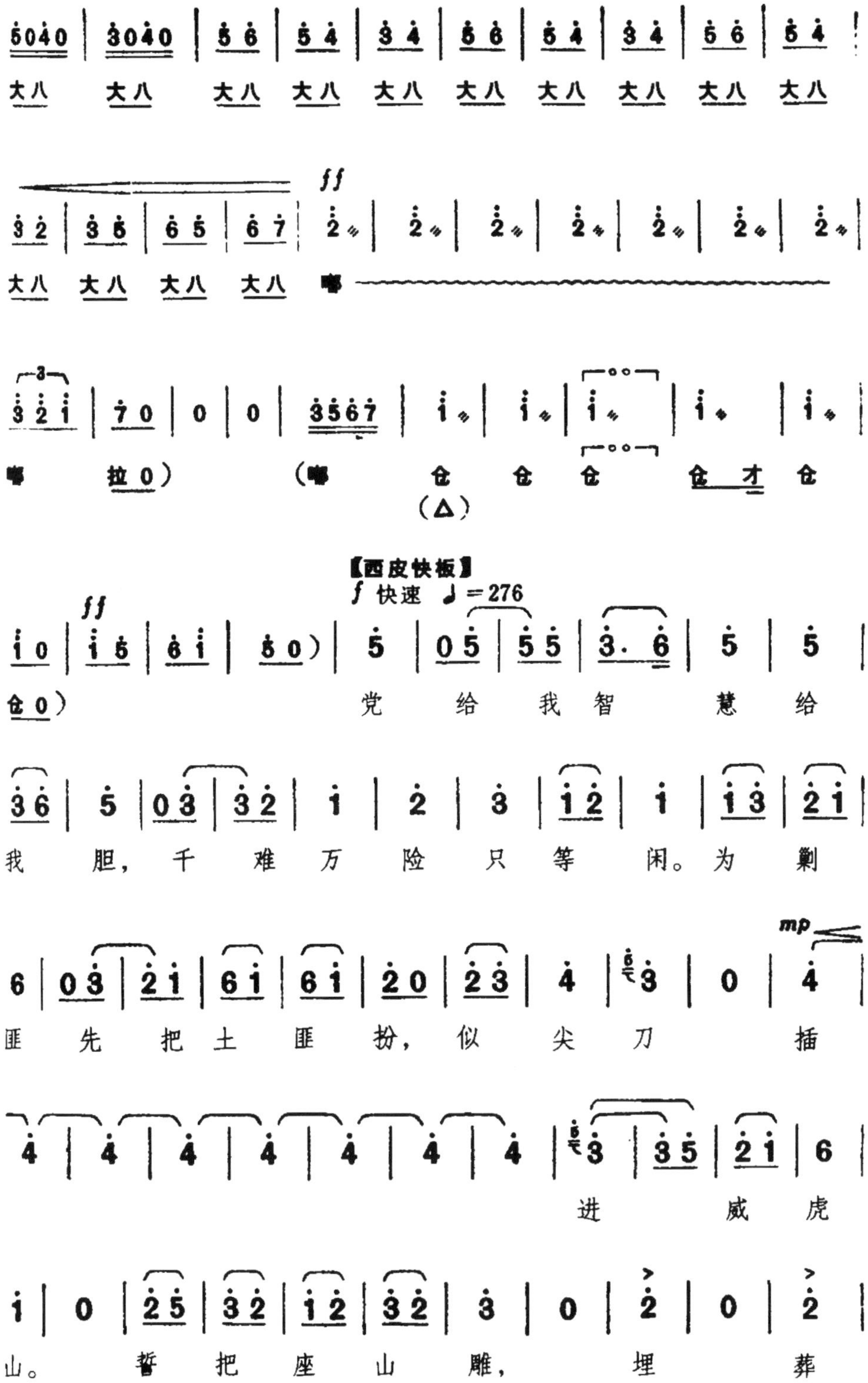

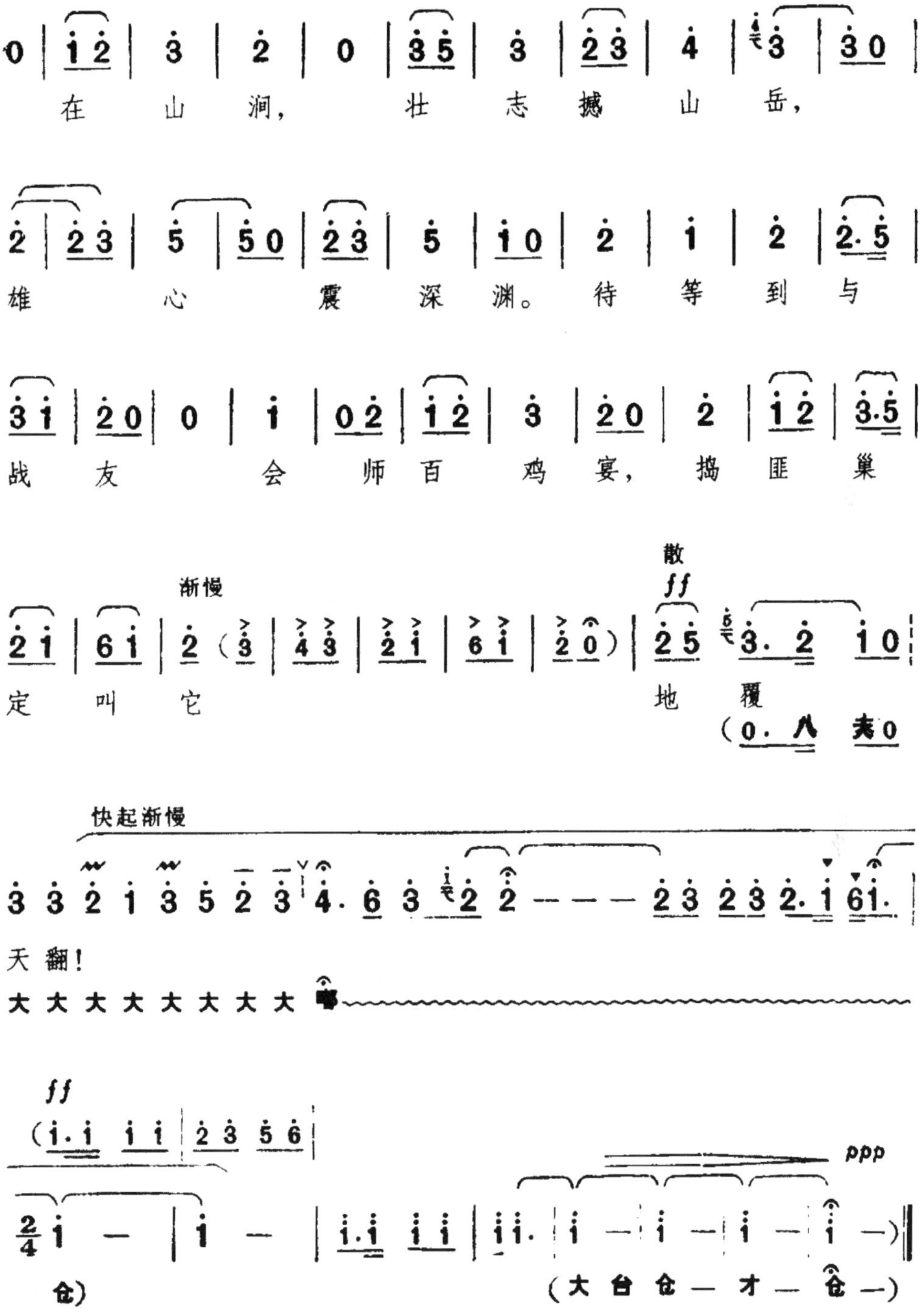
在 山 涧， 壮 志 撼 山 岳，
雄 心 震 深 渊。待 等 到 与
战 友 会 师 百 鸡 宴，捣 匪 巢
渐慢
散
定 叫 它 地 覆
（0. 八 夫 0
快起渐慢
天 翻！
大 大 大 大 大 大 大 大
仓）
（大 台 仓 — 才 — 仓 —）

甘洒热血写春秋

第六场　杨子荣唱

【西皮快二六】

（乐谱）

今日　痛饮庆功酒，　壮
志未酬誓不休。来日方长显
身手，　甘洒热血
写春秋。

（雄壮地笑）哈哈哈！

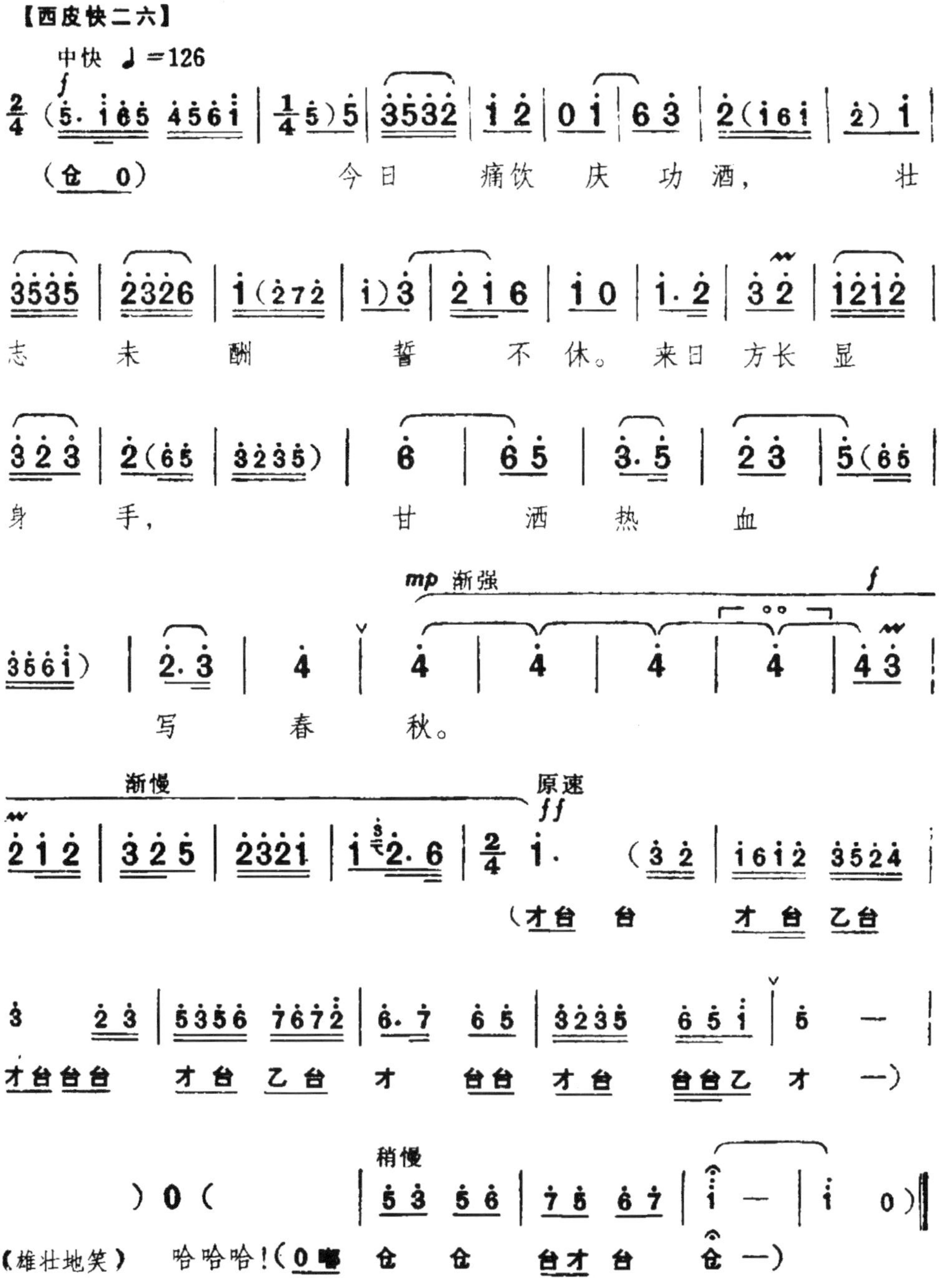

这些兵急人难

第七场　李勇奇唱

1 = A　2/4

快速 ♩ = 288

ff

(2. 2 | 2 7 | 67 65 | 35 23 | 5 0 | 0 6 | mp

(台　一)

渐强

5 1 | 2 3 | 46 43 | 21 23 | 5 5 | 32 35 | mf

f

6 6 | 53 56 | i i | i2 35 | 2 | 35 | 23 2i | ff

渐慢为中速 ♩ = 88

mf

6i 23 | i2 7 | 60 0 | 0 4 | 3 2 | 1 1 | 1 2 |

(扎)

mp

3.2 5 | 507 65 | 1.2 35 | 232 1i | #5 6. 5 | 6.7 2 #i 2 |

f

渐慢　　　　　　　　　　　　　　　　mp　　稍慢

23 52 | 7. 2 | 6 1.2 | 6i 5 5 | 3 0 | 0 3.2 | mf

mf

1.2 35 | 21 65i | 5. 6 | 4 5/3 3 | 2 — | 2 — ‖

(大大 乙　仓一)　　　　　　　　(5. 6 | 4 3)‖

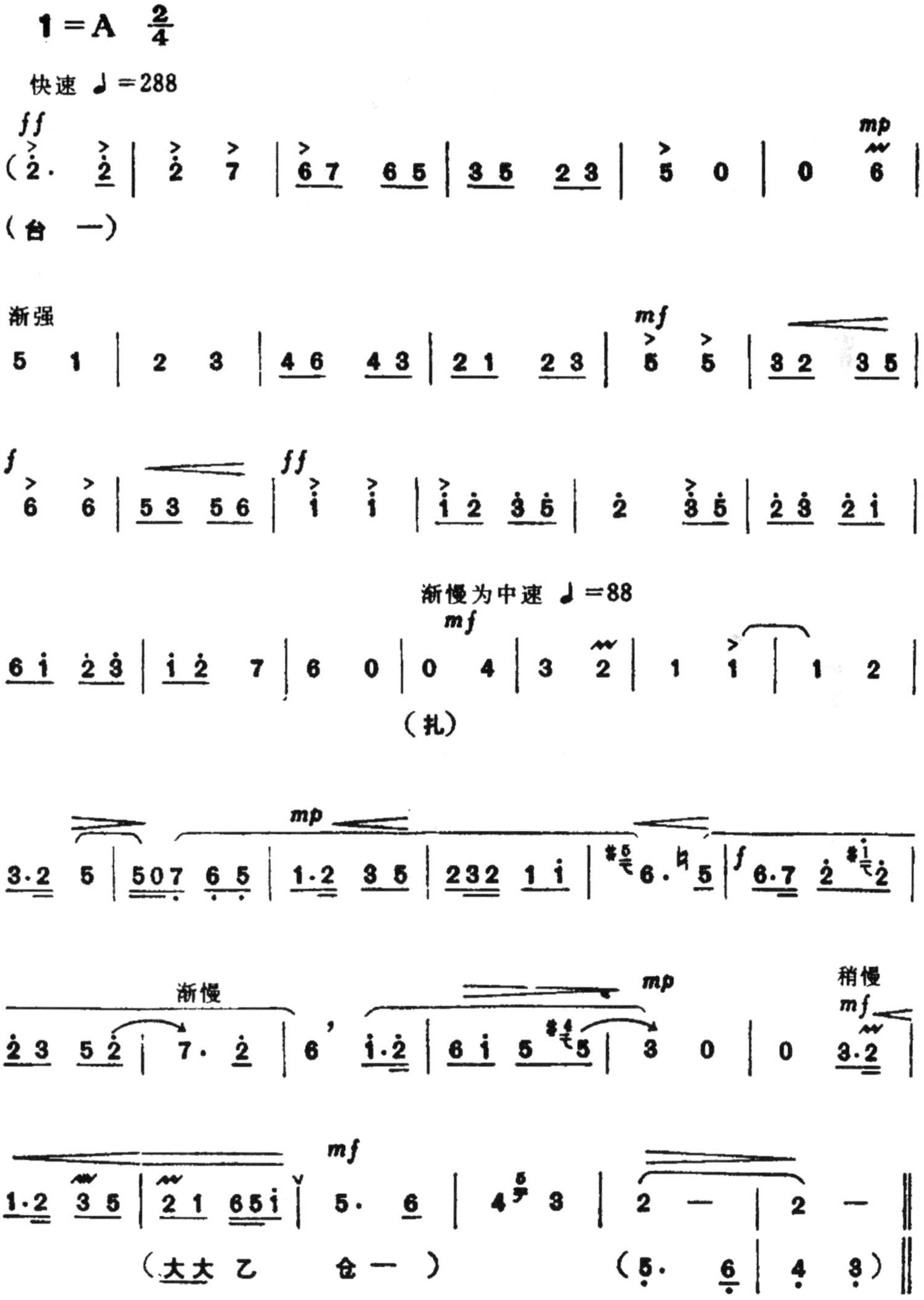

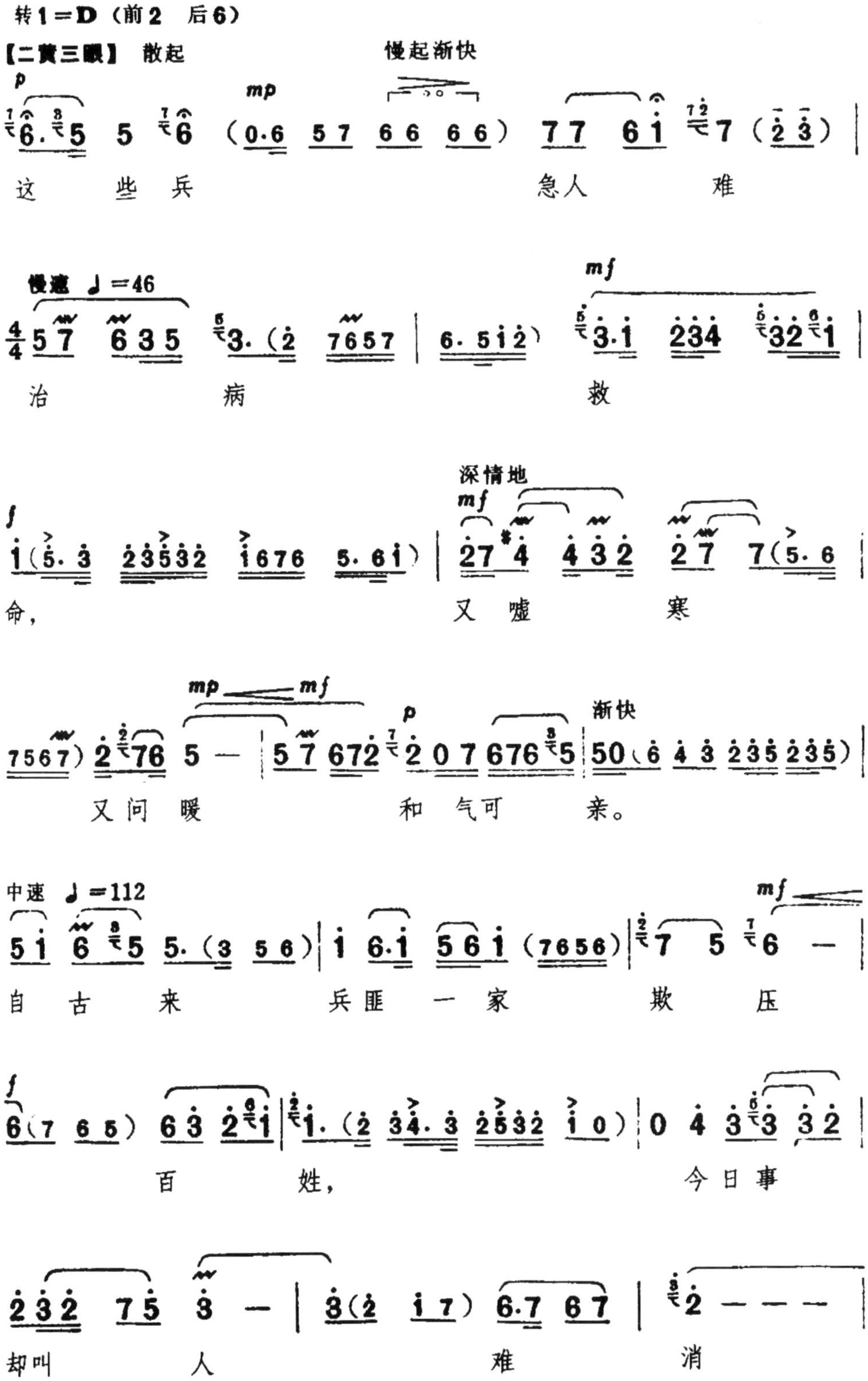

转1＝D（前2　后6）

【二黄三眼】散起　　　　　　　　　慢起渐快

p　　　　　　　　　　mp

6.5　5　6　（0.6　57　66　66）　77　61　7（23）｜

这　些兵　　　　　　　急人　难

慢速 ♩＝46

4/4 57　635　3.(2　7657｜6.512)　3.1　234　321｜

治　病　　　　救

f

1(5.3　23532　1676　5.61)｜27 4　432　27　7(5.6

命，　　　　　又嘘　寒

深情地
mf

mp　　mf　　　　p　　　　　渐快

7567)　276　5 —｜57 672 20 7 676 5｜50(643 235 235)｜

又问暖　　　和气可　亲。

中速 ♩＝112

51　65　5.(3　56)｜161 561(7656)｜75 6 —

自古来　兵匪一家　欺压

f　　　　　　　　　　　　　　　　　mf

6(765)　63 21｜1.(2 34.3 25532 10)｜0 43 32｜

百　姓，　　　　　今日事

232 75　3 —｜3(2 17)　6.7 67｜2 — — —

却叫　人　　　难　消

疑 云！

我们是工农子弟兵

第七场　参谋长唱

1 = D　2/4

【二黄原板】慢速稍渐快

我们　是　　　工农子弟兵来　到　深

中速 ♩=96

山，　　要　消灭 反动派　　　改地

换　天。　几十　年　闹革命

南北　转　战，　共产 党、毛主席

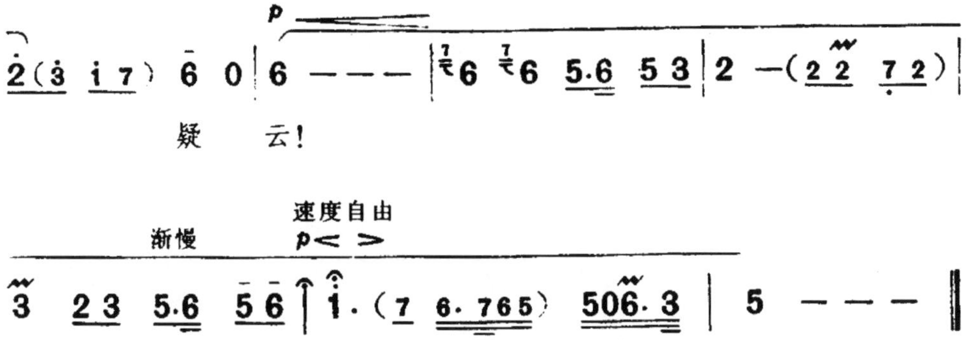

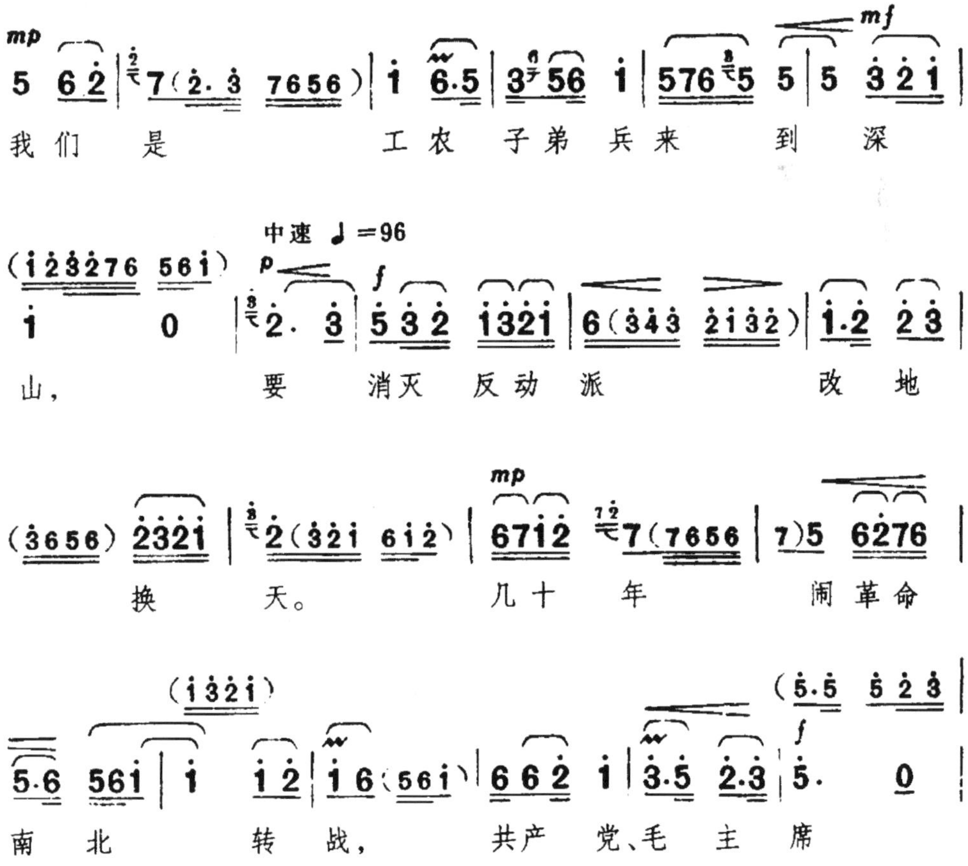

5 6 4 3　2 3 4 3 | 5) 2　2 5 3 2 | 1·2　2 3 | (3 6 5 6)　1·3 |

指　引　我　们　　　　　向

2·(3 2 5 6 1 2) | 2 0 2　1 2 | 1·3　2·1 | 1 (2 7 6 5 6 1) | 3 2 1　6 2 1 |

前。　　　颗红星头　上　戴，　　革命红旗

2 1 5　3 2 1 | 2 (3 2 1 6 1 2) | 3·3 | 2 5 3 | 3 3 2 1 | 1 (7 6 1) |

挂　两　边。　　　红旗指处乌云　散，

2 5 3 2 | 1 2 | 2 5 3 2 | 1 3 2 1 | 1 2 | 2 0 | 7　7 6 7 | 2·7· |

解 放区人民斗 倒 地 主 把 身 翻。　人 民 的 军队

7 5　6 2 7 2 | 6·3　5 | 5 6 3 2 1 | 1　2 1 2 | 2 2 1 5 | 3 0 | 2 3 5 1 2 |

与 人 民 共　　患　难，到 这里 为的　　是　扫平威虎山！

自己的队伍来到面前

第七场　李勇奇唱

1 = D

♩ = 100

【二黄碰板】

2/4 (6　—　| 6·6　6 6 | 6 1 6 5　3 5 2 3 | 5 0　0) | 2·5 | 3 |

（仓　　仓　才　仓·才 乙个台　仓 多）　早

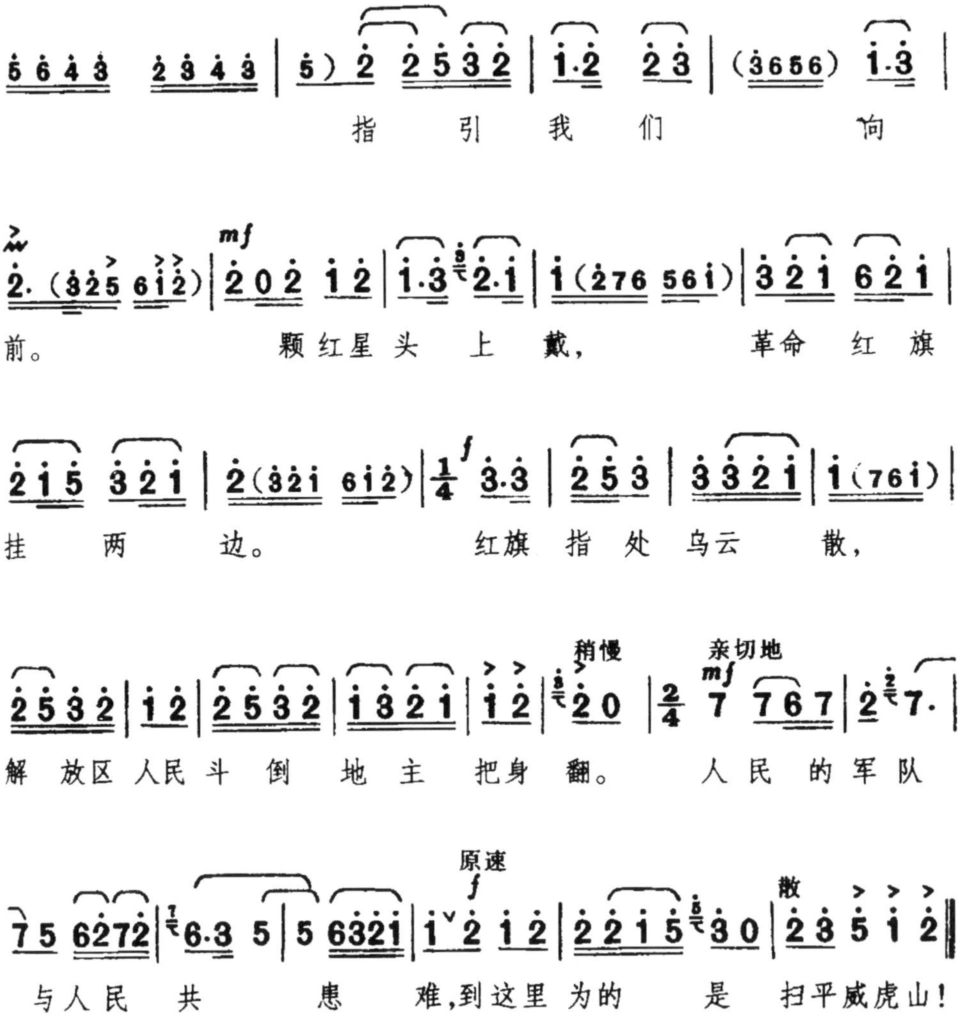

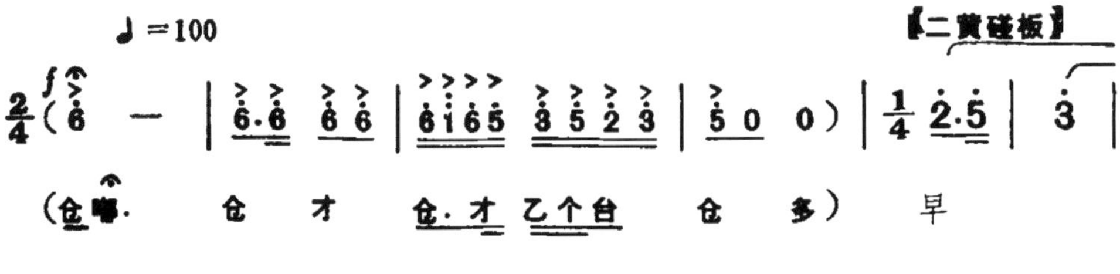

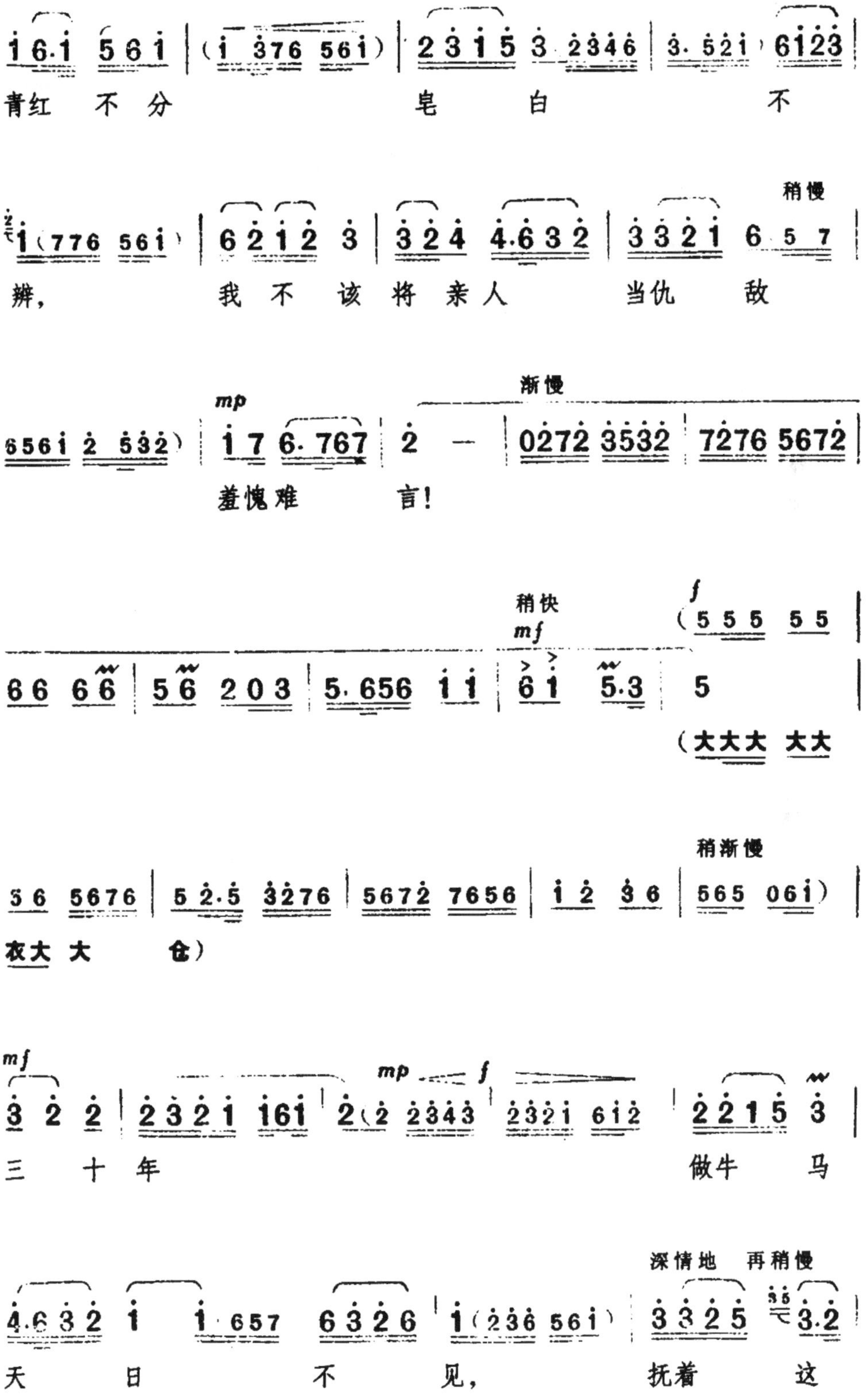

```
1 6 1  5 6 1 │(1 3 7 6  5 6 1)│ 2 3 1 5  3  2 3 4 6│3. 5 2 1  6 1 2 3│
青 红   不 分           皂   白        不
```

```
1 (7 7 6  5 6 1)│6 2 1 2  3│3 2 4  4. 6 3 2│3 3 2 1  6 5 7│
辨,       我 不 该 将 亲 人    当 仇   敌
```

```
6 5 6 1  2  5 3 2)│1 7 6. 7 6 7  2  —│0 2 7 2  3 5 3 2│7 2 7 6  5 6 7 2│
羞 愧 难   言!
```

```
6 6  6 6│5 6  2 0 3│5. 6 5 6  1 1│6 1  5. 3  5│(5 5 5  5 5
（大大大 大大
```

```
5 6  5 6 7 6│5 2. 5  3 2 7 6│5 6 7 2  7 6 5 6│1 2  3 6│5 6 5  0 6 1)│
衣大 大    仓）
```

```
3 2  2│2 3 2 1  1 6 1│2 (2  2 3 4 3│2 3 2 1  6 1 2│2 2 1 5  3│
三 十 年              做 牛   马
```

```
4. 6 3 2  1│1. 6 5 7  6 3 2 6│1 (2 3 6  5 6 1)│3 3 2 5  3. 2│
天 日 不 见,       抚 着   这
```

429

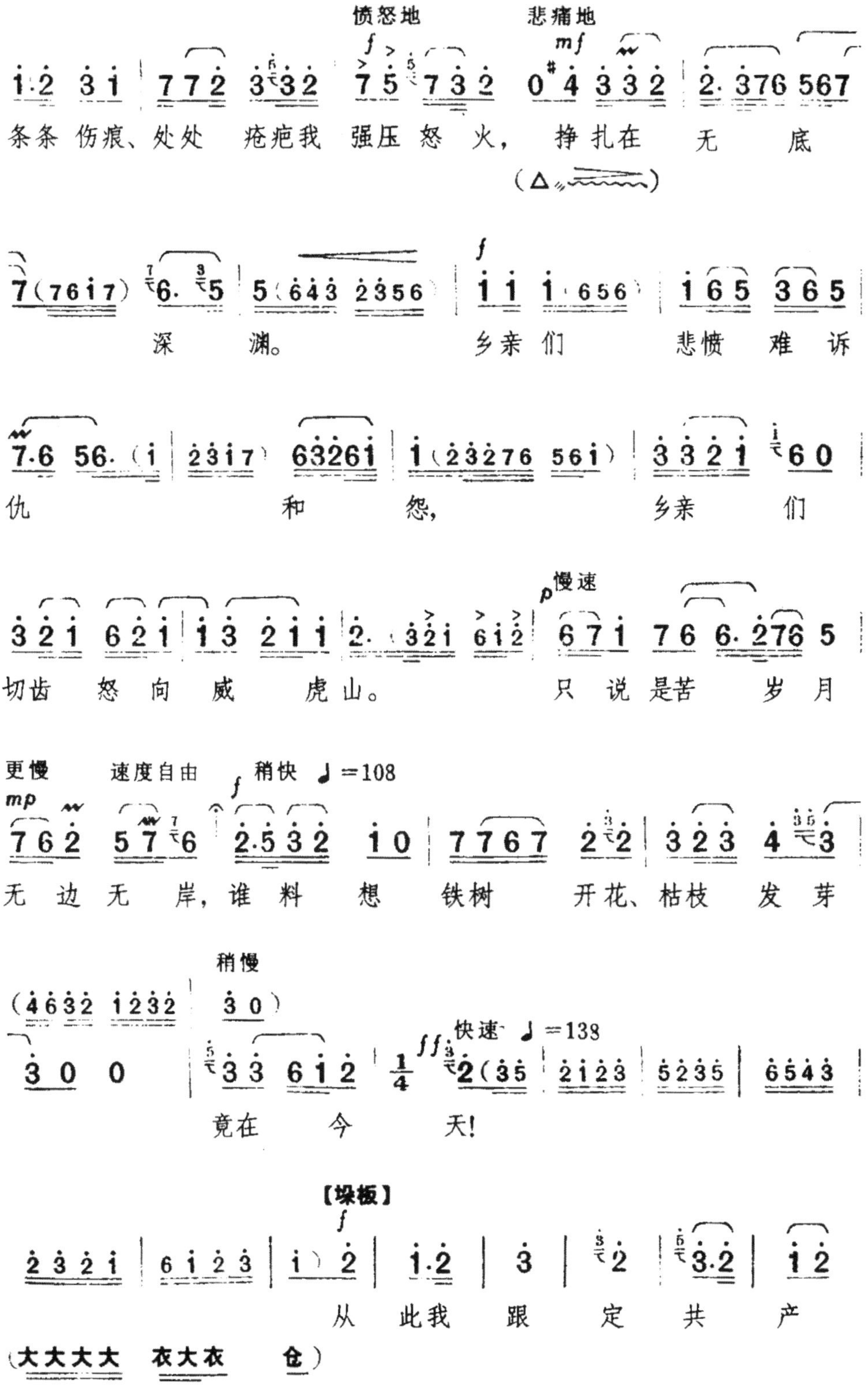

愤怒地　　　　　悲痛地
f > >　　　mf
1·2 3 1 | 7 7 2 3 3 2 | 7 5 7 3 2 | 0 #4 3 3 2 | 2·3 7 6 5 6 7 |
条条 伤痕、处处 疮疤我 强压怒 火, 挣扎在 无 底

f
7（7 6 1 7） 6·5 5（6 4 3 2 3 5 6） | 1 1 1·6 5 6 | 1 6 5 3 6 5 |
深 渊。 乡亲们 悲愤 难诉

7·6 5 6·（1 | 2 3 1 7 | 6 3 2 6 1 | 1（2 3 2 7 6 5 6 1） | 3 3 2 1 6 0 |
仇 和 怨, 乡亲 们

慢速
p
3 2 1 6 2 1 | 1 3 2 1 1 | 2·3 2 1 6 1 2 | 6 7 1 7 6 6·2 7 6 5 |
切齿 怒 向 威 虎山。 只 说是苦 岁 月

更慢　　速度自由　f 稍快 ♩=108
mp
7 6 2 5 7·6 | 2·5 3 2 1 0 | 7 7 6 7 2 2 | 3 2 3 4 3 |
无 边无 岸,谁料 想 铁树 开花、枯枝 发芽

稍慢
（4 6 3 2 1 2 3 2 3 0）
ff
3 0 0 | 3 3 6 1 2 1/4 2（3 5 | 2 1 2 3 | 5 2 3 5 | 6 5 4 3 |
竟在 今 天!

快速 ♩=138

【垛板】
f
2 3 2 1 | 6 1 2 3 | 1 2 | 1·2 | 3 | 2 | 3·2 | 1 2 |
从 此我 跟 定 共 产

（大大大大　衣大衣　　仓）

430

党　　　　把虎　狼　斩，　　　不管是

水里　走、火　里　钻，　粉身　碎骨　　也心

甘！纵　有　千　难　与万　　　　险，　扫

平　那　威虎　山　　　　（仓0）　　我

马　　　　　　　当　　先！

（仓——————————仓0）

胸 有 朝 阳

第八场　杨子荣唱

1 = E

慢起渐快

（八　大　仓0　大八　大八　大八　大八　大八　大八　大八　大八

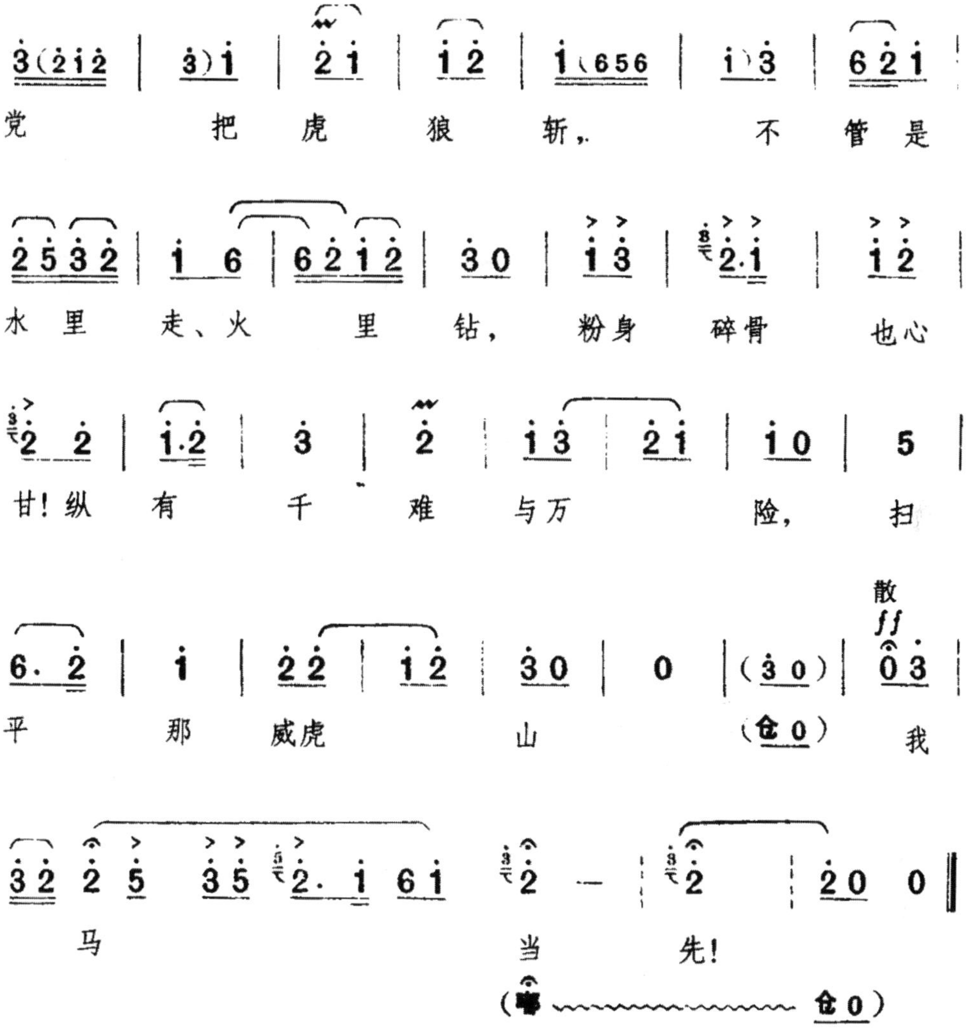

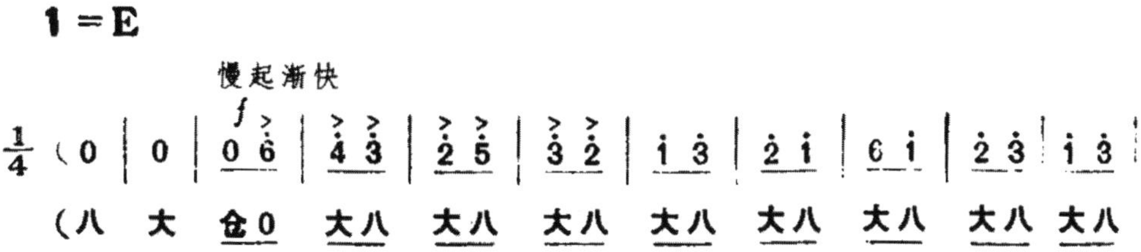

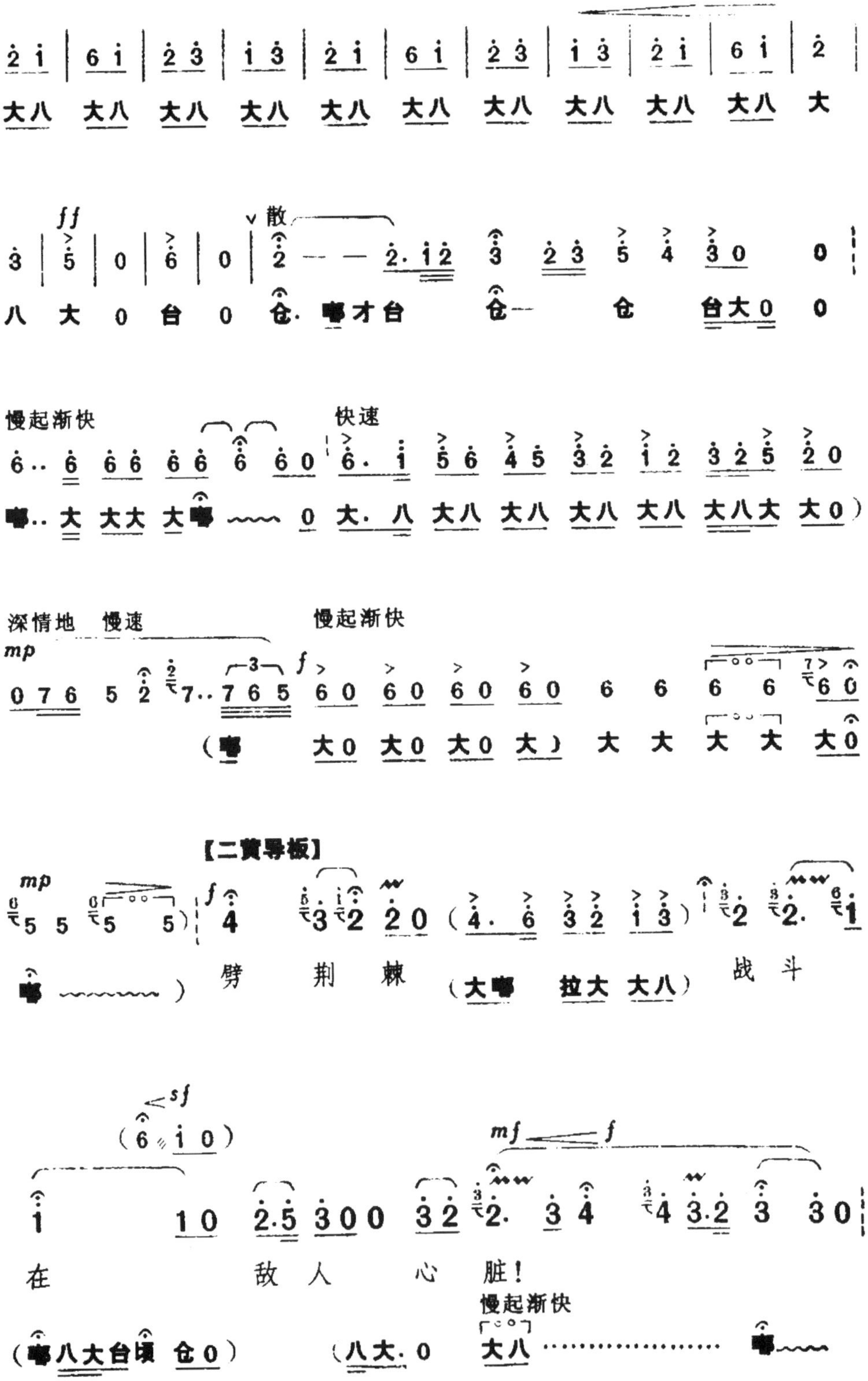

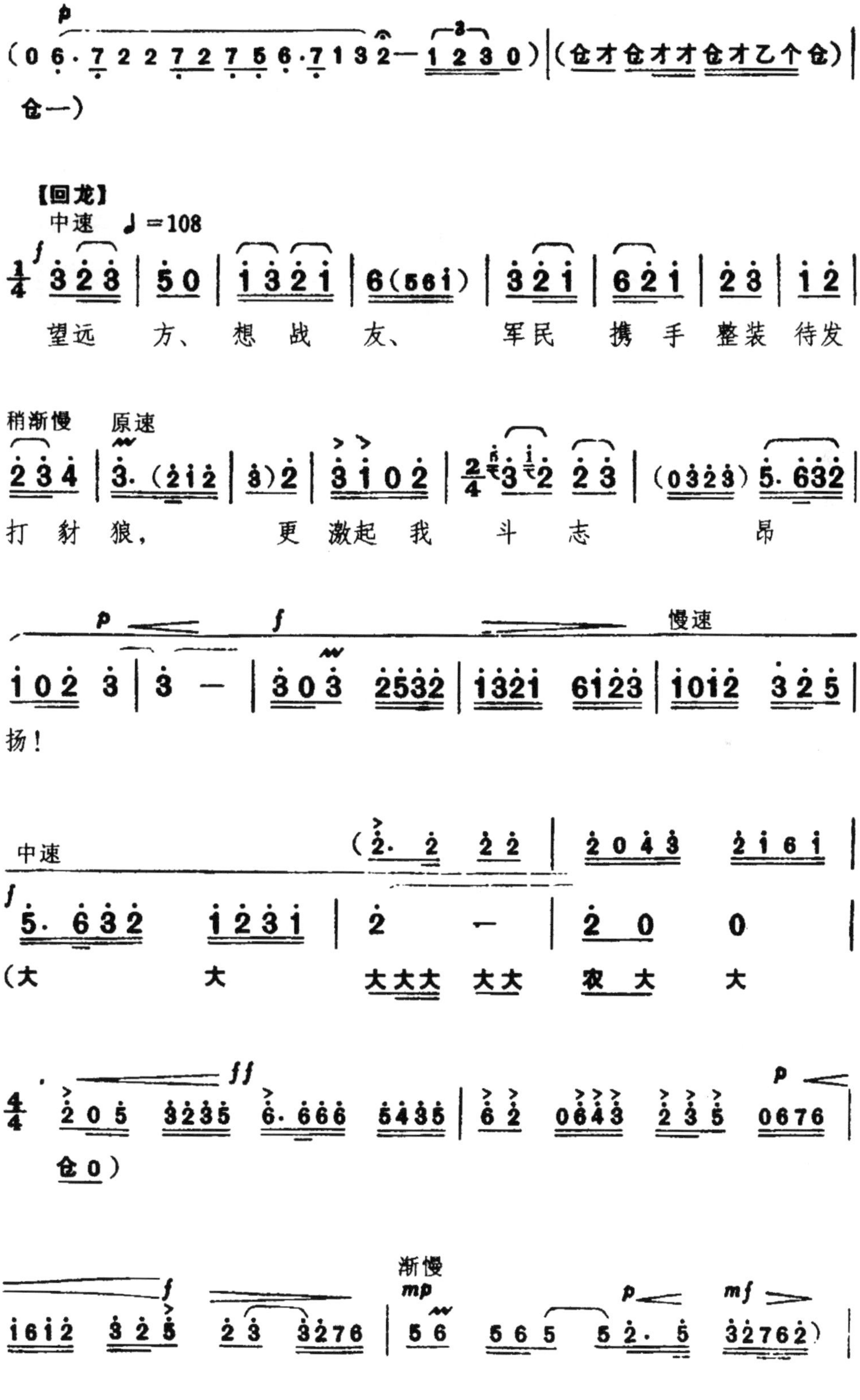

（0 6·7 2 2 2 7 2 7 5 6·7 1 3 2 — 1 2 3 0）｜（仓才仓才才仓才乙个仓）｜

仓一）

【回龙】

中速 ♩=108

4/4 3 2 3 ｜ 5 0 ｜ 1 3 2 1 ｜ 6（5 6 1）｜ 3 2 1 ｜ 6 2 1 ｜ 2 3 ｜ 1 2 ｜

望远 方、 想战 友、 军民 携手 整装 待发

稍渐慢 原速

2 3 4 ｜ 3·（2 1 2 ｜ 3）2 ｜ 3 1 0 2 ｜ 2/4 3 2 2 3 ｜ （0 3 2 3）5·6 3 2 ｜

打 豺 狼， 更 激起我 斗 志 昂

p ＜ f 慢速

1 0 2 3 ｜ 3 — ｜ 3 0 3 ｜ 2 5 3 2 ｜ 1 3 2 1 ｜ 6 1 2 3 ｜ 1 0 1 2 ｜ 3 2 5 ｜

扬！

中速

（2· 2 2 2 ｜ 2 0 4 3 ｜ 2 1 6 1 ｜

f

5·6 3 2 1 2 3 1 ｜ 2 — ｜ 2 0 0 ｜

（大 大 大大大 大大 农 大 大

4/4 2 0 5 ｜ 3 2 3 5 ｜ 6·6 6 6 ｜ 5 4 3 5 ｜ 6 2 0 6 4 3 ｜ 2 3 5 ｜ 0 6 7 6 ｜

仓 0）

渐慢

mp p ＜ mf

1 6 1 2 ｜ 3 2 5 ｜ 2 3 3 2 7 6 ｜ 5 6 5 6 5 5 2·5 3 2 7 6 2）｜

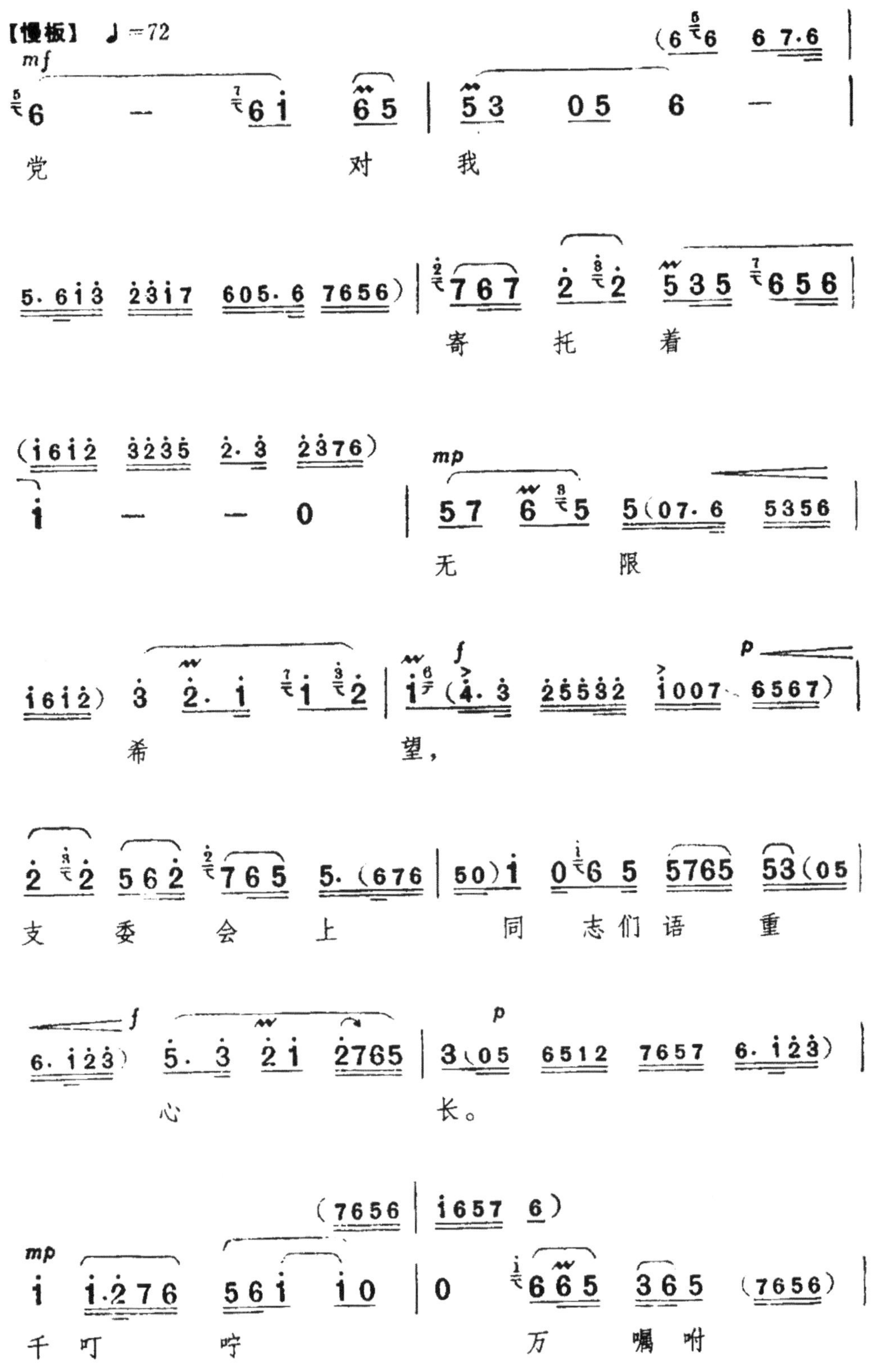
【慢板】 ♩=72
党对我
寄托着
无限
希望，
支委会上
同志们语重
心长。
千叮咛
万嘱咐

mf

i i0 2 5 6 i (6 2 3 | i0) *f* 1 75 2 3 5

给　我　　　　　力

mf *f* 深情地 *mp*

i 4 3 2 3 4 3 6.6 6 3 4 3 2 0 | 2 2 7.2 3 2 (2 7 6 5 6

量，　　　　　　　一　颗　颗

7) 5 6.7 2 2 3 2 7 6) | *f* 7 5 3 2 7.2 3 5 3 2 1 7

火　红　的　心（哪）　暖　　我

6 0 6 — — | 6 — | 6 0 6 5.6 5 6 7 3 1.7

胸　　膛。

渐慢

6 2 7 6 5.7 6 5 4 3 2 3 5 3 5 | 6 5 1 5 3 1 6 0 1 6 6

【快三眼】渐快

(5 5 5 6 5 6 5 0 | *f* 快速 ♩=200

5 — 0 | 5 5 5 3 2 3 5 3 | 6.6 6 6 6 5 3 5

p

2 0 5.3 2 3 5 3 2 | 1.2 3 5 2 3 3 6 | 5 6 5 5 0 7 6 i)

mf *f* (3 6 i 2) *f* *mf*

3 — — — | 8 — 3 2 3 | 5 0 0 3

要　　　　　　大　胆　（呐）

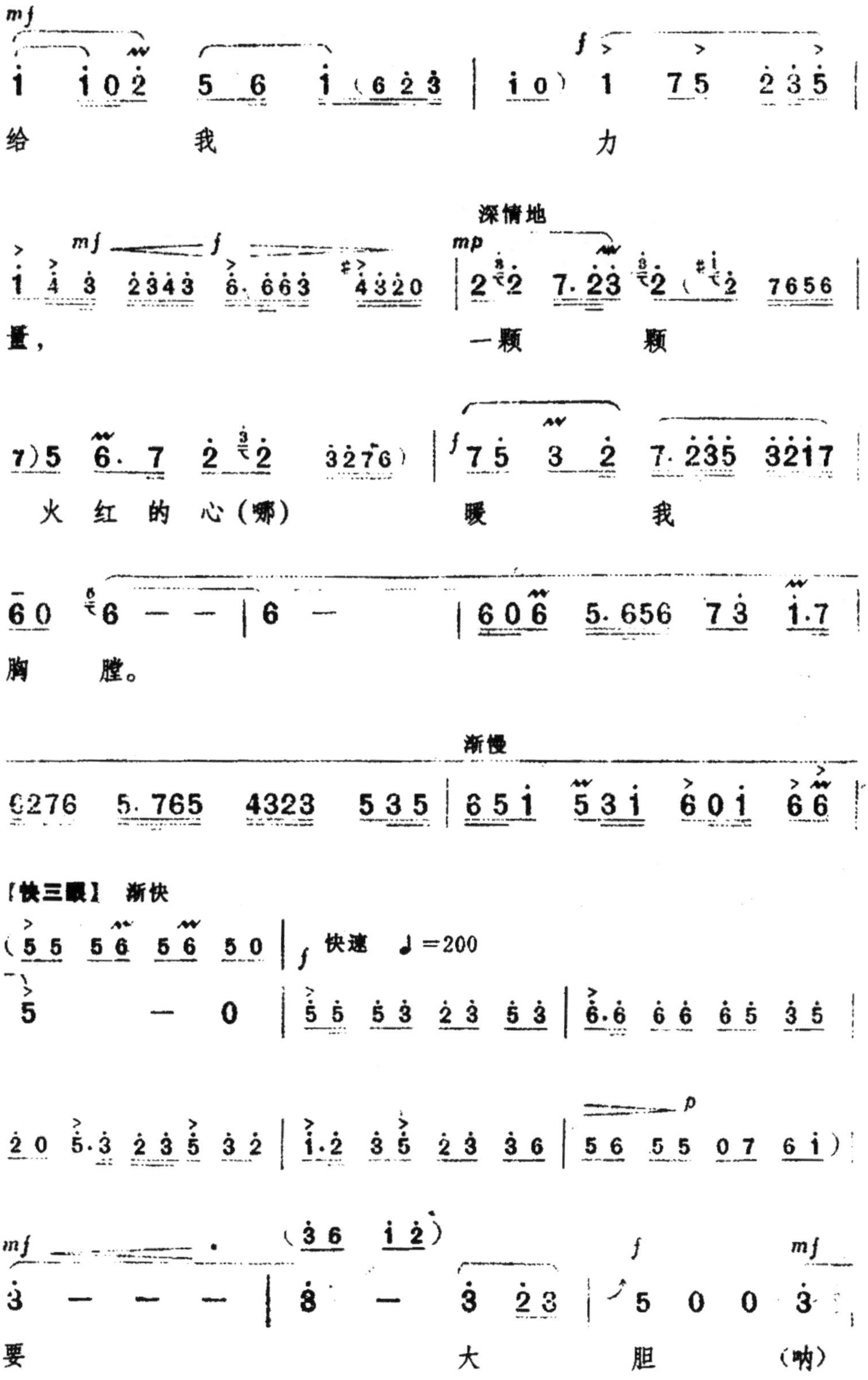

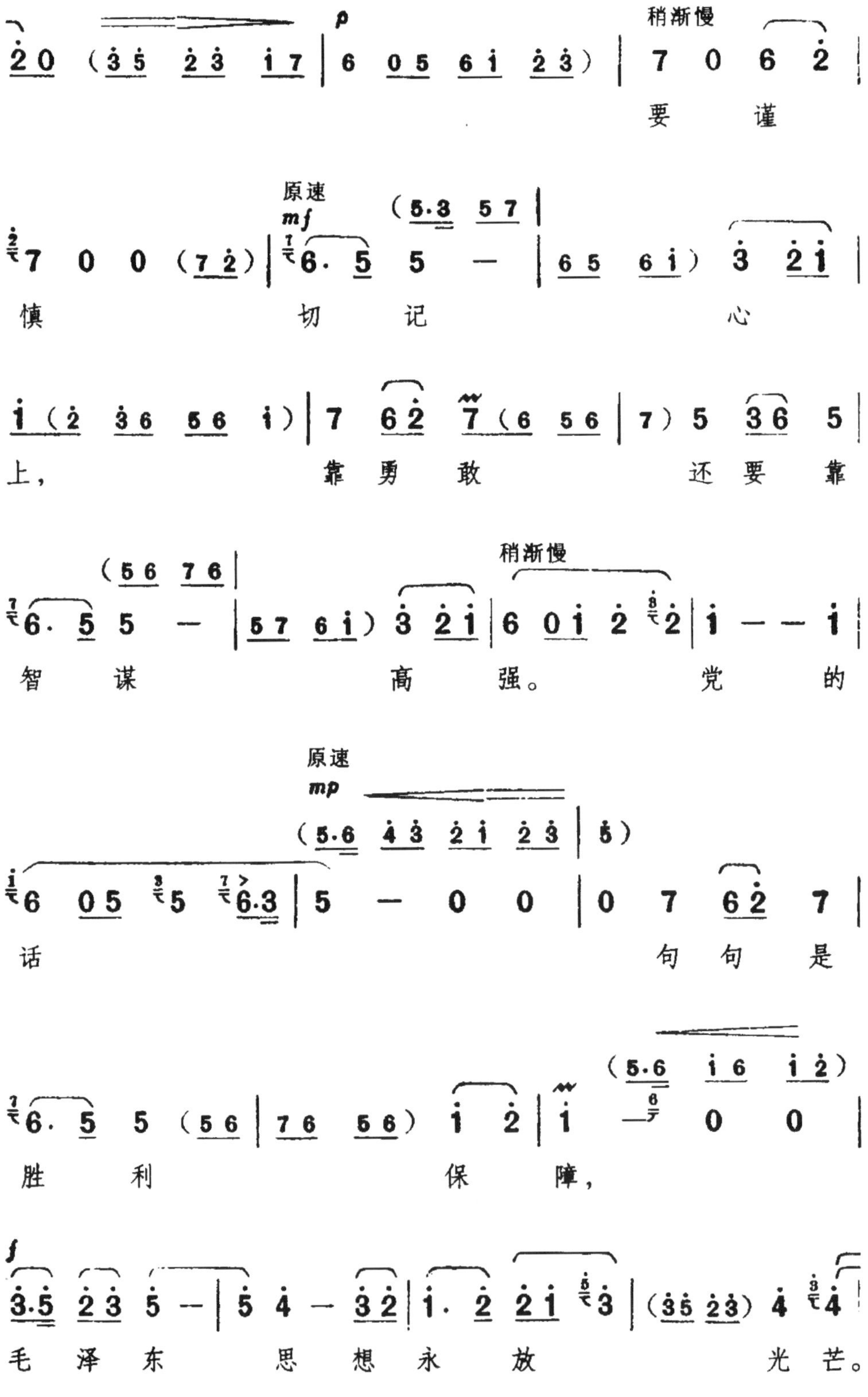

稍渐慢

$\dot{\underline{2}}$ 0 （$\dot{\underline{3}}$ $\dot{\underline{5}}$ $\dot{\underline{2}}$ $\dot{\underline{3}}$ $\underline{1}$ $\underline{7}$ | 6 0 5 $\underline{6}$ $\dot{\underline{1}}$ $\dot{\underline{2}}$ $\dot{\underline{3}}$） | 7 0 6 $\dot{2}$ |

要　　谨

原速

$\underline{\widetilde{7}}$ 7 0 0 （$\underline{7}$ $\dot{\underline{2}}$） | $\underline{\widetilde{7}}$ 6·$\underline{5}$ 5 － | $\underline{65}$ $\underline{6\dot{1}}$） $\dot{3}$ $\dot{2}\dot{1}$ |

慎　　　切记　　　　心

$\dot{1}$ （$\dot{\underline{2}}$ $\underline{3}$ $\underline{6}$ $\underline{5}$ $\underline{6}$ $\dot{1}$） | 7 $\underline{6\dot{2}}$ $\underline{\widetilde{7}}$ （$\underline{6}$ $\underline{5}$ $\underline{6}$ | 7） 5 $\underline{3}$ $\underline{6}$ 5 |

上，　　　　靠勇敢　　　还要靠

稍渐慢

$\underline{\widetilde{7}}$ 6·$\underline{5}$ 5 － | $\underline{57}$ $\underline{6\dot{1}}$） $\dot{3}$ $\dot{2}\dot{1}$ 6 0 $\dot{1}$ $\dot{2}$ $\underline{\widetilde{2}}$ $\dot{2}$ $\dot{1}$ － － $\dot{1}$ |

智　谋　　　高　强。　　　党　的

原速

（$\underline{5·6}$ $\dot{\underline{4}}$ $\dot{\underline{3}}$ $\dot{\underline{2}}$ $\dot{\underline{1}}$ $\underline{2}$ $\underline{3}$ | $\dot{5}$）

$\underline{\widetilde{7}}$ 6 0 5 $\underline{\widetilde{5}}$ $\underline{\widetilde{7}}$ $\underline{6·3}$ | 5 － 0 0 | 0 7 $\underline{6\dot{2}}$ 7 |

话　　　　　　　　　句　句　是

（$\underline{5·6}$ $\underline{\dot{1}}$ $\underline{6}$ $\underline{\dot{1}}$ $\dot{2}$）

$\underline{\widetilde{7}}$ 6·$\underline{5}$ 5 （$\underline{56}$ | $\underline{76}$ $\underline{56}$） $\dot{1}$ $\dot{2}$ | $\underline{\widetilde{1}}$ 0 0 |

胜　利　　　保　障，

f

$\underline{3·5}$ $\underline{2}$ $\underline{3}$ 5 － | 5 4 － $\underline{3}$ $\underline{2}$ | $\dot{1}·$ $\dot{2}$ $\underline{2}$ $\dot{1}$ $\underline{\widetilde{3}}$ | （$\underline{35}$ $\underline{23}$） $\dot{4}$ $\underline{\widetilde{4}}$ |

毛　泽　东　思　想　永　放　　　　光　芒。

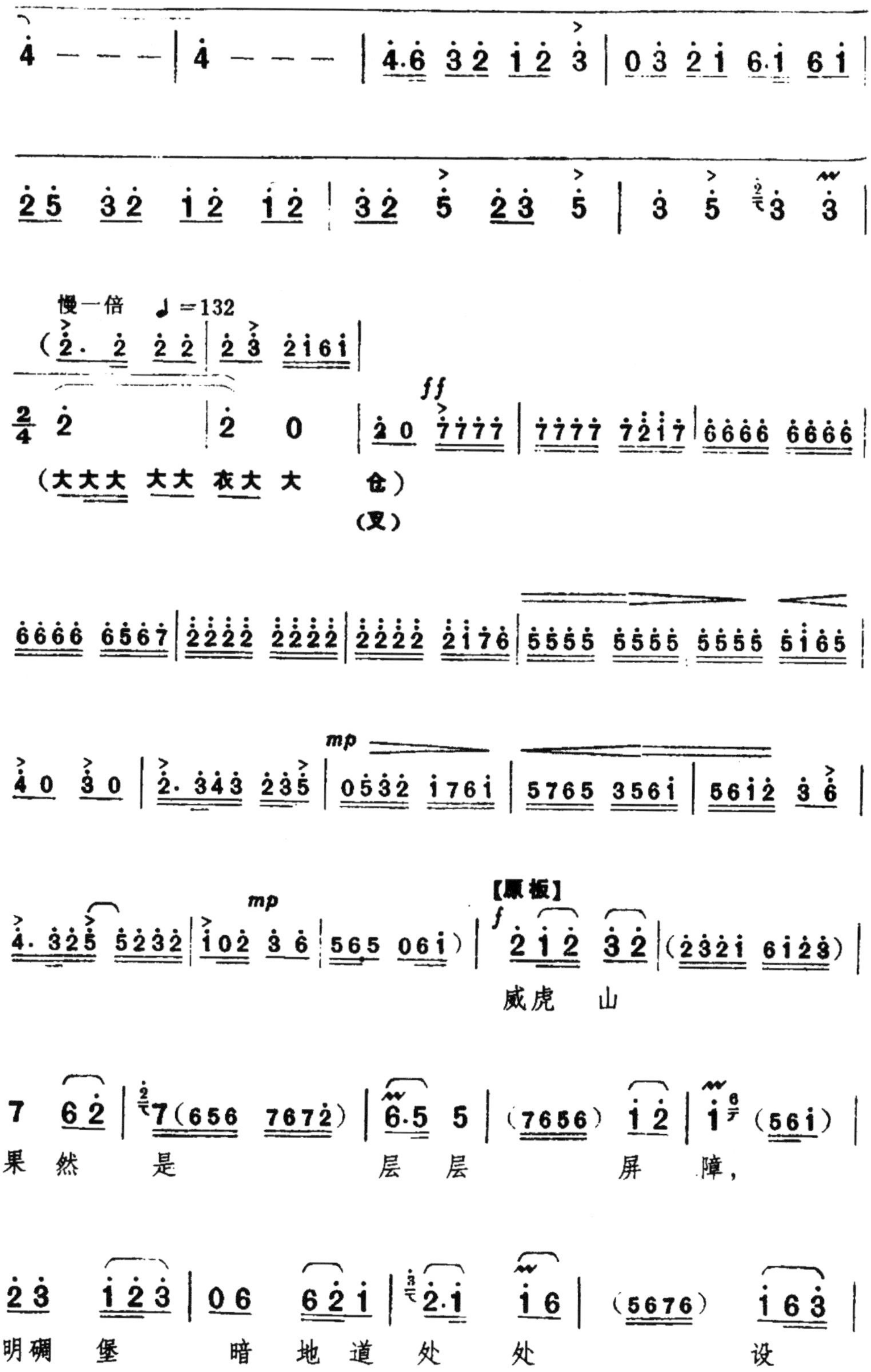

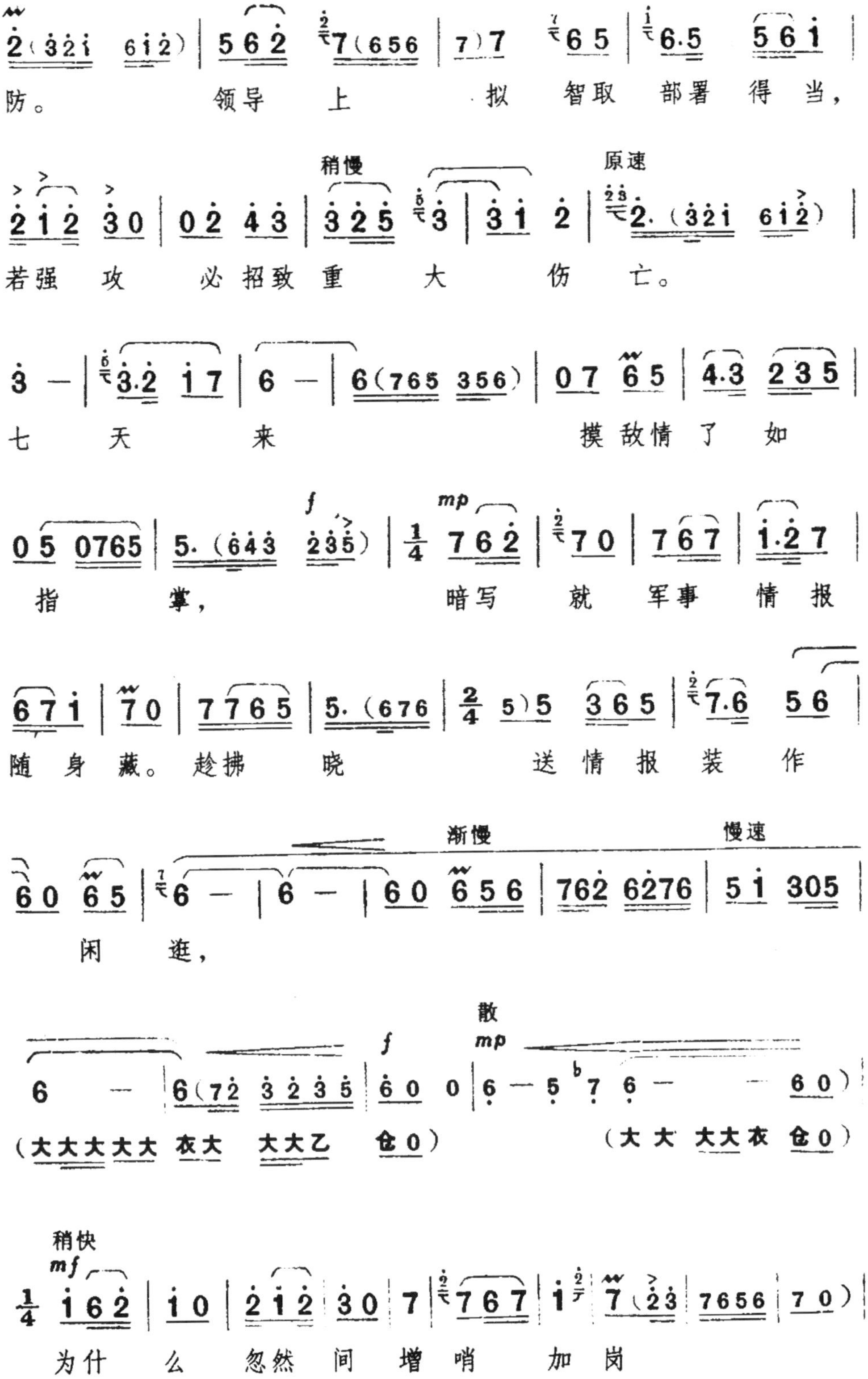

$\overset{\frown}{\dot{2}}$ (3̇2̇i̇ 6̇i̇2̇) | 5 6 2̇ | $\overset{\dot{2}}{\frown}$ 7 (656̇ 7) 7 | $\overset{\frown}{6 5}$ | $\overset{i}{\frown}$ 6.5 5 6 i̇ |

防。　　　　　　领导　上　　　拟　智取　部署　得　当，

> >
$\dot{2}$ i̇ 2̇ | 3 0 | 0 2̇ 4̇ 3̇ | $\overset{\frown}{3̇ 2̇ 5}$ | $\overset{6}{\frown}$ 3 | 3 i̇ | 2̇ | $\overset{\frown}{2̇.}$ (3̇2̇i̇ 6̇i̇2̇) |

　　　　　　　　　　　　稍慢　　　　　　　　　　　原速
若强　攻　　必招致　重　大　伤　亡。

$\dot{3}$ - | $\overset{6}{\frown}$ 3̇.2̇ i̇ 7 | 6 - | 6 (765 356) | 0 7 $\overset{\frown}{6 5}$ | 4.3 2̇ 3̇ 5 |

七　天　　来　　　　　　　　　摸敌情　了　如

0 5 0 7 6 5 | 5. (6̇4̇3̇ $\overset{f}{2̇3̇5̇}$) | $\frac{1}{4}$ 7 6 2̇ | $\overset{\dot{2}}{\frown}$ 7 0 | 7 6 7 | i̇.2̇ 7 |

　　　　　　　　　　mp
指　　掌，　　　　　暗写　就　军事　情报

6 7 i̇ | $\overset{\frown}{7 0}$ | 7 7 6 5 | 5. (676̇ | $\frac{2}{4}$ 5) 5 | 3 6 5 | $\overset{\dot{2}}{\frown}$ 7.6 5 6 |

随身　藏。趁拂　晓　　　　送情报　装　作

　　　　　　　　　　　　渐慢　　　　　　慢速
6 0 $\overset{\frown}{6 5}$ | $\overset{7}{\frown}$ 6 - | 6 - | 6 0 $\overset{\frown}{6 5 6}$ | 7 6 2̇ 6 2̇ 7 6 | 5 i̇ 3 0 5 |

闲　逛，

　　　　　　　　　　　　　f　散
　　　　　　　　　　　　　　mp
6 - | 6 (7̇2̇ 3̇2̇3̇5̇ | 6̇ 0 0 | 6̇ - 5̇ ♭7̇ 6̇ - | - 6̇ 0) |

（大大大大大 衣大 大大乙　仓0）　　　（大大 大大衣 仓0）

稍快
mf
$\frac{1}{4}$ i̇ 6 2̇ | i̇ 0 | 2̇ i̇ 2̇ | 3 0 | 7 $\overset{\dot{2}}{\frown}$ 7 6 7 | i̇ $\overset{\dot{2}}{\frown}$ 7 (2̇3̇ $\overset{\frown}{7656}$ | 7 0) |

为什　么　忽然　间　增哨　加岗

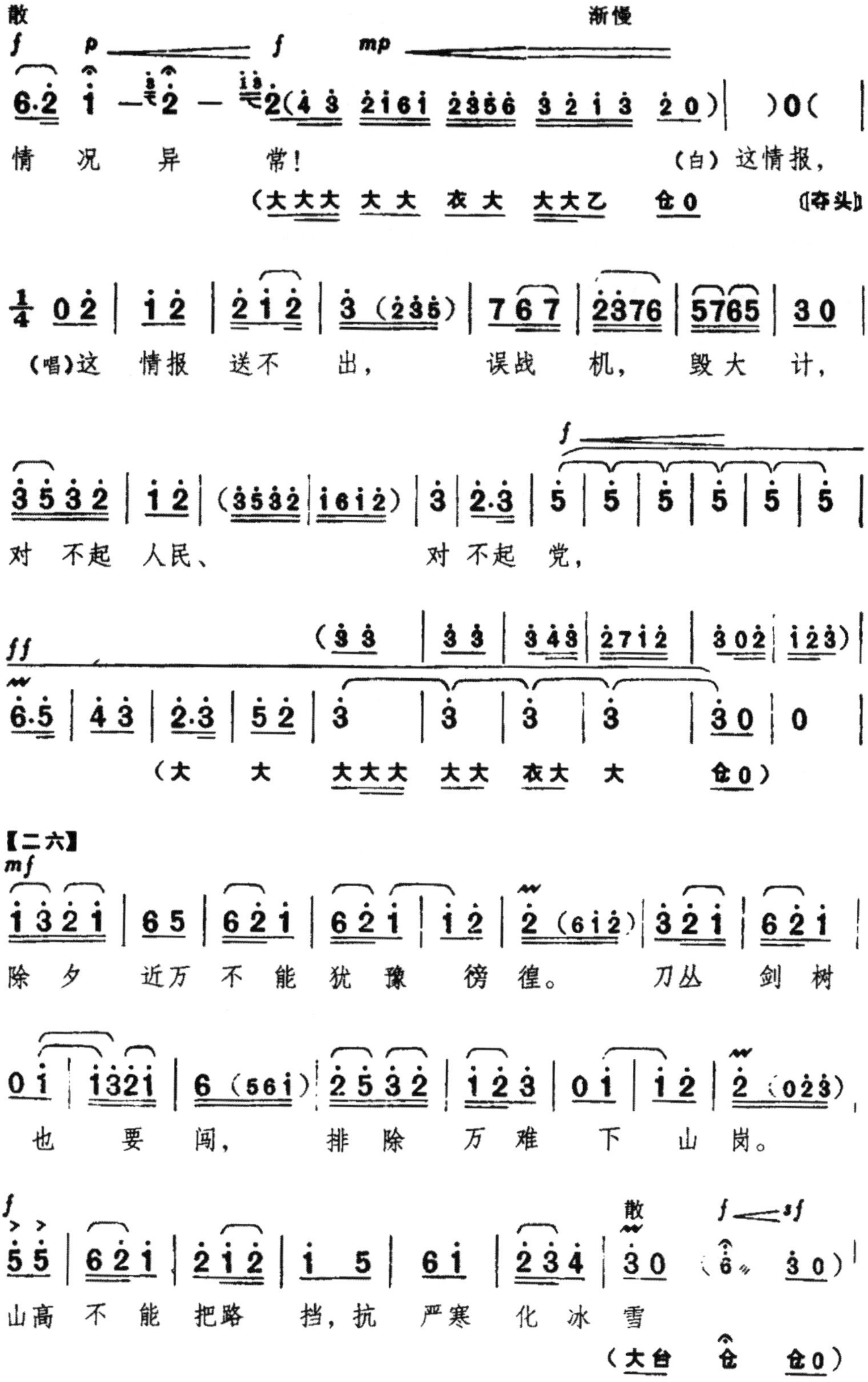

散　　　　　　　　　　　　　渐慢

f　*p*　　　　　　*f*　　*mp*

6.2　1 — 2 — 2（4 3　2 1 6 1　2 3 5 6　3 2 1 3　2 0）｜　）0（ ｜

情 况 异 常！　　　　　　　　（白）这情报，

（大大大　大大　衣大　大大乙　仓0　　　[夺头]

¼ 0 2 ｜ 1 2 ｜ 2 1 2 ｜ 3（2 3 5）｜ 7 6 7 ｜ 2 3 7 6 ｜ 5 7 6 5 ｜ 3 0 ｜

（唱）这 情报 送不 出，　　误战 机， 毁大 计，

3 5 3 2 ｜ 1 2 ｜（3 5 3 2　1 6 1 2）｜ 3 2.3 ｜ 5 5 5 5 5 5 ｜

对 不起 人民、　　　　　　对不 起　 党，

ff　　　　　　　　　　（3 3 ｜ 3 3 ｜ 3 4 3　2 7 1 2 ｜ 3 0 2　1 2 3）｜

6.5 ｜ 4 3 ｜ 2.3 ｜ 5 2 ｜ 3 ｜ 3 ｜ 3 ｜ 3 ｜ 3 0 ｜ 0 ｜

（大　 大　 大大大　大大　衣大　大　　仓0）

【二六】
mf

1 3 2 1 ｜ 6 5 ｜ 6 2 1 ｜ 6 2 1 ｜ 1 2 ｜ 2（6 1 2）｜ 3 2 1 ｜ 6 2 1 ｜

除夕 近万 不能 犹豫 徬 徨。 刀丛 剑树

0 1 ｜ 1 3 2 1 ｜ 6（5 6 1）｜ 2 5 3 2 ｜ 1 2 3 ｜ 0 1 ｜ 1 2 ｜ 2（0 2 3）｜

也 要闯，　排除 万难 下 山 岗。

f > > 　　　　　　　　　　　　　散　 *f* < *sf*

5 5 ｜ 6 2 1 ｜ 2 1 2 ｜ 1 5 ｜ 6 1 ｜ 2 3 4 ｜ 3 0 ｜（6　 3 0）｜

山高 不能 把路 挡，抗 严寒 化冰 雪

（大台　 仓　 仓0）

壮阔、豪迈地

$\widehat{0}3$ $\overline{3.2}$ $2.\underline{i}\overset{5}{\smile}30$ | 5 $\overline{56}$ $2.$ $\underline{i}$ $\underline{i}$ $\overline{i6}$ 2 — |

我 胸 有 朝 阳。

mf ——— f 渐弱 pp

$\frac{2}{4}(\dot5$ $\dot5$ | $\underline{\dot6\dot i}$ $\underline{\dot6\dot5}$ | $\dot i$ $\underline{\dot i}\dot6$ | $\dot2$ — | $\dot2$ — | $\dot2$ — | $\dot2$ — | $\dot2$ $0)$ ‖

$\frac{2}{4}\dot2$ — | $\dot2$ — | $\dot2$ — | $\dot2$ — | $\dot2$ 0 | 0 0 | 0 0 | 0 0 ‖

（仓）

坚决要求上战场

第九场 常宝唱

$.1 = A$

散
mf
$(\widehat{1}$ — $\underline{1535}$ $\underline{1513}$ $\underline{535\dot1}$ | 6 — 5 $0)$

f

（⚁ ～～～～ 0

【二黄小导板】慢起渐快

$\overset{>}{5}$ 1 2 $\overline{23}$ 4 3 $(\overset{>}{\widehat{3}}\overline{3}.)$ | 6 $\overset{\overset{7}{}}{\widehat{6}}.$ 5 3 0 $\overset{6}{\widehat{5}}$ — — $\overset{4}{\widehat{5}}$

听那边练兵场（八大0） 杀 声 响 亮，

中快 $\bullet = 116$

$\overset{>}{6}$ — | $\frac{1}{4}(\overset{>}{6}$ $\overline{56}$ $\overset{>}{\dot1}$ | $\overset{>}{5}$ $\overline{64}$ $\overset{>}{3}$ | $\overset{>}{2}$ $\overline{34}$ $\overset{>}{6}$ | $\overset{>}{3}$ $0)$ | 【回龙】 $\overline{23}$ 5 | $\overset{\sim}{5}(\overline{32})$ |

（⚁ ～～～～ 仓 0） 看 他 们

440

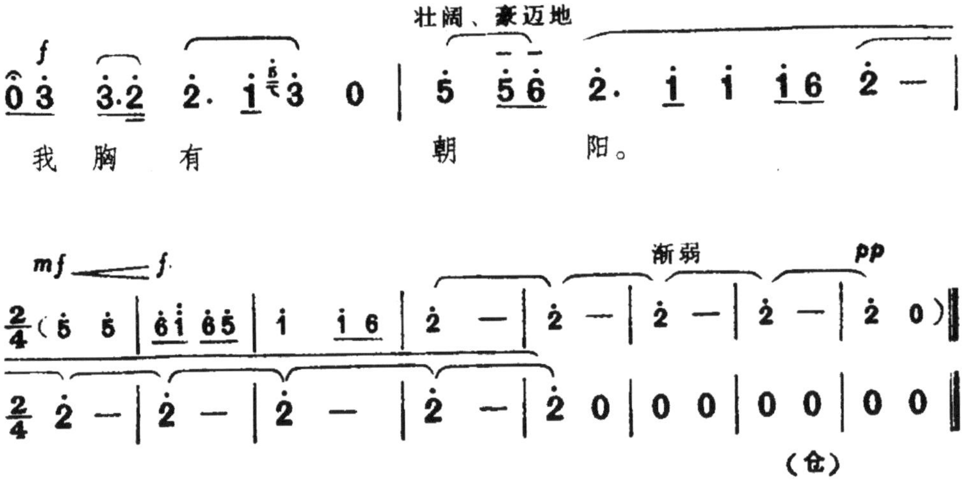

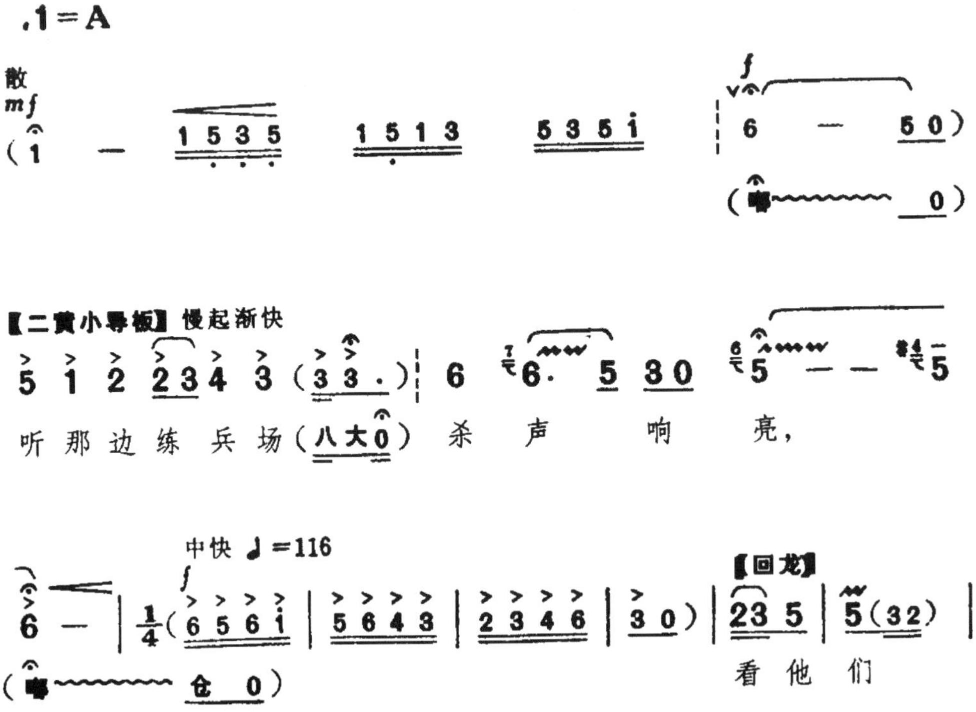

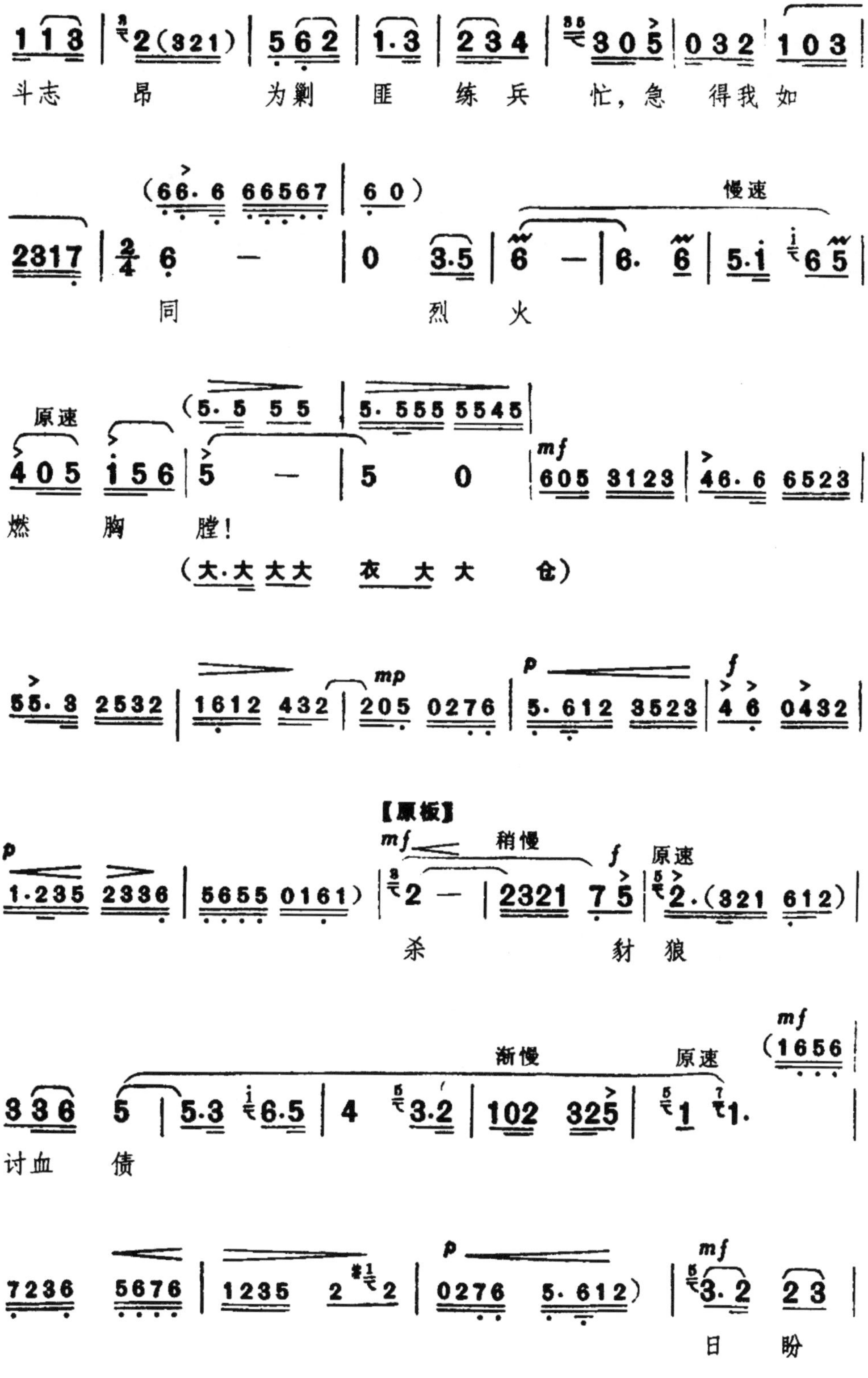

```
1 1 3 | 2(321) | 5 6 2 | 1.3 | 2 3 4 | 3 0 5 | 0 3 2 | 1 0 3 |
斗 志  昂      为 剿  匪   练  兵   忙, 急  得 我 如
```

```
(66.6 66567 | 6 0)                          慢速
2317 | 6 — | 0 3.5 | 6 — 6. | 6 5.1 | 6 5 |
同         烈   火
```

```
原速                (5.5 55 | 5.555 5545)         mf
4 0 5 | 1 5 6 | 5 — | 5 0 | 6 0 5 | 3 1 2 3 | 4 6.6 6 5 2 3 |
燃 胸 膛!
(大·大 大 大   衣 大 大   仓)
```

```
                              mp          p             f
55.3 2532 | 1612 432 | 205 0276 | 5.612 3523 | 4 6 0432 |
```

```
p                           【原板】
                            mf    稍慢        f  原速
1.235 2336 | 5655 0161) | 2 — | 2321 7 5 | 2.(321 612) |
                          杀       豺 狼
```

```
                        渐慢        原速      mf
                                            (1656
336 5 | 5.3 6.5 | 4 3.2 | 102 325 | 1 1. |
讨血 债
```

```
                                    p                mf
7236 5676 | 1235 2 2 | 0276 5.612) | 3.2 23 |
                                          日 盼
```

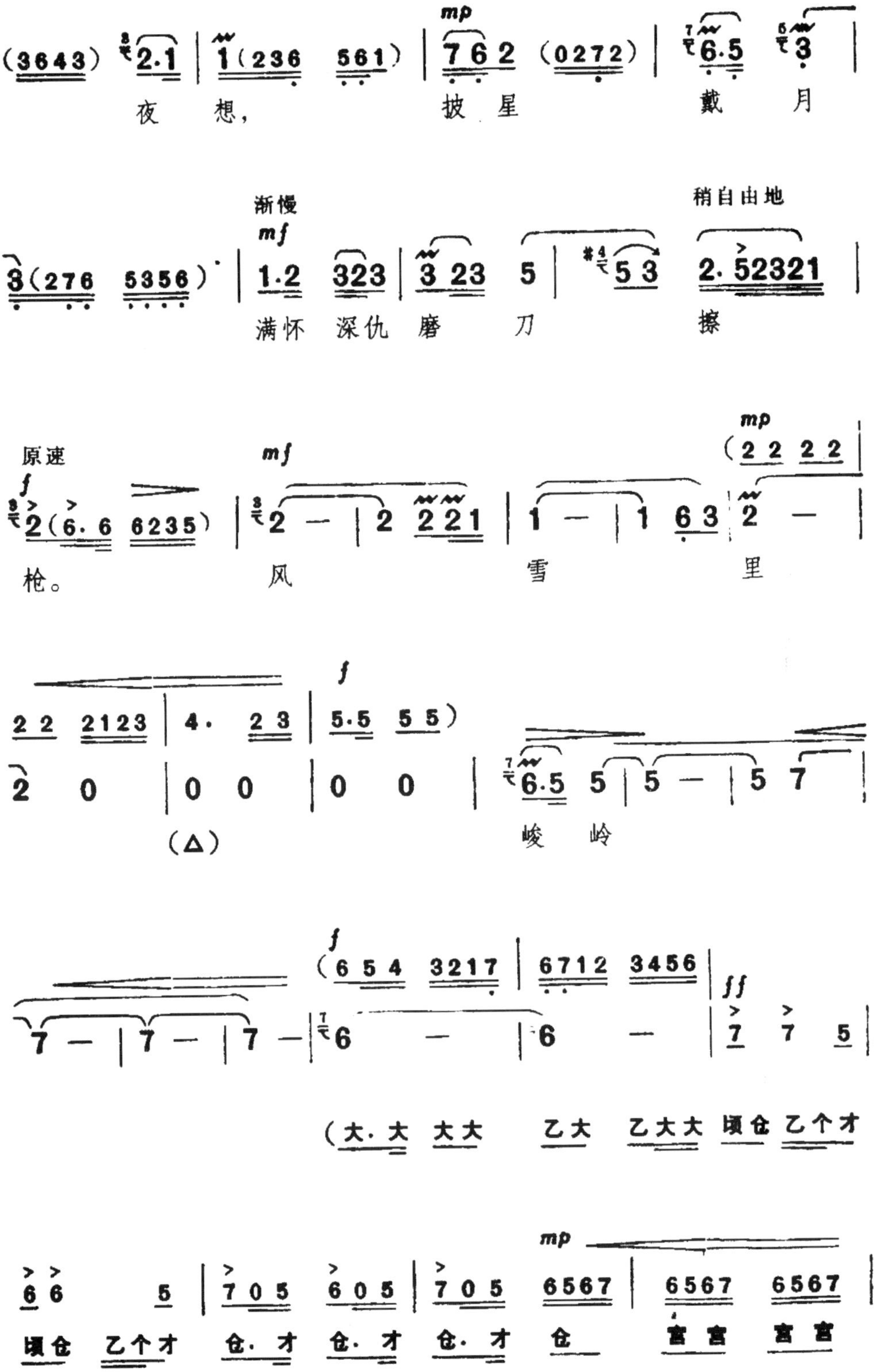
夜 想， 披 星 戴 月
渐慢
稍自由地
满怀 深仇 磨 刀 擦
原速
枪。 风 雪 里
(△)
峻 岭
(大·大 大大 乙大 乙大大 顷仓 乙个才
顷仓 乙个才 仓·才 仓·才 仓·才 仓 宫宫 宫宫

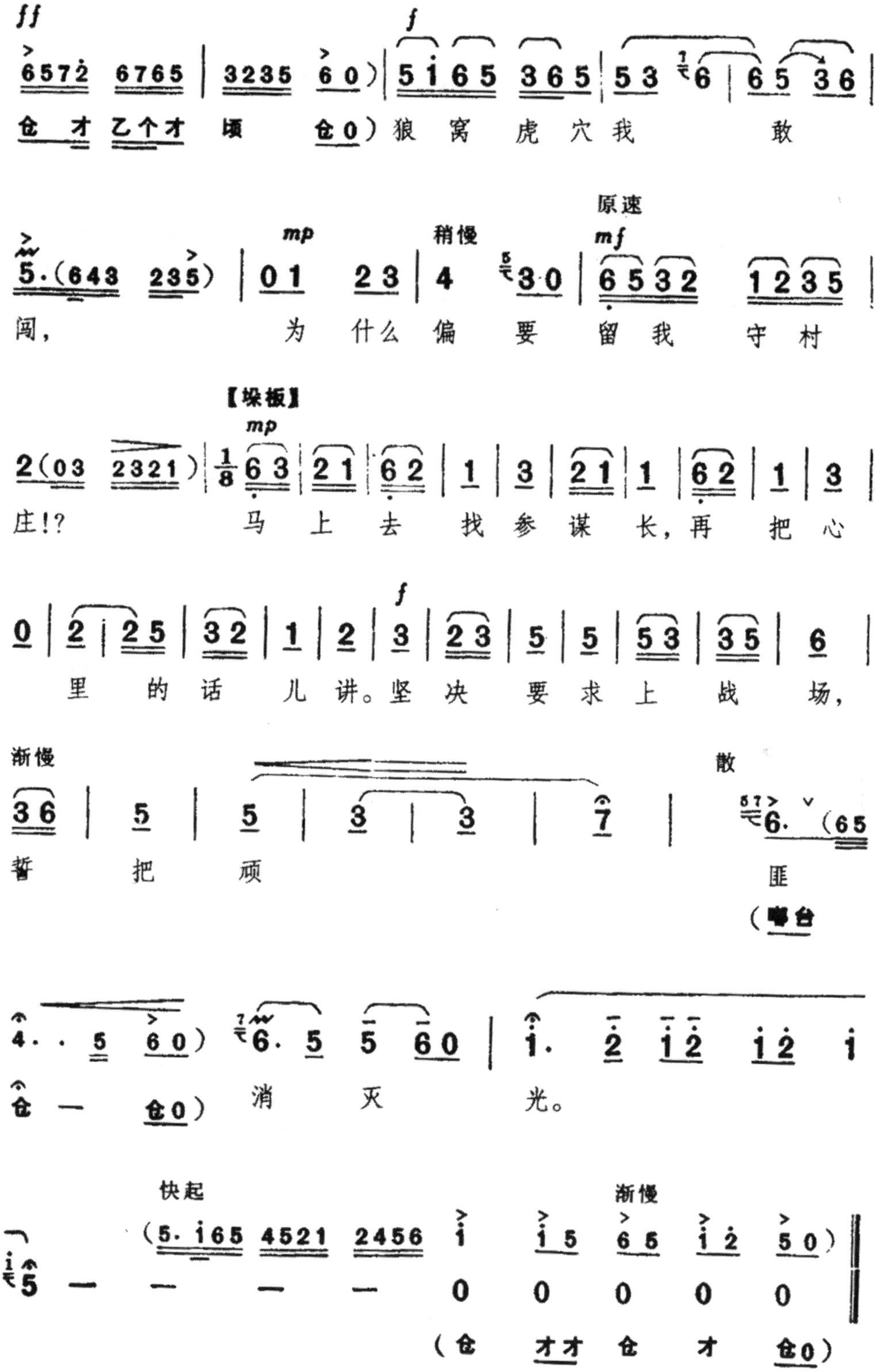
仓 才 乙个才 顷 仓0）狼 窝 虎 穴 我 敢
闯，为 什么 偏 要 留 我 守 村
【垛板】
庄!? 马 上 去 找 参 谋 长，再 把 心
里 的 话 儿 讲。坚 决 要 求 上 战 场，
誓 把 顽 匪
消 灭 光。
原速
稍慢
渐慢
散
快起
（仓 才才 仓 才 仓0）

除 夕 夜

第十场　杨子荣唱

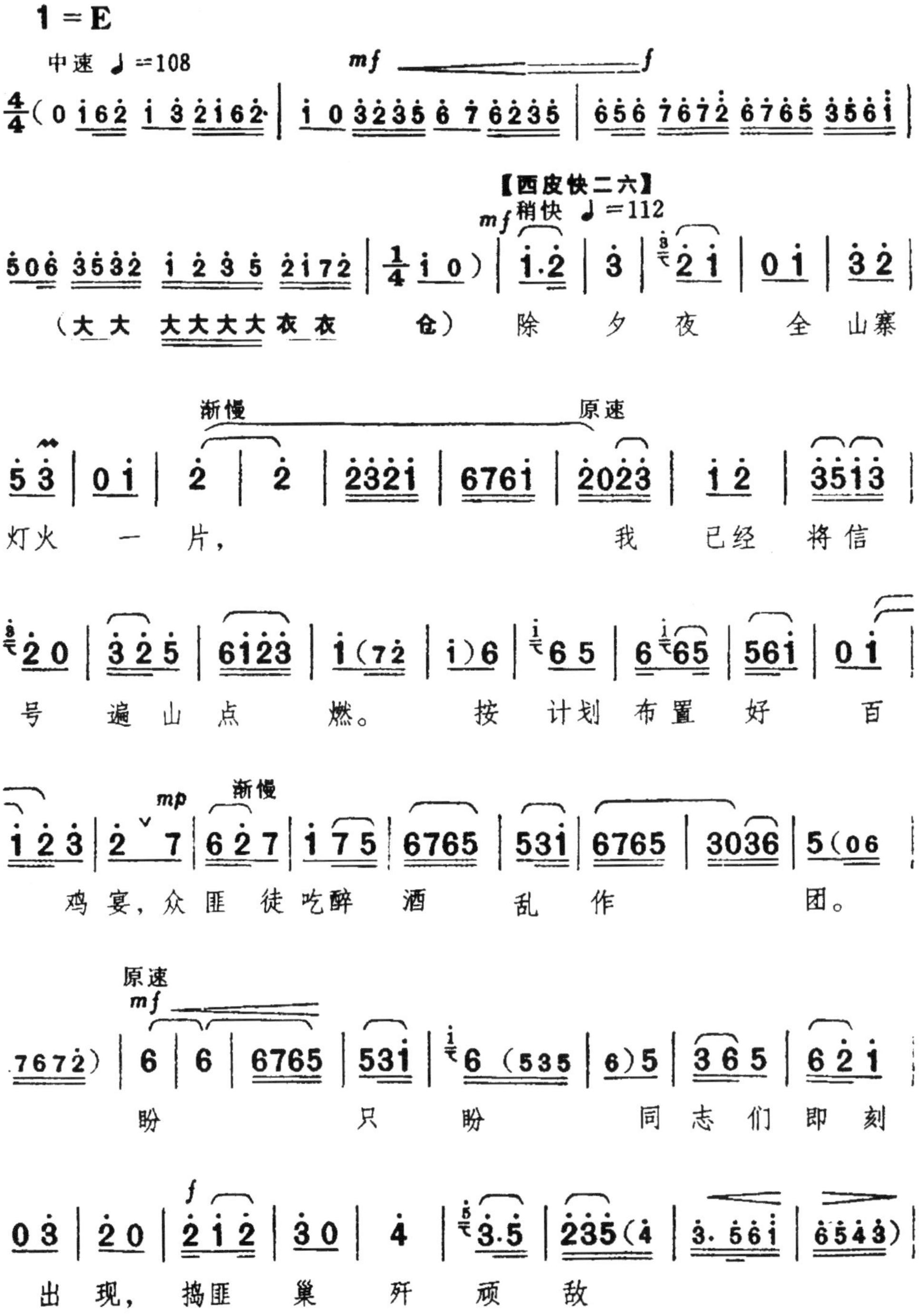

1 = E

中速 ♩=108

4/4 (0 i̲6̲2̲ i̲ 3̲2̲i̲6̲2̲ | i̲ 0̲3̲2̲3̲5̲ 6̲ 7̲6̲2̲3̲5̲ | 6̲5̲6̲ 7̲6̲7̲2̲ 6̲7̲6̲5̲ 3̲5̲6̲i̲ |

mf ——— f

【西皮快二六】
mf 稍快 ♩=112

5̲0̲6̲ 3̲5̲3̲2̲ i̲ 2̲3̲5̲ 2̲i̲7̲2̲ | 1/4 i̲ 0) | 1·2 | 3 2̲1̲ | 0 1 | 3̲ 2̲ |
（大 大 大大大大衣衣 仓） 除 夕 夜 全 山 寨

渐慢　　　　　原速
5̲3̃ | 0 1 | 2 | 2 | 2̲3̲2̲1̲ | 6̲7̲6̲1̲ | 2̲0̲2̲3̲ | 1̲2̲ | 3̲5̲1̲3̲ |
灯火 一 片，　　　　　　我 已经 将信

2̲0̲ | 3̲2̲5̲ | 6̲1̲2̲3̲ | i̲(7̲2̲ | i̲)6̲ | i̲6̲5̲ | 6̲i̲6̲5̲ | 5̲6̲1̲ | 0 1 |
号 遍 山 点 燃。 按 计 划 布 置 好 百

mp 渐慢
1̲2̲3̲ | 2̲ 7 | 6̲2̲7̲ | 1̲7̲5̲ | 6̲7̲6̲5̲ | 5̲3̲1̲ | 6̲7̲6̲5̲ | 3̲0̲3̲6̲ | 5(0̲6̲ |
鸡宴，众匪 徒 吃 醉 酒 乱 作 团。

原速
mf ———
7̲6̲7̲2̲) | 6 | 6 | 6̲7̲6̲5̲ | 5̲3̲1̲ | 6̲(5̲3̲5̲ | 6̲)5̲ | 3̲6̲5̲ | 6̲2̲1̲ |
盼 只 盼 同 志 们 即 刻

f
0̲3̲ | 2̲0̲ | 2̲1̲2̲ | 3̲0̲ | 4 | 3·5̲ | 2̲3̲5̲(4̲ | 3·5̲6̲1̲ | 6̲5̲4̲3̲) |
出 现， 捣匪 巢 歼 顽 敌

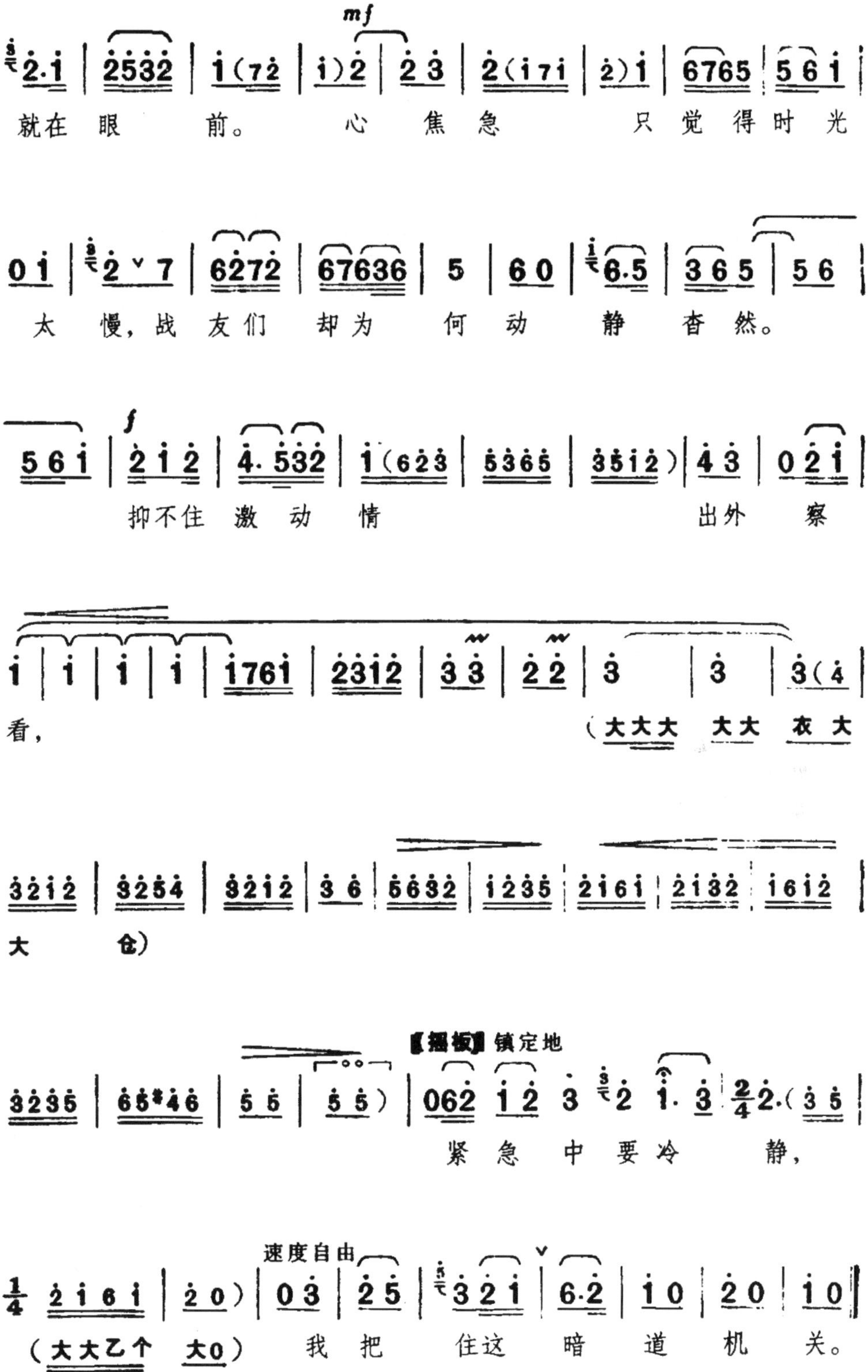

$\overset{s}{\underset{<}{2}}.\dot{1}$ | 2532 | $\dot{1}(7\dot{2}$ | $\dot{1})\dot{2}$ | $\dot{2}\dot{3}$ | $\dot{2}(\dot{1}7\dot{1}$ | $\dot{2})\dot{1}$ | 6765 | $5\,6\dot{1}$ |

就在 眼　　　前。　心　焦　急　 只　觉 得 时 光

$0\dot{1}$ | $\overset{s}{\underset{<}{2}}\lor 7$ | 6272 | 67636 | 5 | 60 | $\overset{s}{\underset{<}{6}}.5$ | 365 | 56 |

太 慢, 战 友 们　却 为　何 动　静 杳 然。

$56\dot{1}$ | $\dot{2}\dot{1}\dot{2}$ | $\dot{4}.5\dot{3}\dot{2}$ | $\dot{1}(6\dot{2}\dot{3}$ | $5\dot{3}6\dot{5}$ | $\dot{3}5\dot{1}\dot{2})$ | $\dot{4}\dot{3}$ | $0\dot{2}\dot{1}$ |

抑 不 住 激 动 情　　　　　出 外　察

$\dot{1}\;\dot{1}\;\dot{1}\;\dot{1}$ | $\dot{1}76\dot{1}$ | $\dot{2}3\dot{1}\dot{2}$ | $\dot{3}\dot{3}$ | $\dot{2}\dot{2}$ | $\dot{3}$ | $\dot{3}$ | $\dot{3}(4$ |

看,　　　　　　　　　（大大大　大大　衣大

$3\dot{2}\dot{1}\dot{2}$ | 3254 | $3\dot{2}\dot{1}\dot{2}$ | $3\,6$ | $563\dot{2}$ | $\dot{1}235$ | $\dot{2}\dot{1}6\dot{1}$ | $\dot{2}\dot{1}3\dot{2}$ | $\dot{1}6\dot{1}\dot{2}$ |

大　仓)

【摇板】镇定地

3235 | $65\sharp46$ | 55 | $55)$ | 062 | $\dot{1}23$ | $\overset{s}{<}\dot{2}$ | $\dot{1}.3$ | $\frac{2}{4}\dot{2}.(35$ |

紧 急 中 要 冷　静,

速度自由

$\frac{1}{4}\dot{2}\dot{1}6\dot{1}$ | $\dot{2}0)$ | 03 | $\dot{2}5$ | $\overset{s}{<}\dot{3}\dot{2}\dot{1}$ | $6.\dot{2}$ | $\dot{1}0$ | $\dot{2}0$ | $\dot{1}0$ |

（大大乙个　大0)　我把　住 这 暗 道 机　关。

445

锣 鼓 字 谱 说 明

大	鼓单楗击
八	鼓双楗同击
大八	鼓双楗分击
嘟	鼓双楗滚击
拉	鼓双楗滚击的落音
多	鼓单楗轻击
乙、个	休止
扎、衣	板音
仓	大锣单击或大锣、小锣、铙钹同击
顷	大锣单击或大锣、小锣、铙钹同时轻击
宫	大锣、小锣、铙钹同击闷音
台	小锣单击
令	小锣轻击
才	铙钹单击或铙钹与小锣同击
叉	大钹重击
△	吊钹

乐 谱 符 号 说 明

颤音：

(1)（ $\sim$ 、 $\sim\!\!\!\vee$ 、 $\sim\!\!\!\sim\!\!\!\vee$ ）上颤音，实际效果为：

$\overset{\sim}{6}$ 等于 $\underline{676.}$ 或 $\underline{6i6.}$

$\overset{\sim\vee}{6}$ 等于 $\underline{\underline{67676}}$ 或 $\underline{\underline{6i6i6}}$

$\overset{\sim\sim\vee}{6}$ — 等于 $\underline{6\ i}\ \underline{\underline{\overset{5}{\frown}}\underline{\underline{6i6i6i6}}}$ 或 $\underline{\underline{6i6i6i6i}}$ ……

或等于 $\underline{6\ 7}\ \underline{\underline{\overset{5}{\frown}6767676}}$ 或 $\underline{\underline{67676767}}$ ……

(2)（ $\sim$ 、 $\sim\!\!\!\vee$ 、 $\sim\!\!\!\sim\!\!\!\vee$ ）下颤音，实际效果为：

$\overset{\sim}{6}$ 等于 $\underline{656.}$

$\overset{\sim\vee}{6}$ 等于 $\underline{\underline{65656}}$

$\overset{\sim\sim\vee}{6}$ — 等于 $\underline{6\ 5}\ \underline{\underline{\overset{5}{\frown}6565656}}\ \underline{\underline{65656565}}$ ……

（颤音随符号长度之不同，声音颤动的长度
亦不同。长的颤音有先慢后快的，有先快后慢
的，还有全慢和全快的等等。）

散　节奏自由处理

⌒　延长号

⌒　滑音

♥	顿音
>	重音
‖: ·‖	反复
⌐ · · ⌐	自由反复或自由延长
)0(	自由休止
◁	渐强
▷	渐弱
v	换气
●	震音
ppp	最弱
pp	很弱
p	弱
mp	中弱
mf	中强
f	强
ff	很强
fff	最强
sf	特强
sfp	特强后弱

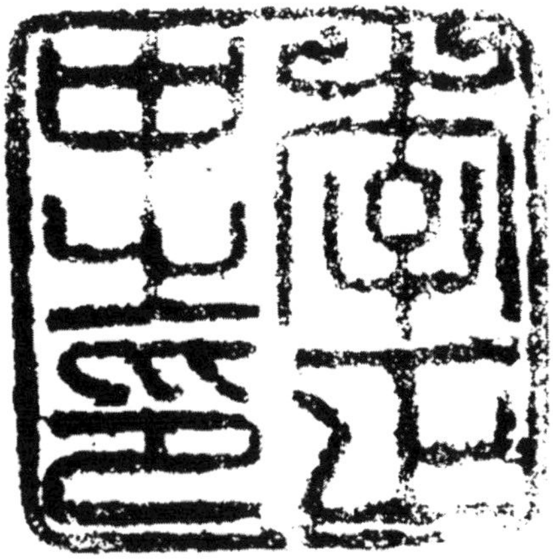

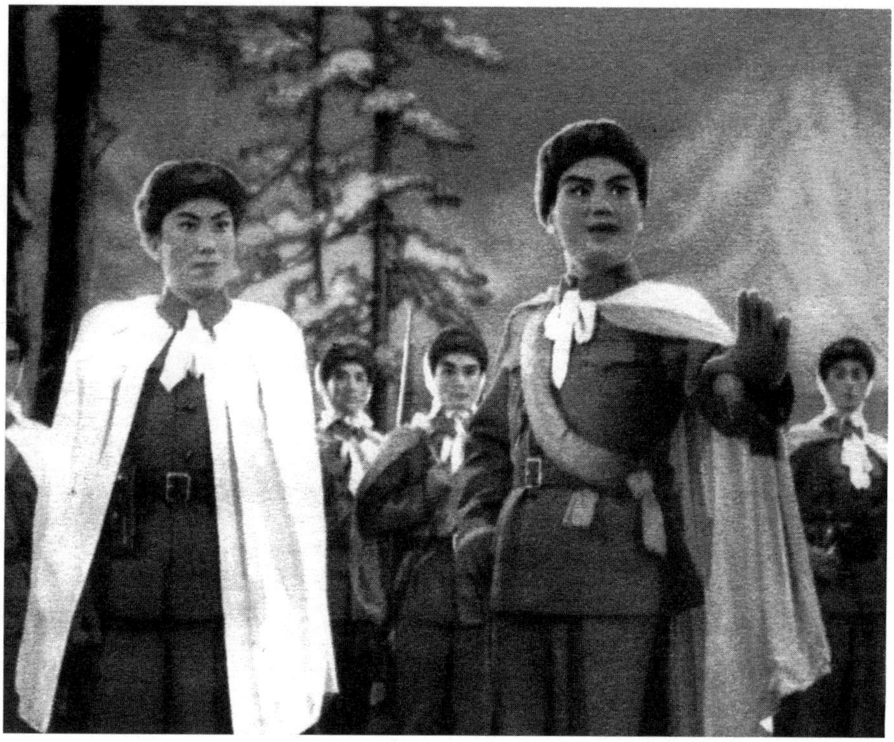

　　中国人民解放军某部团党委遵照毛主席《**建立巩固
的东北根据地**》的指示，在牧丹江一带发动群众，消灭
土匪，巩固后方，配合野战军，粉碎美蒋的进攻。侦察
排长杨子荣侦察到座山雕匪帮的行踪，向团参谋长汇
报。（第一场"乘胜进军"）

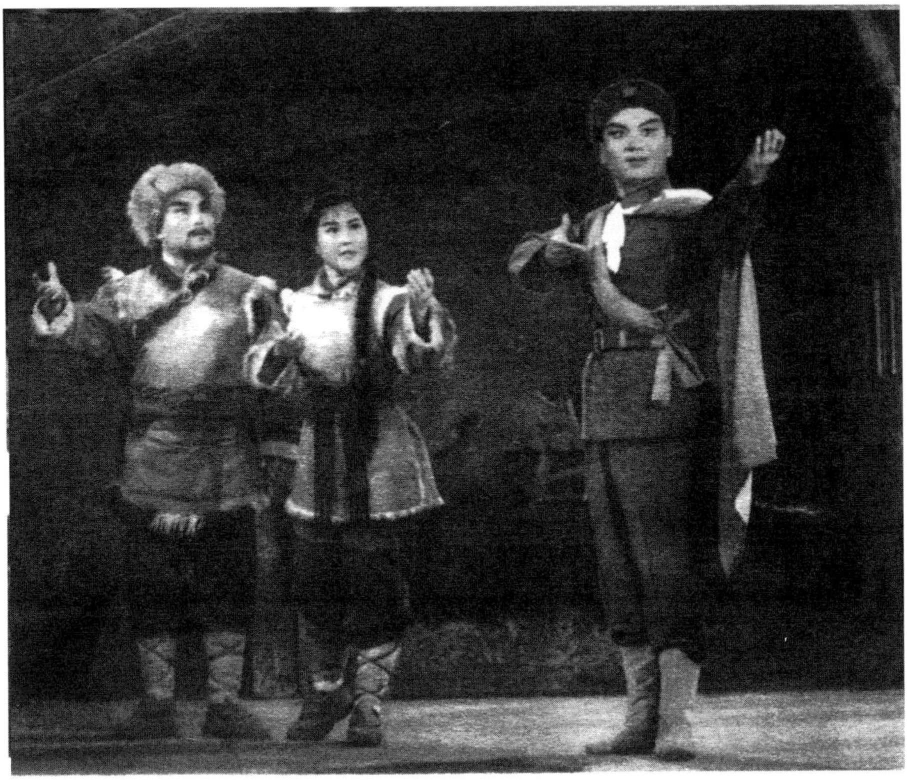

　　杨子荣怀着深厚的阶级感情，向常猎户父女宣传毛泽东思想，鼓舞他们跟着毛主席、共产党，闹翻身，求解放，让山河换新装。（第三场"深山问苦"）

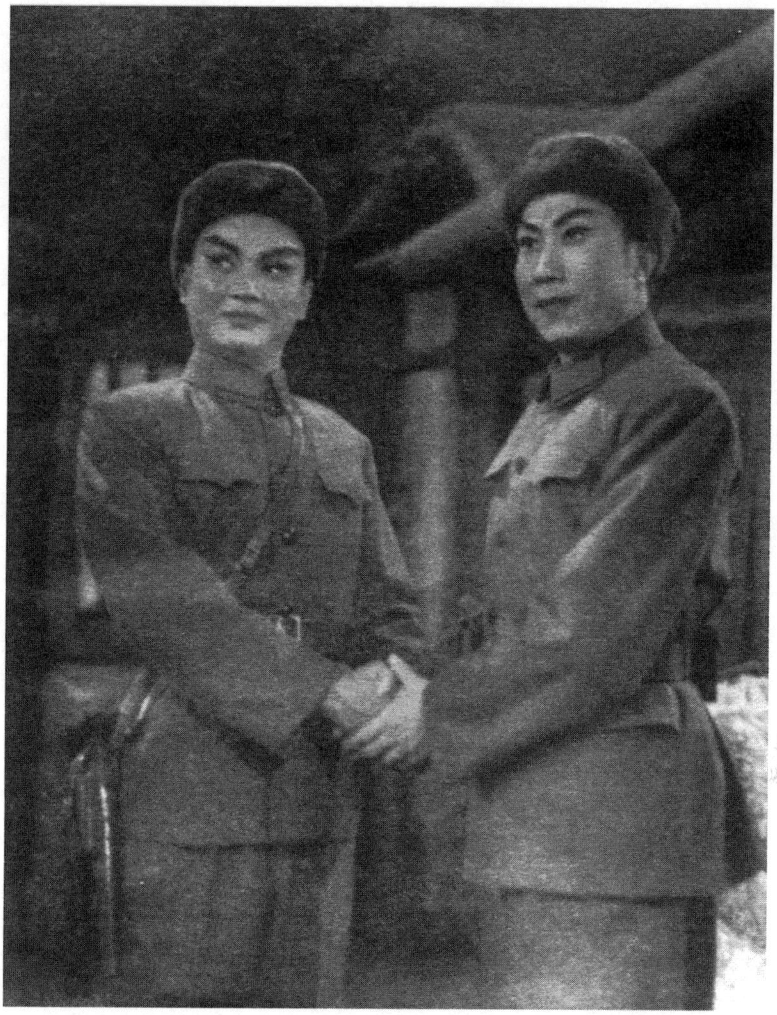

　　杨子荣和参谋长拟订了攻打威虎山的完整作战方案，准备召开支部委员会，作出决定立即行动。（第四场"定计"）

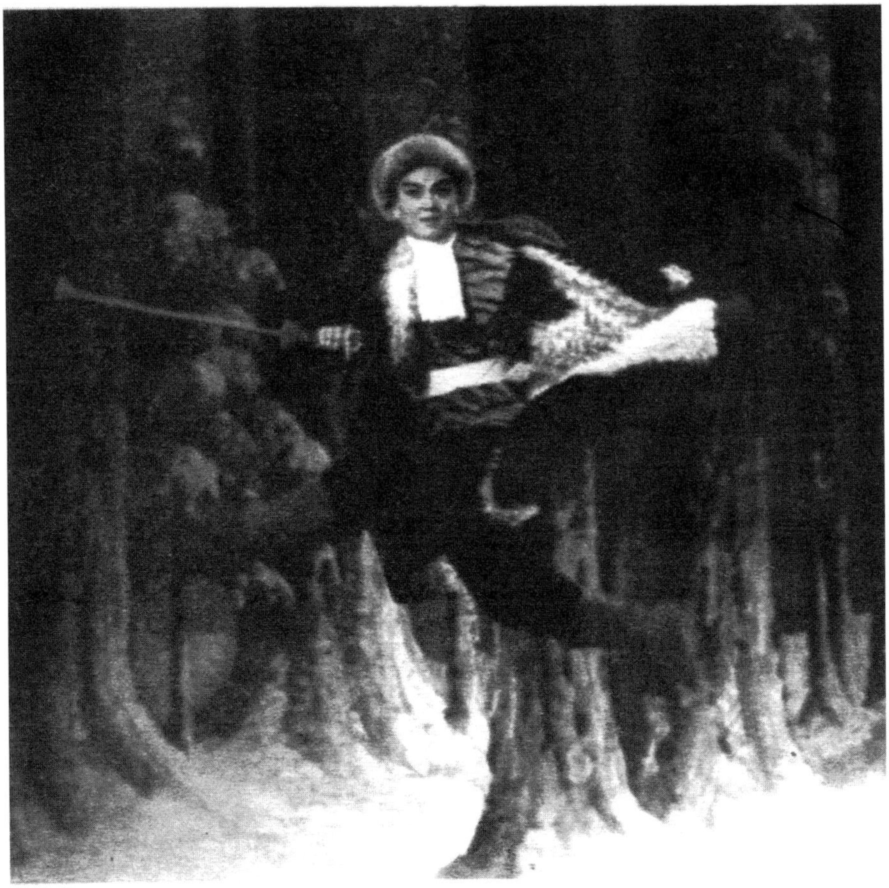

杨子荣跃马扬鞭，纵横驰骋，穿林海，跨雪原，上高岭，越山涧，似尖刀插向威虎山。（第五场"打虎上山"）

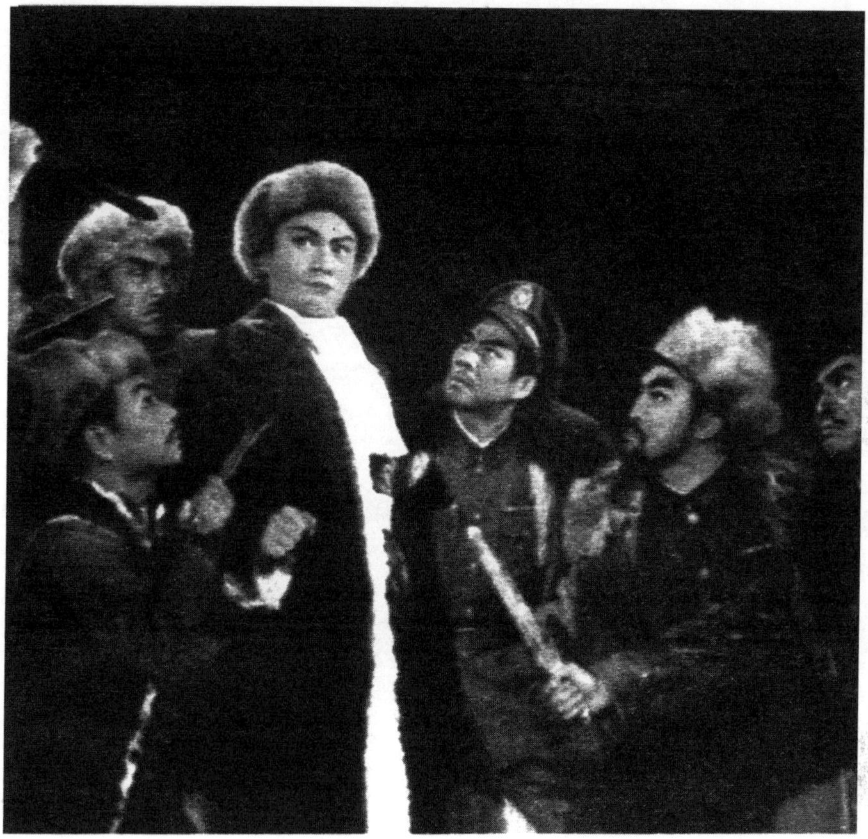

　　杨子荣以无产阶级的革命智慧和勇敢，打进了匪巢。

（第六场"打进匪窟"）

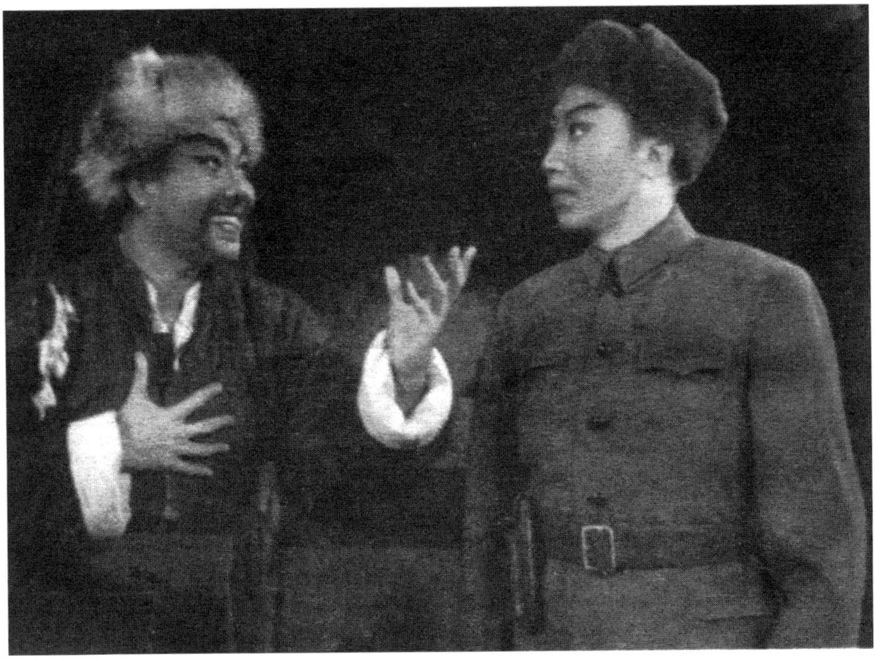

　　团参谋长带领追剿队进驻夹皮沟发动群众。铁路工
人李勇奇向亲人解放军表示了"从此我跟定共产党把虎
狼斩，不管是水里走、火里钻，粉身碎骨也心甘"的钢铁
意志和杀敌决心。（第七场"发动群众"）

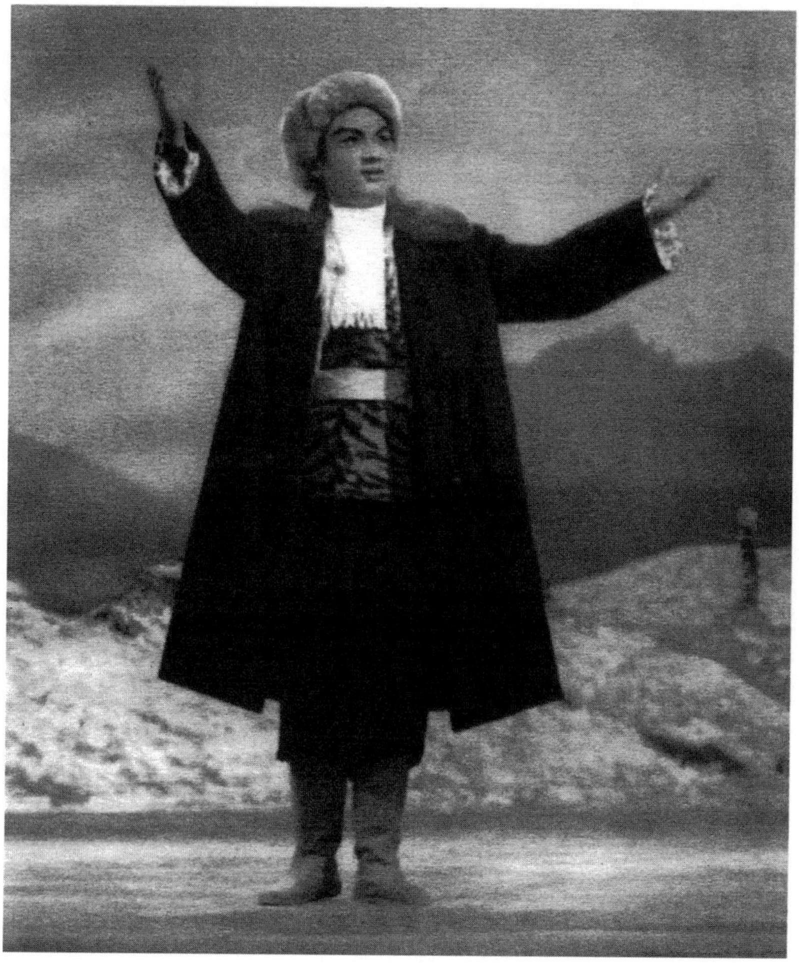

"抗严寒化冰雪我胸有朝阳"——战无不胜的毛泽东思想是杨子荣智慧和力量的源泉。（第八场"计关情报"）

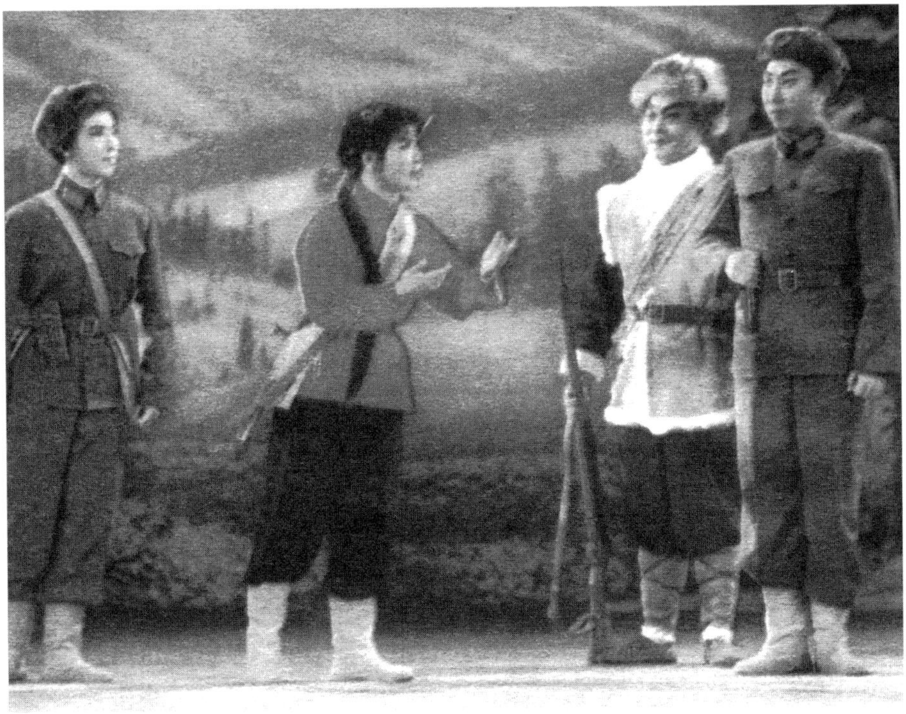

常宝怀着对敌人的深仇大恨，紧决要求上战场，誓把顽匪消灭光。（第九场“急速出兵”）

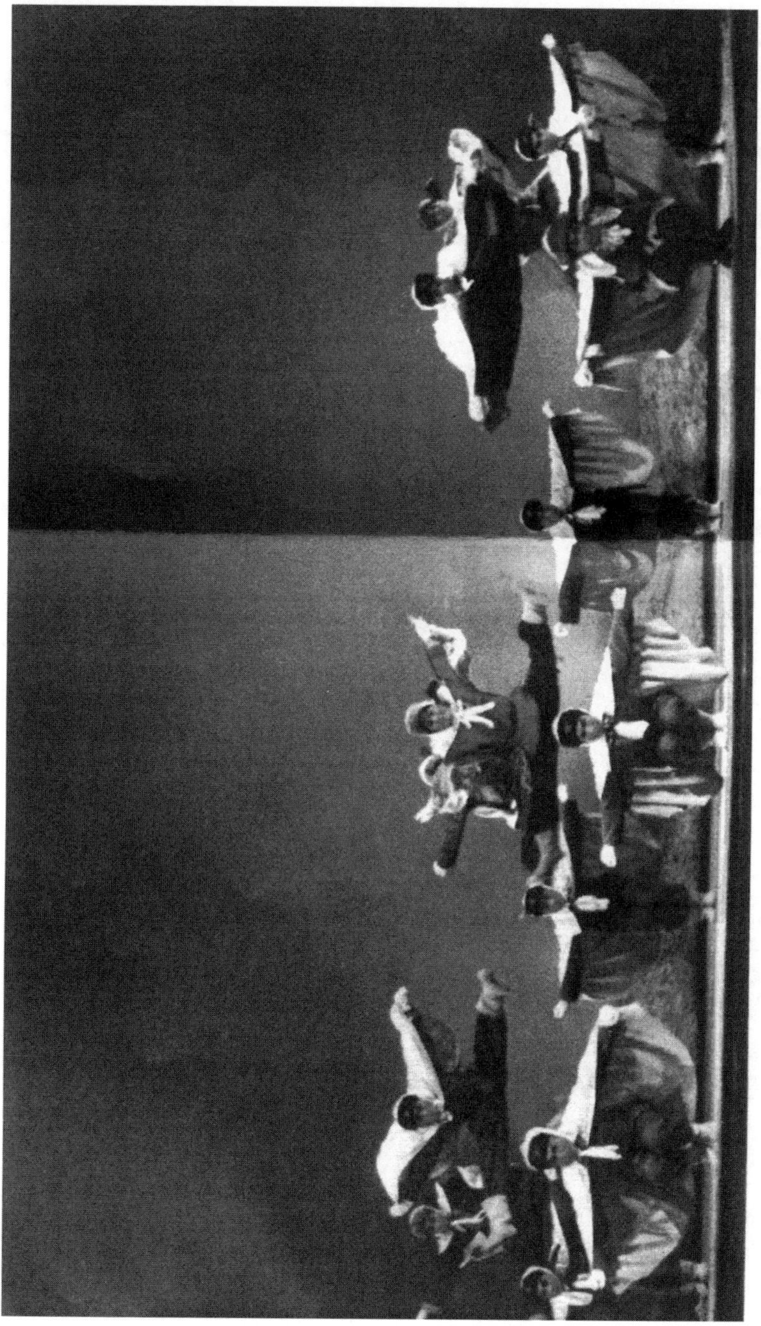

追剿队和民兵由勇奇带路，迎风雪，飞速前进，直捣威虎厅。（第九场"急速出兵"）

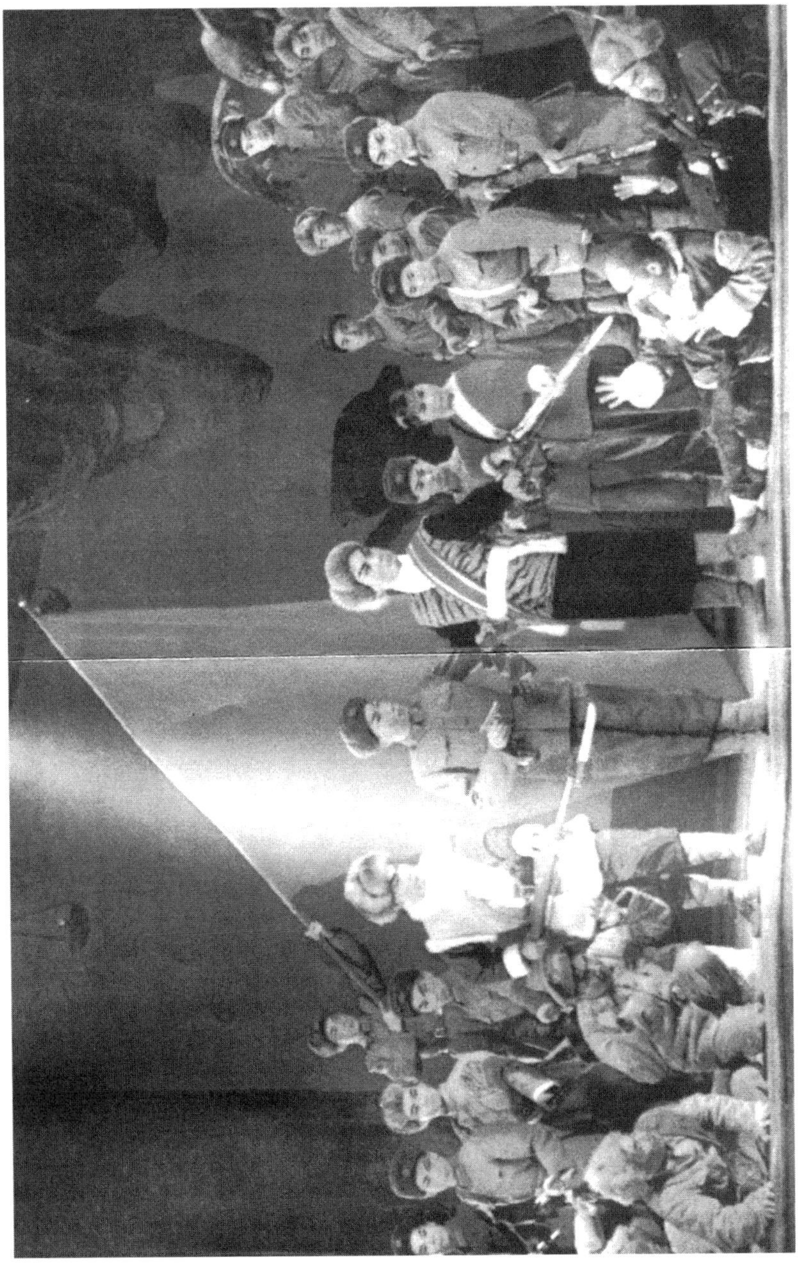

杨子荣与追剿队、民兵里应外合，全歼威虎山的顽匪，活捉了座山雕（第十场"会师百鸡宴"）

《文革史料叢刊》 李正中 輯編
古月齋叢書3-8

文革史料叢刊 內容簡介

　　至今中國大陸對於文化大革命仍有極大的爭議，官方和自由派認為文革是錯誤的，自由派甚至認為毛澤東要對此負責。極左派仍支持文革的正當性，認為走資派鄧小平篡奪黨和國家，建立修正主義國家。文革最大的貢獻，就是它本身的失敗，透過失敗破解中國的改革文明進程，也引起我們對整個人類歷史更深遠的思索。

　　本書輯編李正中是一位歷史研究者，也是文革受難者，他以史學家角度鉅細靡遺地蒐集整理文革遺物，舉凡手寫稿、油印品，鉛印文字、照片、繪畫，傳單、小報、造反隊的隊旗、臂標等等。歷時數十年歲月蒐集的內容包羅萬象，以供來者深入研究這一段歷史。

　　「無史料，即無歷史」。史料可分為有意史料與無意史料兩類者，本叢刊為無意史料，都是文革之時不知不覺之中，所留下來的直接史料，更具有學術研究的意義。有了充分的史料，自然會有高明之士運用其正確的史觀深入研究，而有所造就。臺灣蘭臺出版社以服務學術界為原則，不以營利為目的，目前已出版至第六輯，希望有利於文革及其相關的研究。

蘭臺出版社書訊　文革史料叢刊（第一輯－第六輯）

第一輯共六冊，圓背精裝
ISBN：978-986-5633-03-5

第一冊	頁數：758
第二冊	頁數：514
第三冊	頁數：474
第四冊	頁數：542
第五冊	頁數：434
第六冊	頁數：566

第一冊：最高指示及中央首長關於文化大革命講話
第二冊：批判劉少奇與鄧小平罪行大字報選編
第三冊：劉少奇與鄧小平反動言論彙編
第四冊：反黨篡軍野心家罪惡史選編
第五冊：文藝戰線上兩條路線鬥爭大事紀
第六冊：文革紅衛兵報紙選編

古月齋叢書 3 定價 30000元（再版）

第二輯共五冊，圓背精裝
ISBN：978-986-5633-30-1

第一冊	頁數：188
第二冊(一)	頁數：416
第二冊(二)	頁數：414
第二冊(三)	頁數：434
第三冊	頁數：470

第一冊：文件類
　（一）中共中央文件
　（二）地方文件 69
第二冊：文論類（一
第二冊：文論類（二
第二冊：文論類（三
第三冊：講話類

古月齋叢書 4 定價 20000元

第三輯共五冊，圓背精裝
ISBN：978-986-5633-48-6

第一冊	頁數：239
第二冊	頁數：284
第三冊	頁數：372
第四冊（一）	頁數：368
第四冊（二）	頁數：336

古月齋叢書 5 定價 25000元

第一冊：大事記類
第二冊：會議材料類
第三冊：通訊類
第四冊（一）：雜誌、簡報類
第四冊（二）：雜誌、簡報類

第四輯共五冊，圓背精裝
ISBN：978-986-5633-50-9

第一冊	頁數：308
第二冊（一）	頁數：456
第二冊（二）	頁數：424
第三冊（一）	頁數：408
第三冊（二）	頁數：440

古月齋叢書 6 定價 35000元

第一冊：參考資料、報紙類
第二冊（一）：戰報類
第二冊（二）：戰報類
第三冊（一）：大批判、大學報集
第三冊（二）：大批判、大學報集

第五輯共五冊，圓背精裝
ISBN：978-986-5633-54-7

第一冊	頁數：468
第二冊	頁數：518
第三冊	頁數：428
第四冊	頁數：452
第五冊	頁數：466

古月齋叢書 7 定價 30000元

第一冊－第五冊：
大批判、大學報集

第六輯共五冊，圓背精裝
ISBN：978-986-5633-59-2

第一冊	頁數：460
第二冊（一）	頁數：422
第二冊（二）	頁數：382
第三冊（一）	頁數：311
第三冊（二）	頁數：389

古月齋叢書8 定價 30000元

第一冊-第五冊：
劇本、歌曲集

購書方式
書款請匯入：

銀行
戶名：蘭臺網路出版商務有限公司
土地銀行營業部（銀行代號005）
帳號：041-001-173756

劃撥帳號
戶名：蘭臺出版社
帳號：18995335

100 台北市中正區重慶南路1段121號8樓之14
TEL：（8862）2331-1675 FAX：（8862）2382-6225
E-mail：books5w@gmail.com
網址：http://bookstv.com.tw/